中国化
马克思主义理论研究
及其当代发展

ZHONGGUOHUA MAKESI ZHUYI LILUN YANJIU JIQI DANGDAI FAZHAN

主　编　严春红　孟　琦　高永霞
副主编　李静辉　王　丽　范卉敏

中国水利水电出版社
www.waterpub.com.cn

内 容 提 要

《中国化马克思主义理论研究及其当代发展》是对中国共产党在推进马克思主义中国化过程中产生的毛泽东思想和中国特色社会主义理论体系两大理论成果进行整体把握的基础上，以马克思主义中国化为主线、以中国化马克思主义为主题、以中国特色社会主义为重点，按照历史与现实相结合、理论与实践相统一的原则，力求以新的框架全面、准确阐述中国化马克思主义的基本原理及其立场、观点和方法。本书通过对马克思主义中国化历史进程的梳理，力图从多个方面把握马克思主义中国化的基本脉络。

图书在版编目（CIP）数据

中国化马克思主义理论研究及其当代发展 / 严春红，孟琦，高永霞主编. -- 北京 : 中国水利水电出版社，2015.6（2022.10重印）
ISBN 978-7-5170-3265-6

Ⅰ. ①中… Ⅱ. ①严… ②孟… ③高… Ⅲ. ①马克思主义一发展一研究一中国 Ⅳ. ①D61

中国版本图书馆CIP数据核字(2015)第131896号

策划编辑：杨庆川　责任编辑：陈　洁　封面设计：崔　蕾

书　名	中国化马克思主义理论研究及其当代发展
作　者	主　编　严春红　孟　琦　高永霞
	副主编　李静辉　王　丽　范卉敏
出版发行	中国水利水电出版社
	（北京市海淀区玉渊潭南路1号D座 100038）
	网址：www.waterpub.com.cn
	E-mail：mchannel@263.net(万水)
	sales@mwr.gov.cn
	电话：(010)68545888(营销中心)、82562819（万水）
经　售	北京科水图书销售有限公司
	电话：(010)63202643、68545874
	全国各地新华书店和相关出版物销售网点
排　版	北京厚诚则铭印刷科技有限公司
印　刷	三河市人民印务有限公司
规　格	184mm×260mm　16开本　24.75印张　633千字
版　次	2015年9月第1版　2022年10月第2次印刷
印　数	2001-3001册
定　价	86.00元

前　　言

马克思主义中国化的历程，就是不断解决中国时代课题的历程。在中国革命、建设和改革的具体实践中，逐渐形成了中国化的马克思主义理论体系，它包括两大子体系：前者是毛泽东思想体系，后者是中国特色社会主义理论体系，包括邓小平理论、“三个代表”重要思想以及科学发展观等重大战略思想。中国化马克思主义理论体系围绕着不同历史时期的时代课题，勾勒出一条问题主线。沿着这样一条主线，我们将能够更加清晰地把握中国化马克思主义理论体系的共同特点，厘清体系内各组成部分之间既一脉相承又与时俱进的关系。

进入新世纪，我国的改革开放和社会发展取得了巨大成就，也遇到了新的问题。从总体上看，我国仍然处于传统社会向现代社会的转型时期，社会上各种失衡、失范、无序现象时有发生。持续的高速发展在带来经济增长的同时，也使得资源浪费、环境污染等问题突显；伴随着经济的全面起飞，社会的非理性因素滋长，人性扭曲、贫富悬殊、两极分化、道德滑坡等社会问题突显，社会在发展的同时付出了巨大的代价。可见，传统的竭泽而渔、单一追求经济增长的发展模式，已成为新时期阻碍我国社会经济快速发展所面临的时代痼疾，实现传统的、单纯追求经济增长的发展模式向以人为本、全面协调可持续的科学发展转型，是新世纪马克思主义中国化必须面对的突出矛盾和难题。“实现什么样的发展、怎样发展”这个问题的提出，便是针对这一突出矛盾而做出的时代回应。

《中国化马克思主义理论研究及其当代发展》是对中国共产党在推进马克思主义中国化过程中产生的毛泽东思想和中国特色社会主义理论体系两大理论成果进行整体把握的基础上，以马克思主义中国化为主线、以中国化马克思主义为主题、以中国特色社会主义为重点，按照历史与现实相结合、理论与实践相统一的原则，力求以新的框架全面、准确阐述中国化马克思主义的基本原理及其立场、观点和方法。本书通过对马克思主义中国化历史进程的梳理，力图从多个方面把握马克思主义中国化的基本脉络。在内容上，第一章和第二章系统阐述了马克思主义中国化的基本内涵、历史进程；第三章和第四章主要论述了马克思主义中国化的重要理论成果，包括毛泽东思想、邓小平理论、“三个代表”重要思想和科学发展观的指导思想，详细阐述了这些重要理论成果的发展进程、理论体系以及历史地位；第五章总结了马克思主义中国化的历史经验；第六章从新的视角论述了“马克思主义中国化时代化大众化”的内涵、逻辑和路径；第七至十二章主要阐述了当代基本国情下马克思主义理论在中国的运用和创新发展，包括马克思主义经济理论、马克思主义政治理论、马克思主义文化理论、马克思主义民族理论、马克思主义建党理论和马克思主义生态理论等。

马克思主义中国化的研究方向和领域的凝练还在进行中，编写《中国化马克思主义理论研究及其当代发展》不仅是一项具有较大开创性的工作，也是一项具有很强政治性和学术性的任务。尽管编者为本书的编写尽了最大努力，但仍然会有不少难尽人意之处，恳请专家和读者提出宝贵意见。

编　者

2015 年 4 月

目　　录

第一章　马克思主义中国化的基本问题阐释

马克思主义中国化，就是把马克思主义基本原理同中国具体实际相结合，使马克思主义具有中国特色和时代特征，从而成为指导中国革命、建设和改革的科学理论。中国共产党的发展过程，是在实践中探索马克思主义中国化道路的过程。随着中国特色社会主义道路的不断推进，马克思主义中国化研究也日益成为一个非常重要的理论和现实问题。

第一节　马克思主义及其理论本质的内在要求

马克思主义回答了人类先进思想提出的种种问题，给被压迫的人们提供绝不同任何迷信和反动势力相妥协的新的世界观，成为推动历史前进的伟大的认识工具。根本原因就在于它是一个科学的世界观。具科学性，一方面在于，它研究、继承和改造了人类文明的一切优秀学说，揭示了历史发展客观规律的总趋势，实现了人文社会科学的理论革命，是近现代世界文明的伟大思想成果；另一方面，它又具有与时俱进的理论品质，能与各民族的特点相融合，能随着实践、科学和时代的发展而发展，是一个与世开放、不断创新的理论。

一、马克思恩格斯学说及其民族性和时代性

马克思主义的创立者马克思恩格斯本人，曾将他们的学说称之为“唯一科学的社会主义”，列宁给予过马克思主义“现代科学社会主义”的称谓。我们这个课题讲的马克思主义，也主要是在“唯一科学的社会主义”或“现代科学社会主义”的意义上，即从科学社会主义这个角度来分析的。这是相对于过去空想社会主义而言的。空想社会主义是马克思恩格斯学说的一个重要来源。

在欧洲，随着资本主义经济政治关系的兴起，空想社会主义伴之而产生。从 1516 年托马斯·莫尔的《乌托邦》算起，至 19 世纪中叶，经历了 3 个多世纪，产生了一批又一批空想社会主义思想家，形成了很有影响的社会思潮。这种思潮尖锐地批判了资本主义的罪恶，幻想一个没有剥削压迫、人人平等的理想社会。但是，由于空想社会主义者不了解社会历史发展的客观规律，也不清楚资本主义雇佣劳动的本质，更不知道实现理想社会的力量所在，因而他们的种种努力没能成功。只是在马克思主义诞生之后，社会主义从空想开始变为科学，这才掀开了历史新的一页。

马克思主义降临到这个世界上，是以 1848 年《共产党宣言》的发表为根本标志的。这是马克思恩格斯学说被视为“现代科学社会主义”的第一个伟大文本。那时，自由资本主义经历了蓬勃发展的黄金时期，它所创造的生产力比过去一切世代创造的全部生产力还要多。同时，资本主义社会的基本矛盾也充分暴露出来。历史的发展已提出如何正确认识这个社会的问题。马克思恩格斯研究人类社会历史发展的基本矛盾，考察资本主义发生和发展的趋势，创立了科学社会主义理论。这个理论首先通过《共产党宣言》系统地展现在人们面前。列宁对它作过全面而深刻的评价，指出：“这部著作以天才的透彻而鲜明的语言描述了新的世界观”，“对这个学说作了完整的、

系统的、至今仍然是最好的阐述”①。“它的精神至今还鼓舞着、推动着文明世界全体有组织的正在进行斗争的无产阶级。”②

马克思、恩格斯在经历由唯心主义向唯物主义、由革命民主主义向共产主义的转变之后，将他们的实践斗争和理论创造活动，他们的全部智慧和心血，完全献给了国际无产阶级事业和共产主义运动。

从理论创造活动看，他们有两个最伟大的发现，这就是唯物史观和剩余价值理论。前者意味着“发现了人类历史的发展规律”，后者意味着“发现了现代资本主义生产方式和它所产生的资产阶级社会的特殊的运动规律”。这两大发现，不仅使社会主义理论得以由空想变成科学，而且奠定了他们的全部理论的基础。他们的理论被称之为“马克思主义”，这不是他们本人的意思，而是信仰他们的理论和传承他们的事业的工人运动活动家们所命名的。这个理论的内容虽然分散在他们的大量著作中，但由于恩格斯在《反杜林论》中对马克思和他“主张的辩证方法和共产主义世界观的比较连贯的阐述”，在总体上说明了他们的哲学、经济学和社会主义学说的基本观点，以及这三部分之间的逻辑联系，从而基本上建构起了自身的科学体系。这是100多年来的马克思主义传脉，在各个发展阶段的各个理论体系中，由创立者本人初步建构的一个理论体系。此后的列宁主义等各个理论体系，大都是由党的领导集体或后继者建构的。创立者本人虽有大量的著作和丰富的思想，但没有像恩格斯那样写成关于自己思想理论的体系性著作。后继者与时俱进构建的关于马克思主义理论的一个又一个体系，都离不开这个基础。

马克思、恩格斯生前并没有把他们的理论创造命名为马克思主义。只是在恩格斯逝世近20年后，由于无产阶级革命事业坚持和捍卫他们的理论的需要，列宁不仅将他们的学说称为马克思主义，而且对马克思主义下了一个定义。他说：“马克思主义是马克思的观点和学说的体系”，是“把社会生活领域也包括在内的彻底的唯物主义、作为最全面最深刻的发展学说的辩证法、以及关于阶级斗争和共产主义新社会创造者无产阶级肩负的世界历史性的革命使命的理论”③。这里讲的“马克思的观点和学说的体系”，是包括恩格斯在内的。列宁对恩格斯的理论贡献是充分肯定的，他对恩格斯的谦逊品德非常崇敬。他在纪念恩格斯的文章中明确指出：“自从命运使卡尔·马克思和弗里德里希·恩格斯相遇之后，这两位朋友的毕生工作，就成了他们的共同事业。”“欧洲无产阶级可以说，它的科学是由这两位学者和战士创造的。”④

列宁根据恩格斯的《反杜林论》，对马克思主义的内容作过两次概括。一次是在撰写的马克思传略中，列宁将“马克思主义概述”分为四个方面。一是马克思的学说，包括哲学唯物主义、辩证法、唯物主义历史观和阶级斗争学说，认为这是马克思的“整个世界观”。二是马克思的经济学说，认为这是“马克思主义的主要内容”。三是社会主义理论，强调资本主义社会转变为社会主义社会，是现代社会经济运动规律的必然结果。四是无产阶级阶级斗争的策略，认为这是马克思毕生都十分注意的问题，强调先进阶级只有客观地、动态地考虑到社会中一切阶级相互关系的全部总和，才能制定正确的策略。列宁对马克思主义的另一次概括，则是人们比较熟悉的《马克思主义的三个来源和三个组成部分》一文。对于三个来源，列宁也有两个表述。一是说“马克思学说

① 列宁选集(第2卷)[C].北京:人民出版社,1995,第305页

② 列宁选集(第1卷)[C].北京:人民出版社,1995,第93页

③ 列宁选集(第2卷)[C].北京:人民出版社,1995,第416页

④ 列宁选集(第1卷)[C].北京:人民出版社,1995,第95页

是人类在19世纪所创造的优秀成果——德国的哲学、英国的政治经济学和法国的社会主义的当然继承者”①。二是说“马克思是19世纪人类三个最先进国家中的三种主要思潮——德国古典哲学、英国古典政治经济学以及同法国所有革命学说相联系的法国社会主义——的继承者和天才的完成者”②。这两者基本一致，表述主要是简繁区别，后者讲得更充分和更准确一些。至于三个组成部分，在列宁看来，一是被称之为“完备的哲学唯物主义”的辩证唯物主义（恩格斯用的是“现代唯物主义”概念，列宁用“辩证唯物主义”的称谓比较多）和历史唯物主义；二是揭示了人与人之间的关系、阶级与阶级之间的关系的政治经济学，其剩余价值学说被称之为“马克思经济理论的基石”；三是使所追求的社会主义能够实现的阶级斗争学说，即作为新社会的创造者的无产阶级反对资产阶级的阶级斗争理论。列宁对这三者之间关系的认定是：“只有马克思的哲学唯物主义，才给无产阶级指明了如何摆脱一切被压迫阶级至今深受其害的精神奴役的出路。只有马克思的经济理论，才阐明了无产阶级在整个资本主义制度中的真正地位。”③从而，“这种力量可以（而且按它的社会地位来说应当）成为能够除旧立新的力量”。

列宁对马克思主义的概括是科学的，经受住了一个多世纪以来历史的检验。在列宁领导俄国十月革命成功之后，社会主义从理论形态变成了实践形态。这样，在国际共产主义运动中，列宁就被视为马克思主义理论的当然继承人。此后，以马克思主义理论作为指导思想的各国共产党等工人阶级政党和组织，基本上是以恩格斯和列宁的认识来解读马克思主义的。

沿着这条思路对马克思主义的运用、丰富和发展，即不断在创新的马克思主义，被视为广义的马克思主义。中国共产党人是这一脉统的传承人。

任何一个理论都会打上其民族性和时代性的烙印。“民族化和当代化”是马克思主义理论本质的内在要求。同时，它在发展过程中正因为科学地坚持和把握了“民族化和当代化”的要求，也才有一个又一个发展着的马克思主义，构成广义的马克思主义理论脉统。

二、马克思恩格斯关于“民族化和当代化”的认识

马克思主义奠基人虽然没有明确提出“民族化和当代化”的理念，但是这个思想是蕴涵和渗透在他们的著作之中的。

首先，马克思主义理论作为科学的世界观和方法论，就包含了“民族化和当代化”的要求。恩格斯的一些论述多次表达了这个意思。比如，他在说明唯物史观的伟大意义时指出：“正像达尔文发现有机界的发展规律一样，马克思发现了人类历史的发展规律，即历来为繁芜丛杂的意识形态所掩盖着的一个简单事实：人们首先必须吃、喝、住、穿，然后才能从事政治、科学、艺术、宗教等等；所以，直接的物质的生活资料的生产，从而一个民族或一个时代的一定的经济发展阶段，便构成基础，人们的国家设施、法的观点、艺术以至宗教观念，就是从这个基础上发展起来的，因而，也必须由这个基础来解释，而不是像过去那样做得相反。”④这里讲的经济基础决定上层建筑的基本原理，不是作纯抽象的论述，而是强调它与“一个民族或一个时代的一定的经济发展阶段”的密

① 列宁选集（第2卷）[C].北京：人民出版社，1995，第309—310页

② 列宁选集（第2卷）[C].北京：人民出版社，1995，第418页

③ 列宁选集（第2卷）[C].北京：人民出版社，1995，第314页

④ 马克思恩格斯选集（第3卷）[C].北京：人民出版社，1995，第776页

切联系。这从一个侧面说明，马克思主义理论不是脱离民族化和当代化的要求来建构的。恩格斯在说明他们的理论的时代性特征时，也强调“我们只能在我们时代的条件下去认识，而且这些条件达到什么程度，我们才能认识到什么程度”①；“每一个时代的理论思维，从而我们时代的理论思维，都是一种历史的产物，它在不同的时代具有完全不同的形式，同时具有完全不同的内容”。这种时代性，换言之，就是那个时代的“当代化”。马克思主义理论作为科学的世界观和方法论，在运用它时就一定要与某个民族的具体情况和那个时代的历史特点相结合，而不是单靠引证马克思、恩格斯著作中关于另一历史时代的某一论述，来解决当前发生的独特而复杂的问题。“正确的理论必须结合具体情况并根据现存条件加以阐明和发挥。”“在将来某个特定的时刻应该做些什么，应该马上做些什么，这当然完全取决于人们将不得不在其中活动的那个既定的历史环境。”②

因此，说“民族化和当代化是马克思主义理论本质的内在要求”，这不是外加给马克思主义理论的，而是它本身具有的理论品格。也正因为如此，恩格斯多次批评解释他们理论的法国工人运动活动家杰维尔说，杰维尔在许多地方把马克思的个别论点绝对化了，而马克思提出这些论点时，只是把他们看作相对的，只有在一定的条件下和一定的范围内才是正确的。“杰维尔忽视了这些条件，因此那些原理本身就成为不正确的了。”③

其次，马克思主义关于民族解放运动的理论体现了“民族化和当代化”的思想。马克思、恩格斯虽然生活和活动在欧洲资本主义比较发达的国家，他们的理论研究也主要关注资本主义发达国家的工人运动和无产阶级革命斗争，但是随着欧洲资本主义欠发达国家和亚洲经济发展落后国家民族解放运动的兴起，他们的视野也转向被压迫民族的革命斗争，研究的范围扩大到如何将无产阶级革命斗争同民族解放运动相结合以及民族解放运动的纲领和策略。这样，他们的理论进一步注入了“民族化和当代化”元素。先是在 1848 年欧洲革命时期，波兰、捷克、匈牙利和意大利等国掀起了声势浩大的民族解放运动，他们撰文热情支持这些被压迫民族争取解放的斗争，提出“一个民族当它还在压迫其他民族的时候，是不可能获得自由的”；一个民族的自由程度“要看它给予毗邻民族的自由的多少而定”；被压迫民族的解放斗争，是资本主义比较发达的国家无产阶级革命的“必需的和天然的同盟者”。接着，19 世纪 50 年代，亚洲兴起了反对西方列强的殖民主义侵略和本国反对封建统治阶级的革命风暴，他们又痛斥英国资本主义势力对中国和印度等国的残酷掠夺和野蛮侵略，高度赞扬那里人民的英勇反抗斗争。马克思曾深刻揭露 1840 年鸦片战争对中国社会变革的影响，热情地讴歌了中国人民反抗斗争的伟大意义，指出：“世界上最古老最巩固的帝国 8 年来在英国资产者的大批印花布的影响之下已经处于社会变革的前夕，而这次变革必将给这个国家的文明带来极其重要的结果。如果我们欧洲的反动分子不久的将来会逃奔亚洲，最后到达万里长城，到达最反动最保守的堡垒的大门，那末他们说不定就会看见这样的字样：“中华共和国自由，平等，博爱。”④；“中国革命将把火星抛到现今工业体系这个火药装得足而又足的地雷上，把酝酿已久的普遍危机引爆，这个普遍危机一扩展到国外，紧接而来的将是欧洲

---

① 马克思恩格斯选集(第 4 卷)[C]. 北京：人民出版社，1995，第 337－338 页
② 马克思恩格斯选集(第 4 卷)[C]. 北京：人民出版社，1995，第 284 页
③ 马克思恩格斯全集(第 36 卷)[C]. 北京：人民出版社，1974，第 98 页
④ 马克思恩格斯全集(第 7 卷)[C]. 北京：人民出版社，1959，第 265 页

大陆的政治革命”①。这些论述不仅丰富了他们的民族解放运动理论，而且也凸显了他们的整个理论的“民族化和当代化”的内涵。

再次，马克思、恩格斯晚年提出的东方经济落后国家可能跨越资本主义制度“卡夫丁峡谷”的构想，进一步强化了马克思主义理论“民族化和当代化”的特质。东方许多国家相对于西方资本主义发达国家而言，经济社会的发展十分落后，世界贸易市场的形成，使东方各民族遭受西方发达国家的苦难愈益加深。随着资本主义与前资本主义制度的碰撞，不同经济形态的相互影响，被压迫民族国家社会矛盾的加剧，东西方文化和价值观念的冲突以及民族解放运动与无产阶级革命运动的日益发展，经济落后的东方各国的社会发展道路问题，越来越引起晚年的马克思、恩格斯的高度关注。在了解到并研究了东方许多国家社会历史发展状况的大量原始资料后，马克思开始提出社会发展道路的具体途径问题，认为各个国家的具体的历史环境不同，各种社会形态存在巨大差异，未来的社会发展道路“必须考虑到各国的制度、风俗和传统”，如果“使用一般历史哲学理论这一把万能钥匙，那是永远达不到这种目的的”。当看到俄国的农奴制改革使俄国经济社会的发展发生了巨大变化后，马克思、恩格斯深入地研究了俄国的社会历史状况，提出了像俄罗斯这样的民族有可能跨越资本主义制度的“卡夫丁峡谷”道路的新构想。

这个新构想是这样的。当时，俄国是在全国广大范围保存了土地公社占有制的欧洲唯一国家。这就是有名的“农村公社”制度(既有集体所有制因素，又有私有制成分)，它正面临三种发展的可能前景：一是俄国引入的资本主义的继续发展，导致公社瓦解；二是公社内部的私有制慢慢地演进，取代公有制；三是公社内部的公有制战胜私有制，不经过资本主义发展阶段，进化到社会主义。马克思、恩格斯对第三种发展的可能性寄予希望。怎样才能使这种可能性成为现实呢？1882 年年初，马克思恩格斯在《共产党宣言》俄文第 2 版序言中写道：“在俄国，我们看见，除了迅速盛行起来的资本主义狂热和刚开始发展的资产阶级土地所有制外，大半土地仍归农民公共占有。那么试问：俄国公社，这一固然已经大遭破坏的原始土地公共占有形式，是能够直接过渡到高级的共产主义的公共占有形式呢？或者相反，它还必须先经历西方的历史发展所经历的那个瓦解过程呢？”“对于这个问题，目前唯一可能的答复是：假如俄国革命将成为西方无产阶级革命的信号而双方互相补充的话，那么现今的俄国土地公有制便能成为共产主义发展的起点。”②这里，马克思恩格斯明确了俄国可能发展的非资本主义道路的前提条件，这是他们提出跨越资本主义制度“卡夫丁峡谷“构想的基本出发点。此前，马克思在给俄国著名革命家维·查苏利奇的复信里已指出：如果说土地公有制是俄国“农村公社”的集体占有制的基础，那么，它的历史环境，即资本主义生产和它的同时存在，给它提供了大规模地进行共同劳动的现在的物质条件。因此，它能够不通过资本主义制度的“卡夫丁峡谷”，而享用资本主义制度的一切肯定成果。它能够成为现代社会所趋向的那种经济体系的直接出发点。这样的思想，尽管马克思在此前 30 年讲到印度革命在西方发达国家革命成功前景下的发展方向问题时已有所表露，但在这里的论述不仅强化了过去的思想，而且异常明确。这是一个不同于西方发达国家发展道路的构想，它实际上涉及东方不发达国家在获得主要资本主义国家的无产阶级革命给予支持的条件下，走非资本主义发展道路的可能性问题。马克思、恩格斯十分希望俄国和欧洲的革命能在适当的时候发生，相互响应，彼此推动，在世界历史发展的大背景下，东方落后国家实现超越资本主义制度(但不超越资本

① 马克思恩格斯选集(第 1 卷)[C]. 北京：人民出版社，1995，第 695 页

② 马克思恩格斯选集(第 4 卷)[C]. 北京：人民出版社，1964，第 179 页

主义创造的生产力)的“卡夫丁峡谷”理想。这个构想,不但为后来的东方落后国家探索适合本国情况的社会发展道路奠定了初步的理论基础,而且更加凸显了马克思主义必须与时俱进,只有不断“民族化和当代化”,才能成为革命行动指南的理论品格。

第二节　马克思主义中国化的科学内涵

马克思主义中国化就是将马克思主义基本原理与中国具体实际相结合,一方面在实践中学习和运用理论,用理论来指导实践;另一方面在总结实践经验的基础上深化对理论的认识并丰富和发展理论。

一、马克思主义中国化命题的提出

(一)马克思主义中国化命题的演进轨迹

1. 马克思主义中国化命题的前期摸索

马克思主义理论是诞生于19世纪40年代的一种西方思潮,它起源于欧洲社会。文艺复兴自16世纪兴盛于欧洲,这场思想文化解放运动拉开了资本主义的序幕。从资本主义的逐步萌芽到马克思主义的创立,在这三百多年间,工业化正在逐步发展,机器大工业日渐发达。在这样的社会背景下,马克思恩格斯在总结了人类先进思想的基础上,深入分析了资本主义社会的基本矛盾,肯定了人民群众在社会发展中的重要作用,创立了唯物主义历史观,揭示了资本主义以及整个人类社会运动发展的一般规律。马克思主义在20世纪初期传入中国,中国当时的社会现实情况与西方社会是完全不一样的。中国当时正处在半殖民地半封建社会状态,受到帝国主义列强的践踏,人民的生活苦不堪言。为了改变这种落后局面,为了救国救民,中国的先进知识分子借鉴西方资产阶级的社会学说和政治理论,企图使中国走上改良的道路,在中国发展资本主义,但是事实证明,这条路是行不通的。在我们迷茫之际,十月革命的胜利,为中国送来了马克思主义。

马克思主义理论适用的社会条件与中国社会的现实存在着巨大的历史差距,它没有也不可能为中国的革命和建设问题提供现成的答案。马克思主义传入中国之际,正是中国进行革命之际,所以,我党最初是将马克思主义作为指导革命的思想武器来接受的。例如:早在“五四”运动时期,李大钊在对待马克思主义的态度问题上,就是要将马克思主义的基本理论放到它适用的具体条件下,在社会主义国家,必须要将马克思主义的基本理论与中国社会的现实结合起来。1919年,李大钊在同胡适争论时就曾经指出:“一个社会主义者,为使他的主义在世界上发生一些影响,必须要研究怎么可以把他的理论尽量应用于环绕着他的环境。”[①]在这里,李大钊实际上已经提及了必须按照中国的具体情况来学习和运用马克思主义的问题,李大钊已经具有了马克思主义中国化的思想倾向了。恽代英也提出要“寻求一个适合国情,而又合于共产主义的方针来”[②]。

① 李大钊文集(下卷)[C].北京:人民出版社,1984,第34页

② 恽代英文集(上卷)[C].北京:人民出版社,1984,第258页

当时也有部分共产党人在《新青年》杂志上撰文提出了把对社会主义的研究、中国的现状与马克思主义的普遍真理连起来进行研究的说法。青年时期的毛泽东在世界观急剧转变的时期也有这方面的思想火花。他在确立马克思主义信仰的时候提出“改造中国与世界”的目标，并且进一步说明：“提出‘世界’，所以明吾侪的主张是国际的；提出‘中国’，所以明吾侪的下手处”[①]。在这里，毛泽东把国际的“主张”与改造中国的实际结合起来，也涉及了马克思主义普遍真理同中国具体实际相结合的必要性问题。蔡和森、张太雷等人也对马克思主义普遍真理同中国具体实际相结合的必要性问题作过一定的探讨。由此，我们可以看出，在早期，我党已经初步认识到要把马克思主义运用到我国，必须结合我国的实际，不能脱离了我国的现实。

然而，由于历史局限，我党在建立初期，理论上、思想上认识到马克思主义与中国实际相结合这个问题了，但是在具体的行动中并没有立即实现将马克思主义与中国实际相结合。在历史条件的局限下，我党对中国国情的了解有所欠缺，致使党的一些纲领和决议都带有机械性，在很多情况下，我们都在照搬套用马克思主义的相关原理。中共一大提出在中国直接进行社会主义革命的主张，无形中是照搬了十月革命的具体经验。诸如我党曾有这样的认识，认为我们应该完全保持独立，不与其他任何党派建立关系，只对无产阶级的利益进行维护。但是，随着我党的不断成长，在中共一大后，党领导工人阶级进行了多次运用，在这些过程中，我党对中国社会的情况有了深入的了解，也更加坚定了对马克思主义与中国实际相结合的必要性的态度。1922 年 1 月，《先驱》提出要在中国客观实际的基础上，努力寻求解决中国问题的最合适的方案。这就直接表达了探索中国社会和中国革命的意向，也由此可见，中国共产党人在事实上已经开始努力将马克思主义与中国实际结合到一起了。中共二大坚持把共产主义作为党的最高纲领，提出了党在民主革命时期的纲领为“（一）消除内乱，打倒军阀，建设国内和平；（二）推翻国际帝国主义的压迫，达到中华民族完全独立；（三）统一中国本部（东三省在内）为真正民主共和国。”[②]这成为中国共产党人探索马克思主义中国化的一个良好开端。在之后的中共三大，我党针对当时中国革命的客观形势，最初了开展党内合作的重要决定。我党与国民党进行了合作，在合作的过程中，参加革命的阶级成分异常众多与复杂，革命形势有些不容乐观，为了使我国革命顺利地发展，中共四大第一次明确提出了无产阶级在民主革命中的领导权问题和工农联盟问题。虽然早期的中国共产党人还不可能真正地解决马克思主义中国化的问题，但是我党早期的革命实践一直是在马克思主义与中国具体实践相结合的过程中进行的，这为马克思主义中国化的发展奠定了坚实的认识基础。

2.马克思主义中国化命题提出的序曲

20 世纪 20 年代末，在我党内部，曾一度有马克思主义教条化的趋势，共产国际的决议和苏联经验被神圣化，用僵化的模式来解决我国的现实问题，这种教条主义的错误后患无穷。毛泽东及时指出了这种错误，以毛泽东为代表的中国共产党人在同教条主义作斗争的过程中坚持不懈地探索马克思主义理论同中国具体实际相结合的问题。秋收起义遭受了失败之后，毛泽东冷静分析中国革命的实际情况，做出了“星星之火，可以燎原”的著名论断，建立了井冈山革命根据地，并在总结根据地革命斗争经验的基础上，从理论上对建立和发展农村革命根据地所要解决的一

---

① 毛泽东文集（第 1 卷）[C]. 北京：人民出版社，1993，第 1 页

② 中共中央文件选集（第 1 册）[C]. 北京：中共中央党校出版社，1989，第 115 页

系列问题进行了初步论证。这对我国革命的发展是至关重要的一步。这基本上解决了大革命失败以后我党如何把马克思主义普遍真理同中国革命具体实际结合起来的课题。然而，由于历史原因，人们对马克思主义与中国实际相结合的重要性并未取得一致的认同。党内也经常围绕中国革命的发展道路问题争论不断，这些争论主要围绕着城市与乡村之间的道路问题。这些争论妨碍了全党思想的统一，约束了红军和农村革命根据地的发展。毛泽东对这些争论进行了反复、深入的思考中，最后，他发现这些争论的实质就是实事求是思想路线和教条主义思想路线之间的斗争。因此，要想使全党在中国革命的问题上达成一致，首先要坚决摒除党内把马克思主义教条化、把共产国际决议和苏联经验神圣化的不良风气，在全党确立实事求是的思想路线。毛泽东对实事求是思想路线的确立有着重大贡献。到 1929 年中共九大召开时，毛泽东提出了如何纠正主观主义的问题，其中有两点特别值得注意：其一，毛泽东提出要教育党员用马列主义的方法去作政治形势的分析和阶级势力的估量；其二，告诫党员同志坚持调查研究，要求党员注意社会经济的调查和研究，由此来决定斗争的策略和工作的方法。其实，在这里，毛泽东就已经开始用马克思主义方法研究中国的实际问题了。《反对本本主义》是毛泽东实事求是思想路线的重要著作，这里的“本本”，就是僵化的理论，毛泽东说，我们要在掌握我国实际的基础上，学习马克思主义的“本本”，并把它运用到我国的实际中。这篇文章首次划清了坚持马克思主义与教条主义的界限。也可以说，这标志着马克思主义中国化的思想原则基本确立，并从某种程度上可以视之为毛泽东提出“马克思主义中国化”命题的先导。然而，由于当时党内的斗争，毛泽东的领导地位在党内还没有得到确立，实事求是的思想原则并没有完全被全党接受，导致后来李立三“左”倾冒险主义和王明“左”倾教条主义能够在党内占据统治地位。直到 1935 年遵义会议的召开，毛泽东的领导地位得到确立，实事求是的思想路线在全党确立。

3.马克思主义中国化命题的正式提出

遵义会议吹响了马克思主义中国化的号角，它第一次独立自主地决定了我们党自己的路线、方针和政策。随着革命形势的不断变化和发展，共产国际领导方式的转变也从外部环境上为我党明确提出马克思主义中国化提供了可能。1935 年，共产国际七大指出，在今后的任务中，每个国家要根据自身的具体情况，在立足于本国实际的基础上，将马克思主义运用到本国的实际问题，避免机械地直接套用前人的经验。由于我党刚刚遭受了一次“左”倾教条主义的严重危害，正在反思之中，可以说，共产国际七大对我党所起到的思想解放作用是意义重大。我党对教条主义进行了深刻的批判。例如：在 1935 年 12 月召开的瓦窑堡会议尖锐地批评了党内“关门主义”的错误做法。1936 年 3 月，张闻天在中央政治局提出了要将共产国际决议民族化的观点，使共产国际的决议适合于我国的实际情况。毛泽东在《中国革命战争的战略问题》《辩证法唯物论（讲授提纲）》这两本著作中，其核心观点都是反对理论脱离实际、照搬书本和外国经验的教条主义。1937 年 4 月，中共中央发出了告全党同志书，在这个文件中，我党指出了我国革命的复杂性，指出了我们所面对的敌人的复杂性，我们要把马克思列宁斯大林主义的原则与我国的实际相结合，不能照搬套用，这个相结合是我们的革命取得胜利的关键性因素。由此可见，在共产国际七大后，中共文献中出现的“民族化”“具体化”等提法，已经的“中国化”概念的前奏了。

1937 年 11 月，王明回国后继续执行教条主义路线。遵义会议确立毛泽东在党内的领导地位，我党的大局掌握在毛泽东等人手中。在这时，“左”、右倾的错误思想笼罩在党内，我党的正确的路线、方针和政策的实施受到干扰，唯有使马克思主义“中国化”才能解决这个问题。从我党成立以来走过的曲折历程和正反两方面的经验使中国共产党明晰了对待马克思主义、共产国际的指示和外国经验的态度。1938 年 10 月，毛泽东在党的六届六中全会上，正式提出了“马克思主义中国化”的命题，这一命题得到大家的一致认可。毛泽东认为，每个国家的共产党员都是马克思主义者，是具有国际主义的，马克思主义只有“民族化”了，才是真正意义上的马克思主义的实现。马克思主义决不能被抽象地运用，马克思主义只有放在具体的环境中，与实际情况结合，马克思主义才能发挥其作用。在中国，必须结合中国特点来谈马克思主义，否则，就成了抽象、空洞的马克思主义。马克思主义中国化，就是赋予马克思主义以中国作风、中国气派，立足于中国实际，这样才能解决中国的问题。“马克思主义中国化”这一命题的提出，标志着我党进入了更加自觉探索中国革命道路的新阶段。

（二）马克思主义中国化与中国化马克思主义

马克思主义中国化与中国化的马克思主义，是既相区别又联系的两个命题。因此，分析两者之间的关系，既是深化马克思主义中国化基本问题研究的客观需要，也是提升人们认识水平的现实要求。

1. 两个概念的内涵不同

马克思主义中国化是指“马克思主义和我国具体特点相结合”并获得“一定的民族形式”的具体过程。中国化的马克思主义是指马克思主义普遍原理同中国具体实际相结合的结果，是指具有中国特点和民族形式的科学理论。具体来说，马克思主义中国化是指马克思主义在中国的发展过程，它的产生和发展经历了传播、结合、创新和中国化的马克思主义理论成果等具体阶段，这一过程可能会出现曲折和偏差。中国化的马克思主义作为马克思主义同中国具体实际相结合的结果，是马克思主义中国化的理论形态，是被实践证明了的关于中国革命、建设和改革的理论原则和经验总结，是中国共产党人集体智慧的结晶，它不仅是一个阶段发展过程的终点，同时也是新的发展过程的起点。

2. 两个概念标志着马克思主义在中国发展的不同状态

马克思主义中国化是指马克思主义在中国正在变化和发展为一种新的马克思主义的理论形态，中国化的马克思主义则是指马克思主义在中国已经发展为一种新的马克思主义的理论形态。马克思主义普遍原理同中国具体实际相结合是一个发展过程，随着这个过程的展开，马克思主义理论的发展就呈现出不同的状态，而衡量这种状态的具体标志就是是否形成了一种新的理论形态。所谓新的理论形态是指适应一定时代需要又能满足一定时代实际要求而形成的比较完整的具有创新内容的理论体系。任何一种新的理论形态，都是由新的概念、范畴和原理构成的关于某一事物和领域的比较完整的思想体系。在马克思主义中国化的过程中，毛泽东思想、邓小平理论、“三个代表”重要思想以及科学发展观等重大战略思想就是这样新的理论形态，是马克思主义中国化的理论成果。

3. 两个概念具有内在的统一和联系

马克思主义中国化和中国化的马克思主义两个命题都是中国共产党在坚持和发展马克思主义、推进马克思主义的理论创新和实践创新的进程中提出的，两者具有内在的统一和联系。首先，两者具有理论性质的一致性。中国化马克思主义和马克思主义中国化在理论性质上没有本质的区别，都是在坚持马克思主义基本理论精神基础上的历史发展和形态，具有共同的理论源泉，即马克思主义的世界观、方法论和基本原理。其次，两者具有实践上的统一性。从一定意义上来说，马克思主义中国化和中国化马克思主义是与中国革命、建设和改革开放的实践相统一的。两者都离不开社会主义革命、建设和改革开放的实践，并以此作为生成的依托和基础。再次，两者具有主体的共同性。马克思主义中国化的主体是中国共产党，中国化的马克思主义也是中国共产党对实践经验教训的概括和总结，形成了创新的理论形态。主体的共同性决定了两者的内在联系。最后，两者有着逻辑关系上的必然。马克思主义中国化的过程是中国化的马克思主义产生的基础，离开这一过程就不能说明中国化的马克思主义产生的理论渊源、历史条件和实践基础；中国化的马克思主义则是马克思主义中国化的必然结果，反过来又会促进和继续推动马克思主义中国化的历史进程。马克思主义中国化与中国化马克思主义是一个统一过程的两个相互联系的方面，在这一过程中贯穿了马克思主义的基本立场、观点和方法，体现了马克思主义的思想路线。

二、马克思主义中国化的内涵

（一）马克思主义在中国的“三化”

1.马克思主义在中国的具体化

马克思主义在中国具体化，即是指在中国当代具体国情的条件下，坚持马克思主义的“总的指导原理”，将马克思主义放置于我国当代历史大发展实践中。这里的“马克思主义”绝不是条条框框，而是一种认识工具，一种方法论原则。马克思主义的认识工具和方法论原则只有与中国的具体实际相结合，在实际应用中具体化为中国革命和建设可行的理论、路线、方针和政策。否则，马克思主义在中国就不可能起任何作用。中国要搞社会主义，这是毫无疑义的。但是，关于如何建设社会主义，马克思、恩格斯没有给出现成答案。毛泽东提出了农村包围城市道路，邓小平提出了建设中国特色社会主义道路，这都是我党集体智慧的结晶，并非是马克思、恩格斯提出的。所以说，中国要如何建设社会主义，如何走好中国特色社会主义道路，唯一正确的方法就是将马克思主义的基本指导原则与中国具体实际紧密结合，以找到适合中国自己的道路与模式。马克思主义在中国的具体化，也意味着当马克思主义经典作家的某些具体论断与中国具体实际不相符合时，决不能生搬硬套，而必须从中国的具体实际出发，立足于解决中国革命与建设实践中的新矛盾、新问题，实事求是地提出新观点，拿出新办法，才能将中国革命和建设事业不断向前推进。

2.马克思主义在中国的民族化

马克思主义的民族化，就是要使马克思主义基本理论以不同的民族形式表现出来解决具体的民族问题，从而成为民族文化的一部分。与“具体化”不同的是，马克思主义民族化指马克思主义普遍原理同中华民族文化相结合，马克思主义基础学说要与中华民族文化的意识形态、价值追求、思维特点、行为模式结合起来，从而使真理性内容通过民族形式体现出来，带有民族的特点。换句话说，从内容与形式的关系来看，马克思主义民族化是通过中国的民族形式反映马克思主义中国化的思想内容，为了确立和反映马克思主义中国化的思想内容，必须采取中国的民族形式，就是要把马克思主义的“欧洲形式”转变为“中国形式”。

文化是一个民族的精神和灵魂，是人类生活的反映，是人们生活生存的方式方法与准则。不同的国家、不同的民族，有着不同的文化特点，因此，当一种文化形态要在另一种文化形态中存在，并在思想文化的深层次发挥作用时，就必须经过加工、改造和整合，使其与该社会的传统文化有机结合起来。马克思主义作为一种在西方文化背景下诞生的思想文化理论，毕竟产生于不同的思想文化土壤，基于不同的社会历史条件基础之上。马克思主义的民族化表现在表达方式的民族化、传播方式的民族化、语言风格的民族化等不同层面。

3. 马克思主义在中国的时代化

马克思主义在中国的时代化，即是指在实际运用马克思主义基本原理时要和当代中国实践和时代特征结合起来，在探索和解决时代实践的新问题中用新的思想、新的观点、新的方法继承和发展马克思主义，使马克思主义随着时代实践的发展而发展，使马克思主义始终保持勃勃生机，始终具有时代气息而保持青春活力。这种扎根当代中国实践和时代实际的马克思主义的当代化，正是马克思主义的一种本质特征。

（二）马克思主义中国化的内涵体系

1. 本质规定

马克思主义中国化的本质规定，是马克思主义基本原理同中国具体实际相结合。我党从成立之初到之后的不断发展过程中，始终坚持马克思主义指导思想与我国具体实际相结合。毛泽东在首次提出马克思主义中国化的命题时曾明确提出：“没有抽象的马克思主义，只有具体的马克思主义。所谓具体的马克思主义，就是通过民族形式的马克思主义，就是把马克思主义应用到中国具体环境的具体斗争中去，而不是抽象地应用它。”[①]新中国成立以后，毛泽东提出要实现马克思主义与中国实际的“第二次结合”，明确讲到，所谓马克思主义中国化就是马克思主义普遍真理和中国革命具体实践的统一，一个普遍，两个具体，两个东西的统一就叫做中国化。[②] 马克思主义中国化的本质规定是：一方面，马克思主义中国化的理论成果必须坚持马克思主义的基本原理，基本前提是坚持马克思主义的立场、观点和方法；另一方面，必须立足于中国的客观实际，不能用马克思主义的个别结论剪裁中国的实际，也不能机械地照搬其他国家的经验。

2. 逻辑起点

马克思主义中国化的逻辑起点是一切从中国的实际出发，反对教条主义。马克思主义中国化的历史进程始终与反对教条主义紧紧地联系在一起。我党革命、建设和改革的实践证明，不反对教条主义，不从中国的具体实际出发，就不可能有中国革命的胜利，就不可能建立社会主义制度，就不可能有马克思主义理论成果的创立。

3. 根本目的

马克思主义中国化的根本目的是用中国化的马克思主义理论成果指导实践。认识世界就是为了改造世界。理论之所以有价值，就是在于理论能够指导实践，指导如何改造世界。理论对实践的指导作用是由实践的本性所决定的。实践性是马克思主义区别于其他主义的显著标志。实

① 中共中央文件选集(第11册)[C]. 北京：中共中央党校出版社，1991，第658页

② 关于马克思主义中国化概念的六点研究[N]. 人民网，2006－06－17

践是马克思主义的重要特征之一。马克思主义来源于实践，同时又指导着实践。马克思主义的理论成果只有通过实践来检验其正确与否。在社会主义建设过程中，特别是在改革深入进行时期，我们的事业会遇到种种问题，社会主义制度还需进一步完善，我们要坚持解放思想、实事求是、与时俱进、求真务实，不断推进社会主义现代化建设事业。

4.理论创新

马克思主义中国化的根本要求是理论创新。理论创新是马克思主义的固有属性和理论品质，是中国革命、建设和改革的迫切需要。毛泽东指出："我们要把马、恩、列、斯的方法用到中国来，在中国创造一些新的东西。只有一般的理论，不用于中国的实际，打不得敌人。但如果把理论用到实际上去，用马克思主义的立场、方法来解决中国问题，创造些新的东西，这样就用得了。"①

不断创新是马克思主义获得强大生命力的重要因素。马克思主义理论的每一次重大突破，社会主义实践的每一次历史性飞跃，都是马克思主义基本原理与具体实际相结合进行理论创新的结果。理论创新是一个关系党和国家事业继往开来、兴旺发达的大问题。我们要解放思想，进行理论创新，党的理论和政策才能不断向前发展，现代化建设事业才能不断前进。

5.重要环节

马克思主义中国化的重要环节是中国共产党根据革命和建设的实践制定的各项政策。马克思主义认为，共性寓于个性之中，共性反映的是抽象性，个性反映的是具体性、多样性。在马克思主义中国化的具体过程中必须坚持理论同实践的辩证统一。实践是检验真理的唯一标准，我国发展的实践是检验我国政策正确与否的尺度。只有经过理论——政策——实践的多次反复，才能使政策逐步接近实际，才能使思想逐步符合实际，才能发挥政策的指导作用。同时，经过对大量实践经验的概括和总结，先从个别、具体的做法上升为一般的政策规定，进而升华为抽象的理论形态。这就是政策在马克思主义的中国化成为中国化的马克思主义过程中的重要作用。

（三）马克思主义中国化应注意的几点问题

1.马克思主义中国化是历史、现实与未来的"三位一体"

马克思主义中国化要立足于现时代的实际国情，要吸取前人的宝贵经验，要以未来发展的趋势为方向，应当做到回溯考察、现实研究和前瞻展望的有机统一。推进马克思主义中国化，要追溯历史，考察马克思主义中国化的产生发展过程；要立足实际，分析研究马克思主义中国化的当代实现成果；要展望未来，探索马克思主义中国化的发展趋势和前景。这样才能增强历史感，对马克思主义中国化的科学内涵有一个动态的、历史的、全面的把握。

2.马克思主义中国化是一个"双向互动"的过程

马克思主义中国化就是研究马克思主义与中国实际相结合的这样一个问题，它就是总结中国革命、建设实践活动的丰富经验，上升到马克思主义的理论高度，使之"带上条理性、综合性"，"做出合乎中国需要的理论性的创造"。② 因此，马克思主义中国化不是"一化"，而是"两化"，是

---

① 毛泽东文集(第2卷)[C].北京：人民出版社，1993，第408页

② 毛泽东选集(第3卷)[C].北京：人民出版社，1991，第818－820页

一个“双向互动”的过程，目的是为了更好的达到马克思主义普遍原理同中国具体实际有机结合的最佳境界。

3.把握如何“化”很关键

这里的“化”就是方式方法、结果程度的问题。马克思主义中国化是“双向互动”的过程，一方面，要使马克思主义理论实现从普遍到具体、从共性到个性的转化；另一方面，要使中国的实际经验从个性到共性、从特殊到一般，实现向马克思主义的理论升华。马克思主义中国化的最终目的或结果就是要实现中国化的马克思主义，要形成新的理论结晶和成果，不断促进马克思主义在当代中国的发展，这是评判马克思主义中国化实现程度的一个客观标准。

三、马克思主义中国化的基本特征

（一）时代性

时代在变化，实践主题也在变化，对变化了的时代和实践主题作出科学、准确的判断和分析，使理论符合实际情况，并指导新的实践，是时代赋予马克思主义中国化的使命和重任。

马克思主义活的灵魂是具体问题具体分析。构成这一活的灵魂的要素是一切以时间、地点、条件为转移。在这里，首要的是“时间”因素，而对马克思主义的发展历程来说，重要的是时代问题。根据列宁的时代观，主要有三方面的时代的性质和特征：其一，是时代的主要矛盾，即我们现在所说的主题；其二，是在这个时代居于领导地位的阶级的特质和历史使命；其三，是基于以上两点决定的时代发展趋势。

马克思主义中国化的历程表明：马克思主义中国化同整个马克思主义理论体系一样，是一个与时俱进的过程，与时俱进就是它固有的本质属性，在与时俱进中展现着其生命力和创造力。这种与时俱进，一方面体现在时代变迁中，如从毛泽东的民族民主革命和社会主义革命理论到邓小平的建设有中国特色社会主义理论；另一方面，在同时代的不同发展阶段，也会因形势的变化和历史任务的不同，出现理论形态的变化，如从“三个代表”重要思想到科学发展观，就具有这样的性质。

“十月革命”给中国人民送来了马克思列宁主义，但马克思列宁主义并没有提供解决中国革命具体问题的现成答案。马克思主义在中国的实现程度如何，不仅取决于中国对它的需要程度，而且取决于中国共产党人对这一理论的运用程度，取决于这一理论与中国实际相结合的程度。在不同的历史时期，马克思主义中国化都有合乎时代发展的新的理论成果产生。民主革命时期，战争与革命是时代的主题，主要特征是“战争引起革命，革命制止战争”。

毛泽东生活和战斗在以战争与革命为主题的时代，这个时代的主要特征，用毛泽东的话来说就是“战争引起革命，革命制止战争”，它适应这个时代的发展要求，从中国的实际出发，提出了实事求是的思想路线，开拓了农村包围城市的道路和和平改造资本主义的道路，形成了党的领导、武装斗争、统一战线三大法宝等一系列重大理论，创立了毛泽东思想，毛泽东思想就是以战争与革命为主题时代的中国化的马克思主义。

邓小平参与了毛泽东思想的创造。但我们现在所说的邓小平理论，则是另一个新时代的产物，这个时代的主题是和平与发展，“和平、发展、合作”成为这一时代的主要潮流，适应这一时代的要求，邓小平在领导中国社会主义建设的伟大实践中，始终坚持解放思想、实事求是，提出了社会主义初级阶段的理论，社会主义本质的理论，社会主义市场经济的理论，制定了“一个中心、两个基本点”的基本路线，开拓了建设有中国特色社会主义的新路。

以江泽民、胡锦涛和习近平为核心的党中央，根据变化了的形势，与时俱进，以中国现时的时代特征为依据，提出了“三个代表”重要思想、科学发展观等重要理论成果，特别是党的十八大的顺利召开，进一步推进了中国特色社会主义事业的更大发展。

（二）批判性

在马克思主义理论体系中，辩证法的本质被规定为批判性和革命性，这是整个马克思主义理论体系的基本特征之一。马克思主义是属于无产阶级的，无产阶级一无所有，他们失去的只是锁链，得到的将是自由，将是整个是世界。马克思所创立的理论体系，就是为改变资本主义不合理的旧世界而服务的，就是为创建共产主义新世界服务的。马克思认为，这种批判性和革命性，既包含了对客观世界的改造，也包含了对主观世界的改造。这种批判性和革命性就是在科学实践观的基础上，不断实现主观和客观的统一。

中国化马克思主义的重大理论成果是对马克思主义的继承与发展，肩负着历史重任——将马克思主义历史使命在中国变为现实。故而，它更凸显出马克思主义的批判性和革命性特征。批判性和革命性在本质上是同一的，或者说革命性是批判性的集中表现。在社会历史领域，只有通过革命性批判才能实现根本性变革。毛泽东在总结世界革命特征是在总结中国革命经验的基础上，揭示了革命发展的一般规律，即制造舆论—组织力量—夺取政权—改变生产关系—发展生产力。具体体现为：“所谓制造舆论，就是传播马克思主义，实现马克思主义中国化，使理论成为革命的先导，这实际上就是思想革命；所谓组织力量，就是把马克思主义和中国工人运动相结合，组建中国共产党，把革命力量凝聚起来形成浩浩荡荡的革命大军，这实际上就是组织和领导革命；所谓夺取政权，就是用革命的手段，打碎旧的国家机器，建立人民民主专政的国家，形成无产阶级和人民群众的政治统治，这实际上就是政治革命；所谓改变生产关系，就是在政权的保护下，建立社会主义的基本经济制度，逐步消灭阶级和剥削，这实际上就是经济社会革命；所谓发展生产力，就是把发展生产力看做革命的目的，而发展生产力本身，用邓小平的话说，就是更深刻的社会大革命。”①上述即是中国共产党人的马克思主义革命观。

由此可见，批判性和革命性不仅是社会变革的动力，更是社会变革的目的。批判性和革命性也适用于马克思主义自身。比如，在学习和实践马克思主义时，可能会产生教条主义错误，这就需要通过批评和自我批评，克服教条主义，还马克思主义所固有的生动活泼的革命本性。又如，革命的发展是分阶段的，当革命实践已经跨入新阶段时，有些人的头脑还停留在旧地方，发生了思想僵化现象，这就需要通过批评和自我批评，帮助他们跟上时代的步伐；再如，马克思主义是在同各种非马克思主义思潮的斗争中获得发展的，一些错误观点就可能附在马克思主义身上，假马克思主义之名而行，这就需要拿起批评和自我批评的武器，清除附在马克思主义身上的“脏物”，保持马克思主义的纯洁性。可见，批评和自我批评是马克思主义理论批判性和革命性应用的最好形式。反对教条主义和反对经验主义的斗争就是在马克思主义中国化的历史上这种批判性和革命性的典型体现。

---

① 辛国安.马克思主义中国化的基本经验[M].北京：人民出版社，2009，第7页

（三）创新性

马克思主义之所以强大，之所以经久不衰，之所以适用于全世界任何国家，就在于它的与时俱进性。任何科学的理论都不是一成不变的，任何科学的理论都是要与特定的时代背景相联系的。僵死的理论是没有出路的。马克思主义的理论自然不是自我封闭的，它是在不断变化的社会实践中进而不断发展的鲜活的思想体系。因为马克思主义学说就是用来指导认识世界并改造世界的。客观世界是一个变化着的动态的过程，马克思主义的作用对象在不断发展变化，马克思主义必然具有创新的理论品质。

马克思主义诞生于 19 世纪中叶的欧洲，经过一个多世纪的发展年仍然充满活力而长盛不衰，并且对全世界的共产主义运动产生了巨大意义，这正是体现了马克思主义与时俱进、开拓创新的鲜明特征。马克思主义具有普遍性的指导意义，但这种普遍性的指导意义并不意味着马克思主义能够为马克思之后年代所产生的一切问题提供现成的答案。要想解决新的实际问题，必须以待解决问题所处时代的具体实际为基础，在坚持马克思主义基本原理的基础上，创造出新的经验，使马克思主义能够解决特定的问题。

马克思主义中国化本身就具有创新性：其[illegible]，马克思主义中国化随着中国革命、建设和改革的实践发展而不断产生着新成果，不断发展着马克思主义；其二，马克思主义中国化的几大理论成果是在不同的历史阶段、对应不同的社会实践，都是在吸取前人有益的经验基础上发展而来的，都是对已经不适用于现时的部分扬弃，都是对不合理的过时的某些论断大胆突破。但有一个基本指导思想，就是始终坚持马克思主义的指导思想。

实践必然是不断发展变化的。马克思主义中国化根植于中国的具体实践中，马克思主义中国化必然具有创新的特征。

（四）人民性

马克思主义中国化具有鲜明的人民性。这里的人民性，就是指以把人民的利益作为马克思主义中国化的最终落脚点。这一价值取向要求马克思主义在中国化的过程中牢固树立人民为本的理念，保障人民群众的各项权力，促进人的全面发展。毛泽东思想的群众路线、群众观点正是人民性的深刻体现。人民性是邓小平理论的出发点和落脚点。邓小平理论制定各项方针政策始终依据人民拥护不拥护、赞成不赞成、高兴不高兴、答应不答应的标准，并把“三个有利于”作为判断工作得失的标准，即是否有利于发展社会主义社会的生产力，是否有利于增强社会主义国家的综合国力，是否有利于提高人民的生活水平。江泽民提出的“三个代表”重要思想突出了人民群众的根本利益，并且指出人民群众是实现自身利益的根本力量、先进生产力和先进文化的创造主体。以人为本是“科学发展观”的核心。“科学发展观”强调的是发展为了人民、发展依靠人民、发展成果由人民共享。这开辟了中国特色社会主义理论体系人民性的新境界。马克思主义中国化的价值取向为马克思主义中国化的理论成果成为全民族的共同指导思想奠定了深厚的基础，也使广大人民群众对中国特色社会主义理论体系产生了高度的认同感。

人民群众作为历史唯物主义的一个重要范畴，是指推动历史发展的绝大多数成员的总和。这一范畴既有量的规定性，又有质的规定性。从量的规定性看，人民群众相对于个人而言是社会成员的大多数；从质的规定性说，人民群众是指一切推动历史发展和社会进步的社会力量。同时，人民群众还是一个历史的范畴，在不同国家和同一个国家的不同历史时期有不同内容。在我国现阶段，人民的含义更广泛，一切赞成、拥护和参加社会主义建设的阶级、阶层和社会集团，以及拥护社会主义和赞成祖国统一的爱国者，都属于人民的范围。具体来说，人民的主体部分包括工人阶级、广大农民、知识分子和人民军队。由此，中国化马克思主义的发展既要具有阶级性，更要体现广泛人民性的特点，反映、维护最广大人民群众的发展意愿和根本利益。阶级性与人民性的结合，就是中国化马克思主义发展的价值性所在。

马克思主义在中国化过程中真正把坚持和发展统一起来，在形成和发展中形成了一个优良传统。把坚持和发展统一起来，不仅表达了不同阶段的马克思主义理论形态是一个统一的科学体系，而且还展示着真正马克思主义者的理论核心。毛泽东在马克思主义旗帜下，把理论和实践相结合，创立了毛泽东思想；邓小平在毛泽东思想的旗帜下，适应新的时代和实践的要求，开辟建设中国特色社会主义道路，创立了邓小平理论；江泽民在邓小平理论的旗帜下，根据新的形势的发展和实践的要求，提出了"三个代表"重要思想；胡锦涛在"三个代表"重要思想的旗帜下，根据新世纪中国社会主义建设、改革的任务和要求，提出了"以人为本"的重要观点，提出了科学发展观和构建社会主义和谐社会等重大战略思想；习近平在以人为本基础上，提出了人民群众的美丽中国梦。

（五）实践性

马克思主义认为，实践是理论的源泉、发展动力和检验标准。实践是理论的生命之源，生活之源，本真之源。丰富的实践经验为理论的生成和发展提供了思想资源和发展动力。脱离实践，或者与实践脱节，理论只能成为无源之水、无本之木的灰色遐想。因此，"真正的理论在世界上只有一种，就是从客观实际抽出来又在客观实际中得到了证明的理论"①。马克思主义把实践的观点引入唯物主义和认识论，是实践的唯物主义，实践的观点是马克思主义首要和基本的观点。

实践也是马克思主义中国化最鲜明的特色，这是由实践的本质属性决定的。没有实践，就没有马克思主义的中国化。唯有立足于中国革命、建设和改革的伟大实践中，马克思主义中国化才能生存和不断发展下去。在我国，马克思主义的真理与中国革命和建设的实践相结合，产生了毛泽东思想与中国特色社会主义理论体系。实践是检验真理的唯一标准。任何一种理论的正确与否，只有在实践中才能得到最终检验。列宁继承和发展了马克思主义的实践观点，强调必须着眼于实践的变化不断地推进马克思主义理论的发展。马克思主义中国化的理论成果正确与否，要放置于中国社会的具体实践中检验，从而推动实践取得更大的发展。

中国共产党人坚持马克思主义的实践观和认识论，从实践出发而非从原则出发，使客观实际与主观原则相联系，成就了中国化马克思主义最基本的品格。毛泽东坚持了实践观点和实践标准，强调了人的正确思想要从实践中来。邓小平不仅强调要解放思想，实事求是，而且在改革开放和社会主义现代化建设过程中始终坚持实践是检验真理的唯一标准，并提出了"三个有利于"作为判断工作得失的根本标准。"三个代表"重要思想也是在中国改革开放和发展市场经济的实践中坚持和发展马克思主义的最新理论成果。

当今时代主题的嬗变要求理论必须根据实践的发展而与时俱进，时代发展的趋势预制了理论的基本问题及其发展进路。中国化马克思主义既要面向经济全球化、面向世界激烈竞争、面向多极化世界格局，又要面对中国复杂的具体国情、面对改革开放逐步显露的深层次矛盾、面对人

---

① 毛泽东选集(第3卷)[C].北京：人民出版社，1991，第817页

们日益增长的物质文化需求，不断地进行理论上的探索，不断深化对中国社会主义现代化建设规律的认识与把握，推进经济与社会全面发展，只有这样，才能在面向世界的竞争中取得主动，才能保证我国社会稳定、快速发展，才能得到广大人民的支持与拥护。因此，必须把中国化马克思主义的学习、运用、发展深入到社会各个领域，深入到中国民众的生活世界，与时代和实践发展的脉搏紧密呼应，广泛增强理论的学习能力、应用能力与发展能力，这是新的历史条件下马克思主义中国化应有的品格。

（六）民族性

马克思恩格斯对资本主义规律的考察都是以西欧为蓝本的，可以说，马克思主义产生和形成的社会条件与实践基础是西欧资本主义的形成和发展。同时，马克思是德国人，以他的名字命名的马克思主义产生于德国，带有德国的民族性。相对于中国与中华民族的传统文化而言，马克思主义是一种外来文化。所以，马克思主义要发挥对中国革命、建设和改革的指导作用，必须要经历与中国实际相结合的中国化过程。“化”者，彻头彻尾、彻里彻外之谓也。马克思主义中国化，就是要使产生于欧洲的马克思主义在内容和形式上都实行一番变化，使它具有中国的民族特点和民族形式，成为中国人民特有的科学理论。这种具有中国作风和中国气派的中国化马克思主义，既是马克思主义的，又是中国的。中国化马克思主义的形成与发展就是把马克思主义与中国实际相结合的典范。

中国传统文化的优秀成果是马克思主义中国化理论成果的重要组成部分，同时中国传统文化也赋予了马克思主义中国化以民族特色。

第三节　马克思主义中国化的基本依据

中国化的马克思主义的产生是中国对世界现代化浪潮、先进文化、社会主义革命和建设运动的体现与回应。马克思主义所回答的基本问题恰好是中国人民企盼和努力解决的重大问题，是中国社会变迁和革命发展的客观要求。

一、马克思主义中国化的政治基础

旧中国是一个半殖民地半封建的社会，人民身受帝国主义、封建主义和官僚资本主义三座大山的压迫和剥削，迫切的需要科学的理论依据作为指导，改变现阶段的生活现状。在马克思主义之前，中国的先辈就已经开始引入西方思想，寻求治国之道，孙中山先生通过一系列的革命斗争，在中国建立中华民国，但是在当时已经不适合中国社会制度的发展。

（一）近代以来中国社会面临的两大历史课题与民族民主革命

中国是一个历史悠久的东方大国，传承了历史五千年的文化。中华民族曾经创造了世界领先的古代文明，对人类历史发展作出过重大的贡献。但是近代以来，西方一些国家先后走向了资本主义发展道路，而同时期的中国由于实行闭关锁国政策，仍然停留在封建社会的发展阶段，成为已经发展起来的西方列强侵略和掠夺猎物。自从 1840 年英国强迫中国签订第一个不平等的

《南京条约》之后,中国就开始在半殖民地半封建的泥潭里越陷越深。而后在接下来的一百零五年时间紧紧跟随全世界几乎一切大中小帝国主义国家,没有一次战争不是以我国失败、签订丧权辱国条约而告终,只有最后一次的抗日战争,由于国内外各种原因以日本帝国主义投降告终。其根本的原因是:当时的中国社会制度腐败,导致中国的经济技术明显的落后于同时期的帝国列强。为了改变中国在世界上被动挨打的局面,使中国真正在世界上站立起来并且能够站稳,就必须改变"社会制度腐败"和"经济技术落后"的状况。因此,改变腐败的社会制度和落后的经济技术,就成为近代以来中国社会面临的两大历史课题,也成为近代以来中华民族面临的两大历史任务。

为了完成救国救民两大历史任务,在马克思主义传入中国以前,中国人民进行了长达半个多世纪的前赴后继的反帝反封建的英勇斗争,如:1851 年洪秀全领导的太平天国农民运动是中国人民为解决历史中心课题所做的最早一次尝试。他们向封建社会旧制度发起猛烈攻击,极大地动摇了封建统治的基础。1898 年戊戌变法运动是以康有为、梁启超等为代表的资产阶级改良派,按照西方资本主义国家的面貌对中国实行自上而下的改革。1911 年的辛亥革命是中国旧民主主义革命的最后一幕,建立了资产阶级共和国。但是,由于农民阶级和资产阶级没有比较科学的思想作为指导理论,一切可以用来试验的方案在实践中都破产了。

单纯的农民战争、改良主义的君主立宪、革命民主派的资产阶级共和国,都不能解决中国近代历史提出的独立、民主和富强的中心任务。中国的仁人志士企求通过学习西方来振兴中华的道路走不通;先进的中国人还在苦苦地求索出路。中国历史就这样一步一步地为马克思主义在中国的传播扫清了道路、创造了条件。

(二)中国社会的需要与人民对马克思主义的认同

鸦片战争以后,中国人为寻求救亡图存的真理,几乎从西方搬来了整个资产阶级的思想库。相对于鸦片战争以后纷至沓来的西方资本主义思潮,马克思主义属于"迟到"的真理。究其原因,最基本的一条就是马克思主义的基本原理和精神适应了中国人民的民族追求,中国人民救亡图存的政治要求内在地推动了中国人民对马克思主义的选择、认同。

鸦片战争后的中国迫切需要新的理论来指导社会变革,正是这种强烈的需要,激励着一批仁人志士奋不顾身地寻求真理。1860 年第二次鸦片战争又一次将大清王朝推到亡国的边缘。只是到这时,魏源等倡导的"师夷长技以制夷"的思想才得到较普遍的认同。李鸿章、张之洞等开始了以"自强""求富"为目的的"自强新政"洋务运动。洋务派坚持"中体西用",试图将西方的科学技术嫁接到中国传统体制之上。这是近代中国最早的社会改革,改革的直接成果是引进了大机器生产和西方先进科学技术,促成了中国资本主义的初步兴起。但是,甲午战争的失败,宣告了洋务派主张的彻底破产。

甲午战争的失败以及接踵而来的列强瓜分中国的狂潮,使中华民族的危机空前严重。危机使以严复、康有为、梁启超为代表的新兴资产阶级改良派认识到,中国要想救亡自强,就必须学习西方,实行自上而下的社会改良,学习西方资产阶级民主主义的文化。他们把"变"只理解为渐变,否认突变,表现在政治实践上就是只强调改良,反对革命。资产阶级改良派也失败了。

资产阶级革命派从戊戌变法的失败中看到,在当时的中国,和平渐进形式的改良已行不通,必须采取突变形式的革命。孙中山的三民主义,高度概括了资产阶级革命派要求民主、共和、自由和平等的政治主张。辛亥革命具有划时代的历史意义,实现了一次伟大的历史飞跃,但辛亥革命并没有解决中国所面临的重大社会问题。

激进的民主派由辛亥革命的失败的历史教训认识到，必须进行一场思想文化革命，彻底清除旧思想意识和旧伦理道德，民主、自由和平等的新思想才能永驻人心。他们以《新青年》为阵地，高举民主和科学的大旗，向孔教迷信、封建伦理发起了猛烈攻击，掀起了一场新文化革命运动。

从 1840 年鸦片战争到 1919 年五四运动前的八十年中，中国人民没有什么思想武器可以抵御帝国主义。康有为写了《大同书》，但他没有也不可能找到一条通向大同之路；严复翻译了不少资产阶级政治思想和学术思想的著作，但终究也未能摆脱支持复辟的下场；孙中山这样杰出的民主革命的先行者，把旧三民主义发展为新三民主义，但终究也未能摆脱资产阶级民主主义思想体系。

正当这个时候，俄国十月革命在西方文明之外给中国人民指明了一条全新的出路。十月革命第一次把社会主义从书本上的学说变成活生生的现实，它发生在与中国比邻的、封建压迫严重和经济文化落后的俄国，对中国人民特别具有吸引力。中国的先进分子开始用马克思主义的宇宙观作为观察国家命运的工具，重新考虑自己的问题。当时，几乎所有的报纸杂志都热衷于社会主义新思想的宣传，把富国强民的希望寄托在社会主义身上。马克思主义虽然是来自于西方的理论，但它的批判性、人民性和实践性正好满足了 19 世纪末 20 世纪初中国人民渴望改变中国社会的理论需要。马克思主义之所以能够在中国获得如此巨大的成功，从根本上说，是因为中国革命需要科学的世界观和方法论作为指导，特别是科学的历史观和社会革命理论的指导。

二、马克思主义中国化的组织基础

马克思主义是无产阶级认识和改造世界的世界观和方法论。中国无产阶级作为一支新的革命力量的成长，为马克思主义在中国的传播及中国化奠定了坚实的阶级基础。而中国工人阶级的先锋队——中国共产党的成立，则为马克思主义中国化奠立了牢固的组织基础。

（一）新的革命力量的成长

19 世纪 40 年代，中国工人阶级伴随着外国帝国主义在华直接经营企业的产生而产生。19 世纪 60 年代后，洋务派在国内开办军用工业和少数的民用工业。到了 19 世纪 70 年代以后，中国的资本主义开始在帝国主义和封建主义的夹缝中产生。第一次世界大战期间，由于帝国主义暂时放松了对中国的经济侵略，民族工业有了较大发展，工人阶级的队伍也随之迅速壮大，仅仅产业工人就由 1913 年大约 120 万人发展到 1919 年的 200 万人左右。再加上与产业工人处于同等或类似地位、靠出卖劳动力生活、并与产业工人所从事的机器大工业生产有直接或间接联系的各种非产业工人，则近代中国无产阶级的总数约为 4 000 万人。随着工人人数的增长，工人运动的次数和规模都有了很大程度的发展，他们开始在中国政治舞台上扮演越来越重要的角色。

中国工人阶级人数虽然不多，但他们却有着自己独特的优点：第一，中国工人阶级人数虽然不多，但很集中，主要分布于沿海大中城市，便于形成一支重要的政治力量；第二，身受资产阶级、封建势力、帝国主义三重剥削和压迫，其革命性和反抗性特别强；第三，中国工人阶级的来源是农民，与农民有着天然的联系，容易和农民结成联盟，使工人阶级领导革命具有广泛的社会基础。正是由于这种原因，五四运动过程中，工人阶级以中国历史上第一次政治大罢工的姿态登上了中国革命的政治舞台，并在运动中表现了最坚决最彻底的革命性，对五四运动的胜利起了决定性的作用。这表明中国工人阶级已经摆脱了自在的束缚,成为革命最根本的物质力量。

在接受马克思主义作为自己的指导思想以前,由于生长在半殖民地半封建的社会环境中,中国无产阶级虽然具有革命的彻底性,但是,中国无产阶级自身也难免带有一些弱点,除了少数人之外,还受到种种封建意识和习惯的侵蚀,受农民小生产者的思想和习惯的影响较深。因此,中国无产阶级要承担起自身的历史使命,就必须自觉地接受先进思想的指导,由于五四运动,中国无产阶级已经开始以一个独立的姿态登上了中国的政治舞台,这就更加需要马克思主义科学理论的指导。

这样,当一批先进的中国人接受了马克思主义以后,正开始到工农大众中寻找新的革命力量的时候,受到十月革命的影响,把马克思主义作为科学的指导理论指导中国政治舞台的无产阶级。因此,工人阶级的发展壮大并登上历史舞台,不仅奠定了马克思主义在中国广泛传播的坚定的阶级基础,也奠定了马克思主义与中国工人运动相结合、开启马克思主义中国化进程的坚定的阶级基础。马克思主义,是为无产阶级革命服务的,是国际工人运动的理论总结,是代表无产阶级根本利益的,具有鲜明的阶级性。马克思主义中国化的历史进程就是在马克思主义与中国工人运动相结合的过程中开启的。

(二)中国共产党的成立

五四运动以后,中国工人运动有了进一步的发展,马克思主义在中国也有了更广泛的传播,马克思主义迫切需要从工人运动中找到物质力量。于是中国共产主义知识分子开始到工人阶级中进行马克思主义的宣传和组织工作。从 1920 年夏天开始,陈独秀等在上海,李大钊等在北京,毛泽东等在湖南,王尽美等在山东,董必武、陈潭秋等在武汉、广州和日本、法国等地都相继建立了共产主义小组。共产主义小组的建立,是马克思主义同中国工人运动相结合的开端,而它建立后所进行的一系列活动,则是这种结合的进一步发展。各地共产主义小组,把马克思主义灌输到工人群众中,以马克思主义武装工人阶级,大大提高了中国工人阶级的政治觉悟,推动了工人运动的发展。

由于马克思主义同中国工人运动的深入结合,由于共产主义知识分子一系列努力和斗争,在思想上和组织上逐步完成了五四运动以来为创立中国共产党的准备过程,奠定了建党的阶级基础和思想基础。1921 年 7 月,上海、北京、武汉、长沙、广州、济南等地的共产主义小组推选了 12 名代表,代表党员 54 人,在上海举行了第一次全国代表大会。代表大会经过热烈讨论,代表大会庄严地宣布:我们的党定名为中国共产党,通过了党的纲领和关于当前工作的决议,选出了党的中央机关。党的第一次代表大会及其通过的纲领充分地表明了中国共产党从成立起,就是完全新式、以共产主义为目的、以马克思列宁主义为行动指南、统一的工人阶级的革命政党。中国工人运动同马克思列宁主义的结合,诞生了伟大的中国共产党。

中国共产党的创立,是马克思主义在中国传播的伟大成果,是马克思主义同中国工人运动相结合的必然产物。党的成立,标志着马克思主义中国化正式从思想传播进入理论运用和实践探索的阶段。中国共产党的二大破天荒地第一次提出了反帝反封建的民主革命纲领,为中国人民指示了明确的斗争目标。从历史上看,无论是农民领袖,还是资产阶级民主派,都没有能力为中国人民指明斗争的目标。作为推动马克思主义中国化的组织者、领导者和实施主体,中国共产党坚持把马克思主义与中国实际相结合、不断推进中国化的信念和方向就从来没有动摇过。对于这个长时间里没有得到解决的问题,中国共产党刚刚成立一年,就给予了一个基本的解决。中国共产党的成立为马克思主义中国化奠定了坚实的组织基础，使马克思主义中国化有了真正的政治保证。

三、马克思主义中国化的文化基础

从文化传播的角度讲，一种外来文化要在文化传统迥然有别的国度中得到广泛的传播，就必然要与该国的文化传统相融合，形成一种在总体性质上保持固有特征的一种崭新文化形态。否则，这种外来文化就无法在该国生根。因此，马克思主义作为一种外来文化要实现在中国的成功移植，就必须从中国传统文化中找到其生长点和结合点，而其前提是：必须与中国文化传统具有某种价值契合性。

任何两种文化之间成功的交流或融合，从根本上说，不是决定于概念、范畴的相同，而在于文化精神的相通。只有在文化精神上相通的两种文化才有融合的可能。马克思主义中国化之所以取得巨大的成功，重要的原因之一就在于，作为人类最先进文化的马克思主义与中国传统文化在文化精神上的会通。

（一）马克思主义与中国传统文化在实践理性上的相通

所谓实践理性，是马克思主义与中国传统文化结合的重要基础，是指人类对自身与世界的关系“应如何”和人“应当怎么做”问题的观念掌握与解答。优秀的文化必定是尊重实践、服务于实践的文化，而这些又是马克思主义与中国传统文化的共同特征。

实践在整个马克思主义理论体系中占有非常重要的地位。首先，马克思主义把实践看作是劳动群众的物质生产活动，从本体论上揭示了实践的本质，肯定了实践活动具有物质的客观的感性的性质和形式，肯定了实践是人能动地改造物质世界的对象性活动，从而区别于人以观念的方式把握客体的活动。其次，马克思主义从认识论上揭示了实践在人类认识活动及认识过程中的地位。认为实践是认识的基础，认识是在实践的基础上主体对客体的能动的反映；也正是在实践中，人脑得到发展，并在人脑中产生人所特有的认识结构和图式，形成专属于人的认识能力。再次，马克思主义本身就是从实践中产生的理论，也是以实践为全部目的的理论。“对实践唯物主义者即共产主义者来说，全部问题都在于使现存世界革命化，实际地反对和改变的事物”。马克思主义的全部理论都是为共产主义实践服务的。

中国传统文化中素有注重实践的传统。不论是唯心主义的行知观，还是朴素唯物主义的行知观，都浓缩了不同意义的实践理性。早在春秋时期，在当时特定的历史背景下形成了“知之非艰，行之惟艰”的朴素的行知观。战国末年荀况在对先秦各派学术思想进行总结批判的基础上，提出了“性伪之分”的观点，将朴素唯物主义的行知观发展到高级层次。墨子的“取实予名”论则开创了中国古代哲学中以实践为基础的认识论先河。中国独特的行知学说，不论是唯物主义的还是唯心主义的，在宋明清理学和实学中得到了高度的发展。朱熹从客观唯心主义出发，提出了知行相互分离又相互依赖、相互促进的观点，王阳明则力主行知合一。如果说，宋明理学的实践性局限于道德践履，到明清之际，以黄宗羲、顾炎武、王夫之、颜元等为代表的一大批启蒙思想家倡导“经世致用”的实学则使中国传统文化中的实践理性更接近于马克思主义的实践观。

从整体上看，马克思主义的认识概念强调对客观规律、对包括自然界和人类社会发展规律的认识，马克思主义的实践主要是生产实践，马克思主义在认识与实践的关系上始终恪守唯物主义立场，强调实践是认识的来源和归宿；中国传统的知行观则具有浓重的伦理色彩，所谓“知”，主要是对于伦理道德的认识，所谓“行”偏重于道德的践履。中国历史上的知行观到明末清初已发生巨大的变化，不仅在对行的理解上已与马克思主义的实践无本质区别，在行知关系上，也是如此。这标志着中国传统文化的知行观已发展到一个较高级的阶段。当马克思主义传入中国时，实学的知行观已成为中国文化的重要组成部分，成为马克思主义与中国传统文化融合的基础。

（二）马克思主义与中国传统文化在社会理想上的契合

社会理想是民族文化精神的核心，是引导人们奋斗的目标，也集中地反映了一个民族对现实及历史的态度。无论是作为一种科学理论，还是作为一种新型的文化，马克思主义是在对资本主义批判的基础上产生的，在马克思主义的命题体系中，首要的——也是最基本的命题就是：资本主义必然灭亡，与之相对应的另一个命题：共产主义社会是取代资本主义的理想社会。马克思主义创始人在对资本主义社会进行批判的同时发现了新的社会，认为“代替那存在着阶级和阶级对立的资产阶级旧社会的，将是这样一个联合体，在那里，每个人的自由发展是一切人的自由发展的条件”。他们把这种新的社会制度称之为共产主义社会。在未来的共产主义社会中，不仅生产力高度发达，实现了生产资料的社会公有，而且完全消灭了阶级和国家，也完全消灭了商品生产，整个社会的生产将按照一个庞大的计划来进行。

理想性是中国传统文化的重要特征。马克思主义这种对未来社会的构想，与中华民族优秀文化传统也具有某些相似性。中国古代进步思想家在创立自己的思想体系的同时，大都要对人类的理想社会做一些构想，其中在中国历史上影响最为深远的是儒家的大同理想，从《礼记·礼运》篇的“大同”“小康”思想，到孙中山“三民主义”的理想方案中也可以看到这种大同思想的影子。

大同世界与共产主义思想之间也是有着区别的。首先，马克思恩格斯的共产主义理想，是在对以人类社会发展的一般规律为指导的未来社会的设想。而大同世界只是中国古代自然经济的产物，是对当时社会的不满和无奈产生的一种空想。其次，马克思主义的创始人指出了一条切实可行的并被实践证明了的道路，大同世界则仅仅是观念的东西。再次，共产主义建立在高度发达的生产力基础上，是一种进步的高级的社会形态，大同世界从根本上说只是原始共产主义的简单复归。

大同世界和共产主义也是有相同点的，在生产关系方面，在终极关怀方面，两者是一致的。无论共产主义还是大同世界，都是对私有制的否定，对剥削制度的否定，都充满着对平等的向往。正是这种一致性大大地缩短了马克思主义与中国传统文化的距离，成为中国知识分子接受共产主义的契合点。20世纪初的中国知识分子，不论改良派、民主派还是革命派，基本上都是以此为契机，以儒学“大同”理想来理解共产主义，接受马克思主义的。

中华民族优秀文化传统中这种崇尚“公平、公正，天下为公”的大同传统虽然有着很大的空想性，但是它确为中国人接受马克思主义提供了一定的文化心理基础，为马克思主义中国化孕育了结合点。

（三）马克思主义与中国传统文化在人文关怀上的接近

不管是马克思主义还是中华民族优秀文化传统，都带有很强的人文关怀的色彩，它们都高度关注现实中人们的生活，马克思主义的群众史观与中国传统文化中的民本主义都在不同层面上表现出对人的高度重视。

中华民族优秀文化传统具有浓厚的人本色彩，这种意识集中体现在儒家“仁”的学说中，主张人要把自己跟物体和动物区别开来，把人当作“人”来看待和对待。儒家学说以“仁”这一概念为核心，又提出了“仁者爱人”，强调统治者要实行“仁政”、爱民等等，这些思想都带有很强的人文关怀的色彩。马克思主义创始人看到了在资本主义制度下人为物役、人性异化的现实，在他们看来，私有制是产生这一切不合理现象的总根源，为了实现无产阶级和全人类的解放，他们终生都在为废除私有制而奋斗。因此，马克思主义与中华民族优秀文化传统都关注现实中人们的生活，在这方面两者是能够相通的。

在强调人的群体价值方面，马克思主义与中华民族优秀文化传统也具有相似性。马克思主义强调人民群众是历史的创造者，充分肯定了人民群众的伟大历史作用，这与中华民族优秀文化传统中影响深远的“以民为本”的思想也是能够相通的。儒家关于“仁”的思想在于强调人与人相互关系上的和谐，因此它更多的是从人的社会价值或群体价值方面来看待个人存在的价值，中国历史上有不少进步的思想家也提出了“民贵君轻”、“得民心者得天下，失民心者失天下”等思想，这些思想曾经被历代统治者确立为治国安邦的经验。这与马克思主义强调社会性是人的本质属性的思想也是相通的。

无论从思想境界上，还是从理论动机来分析，中国传统文化中的民本思想都与马克思主义的人学观有着本质区别。但在对人——特别是对人民群众——的重视这一点来看，两者是接近的。中国共产党人正是在对中华民族优秀文化传统中的“民本”思想进行了马克思主义改造的基础上，确立了党的全心全意为人民服务的根本宗旨提出了“三个代表”重要思想和以以人为本为核心的科学发展观。

第二章　马克思主义在中国的开创

马克思主义中国化是近代以来中国社会和中国革命运动发展的客观需要和必然结果。我党领导人民在追求民族独立、人民解放，国家富强、人民富裕的过程中，从中国的特殊国情和具体实际出发，运用马克思主义的基本原理和立场、观点、方法，借鉴吸收中国传统文化的精华，总结中国革命、建设和改革的独创性经验，概括出符合中国实际的马克思主义的理论原则，使马克思主义中国化积淀了丰富的内涵，对我国革命和建设有着重大的指导意义。

第一节　马克思列宁主义在中国的传播

马克思主义原本是一种西方思潮，产生于19世纪40年代的欧洲。马克思主义创立之时，资本主义已经经过两百多年的历史发展，实现了大机器生产和工业化。正是在那样一种社会历史条件下，马克思和恩格斯总结了人类先进思想的积极成果，创立了唯物主义的历史观。根据这种历史观，他们分析了资本主义社会的基本矛盾，揭示了资本主义以及整个人类社会运动发展的一般规律。20世纪初马克思主义传入中国的时候，却面对着一种完全不同的社会历史情况。当时的中国还处在半殖民地半封建状态，经济文化十分落后，正在遭受帝国主义列强的践踏和蹂躏。近代以来，为了改变落后挨打的局面，缩短与资本主义之间在社会发展程度上长达数百年的历史差距，中国先进知识分子从西方引进资产阶级的社会学说和政治理论，企图在中国发展资本主义，却发现此路不通。在这种情况下，十月革命一声炮响，给中国送来了马克思列宁主义。

一、马克思主义在中国传播的历史背景

马克思主义是一种静态的思想学说，只有具备一定的社会条件，才能得到动态的传播。近代以后，国际环境和国内环境的变化，为马克思主义传入中国提供了必需的条件。

（一）国际背景

从世界范围看，20世纪之初整个世界历史进入了一个新时代，即资本主义国家陷入危机与第一个社会主义国家诞生并相互竞争的时代。一方面，主宰世界的西方国家正在从资本主义向帝国主义转变，西方资本主义社会内部危机日益加深，引发了持续四年之久的第一次世界大战，战后各资本主义国家陷入严重的经济危机、社会危机、政治危机和文化危机；另一方面，国际共产主义运动蓬勃发展，欧美各国社会主义政党普遍建立，工人运动广泛发展并开始扩展到欧美边缘地区及亚洲和非洲的一些国家。

第一次世界大战期间，列宁领导俄国人民在资本主义世界最薄弱的链条上进行了十月革命，变帝国主义战争为国内革命战争，建立了世界上第一个社会主义国家，打破了资本主义一统天下的世界局面。正如毛泽东所说："第一次帝国主义世界大战和第一次胜利的社会主义十月革命，

改变了整个世界历史的方向，划分了整个世界历史的时代。”[①]归纳起来看，这一时期对马克思主义哲学中国化产生了重要影响的国际因素，主要有以下几个方面。

1. 第一次世界大战

自鸦片战争以来，西方列强就不断侵略古老的封建中国，显示出资本主义文明的巨大优势，迫使先进的中国人向西方寻求救国救民的真理。从洋务运动到戊戌变法再到辛亥革命，这一系列的社会革新运动实质上也都是中国人学习西方文化的发展阶段，即试图以西方文化为蓝本，实现国家独立和民族解放。

但在学习西方文化的过程中，中国人也逐步看到西方资本主义社会并非完美无缺，并认识到资本主义并不是人类文化发展的顶峰。特别是第一次世界大战，不仅造成了空前的人员财产损失和社会混乱，而且暴露了资本主义社会的严重弊端，引发了人们对西方资本主义文明的深刻怀疑，甚至连西方人自己都在大叫“欧洲文明的破产”，以至于要到东方寻找拯救西方文明的药方。

先进的中国人逐步认识到，中国既不可能继续沿着自己的传统老路走，也不可能按照西方资本主义的道路走，而必须寻找一种新的文明、一种新的社会发展道路。李大钊总结说：“由今言之，东洋文明既衰颓于静止之中，而西洋文明又疲命于物质之下。”“为救世界之危机，非有第三新文明之崛起，不足以渡此危崖”。[②] 俄国十月革命的胜利和苏俄社会主义建设，正好为中国人民提供了这“第三种文明”。

2. 十月革命的胜利及其影响

正当资本主义陷入世界性危机的时候，俄国爆发了十月革命，使社会主义从理论变成活生生的现实。世界形势和国际共产主义运动由此发生了时代性转折，开辟了人类历史的新纪元，第一次为人类提供了一种新生活和新文明的榜样，让人们看到了一个新的社会模式和发展道路。十月革命的胜利促进了马克思主义在世界范围内的广泛传播，尤其是使中国人民深受影响。

俄国十月革命对于中国具有特殊的意义。它不仅使中国人认识到，资本主义不是唯一的道路，在它之外还存在着一种更高级的社会发展道路；而且使中国人相信，中国可以走社会主义道路，因为中国和俄国有许多相似的地方。这就满足了中国人民长期存在的一种赶超西方社会的渴望。按照西方资本主义的道路走，中国无法摆脱西方列强的欺压，也永远赶不上西方。只有走上一种比西方社会更高级的社会发展道路，才能超越西方资本主义。

十月革命也使马克思主义哲学在横跨欧亚的俄国成为国家哲学，由此突破了原有的影响范围而逐步风行世界，改变了其在世界文化格局中的边缘地位，成为另一个思想文化中心。正是十月革命将马克思列宁主义凸显在中国人面前，使中国人看到了走社会主义道路的光明前景，开始探求社会主义的理论基础。

3. 苏俄对华政策与巴黎和会

中国人民从资本主义国家和社会主义国家各自内外政策的比较中，深刻感受到了资本主义的残酷和社会主义的光明。社会主义俄国不仅使国内劳动人民获得了经济解放和社会政治平等权利，而且一改帝国主义的殖民政策，以平等友好的态度对待其他国家。苏俄政府曾三次发表对

---

① 毛泽东选集(第2卷)[C].北京：人民出版社，1991，第667页

② 李大钊全集(第2卷)[C].北京：人民出版社，2006，第214页

华宣言，宣布和重申废除沙皇政府与中国以及与其他国家签订的压迫中国的不平等条约，放弃在华特权，放弃庚子赔款，建议两国建立平等关系，并表示支持中国人民的革命斗争。

与此相反，资本主义列强在巴黎和会上争权夺利，以强凌弱，根本无视他国人民的尊严和利益，暴露出资本主义列强的丑恶面目。作为战胜国，中国人民最初对巴黎和会寄予厚望，普遍认为可以取消不平等条约，收回德国在山东的权益，摆脱半殖民地的遭遇，相信公理最终会战胜强权，弱国小国可以与强国大国平起平坐。但最后中国人民看到的是英、法、美、意、日五大列强操纵巴黎和会，使之成为一次分赃会议。它不仅没有取消不平等条约，而且要把德国在山东的权益转让给日本，由此激起了“内惩国贼、外御强权”的五四运动。外部刺激导致内部反应。这种鲜明的对比使中国人民迅速认同社会主义，更加痛恨帝国主义。帝国主义的卑鄙行径再次惊醒了中国人学习西方、与西方资本主义各国比肩而行的美梦，从反面促使中国的先进分子倾心于社会主义和马克思主义。

4.共产国际的建立和对中国革命的帮助

十月革命胜利后，在列宁的领导下，成立了指导各国无产阶级运动的国际组织——共产国际，把殖民地、半殖民地被压迫民族的解放斗争纳入世界无产阶级革命的范围，积极支持殖民地、半殖民地人民的民族解放运动，提出国际无产阶级必须和被压迫民族联合起来共同斗争的主导思想与必须实行民族自决权的基本原则。为此，共产国际加强了对中国等亚洲各国民族解放运动的指导和支持。它不仅邀请中国、朝鲜等亚洲国家的无产阶级代表参加会议，而且还建立培训基地、派出代表，帮助和指导亚洲各国传播马克思主义、开展工人运动和筹建各国共产党的工作，极大地促进了马克思主义在亚洲特别是中国的早期传播。

总之，在第一次世界大战和十月革命的影响下，在对资本主义和社会主义的比较中，在共产国际的支持与援助下，先进的中国人深切地感受到了马克思主义的真理性和巨大威力，相信马克思主义是观察中国命运的世界观，是战胜封建主义和帝国主义的思想武器，是认识旧中国、建立新中国的伟大指南。

马克思主义因此从众多西方思潮中脱颖而出，在中国得到迅速传播，并最终被中国共产党确立为自己的理论基础，作为指导中国革命的世界观和方法论。十月革命给中国人民送来的不仅是马克思主义的理论知识，更是马克思主义的社会理想和选择走社会主义道路的政治决心。

（二）中国社会的历史背景

就中国范围看，从五四运动到大革命失败这一历史时期，正是中国社会和中国革命发生历史性转折的时代。总体而言，一方面，辛亥革命后的中国并没有成为一个名副其实的中华民国，而是深陷于军阀割据、政治腐败、社会混乱、民不聊生和阶级矛盾、民族矛盾日益激化的危机之中；另一方面，中国兴起了新的政治组织和社会力量，主要表现在中国工人运动蓬勃发展，出现了第一批马克思主义者并创建了中国共产党，国共两党开始第一次合作，进行了北伐战争等。五四运动标志着中国进入新民主主义革命时代，而大革命的失败则促使中国共产党人运用马克思主义基本原理独立自主地探索中国革命的具体道路。对于马克思主义中国化的国内社会背景，可以从如下四个方面来看。

1.辛亥革命

1911年爆发的辛亥革命是20世纪初对中国社会影响最大的社会政治事件，是鸦片战争以来中国社会变革的必然结果。辛亥革命是中国两千年来第一次真正的社会革命，也是一场流产的资产阶级革命。它成功地推翻了封建帝制，建立了中华民国，极大地促进了中国民族资本主义的发展，促成了中国新文化运动的兴起，将中国现代化进程推向一个新的发展阶段。但是，辛亥革命没有能够重新建立起维系全国统一的新政治秩序，反而使社会矛盾日益复杂化、白热化。

由于中国民族资产阶级的软弱和帝国主义的挟持，中华民国有其名而无其实。先进的中国人希望在西方国家找到救国救民的真理，不断尝试新的思想武器。但以西方资本主义为榜样的一系列社会改革都失败了，洋务运动、戊戌变法甚至辛亥革命等社会变革，都既不能抵御帝国主义的侵略，也难以克服中国社会内部的腐朽性，中国陷入更深重、更广泛的灾难之中。

辛亥革命的流产再次打破了中国人学习西方的梦想，促使中国人继续寻找救亡图存的崭新道路。

2. 中国工人阶级的发展壮大

中国工人阶级是在鸦片战争之后伴随着外国资本企业、本国官僚企业和民族资本企业而逐渐产生、发展和壮大起来的。

由于帝国主义和封建主义的沉重压迫、排挤和剥削，长期以来，中国民族工商业和民族资产阶级发展得十分缓慢。与此相应，中国工人阶级队伍也一直徘徊不前，难以迅速成长。1894 年中日甲午战争爆发时，中国近代产业工人总数不到 10 万人；1911 年辛亥革命爆发时，中国产业工人总数也只有大约 60 万人。

辛亥革命后，特别是在第一次世界大战期间以及此后一段时间内，由于各帝国主义列强忙于战争和国内矛盾而暂时放松了对中国的侵略和控制，中国民族资本主义获得迅速发展，甚至有人把 1914—1918 年称作中国民族资本主义发展的黄金时代。中国民族工商业的较快发展，促使中国工人阶级队伍迅速壮大，到 1919 年五四运动时，已经有近 200 万产业工人，另有 1000 多万手工业工人和商店店员。

中国工人阶级不仅在数量上迅速增长，而且在分布上高度集中。1920 年全国工人总数的 85％集中在 500 人以上的大工厂中，主要分布在上海、汉口、天津和广州等大城市。尽管其历史不长，数量不大，所占比例更小，但中国工人阶级毕竟代表了新的生产方式和中国社会的发展方向。

中国工人阶级具有较强的组织性、纪律性和高度集中的特点，容易形成强大的政治力量，并由于深受帝国主义、封建主义和资本主义的三重压迫而具有强烈的革命要求和战斗品格。中国工人运动已经逐渐从单纯的经济斗争转向具有反帝反封建意义的政治斗争，从分散自发的斗争转向有领导、有组织的斗争，并在五四运动时期第一次作为独立的力量登上中国的政治舞台，为马克思主义在中国的传播奠定了阶级基础。

3. 新文化运动

辛亥革命后，中国封建军阀势力为了维护和巩固自己的独裁统治，妄图继续利用中国封建传统思想，在中国思想界掀起了一股尊孔读经的复古逆流。为了反对这股封建逆流，从 1915 年开始，以《新青年》杂志为主要阵地，以进化论、天赋人权、个性自由、科学与民主等资产阶级理论为主要思想武器，以陈独秀、李大钊、胡适、鲁迅等为主将，在中国思想界展开了一场讨伐封建思想、封建道德和提倡新文学的新文化运动。

他们认为，辛亥革命之所以失败，是因为中国民众长期深受封建压迫而过于愚昧落后，缺乏一场彻底的反封建的思想革命，缺乏一种新心理和新道德；为了建立名副其实的共和国，必须根本改造国民性格，实现一种彻底的伦理觉悟，形成一种新的道德人格。

新文化运动以民主与科学为旗帜，讨伐封建礼教，其实质就是要以西方近代文化改造中国人和中国社会，因为民主和科学正是近代西方文化的核心精神。新文化运动是中国历史上一次空前的思想解放和启蒙运动，也是政治革命的思想先导。在新文化运动的前期，陈独秀、李大钊、鲁迅、胡适以及其他许多先进分子，都把救国强国和建立真正的共和国的希望寄托在开办学校、文学革命、妇女解放、输入学理、宣传新思想和新生活试验等思想启蒙上，认为只要破除迷信、开启民智、摆脱封建束缚、实现个性自由，人民生活就可改善，国家就可富强。个性解放因此而成为一时风尚，甚至被视为立国基石。正因为如此，新文化运动被称为中国的“文艺复兴”或“启蒙运动”。

但是，新文化运动很快发生转折。当时的中国处在东西列强的进逼围攻之下，清除封建文化开启民智固然重要，但与实现自由、民主、平等和个性解放等相比，整个国家和民族正面临着生死存亡的命运抉择，这个问题更重要、更紧迫。造成亡国灭种危机的主要原因不是民众愚昧和教育落后，也不仅仅是地主、资本家对民众的经济剥削，而是中国腐朽的政治制度和社会制度。

远水难解近渴，靠思想启蒙根本无法解决救亡图存这一迫在眉睫的大问题。要救亡必须强国，要强国必须进行激烈的政治改革，获得根本的政治解决。救亡高于一切，救亡压倒一切，启蒙被迫退居其后。正是“救亡压倒启蒙”的时代主题，促使新文化运动很快地就发生了重大转折，由思想启蒙转向政治行动，这在以“外御强权、内惩国贼”为口号的五四运动中鲜明地反映出来。

五四运动是新文化运动的高潮，也使新文化运动实现了时代性转折，标志着中国社会进入了一个新的阶段。它不仅促使中国一些先进分子从民主主义者转变为社会主义者，而且促进了马克思主义与中国工人运动的结合，开始了无产阶级领导的新民主主义革命。五四运动使新文化运动逐渐发展成为马克思主义的思想运动。中国新文化以此为界标，从旧民主主义性质的文化转向新民主主义性质的文化，成为社会主义文化革命的一部分。中国社会改革也以此为界标走上新的道路。五四新文化运动为以后的各种政治运动奠定了思想基础。所以，五四运动被称为中国现代历史、现代革命和现代文化的历史起点。

五四运动也导致了新文化运动内部的分化。五四运动后来发展成两个思想潮流，新文化运动内部的这两种革命势力开始分化，其右翼走向资产阶级，其左翼由科学民主走向马克思主义。分化导致思想上的冲突，出现了关于问题与主义、社会主义和无政府主义等思想大论战，开始走上不同的政治道路。在新文化运动的早期，人们主要是在寻找评价中国传统文化的方法，并在批判中国传统文化这一方面达成了基本的共识，而在五四运动中人们则是要寻找改造中国社会的理想目标、革命道路和具体措施。新文化运动由此发生了政治和思想上的分野和对立。五四运动后，中国思想界开始形成马克思主义、自由主义和保守主义三足鼎立的局面，其代表人物走上不同的政治道路，长期互相争论，盘根错节，分合不定。

五四运动促进了马克思主义与中国工人运动的结合，产生了中国第一批马克思主义者。他们在共产国际的帮助下，于1921年创建了中国共产党，制定了以实现共产主义为奋斗目标的革命纲领。1922年，中国共产党在第二次全国代表大会上，依据马克思主义基本原理和中国革命的具体情况，制定了反帝反封建的民主革命纲领。

与此同时，孙中山也在失败和挫折中认识到，不能继续走以往的道路，中国革命既不能靠某个帝国主义的支持，也不能单纯依靠某种军事力量，而必须发动广大群众，才能获得最后成功，由此开始改组国民党并确立了“联俄、联共、扶助农工”三大政策。

1923年，中国共产党以孙中山新三民主义为共同政治基础，实现了与中国国民党的第一次合作，开辟了中国革命的新局面。马克思主义在中国不仅获得日益广泛的思想影响，而且获得了强大的组织支持和政治推动，开始发挥其巨大的实践功能。

二、马克思主义在中国传播的阶段过程

马克思主义中国化是从策略层面开始的，但是，它是在马克思主义在中国传播成功的前提下，伴随着马克思主义与中国实际相结合的历史进程而开拓、创新和不断向前推进的。也就是说，没有马克思主义在中国的传播，也就没有马克思主义中国化的开始，马克思主义中国化也就无从谈起。可以说，马克思主义在中国的传播是马克思主义中国化的序曲，这个序曲为马克思主义中国化作了理论上的准备。

马克思主义在中国的传播大致经历了三个阶段：辛亥革命前后，是马克思主义在中国零星式传播阶段；五四运动前后，是马克思主义在中国广泛传播阶段；中国共产党成立前后，是马克思主义在中国结合式传播阶段。

（一）零星式传播阶段

中国是世界文明古国之一，有着悠久的历史，曾创造过辉煌灿烂的文化。但到了近代，明显地落后了。从鸦片战争开始，随着西方列强的入侵，中国逐步陷入半殖民地半封建社会的深渊。为了挽救国家的危亡，先进的中国人开始向西方学习。与此同时，随着“西学东渐”的大潮，西方的各种学说包括马克思主义，也开始传入中国。

1.外国传教士的传播

最早将马克思社会主义思潮介绍到中国的是外国传教士。1898年夏，英国传教士李提摩太委托中国人胡贻谷翻译了英国人柯卡普撰写的《社会主义史》，由广学会在上海出版发行。1899年，马克思主义又出现在传教士办的广学会刊物《万国公报》登载的《大同学》一文上。《大同学》原名为《社会进化论》，原著是颉德，李提摩太改编，中国人蔡尔康撰文。该文称社会主义为德国马克思之安民新学，主张一切皆平等。

2.日本社会主义的影响

20世纪初，由于日本社会主义协会成立的“社会主义学术演说会”不断举办活动，社会民主党、平民社等社会主义团体也纷纷建立以及《社会主义研究》对马克思、恩格斯经典著作连续译载。从此，社会主义热潮在日本盛行一时，受日本这股社会主义热潮的影响，很多留学日本的中国学生对马克思学说产生了浓厚的兴趣。

中国留学日本的有识之士翻译的一批日本人士研究的社会主义的著作，使中国人最早知道了马克思及其学说的一些内容。1901年1月，中国留日学生主办的《译书汇编》第1期至第8期连续刊载了由日本学者贺长雄撰写、社员翻译的《近世政治史》，书中介绍了马克思的社会主义、马克思主义与拉萨尔主义斗争的情况。1902年上海广智书局出版了湖南留日学生赵必振翻译的、幸德秋水撰写的《二十世纪之怪物帝国主义》，高度赞扬了马克思的科学社会主义。1903年上海广智书局又出版了赵必振翻译的、福井准造撰写的《近世社会主义》，比较全面地介绍了马克

思、恩格斯的生平、著作及其学说的重要内容。

3. 中国学者的传播

中国人最早在自己的著述中提到马克思的名字是资产阶级改良派代表梁启超。他在流亡日本期间写过不少介绍西方资产阶级思想的文章，接触过一些社会主义的著作，1902 年，他在《新民丛报》上撰文称赞马克思是“社会主义之鼻祖”，宣称社会主义必将磅礴于 20 世纪。

资产阶级革命派在传播资产阶级的“自由、平等、博爱”时，也传介了一些马克思的社会主义学说。1905 年中国同盟会成立后，孙中山较早接触到社会主义，并曾申请加入第二国际。他表示中国社会主义者要采用欧洲的生产方式，使用机器，但要避免其种种弊端，由中世纪的生产方式直接过渡到社会主义的生产阶段，而工人不必经受资本家剥削的痛苦。

由于当时主客观条件的限制，这一时期对马克思主义的介绍和宣传还只是零星的、片断的、不系统的，介绍和宣传的内容还不够准确、不够全面，甚至有所曲解，但是，这种零星式的传播毕竟为中国思想理论界打开了一扇新的窗户，使中国人开始知道世界上已有一种新的学说叫马克思主义，从而为五四运动前后马克思主义在中国的广泛传播起到了先导作用。

（二）广泛传播阶段

马克思主义在中国的广泛传播是在俄国十月革命以后，经过五四运动的激荡，马克思主义很快在中国先进知识分子和青年学生中传播开来。

1. 扩大宣传马克思主义阵地

五四后，宣传新思潮的各种刊物，大部分都刊登有关马克思主义和社会主义的文章。《新青年》1919 年 5 月出版了“马克思主义研究专号”。《晨报》副刊开辟了“马克思主义研究”专栏。《新青年》1919 年 9 月到 1921 年中国共产党成立前，刊载有关马克思主义、俄国革命问题及中国工人运动的论文、通讯等，达 137 篇之多，成为全国宣传马克思主义的主要阵地。其他宣传马克思主义和在一定程度上具有宣传社会主义倾向的刊物也有 200 多种。

2. 建立研究马克思主义团体

在李大钊倡导下，邓中夏、高君宇等人组织成立了少年中国学会和北京大学马克思学说研究会，毛泽东在长沙组织成立了俄罗斯研究会和文化书社，恽代英在武汉组织成立了利群书社，袁玉冰、方志敏等在南昌组织成立了改造社等，这些团体在组织广大青年革命知识分子学习和研究马克思主义方面都起到了重大作用。

3. 在高校中开设马克思主义课程

如李大钊在北京大学史学系、经济系、政治学系和北京女子高等师范学校，就分别开设了唯物史观、史学思想史、社会主义与社会运动、社会主义的将来和女权运动史等课程，宣传唯物史观和科学社会主义学说。这为马克思主义在中国的传播提供了有效途径。

4. 翻译出版马克思主义著作

1920 年 8 月，《共产党宣言》第一个中文全译本由陈望道翻译在上海出版。在这前后，《社会主义从空想到科学的发展》《国家与革命》《社会主义史》《阶级斗争》等也相继翻译出版。据统计，1919 年 6 月至 1920 年 5 月，在上海发行的报刊中，翻译或者介绍的马克思主义著作就有马克思的《雇佣劳动与资本》、列宁的《俄国的政党和无产阶级的任务》和《苏维埃政权的当前任务》等。

这些著作的翻译和出版，为马克思主义在中国的传播创造了便利条件。

（三）结合式传播阶段

马克思主义在中国传播的过程，既是马克思主义同形形色色的错误思想理论斗争的过程，也是马克思主义与中国工人运动相结合的过程。马克思主义同中国工人运动相结合的任务，主要是各地中国共产党的早期组织完成的，其主要办法是：

1. 到工人中去

共产主义小组成立以前，一些具有初步共产主义思想的知识分子也已经开始个别地、零散地到工人中去进行活动了。不过，有组织、有计划地到工人中去进行宣传和组织工作，主要是在共产主义小组成立以后的事。

共产主义小组的成员认识到要加强知识分子与工人阶级的联系，不过，知识分子要能够真正走到工人中去、走到劳动者中去，了解他们，得到他们的信任，不是一件轻易能做到的事情。为了做到这一点，革命的知识分子必须同轻视劳动者的剥削阶级社会的传统观念决裂，必须使自己的思想、感情以至生活方式来一番改造。中国的马克思主义思想运动一开始就同时也是知识分子的自我改造运动，这种看法很有道理。当知识分子真的放下架子到工人中去时，他们也确实受到了工人的欢迎。这样一来，知识分子在同工人接近的过程中，不仅可以帮助工人提高觉悟，而且，他们自身也受到了教育。

2. 创办工人刊物和工人学校

为了向工人进行马克思主义的教育，启发他们的阶级觉悟，共产主义小组创办了通俗的工人刊物，如《劳动界》、《劳动者》、《劳动音》等。这些刊物用朴素的语言、生动的事例，深入浅出地向工人宣传马克思主义的基本原理，对于帮助他们从旧思想的束缚中解放出来，养成自己的阶级意识，提高自己的阶级觉悟，是起了重要作用的。这些刊物的文章，讲的是工人关心的事情，而且文章简短精悍，通俗易懂，所以颇受工人的欢迎。

不过，只靠工人刊物向工人做宣传是不够的。中国工人能买得起、读得懂这些刊物的人本来就不多，而且由于经济等方面的原因，这几个工人刊物也大都只出了几个月便停版了。事实上，只是出版刊物，也还解决不了共产主义知识分子同工人群众建立直接联系的问题。为此，北京、上海等地的共产主义小组决定创办劳动补习学校，作为实现共产主义知识分子与工人群众相结合的一种方式。通过办校，使人们之间的感情不断增强，工人的觉悟不断提高。

3. 组织工会，发动工人斗争

经过宣传教育，觉悟的工人有了组织起来的要求。为了适应这一要求，1920 年 11 月，共产主义小组建立了中国第一个工会——上海机器工会，不久，又成立了上海印刷工会。

上海机器工会、印刷工会是在中国共产党早期组织领导下成立的最早的现代产业工会。它们的成立，在中国工人运动史上有着某种里程碑的意义。与五四时期中国工人还处于自发的无组织的状态显然不同，与上海一样，各地工人也在共产主义小组的组织和推动下逐步的联合起来，走上了自觉斗争的道路。

共产主义小组成立后所进行的这些活动，有力地促进了马克思主义在中国的进一步传播以及同中国工人运动的逐步结合。初步具有共产主义信念的知识分子在同工人结合的过程中，思想感情逐步发生了深刻的变化，同时，工人则通过马克思主义的教育，也提高了自己的思想觉悟。

这样，在中国建立共产党的条件就基本具备了。

马克思主义在中国的广泛传播、马克思主义与中国工人运动的逐步结合，特别是中国共产党的成立，所有这些都为以后的马克思主义中国化提供了理论准备和前提条件。

第二节　党的早期革命领袖和革命家的贡献

经过五四爱国运动，中国人民有了新的觉醒。先进分子们更加清楚地看到国家命运岌岌可危，更加感到腐败黑暗的社会现状难以忍受，他们以救国救民、改造社会为己任，更新探索中国的前途。五四运动后，在中国社会上展开了一个波澜壮阔的以宣传马克思主义、宣传社会主义为中心的思想运动。全国各地青年纷纷成立学习和宣传新思潮的社团，鼓吹新思潮的刊物犹如雨后春笋，只在五四运动前后的一年中就达到400多种。除了《新青年》《每周评论》之外，在北京，李大钊任编辑主任的少年中国学会的《少年中国》杂志，于1919年7月出版；同年11月出版了瞿秋白主编的《新社会》。在湖南，1919年7月，毛泽东创办了《湘江评论》。在上海，《星期评论》《民国日报》副刊《觉悟》都在1919年6月创刊。在天津，周恩来组织了"觉悟社"，出版了《觉悟》。在四川有《星期日》。在浙江有《教育潮》。这些刊物的绝大多数都宣称改造社会为自己的宗旨，有的还在文章中提出了各种各样的改造中国社会的方案。

一、党的早期革命家对马克思主义的传播

在各种学说竞相争鸣的形势下，马克思主义逐渐以它高度的科学性和革命性吸引着众多的先进分子和进步青年。李大钊是这一时期的典型代表。李大钊接触马克思主义在中国并不是最早的，但是他最先以科学的态度，研究马克思主义，成为中国的第一个马克思主义者。李大钊曾在北洋法政专门学校学习法政六年，又东渡扶桑，既懂日语又懂英文。在日本期间，他研读过日本早期工人运动的著名领袖幸德秋水的许多著作，从中懂得了马克思主义的基本原理。回国后，出任北京大学图书馆主任，1920年7月任北京大学教授，那时，他在文章中称马克思为"马客士"，在组织马克思学说研究会时称"马尔萨斯学说研究会"，以避开警方的注意。他广泛地阅读日文版、英文版的马克思著作，他对马克思原理的理解要比别人深刻得多，从而成为中国最早、最重要的马克思主义者。1919年5月，李大钊帮助《晨报》副刊创立了"马克思主义研究"专栏，同时负责把《新青年》第6卷第5号编为"马克思主义研究"专号，并发表了自己写的《我的马克思主义观》，比较系统地阐述了马克思主义的三个基本组成部分——唯物史观、政治经济学和科学社会主义，指出"阶级竞争说恰如一条金线，把这三大原理从根本上联系起来"。李大钊不仅在理论上阐述了马克思主义关于阶级斗争学说的重要性，而且指出这个学说在革命实践中的重要作用，他说：关于实际运动的手段，他也是主张除了诉于最后的阶级竞争，没有第二个再好的办法。在这篇论文中，他节译了《共产党宣言》第一章"资产者和无产者"，阐述了马克思主义唯物史观、阶级斗争和无产阶级的历史使命。李大钊这篇文章的发表，标志着中国先进分子系统深入地学习和宣传马克思主义的开始。在此前后，李大钊还先后发表了《大亚西亚主义与新亚西亚主义》、《再论新亚西亚主义》、《物质变动与道德变动》、《由经济上解释中国近代思想变动的原因》等文章，进一步研究和介绍马克思主义。他还在北京大学成立马克思学说研究会，团结广大青年学习

马克思主义理论，鼓励革命青年与劳动群众相结合，进行组织工作，开始用马克思主义指导中国工人运动。

再就是李达。由于李达在日本留学期间广泛地阅读了大量的马克思主义经典著作，五四运动爆发后，他积极地为国内报刊撰文介绍社会主义思想，1919年下半年，他在上海《国民日报》副刊《觉醒》上连续发表了《什么是社会主义》和《社会主义的目的》等文章，阐述了马克思主义的基本原理。1918年秋到1920年夏，李达翻译了包含马克思主义学说的三个组成部分内容的三本著作:《唯物史观学说》《马克思主义经济学说》和《社会问题总览》。1920年7月他在上海创办了《共产党》创刊号，刊登了《俄国共产政府成立三周年纪念》《俄国共产党历史》《俄罗斯的新问题》等文章。成为继李大钊之后马克思主义的又一重要研究者和传播者。

马克思主义在中国广泛传播在当时还有一个重要标志，这就是马克思主义的经典著作和国外论述马克思主义的书籍被陆续翻译过来。李汉俊、陈望道、杨匏安等在留日期间对于马克思主义研究也特别感兴趣。回国后，他们在上海翻译和撰书，宣传马克思主义，特别是陈望道还带回了一大批马克思主义理论书籍，其中包括《共产党宣言》，该书很快被他译成中文版。正是这本书使一批进步青年包括毛泽东，建立起了对马克思主义的信仰。对此，毛泽东还有过肯定的说明："我第二次到北京期间读了许多俄国所发生的事情的文章，我热切的搜寻当时所有能找到的极少数共产主义文献的中文书，有三本书特别深刻，铭记在我心中，使我树立起对马克思主义的信仰。我接受马克思主义，认为它是对历史的正确解释，以后就一直没有动摇过。这三本书是陈望道的《共产党宣言》，这是中文版的第一个马克思主义的书，考茨基的《阶级斗争》以及柯卡普著的《社会主义史》。"[①]成仿吾在1978年依照德文原版译出的《共产党宣言》的《译后记》中也说：当时日译本可能是非常粗糙，陈的译本也就多半总很不准确。但是它对革命风暴前的中国革命的干部和群众起了非常重要的教育作用，仅仅"有产者"、"无产者"、"阶级斗争"以及."全世界无产者联合起来"这样的词句就给了在黑暗中寻找光明的革命群众难以估计的力量。杨匏安则于1919年11月在广东《中华新报》上发表了长篇连载的文章《马克思主义(一称科学社会主义)》，对马克思主义的唯物史观、经济学说和科学社会主义作了相当系统的介绍。李汉俊翻译了介绍马克思主义经济学说的小册子《马格斯资本论入门》。同时，留法的蔡和森等人对马克思主义学说也产生了兴趣和信仰，特别是蔡和森更是"猛看猛译"。

陈独秀是这一时期在中国传播马克思主义的又一先驱人物。陈独秀从日本回国后，一落脚上海，便着手筹办《青年杂志》，后来改为《新青年》。1919年12月，《新青年》刊载了陈独秀撰写的著名的《本志宣言》，他指出："我们相信世界上的帝国主义和资本主义，已经造成了无穷的罪恶，现在应该抛弃的了。"同月，他又在《告北京劳动界》中说，18世纪以来的民主，是资产阶级向封建阶级作斗争的旗帜;20世纪的民主，乃是无产阶级向资产阶级作斗争的旗帜。在这里，陈独秀提出了要从资产阶级民主政治转变为无产阶级民主政治的思想。过去他主张仿效欧美，在中国建立资产阶级共和国，这时他抛弃这种主张，认为"共和政治为少数资本家阶级所把持，要它来造成多数人的幸福，简直是妄想"。

毛泽东也是在五四运动的推动下，由激进民主主义者逐渐向马克思主义者转变的，陈独秀的共产主义思想给毛泽东以最大的影响。毛泽东说："我第一次同他见面是在北京，当时我在产阶级民主政治转变为无产阶级民主政治的思想。过去他主张仿效欧美，在中国建立资产阶级共和

① 马连儒，柏裕. 毛泽东自述[M]. 北京：人民出版社，2004，第45页

国，这时他抛弃这种主张，认为“共和政治为少数资本家阶级所把持，要它来造成多数人的幸福，简直是妄想”。1920 年 3 月他发表《马尔萨斯人口论与中国人口问题》一文，开始用马克思主义的观点来分析中国的人口问题。同年 5 月，陈独秀在《劳动者觉悟》的演说中，用历史唯物主义的基本原理分析了人类社会的发展进程、道路，解释了劳动创造世界的道理，明确提出无产阶级政权的政治主张。同年 9 月，陈独秀发表《谈政治》一文，批驳伯恩施坦主义和无政府主义的观点，他说：“若不经过阶级斗争不经过劳动阶级占领权利阶级地位时代，德谟克拉西必然永远是资产阶级专有物，也就是资产阶级永远把持政权抵制劳动阶级的利器。”“我承认用革命的手段建设劳动阶级（即生产阶级）的国家，创造那禁止对内对外一切掠夺的政治，为现代社会第一需要。”在此期间他又发表了《马克思的两大精神》《马克思学说》《关于社会主义问题》等讲演和文章，成为当时最有影响的马克思主义宣传家。这些言论和活动表明，陈独秀已经把立足点移到了无产阶级一边，主张走马克思主义指引的道路。陈独秀的世界观转变比李大钊晚了一些，对于马克思主义的唯物史观和经济学说宣传较少，主要侧重于科学社会主义；但陈独秀一经实现了这个转变，他对马克思主义的宣传所产生的影响，却又在李大钊之上。他是新文化运动的领袖，五四运动的总司令，是马克思主义同非马克思主义思想论战的实际组织者，这些声誉对他的马克思主义宣传是一个有力的引导和促进。

毛泽东也是在五四运动的推动下，由激进民主主义者逐渐向马克思主义者转变的，陈独秀的共产主义思想给毛泽东以最大的影响。毛泽东说：“我第一次同他见面是在北京，当时我在国立北京大学，他对我的影响也许比其他任何人的影响都大。”[①]“我第二次到上海去的时候，和罗章龙、陈独秀讨论我读过的马克思主义书籍，在我的一生中可是关键性的这个时期，陈独秀表明自己信仰的那些话给我留下了深刻的印象。”[②]五四运动爆发后，毛泽东积极发动和领导了湖南人民的反帝反封建的革命运动，进行了驱逐北洋军阀张敬尧的斗争。在斗争中，1919 年 7 月，毛泽东用了极大的精力主编湖南学生联合会的机关刊物《湘江评论》。他在《湘江评论》第二、三、四期上发表了著名论文《民众的大联合》以及其他许多篇具有马克思主义观点和见解的文章。在这些文章中，毛泽东积极宣传了反帝国主义反封建主义的民主革命思想，热情地歌颂了伟大的俄国十月社会主义革命的胜利。毛泽东指出：由俄国十月革命所引起的世界革命高潮，是一支不可抗拒的力量，“顺他的生，逆他的死”，各国阶级斗争“兴起的结果，必然是共产主义制度在全世界的胜利”。毛泽东进一步指出：在俄国十月革命的影响下，中国人民也“觉醒了”，革命运动已席卷全国，“天地为之昭苏，奸邪为之辟易”。毛泽东总结了俄国革命的经验和中国辛亥革命的教训，分析了当时革命运动发展的实际情况，他指出：改造中国社会的根本办法在于民众的大联合，因为“民众联合的力量最强”。辛亥革命正是由于没有实现真正的民众联合才最终失败，而俄国十月革命则因为实现了民众的联合才获得胜利。他号召中国工人、农民、小资产阶级和中产阶级知识分子等各阶层人民，立即仿效俄国联合起来闹革命。《民众的大联合》一文，被认为是“现今的重要文字”，被一些进步刊物所转载和介绍，这些对于促进马克思主义在中国的传播都起了积极的作用。同年 9 月，毛泽东在长沙协助创办了“文化社”，这是一个研究现代文化和政治趋势的组织。他为书社确定的宗旨是：以最迅速、最简单的方法，介绍中外各种最新书报杂志，以供青年及全体湖南人研究的材料，使各种有价值之新出版物广布全省，人人有阅读之机会，文化书社出售

---

① 马连儒，柏裕. 毛泽东自述[M]. 北京：人民出版社，2004，第 43 页

② 马连儒，柏裕. 毛泽东自述[M]. 北京：人民出版社，2004，第 46 页

的书报杂志中有《社会主义史》《阶级斗争》《马克思经济学说》《新俄国之研究》《马克思共产党宣言》《马克思资本论入门》《苏农政府和中国》等，这些都是宣传马列主义新"俄国"的书籍。就是在这段时间里，毛泽东的思想迅速发生了变化，到1920年底，他开始从理论和实践上成为一个马克思主义者。同时，经过毛泽东的努力，越来越多的工人和群众开始了解和掌握马克思主义。

周恩来在天津主编《天津学生联合会报》。他在《发行旨趣》一文中，热情歌颂俄国十月革命后出现的各国无产阶级革命，号召青年学习俄国十月革命后出现的新思想。在他的领导下成立"觉悟社"后，邀请李大钊于1919年9月21日来到"觉悟社"演讲，紧接着《新青年》编辑部的钱玄同、刘半农、周作人也应周恩来和觉悟社之邀，前往天津演讲。1920年周恩来被捕入狱，在狱中他组织难友学习马克思列宁主义。他连续讲解了马克思、列宁主义的唯物史观、阶级斗争、剩余价值学说和《资本论》。周恩来不失时机的在工人群众中间播撒革命种子，在扩大马克思主义影响的同时，也大大地提高了先进分子的思想觉悟。为将来共产党的成立做了思想和组织上的准备。

1919年秋，恽代英在武汉创办"利群书社"，以"利群助人，服务社会"为宗旨。参加书社的有廖焕星、李书渠、李求实、肖楚女等，施洋与书社也有密切关系。"利群书社"是当时武汉地区传播马克思主义等各种新思潮的重要阵地，也是武汉青年活动的一个重要场所，曾在这里活动过的许多青年，后来都成为了中国共产党的党员。

正如毛泽东后来指出："五四运动时期虽然还没有中国共产党，但是已经有了大批的赞成俄国革命的具有初步共产主义思想的知识分子。"[①]这批先进分子一开始就不是把马列主义当作单纯的学理来探索，而是把它作为观察国家命运的工具加以接受的。他们一旦学得马列主义的基本原理，就以此为指导，、积极投入群众斗争中去，"注意同实际相结合，同群众结合，这是中国马克思主义思想运动一开始就具有的一个特点和优点"[②]。

二、马克思主义者在与反马克思主义思潮中广泛传播马克思主义

马克思主义在中国广泛传播并开始同工人运动相结合，引起了帝国主义者和封建军阀的恐惧，他们把社会主义诬蔑成"过激主义"；北京的反动政府和各省的军阀统治者都曾发布命令或张贴布告，要求"严惩"和"查禁""过激主义"。不少进步刊物被查封。但是，反动统治的压制手段阻止不了革命真理的传播，反而使更多关心国家命运的人都对"过激主义"产生兴趣。在这种情形下，一些站在中产阶级右翼立场的知识分子出面充当在思想上反对马克思主义的角色。

原来参加新文化运动的人，在五四运动以后逐渐发生分歧。以胡适为代表的一部分资产阶级知识分子，很不愿意看到新文化运动发展为马克思主义思想运动。胡适在新文化运动中提倡白话文是有功绩的，但他不承认帝国主义的侵略是中国落后的根源。他服膺美国的实用主义哲学，从资产阶级自由主义出发，对反动军阀的统治表示不满，但也只限于作一些微弱的抗议。他可以同情俄国二月革命，但不能接受俄国十月革命及其代表的思想。这就使他对正在世界和中国兴起的社会主义思潮非常反感，于是他站到了对立面。1919年7月，胡适发表《多研究些问题，少谈些"主义"！》一文，鼓吹资产阶级的改良主义，反对马克思主义。他声称："现在舆论界的

---

① 毛泽东选集(第2卷)[C].北京：人民出版社，1991，第699—700页

② 胡绳.中国共产党七十年[M].北京：中国党史出版社，1991，第18页

大危险,就是偏向纸上的学说,不去实地考察中国今日的社会需要究竟是什么东西。""空谈好听的'主义',是极容易的事,是阿猫阿狗都能做的事,是鹦鹉和留声机都能做的事。""空谈外来进口的'主义',是没有什么用处的。""偏向纸上的'主义',是很危险的。"他"奉劝"人们"多多研究这个问题如何解决,那个问题如何解决",不要高谈主义。他说,不去研究具体问题,"却去高谈社会主义","还要得意洋洋夸口""根本解决","这是自欺欺人的梦话,这是中国思想界破产的铁证,这是中国社会改良的死刑宣告!""高谈主义,不研究问题的人,只是畏难求易,只是懒。"所以,"我希望中国的舆论家,把一切'主义'摆在脑后,做参考资料,不要挂在嘴上做招牌,不要叫一知半解的人拾了这些半生不熟的主义,去做口头禅。"

对于胡适的这些反动论调,马克思主义者予以痛击。李大钊于同年 8 月发表《再论问题与主义》一文,深刻地批判胡适的反动观点。指出:第一,"问题"与"主义"有不可分离的关系,解决"问题"离不开"主义"。要解决社会问题,就应当使社会上多数人接受一个"共同趋向的理想、主义"。只埋头于具体问题的研究,不去宣传主义,必然和社会上的多数人不发生关系,结果社会问题"永没有解决的希望"。第二,中国社会问题,必须用马克思主义的社会革命论去解决。因为经济制度的变革是一切社会变动的基础,只有打破旧的经济基础,建立新的社会制度后,各种社会具体问题才能得到彻底的解决。诚如"经济问题一旦解决,什么政治问题、法律问题、家族制度问题、女子解放问题、工人解放问题,都可以解决"。要想实现经济组织的变动,必须开展阶级斗争。诚如"丝毫不去用这个学理做工具,为工人联合的实际运动,那经济的革命,恐怕永远不能实现"。第三,公开申明"我是喜欢谈谈布尔扎维主义的"之观点。他说:"布尔扎维主义的流行,实在是世界文化上的大变动。"①接着,胡适又写了《三论问题与主义》《四论问题与主义》等文章,继续鼓吹实验主义和改良主义,攻击马克思主义。1920 年 1 月,李大钊又发表了《由经济上解释中国近代思想变动的原因》,用唯物史观分析了"五四"新文化运动产生的根源,指出:"经济的变动,是思想变动的重要原因","新思想是应经济的新状态、社会的新要求发生的,不是几个青年凭空造作出的"。由此,从根本上批判了胡适的错误观点。

问题与主义的论争,实质上是社会革命论与社会改良主义的争论。通过争论,打击了资产阶级右翼对马克思主义的歪曲和污蔑,批判了资产阶级改良主义,巩固了马克思主义在中国进一步广泛传播的思想阵地。

三、马克思主义的广泛传播促成中国各地共产主义小组的建立

经过上述一些先进知识分子的努力,随着马克思列宁主义在中国传播的更加广泛和深入,中国工人运动在实践中也得到了进一步的发展,因而马克思列宁主义与中国工人运动相结合的要求就日益迫切,中国无产阶级的政党即中国共产党的建立就显得极为重要。中国无产阶级如果没有马克思列宁主义的理论指导,就不能由自在的阶级,变为自为的阶级。从而工人斗争就不能形成自觉的共产主义运动;同样,作为工人运动经验的科学总结的马克思列宁主义,如果不与中国工人运动相结合,就会失去其存在的基础,从而也就丧失自己的生命。当然,没有工人运动和马克思列宁主义的结合,中国共产党就不可能产生,从而中国工人运动也就不能取得马克思列宁主义革命的胜利。因此,马克思列宁主义者这时的任务,就是要努力从事中国工人运动和马克思

① 李大钊文集(下)[C].北京:人民出版社,1984,第 32—38 页

列宁主义相结合的活动，就是要为建立一个中国无产阶级的马克思列宁主义的政党而斗争。于是，在共产国际的帮助下，中国早期共产主义者便开始了酝酿建立无产阶级政党即中国共产党的工作。这就更为马克思主义中国化创造了新的条件。

1920 年 3 月，李大钊和邓中夏等商定在北京大学秘密成立了马克思学说研究会，陈独秀则于同年 5 月在上海发起建立了马克思主义研究会，为建党做思想和组织上的准备。这样，北京、上海这两个马克思主义研究会传播中心互相鼓舞，形成了马克思主义理论传播“南陈北李”的局面。流传于当时的一首诗足可以说明二者对当时的马克思主义传播做出的贡献：“北李南陈，两大星辰，慢慢长夜，吾辈仰承。”

1920 年 2 月，蔡和森去法国勤工俭学。在法期间，他刻苦钻研马克思主义，研究国际工人阶级的状况和工人运动的经验。同年 9 月，正在法国勤工俭学的蔡和森在给毛泽东的信中提出：“我近对各种主义综合审谛，觉社会主义必要之方法：阶级战争——无产阶级专政。”他论述了无产阶级革命运动的四种利器：党、工团、合作社、苏维埃。他明确指出：中国现在就要准备组织共产党，作为“革命的发动者、宣传者、先锋队、作战部”。毛泽东随后复信表示同意，并强调建党必须以马克思主义作为理论指导，他指出：“唯物史观是吾党哲学的根据。”1920 年 5 月 1 日，《星期评论》、《晨报》、《北京大学学生周刊》、《新青年》等一批进步刊物出版纪念或发表纪念文章，第一次庆祝“五一”劳动节。上海、北京、广州等地分别举行纪念活动，工人和知识分子共同集会，革命知识分子发表演说，宣传马克思主义，热情支持工人的斗争。李大钊发表《“五一”May Day 运动史》详细地介绍了五一国际劳动节的起源，并且向中国工人呼吁：“起！起!! 起!!! 劬劳辛苦的工人！今天是你们觉醒的日子!”过去，外国舆论曾有“不入中国人清梦的五月一日”的说法，而五四运动前的第一个五一劳动节，中国工人就以各种各样的形式纪念自己的节日，显示了中国工人的新觉醒。这次“五一”后的纪念活动，是马克思主义同中国工人运动相结合的一次较大规模的尝试。

经过几个月的酝酿和马克思主义在工人群众中的影响的逐步扩大，1920 年 8 月，在中国工业和工人运动中心的上海，建立了中国的第一个共产主义小组，成员有陈独秀、俞秀松、李达、李汉俊等，上海共产主义小组成为创建无产阶级政党的活动中心。1920 年 11 月，在李大钊领导下，北京建立了共产主义小组，成员有张国焘、邓中夏等。从 1920 年秋到 1921 年春，在其他几个受五四运动影响较大、工人比较集中，同时有一批具有初步共产主义思想的革命知识分子的城市武汉、长沙、济南和广州等，也先后建立了共产主义小组。武汉共产主义小组的成员有董必武、陈潭秋等；长沙共产主义小组的成员有毛泽东、何叔衡；济南的共产主义小组成员有王尽美、邓恩铭等；广州的共产主义小组成员有陈公博等。

各地共产主义小组的主要活动是宣传马克思主义，用马克思主义指导、组织工人运动、建立社会主义青年团。上海共产主义小组将《新青年》改为自己的机关刊物，随后又创办了半公开的刊物《共产党》和通俗刊物《劳动界》，领导成立了机器工会和印刷工会。北京共产主义小组出版了《劳动音》、《工人周刊》，在长辛店开办劳动补习学校。在广州有《劳动者》、《劳动与妇女》等。这些刊物成为当时工人们学习马克思列宁主义知识的最好读本，对提高工人的觉悟和鼓舞工人的斗志起了很大的作用。

当时毛泽东领导的湖南共产主义小组，是各地共产主义小组中比较出色的一个。毛泽东自从接受了马克思主义之后，就把在中国建立一个无产阶级政党作为自己革命活动的中心。他认为：中国无产阶级要进行革命，就必须建立自己的政党——中国共产党。因为有了党，革命运动才有神经中枢，才会彻底和有力。毛泽东认为：中国共产党必须是和俄国布尔什维克党的性质相同的政党，其最终目的是在中国实现共产主义。为了达到这个目的，党必须以无产阶级革命和无产阶级专政作为手段，并把无产阶级国际主义作为自己坚定不移的原则。

在无产阶级建党原则的指导下，毛泽东极为重视党的思想准备工作。前面已提到过毛泽东通过创办《湘江评论》和"文化书社"，为马克思主义的广泛研究和宣传提供了极为有利的条件。这时，毛泽东把工作的重心放在有关共产主义基本原理和建立共产党的研究和宣传方面。他经常组织大家学习《共产党宣言》、《社会主义从空想到科学的发展》、《国家与革命》等马克思主义经典著作以及《共产党》刊物上的有关文章。在学习中，毛泽东不仅非常注意引导大家对不同的意见展开充分争辩，以求得思想上的一致，而且还特别注意指导大家联系中国和湖南的实际情况，要求把理论学习和调查研究结合起来。在这方面，毛泽东自己在实践中给当时的革命者做出了示范，如 1920 年 11 月，他曾到萍乡等县进行社会调查。

在马克思主义的研究和宣传工作中，毛泽东坚决地与一切反对马克思主义的思想进行严肃的、不调和的斗争。1920 年下半年，在法国的新民学会会员讨论"改造中国和世界的方法问题"，当时，有一些人提出了以教育为革命手段的改良主义和无政府主义的主张，反对无产阶级革命和无产阶级专政。毛泽东在给法国新民学会会员的信中，严厉批评了这种错误思想。他根据马克思主义关于阶级和国家学说尖锐地指出：改良主义、无政府主义的主张，实际上是做不到的，因为在地主资产阶级掌握国家机器的历史条件下，无产阶级和劳动人民是受压迫的，无产阶级不取得政权，哪里能得到教育权？历史上一切反动阶级没有一个肯自动退出历史舞台的，要他们"回心向善"，只能是幻想。毛泽东肯定地认为：无产阶级革命的方法，只能是用暴力打破旧的国家机器，夺取政权，建立自己的阶级专政。这是历史发展的必然趋势，是将来实现共产主义的唯一道路。

陈独秀在《新青年》上编辑了《社会主义讨论》，李达发表了《张东荪现原形》和《劳动者与社会主义》《讨论社会主义并质梁任公》等文章，李大钊发表《中国社会主义与世界资本主义》，何孟雄发表《中国的实业究竟要用什么方法》，蔡和森也在《新青年》上发表《马克思学说与中国无产阶级》等文章。他们分析中国社会的状况，指出中国经济虽然落后，大无产阶级的存在是一个客观事实；中国无产阶级和农民不但遭到本国地主、资产阶级的压迫和剥削，而且遭到国际帝国主义的残酷掠夺和压迫，有强烈的要求，"革命之爆发乃是必然的趋势"；中国社会黑暗到极点，"除了中国劳动者联合起来组织革命团体，改变生产制度，是无法挽救的"，在中国，结合共产主义者组织巩固之团体，建立共产党，不仅有必要，而且有条件。

由于俄国十月革命的影响和马克思主义在中国的传播，一大批先进的知识分子在五四时期转变为马克思主义者。而后的各地共产主义小组成立后所开展的各项工作，又进一步促进了马克思主义同中国工人运动的紧密结合，马克思主义在中国一次又一次地以自己的真理性战胜了各种资产阶级和小资产阶级的错误思想，一步一步地扩大了自己的阵地，为中国共产党的成立在思想上、干部上、组织上做了充分的准备，为马克思主义中国化创造了前提和新的条件。

四、中国共产党的建立及马克思主义指导的革命实践

在中国工人运动的发展和马克思主义广泛传播的基础上，在各地共产主义小组建立的基础上，成立中国共产党的条件已经成熟了。于是，1921 年 7 月各地共产主义小组选派代表，在中国

工业中心和工人运动中心上海举行了中国共产党第一次代表大会。从此，伟大的中国共产党诞生了。出席第一次代表大会的代表有毛泽东、董必武、陈潭秋、何叔衡等代表，代表57名党员。大会讨论了当前的政治状况、党的基本任务、党的组织原则和组织机构等问题。大会规定：党在当前时期的主要任务，是大力发展工会组织，加强对工人群众的马克思主义教育，积极领导工人群众开展斗争。同时，大会还决定在各地发展社会主义青年的组织，作为党的后备军。

中国共产党的成立，是中国历史上开天辟地的大事，标志着宣传马克思列宁主义已经成为一个政党的根本行动，马克思列宁主义在中国已经开始全面实践，这又为马克思列宁主义中国化开辟了新的一页。随着中国共产党的成立，马克思主义不断与中国具体实际相结合，必然产生马克思主义中国化的理论成果。随着革命斗争形势的发展，随着人民大众实践的推进，党自身的马克思主义理论水平不断提高，不断获得发展。中国共产党成立之初，由于外在环境与自身认识水平所限，中国共产党人虽然尚未进行自觉的马克思主义中国化思考。但是，在事实上，党的早期领导人如李大钊、陈独秀、毛泽东、蔡和森、恽代英、瞿秋白等在以理论指导实践的过程中，已就此进行了初步的探索。

1921年前后，我国早期的马克思主义者就已经意识到应将马克思主义与中国的具体实际相结合。李大钊指出，马克思主义“实在是一个时代的产物”①。因此，“不可拿这一个时代一种环境造成的学说，去解释一切历史，或者就那样整个拿来，应用于我们生存的社会。”②毛泽东注意到调查研究中国国情的重要性，1920年3月，他在给周世创的信中写到：“吾人如果要在现今的世界稍为尽一点力，当然脱不开‘中国’这个地盘。关于这地盘内的情形，似不可不加以实地的调查，及研究。”(1920年3月新民学会时期毛泽东给友人的信中所说。)这些思考表明中国共产党成立之初就具有了马克思主义中国化的初步萌芽，已经开始思考马克思主义与中国实际相结合的议题。但是，这些思想并没有化为党自觉的观念意识，从而更好地去指导他们的实际行动。

随着革命实践的深入，中国共产党人逐渐认识到，应注重运用马克思主义理论于中国革命的实际，开始尝试着运用马克思主义的立场、观点和方法来分析中国社会的性质和中国革命的历史特点，制定了党的“二大”《宣言》，探讨了中国革命和同世界无产阶级的关系、民主革命中的统一战线、中国无产阶级在民主革命中的领导权、农民运动和武装斗争、中国民主革命的非资本主义前途、民主革命与社会主义的关系等理论问题和策略问题。1926年，蔡和森在《中国共产党史的发展(提纲)》中指出：“马克思列宁主义与世界各国共产党是一致的，但当运用到各国去，应用到实际上去才行的。要在自己的争斗中把列宁主义形成自己的理论武器，即以马克思主义的精神来定出适合宏观情形的策略和组织才行。”③显然，他明确提出了“形成自己的理论”这样一个任务。

同时需要注意，把马克思主义和中国实际正确地结合起来是一项十分艰巨、复杂的历史性任务，难以一蹴而就。总的来看，这一时期中国共产党对于马克思主义中国化的认识尚处于一种不自觉的、被动的状态。因为马克思主义只是一般地指明社会发展和革命发展的方向，至于具体情形，要经过反复实践才能形成理论的自觉。

当然，理论上的认识并不等于在实践中能够贯彻实施。国民革命失败的事实证明，虽然中国

---

① 李大钊全集(第3卷)[C].北京：人民出版社，2006，第35页

② 李大钊文集(下卷)[C].北京：人民出版社，1984，第68、69页

③ 中共党史报告选编[C].北京：人民出版社，1982，第24页

共产党人认识到了无产阶级领导权、统一战线、工农联盟和武装斗争在民主革命中的重要地位和作用，但还未能将其具体地、有效地应用于实践。

显然，中国共产党人对于马克思主义中国化的认识必然要经历一个从不自觉到自觉的过程，经历从思想上的认识外化为实践行动的过程，从被动接受到主动探讨的过程。马克思主义普遍真理同中国革命具体实践相结合这一历史课题的根本解决，只能在此后的革命斗争实践中，在马克思主义的理论指导下，经过理论与实践的紧密结合才能逐步完成。

第三节　马克思主义中国化的最终确立

从党的“八七会议”开始提出武装夺取政权到新中国建立的整个历史时期，是马克思主义中国化在中国的确立和发展时期，在这一时期，以毛泽东为核心的第一代领导集体从中国的实际出发，实事求是地坚持和发展了马克思主义，在真正意义上使马克思主义中国化。历史证明：实事求是在马克思主义中国化的形成和发展中起了重要的促进作用。马克思主义的中国化实际上就是中国共产党在实事求是的基础上通过党的建设工程来实现的。

一、实事求是是马克思主义中国化的思想基础

实事求是在马克思主义中国化过程中，起到了非常重大的作用。“实事求是”一词源于古语，却也是毛泽东在领导中国民主革命的过程中，把马列主义的普遍真理与中国实际相结合，合并中西文化，实现马克思主义中国化的成果。回顾中国革命的历史，我党实事求是思想路线的形成过程，也是马克思主义中国化过程的一个部分。

（一）实事求是思想路线的确立展示了马克思主义中国化的进程

“实事求是”是毛泽东思想活的灵魂的核心内容，也是中国共产党思想路线的实质所在。回顾历史，不难看出，“实事求是”思想路线的确立，充分展示了马克思主义中国化的进程，是一个极为复杂曲折的历史轨迹。其间经历了三个阶段：

1. 实事求是思想路线的萌芽阶段

思想路线是政治路线的思想基础。正确理解和处理好马克思列宁主义理论和本国实际的关系问题，是坚持和发展马克思主义，取得本国革命胜利的关键环节。早在1919年，列宁就提醒东方各国的马克思主义者要根据本国的历史条件去运用一般的共产主义理论。遵循列宁的这一教导，中国共产党从成立之日起，就致力于把马克思列宁主义同中国革命的实际相结合。从1921年党的成立到1927年大革命失败，我们党处于幼年时期。在这个时期，毛泽东和党的其他领导人，从中国的历史状况和社会现实出发，用马克思列宁主义的阶级分析的方法，在《中国社会各阶级的分析》和《湖南农民运动考察报告》等文章中，初步提出了新民主主义革命的一些思想。尽管当时还没有从理论上明确提出思想路线问题，但在这一时期所初步形成的调查实践活动和理论研究活动相结合的风气，为我们党在后来从理论上提出实事求是的思想路线提供了可资借鉴的丰富经验。

2. 实事求是思想路线的形成阶段

从大革命失败到土地革命的兴起，是我国历史上第一次大的历史性转折时期。这一时期是中国化的马克思主义即毛泽东思想的形成和理论化时期。毛泽东在1927—1934年离开中央苏区的7年中正确地运用马克思列宁主义的基本原理；进行了大量的调查研究，对新的历史时期提出的许多紧迫问题进行了艰苦的实践探索和理论创造，在正确解决有关中国革命道路这一重大政治问题的同时，提出并形成了以调查研究为特色的思想路线。在《中国的红色政权为什么能够存在》和《星星之火，可以燎原》等文章中，初步提出了以农村包围城市、武装夺取政权的正确道路。土地革命时期，是毛泽东调查、探索农民问题的最重要的时期。1928—1934年，毛泽东先后做了寻乌、兴国等10余个调查，对农村社会状况和各阶级的经济状况进行了详尽的分析和研究，于1933年写出了《怎样分析农村阶级》一文。逐步制定了一条符合中国实际的土地革命路线。1929年12月，毛泽东根据中央9月来信的精神起草了古田会议决议。在这个决议中，把调查研究工作提到肃清主观主义的高度，明确提出要对党员进行"正确路线的教育"。这里所说的正确路线就是指马克思列宁主义的党的思想路线。古田会议决议是建党建军的纲领性文件，在这个文件中已经包含了要把马列主义理论同中国实际相结合的思想。为了同党内把马克思主义教条化、把共产国际指示神圣化的错误倾向作斗争。1930年5月，毛泽东写了《反对本本主义》一文。这是一篇理论联系实际的中国化的马克思主义哲学著作，是同教条主义作斗争的哲学总结，因此，它在毛泽东思想的发展史上占有重要的地位。它第一次科学地提出了"思想路线"这一概念，指出了两条思想路线的对立，一条是从斗争中创新局面的思想路线；一条是按本本、按一成不变的"既定办法"行事的主观主义思想路线，明确提出"必须努力作实际调查，才能洗刷唯心精神"，做出了"没有调查，就没有发言权"的科学结论。

3. 实事求是思想路线的确立

在1937年开始的抗日战争及其后的解放战争时期，毛泽东把马克思主义的认识论和辩证法，创造性地运用于政治、军事、经济、文化等各方面，不仅创立、丰富和完善了新民主主义革命的基本理论，而且系统地阐述了以实事求是为核心的思想路线。1938年10月，毛泽东在《中国共产党在民族战争中的地位》一文中首次使用"实事求是"概念。他指出：共产党员应是实事求是的模范，又是具有远见卓识的模范。因为只有实事求是，才能完成确定的任务；只有远见卓识，才能不失前进的方向。在《新民主主义论》中他提出：科学的态度是"实事求是"的命题，从而使实事求是的思想日臻完备。在20世纪40年代，为战胜困难和迎接抗日战争的最后胜利，彻底清算"左"倾机会主义错误，党进行了著名的延安整风运动。在这个过程中，1941年5月，毛泽东发表了《改造我们的学习》一文，第一次对实事求是的含义作了科学的解释："'实事'就是客观存在着的一切事物，'是'就是客观事物的内部联系，即规律性，'求'就是我们去研究，我们要从国内外、省内外、县内外、区内外的实际情况出发，从其中引出固有的而不是臆造的规律性，即找出周围事变的内部联系，作为我们行动的向导。"[①]这些都赋予了实事求是科学的含义和理论形态，使它成为辩证唯物主义思想路线的简明概括。把从实际出发确定为制定方针、政策的基础，重申"没有调查，就没有发言权"的科学论断。1942年2月毛泽东在《整顿党的作风》一文中，对理论联系实际作了明确的规定，即依据马克思主义的立场、观点和方法，把丰富的实践经验提高到应有的理论

① 毛泽东选集(第3卷)[C]. 北京：人民出版社，1991，第801页

高度,对中国的实际问题给予科学地分析和理论说明。最后,为了使全党在马克思列宁主义、毛泽东思想基础上团结起来,党的七大正式确立了全党统一的指导思想即毛泽东思想,并将实事求是确立为全党行动的准则,成为毛泽东思想的精髓。应该说,毛泽东在开创马克思主义中国化的进程中做出了最重大的贡献,党的七大以毛泽东的名字来命名中国化的马克思主义,就是对毛泽东的贡献的充分肯定。

总之,由上可知,中国共产党人在坚持马克思列宁主义实事求是原则的基础上,从中国革命发展的要求、马克思主义理论创新的要求出发,确立党的实事求是思想路线,这本身就是马克思列宁主义中国化的具体体现。对此,应该有足够的认识。

(二)实事求是对于马克思主义中国化起着重要作用

实事求是思想路线的形成过程,也是马克思主义中国化过程中的一个部分。历史证明,实事求是思想在马克思主义中国化过程中起着重要的作用。

1.运用实事求是分析中国国情,创立中国民主革命的道路

1921 年 7 月,马克思列宁主义与中国工人运动相结合,产生了伟大的中国共产党。从此,中国共产党成为领导中国革命的核心力量,马克思列宁主义成为了指导中国革命的理论基础。然而,马克思主义产生于西方,那里的情况与中国迥然不同,如何用它来指导中国的革命实践,这是中国共产党人一开始就面临的重大现实问题。“马克思主义必须和我国的具体特点相结合并通过一定的民族形式才能实现。”这就是毛泽东所说的“马克思主义中国化”。毛泽东以中国的语言体系把马克思主义精髓概括为“实事求是”。正是在这一思想路线的指引下,中国共产党才正确分析了国情,使中国革命找到了成功之路。

为了总结国民革命失败的经验教训,1927 年 8 月 7 日,在共产国际的帮助下,中共中央在汉口召开紧急会议。限于当时的历史条件,这次会议在没有触动共产国际和联共(布)的错误指导,甚至完全肯定其指导正确的前提下,坚决批判了中国共产党内的以陈独秀为代表的右倾错误,确定了开展土地革命和武装反抗国民党的总方针。毛泽东在会议发言中,从国共关系、农民问题、军事问题和党的组织四个方面批评陈独秀的右倾错误。他特别强调:“以后要非常注意军事。须知政权是由枪杆子中取得的。”[①]这是一个对中国革命有着极其重要意义的论断。它表明,国民革命失败的惨痛教训,已使毛泽东为代表的中国共产党人对武装斗争在中国革命中的特殊地位有了明确的认识,这是运用马克思列宁主义基本原理认识中国国情的一个重要成果。在中共领导的“八一南昌起义”之后和中共“八七会议”之后,一批杰出的共产党人纷纷换下皮鞋,穿上草鞋,走出城市,深入农村和山区,发动农民举行秋收暴动。一时群雄并起,点燃了工农武装割据的星星之火,陆续创建了海陆丰、井冈山、洪湖和湖鄂边、赣南和闽西、豫东南、鄂东北、皖西、赣东北、左右江、陕北等农村革命根据地,从实践上开辟了农村包围城市,武装夺取政权的中国革命新道路。这条具有鲜明中国特色的革命道路,是在党和人民群众集体奋斗中开辟出来的。在这一历史过程中,毛泽东、周恩来、朱德、彭德怀、滕代远、方志敏、贺龙、周逸群、徐向前、许继慎、邓小平、张云逸、韦拔群、刘志丹等我党领导人,都做出了重要的贡献。其中以毛泽东的贡献最为突出:他不仅在实践上最早把武装斗争的重心转向农村,突破了俄国十月革命以夺取城市为中心的

① 毛泽东著作选读[C].北京:人民出版社,1986,第 24 页

革命道路，创造出了开辟、坚持并发展农村革命根据地的完整经验，而且从理论上对中国革命农村包围城市，武装夺取政权的道路问题进行了马克思列宁主义系统的论述。

2.运用实事求是解决了中国革命的军事路线

在中国新民主主义革命的阶段，军事斗争是政治斗争的主要形式。从党成立到1934年的13年，党还处在幼年时期，在政治上、理论上还不成熟，还不善于把马列主义同中国实际相结合。当时在国际共产主义运动中和中共党内盛行的把马列主义教条化，把共产国际决议和苏联经验神圣化的错误倾向，曾使中国革命几乎陷于绝境。但是中国共产党在同右的和“左”的错误倾向作斗争的过程中，毛泽东善于总结经验，在把马列主义同中国实际相结合中找到了正确的军事路线，在毛泽东的正确思想和路线的指引下，中央苏区的前四次反“围剿”都取得了完全胜利。然而，由于王明、博古等“左”倾领导者把军事指挥全权交给共产国际派来的顾问、德国人李德，废除了正确的建军原则和战略战术，结果导致第五次反“围剿”失败，使红军被迫进行战略大转移——长征。1934年10月长征开始时，中央红军共有8.6万人，到同年12月初渡过湘江时，已损失过半，只剩下3万余人。失败和胜利的鲜明对比，促使党和红军在面临全军覆没的危险境地中觉悟起来，从群众到领导都要求查明失败的原因和责任，并寻求挽救革命的方法。这就引发了党和红军领导层中的激烈争论。毛泽东和大多数同志达成共识认为是军事路线的错误。1935年1月初，红军强渡乌江，进占遵义，趁尾追之敌尚未赶到的机会，中共中央于1935年1月15—17日在遵义召开了政治局扩大会议，总结了反“围剿”失败的教训，通过了《中央关于反对敌人五次“围剿”的总结决议》。会议改组了中央领导机构，增选毛泽东为中央政治局常委。会后不久，成立了由毛泽东、周恩来、王稼祥组成的三人小组，负责指挥全军的军事行动。从此结束了王明“左”倾冒险主义在党中央的统治，在事实上确立了毛泽东在红军和党中央的领导地位，使红军和党中央得以在极其危急的情况下保存下来，并且在这以后能够战胜张国焘的分裂主义，胜利地完成长征，打开中国革命的新局面，这在党的历史上是一个生死攸关的转折点。遵义会议的伟大历史转折意义在于，它标志着中国共产党独立自主地、实事求是地纠正了以王明为代表的单纯防御军事路线在中央的统治，取消了这个错误路线的执行者博古、李德在党和红军中的绝对指挥权，事实上确立了毛泽东军事路线的领导地位。遵义会议解决了军事路线和军事指挥这两个当务之急的问题，牵住了转变时局的牛鼻子。

遵义会议上只批判以博古为首的临时中央在军事上的错误，没有提政治问题的错误，是毛泽东的英明决策。当时，曾经有人提出批判和纠正六届四中全会的政治错误，毛泽东坚持原则性和灵活性相结合的原则，机智地制止了这种做法。正是这样，才团结了更多的同志，全力以赴地解决了当时最为紧迫的军事问题。

在以后的革命中毛泽东继续把马克思列宁主义原理与中国革命的实际相结合，形成了一整套系统的军事路线。毛泽东的军事路线从两个基本观点出发不断地得到了运用：第一，我们的军队不是也不能是其他样式的军队，它必须是服从于无产阶级思想领导的、服务于人民斗争和根据地建设的工具；第二，我们的战争不是也不能是其他样式的战争，它必须在承认敌强我弱、敌大我小的条件下，充分地利用敌之劣点与我之优点，充分地依靠人民群众的力量，以求得生存、胜利和发展。从第一个观点出发，红军（抗日战争中是八路军、新四军及其他人民军队）必须全心全意地为着党的路线、纲领和政策，也就是为着全国人民的各方面利益而奋斗，反对一切与此相反的军阀主义倾向。因此，红军必须反对军事不服从于政治或以军事来指挥政治的单纯军事观点和流寇思想；红军必须同时负起打仗、做群众工作和筹款（现在是生产）的三位一体的任务，而所谓做群众工作，就是要成为党和人民政权的宣传者和组织者，就是要帮助地方人民群众分配土地（抗战中是减租减息），建立武装，建立政权以至建立党的组织。因此，红军在军政关系和军民关系上，必须要求严格地尊重人民的政权机关和群众团体，巩固它们的威信，严格地执行“三大纪律”、“八项注意”；在军队的内部，必须建立正确的官兵关系，必须要有一定的民主生活和有权威的以自觉为基础的军事纪律；在对敌军的工作上，必须具有瓦解敌军和争取俘虏的正确政策。从第二个观点出发，红军必须承认游击战和带游击性的运动战是土地革命战争时期的主要战争形式，承认只有主力兵团和地方兵团相结合，正规军和游击队、民兵相结合，武装群众和非武装群众相结合的人民战争，才能够战胜比自己强大许多倍的敌人。因此，红军必须反对战略的速决战和战役的持久战，坚持战略的持久战和战役的速决战；反对战役战术的以少胜多，坚持战役战术的以多胜少。因此，红军必须实行分兵以发动群众，集中以应付敌人；敌进我退，敌驻我扰，敌疲我打，敌退我追；固定区域的割据，用波浪式的推进政策；强敌跟追，用盘旋式的打圈子政策；诱敌深入；集中优势兵力，选择敌人的弱点，在运动战中有把握地消灭敌人的一部或大部，以各个击破敌人等项战略战术的原则。各次“左”倾路线在军事上都是同毛泽东站在恰恰相反的方面：第一次“左”倾路线的盲动主义，使红军脱离人民群众；第二次“左”倾路线，使红军实行冒险的进攻。但是这两次“左”倾路线在军事上都没有完整的体系。具有完整体系的是第三次。第三次“左”倾路线，在建军的问题上，把红军的三项任务缩小成为单纯的打仗一项，忽略正确的军民、军政、官兵关系的教育；要求不适当的正规化，把当时红军的正当的游击性当作所谓“游击主义”来反对；又发展了政治工作中的形式主义。在作战问题上，它否认了敌强我弱的前提；要求阵地战和单纯依靠主力军队的所谓“正规”战；要求战略的速决战和战役的持久战；要求“全线出击”和“两个拳头打人”；反对诱敌深入，把必要的转移当作所谓“退却逃跑主义”；要求固定的作战线和绝对的集中指挥等；总之是否定了游击战和带游击性的运动战，不了解正确的人民战争。在第五次反“围剿”作战中，他们始则实行进攻中的冒险主义，主张“御敌于国门之外”；继则实行防御中的保守主义，主张分兵防御，“短促突击”，同敌人“拼消耗”；最后：在不得不退出中央苏区根据地时，又变为实行真正的逃跑主义。这些都是企图用阵地战代替游击战和运动战，用所谓的“正规”战争代替正确的人民战争的结果。在抗日战争的战略退却和战略相持阶段中，因为敌我实力强弱相差更甚，八路军和新四军的正确方针是：实施把山地游击战发展为山地游击战与平原游击战相结合的战略方针，“基本的是游击战，但不放松有利条件下的运动战”。强求过多的运动战是错误的。但在将要到来的战略反攻阶段，正如全党的工作重心需要由乡村转到城市一样，在我军获得新式装备的条件下，战略上也需要由以游击战为主变为以运动战和阵地战为主。这便是毛泽东总结出的一条正确的军事路线的运用实例。

3.运用实事求是解决了中国革命的政治路线

1921年夏天，在浙江嘉兴南湖的红船上中国共产党诞生了。从建党那天起，共产党人就把实现共产主义写在了自己的旗帜上。“实现共产主义”成为我们党始终坚持的最高纲领。党的一大通过的第一个纲领就宣布，要消灭阶级和私有制，承认无产阶级专政，直到阶级斗争结束。这些规定实际上规定了我们党的奋斗目标是实现社会主义和共产主义，也就是我们所说的最高纲领。但是中国共产党成立以后，很快地投入到实际斗争中去，发现在当时的社会条件下，我们首要的工作不是去实现社会主义和共产主义，而是要解决当时面临的最大的问题，就是国际帝国主义的压迫和本国封建主义的压迫。

在实际斗争中，我们党逐渐认识到，在经济文化落后的半封建半殖民地的旧中国进行革命，就需要认清形势认清矛盾，认清我们的革命是区别于孙中山先生领导的革命，是新的民主主义革命，并制定出符合中国国情的民主革命纲领。当时，中国人民所遭受的最大痛苦不是一般的资本主义剥削，而是帝国主义压迫和封建军阀统治。1922 年 7 月，党的二大召开，二大不仅明确提出了党的最高纲领是实现社会主义、共产主义，而且明确了党的最低纲领是打倒军阀，推翻国际帝国主义的压迫，统一中国为真正的民主共和国。这是我党第一次鲜明地提出明确、完整、彻底的反帝反封建的民主革命纲领。

1940 年，毛泽东在《新民主主义论》中指出：半殖民地半封建社会的性质决定了中国革命必须分成民主主义革命和社会主义革命两步走，新民主主义革命和社会主义革命是两个不同的革命阶段，不能毕其功于一役，实现党在民主革命阶段的最低纲领，也是为了将来实现最高纲领，新民主主义革命是以共产主义思想为指导的。

1945 年，在抗日战争接近胜利的前夜，党的七大在延安隆重召开。当时的中国面临着建立一个什么样的国家的问题，中国共产党要向全国人民、要向社会的各个阶层、要向世界表明自己的政治主张。毛泽东在大会上做了《论联合政府》的政治报告，对民主革命中最低纲领与最高纲领的关系做了完整的阐述。毛泽东指出，我们共产党的名称和我们党的科学的宇宙观，都明确地指出我们的最终的奋斗目标、我们的最高理想是社会主义和共产主义，这是异常清楚、异常确定和毫不含糊的。但是在当前，我们必须为我们党的最低纲领而奋斗，也就是说必须为当前无产阶级领导的资产阶级性质的民主革命而奋斗。而在中国，为民主主义奋斗的时间还是长期的。没有一个新民主主义的联合统一的国家，没有新民主主义的国家经济的发展，没有私人资本主义经济和合作社经济的发展，没有民族的科学的大众的文化即新民主主义文化的发展，没有几万万人民的个性的解放和个性的发展，一句话，没有一个由共产党领导的新式的资产阶级性质的彻底的民主革命，要想在殖民地半殖民地半封建的废墟上建立起社会主义社会来，那只是完全的空想。毛泽东说，谁要是对这一个革命、对我们党的最低纲领、对我们当前的奋斗目标，表示稍许的不忠诚、不热情、不准备付出鲜血和生命，那他就不是一个自觉的共产主义者。

党的七大成功地解决了最高纲领和最低纲领的辩证关系，对于抗日战争和人民战争的胜利，对于新中国成立以后的经济恢复和建设都起到了十分重要的作用。这表明中国共产党人在长期的斗争中，坚持实事求是的态度，在把马克思列宁主义原理与中国国情结合的分析中，终于找到了一条正确的政治路线，沿着这条正确的政治路线，我们迎来了光明的未来。

4.运用实事求是解决了中国革命的思想路线

中国革命的思想路线是同党内各种错误思想作斗争中逐渐形成和发展起来的。1929 年，毛泽东就对党内存在的脱离实际的主观主义思想进行了批判。在《关于纠正党内的错误思想》中指出："主观主义，在某些党员中浓厚地存在，这对分析政治形势和指导工作，都非常不利。"①毛泽东分析了主观主义的后果不是机会主义就是盲动主义，这是当时中国革命的主要危害，其根本特征就是主观与客观相分离，理论与实践相脱离。为了反对主观主义，毛泽东指出，必须"教育党员用马克思列宁主义的方法去作政治形势的分析和阶级势力的估量，以代替主观主义的分析和估

① 毛泽东著作选读[C].北京：人民出版社，1986，第 32 页

量”。必须“使党员注意社会经济的调查和研究，由此来决定斗争的策略和工作的方法”①。显然，这时毛泽东已经开始注意从哲学上去思考中国革命的方法和道路。

1930年毛泽东写了《反对本本主义》一文。这篇文章提出了一系列重要的理论问题：一是强调了调查研究的重要性，提出“没有调查，就没有发言权”的著名论断，这是党的正确思想路线和工作方法的基本口号。毛泽东把当时党和红军中的一些带原则性的问题，提高到思想路线的高度进行概括，鲜明地提出反对本本主义，反对保守思想，论述了党的思想路线是政治路线的基础。他指出，共产党的正确的斗争策略，只有在群众的斗争过程中、在实际经验中才能产生。以上表明，《反对本本主义》这篇著作实质上提出了中国共产党的一切从实际出发的实事求是思想路线。虽然这时毛泽东还没有把党的思想路线用“实事求是”这四个字做出言简意赅的概括，还没有做出十分规范的表述，但是这条思想路线的基本内涵已经提出和明晰了。二是明确提出马克思主义普遍真理与中国革命具体实践相结合的思想，他认为马克思主义的“本本”是要学习的，但是必须同我国的实际情况相结合。我们需要“本本”，但一定要纠正脱离实际情况的本本主义。只有理论与实际相结合，才能制定出正确的方针、路线，和为实现方针、路线所需要的一整套的具体政策，坚持理论联系实际，必须反对教条主义。三是第一次提出：共产党人从斗争中创造新局面的思想路线。四是毛泽东这篇文章明确地、深刻地表述了不唯书、不唯上、只唯实的思想原则。

1961年，毛泽东在广州中央会议上说，他1930年提出“反对本本主义”，这里面包含一个破除迷信的问题。他当年所破除的迷信是，一是对书本的迷信，一是对上级领导机关的迷信。他在《反对本本主义》中批评说：“以为上了书的就是对的，文化落后的中国农民至今还存在着这种心理。不谓共产党内讨论问题，也还有人开口闭口‘拿本本来’。”把“本本”作为判断正确与错误的唯一标准，这就是本本主义，是十分错误的，反对本本主义，并不是反对“本本”，不要“本本”，因为任何“本本”都要接受实践的检验，实践才是检验真理的唯一标准。关于对待上级领导机关的问题，毛泽东指出：“我们说上级领导机关的指示是正确的，决不单是因为它出于‘上级领导机关’，而是因为它的内容是适合斗争中客观和主观情势的，是斗争所需要的。不根据实际情况进行讨论和审察，一味盲目执行，这种单纯建立在‘上级’观念上的形式主义的态度是很不对的。”②这里已经能够看到一切从实际出发，把马列主义与中国革命实际相结合的实事求是思想的理论雏形。

1935年毛泽东撰写了《论反对日本帝国主义的策略》，对那种认为“圣经上载了的才是对的”的错误倾向进行了批评，这是反对本本主义的继续。在1937年7—8月间，毛泽东写了著名的哲学著作《实践论》《矛盾论》，深刻揭露了党内错误的政治路线、军事路线的思想根源，将中国革命的丰富经验升华为哲学理论，为党的实事求是思想路线奠定了理论基础。1938年，毛泽东在《中国共产党在民族战争中的地位》一文中第一次提出了“实事求是”的科学概念。他说：共产党员应是实事求是的模范……因为只有实事求是，才能完成确定的任务。

1938年9月，在党的六届六中全会上，毛泽东作了《论新阶段》的报告，明确提出马克思列宁主义普遍真理与中国革命具体实践相结合的光辉命题。1942年在延安整风运动中，毛泽东反复阐述了一切从实际出发，理论联系实际，没有调查就没有发言权等观点，在深刻批判主观主义思想路线的同时，对中国共产党的思想路线作了完整的表述，这是毛泽东对实事求是做出的马克思主义中国化的重要哲学概括。毛泽东在《改造我们的学习》一文中指出：“要使马克思列宁主义的

---

① 毛泽东著作选读[C]. 北京：人民出版社，1986，第32页

② 毛泽东选集(第1卷)[C]. 北京：人民出版社，1991，第111页

理论和中国革命的实际运动结合起来，是为着解决中国革命的理论问题和策略问题而去从它找立场、找观点、找方法的。这种态度，就是有的放矢的态度。'的'就是中国革命，'矢'就是马克思列宁主义。我们中国共产党人所以要找这根'矢'，就是为了要射中国革命和东方革命这个'的'的。这种态度，就是实事求是的态度，'实事'就是客观存在着的一切事物，'是'就是客观事物的内部联系，即规律性，'求'就是我们去研究。我们要从国内外、省内外、县内外、区内外的实际情况出发，从其中引出其固有的而不是臆造的规律性，即找到周围事变的内部联系，作为我们行动的向导。"①这段话是毛泽东对实事求是思想的集中概括，科学地阐释了实事求是的丰富的哲学内涵。同时也表明了中国共产党找到了一条正确的思想路线。最后，为了使全党在马克思列宁主义、毛泽东思想基础上团结起来，党的七大正式确立了全党统一的指导思想即毛泽东思想，并将实事求是确立为全党行动的准则，确立为党的思想路线。可以说，这就是马克思列宁主义在中国的胜利，这就是马克思列宁主义中国化的胜利，中国化马克思主义的发展。马克思主义中国化的过程实际上就是中国共产党实施党的建设伟大工程的过程。而党的建设伟大工程非常重要的一个内容就是"整党""整风"，通过整风运动把马克思主义理论灌输到每一个中国共产党党员的头脑之中，从而实现马克思主义中国化。

二、整风运动是马克思主义中国化的具体条件

整风运动是运用马克思列宁主义的立场、观点和方法，以解决一定的问题为目的，在全党范围内有领导、有计划、有步骤地进行普遍的、生动的、理论联系实际的马克思主义教育运动。它是毛泽东提出的具有中国共产党特色的党的建设伟大工程的重要组成部分，整风运动促进了马克思主义中国化和中国革命的发展进程，它以独创性内容丰富和发展了马克思主义。

新中国建立前，中国共产党在全党范围内进行大规模的整风运动共有两次，第一次是抗日战争困难时期的1942—1943年；第二次是在解放战争时期的1947—1948年。整风运动首创于1942年的延安整风。通过延安整风，马克思主义中国化的标志即毛泽东思想在全党取得了指导地位，提高了全党的马克思主义水平，确立了马克思主义普遍原理与中国革命具体实践相结合的根本原则，使全党在马列主义、毛泽东思想的基础上实现了统一和团结，为抗日战争的胜利和党在全国的胜利奠定了重要的思想政治基础，也为后来的整党整风积累了丰富的经验，它在马克思主义中国化的进程中起到了重要的作用。

（一）中国共产党领导的革命实践要求中国化的马克思主义作指导

马克思主义中国化是中国革命对我党提出的必然要求，毛泽东思想的形成就是这个必然要求的结果。毛泽东思想的形成经历了一个曲折的发展过程，是中国共产党在经历了无数次的成功与失败的实践基础上产生的。在中国共产党的早期，由于特殊的国情，共产党自身的缺陷以及俄共和共产国际不正当的指导给中国革命造成了巨大的损失，几乎葬送了革命。它在党内的表现就是陈独秀的右倾投降主义，瞿秋白、李立三、王明的"左"倾机会主义。特别是王明"左"倾机会主义，以主观主义、教条主义的态度对待马克思主义，不从中国的具体情况出发，把马克思主义变成僵死的教条，把共产国际的指示和俄共的经验神圣化。在政治上、军事上、组织上提出了一

① 毛泽东选集(第3卷)[C].北京：人民出版社，1991，第801页

整套错误的方针政策，几乎葬送了中国革命。1935 年 1 月的遵义会议，结束了王明“左”倾机会主义在党中央的统治，确立了毛泽东在全党全军的领导地位，开创了中国革命从失败走向胜利的局面。红军长征到达陕北后，中国革命有了一块属于自己的后方基地，毛泽东和党中央开始着手系统地总结中共在北伐战争和土地革命战争中胜利和失败的经验教训，在此基础上形成了一套适合于中国国情的革命道路。广大党员和干部在以毛泽东为代表的领导集体的领导下认真地进行了解决思想路线的问题，由此开展了延安整风运动。延安整风运动作为一次全党范围内的马列主义教育运动，有力地促进了马克思主义在中国的发展，确立了毛泽东思想在党内的指导地位。如果说以前是中国革命理论的创立和完成时期，那么现在终于为全党所了解、所掌握。

（二）土地革命时期的整党整军运动是马克思主义中国化进程中的重要方略

整风运动是中国共产党以马列主义基本原理为指导在革命实践中不断创造、发展、完善而形成的。它是进行党的建设的一种方式，通过采取整风形式来解决中国共产党内部存在的组织不纯、战斗力不强以及非无产阶级思想等问题的有效方法，它是中共的一伟大创举，它的根本就是马克思主义中国化的问题。早在土地革命战争时期，毛泽东在井冈山革命根据地就展开过一次“洗党”运动，相对于延安整风来说，虽然它不是完全意义上的整党整风运动，但仍不失为我党历史上最早的一次整党整风运动。它对于提高党和人民军队的马克思列宁主义水平、纯洁党的组织、提高党的战斗力、促进井冈山革命根据地的巩固和发展起到了非常重要的作用，为以后的整风运动积累了经验，奠定了基础。

1927 年 10 月，毛泽东成功地创建了中国第一块农村革命根据地即井冈山革命根据地，点燃了中国革命的星星之火，并将党的工作重心由城市转到了农村，开辟了一条具有中国特色的民主革命道路即农村包围城市，武装夺取政权的道路。毛泽东在领导井冈山军民开展军事斗争、经济斗争和政治斗争及文化建设的时候，逐渐认识到马列主义必须与中国特殊的国情相结合，否则很难发展，而解决这个问题的关键在于我党本身，所以他非常重视党的建设。在长期的革命斗争实践中，党的建设成为战胜敌人的三大法宝之一。在无产阶级人数较少，农民人口占绝大多数，经济文化非常落后的中国社会，在长期被敌人分割包围的农村根据地，成功地建设起一支团结统一、纪律严明、英勇善战的工人阶级先锋队，毛泽东把这一世界政治上罕见的壮举豪迈地称之为“伟大工程”。

井冈山革命根据地位于湘、赣两省交界处。大革命时期，党组织在这里有过大的发展，但大革命失败后党组织受到极大的破坏。毛泽东率领秋收起义部队到达这里后，从 1927 年 9 月到 1928 年 2 月，经过毛泽东及前委的艰苦工作，边区各县党的组织进入大发展时期，党员数量猛增到一万以上。然而由于发展速度过快、过猛，没能保证党员的质量，致使许多投机分子趁机混进党内，造成党组织的严重不纯，存在很多问题。

在这样复杂的历史条件下，毛泽东在领导边区军民开展武装斗争、土地革命和根据地建设的同时，根据马列主义建党学说，结合根据地的实际，独创性地开辟了通过“洗党”的形式，解决党的发展和建设过程中存在的问题，充分发挥党员的先锋模范作用，提高了党员的战斗力和凝聚力。

井冈山“洗党”从性质上来说就是整党，对党进行思想组织整顿，但与后来中国共产党所开展的整风运动相比较，又不是完全意义上的整党。通过洗党，纯洁了党的组织，提高了党的战斗力，各级党的基层组织在边界斗争中日益发挥出战斗堡垒的作用。历史证明，经过这次整党，由毛泽东领导下的井冈山革命根据地迅速发展起来。先后成立了茶陵、遂川、宁岗县工农兵政府。开展了轰轰烈烈的土地革命，打土豪，分田地，巩固和发展了革命政权。在全国竖起了一面红旗，点燃了“工农武装割据”的星星之火，它是中共工作重点由城市转向农村的重要标志，为中国革命开辟了一条农村包围城市，武装夺取政权的道路。

1929年底，在红四军召开的古田会议上，以毛泽东为首的红四军前委，根据中央九月来信的精神，运用马克思列宁主义关于军队建设和党的建设的基本原理，总结了两年来红四军建设的经验，通过了《中国共产党红军第四军第九次代表大会决议案》(通称古田会议决议)。古田会议决议不仅解决了军队建设问题，也解决了在农村和战争环境下如何加强党的建设问题。

古田会议是党在紧张艰苦的历史环境中，为了实现中国共产党人的伟大使命，加强党的思想政治建设和组织建设，提高党和军队的战斗力而召开的。古田会议决议深刻阐明了我军建设的基本点，是中国共产党建党建军的纲领性文件。古田会议决议初步解决了以农民为主体的红军在长期处于分散的农民游击战争的环境中，如何从政治上、思想上、组织上建设成为一支新型人民军队的重要思想。古田会议决议的精神后来由党中央向全党全军推广，各地红军都先后贯彻了古田会议决议建党建军的原则，从而净化和纯洁了党的队伍，克服了各种非无产阶级思想，实现了军队的人民化，全党全军的精神面貌为之焕然一新，古田会议建党建军的思想对延安整风运动产生了巨大影响。

（三）毛泽东领导地位的确立及“马克思主义中国化”概念的明确提出

长征开始后，广大干部战士目睹了第五次反围剿开始以来红军接连失利几乎濒临绝境的实际与前四次反围剿的胜利的鲜明对比，他们逐渐认识到这是排斥以毛泽东为代表的正确路线的领导，贯彻执行错误的军事指导方针的结果。于是在极端危急的历史关头，逐渐成熟的中国共产党在同共产国际中断联系的情况下，独立自主地召开了遵义会议，结束了“左”倾教条主义错误在中央的统治，毛泽东进入了中共中央和红军的最高领导层。它是党的历史上一个生死攸关的转折点，标志着中国共产党在政治上开始走向成熟。这次会议对马克思主义中国化产生着根本影响。

这时，共产国际也逐渐认识到了自身工作方法的缺陷，于是开始改变工作方法。在1935年召开的共产国际七大上，季米特洛夫强调：“在每一个国家里，无产阶级的国际主义都应当适应本地气候，以便在本地种下自己的深根”。大会要求国际执委会“将工作重心转移到规定国际工人运动基本政治路线及策略路线方面去，在解决一切问题时要根据每个国家的具体情况和特点，一般的不要直接干涉各国共产党内部组织上的事宜”。中共六大后，共产国际改变了和中国共产党的联系方式。布哈林在中共“六大”所作的结论中说：共产国际的代表并不是个个都经过考试的，在指导中国大革命中，他们有这样那样的错误。共产国际执委会讨论了这个问题，认为不派代表比派那些犯错误的代表好些。因此中共“六大”以后改变了由共产国际派代表来华的做法，由中共派代表驻共产国际。这也为马克思主义中国化创造了条件。

红军到达陕北后创建了陕甘宁革命根据地。季米特洛夫进一步了解到毛泽东在党内的威信和遵义会议后一直在中央起着实际领导核心的作用，因而更加坚定了支持毛泽东为中央领袖的看法。他直截了当地当着王稼祥和任弼时的面，批评王明缺乏实际工作经验，又喜欢自以为是，拉帮结派，想当领导，从而表明了不支持王明的态度。1937年7月6日，苏联《真理报》破天荒地刊登了毛泽东与朱德的照片，发出了同意肯定毛泽东的领导地位的讯号，紧接着，季米特洛夫亲自接见了即将回国的王稼祥和正准备接任中共代表团团长职务的任弼时，表示希望中国共产党及军队领导层加强内部团结，支持在实际斗争中锻炼出来的中共领导人毛泽东的工作。1938年7—8月间王稼祥带着共产国际的指示和季米特洛夫的意见回国。同年9月14—27日中共中央召开政治局会议。王稼祥在会上传达了共产国际和季米特洛夫的意见：中共中央的政策"在领导机关中要在毛泽东为首的领导下解决。领导机关中要有亲密团结的空气"。王稼祥传达的这些意见极为重要，因为这些意见肯定了中共中央的政治路线和毛泽东的领导地位。李维汉回忆到：季米特洛夫的话在会上起了很大作用，从此以后，我们党就进一步明确了毛泽东的领导地位，解决了党的统一领导问题。这表明，共产国际初步认可了毛泽东思想正是马克思主义在中国的具体表现。这进一步为马克思主义中国化奠定了基础，为以后的延安整风运动提供了政治保证。

虽然如此，王明错误路线对党的严重影响远未消除，毛泽东在执行中国化的马克思主义的过程中受到了严重的阻碍。皖南事变后，中国化的马克思主义与教条主义的分歧越来越严重，为了摆脱干预，迫切需要从政治上、思想上清除王明教条主义的影响，正如毛泽东后来说的：由于王明等人自称为"国际路线"，穿上马克思主义的外衣，拿教条式的马克思主义来骗人。加上中央的主要成分是四中全会选举的、五中全会选举的，而党员的成分又大多出身于农民及其他小资产阶级，很容易上当受骗。这样要实现独立自主的道路和"马克思主义中国化"就不能不彻底清除和肃清王明教条主义影响，在全党范围内进行一次普遍的马列主义的思想教育运动，在思想上进行一番整顿。"所以我们要在党内发动一个启蒙运动，使我们同志的精神从主观主义、教条主义的蒙蔽中解放出来"，"只要我们党的作风完全正派了，全国人民就会跟我们学，党外有这种不良风气的人，只要他们是善良的，就会跟我们学，改正他们的错误，这样就会影响全民族。只要我们共产党的队伍是整齐的，步调是一致的，兵是精兵，武器是好武器，那么，任何强大的敌人都是要被我们打倒的"①。并且，我们党已经经过了两次整党整军运动，有了成功经验，所以进行延安整风的条件已经成熟。

正是在这一背景下，1938年9月29日—11月6日在党的历史上第一次由毛泽东主持召开的六届六中全会上，有40多人先后发言支持毛泽东提出的各项主张，批评王明的种种错误。王明在为自己狡辩的同时，也不得不承认"全党必须团结统一，我们党一定能统一团结在中央毛同志的周围"。也正是在这次党的全会上毛泽东明确提出了"马克思主义中国化"的命题。这说明中共六届六中全会的召开，标志着毛泽东领导地位的牢固确立，中国共产党及领导群体成熟了，中共第一代领导集体及核心已经形成。这使中共可以从更高的角度，从全局的角度，对中国革命中的一系列问题进行科学阐述，这正是实现马克思主义普遍真理和中国实际相结合的重要条件。

（四）延安整风及马克思主义中国化的理论成果——毛泽东思想的提出

延安整风，是指从1941年起中国共产党在全党范围内进行的一次整风运动。延安整风是以马克思列宁主义为指导的在以毛泽东为首的中共中央领导下进行的。整风中，毛泽东及其他中央领导同志写了一系列著作共22篇，构成了延安整风学习的基本文件。这些著作系统地阐明了一切从实际出发，实事求是，理论联系实际的辩证唯物主义思想路线。延安整风是在中国共产党内进行的一次普遍的马列主义教育运动。经过延安整风，从思想和世界观上解决了共产党内的马克思主义与非马克思主义之间的矛盾，无产阶级思想和非无产阶级思想之间的矛盾；全党真正找到了马列主义的普遍真理与中国革命具体实践相结合的道路，使中国共产党的马列主义路线

---

① 毛泽东著作选读[C].北京：人民出版社，1986，第488－489页

和一整套方针政策都达到了完整和系统的程度；全党形成了理论联系实际、密切联系群众、批评与自我批评的优良作风，培养和锻炼了一大批各级各类的真正掌握马克思列宁主义的能掌握党的路线方针政策、密切联系群众并能组织和带领群众前进的干部。延安整风运动大大促进了马克思主义中国化的进程，使马克思主义中国化的标志即毛泽东思想被明确地提了出来，形成了以毛泽东为核心的中共中央领导下全党的团结和统一。

延安整风的基本任务和要求，就是毛泽东在《整顿党的作风》的报告中指出的：反对主观主义以整顿学风，反对宗派主义以整顿党风，反对党八股以整顿文风。从认识论的根本问题上彻底清除党内的“左”、右倾错误，特别是以教条主义为特征的王明“左”倾错误的恶劣影响，以树立实事求是的马列主义思想路线，发扬理论联系实际、密切联系群众、批评与自我批评的作风，从而极大地提高全党的马列主义水平，提高党的领导水平，增强党的战斗力，进一步促进马克思主义中国化。

整风运动的开展，冲破了长期以来存在于党内的教条主义的束缚，使人民的思想得到了一次大解放，从根本上端正了对待马克思主义的态度，解决了马克思主义普遍原理和中国革命具体实践相结合的问题。王稼祥指出：“中国是一个大国，中国共产党应该是一个大党，中国共产党应当有中国共产主义理论”，这个理论就是马列主义与中国相结合的毛泽东思想，它是“引导中国民族和中国共产主义到胜利前途的保证”。通过延安整风，确立了毛泽东思想在党内的指导地位，毛泽东被授予对处理日常事务的中央书记处会议所讨论的问题“有最后决定之权”。至此，毛泽东反对教条主义的斗争以及摆脱国际干预，确立和巩固独立自主的政治路线的斗争事实上取得了决定性的胜利。通过整风，使广大党员及干部特别是抗战爆发后入党的大批党员从农民以及其他小资产阶级的立场，从一知半解，只言片语，懂一点马列主义到真正地掌握马列主义的立场、观点和方法，不但提高了马列主义的理论水平，而且提高了思想觉悟；使广大党员干部，首先是高级干部从王明教条化、神圣化的精神枷锁中解放出来，比较清醒地对待马列主义，认识中国革命的特点和中国民主革命发展的规律。通过整风实践，共产党找到了有效解决党内矛盾的方法。坚持“惩前毖后、治病救人”两条原则，从团结的愿望出发，经过批评和斗争，达到新的团结。全党掌握了“团结—批评—团结”的公式，既搞清了思想是非，又团结了同志，达到了全党高度的团结。经过整风，理论联系实际、群众路线和批评与自我批评成为党的优良作风，各项工作出现了生动活泼、蓬勃发展的新局面，使全党在马列主义、毛泽东思想的基础上，达到了空前的团结。这就为党的七大的胜利召开准备了条件，为全党最终确立马克思主义中国化的第一理论成果毛泽东思想为指导思想奠定了基础，为战胜严重困难夺取抗战的最后胜利和民主革命的彻底胜利奠定了思想基础。

（五）解放战争时期的整党整军运动与毛泽东思想的发展

1947—1948 年的整党，是在解放战争由战略防御转入战略反攻阶段，各解放区正在紧张地进行土地改革运动中进行的一次整党，因此也叫做结合土改中心任务而进行的整党运动。

这次整党采取的主要方法是，在党的支部，召开整党会议，在党内开展批评与自我批评，邀集党外群众参加党的某些会议，发动群众和加强党的领导相结合，征求群众对党组织及其各个成员的意见，共同审查党员和干部。整党中坚持了“惩前毖后，治病救人”的方针，坚持具体情况具体分析的实事求是的方针。土改整党中采用这种正确的方针和方法，一方面破除了群众对党的组织和党的会议的神秘感觉，使党内一切好的和坏的现象都向群众公开，为群众所了解，使群众能够审查和监督党员干部，进一步改善了党与群众的关系；另一方面，党的领导者又可以根据群众意见及党内的实际情况，全面地考虑问题，给党员和干部以适当的、公平的奖励和处分，既有利于纯洁党的组织又有利于团结教育同志，提高党的质量和威信。

土改整党是在党中央的直接领导下进行的。为了搞好整党，及时地解决整党中出现的问题和纠正整党中发生的某些偏差，党中央连续发出了许多重要指示。1947 年 7 月 17 日—9 月 13 日的全国土地会议上，中央工作委员会书记刘少奇分别于 8 月 20 日、21 日和 9 月 13 日作了报告和结论，分析了党内组织上、思想上不纯的状况，阐述了整党的重要性和必要性。同年 12 月 25 日—28 日党中央在陕北米脂县杨家沟召开会议，毛泽东作了《目前形势和我们的任务》的报告，对革命战争转入反攻后，党需要解决的军事、土改、整党等一系列重要问题做了纲领性的说明，进一步指出了解决党内不纯问题的极端重要性。从这次会议开始到 1948 年春天，党中央用了很大的精力来纠正整党中党内出现的“左”的和右的，主要是“左”的错误倾向。1949 年 1 月 18 日，毛泽东在为中共中央起草的《关于目前党的政策中的几个重要问题》的指示中指出：“对于某些犯有重大错误的干部和党员，以及工农群众中的某些坏分子，必须进行批评和斗争。在批评和斗争的时候，应当说服群众，采取正确的方法和方式，避免粗暴行动。这是一方面。另一方面，则应使这些干部、党员和坏分子提出保证，不对群众采取报复。应当宣布，群众不但有权对他们放手批评，而且有权在必要时将他们撤职，或建议开除党籍，直至将其中最坏的分子送交人民法庭审处。”[①]同年 2 月 22 日和 5 月 25 日，中央专门发出了关于在老区、半老区进行土地改革工作与整党工作的指示，全面总结了各解放区土地改革和整党工作的步骤及一系列政策和方法，着重纠正了某些地区在这两项工作中曾经发生过的“左”的偏向。同年 9 月，中央召开政治局扩大会议，肯定了整党工作的成绩，指出了党在最近一年内基本克服了并正在继续克服着成分不纯、思想不纯和作风不纯的不良现象，克服了和继续克服着越出党的界限的“左”的错误，“全党的政治成熟程度是大进一步了”[②]。

通过这次整党，批判了党内存在的右倾思想，清除了地主富农分子和其他坏分子，纯洁了党的组织；克服了党内存在的思想不纯（地主富农思想）和作风不纯（官僚主义和命令主义）等不良现象，改进了干部的作风，提高了党组织的战斗力，密切了党与群众的关系，巩固和加强了党的领导，从而保证了土地改革工作的顺利进行，极大地提高了广大农民的积极性，有力地支援了人民解放战争。毛泽东在 1948 年 4 月 1 日晋绥干部会议上引用群众的语言形象生动地说明了这次整党的成绩。他说：“‘从此以后，再也不敢封建了，再也不敢厉害了，再也不敢贪污了’。这是晋绥人民的话。这是晋绥人民对于我们的土地改革工作和整党工作所做的结论。他们说‘再也不敢封建了’，就是说，我们领导他们发动了斗争，消灭了或者正在消灭着新区的封建剥削制度和老区半老区的封建剥削制度的残余。他们说‘再也不敢厉害了，再也不敢贪污了’，就是说，在我们的党和政府的组织中，过去存在着某种程度上的成分不纯或作风不纯的严重现象，许多坏分子混入了党和政府的组织内，许多人发展了官僚主义的作风，仗势欺人，用强迫命令的方法去完成工作任务，因而引起群众不满，或者犯了贪污罪，或者侵占了群众的利益，这些情况，经过过去一年的土地改革工作和整党工作，已经从根本上改变了。”[③]

---

① 毛泽东选集(第 4 卷)[C]. 北京：人民出版社，1991，第 1772 页
② 毛泽东选集(第 4 卷)[C]. 北京：人民出版社，1991，第 1344 页
③ 毛泽东选集(第 4 卷)[C]. 北京：人民出版社，1991，第 1305—1306 页

在土改整党的过程中人民解放军也开展了土改学习,肃清地主富农及其他错误思想的新式整军运动。通过诉苦(诉旧社会和反动派所给予劳动人民之苦)和三查(查阶级、查工作、查斗志),开展了自我批评,克服了军队中存在的地主富农思想及官僚主义等不良倾向,大大地提高了全军指战员在党中央领导下的坚强团结。“在这个基础上,部队的纯洁性提高了,纪律整顿了,群众性的练兵运动开展了,完全有领导地、有秩序地在部队中进行的政治经济军事三方面的民主发扬了”①。同时,通过新式整军运动,不仅使从解放区刚入伍的一百六十万新战士提高了政治和战斗素质,而且融化了大约八十万从国民党军队来的俘虏兵,使他们掉转枪口打国民党反动派。这个运动大大提高了全军官兵的政治觉悟、纪律性和战斗性,促进了人民军队革命化建设,对人民解放军的巩固强大和作战胜利起到了重大作用。

整风运动是全党进行马克思主义思想教育的有效形式,它在马克思主义中国化的进程中起着极其重要的作用。通过整风运动使具有中国特色的马克思主义在全党全国得到了普遍的宣传、推广,为广大党员、干部和群众所掌握,有力地加快了中国革命的发展进程,是中国共产党党建的最大特征,它丰富和发展了马克思主义。

整风运动的发展过程特征也深刻体现了马克思主义中国化道路的发展特征。每当党内状况不能适应革命形势的发展,不能适应革命任务的需要时,总是用整风形式来提高全党的马列主义水平,使得马克思主义进一步中国化。这种中国化的马克思主义对于统一思想,妥善解决党内矛盾,把党建设成为适应新形势和新任务的坚强的领导核心,以保证革命任务的顺利完成,从而促进中国革命的发展起着主导作用。经过土地革命时期两次整党整风运动和延安整风运动后,中国共产党已经由过去被动地由于形势的发展而不得不进行整风的处境,转化为积极主动地去处理革命中所存在的问题。正因为如此,毛泽东在中共七届二中全会上明确指出:在中国革命胜利后,我们全党要警惕资产阶级“糖衣炮弹”的攻击。夺取全国胜利,只是万里长征走完了第一步,今后的路更长,工作更伟大、艰巨,全党必须继续保持谦虚谨慎的作风、不骄不躁和艰苦奋斗的作风,从而为建设新中国在政治上、思想上和理论上做了准备。

中国共产党正是通过不断地整党整风,才保持了党的先进性和纯洁性,使党永葆革命的青春,成为全国各民族人民坚强的领导核心,领导全国人民克服重重困难,战胜各种挫折,取得了一个又一个辉煌的胜利。

---

① 毛泽东选集(第4卷)[C].北京:人民出版社,1991,第1294页

第三章　毛泽东思想与马克思主义中国化

马克思主义中国化的第一个重大理论成果是毛泽东思想。它是马克思列宁主义在中国的运用和发展，是被实践证明了的关于中国革命和建设的正确的理论原则和经验总结，是中国共产党集体智慧的结晶。它是在我国新民主主义革命、社会主义革命和社会主义建设的实践过程中，在总结我国革命和建设正反两方面历史经验的基础上，逐步形成和发展起来的，是马克思列宁主义与近代中国社会和中国革命实际相结合的必然结果。

第一节　毛泽东思想的形成与发展

毛泽东思想适应于中国社会的发展，适应于中国共产党领导中国革命和中国建设，它是在运用马克思列宁主义解决中国的具体问题中，逐步萌芽、成长和发展起来的。

一、毛泽东思想形成的时代背景和历史条件

（一）毛泽东思想形成的时代背景

毛泽东思想是在世界无产阶级革命勃兴和中国新民主主义革命继起的时代背景下产生的。

1917 年 11 月 7 日（俄历 10 月 25 日），俄国工人阶级和劳动人民在以列宁为代表的布尔什维克的领导下，推翻了地主资产阶级的统治，建立了世界上第一个社会主义国家。

无产阶级革命是世界性的革命俄国十月革命的胜利，揭开了人类历史的新纪元，标志着世界性的无产阶级革命的开始。斯大林论述十月革命的世界意义时指出：“第一，它扩大了民族问题的范围，把它从欧洲反对民族压迫的斗争的局部问题，变为各被压迫民族、各殖民地及半殖民地从帝国主义之下解放出来的总问题；第二，它给这一解放开辟了广大的可能性和现实的道路，这就大大地促进了西方和东方的被压迫民族的解放事业，把他们吸引到胜利的反帝国主义斗争的巨流中去；第三，它从而在社会主义的西方和被奴役的东方之间架起了一道桥梁，建立了一条从西方无产者经过俄国革命到东方被压迫民族的新的反对世界帝国主义的革命战线。”①

俄国十月革命的伟大胜利，客观上推动着中国无产阶级革命的进行。从此，反帝反封建的中国民主主义革命不再是纯粹的资产阶级民主主义革命，而开始具有世界无产阶级社会主义革命的意义。就客观规律而言，这种革命，已经不是旧的、资产阶级领导的、以建立资本主义社会和资产阶级专政的国家为目的的革命，而是新的、无产阶级领导的、以在第一阶段建立新民主主义社会和建立各个革命阶级联合专政的国家为目的、进而为社会主义的发展扫清道路的革命。

这一时代背景的出现，对于毛泽东思想的产生和形成具有至关重要的意义。马克思主义是

① 斯大林选集（上卷）[C]. 北京：人民出版社，1979，第 65 页

无产阶级革命的理论。毛泽东思想的本质，则是马克思主义的基本原理与中国革命实际相结合。因此，这种本质属性，决定了毛泽东思想只能在具有无产阶级革命性质的中国革命的伟大实践中产生。

十月革命以后，随着马克思主义在中国的传播和五四运动的爆发，具有世界无产阶级革命性质的中国新民主主义革命拉开了帷幕，世纪中华民族赖以复兴和崛起的精神宝藏亦孕育其中了。

（二）毛泽东思想形成的历史条件

1.社会背景条件

马克思曾精辟地指出：理论在一个国家的实现程度，决定于理论满足这个国家的需要的程度。这就是说，任何科学理论的形成，均有与其相对应的社会基础。理论服务于现实，为解决社会实际问题而建立。毛泽东思想是马克思主义在中国的体现，属于无产阶级革命理论范畴，因此，没有中国无产阶级革命的现实，便不可能有毛泽东思想的产生和发展。

1919年五四运动后，中国革命进入新民主主义革命阶段，开始具有世界无产阶级革命的性质。无产阶级革命需要理论的指导，马克思主义则是无产阶级革命的理论，适应了中国社会的需要。这一理论性质和社会革命性质的亲和，使以马克思主义与中国革命实际相结合为基本特征的毛泽东思想的产生成为必然。毛泽东思想正是对应中国新民主主义革命和社会主义革命的社会实际而产生、发展起来的。

2.理论背景条件

新文化运动的兴起和马克思主义的传入与广泛传播，为毛泽东思想的产生和形成准备了思想理论条件。新文化运动和五四运动推动了马克思主义在中国的传播；中国深厚的传统文化和孙中山的革命思想对毛泽东思想的形成也产生了重要的影响。

3.阶级背景条件

19世纪末20世纪初，中国社会生产力有了一定的发展，尤其在第一次世界大战期间，是中国民族资本主义发展的黄金时期。随着民族资本主义工业的发展，中国新的阶级力量逐步壮大，到五四运动之前，工人阶级的人数已达到200多万。五四运动期间，工人阶级作为独立的政治力量登上历史舞台，逐渐由自在阶级向自为阶级转变。工人阶级力量的兴起，推动了具有初步共产主义思想的知识分子的成长，他们积极投身于工人运动中间，进行马列主义的宣传和组织工作，促进了马列主义和工人运动的结合。五四运动后，由于工人运动的进一步发展，也由于马克思主义在中国的广泛传播，使马列主义和工人运动相结合的要求日益迫切。1921年，以马列主义为指导的无产阶级政党——中国共产党终于诞生了，中国无产阶级革命从此有了坚强有力的政治集团和领导核心。

4.文化背景条件

毛泽东思想的形成，不仅依赖于马克思主义的理论源泉，而且在很大程度上得益于中国优秀传统文化的积淀。毛泽东及中国共产党的主要领导人深厚而全面的文学、艺术、哲学、历史等文化素养，使其在中国革命和建设历程中，对马克思主义的学习、运用，得心应手，深入浅出，既呈现出科学的马克思主义理论形态，又极具中国优秀传统文化的鲜明特色。在毛泽东思想的理论宝库中，一些著名的论断无不闪烁着中国传统文化的光辉，诸如：以“实事求是”和“不入虎穴，焉得虎子”等,表述马克思主义“具体情况具体分析”和“实践第一”的哲学思想;以“愚公移山”、“重于泰山”、“轻于鸿毛”等,表述马克思主义“为人民服务”的观点;以“一叶障目,不见泰山”,批评反马克思主义的“形而上学”;以“祸兮福之所倚,福兮祸之所伏”阐释马克思主义辩证法等。这样,人们印象中深刻玄奥的马克思主义理论,变得生动活泼,亲切自然,为广大人民群众所喜闻乐见。中国优秀传统文化的确堪称毛泽东思想形成和发展的重要基本条件之一。

二、毛泽东思想产生、形成、成熟、发展的过程

(一)诞生阶段——1921 年至 1927 年

1921 年中国共产党成立到 1927 年国民革命失败,这是我党成长的第一阶段,是毛泽东思想的萌芽时期。在这一阶段,我党将马列主义基本原理开始运用于我国的社会实际中,初步提出了新民主主义革命的基本思想,这是马克思主义与我国革命实际的最初结合。

1921 年 7 月,中国共产党成立后立即投身到改变中国现状的现实斗争中。1922 年,党的二大根据马克思主义基本原理和对中国社会的分析提出民主革命与社会主义革命两步走的思想,制定了彻底的反帝反封建的民主革命纲领。在此纲领指导下,党的主要活动是发动工农运动,特别是工人运动,抗击帝国主义。在领导工农运动的斗争实践中,以毛泽东为代表的中国共产党人在马克思主义的指导下,在对中国国情的研究中,对中国革命的对象、动力、同盟军等有了初步认识,特别是认识到了农民革命及土地革命对中国革命的意义,为后来革命新道路的开辟奠定了基础。

这一时期马克思主义同中国革命实践相结合的成果主要体现在开始运用马克思主义的立场、方法、观点,研究中国国情、分析中国革命特点。特别是毛泽东在此期间研究中国国情,发表了多篇学说,毛泽东于 1925 年 12 月发表了《中国社会各阶级的分析》,1927 年 3 月发表了《湖南农民运动考察报告》,分析农村、农民在中国社会结构中的特殊地位,初步阐明农民革命和土地革命的重要性;通过分析农民中各阶层的经济、政治地位指出中国革命的动力和目标,从而既具体说明了中国革命同盟军问题,也为他后来“农村包围城市,武装夺取政权”的理论奠定了基础,标志着毛泽东思想的诞生。

(二)基本形成阶段——1927 年至 1935 年

这个时期是以毛泽东为代表的中国共产党人发动武装起义、开展土地革命、创建农村根据地、开辟革命新道路的时期。

大革命失败后,国内政治局势急剧逆转。蒋介石在南京建立政权,残酷镇压、屠杀共产党人和革命群众,中国革命进入低潮。八七会议标志着大革命失败到土地革命战争兴起的一个历史转折,它确定了土地革命和武装起义的方针。随后,以毛泽东为首的中国共产党人排除各种干扰,克服各种困难,遵从客观实际,开创井冈山革命根据地。毛泽东、朱德等共产党人以马克思主义理论为指导,以中国国情为根据,在党的建设、军队建设、土地革命、政权建设等方面进行了全新的、深入的理论思考和丰富的实践探索。

首先,革命新道路理论的形成。八七会议确定了武装起义方针后,派出许多干部分赴各地,组织武装起义。其次,人民军队建设的理论和红军作战原则的确立。加强党对军队的领导,确定

了中国共产党对军队的绝对领导，保证了我军的无产阶级性质，从政治上、组织上奠定了新型人民军队的基础。再次，土地革命理论的形成。革命斗争促进了土地革命运动的发展，积累了土地革命运动的经验，土地革命理论日益成熟。最后，党的思想路线的提出。毛泽东始终注重调查研究，坚持从实际出发，灵活运用马克思主义。

把党领导的武装斗争、土地革命、建立革命政权三者密切结合起来是毛泽东运用马克思主义理论研究中国社会、中国革命特点的重要成果，标志着毛泽东思想的初步形成。

（三）成熟阶段——1935 年至 1945 年

从土地革命战争后期到抗日战争时期，是毛泽东思想的成熟阶段。这一阶段，我党运用马克思列宁主义基本原理，总结中国革命正反两方面的经验，揭示中国革命发展的客观规律，制定系统、完整的符合中国革命特点的理论、路线、方针和政策，形成既属于马克思主义，又具有中国特色的指导中国革命的完整系统的科学理论体系，并制定了符合中国国情的中国革命的基本路线或总路线。这些都标志着毛泽东思想的成熟。

第一，系统阐述了新民主主义革命理论。1939 年 10 月、12 月和 1940 年 1 月，毛泽东先后发表了《〈共产党人〉发刊词》《中国革命和中国共产党》《新民主主义论》等一系列重要著作，完整地提出和论述了新民主主义革命的理论、路线和政策，准确地表述了新民主主义革命是无产阶级领导的，以工农联盟为基础的，人民大众的，反帝反封建的革命；论述了中国革命的对象、任务、动力和前途；制定了新民主主义革命的政治、经济、文化三大纲领，提出了统一战线、武装斗争和党的建设是中国革命的三大法宝。这些著作表明，中国共产党关于中国革命的理论已经形成了系统、完整的体系。新民主主义革命理论，是毛泽东思想在民主革命时期的光辉结晶，是毛泽东思想成熟的重要标志。

第二，发展了革命统一战线理论、策略。1935 年 12 月，中共中央政治局在陕北瓦窑堡召开会议，通过了《关于目前政治形势与党的任务决议》。会后，毛泽东在党的活动分子会议上又作了《论反对日本帝国主义的策略》的报告，论述了建立抗日民族统一战线的可能性和必要性，总结了统一战线在不同历史阶段的特点，根据抗日战争时期的历史特点，制定了巩固和发展抗日民族统一战线的理论、政策和策略。统一战线的理论和策略得到进一步的发展成熟。

第三，党的建设理论逐渐完善。这一时期，中国共产党系统总结党的建设的经验教训，深刻阐述党的思想建设、组织建设、作风建设的重要性；阐明了党的实事求是，一切从实际出发，理论联系实际的思想路线；继续强调着重从思想上建党；科学地分析了党内矛盾的性质；创造性地运用整风的形式对全党进行马克思主义的思想教育；概括了党的理论联系实际、密切联系群众、批评和自我批评三大作风。

第四，科学地揭示了中国革命战争的特点和规律，充实完善了革命军队建设和军事战略理论。抗日战争时期，毛泽东在《中国革命的战略问题》、《抗日游击战的战略问题》、《论持久战》等著作中，系统分析了中国革命战争的基本特点和基本规律，科学阐明了建设人民军队的理论，深入论述了“兵民是胜利之本”的人民战争思想，制定了一整套实行人民战争的战略战术原则，主要包括持久战、军事战略方针的转变、抗日游击战争的战略地位等，使无产阶级的军事理论成为科学。

第五，实现了毛泽东哲学思想体系的构建。毛泽东的《实践论》、《矛盾论》等哲学著作，剖析了党内“左”、右倾错误的思想根源，奠定了党的思想路线的哲学基础。在《实践论》中，毛泽东阐明了马克思主义认识论的根本特点，论述了实践和认识的关系，阐述了认识发展的辩证过程，揭示了人类认识运动的规律。在《矛盾论》中，毛泽东阐述了两种对立的宇宙观、矛盾的普遍性和特殊性：主要矛盾和矛盾的主要方面、矛盾的同一性和斗争性、对抗在矛盾中的地位等问题。毛泽东的哲学著作，丰富和发展了马克思列宁主义哲学。

从 1935 年到 1945 年的这一阶段，中国共产党逐渐成为在政治、军事、理论上成熟的政党，成为走向全国政治生活的大党。共产党能够也需要有一个成熟的理论、明确的纲领，为人民指明中国未来的发展方向，吸引中国人民团结在自己的周围。

（四）继续发展阶段——1945 年至 1956 年

抗日战争胜利后，在毛泽东思想的正确领导下，解放战争很快取得胜利，社会主义新中国建立。新的实践推动以毛泽东为首的共产党人进行新的探索，毛泽东思想进一步得到了充实和发展，增添了许多新内容。在这一时期，毛泽东又写下了大量的理论著作，包括《抗战胜利后的时局和我们的方针》（1945 年 8 月）《集中优势兵力，各个歼灭敌人》（1946 年 9 月）《关于目前党的政策中的几个重要问题》（1948 年 1 月）《关于工商业的政策》（1948 年 2 月）《新解放区农村工作的策略问题》（1948 年 5 月）《在中国共产党第七届中央委员会第二次全体会议上的报告》（1949 年 3 月）《论人民民主专政》（1949 年 6 月）《革命的转变和党在过渡时期的总路线》（1953 年 12 月）《在资本主义工商业社会主义改造问题座谈会上的讲话》（1955 年 10 月）《论十大关系》（1956 年 4 月）等。

总的来说，新中国成立后，对封建制度统治几千年、半封建半殖民地占统治地位一百多年的旧中国进行社会主义改造，在一穷二白的基础上建设社会主义，在借鉴苏联社会主义建设经验教训的基础上，逐渐探索出了适合中国国情的社会主义改造和社会主义建设的道路和理论，这些理论也发展成为毛泽东思想的一部分。

第二节　毛泽东思想的科学内涵及其内容体系

毛泽东思想是指导中国人民走向独立、走向幸福的灯塔，是我国人民获得解放的思想武器，它是指导中国革命和建设走向胜利的科学指南，是揭示了中国革命和建设的规律。

一、毛泽东思想的科学内涵

任何一种理论和学说都有其独特的本质内涵，毛泽东思想作为一个完备的马克思主义理论形态也是这样。但必须认识到，“毛泽东同志的事业和思想，都不只是他个人的事业和思想，同时是他的战友，是党、是人民的事业和思想，是半个多世纪中国人民革命斗争经验的结晶。”①因此，在中国革命，尤其是新民主主义革命日渐深入的过程中，人们对毛泽东思想含义的认识是不可能一蹴而就的，必然有一个由浅入深、由表及里的深化过程。

1945 年 4 月，中共六届七中全会通过的《关于若干历史问题的决议》指出：“毛泽东同志代表

① 邓小平文选（第 2 卷）[C]. 北京：人民出版社，1994，第 172 页

中国无产阶级和中国人民，将人类最高智慧——马克思列宁主义的科学理论，创造地应用于中国这样的以农民为主要群众、以反帝反封建为直接任务而又地广人众、情况极复杂、斗争极困难的半封建半殖民地的大国，光辉地发展了列宁斯大林关于殖民地半殖民地问题的学说和斯大林关于中国革命问题的学说。”①在这里，虽然没有明确提到“毛泽东思想”这一科学概念，但是就其所论述的内容所体现的思想实质来说，已经指明了毛泽东思想的主要内涵。

1945 年 5 月，刘少奇在中共七大上所作的《关于修改党的章程的报告》第一次对毛泽东思想的科学内涵作了比较完整、系统的概括。他指出：他的宇宙观以至他的工作作风，乃是发展着与完善着的中国化的马克思主义，乃是中国人民完整的革命建国理论。这些理论，表现在毛泽东同志的各种著作以及党的许多文献上。”②在这里，刘少奇一方面明确地指出了毛泽东思想的根本特征是“马克思列宁主义的理论与中国革命的实践之统一”或者说是二者的“结合”；另一方面，也指明了毛泽东思想作为“中国化的马克思主义”对中国革命极为重要的指导意义，并指出了毛泽东本人在毛泽东思想创立中的地位。

1981 年中共十一届六中全会通过的《关于建国以来党的若干历史问题的决议》则对毛泽东思想的科学内涵作出了更加严谨、更为科学，也是迄今为止最为完善的概括。《决议》指出：“以毛泽东同志为主要代表的中国共产党人，根据马克思列宁主义的基本原理，把中国长期革命实践中的一系列独创性经验作了理论概括，形成了适合中国情况的科学的指导思想，这就是马克思列宁主义普遍原理和中国革命具体实践相结合的产物——毛泽东思想。”“毛泽东思想是马克思列宁主义在中国的运用和发展，是被实践证明了的关于中国革命的正确的理论原则和经验总结，是中国共产党集体智慧的结晶。”随后召开的中共十二大，又在“中国革命”的后面加上了“建设”二字，形成了一个更为完整准确的提法。

毛泽东思想是一个完整的科学体系，是否把毛泽东思想看作一个科学体系不仅是一个重要的理论问题，也是一个重大的政治问题。对毛泽东思想科学体系的理解和掌握，不能仅仅根据毛泽东个人的著述，还要联系到党的领导集体的认识和概括。在中国共产党的历史上，对毛泽东思想科学体系的认识和概括，比较集中的有三次：第一次是 1945 年 4 月中共六届七中全会通过的《关于若干历史问题的决议》，第二次是 1945 年 5 月刘少奇在党的七大上所作的《关于修改党的章程的报告》，第三次是 1981 年 6 月中共十一届六中全会通过的《关于建国以来党的若干历史问题的决议》。

中共六届七中全会通过的《关于若干历史问题的决议》，从政治、军事、组织和思想四个方面对以王明为代表的“左”倾教条主义错误进行了“毛泽东思想，就是马克思列宁主义的理论与中国革命的实践之统一的思想，就是中国的共产主义，中国的马克思主义。”又说：“毛泽东思想，从系统的批判，而这种批判无论是哪一个方面，又都是以毛泽东的论述为指导的，这样就在实际上形成了对毛泽东思想科学体系基本框架的一种概括。

刘少奇在中共七大上所作《关于修改党的章程的报告》中，把毛泽东思想的主要内容概括为九个方面的问题，即“关于现代世界情况及中国国情的分析，关于新民主主义的理论与政策，关于解放农民的理论与政策，关于革命统一战线的理论与政策，关于革命战争的理论与政策，关于革命根据地的理论与政策，关于建设新民主主义共和国的理论与政策，关于建设党的理论与政策，

---

① 毛泽东选集(第 3 卷)[C].北京：人民出版社，1991，第 952－953 页

② 刘少奇选集(上卷)[C].北京：人民出版社，1981，第 333 页

关于文化的理论与政策等等”。这一概括与《关于若干历史问题的决议》相比，具有两个鲜明的特点：一是第一次从正面对毛泽东思想的主要内容进行了集中阐述；二是克服了《关于若干历史问题的决议》对照“左”倾错误阐述毛泽东思想内容所造成的局限。这一概括，比较全面系统回答了党所领导的中国新民主主义革命的一系列基本问题，因而为理解和掌握毛泽东思想科学体系提供了一个新的框架。

中共十一届六中全会通过的《关于建国以来党的若干历史问题的决议》在历次概括的基础上，对毛泽东思想科学体系的基本框架又作了六个方面的主要内容和三个活的灵魂的概括，使之更为完整、系统。该决议所作的概括，集中回答了毛泽东思想与马克思列宁主义基本原理、与中国共产党所领导的革命和建设之间的正确关系，回答了在毛泽东思想形成发展过程中毛泽东个人的贡献与党的领导集体的贡献之间的正确关系，集中体现了毛泽东思想作为中国化马克思主义的鲜明时代特征和实践特色。

二、毛泽东思想的内容体系

毛泽东思想不是在个别方面，而是在许多方面以其独创性理论丰富和、发展了马克思列宁主义，构成了一个博大精深的科学思想体系。它有着坚实的中国化马克思主义哲学思想的理论基础，其核心和精髓就是实事求是。它紧紧围绕着中国革命经过新民主主义达到社会主义这个主题，提出了一系列相互关联的经受了中国革命和建设长期实践检验的重要的理论观点。这一科学思想体系主要包括六个方面的内容。

（一）新民主主义革命理论

1.新民主主义革命思想形成的基础条件

（1）社会条件

新民主主义革命思想是近代中国国情的产物。毛泽东认为，半殖民地半封建社会性质及其决定的国家贫穷落后和经济、政治、文化发展的极端不平衡，是近代中国的基本国情。与鸦片战争前的封建社会相比，其基本特点有以下几方面：

第一，在政治方面，帝国主义列强划分势力范围，侵占和“租借”中国领土。扶植军阀，作为自己的代理人，从而导致连绵不断的军阀混战，使中国长期处于不统一的状态。第二，在经济方面，帝国主义列强控制了中国的经济命脉，并与地主阶级、买办阶级相勾结，残酷地剥削和压榨中国人民。第三，在思想文化方面，帝国主义也通过各种手段进行侵略。派遣教士；通过办学校、出版书刊、吸收留学生等，以磨灭中国人民的民族意识和革命精神。

在半殖民地半封建社会的中国，帝国主义和封建主义是压在中国人民头上的两座大山。封建势力是帝国主义统治中国的社会基础。两者相互勾结，共同压迫和残酷剥削中国人民，是造成中国贫穷落后的总根源。反对帝国主义和封建主义，便是中国民主革命的两大基本任务。作为指导这场伟大革命的思想——新民主主义革命理论也就应运而生了。

（2）历史条件

新民主主义革命理论，也是总结中国旧民主主义革命失败经验教训的结果，通过分析毛泽东将中国资产阶级区分为买办资产阶级（即大资产阶级、官僚资产阶级）和民族资产阶级两部分，前者是革命的对象，后者是革命的动力。毛泽东还分析指出，民族资产阶级具有两面性，既有革命要求，又有动摇性。因此，领导革命的重任就落在了工人阶级及其政党肩上。由此可见，不经过对旧民主主义革命失败进行深刻的经验总结，新民主主义革命理论也不可能顺利的产生。

(3)思想条件

1917年俄国十月革命的胜利，第一次把马克思、恩格斯的科学社会主义理论变为现实，在十月革命的影响下，1919年中国发生了五四运动，工人阶级开始以独立的政治力量登上政治舞台，成为中国新民主主义革命的开端。中国人民的反帝斗争，经过苏俄同西方的无产阶级结成了一条反对帝国主义的广泛统一战线，将中国革命与整个世界无产阶级革命联合起来，这促进了马克思主义与中国工人运动相结合。中国共产党成立后，逐步学会把马克思列宁主义的理论应用于中国的具体环境，使马克思列宁主义在中国具体化。

2.新民主主义思想的发展过程

(1)初步提出

中共一大通过了《中国共产党宣言》，颁布了第一个党纲，承认无产阶级专政，正式组建了共产党。但大会并没有认识到党即将领导进行的革命是新的民主主义革命。中共二大根据列宁关于民族和殖民地问题的思想，制定了党在现阶段反帝反封建的民主革命纲领，明确指出中国应首先进行民主革命然后再进行社会主义革命。同时初步指出了中国革命的动力是工人、农民和小资产阶级，民族资产阶级也是革命的力量之一。

在中共四大召开前后，邓中夏、瞿秋白、李大钊、恽代英、周恩来、毛泽东等一大批共产党人相继发表论文和讲演，积极探索新民主主义革命理论问题。瞿秋白认为，劳工阶级在国民革命的过程中要日益取得重要的地位，以至于指导权。李大钊指出，自耕农与佃农是农民中最多数最困苦的阶级。恽代英认为真正与一切统治阶级利害完全相反的，只有农人与工人。毛泽东发表的《中国社会各阶级的分析》，集中了全党的智慧，对于无产阶级领导权等中国革命一系列重要问题，作了精辟独到的论述。

毛泽东认为，小资产阶级和半无产阶级是无产阶级最接近的朋友。他将买办阶级和民族资产阶级明确区别开来，指出民族资产阶级代表中国城乡资本主义的生产关系。他们对于中国革命具有矛盾的态度，既“需要革命”，又“怀疑革命”。毛泽东还明确指出，在帝国主义和无产阶级革命的时代，这个阶级企图在中国建立实现民族资产阶级统治的国家，是完全行不通的，以其本阶级为主体的“独立”革命思想，仅仅是一个幻想。毛泽东一针见血地指出，地主阶级和买办阶级，完全是国际资产阶级的附庸，其生存和发展，是附属于帝国主义的，他们始终站在帝国主义一边，是极端的反革命派。

(2)形成与发展

1927年大革命失败后，中国共产党人确立的土地革命和武装反抗国民党的总方针，走上了独立领导武装斗争、创建苏维埃的革命新道路。在20世纪20年代后期和30年代前期，党内右的和“左”的机会主义，特别是1931—1935年遵义会议前，以王明为代表的“左”倾冒险主义，把马克思主义神圣化，曾使中国革命几乎陷入绝境，他们没有也不可能提出新民主主义革命的正确理论。

以毛泽东为代表的老一辈无产阶级革命家，坚决反对本本主义，坚持一切从中国革命实际出发，总结了大革命失败的教训。在秋收起义遇到严重挫折后，带领秋收起义的部队向井冈山地区进军，在那里开展游击战争，发动土地革命，建立红色政权，创立了第一个农村革命根据地。遵义会议以后，确立了毛泽东在红军和党中央的领导地位，中国民主革命再次打开新局面，不断走向新胜利。随着党有了1927年和1934年两次严重失败的痛苦考验，随抗日民族统一战线策略的制定和第二次国共合作的实现，在抗日战争时期，党对中国革命的客观规律才有了比较清醒的认识。毛泽东对中国新民主主义革命经验进行系统总结，提出的新民主主义革命总路线和基本纲领、新民主主义革命的发展道路和基本经验，以及从新民主主义向社会主义转变等重大理论问题，这标志着党的新民主主义革命理论达到了成熟。毛泽东在这里不仅完整地表述了新民主主义革命的总路线的思想，而且提出了从新民主主义向社会主义转变的思想。

由于抗日战争时期民族矛盾大于阶级矛盾，为了巩固和发展抗日民族统一战线，在新民主主义革命总路线的最初表述中，没有提出反对官僚资本主义。抗日战争胜利后，新的情况和任务是国内斗争。在解放战争节节胜利的大好形势下，党内许多同志往往记住了党的具体的个别的工作路线和政策，忘记了党的总路线和总政策。为此，毛泽东于1948年4月1日在晋绥干部会议上的讲话中进一步阐明了新民主主义革命的总路线总政策，正式将官僚资本主义列入了革命对象，至此，党的新民主主义革命总路线和总政策便完整地提了出来。

3.新民主主义革命理论的主要内容

新民主主义革命在内容上继承和发扬了毛泽东思想，也是对毛泽东思想的进一步的补充。新民主主义推翻了压在老百姓身上的三座大山，通过新民主主义的三件法宝，带领的中国取得了民主革命的伟大胜利。

新民主主义革命的对象是帝国主义、封建主义和官僚资本主义；其动力是工人阶级、农民阶级、城市小资产阶级和民族资产阶级；其要由无产阶级领导，而无产阶级的领导权是经过其政党——中国共产党的领导来实现的，这是中国革命的中心问题，也是新民主主义革命理论的核心，是区别新旧民主主义革命的根本标志；其前途是社会主义。

新民主主义的基本纲领包括：政治纲领，就是要建立新民主主义的政治制度。这是中国新民主主义革命的基本政治目标。新民主主义的基本政治制度具有鲜明的中国特色，新民主主义社会实行的是人民代表大会制度，人民代表由全体有选举权的公民投票选举产生，他们代表了最广大人民群众的利益和意志，通过各级人民代表大会行使职权，决定国家大政方针，选举各级政府，是全体人民的真正代表。经济纲领在新民主主义革命进入抗日战争阶段后，革命的经济政策就是把大银行、大工业、大商业收归共和国的国家所有，由国家经营管理，使私有资本不能操纵国计民生。对于不能操纵国计民生的资本主义，不仅不没收，还应有所发展。抗日战争胜利后，又明确将新民主主义革命的经济政策概括为三大经济纲领：没收封建阶级的土地归农民所有，没收蒋介石、宋子文、孔祥熙、陈立夫为首的垄断资本归新民主主义的国家所有，保护民族工商业。文化纲领主要表现为五四运动前的新文化运动，其基本内容是宣传西方资产阶级的民主与科学。五四运动后的新文化运动，其基本内容是宣传马克思主义的。

新民主主义的发展道路是通过暴力革命、武装夺取政权，这也是马克思主义的一条基本原理。在实际运用这一原理时，每一个无产阶级及其政党都根据本国的实际条件，随时随地以本国当时的历史条件为转移。中国革命要走的是农村包围城市、武装夺取政权的道路。

4.新民主主义革命的基本经验

毛泽东在新民主主义革命实践中，非常重视战略策略思想的创新和运用，他反复强调："政策和策略是党的生命，各级领导同志务必充分注意，万万不可粗心大意。”他把马克思主义战略策略的基本原理同中国实际相结合，形成了一整套独创性的战略策略思想，同时丰富和发展了马克思主义战略策略思想宝库，指导中国革命从胜利走向胜利。

(1)统一战线

统一战线问题是无产阶级政党策略思想的重要内容。建立最广泛的统一战线，首先是由中国半殖民地半封建社会的阶级状况所决定的。毛泽东指出：“中国社会是一个两头小中间大的社会，无产阶级和地主大资产阶级都只占少数，最广大的人民是农民、城市小资产阶级以及其他的中间阶级。”作为无产阶级先锋队的中国共产党所领导的革命力量，要战胜作为地主阶级和官僚资产阶级集中代表的国民党所领导的强大的反革命力量，就必须把农民、城市小资产阶级以及其他的中间阶级都团结在自己的周围，结成最广泛的统一战线。其次是由中国革命的长期性、残酷性及其发展的不平衡性所决定的。中国政治经济发展的不平衡性也造成了革命发展的不平衡性，这就使得无产阶级及其政党有必要采取正确的统一战线的策略，把一切可以团结和利用的力量尽可能团结在自己的周围，以逐步从根本上改变敌强我弱的态势，夺取中国革命的最终胜利。

在半殖民地半封建的中国社会，诸多矛盾交织在一起，客观上为无产阶级及其政党利用这些矛盾建立和发展统一战线提供了可能性。近代中国社会最大的压迫是民族压迫，决定了无产阶级及其政党可以把一切爱国的、不愿受帝国主义奴役的人们团结在自己的周围。民族资产阶级深受帝国主义和封建主义的压迫，因而能够在一定时期内和一定程度上参加反帝反封建的革命斗争。当革命的锋芒主要是反对某一个帝国主义的时候，属于别的帝国主义系统的官僚资产阶级集团也可能在一定程度上和一定时期内参加统一战线。

中国共产党领导的革命统一战线，包含着两个联盟：一个是工人阶级同农民阶级、广大知识分子及其他劳动者的联盟，主要是工农联盟；另一个是工人阶级和非劳动人民的联盟，主要是与民族资产阶级的联盟。第一个联盟是统一战线的基础，只有争取农民、知识分子和其他劳动人民，巩固工农联盟，才能实现党对统一战线的领导权。同时，第二个联盟也非常重要，只有建立这个联盟，联合一切可以联合的力量，壮大自己，孤立主要的敌人，无产阶级及其政党才能掌握中国革命的全部领导权，中国革命的胜利才有完全的保障。

党在领导建立和巩固抗日民族统一战线的实践中，强调必须坚持独立自主的原则，保持党在思想上、政治上和组织上的独立性。在统一战线中，存在着不同阶级、不同政治力量和不同派别，由于各个阶级在不同时期有不同的要求而表现出不同的政治态度。因此，在革命进程中，必须坚持发展进步势力、争取中间势力、孤立顽固势力的策略方针。在同顽固派进行斗争时，坚持有理、有利、有节的原则。

新民主主义革命时期，党领导的统一战线，先后经过了第一次国共合作的民主联合战线、工农民主统一战线、抗日民族统一战线、人民民主统一战线等几个时期，积累了丰富的经验。其中最根本的经验就是正确处理好与资产阶级的关系。当党能够正确处理与资产阶级建立统一战线问题时，党的发展和巩固就会前进；反之，党的发展和巩固就会后退。

(2)武装斗争

中国共产党领导的新民主主义革命史，就是武装斗争的历史。这是中国革命的特点之一，也是中国革命的优点之一。但是，在党成立之初的三四年中，党不懂得直接准备战争和组织军队的重要性，直到1935年1月遵义会议，党坚决反对战争中的机会主义，才把战争问题放在第一位。从此，在毛泽东军事思想的指引下，革命不断走向胜利。到了抗日战争时期，不但造就了一大批会治党会治国的有力的骨干，而且造就了一大批会治军的有力的骨干。由此可见，实现民族独立和人民民主，没有一支站在人民立场上的军队，那是不行的。

这支新型的人民军队，必须坚持中国共产党的绝对领导。这是保持人民军队无产阶级性质的根本保证，是区别无产阶级建军原则和资产阶级建军原则的根本标志，也是毛泽东建军思想的核心内容。这支新型的人民军队，必须坚持人民战争的思想和战略战术原则。这是人民军队长期处于敌强我弱的历史条件下决定的。这支新型的人民军队，必须坚持全心全意为人民服务的宗旨。这是由人民军队的阶级本质和建军宗旨决定的，是坚持正确的政治方向，使其成为执行革命的政治任务的武装集团的根本要求，是人民军队立于不败之地的力量源泉。

(3)党的建设

加强党的思想建设、组织建设和作风建设，对保持党的无产阶级先锋队性质具有极端的重要性。

在土地革命时期，从三湾改编到1929年12月的古田会议期间，毛泽东一直强调把党的思想建设放在首位。然而，由于“左”倾错误，把马克思主义教条化、把共产国际决议和苏联经验神圣化，曾使中国革命几乎陷于绝境。到遵义会议以后，党才彻底地走上了马克思主义中国化的道路。

到了抗日战争时期，凭借着党对马克思主义中国化的深切理解，凭借着党在过去的革命经验，凭借着党在全国人民中间的崇高政治信仰，使共产党成为一个全国性的大党。然而，由于物产阶级具有一定的狭隘性致使一些非无产阶级思想，特别是小资产阶级思想必然反映到党内来。许多共产党员在思想上还跟不上党的思想。这些情况表明，为了中国革命的胜利，迫切需要建设一个全国范围的、广大群众性的、思想上政治上组织上完全巩固的马克思列宁主义的革命政党。建设这样的政党就必须加强党的建设，必须把思想建设放在首位，用马克思列宁主义教育全党，不断改造和克服各种非无产阶级思想。1942年全党开展的整风运动，对于全党，特别是党的高级干部，坚持党的实事求是的思想路线，具有重大深远的历史意义，同时，通过延安整风，党在组织上也达到了空前的团结与统一，并且逐步形成了党的新的工作作风。

统一战线、武装斗争、党的建设这三者是相互联系、密不可分的，是党建设的三大法宝的中心环节。在长期的革命斗争中，中国共产党正是充分地认识了统一战线、武装斗争、党的建设这三者的重要地位和作用，并正确地处理了它们之间的相互关系，才取得了中国新民主主义革命的胜利。

(二)社会主义改造的理论

1.新民主主义向社会主义的过渡

中华人民共和国的成立，标志着新民主主义社会在全国范围的确立。新民主主义社会是中国走向社会主义社会的中间环节，是过渡性社会。党在过渡时期的总路线，是由新民主主义社会向社会主义社会过渡的路线，是社会主义革命和社会主义建设并举的路线。在这条总路线的指引下，我国奠定了工业化的初步基础，开辟了一条适合中国国情的社会主义改造道路。

新中国成立后，根据马克思主义关于过渡时期的理论，从当时的实际情况出发，毛泽东和中国共产党人在新民主主义革命取得的成果和积累的经验的基础上，对新中国面临的主要矛盾和主要任务等问题作了系统的论述。

新民主主义社会是近代中国走向社会主义社会的中介和桥梁。毛泽东曾明确指出中国革命分两步走:第一步,完成新民主主义革命任务;第二步,进行社会主义革命,在中国建立社会主义制度。从新民主主义革命基本完成到社会主义制度基本建立是一个过渡时期,这个时期我国的社会性质是新民主主义社会。它是一个具有又得性质的过渡社会,既有资本主义因素也有社会主义因素。新民主主义社会的性质是由新中国成立之初我国的基本国情所决定的。

迅速恢复国民经济,发展生产力,变农业国为工业国和变革生产关系,变新民主主义国家为社会主义国家是当时我国面临的两大历史任务。其中,迅速恢复和发展国民经济是各项任务中的中心任务,因为它关系到新生的人民政权的生死存亡。

2.从新民主主义社会向社会主义社会过渡的条件

新民主主义社会是一个过渡性质的社会,其发展前途是社会主义。想要顺利完成向社会主义社会的过渡,需要有以下条件:

一是政治条件。新中国成立后,在政治上,由于各阶级的统一战线还在继续和发展,因此,由无产阶级领导的人民政权具有广泛、坚实的社会政治基础,是十分稳固的。首先实现了大陆的解放和统一,建立了各级地方人民政权,无产阶级的领导地位毫不动摇,是保证向社会主义过渡的根本政治条件。人民民主专政的国家政权以工人阶级为领导,以工农联盟为基础。

二是经济条件。社会主义国营经济的建立和巩固,是过渡得以实现的关键因素。国营经济是完全社会主义性质的,使国家掌握了经济命脉,决定了新中国经济的社会主义发展方向。其次,农民个体经济已开始走合作化道路,是过渡得以实现的重要因素。小农经济是封建统治的经济基础,是中国贫穷落后的重要根源。再次,对私人资本主义经济的利用和限制,是过渡得以实现的又一重要因素。私人资本主义经济是以生产资料私有制为基础的经济,在国民经济中占有相当重要的地位。在国家扶植下,私人资本主义经济得到较大发展。

三是思想文化条件。在新民主主义革命中,共产党领导广大人民群众和爱国进步知识分子建立了民主革命的文化统一战线。新中国成立初期,共产党领导了思想文化方面的社会改造工作,一是肃清了帝国主义的、封建主义的思想,为确立新民主主义以及社会主义意识形态的主导地位奠定了基础。二是以《共同纲领》为基础,用爱国主义思想教育人民,积极稳妥对待统一战线中非无产阶级思想。三是正面提出以社会主义的思想教育团结广大人民群众,把团结全党全国人民建设为新中国的中心环节。

新民主主义革命过程中社会主义经济条件、政治条件和文化条件等的积累和增长,是新民主主义革命向社会主义革命过渡的内在驱动力,它从根本上决定了中国新民主主义革命向社会主义革命过渡的历史必然性。

3.资本主义工商业的改造

中国特色社会主义所有制改造理论,包括工商业、农业和手工业的社会主义所有制改造理论三个方面,资本主义工商业的社会主义改造理论是其中心内容,也是最有理论创造性的一个方面。

(1)从低级到高级的国家资本主义形式

在对资本主义工商业的社会主义改造方面,国家资本主义是改造资本主义工商业的主要形式,国家资本主义理论是中国特色社会主义改造理论的又一重要内容。

在解放战争时期,由于东北解放区较早地进行了大规模的新民主主义经济建设,也就较早地产生了公私合办、出租、委托经营、公私合营、订货包销等国家资本主义的各种形式。张闻天在深入调查研究的基础上，首次提出国家资本主义问题，受到了毛泽东的高度重视。到1953年正式决策进行资本主义工商业社会主义改造时，国家资本主义理论已比较成熟，有了明确的内容：第一，国家资本主义是改造资本主义工商业和逐步完成向社会主义过渡的必由之路；第二，国家资本主义是和社会主义国营经济相联系的、受工人监督的社会主义经济；第三，通过国家资本主义多种形式和逐步过渡的方针，将民族资本主义改造为社会主义。

为此，中国特色资本主义工商业改造，创造了一系列由低级到高级的国家资本主义形式。低级形式在工业方面有加工、订货、统购、包销，在商业方面有经销代销；高级形式则有个别企业的公私合营和全行业的公私合营，等等。这些由低到高的国家资本主义形式，一方面使工人群众由于越来越多地参与企业管理而积累了经验，摸清了企业的生产能力、经营状况，从而为实行企业管理者转换节省了成本；另一方面，又在所有制变革中保持了必要的稳定和生产的持续发展，把改造过程中的社会震荡降到最低限度，达到了社会主义改造与社会主义工业化建设的相辅相成、相互促进。

(2)对资本主义实行和平赎买的方针政策

国家资本主义在实质上就是通过和平赎买的办法，把资本主义私有制变为社会主义公有制。对资本主义工商业的社会主义改造来讲，国家资本主义与和平赎买是一个问题的两个方面，国家资本主义是形式，和平赎买是内容。实践证明，国家资本主义与和平赎买是相通的，是对资本主义工商业者实行和平赎买的经济形式。

对资本主义工商业的和平改造在内容上包括两个方面：一方面是企业的、制度的改造，包括企业所有制和企业管理制度等，最终把资本主义私营工商企业改造为由工人当家做主，实行社会主义企业管理的全民所有制企业；另一方面是对人的改造，即把原资本主义工商业者改造成为自食其力的社会主义劳动者，对他们从政治上适当安排、工作上发挥作用，到给予高薪，生活上妥善照顾，以改造阶级成员的方式和途径达到从整体上消灭资产阶级的目的。即坚持改造企业与改造人相结合，改造个人与消灭个人所属阶级相结合，这是中国特色资本主义工商业社会主义改造的又一意义深远的伟大创造。

4.农业的社会主义改造

中国的最大特点是农民占人口的绝大多数，中国特色或中国革命与建设的特殊规律莫不与中国农业或农民问题密切相关。毛泽东指出“没有农业社会化，就没有全部的巩固的社会主义”[①]。在毛泽东思想关于社会主义改造的理论中，农业社会主义改造问题占有极为重要的地位。毛泽东在农业合作化的步骤、方针政策和具体措施方面，提出了一系列独到的见解，从多方面发展了马克思列宁的农业合作化理论。

(1)把对农业的社会主义改造和对资本主义工商业的社会主义改造有机地结合起来

他认为农业和资本主义工商业的社会主义改造是一个相互促进的关系。一方面，农业社会主义改造可以割断城市资产阶级同带有自发倾向的个体农民的联系，有利于私营工商业者接受社会主义改造；另一方面，对资本主义工商业的社会主义改造，又可以进一步巩固农业社会主义改造的成果。

---

① 毛泽东选集(第4卷)[C].北京：人民出版社，1991，第1477页

在与农民和资产阶级同时并存的两个联盟中，国家一方面依靠同农民的联盟取得粮食和工业原料，以控制资产阶级，迫使资产阶级不得不把工业品卖给国家，进而迫使它接受社会主义改造；另一方面利用与资产阶级的暂时性联盟取得更多的工业品去满足农民的需要，并换取更多的农副产品，用以解决国家工业化和人民生活的需要。通过两种联盟的相互作用，促进整个社会主义改造，这是毛泽东对马克思列宁主义农业合作化理论的重要补充和发展。

(2)坚持农业社会主义改造与社会主义建设同时并举的方针

既强调抓好农业合作化，又要求不失时机地搞好农业生产，保证农业的增产，使农民看到合作化的实际好处，通过增产增收巩固发展农业合作化成果，又通过合作化的所有制变革更好地促进农村生产力的发展。正是在这一方针的指导下，中国的农业合作化一开始就是在生产竞赛中进行的。既有单干户与互助组的竞赛，又有条件、成员不同的互助组之间的生产竞赛。在合作化以后，中国农业机械化特别是农村水利建设也取得了很大的成绩，在一定程度上显示了集体经济的威力和优越性。

(3)坚持自愿互利原则，反对强迫命令

毛泽东认为，严重的问题是教育农民，农民既是私有者又是劳动者，对他们不能采取剥夺的办法，只能引导、说服教育，使之自觉自愿地走上合作化道路。为此，中共中央和毛泽东专门对自愿原则作了说明，指出所谓自愿原则，就是坚持入社自愿，退社自由，在经济上坚持平等互利，主要是处理好贫农与中农之间的关系，贫农不能随便占中农的便宜；中农也应从大局出发，不要斤斤计较。

(4)采取循序渐进的“三步走”的步骤

第一步按自愿、互利的原则，号召农民组织带有某些社会主义萌芽性质的、几户或十几户的农业生产互助组；第二步，在互助组的基础上，组织以土地入股和统一经营为特点的小型的带社会主义性质的初级农业合作社；第三步在初级社的基础上，进一步组织大型的完全社会主义性质的高级社。其中任何一步都要贯彻“自愿、互利”原则。

5.手工业的社会主义改造

在领导开展农业合作化运动的同时，中国共产党在个体手工业中也开展了以手工业合作化为主要内容的社会主义改造。

我国手工业在整个国民经济中占有相当重要的地位，是供应城乡人民生产和生活资料的重要经济力量，也是对外贸易方面不可缺少的生产环节。个体手工业者主要依靠手工劳动，是劳动者又是私有者。他们是个体经济，经营分散，经营规模狭小，技术落后，劳动生产率十分低下，不能适应国家经济建设和人民生活的需要。只有通过合作化对手工业进行社会主义改造，才能使之适应国家工业化建设和人民生活的需要。

但是，手工业又有许多与农业不同的特点，如手工业个体经济是商品经济，生产活动离不开市场，兼跨城乡以城镇为主，主要凭手艺吃饭，行业众多，经营灵活，有行业帮会传统等。这些特点客观上要求对手工业合作化采取一些与农业合作化不同的方针政策。为此，党和政府对手工业的社会主义改造采取了“积极领导、稳步前进”的方针，在具体改造过程中从供销合作入手，逐步发展到生产合作的道路。与此相适应，所采取的经济组织形式，是从手工业供销小组到手工业供销合作社、再到手工业生产合作社的逐步前进的步骤和方式。在这个过程中，始终采取耐心的说服教育、典型示范和国家援助的办法，提高手工业劳动者的社会主义觉悟，引导他们在自愿互助的基础上联合起来。

(三)人民民主专政的理论

在生产资料所有制方面进行社会主义革命,目的是要建立社会主义的经济基础,巩固人民民主专政的国家政权,以便加速社会主义建设的历史进程。因此,人民民主专政的理论,是与社会主义革命和社会主义建设紧密地联系在一起的重要理论。

我国革命胜利后所建立的是以工人阶级为领导、以工农联盟为基础的人民民主专政的国家政权。人民民主专政是毛泽东依据马列主义关于无产阶级专政的原理,发挥列宁关于“工农民主专政”的思想,根据中国社会的实情和中国革命的特点而提出来的,是对马列主义无产阶级专政理论的运用和发展。

在人民民主专政的问题上,毛泽东的一个突出贡献是他明确提出人民民主专政就是“对人民内部的民主方面和对反动派的专政方面”的“结合”①,并对民主和专政两个方面的具体任务及其辩证关系,作了全面而深刻的论述。毛泽东多次指出:“在人民内部实行民主,对人民的敌人实行专政,这两个方面是分不开的,把这两个方面结合起来,就是无产阶级专政,或者叫人民民主专政。”②他认为在人民内部实行民主,就是人民群众有权选举自己的政府,组成自己的国家;有言论、出版、集会、结社、游行、示威以及宗教信仰等项的自由权。总之,就是要保证占人口绝大多数的劳动人民当家做主。对反动派实行专政,就是“只许他们规规矩矩,不许他们乱说乱动”③,在一定时期内不让他们参与政治活动,强迫他们从事劳动并在劳动中改造成为新人。这就是人民民主专政的两个主要职能。而这两个方面,又是相互联系、辩证统一的。对人民民主是对敌人专政的前提,只有充分发扬人民民主,真正把人民群众发动起来,才能对敌人实行有效的专政和有效的改造。同时,也只有对敌人实行有效的专政,坚决镇压他们的反抗和破坏,才能保障人民的民主。

(四)执政党建设的理论

工人阶级执政党建设的理论,是工人阶级执政党建设实践的科学总结。马克思、恩格斯为工人阶级政党的建设奠定了科学的理论基础,但是他们没有执掌政权的实践。新中国成立后,中国共产党成为执政党。中国社会主义革命和社会主义建设的实际,为执政党自身的建设,提出了新的课题、新的任务和新的要求。以毛泽东为代表的中国共产党人,在执政党建设方面,丰富和发展了上述列宁关于执政党建设的理论。其主要内容有:

一是强调增强党性教育,维护党的团结与统一。党性是无产阶级的阶级性和人民利益至上在观念上的集中表现。维护党的团结和统一是马克思列宁主义的建党原则之一,也是执政党建设的重要问题之一。革命战争年代,革命斗争严酷性和革命环境的恶劣性使每个共产党员都懂得维护党的团结与统一的重要性,而新中国建立后,随着党执政环境的改善,党内出现了一些领导干部,特别是个别高级干部,由于对维护党的团结和统一的重要性认识不足,进而把自己所领导的地区和部门看成是自己的独立王国,向党中央闹独立性。新中国成立初期出现的高、饶反党

---

① 刘仁荣,方小年.毛泽东思想的理论创新研究[M].北京:人民出版社,2004,第114页

② 刘仁荣,方小年.毛泽东思想的理论创新研究[M].北京:人民出版社,2004,第114页

③ 刘仁荣,方小年.毛泽东思想的理论创新研究[M].北京:人民出版社,2004,第115页

联盟事件，就是破坏党的团结、分裂党的统一的重大事件。因此，党执政后，必须对全党进行增强党性的教育，以维护党的团结与统一。此后，在党的一系列会议和重要场合，毛泽东等都一再强调要加强党性教育，维护党的团结和统一。晚年毛泽东虽然都一再强调要加强党性教育，维护党的团结与统一。

二是防止"和平演变"的战略思考。1964 年 6 月 16 日，毛泽东在北京召开的中共中央工作会议上，在谈到培养接班人的时候，又说："帝国主义说我们第一代、第二代没有希望，第三、四代怎么样，有希望，帝国主义这话讲的灵不灵？我不希望灵，但也可能灵。"[①]为了防止"和平演变"，毛泽东一再强调要警惕党内特别是领导层出问题。他认为领导人、领导集团很重要，许多事情都是这样，领导人一变，就都变了，整个国家就会改变颜色。这也就是说，问题的关键是在于执政党，因此，要高度重视加强执政党的建设。毛泽东的这些谈话和指示，从总的理论和原则的指导来说是正确的，具有重大而深远的历史意义。

三是培养和造就无产阶级革命事业的接班人。如何培养和造就无产阶级革命事业的接班人毛泽东的想法主要有以下几点：第一，要到群众斗争中考察和识别、挑选和培养。第二，要大力提拔和重用青年干部、新生力量。第三，要从组织上落实，搞几层接班人。

总之，在执政党建设问题上，毛泽东关于警惕和防御资产阶级"糖衣炮弹"的攻击的理论观点，关于防止"和平演变"的战略思想，关于培养和造就无产阶级革命事业接班人的战略部署，这些都是在马克思列宁主义的发展史上，在当代社会主义的发展史上，从未有人提出过的崭新的理论命题，都是对马列主义的创造性发展或独创性贡献。

（五）军事方面的理论

军事是一切直接与武装斗争有关的事。从 20 世纪 20 年代到 50 年代，中国共产党领导中国人民英勇地进行了长达 20 多年的武装斗争。在这个艰难曲折的历史进程中，毛泽东军事思想产生了，并逐步地发展为完整的科学体系，成为指导中国人民夺取革命战争胜利的强大思想武器。毛泽东军事思想是毛泽东思想的重要组成部分，它是以毛泽东为主要代表的中国共产党人的集体智慧的结晶，是对中国武装斗争实践经验所进行的科学总结和理论升华。在这里主要论述以下两点。

一是人民军队建设。马克思、恩格斯和列宁都从暴力革命出发，明确地论述了建立无产阶级军队的必要性和重要性，规定了无产阶级建军的一般原则，奠定了革命军队建设的理论基础。在中国革命中，毛泽东运用马列主义的建军原则，系统地解决了在以被压迫的农民占多数的中国大背景下如何建立起人民群众自己的革命军队的问题，丰富和发展了马列主义的建军原则。其主要的贡献是提出和确定了以下几个方面的重要原则：第一，全心全意为人民服务的唯一宗旨。第二，党对军队的绝对领导。这一原则，是人民军队建设的根本原则，是人民军队区别于一切旧式军队的主要标志。这一原则，是毛泽东建军思想的核心，是毛泽东对马列主义建军原则的最突出和最重大的、具有创造性和开拓性的贡献。第三，极其严格而又高度自觉的纪律。第四，突出政治工作的重要地位。第五，军队内部的民主主义制度。主要政治民主、经济民主、军事民主三大方面。

二是国防建设指导思想。新中国成立后，毛泽东在领导我国国防建设的实践中，对于马列主

---

① 刘仁荣，方小年. 毛泽东思想的理论创新研究[M]. 北京：人民出版社，2004，第 146 页

义军事科学理论作出了一些新的重大的贡献,取得了一些新的重大的成果。主要内容有:第一,要建立起一支强大的包括陆、海、空三军和各种技术兵种在内的正规化、现代化的国防部队。这是毛泽东国防建设思想的核心内容。第二,要发展包括用于自卫的原子武器在内的具有高度现代化和强大威慑力的国防技术。第三,要大办民兵师,坚持走全民皆兵的人民战争道路。第四,要从新的时代特点出发,坚持和发展积极防御的战略方针。第五,要从各方面做好准备,为未来的反侵略战争建立雄厚的物质基础和可靠的战略后方。第六,要实行正确的外交方针,努力创造有利于我国的国际战略环境。

(六)社会主义文化建设的理论

社会主义文化建设的指导思想。社会主义文化建设的指导思想是马克思主义,这是由工人阶级和共产党在社会主义国家中的领导地位、社会主义事业对意识形态的要求和思想文化领域里的斗争决定的。为坚持马克思主义对文化建设的指导,党采取了四项措施:其一,培养一支坚强的、忠诚的、特别能战斗的马克思主义理论工作者队伍;其二,利用社会主义舆论工具对全社会进行正面宣传教育;其三,在科技、文化、教育领域坚持长期不懈的马克思主义理论教育;其四,通过各种形式进行广泛的社会主义教育。

繁荣科学文化的基本方针。一是“百花齐放、百家争鸣”,即在艺术上不同的形式和风格可以自由发展,科学上不同的学派可以自由争论;二是“古为今用、洋为中用”,即在对待中国古代文化的问题上,应当批判地吸收古代文化遗产,剔除其封建性的糟粕,吸收其民主性的精华;在对待外国文化的问题上,避免盲目的排外主义和生吞活剥的照搬,应当以中国人民的实际需要为基础,批判地吸收外国文化。

发展科学技术和教育事业的方针。前者是要求把党的工作重点转移到科学技术上去,全党学习科学技术,开展技术革命,依靠科学进步发展经济。后者包括:第一,教育要坚持正确的政治方向,为无产阶级服务,坚持党的领导和共产主义思想的指导,坚持社会主义方向。第二,教育要培养全面发展的新人,“使受教育者在德育、智育、体育几方面都得到发展,成为有社会主义觉悟的有文化的劳动者”。第三,教育必须与社会实践和生产劳动相结合。

建设工人阶级知识分子队伍。建设社会主义事业需要大批知识分子。在社会主义革命基本完成之后,中国知识分子已经是工人阶级的一部分,需要造就一支宏大的知识分子队伍。知识分子必须坚持又红又专的道路,就是一方面要掌握马克思主义的基本观点,坚决拥护和执行党的政治路线,坚持走社会主义道路,具备爱国主义、社会主义的思想道德;另一方面,要掌握有关专业知识,具有专业技能。党则要正确贯彻知识分子政策,将知识分子的问题作为人民内部问题,采取“团结—批评—团结”的方针处理。要求知识分子学习马列主义、毛泽东思想,自觉地为社会主义事业服务。党和国家应该给知识分子提供必要的工作条件和适当的待遇,鼓励其积极工作,充分发挥专长。

(七)国防建设和对外关系的理论

建设现代化的强大国防是新中国军事建设的核心目标。具体而言:第一,建设一支正规化、现代化的人民军队,使其具有现代化装备、掌握现代战争技术,建立适应现代战争要求的各兵种,实现统一指挥、统一制度、统一编制、统一纪律、统一训练,成为统一作战、协同密切的现代化军队。第二,在发展武器方面坚持两条腿走路,即发展常规武器和尖端武器相结合的方针。第三,强调正确处理国防建设和经济建设的关系，使国防建设服从于经济建设，与经济建设协调发展。

对外方针是独立自主。①以独立自主为新中国和平外交方针的立足点，既是中华人民共和国对外方针的基本原则，也是中国共产党处理同各国共产党、工人党相互关系的原则。②在处理国与国之间关系方面倡导和平共处五项原则，即互相尊重领土主权、互不侵犯、互不干涉内政、平等互利、和平共处。③反对帝国主义和霸权主义。④支持世界各国人民的正义斗争。⑤根据经济政治实力及对垒格局将世界各国划分为三个部分，即“三个世界”：第一世界是美国和苏联两个超级大国，第二世界是日本、欧洲、澳大利亚、加拿大等发达国家，第三世界是包括中国在内的多数发展中国家。

完成祖国统一的方针。对台湾问题由最初准备武装解放到提出准备同国民党第三次合作，建议两党谈判和平解决，又进一步提出“一纲四目”：“一纲”是说只要台湾回归祖国，其他一切问题悉尊台湾当局意见妥善处理。“四目”是说：台湾回归祖国后，除外交必须统一于中央外，所有军政大权、人事安排都由台湾当局决定；台湾所有军政及建设经费不足之数，悉由中央拨付；台湾的社会改革可以从缓，必须条件成熟并尊重台湾当局的意见，协商决定后进行；双方相约不派人从事破坏团结之事。对于香港和澳门，20 世纪 70 年代中国恢复了在联合国的合法席位并与英国达成正式建交的协议，周恩来总理提出香港问题一俟租约期满，要通过谈判加以解决，香港必须归还中国。

三、毛泽东思想活的灵魂

毛泽东思想中的活的灵魂是指毛泽东思想的立场、观点、方法。

（一）实事求是

实事求是，简言之，就是一切从实际出发，理论联系实际。它用中国语言生动地概括了马克思主义哲学基本原理，不断探寻适合中国发展规律的革命和建设道路、寻求革命和建设问题解决的根本思想方法和工作方法，是中国革命和建设取得胜利的重要法宝，因此成为党的思想路线和毛泽东思想活的灵魂。

1. 一切工作都要立足于客观实际

一切从实际出发，就是要求一切决策、工作都要从客观实际而不是从主观愿望或“本本”出发，以客观实际而不是个人好恶、“本本”为依据，对上级指示不是不顾实际地盲目照搬。马克思主义唯物辩证法认为，一切事物都是普遍性和特殊性、共性和个性的辩证统一。“本本”、上级指示反映的主要是共性的东西，而现实则都是具体的、有个性的，所以对“本本”、上级指示，包括别人的经验都不能盲目照搬，而必须与具体实际相结合。毛泽东指出：“不凭主观想象，不凭一时的热情，不凭死的书本，而凭客观存在的事实，详细地占有材料，在马克思列宁主义一般原理的指导下，从这些材料中引出正确的结论。……这种态度，有实事求是之意，无哗众取宠之心。这种态度，就是党性的表现，就是理论和实际统一的马克思列宁主义的作风。这是一个共产党员起码应该具备的态度。”

一切从实际出发，重在养成一种科学的调查研究之风，从而真正了解和掌握客观实际。“客观实际不是道听途说的片断新闻，也不是自之所及、耳之所闻的几个现象、事实片断的叠加，而是由多方面因素互相联系而形成的复杂系统，是一个处于不断变化、发展中的系统。所以，要做到一切从实际出发，必须要深入实际，进行全面细致的调查研究和历史考察，从而全面、详尽地占有资料，并对资料进行科学的分析，透过现象看本质，从其中引出其固有的而不是臆造的规律。”毛泽东在他的《反对本本主义》一文对此诠释得十分透彻：“怎样纠正这种本本主义？只有向实际情况作调查。”“没有调查，没有发言权。”“你对于那个问题不能解决吗？那末，你就去调查那个问题的现状和它的历史吧！你完完全全调查明白了，你对那个问题就有解决的办法了。一切结论产生于调查情况的末尾，而不是在它的先头。只有蠢人，才是他一个人，或者邀集一堆人，不作调查，而只是冥思苦索地‘想办法’，‘打主意’。须知这是一定不能想出什么好办法，打出什么好主意的。换一句话说，他一定要产生错办法和错主意。”

2. 我党要始终秉持理论联系实际的工作作风和学风

理论联系实际，就是坚持马克思主义基本理论与中国革命和建设的具体实践相结合，就是要以马克思主义的立场、观点、方法去研究、解决中国实际问题。马克思主义认识论认为，一切社会实践都是能动的活动，需要理论指导；理论是为了指导社会实践，并要在实践中得到检验和发展。马克思主义之所以具有强大的生命力和战斗力，就在于它是和各个国家具体的革命实践相联系的。马克思主义的客观真理性和伟大力量，只有在同各国具体的革命实践相结合的过程中，才能充分显现出来。

要秉持理论联系实际的工作作风和学风，其基本前提是要认真学习马克思主义理论，真正领会和掌握马克思主义的基本原理；还要能够站在马克思主义的立场上思考和分析问题，学会运用马克思主义的观点和方法去研究和解决中国的实际问题，要学会不断探寻和摸索中国革命的规律，从而找到解决中国革命问题的办法，推动马克思列宁主义在中国的运用和发展。毛泽东明确指出：“中国共产党人只有在他们善于应用马克思列宁主义的立场、观点和方法，善于应用列宁斯大林关于中国革命的学说，进一步地从中国的历史实际和革命实际的认真研究中，在各方面作出合乎中国需要的理论性的创造，才叫做理论和实际相联系。”“马克思列宁主义理论和中国革命实际，怎样互相联系呢？拿一句通俗的话来讲，就是‘有的放矢’。‘矢’就是箭，‘的’就是靶，放箭要对准靶。马克思列宁主义和中国革命的关系，就是箭和靶的关系。有些同志却在那里‘无的放矢’，乱放一通，这样的人就容易把革命弄坏。有些同志则仅仅把箭拿在手里搓来搓去，连声赞曰：‘好箭！好箭！’却老是不愿意放出去。这样的人就是古董鉴赏家，几乎和革命不发生关系。马克思列宁主义之箭，必须用来去射中国革命之的。这个问题不讲明白，我们党的理论水平永远不会提高，中国革命也永远不会胜利。”

总之，实事求是就是一切工作都要以客观实际为立足点，从客观实际出发，始终坚持以马克思主义为指导，从而对中国的历史和现状进行系统地研讨和探究，对社会具体问题进行深入的分析，根据中国的特殊情况和形势的发展变化，制定适合中国特点和时代要求的政治路线与斗争策略。历史实践证明，以毛泽东为代表的中国共产党人始终秉持实事求是的工作作风和学风才赢得今天中国革命和建设事业所取得的胜利成果。

（二）群众路线

群众路线，就是一切工作都是为了群众，一切行动都要相信群众，一切奋斗都要依靠群众，真正做到从群众中来，到群众中去。它是以毛泽东为代表的中国共产党人对马克思主义关于人民群众是历史创造者的原理和辩证唯物主义认识论的创造性应用和发展，是赢得群众拥护，把最广大的群众紧紧地团结在党的周围，从而使革命和建设立于不败之地的法宝，是党的根本工作路线。

1. 始终坚持把一切为了群众作为我党工作的根本点

一切为了群众，“就是坚持人民的立场，这是由党的性质决定的。中国共产党的性质和宗旨，决定了它是为了人民的事业而建立的，党的全部纲领、路线和政策，党的一切努力、奋斗和牺牲，都是为了人民群众的解放和幸福，它除了人民群众的利益以外，本身没有任何特殊的私利；人民群众的利益，就是我们党的利益，党的利益和人民的利益完全一致；人民的利益高于一切。”

一切为了群众，要求我们要全心全意为人民服务。全心全意为人民服务是党的唯一宗旨，是党的一切工作的出发点和重要指导思想。1939 年毛泽东在《为人民服务》一文中强调：“我们的共产党和共产党所领导的八路军、新四军，是革命的队伍。我们这个队伍完全是为着解放人民的，是彻底地为人民的利益工作的。”多次指出：“共产党员就是要奋斗，就是要全心全意为人民服务，不要半心半意或者三分之一的心三分之一的意为人民服务。”

一切为了群众，就要一切工作的展开都要把人民的利益作为根本出发点和最终目的，以最广大人民群众的最大利益为最高标准，一切向人民负责，勇于纠正错误。

毛泽东说：“共产党人的一切言论行动，必须以合乎最广大人民群众的最大利益，为最广大人民群众所拥护为最高标准。”“我们的责任是向人民负责。每句话、每个行动、每项政策，都要适合人民的利益，如果有了错误，定要改正，这就叫向人民负责。”

2. 始终把一切依靠和相信群众作为党的各项事业的立足点

一切为了人民，并不意味着要替人民包办任何事情，而是要坚持一切事情都要依靠和相信群众。“一枝独秀不是春，百花齐放春满园。”个人再怎么优秀，也离不开集体。集体的力量的无穷大的，群众的智慧是无穷多的。马克思主义认为，人民群众是社会实践的主体，是社会财富的创造者，是推动历史发展的决定力量。毛泽东指出，人民，只有人民，才是创造世界历史的动力，“群众是真正的英雄，而我们自己则往往是幼稚可笑的，不了解这一点，就不能得到起码的知识”。因此，首先，我们要相信群众，相信群众能够自己解放自己。其次，我们要坚定不移地依靠群众，密切联系群众。毛泽东说：“应该使每一个同志懂得，只要我们依靠人民，坚决地相信人民群众的创造力是无穷无尽的，因而信任人民，和人民打成一片，那就任何困难也能克服，任何敌人也不能压倒我们，而只会被我们所压倒。”

相信群众、依靠群众，就是要放心的放手发动群众，将群众动员、团结、组织和凝聚起来。发动群众必须依据群众的觉悟水平的高低，坚持遵循群众自愿的原则。当群众还没有自觉时，可以采用一切有效的适当的方法去启发和唤醒群众的自觉；当群众已经有了某种必要的自觉时，就应当去采取一定的措施来对群众的行动进行指导，引导广大群众汇聚起来、一起斗争。这样，有目的地、有方向地、一步一步地引导群众去为党提出的代表人民群众根本利益的基本口号而斗争。

3. 要始终坚持把从群众中来，到群众中去作为我党的领导方法和工作作风

以毛泽东为代表的中国共产党人把马克思主义认识论运用到党的领导工作中，又把党的群众路线提高到马克思主义认识论的高度，做出的科学概括，实现了马克思主义认识路线与党的群众路线的有机统一，这就是所谓的从群众中来，到群众中去。

制定正确决策、实现正确领导的前提就是从群众中来，换言之，就是要“把广大群众在长期实践中积累的经验，把群众提出的要求和愿望，把来自群众中分散的不系统的意见集中起来，经过

分析和综合等一系列加工，化为集中的系统的意见，形成符合实际情况、反映群众要求的正确决策和部署，只有从群众中来才能了解群众的真正愿望和诉求。从群众中来，是一个民主与集中的过程”。首先必须大力发扬民主精神。毛泽东说“没有民主，就不可能正确地总结经验。没有民主，意见不是从群众中来，就不可能制定出好的路线方针、政策”。其次，要进行集中。必须区分群众中的正确意见和不正确意见。1947 年，中共晋绥分局在对待群众要求的问题上缺乏清醒的分析，笼统地提出了“群众要怎样办就怎样办”的口号。毛泽东对此提出严厉批评，认为这仅仅强调了党应当执行群众意见方面，而忽视了党应当教育群众和领导群众的方面，指出：“凡属人民群众的正确的意见，党必须依据情况，领导群众，加以实现；而对于人民群众中发生的不正确的意见，则必须教育群众，加以改正。”

实现党的领导的基本途径是到群众中去，简言之，就是向群众宣传教育党的理论、政策，用理论来武装群众的头脑，使群众真正理解、掌握和接受党的决策和部署，从而将党的理论和政策转化为群众的实践行动，同时也是为了检验、完善决策或理论。到群众中去，必须采取科学的领导方法和艺术，比如一般号召和个别、领导骨干和广大群众相结合等。这是一个精神力量转变为物质力量的过程，是实现党对群众领导的关键环节。

从群众中来，到群众中去，把从群众中集中起来的决策和部署，再拿回到群众中去，为群众所接受和掌握，使其化为群众的实际行动，并在群众的实践中得到进一步的检验、丰富和发展。如此无限循环，使领导的决策和部署一次比一次更正确、更生动、更丰富。实践证明，从群众中来，到群众中去，是使党的领导达到主观和客观相一致、理论和实践相统一、领导和群众相结合的根本途径和方法。群众路线作为毛泽东思想活的灵魂和党的根本工作路线，能够集中最广大人民群众的智慧，调动最广大人民群众的力量，把最广大人民群众紧紧团结在党的周围，在中国革命和建设过程中发挥了巨大作用。

（三）独立自主

独立自主，自力更生，主要包括两个方面的意思：第一，我们中国的事情就要依据我们中国自己的实际情况来办，具体问题具体分析，走符合自己发展的有中国特色的道路；第二，中国的革命和建设就要依靠我们中国人民自己的力量，在此基础上争取外援。何况我们都懂得“自己动手，丰衣足食”这个道理。独立自主是以毛泽东为代表的中国共产党人对马克思主义辩证法特别是关于矛盾思想的创造性发展和运用，是对中国革命和建设经验的理论概括，是毛泽东思想的活的灵魂之一。

1. 进行中国革命和建设要始终坚持把立足于本国实际作为基本原则

独立自主、自力更生的原则，贯穿着毛泽东关于矛盾普遍性和特殊性、内因和外因等辩证关系的思想。“世界上没有两片完全相同的叶子”，然世界上的叶子纵使千差万别也大都有本身发芽、长大、繁茂、脱落凋零的一般生长规律。毛泽东也曾指出，任何事物都是矛盾普遍性和矛盾特殊性的统一体，矛盾的普遍性寓于矛盾的特殊性之中，矛盾的特殊性构成了一个事物区别于其他事物的特殊本质，是我们认识一个事物的基础。因此，每个国家都有自己本国的特殊矛盾、特殊国情、特殊的发展规律，其革命和建设的道路只有符合其国情、特殊规律，才能取得胜利。而马克思主义作为无产阶级的科学世界观和方法论，作为无产阶级革命一般规律的科学，反映的是矛盾的普遍性，不可能为所有国家的一切问题提供全部的现成答案，不同的国家的不同的问题其解决的方法也不可能是千篇一律的。于是，这就要求各国无产阶级政党以普遍原理为指导，独立自主地解决本国革命的实际问题，即立足于本国实际，根据本国特点，走出符合本国革命规律的道路。旧中国是一个经济文化十分落后的、半殖民地半封建的农业大国，面临着许多其他国家从未遇到过的具体问题，马克思、列宁的书本当中没有也不可能提供关。于中国革命和建设一切问题的现成答案。之所以取得中国革命和建设的伟大成功，就在于中国共产党人始终秉承和发扬独立自主、自力更生的精神，凭着勇于开拓的胆识和魄力，进行积极探索，进行大胆创新，不断开创适合我们中国本国国情、符合我们中国特点和需求的革命建设道路和理论。

2.进行中国革命和建设要始终坚持把自力更生为主，争取外援为辅作为我们的基本国策

内部矛盾和外部矛盾的辩证统一构成了世间万物。事物的内部矛盾即内因是事物发展的根据，外部矛盾即外因是条件，外因通过内因起作用。这就要求本国的事情要依靠本国力量来办，自力更生，同时也注意学习和借鉴外国的先进经验，不放松争取一切可能的外援，并把立足点放在依靠自己的力量、自力更生的基础上。“中国无论何时也应以自力更生为基本立脚点。但中国不是孤立也不能孤立，中国与世界紧密联系的事实，也是我们的立脚点，而且必须成为我们的立脚点。我们不是也不能是闭关主义者”。

进行革命和建设，首先要把立足点放在自力更生的基础上，放在依靠自己力量的基点上，最大限度地动员群众、组织群众，才能始终立于不败之地，才能在复杂的国际环境中不受制于人。就中国革命来说，共产国际从 1921 年党成立到 1935 年，虽对我党有不少帮助，但由于对中国革命粗暴干涉，也使我们遭到了很大的损失。1935 年的遵义会议是我党第一次在没有共产国际干预的情况下独立地解决党中央的组织问题和路线问题，因而成为中国共产党独立自主地领导中国革命的伟大转折，中国革命从此走向不断的胜利。新中国成立以后，独立自主、自力更生的方针发展为我国外交政策的基本立场。以毛泽东为代表的中国共产党人，无论在革命战争年代还是在和平建设时期，无论遇到什么样的困难，都从没有动摇过独立自主、自力更生的决心，从来没有在任何外来的压力面前屈服，有力地维护了中华民族的独立和尊严，取得了革命和建设的胜利。坚持独立自主，自力更生，关键是放手发动和依靠中国最广大的人民群众。

进行中国特色革命和建设，在独立自主，自力更生的基础上，还要注意对外国的先进的成功的经验予以积极的借鉴和学习，争取外援。毛泽东反复指出，中国革命能够取得胜利的根本保证就是始终坚持独立自主、自力更生，我们进行中国革命和建设工程中适当争取外援的前提和归宿也是独立自主，自力更生；作为中国革命的必要条件之一，外援应当是我们尽力争取之，但是切记决不可过分地对其依赖之，更不能拿原则作交易去换取“外援”。

实事求是、群众路线、独立自主，是相互贯通、有机统一的。其中，实事求是是核心，是群众路线和独立自主的思想基础和前提。实事求是原则把毛泽东思想活的灵魂的三个方面紧密联系在一起，使之成为一个有机的整体。

第三节　毛泽东思想的历史地位与现实指导意义

毛泽东思想是马克西列宁主义普遍原理同中国革命和建设具体实践相结合的理论成果。刘少奇指出：毛泽东思想是马克思主义在中国的“继续发展”，是“发展着与完善着的”中国化的马克

思主义。

一、毛泽东思想是指导我党的根本思想,是我国革命和建设的启明灯

毛泽东思想是指导中国革命胜利的科学指南。毛泽东在探索中国新民主主义革命和社会主义建设道路的过程中,提出了许多具有重要理论价值和实践意义的理论观点,制定了一系列正确的方针、政策,不仅为社会主义现代化建设奠定了重要的物质基础,而且在思想文化等方面都取得了伟大的成就。毛泽东不仅揭示了中国革命和社会主义建设的规律,也揭示了社会发展的一般规律。

大革命时期,党的事业就因为缺乏经验而遭受失败。大革命失败后,正是靠着毛泽东思想开辟的农村包围城市道路,创建了井冈山革命根据地,点燃了革命的星星之火,并在毛泽东思想的正确领导下形成燎原之势,第五次"反围剿"的失败把革命推向生死存亡之境,又是在毛泽东思想的指导下使中国革命转危为安。抗日战争以及解放战争的胜利也是如此。毛泽东思想是社会主义革命和建设的科学指南,对旧中国进行社会主义改造,是一项开天辟地的事业。当今中国的大好发展势头是建立在社会主义制度建立的基础之上,而社会主义制度的建立又是在新中国成立和新民主主义革命胜利的基础之上。毛泽东思想已经渗透到社会生活的各个方面,成为维系中华民族的精神支柱和推动中国社会前进的强大精神动力。

毛泽东思想是指导后人社会主义现代化建设事业的真理指导,对于我们现在社会主义和谐社会的构建、美丽中国梦的实现和全面建成小康社会都有重大意义。毛泽东思想作为诞生于中国这样的一个具有悠久文化传统的东方大国的马克思主义,是中华民族乃至全人类的一笔珍贵的财富,是中国人民心中永远的丰碑。继续坚持和发展毛泽东思想是当代中国共产党人的职责,也是国家与民族的利益所在。

二、毛泽东思想是中国特色社会主义理论体系的理论先导

先前的理论探讨和研究,为我们今后的探讨和研究确立了方向,建构了框架,引领了思路,特别是在立场、观点和方法方面有重要的指导意义。中国革命和建设是中国共产党领导的两大实践。在这两大实践过程中,分别产生了两大理论成果——毛泽东思想和邓小平理论。前者中关于新民主主义建设的思想,为后者提供了借鉴和启迪。前者中关于中国社会主义建设的许多重要思想,为后者所吸收,并成为后者的有机组成部分。前者的活的灵魂即实事求是、群众路线、独立自主,为后者所继承并得到继续发展。先前建立的人民代表大会制度、共产党领导的多党合作与政治协商制度、民族区域自治制度,仍然是当今中国的基本政治制度,这些制度将在今后的实践中继续坚持并加以完善。毛泽东有关社会主义工业化、社会主义现代化以及四个现代化的思想被邓小平全面继承,毛泽东、周恩来有关独立自主的外交方针被邓小平全面发展,毛泽东、陈云等经济管理体制改革的思想,直接成为邓小平改革开放的前奏曲。直至后来,江泽民同志提出的"三个代表"重要思想与胡锦涛同志提出的科学发展观和构建社会主义和谐社会,都可以从毛泽东思想科学体系中找到朴素的因子,与毛泽东思想相比,既一脉相承,又与时俱进。

三、毛泽东思想丰富了中国思想文化宝库

毛泽东思想是马克思主义与中国优秀文化传统相撞击融合而形成的。毛泽东等早期的共产党人深受中国传统文化的熏陶，他们往往是立足于中国文化传统来解释和接受马克思主义的。因此，从思想文化的角度讲，马克思主义中国化实际上是中西文化相融合的一种特殊形态，是20世纪中国思想文化史划阶段的重大标志。

毛泽东思想本身就是运用马克思主义对从孔夫子到孙中山的中国传统文化进行批判和继承的优秀范例。从鸦片战争前后的龚自珍、魏源等到戊戌变法时期的康有为、梁启超等；从太平天国时期的洪秀全、洪仁玕等到辛亥革命时期的孙中山和新文化运动时期的陈独秀、鲁迅、胡适等；为了振兴中华，无一不对以孔孟儒家思想为核心的封建主义进行了不同程度的改良、改造或革命，并经历了向世界，特别是向西方寻求真理的艰苦历程。那个时期，各种主张充斥其中，莫衷一是，或曰"君主立宪"，或曰"师夷之长技以制夷"，或曰"打倒孔家店"，或曰"中学为体，西学为用"，或曰"全盘西化"。一言以蔽之，其中心都是围绕如何解决中国与西方、传统与现代这两对矛盾而展开的。也即谁解决了这个问题，谁的思想就会成为中国思想文化和中国社会发展的精神旗帜。毛泽东继承马克思列宁主义关于无产阶级要批判地继承人类文化遗产的思想，提出了要批判地吸收古今中外的一切优秀文化成果，为中国社会主义建设服务的思想。1964 年 9 月，毛泽东将这一思想明确概括为"古为今用，洋为中用"的方针，从纵、横两个方面阐明了如何对待古今中外人类文化遗产的态度。毛泽东思想提出的这些创造性观念，使中国思想文化发展到一个新的阶段。中华民族历经数千年形成的爱国主义传统和自强不息的民族精神，"民贵君轻"的民本思想，富有辩证法的军事思想，实事求是的学风和朴素的唯物论辩证法思想，"公而忘私"的献身精神和注重道德修养的传统等，都在毛泽东思想中得到继承和发扬。毛泽东思想把中华民族的思想文化提升到了前所未有的历史高度，代表了中国先进文化发展的方向。

新中国成立后，"全心全意为人民服务""实事求是""一分为二""独立自主""群众路线""自力更生"等思想和语言已为广大人民群众所熟知。毛泽东思想浸透到了人们社会生活和精神生活的方方面面，成为维系中华民族精神支柱和推动中国社会前进的强大精神动力，在很大程度上重塑着新中国的社会精神风貌。

四、毛泽东思想是中华民族团结奋斗的精神支柱

整个毛泽东时代的革命家、战略家、理论家，诸如周恩来、朱德、刘少奇、任弼时、王稼祥等，他们的思想光辉对于当时和后世已产生而且将继续产生重大的影响，中华民族以毛泽东思想相号召，已产生而且也将继续产生巨大的凝聚力和奋进力。鸦片战争以后，中国成为半殖民地半封建国家。中华民族面对着两大历史任务：一个是求得民族独立和人民解放；一个是实现国家繁荣富强和人民共同富裕。在中国共产党出世之前，激励中国人民完成这两大历史任务的精神支柱主要是传统的朴素的爱国主义。在此之外分解出来的各种主义都无济于事——地主阶级的救国救民思想如同谎言被戳穿；农民阶级的平均主义思想如同梦话被打破；资产阶级的民主主义思想如同沉渣被淘汰。中国共产党诞生之后，特别是毛泽东思想形成之后，激励中国人民完成这两大历史任务的精神支柱是马克思列宁主义和毛泽东思想。毛泽东既是一个伟大的马克思主义者、无

产阶级革命家，又是近代以来中国伟大的爱国者和民族英雄。毛泽东思想把马克思列宁主义的普遍真理与中国革命的具体实践相结合，从而“把我国民族的思想水平提到了从来未有的合理的高度”。也就是说，毛泽东思想代表着中国先进文化发展的方向，已经成为中华民族的精神支柱。这种巨大精神力量是在长期历史斗争中形成的，并将继续发挥其独特作用。毛泽东是从人民群众中成长起来的伟大领袖。他的革命精神具有强大的凝聚力，他的伟大品格具有动人的感染力，他的科学思想具有非凡的号召力。他和他的战友们所创造的彪炳史册的丰功伟业，为世界一切正直的人们所尊重。他的名字、他的思想和精神永远鼓舞着中国共产党人和中国各族人民，成为我们伟大民族的精神支柱，继续推动着中国历史的前进。因此，江泽民同志说：“中国出了个毛泽东，是我们党的骄傲，是我们国家的骄傲，是我们民族的骄傲。”毛泽东所倡导的理论联系实际、密切联系群众、批评和自我批评等作风，所培育的独立自主、自力更生、艰苦奋斗、勤俭建国的精神，为人民服务的精神和集体主义的精神等，培育了几代中国人，成为中国人民团结一致、振兴中华的强大精神支柱和动力。

五、毛泽东思想对马克思主义中国化起了引领作用

毛泽东思想是马克思主义中国化历史进程中的第一个重要理论成果，是马克思主义发展史上的重大里程碑，是对马克思主义的继承和发展，对于光大人类最优秀的思想文化——马克思主义，实现马克思主义中国化起了引领作用。毛泽东思想的理论渊源是马克思列宁主义，而马克思列宁主义揭示了人类历史的发展规律，为世界广大劳苦大众提供了翻身求解放的思想武器。得到这个思想武器，对于旧中国的广大人民群众来说，如同旱苗得雨，绝处逢生。毛泽东思想是中国化了的马克思主义，是用中国的思想文化表述出来的，更易于中国人民接受。毛泽东思想指导中国革命和建设取得了胜利，已被实践证明是真理，值得中国人民信赖。毛泽东思想所确定的立场、观点和方法，代表了广大中国人民的利益，广大人民群众能够把它坚持和发扬下去。毛泽东思想同马克思列宁主义一样具有与时俱进的理论品质，是开放的、发展的理论体系，能够适应新形势的发展，并在新形势下获得自身的发展。毛泽东思想是历史的产物，在那段特定的历史时期发挥了任何思想理论都不能发挥的作用。历史已经过去，毛泽东思想在新世纪、新阶段、新的工作实践中仍然具有重大的指导意义。毛泽东思想的现实指导意义不局限于在当时历史条件下形成的某些论断，而是寓于毛泽东思想具体内容之中的立场、观点和方法等。诸如，人民大众的立场，一分为二的观点，调查研究的方法，为人民服务的思想，灵活机动的战术，政策的坚定性与策略的灵活性，三大灵魂、三大法宝和三大优良作风等，在今天都是非常实用的。另外，毛泽东时代的一些具体理论在今天仍有十分重要的指导意义，例如，毛泽东在《论十大关系》、《关于正确处理人民内部矛盾的问题》中所阐述的一些理论原则、方针政策等，今天仍要很好坚持，并予以发展。对于指导实践的理论，正确的态度从来不是照搬照抄，而是与实际相联系。同时，对于正确的理论，既要坚持，又要发展。只有这样，才能使理论具有生命力，并在指导实践中发挥出它的作用。在今天全面建设小康社会的伟大实践中，我们也应该这样运用毛泽东思想，使它发挥出威力无比的作用。

第四章　中国特色社会主义理论体系与马克思主义中国化

中国共产党十一届三中全会以来的改革开放时期，产生了由邓小平理论、“三个代表”重要思想、科学发展观构成的中国特色社会主义理论体系。以邓小平、江泽民、胡锦涛为代表的三代党的领导集体为这套理论的创建作出了重大贡献。

第一节　邓小平理论对马克思主义中国化的重要贡献

党的十一届三中全会从根本上冲破了长期“左”倾错误的严重束缚，端正了党的指导思想，重新确立了马克思主义的思想路线、政治路线和组织路线，开启了马克思主义中国化的新航程。邓小平对此作出了杰出的历史性贡献，也为实现马克思主义哲学中国化留下了宝贵的历史经验。

一、邓小平理论产生的国际背景和历史基础

邓小平理论作为中国特色的社会主义理论，是在特定的社会背景和历史条件下，为适应中国社会主义现代化建设实践的需要而产生的。它经历了一个逐步形成于发展的历史过程。

（一）国际背景

第二次世界大战以后，国际局势持续了 30 多年的紧张和对抗，20 世纪 70 年代开始，国际形势和世界格局有了很明显的变化。美苏两个超级大国开始认识到，虽然两国手中都握有大量的核武器，但一旦发动战争，必将导致同归于尽的后果。与此同时，全球范围内各国人民都已经逐步意识到和平的重要性，要求世界和平的愿望越来越强烈。因此，美国和苏联两个超级大国开始调整政策，由政治、经济、文化等领域的全面对抗转变为对话，国际局势开始缓和，世界历史呈现出要求和平、维护和平、反对战争的特点。世界的和平潮流，浩浩荡荡，不可阻挡。

中国在这种国际背景下，党的理论、路线和方针政策也发生了改变创新。但在较长的一段时间内，由于种种原因，由于我们面临的外部压力和“左”的指导方针的影响，指导新时期社会主义建设的科学理论没有随之发展和创新。邓小平以他的长远的目光和创新的精神进行了社会主义的理论创新。

邓小平深刻分析 20 世纪 70 年代末以来国际背景和时代主题的发展变化，认为世界大战是可以避免的，和平是可以实现的，世界的主题已不再是革命和战争而是和平与发展。基于对国际形势和时代主题的正确判断，以及对中国所处发展阶段的准确定位和中国基本国情的正确把握，在邓小平主持下，党的十一届三中全会果断地抛弃了“以阶级斗争为纲”的错误方针，宣布结束“文化大革命”，实现了党和国家工作重心的转移，开创了我国改革开放和现代化建设的新局面。邓小平作为改革开放的总设计师，在领导我国改革开放和现代化建设的实践中，大胆进行理论思考和创新，经过不断补充、完善、升华，初步形成了指导中国特色社会主义建设的科学理论体

系——邓小平理论。改革开放之前，中国把主要精力主要放在了阶级斗争方面，忽略了经济建设，我们国家积极支持亚非拉人民反对帝国主义和殖民主义的斗争，对外援助超越了我国国力所能容许的程度。在对外关系中忽视同一些大国的关系，使得我国的外交陷入了被动的境地。邓小平审时度势，强调我们国家要重视经济的发展。对于社会主义国家来说，长期面临资本主义发达国家经济科技占优势的压力，发展不仅是一个经济问题，更重要的是一个政治问题，关系到社会主义的前途和命运。我们的内政外交政策也必须顺应发展这一时代主题。在内政方面，我们党确立了以经济建设为中心，实行改革开放的政策，把经济建设作为最大的政治。在外交方面，我们积极倡导和平共处五项原则，为我国的改革开放和现代化建设创造有利的外部环境。

人类进入 20 世纪 50 年代以来，科学技术的迅猛发展及其在产业领域的广泛应用成为世界历史进程最显著的特点。一方面，它为资本主义体系注入了一支强心剂，使其以发展生产力为契机，摆脱种种制度危机；另一方面，新生的社会主义往往经济上不够发达，能否抓住这次机遇，重新审视这个世界，客观认识自己和资本主义制度，最终实现自己的历史使命，事关重大。邓小平及时抓住了这个机遇。他提出："经济发展得快一点，必须依靠科技和教育。我说科学技术是第一生产力。近一二十年来，世界科学技术发展得多快啊！高科技领域的一个突破，带动一批产业的发展。我们自己这几年，离开科学技术能增长得这么快吗？要提倡科学，靠科学才有希望。近十几年来我国科技进步不小，希望在 90 年代，进步得更快。"

新的国际环境和新的实践，必然要求马克思主义理论要有新发展，要有新飞跃。邓小平理论体系中的主要观点，正是顺应和平与发展的时代需要而创立的。邓小平理论是对我国社会主义现代化建设面临的国际环境和时代主题进行科学分析而产生的划时代成果，是和平与发展时代的中国的马克思主义。

（二）历史基础

1.总结和概括了我国社会主义建设实践经验

伟大的实践孕育着伟大的理论，伟大的理论指导着伟大的实践。1956 年，我国社会主义改造基本完成，社会主义制度基本确立。在当时特定的历史条件下，在没有现成经验可资借鉴的情况下，我国社会主义的建设基本照搬了苏联模式。我们对"什么是社会主义，怎样建设社会主义"这个首要的基本的理论问题没有完全搞清楚；对社会主义建设的长期性、艰巨性、复杂性认识不足，故而在社会主义建设过程中，走了一些弯路，发生过"大跃进"、人民公社化运动、"文化大革命"等重大失误。邓小平理论的主要观点是对改革开放和现代化建设实践经验的科学总结。邓小平创设了家庭联产承包责任制的新型模式，兴办乡镇企业，设立经济特区，倡导社会主义市场经济，从国内改革到对外开放，都体现了邓小平尊重实践、尊重群众的创造精神。在我国社会主义改革开放和现代化建设实践取得重大成功的基础上，孕育和诞生了中国特色社会主义的论——邓小平理论。

2.总结和借鉴了苏联等社会主义国家兴衰成败历史经验

苏联是世界上第一个社会主义国家，第二次世界大战后，在苏联的影响和帮助下，先后建立了 15 个社会主义国家，占当时世界人口的 1/3，国土面积的 1/10，组成华沙条约组织，成为左右世界格局的重要力量。苏联和东欧社会主义国家的建设都采取了苏联的社会主义建设模式。借鉴和总结苏联和东欧在社会主义发展问题上所提供的丰富经验和严重教训，是邓小平理论形成的重要历史依据。

苏联模式的主要特点是：以高速度地增长国民经济为首要目标，以重工业为固定的发展重点，以粗放型发展为经济增长的主要手段。与此相对应，形成了所有制过分单一、忽视市场机制、高度集中的经济体制，形成了党政不分、政企不分和高度集中的政治体制。这种模式在历史上曾发挥过重要作用，推动了苏联经济迅速发展，使苏联由一个欧洲最落后的国家变成世界上的经济和政治强国，从而为反法西斯战争的胜过奠定了坚实的物质基础。但是，在时代主题由战争与革命转变为和平与发展之后，苏联模式的弊端就明显地暴露出来，而苏联的党政领导人也未能及时地、成功地对这种过时的模式实行根本性改变，这是导致苏联解体、社会主义在苏联和东欧失败的深层原因。邓小平理论总结和借鉴了苏联等社会主义国家兴衰成败历史经验。

3.坚持马克思列宁主义和毛泽东思想

从根本上来说邓小平理论坚持了马克思主义的立场、观点和方法，它开拓了马克思主义的新境界，我们对社会主义的认识提高到了一个新的水平。在当代中国，马列主义、毛泽东思想、邓小平理论，是一脉相承的统一的思想体系。“一脉相承”的“脉”，指的是马克思主义的立场、观点和方法。马列主义为邓小平理论提供了科学的世界观和方法论，也就是辩证唯物主义和历史唯物主义。解放思想，实事求是，是马克思列宁主义、毛泽东思想的精髓，也是邓小平理论的精髓。

毛泽东在对中国社会主义建设道路的探索中，提出的许多理论成果，如以苏为戒、少走弯路，正确区分和处理两类不同性质的矛盾，把党和国家的工作重点转到技术革命和社会主义建设上来，不能剥夺农民，不能超越阶段，反对平均主义，强调发展商品生产、遵守价值规律和做好综合平衡，主张以农轻重为序安排国民经济计财，不能照搬国外模式，实行“消灭了资本主义，又搞资本主义”的政策，三个世界划分的理论和我国永远不称霸的思想等等。都为邓小平理论提供了宝贵的理论素材。此外，在现代化和改革开放的基本过程中，邓小平与毛泽东一样强调，必须大力发扬社会主义民主和健全社会主义法制，必须坚持社会主义物质文明和精神文明一起抓，坚持和改善党的领导，加强党的建设。他认为只有这样，才能促进经济的发展和社会的全面进步。可以说，毛泽东和邓小平关于有中国特色社会主义的理论和策略不是完全脱节自成一个体系的，而是一个认识的全过程，是一脉相承的。

4.邓小平独特的个人经历

历史环境、社会需要和时代特征只是为某种理论的产生创造了客观条件和可能。理论的产生还需要这种理论的创造者具备一定的主观条件。邓小平富有传奇色彩、大起大落的独特经历，造就了他坚强的性格和意志，形成了他透过历史看未来的彻底的唯物主义精神，塑造了他在复杂的社会运动中艺术地领导社会前进的特殊能力，并使他对马克思列宁主义、毛泽东思想产生了一种深刻而特殊的理解。这样由于他在党内的地位加上他丰富的革命和建设经验，使他形成了一种宏观的、战略的辩证思维能力；能够为党的建设、国家的富强、人民的幸福殚精竭虑；能够接受和掌握马克思主义的环境和经历，使他敢于破除迷信和教条，善于运用和发展马克思主义，根据新情况、解决新问题，从而创立了有中国特色社会主义理论的新体系。

二、邓小平理论的形成和发展进程

邓小平理论作为中国特色的社会主义理论，是在特定的社会背景和历史条件下，为适应中国社会主义现代化建设实践的需要而产生的。它经历了一个逐步形成于发展的历史过程。

(一)萌芽阶段——20世纪50年代到70年代初

1956年,邓小平作为我党的总书记,作为党的第一代领导集体的主要成员,对“中国式工业化道路”提出了许多重要的理论思想,例如“搞建设”的观点、“社会主义建设一定要面对国家的现实和群众的需要的观点”等。到60年代,邓小平形成了许多符合中国实际的重要思想观点。例如1962年在恢复发展农业的问题上,邓小平主张包产到户、包干到户的做法。1975年,邓小平受命于危难之际,主持中央工作。他不辱使命,不避风险,不负众望,着手对各行各业进行全面整顿。在1975年的全面整顿中,邓小平试图力挽狂澜,一个新的理论已经开始酝酿。他构想出“中国式现代”道路,并形成了一系列的重要观点和思想。他强调经济建设,强调安定团结,强调毛泽东思想的科学性,反对“个人神化”。这次整顿尽管时间不长,但收到了较好的实践效果,它实际上恢复和坚持了党的八大的正确路线和科学的毛泽东思想,是十一届三中全会倡导的拨乱反正和现代化建设的先声。应该说,这个时期邓小平以经济建设为中心的全面整顿以及围绕这一整顿展开的斗争,为以后粉碎“四人帮”、否定“两个凡是”,为党的工作重点向经济建设转移,做了一定准备。邓小平自己说过“拨乱反正在1975年就开始了”。因此,“全面整顿”可以看作是邓小平理论形成的先声。总的来说,从20世纪50年代、60年代到70年代初,邓小平关于中国式的社会主义建设的思想术语酝酿和萌芽阶段,尚未形成完整的思想理论。

(二)基本命题提出阶段——从1978年12月中共十一届三中全会到1982年9月中共十二大

1976年,我党粉碎“四人帮”。1977年8月,中国共产党召开了十一大,正式宣告“文化大革命”结束。但由于历史的局限,“文化大革命”造成的政治、思想、组织和经济上的混乱极为严重,而时任党政军领导人华国锋顽固坚持“两个凡是”,各项工作在徘徊中前进。在邓小平的倡导和指示下,从1978年春开始,在全国范围内开展了一场“实践是检验真理的唯一标准”的大讨论。通过讨论,冲破了“两个凡是”的束缚,使我们党得以在十一届三中全会上重新确立了解放思想、实事求是的思想路线,果断地停止使用“以阶级斗争为纲”这个“左”倾错误方针,把党和国家的工作重点转移到“社会主义现代化建设上来”。1981年6月党的十一届六中全会通过的《关于建国以来当的若干历史问题的决议》,标志着全党全国的拨乱反正工作已经基本完成。

十一届三中全会实际上形成了以邓小平为核心的党的第二代中央领导集体,开创了社会主义现代化建设的新时代。随后,中央作出了改革开放的重大决策。改革,首先从农村开始。自1979年开始,首先在安徽、四川部分地区实行大包干,取得经验后,迅速在全国推开。至1983年,全国大部分地区都实行了大包干,并逐步形成了家庭联产承包责任制。至1984年底,全国各地基本上完成了政社分设、以政代社的过程,废除了农村人民公社体制。农村改革的同时,实行对外开放政策。1979年7月,党中央、国务院决定对广东、福建两省在对外经济活动中实行特殊优惠政策。1980年,中央决定设置深圳、珠海、汕头、厦门4个经济特区。由此,打开了封闭已久的大门,加强了中外经济、技术与文化交流,促进了社会的发展。

在1982年召开的党的十二大上,邓小平致开幕词,明确提出了“把马克思主义普遍真理同我国的具体实践结合起来,走自己的道路,建设有中国特色的社会主义”之命题。“建设有中国特色的社会主义”命题的提出,使我国社会主义现代化建设,既有了明确的目标,又有了正确的途径。在此次十二大上,邓小平指出:“把马克思主义的普遍真理同我国的具体实际结合起来,走自己的路，建设有中国特色的社会主义，这就是我们总结长期历史经验得出的基本结论。”①

（三）核心理论形成阶段——1982 年 9 月中共十二大到 1987 年 10 月中共十三大

十二大以后，改革开放全面展开，现代化建设步伐加快，各方面工作取得了重大进展。邓小平以实践为依据，全面系统地发展马克思主义学说，创建了邓小平理论的核心内容——中国特色社会主义理论。1984 年 10 月，十二届三中全会作出了《关于经济体制改革的决定》，提出了我国社会主义经济是“公有制基础上的有计划的商品经济”，形成了社会主义商品经济理论。随后，中国改革从农村推向城市，进入了全面改革的新时期。1985 年，党中央相继作出了关于科技体制改革和教育体制改革的决定，并提出了“两手抓”（一手抓改革开放，一手抓打击犯罪；一手抓经济建设，一手抓民主法制：一手抓物质文明，一手抓精神文明）的策略方针。1986 年召开的十二届六中全会通过了《关于社会主义精神文明建设指导方针的决议》，对社会主义精神文明与实现社会主义现代化、改革开放和坚持四项基本原则的辩证关系作了科学的阐述，并强调在现代化过程中必须反对资产阶级自由化。1987 年 10 月，中共十三大在北京召开，赵紫阳代表十二届中央委员会作题为《沿着有中国特色的社会主义道路前进》的报告。报告的题目反映了大会的主题，同时也彰显了我们党对“中国特色社会主义”的高度重视。报告系统地阐述了关于社会主义初级阶段的理论和党在社会主义初级阶段的基本路线，规定了社会主义现代化建设分三步走的战略。十三大制定了党在社会主义初级阶段的“以经济建设为中心，坚持四项基本原则，坚持改革开放”的基本路线，并明确肯定了一系列行之有效的方针政策。经过十三大，全党在建设有中国特色社会主义的基本理论和实践方面统一了认识。至此，邓小平理论基本形成。

（四）发展成熟阶段——中共十三大以后至 1992 年中共十四大

十三大以后，国际国内形势有了很大的变化。国际上，发生了苏东剧变。国内出现了 1989 年的政治风波，西方国家对华制裁。1990 年，党的十三届七中全会通过的《中共中央关于制定国民经济和社会发展十年规划和“八五”计划的建议》，从统一全党对建设有中国特色社会主义的基本理论和基本认识的角度，阐述了 12 条原则。这 12 条与党的十三大的 12 条相比，在内容顺序上有若干重要差别。这 12 条基本原则的提出，“标志着党对建设有中国特色社会主义在认识上的进一步深化和指导上的进一步成熟”。这些理论观点构成了中国特色社会主义理论的基本框架，初步回答了我国社会主义现代化建设的发展阶段、任务、动力、体检、布局和国际环境等基本问题。1991 年，江泽民“七一”讲话，又从经济、政治、文化三个方面深入阐明了建设有中国特色社会主义的主要内容和基本思路。1992 年春，邓小平南方谈话，分析了国际国内形势，科学地总结了十一届三中全会以来党的实践和基本经验，明确地回答了社会主义的本质、姓“资”姓“社”、社会主义市场经济等多年来困扰和束缚人们思想的重大认识问题。这个重要谈话，标志着我国改革开放和现代化建设事业进入了一个新的阶段，邓小平建设有中国特色社会主义理论推进到新阶段。南方谈话是邓小平多年理论思考研究的最终总结。同年 10 月，党的十四大用科学的规范化语言，从社会主义的发展道路、社会主义的发展阶段、社会主义的根本任务、社会主义的发展动力、社会主义建设的外部条件、社会主义建设的政治保证、社会主义建设的战略步骤、社会主义的领导力量和依靠力量、祖国统一等九个方面，对邓小平建设有中国特色社会主义理论作了具有

---

① 邓小平文选（第 3 卷）[C].北京：人民出版社，1993，第 3 页

权威性、系统性和科学性的概括。这是建设有中国特色社会主义理论的重要发展。同时报告明确要求在建立社会主义市场经济体制的同时，把精神文明建设提高到新水平。报告首次使用了“邓小平建设有中国特色社会主义理论”的提法，提出了用这个理论武装全党的战略任务，这就确立了这一理论在全党的指导地位。它标志着中国共产党对中国特色的社会主义建设和发展规律的认识达到了一个新高度，也表明这一理论本身已发展到完善阶段，走向成熟。

党的十四大报告对邓小平理论作出科学概括的同时也指出，这一理论还有其他许多内容，还要在研究新情况、解决新问题的过程中，在实践检验中继续丰富、完善和发展。这就明确说明：邓小平理论虽然已经形成科学体系，走向成熟，但这并不意味着这一理论就此终结，邓小平理论是开放的，它需要在新的实践中不断地给以丰富和发展。

（五）进一步发展、完善阶段——从 1992 年十四大以来乃至 1997 年

十四大后，全党全国人民迅速掀起了学习建设有中国特色社会主义理论的热潮，并提出“特色理论”“三进”（即进教材、进课堂、进头脑）任务，于是“特色理论”先后进入大学课堂，高校开设“特色理论”课，同时中共中央文献编辑委员会编辑出版了《邓小平文选》第三卷（人民出版社 1993 年版），推动了“特色理论”的学习。1993 年 11 月，江泽民在学习《邓小平文选》第三卷报告会上指出：“经过十二大、十三大到十四大，我们党又郑重地把邓小平建设有中国特色社会主义的理论写到了自己的旗帜上”，着“是我们发展社会主义事业的伟大旗帜，是我们民族振兴和发展的强大精神支柱”。

1997 年 2 月，邓小平逝世。中国共产党对邓小平给以高度评价，称他是中国改革开放的总设计师，建设有中国特色社会主义的创立者。1997 年 5 月江泽民在中央党校的讲话和 9 月党的十五大报告，又在此基础上对这个理论进行更全面更确切的评价，明确指出，邓小平理论是马克思主义在中国发展的新阶段，强调“旗帜问题至关重要”，要“用邓小平理论来指导我们整个事业和各项工作”。中共十五大把“邓小平理论”确定为党的指导思想并写入党章。1998 年 3 月，全国人大九届二次会议正式把邓小平理论作为国家的指导思想写入宪法。这是我们党和国家经过近 20 年改革开放和社会主义现代化建设的成功实践作出的历史性决策，对于建设有中国特色社会主义事业的生理发展，具有重大的现实意义和深远的历史意义。2002 年 11 月，中共召开十六大，大会报告的题目是《全面建设小康社会，开创中国特色社会主义事业新局面》。2007 年 10 月，中共召开十七大，大会报告的题目是《高举中国特色社会主义伟大旗帜，为夺取全面建设小康社会新胜利而奋斗》。这两次大会报告的题目如同前三次（十三大、十四大、十五大）大会报告的题目一样，都有“中国特色社会主义”字眼，这表明“邓小平理论”确实得到了全党全国人民的首肯，同时表明，邓小平理论是经得起历史考验的正确理论，这一理论将在今后的历史发展中不断地得到升华。

三、邓小平理论的科学体系

（一）社会主义的本质

十一届三中全会以后，邓小平总结多年来、特别是“文化大革命”中离开生产力抽象地谈论社会主义，把许多束缚生产力发展的并不具有社会主义本质属性的东西当作“社会主义原则”加以

固守，而把许多在社会主义条件下有利于生产力发展的东西当作“资本主义复辟”加以反对的沉痛教训，经过反复探索、深入思考，创造性地对社会主义本质进行了科学的概括，大大深化了党对社会主义基本问题的认识。

1.社会主义本质理论的提出

从 1978 年 12 月党的十一届三中全会到 20 世纪 80 年代中期以前，是邓小平重新思考社会主义基本问题，并开始否定传统社会主义观念的阶段。这一阶段，邓小平着重从发展生产力、发挥社会主义优越性的角度去揭示社会主义的本质特征。早在十一届三中全会召开前，他就指出：“我们是社会主义国家，社会主义制度优越性的根本表现，就是能够允许社会生产力以旧社会所没有的速度迅速发展，使人民不断增长的物质文化生活需要能够逐步得到满足。”[①]党的十一届三中全会后，邓小平更是一再强调，搞社会主义首先要使生产发展上去，使人民生活不断改善。20 世纪 80 年代初，针对当时党内外出现的对改革开放政策的一些困惑和不解，邓小平第一次提出了“社会主义本质”的概念。他指出：“社会主义是一个很好的名词，但是如果搞不好，不能正确理解，不能采取正确的政策，那就体现不出社会主义的本质。”[②]他强调，在什么是社会主义问题上也要解放思想，生产力水平低下，经济处于停滞状态，不能叫社会主义。“讲社会主义，首先就要使生产力发展，这是主要的。只有这样，才能表明社会主义的优越性。”[③]从社会主义优越性的实现要靠生产力的发展的意义上理解社会主义的本质，是真正坚持了马克思主义的观点，这为揭示社会主义本质提供了科学依据。

20 世纪 80 年代中期，是社会主义本质理论系统形成的阶段。这一阶段，邓小平从生产力和生产关系的统一中去认识社会主义的本质特征，明确提出了社会主义的根本原则。经济体制改革破除了许多“左”的观念和做法，有力地促进了生产力的发展，也引起了人们对社会主义的深入思考。邓小平强调指出：贫穷不是社会主义，社会主义要消灭贫穷。不发展生产力，不提高人民的生活水平，不能说是符合社会主义要求的。共产主义是建立在生产力高度发展的基础上的，不能有穷的共产主义，同样也不能有穷的社会主义。他还指出，社会主义与资本主义不同的特点就是共同富裕，不搞两极分化；社会主义的原则，第一是发展生产，第二是共同致富。为了发展生产力，实现共同富裕，邓小平强调要坚持公有制和按劳分配的主体地位。他认为，一个公有制占主体，一个共同富裕，这是我们所必须坚持的社会主义的根本原则。在这里，邓小平从马克思主义的基本原则、社会主义与共产主义发展的内在规律的角度，指明了社会主义的根本目标和任务。这就加深了对社会主义本质的认识。

20 世纪 80 年代末 90 年代初，改革开放面临严峻的考验，针对当时“姓社姓资”的争论，邓小平明确概括了社会主义本质的概念，这是社会主义本质理论确立的阶段。邓小平在视察南方的谈话中，对社会主义本质做出了明确概括：“社会主义的本质，是解放生产力，发展生产力，消灭剥削，消除两极分化，最终达到共同富裕。”[④]这一概括，言简意赅、内涵丰富，既指明了社会主义的根本任务、根本原则，又体现了社会主义的根本目的和价值标准，使党对社会主义的认识达到了一个新的水平。

---

① 邓小平文选(第 2 卷)[C].北京：人民出版社，1994，第 128 页

② 邓小平文选(第 2 卷)[C].北京：人民出版社，1994，第 313 页

③ 邓小平文选(第 2 卷)[C].北京：人民出版社，1994，第 314 页

④ 邓小平文选(第 3 卷)[C].北京：人民出版社，1993，第 364 页

2.社会主义本质的科学内涵

社会主义本质的内涵包括两个方面:一方面把解放生产力、发展生产力作为社会主义的根本任务,找到了体现社会主义本质、巩固和发展社会主义制度的基本途径;另一方面把消灭剥削、消除两极分化、最终达到共同富裕作为社会主义的根本目的,指明了社会主义与资本主义以及一切剥削社会的根本区别。它体现了社会主义的本质规定、制度选择与根本目的之间的统一,坚持和发展了科学社会主义基本原则,又使之具有中国特色。其丰富的理论内涵,可以从三个方面来理解:

(1)解放生产力,发展生产力

这是从生产力的角度回答"什么是社会主义"的问题,强调解放生产力、发展生产力对实现社会主义本质的极端重要性,体现了马克思主义唯物史观关于生产力与社会主义的密切关系的思想。每一个新的社会制度都会将解放和发展生产力作为社会发展的根本前提,因而人们往往将解放和发展生产力排除在社会制度属性之外。邓小平以唯物史观为指导,根据中国社会主义建设的具体实际,将"解放生产力,发展生产力"纳入社会主义本质之中。我国还处于社会主义初级阶段,人民群众日益增长的物质文化需要同落后的社会生产之间的矛盾要求我们集中精力发展生产力,提高人民生活水平,增强国家综合国力。邓小平突出"解放生产力、发展生产力"在社会主义本质中的首要地位,正是为了强调坚持以经济建设为中心,不断推进社会主义现代化建设,充分展示社会主义制度的优越性。

解放生产力和发展生产力相互联系,相互促进,二者不可分割。解放生产力为发展生产力创造前提条件。生产力要发展,首先要获得发展的条件,这就需要从根本上解决社会制度问题。社会主义制度取代资本主义制度,解放了被资本主义生产关系束缚的生产力,从而为社会主义生产力的发展提供了广阔的空间。社会主义基本制度确立以后,还要从根本上改变束缚生产力发展的经济体制,建立起充满生机和活力的社会主义经济体制,促进生产力的发展,这是改革,所以改革也是解放生产力。也就是说,在社会主义初级阶段,解放生产力的任务仍然存在,必须在实践中根据生产力发展的实际不断改革不适应生产力发展的体制、机制,解除对生产力发展的种种束缚。发展生产力是解放生产力的必然要求,解放生产力的目的说到底是为了发展生产力。

(2)消灭剥削,消除两极分化

这是从生产关系的角度回答"什么是社会主义"的问题,揭示了社会主义与资本主义以及其他一切剥削制度的根本区别。实现人的自由而全面的发展是共产主义的最终目的,社会主义则是实现这一最终目的的必经阶段。一方面,社会主义要解放和发展生产力,促进社会主义物质生产的极大发展,为共产主义的实现从而为人的自由、全面的发展提供物质基础;另一方面,社会主义要不断完善自身的生产关系,逐步消灭剥削,消除两极分化,使社会生产力发展的成果为全体人民所共享,从而为实现共产主义和人的全面发展提供制度基础。

我国还处于社会主义初级阶段,要逐步消灭剥削,就要坚持以公有制为主体、多种所有制经济共同发展的基本经济制度;要消除两极分化,就要坚持以按劳分配为主体、多种分配方式并存的分配制度,就是说,要走中国特色社会主义的发展道路。因此,邓小平一再强调,社会主义有两个非常重要的方面,一是以公有制为主体,二是不搞两极分化。

消灭剥削、消除两极分化不是静止地看待社会主义,而是将社会主义看作一个动态的过程,从生产力的发展水平和发展要求出发,从社会主义生产关系的具体目标上肯定公有制和按劳分配。在不断推进生产力发展的过程中，不断探索和寻找符合生产力发展的具体的公有制实现形式和分配方式，逐步消灭剥削、消除两极分化。现阶段，我国社会生产力的发展并不足以完全消灭剥削、消除两极分化，而且在一定程度上和一定范围内仍然存在剥削现象。这说明，不能脱离生产力发展的实际情况来空谈消灭剥削，消除两极分化。社会主义公有制的建立为消灭剥削和消除两极分化提供了制度性条件，但是只有当生产力获得充分发展时，才能为消灭剥削和消除两极分化提供物质基础。同时，消灭剥削、消除两极分化又为生产力的解放和发展提供了明确的方向和道路。社会主义生产力的发展不是为了别的什么，而是为了彻底消灭剥削、消除两极分化。

(3)最终达到共同富裕

这是从社会关系的角度来回答“什么是社会主义”的问题，共同富裕体现了社会主义的根本目的，揭示了社会主义与资本主义的本质区别。资本主义也追求富裕，但不是多数人的富裕，只是少数资产阶级的富裕，大多数人不能享受社会生产力发展的成果。社会主义发展生产的目的就是为了实现广大人民群众的共同富裕。发展中国特色社会主义，必须坚持以人为本，始终做到发展为了人民、发展依靠人民、发展成果由人民共享。坚持生产资料公有制和按劳分配，目的就是为了保证生产力发展的落脚点能够放在共同富裕上，同时也要以共同富裕为标准来检验是否坚持了社会主义的根本原则。

所谓共同富裕，并不是指全体人民的同步富裕，也不是要求全社会实现平均富裕。共同富裕需要经历一个发展过程，通过一部分有条件的地区和个人先富起来、然后帮助和带动其他地区和个人富裕起来，最终达到共同富裕。同时，在社会普遍比较富裕的前提下，承认地区与地区之间、人与人之间因为先天条件、自然环境以及个人能力等的不同而导致的差别。

3.社会主义本质理论的意义

社会主义本质理论是邓小平在探索中国特色社会主义建设过程中取得的重大理论成果，在中国特色社会主义理论体系中占有重要的地位，对中国特色社会主义建设具有重大的指导意义。

(1)突出了生产力的首要地位，把对社会主义的认识提高到了新的水平

历史唯物主义认为，生产力是社会发展的最终决定力量，生产力的状况决定生产关系的性质和发展。有什么样的生产力，就有什么样的生产关系。生产力和生产关系不能分割开来。邓小平坚持马克思主义唯物史观的基本观点，将“解放生产力，发展生产力”放在社会主义本质理论的突出位置，强调社会主义首先要解放生产力和发展生产力，不能脱离生产力来追求不切实际的公有化程度或者空泛、抽象地谈论生产关系先进与落后的问题。他提示人们只有在充分肯定生产力作用的基础上，对生产关系的认识或者变革才可能是适应历史发展趋势的。

邓小平在强调生产力对于社会主义的重要性的同时，并没有忽略生产关系的作用，他没有将公有制、按劳分配等生产关系的形式直接纳入社会主义本质的概括，而是从功能、作用、效果等方面提出社会主义要“消灭剥削、消除两极分化”。这实际上蕴涵了生产资料公有制、按劳分配等社会主义的特征，又为公有制、按劳分配的不同实现形式要以适应生产力发展为依据提供了理论空间。而共同富裕则是从社会主义根本目的层面上，将生产力的发展和生产关系的变革结合起来，明确了生产力发展以后的成果归人民享有，将社会主义社会与其他剥削社会区别开来，使得社会主义本质理论既扎根于唯物主义，又具有很强的实际操作性。

(2)为以后对社会主义的进一步探索树立了榜样，奠定了中国特色社会主义理论体系的理论基石

在探索社会主义本质问题过程中，邓小平一再强调要解放思想、实事求是。他认为，过去之

所以没有完全搞清楚什么是社会主义，主要就是脱离了中国社会的生产力发展状况，离开了中国社会主义所处的阶段来抽象地谈论社会主义。邓小平通过否定那些不符合社会主义本质的论断，不断解放思想、实事求是地从中国基本国情出发对“什么是社会主义”这个问题作了回答，从中概括出了社会主义本质理论。这种勇于实践、勇于创新、“敢于说老祖宗没有说过的话”的理论勇气和探索精神，极大地鼓舞了后来者继续探索中国特色社会主义理论，并最终形成了中国特色社会主义理论体系。

社会主义本质理论是中国特色社会主义建设的首要的基本理论问题。弄清楚了什么是社会主义，才能探索怎样建设社会主义，坚定不移地走中国特色社会主义的道路；才能在不断总结经验的基础上，逐步形成中国特色社会主义理论体系。

(3)为中国特色社会主义建设提供了重要理论指导

以往人们试图通过不断提高生产资料的公有化程度来推进社会主义的发展，忽视了生产力在社会主义建设中基础性的决定作用。社会主义本质理论不仅揭示了生产力和生产关系这一社会基本矛盾在社会主义建设中的具体体现，肯定了社会主义建设必须以生产力的解放和发展为基础，进而指明了实现社会主义的基本途径，更为重要的是，它揭示了中国特色社会主义的根本目的是使生产力发展的成果惠及全体人民，是实现全体人民的共同富裕。正是在社会主义本质理论的支持和指导之下，中国特色社会主义建设事业才取得了今天这样的伟大成就。

(二)社会主义的发展阶段

邓小平在对社会主义、对中国国情进行再认识的过程中，作出了“我国还处在社会主义初级阶段的科学论断，强调这是一个至少上百年的很长的历史阶段，制定一切方针政策都必须以这个基本国情为依据，不能脱离实际，超越阶段”[①]这一科学论断。不仅使具有中国特色社会主义的宏伟事业建立在坚实的科学分析基础上，而且极大地丰富和发展了马克思主义关于社会主义发展阶段的学说，使人们对社会主义社会发展规律和历史进程有了更加深刻的认识。

1. 十一届三中全会后社会主义初级阶段基本路线提出和形成的四次总结性概括

1978年12月召开的中共十一届三中全会，打破了个人崇拜和个人集权，充分恢复并发扬了党内民主，从实际出发批判了以阶级斗争为纲的“左”的路线所造成的严重危害，拨乱反正，正本清源，从而开始端正了党的思想路线、政治路线和组织路线。三中全会最早提出党在新时期的总任务是“把全党工作的着重点和全国人民的注意力转移到社会主义现代化建设上来”。要实现农业、工业、国防和科学技术的现代化，大幅度地提高生产力，就必然要求“正确改革”、“多方面地改适应的管理方式、活动方式和思维方式，因而是一场广泛、深刻的革命。”这是对新的政治路线、新的基本路线要点的最初表述。

1979年9月28日发表的十一届四中全会公报对党在新时期的总任务作出了新的概括。全会通过了全国人大委员长、中共中央副主席叶剑英于9月29日举行的庆祝国庆30周年大会上发表的重要讲话，其中按照四中全会的决定讲到了党在社会主义现代化建设新时期的总任务。邓小平于1980年1月16日在中共中央召集的干部会议上作的《目前的形势和任务》的报告中指出：“要有一条坚定不移的、贯彻始终的政治路线。”“这条路线我们已经制定出来了。叶剑英的国

① 十四大以来重要文献选编[C].北京：人民出版社，1996，第10－11页

庆讲话，这样表述我们的这个总任务，或者叫总路线：团结全国各族人民，调动一切积极因素，同心同德，鼓足干劲，力争上游，多快好省地建设现代化的社会主义强国。这是第一次比较完整地表述了我们现在的总路线。这就是当前最大的政治。总路线还不是最大的政治？这是一个长期的任务。”在这个表述中，虽然还采用了 1958 年提出的社会主义建设总路线中“鼓足干劲，力争上游，多快好省地建设社会主义”的说法，却在端正了指导思想、纠正了以阶级斗争为纲的基本路线的错误之后，这显然已具有新的含义和意义。在这个表述中，是以建设现代化的社会主义强国为中心，这与以往以阶级斗争为纲是针锋相对、截然相反的。在这个表述中，强调要团结各族人民，调动一切积极因素，同心同德搞建设，这与以往以阶级斗争为纲，在人民内部、在党内到处抓敌隋、抓阶级敌人是大不一样的。以往那种过“左”的做法，不但无法调动各种积极因素，而且把多种积极因素变为消极因素，使人民离心离德，互相猜疑，互不信任。总之，1979 年对新时期总路线第一次比较完整的表述，使全党全国人民的思想认识和实际行动摆脱了旧的以阶级斗争为纲的基本路线的束缚，达到了新水平，进入了新境界。

事隔半年多后，1980 年 6 月中共中央十一届六中全会一致通过了《中国共产党中央委员会关于建国以来党的若干历史问题的决议》，其中在总结了多方面的历史经验之后，指出我们党在新的历史时期的奋斗目标，就是要把我们的国家，逐步建设成为现代农业、现代工业、现代国防和现代科学技术的，具有高度民主和高度文明的社会主义强国。这可以说是十一届三中全会以来第二次对新时期党的总任务、总路线的新概括。在这个新概括中，第一，已不再采用“鼓足干劲、力争上游、多快好省”的旧提法，因为这种提法过于强调主观愿望和设想，容易导致忽视客观规律。1958—1959 年“大跃进”和 1977—1978 年“洋冒进”的教训深刻，记忆犹新。第二，不仅具体写明了早在 1954 年就提出的四个现代化的内容，而且把总结历史经验新提出的要建设高度物质文明和高度精神文明以及高度民主的目标加以明文规定。把“高度民主和高度文明”直接列入奋斗目标之中，这样就更为明确、更为丰富了。这样就使得我们对总任务、总路线的认识更为全面了。

1982 年 9 月召开的中国共产党第十二次全国代表大会，总结了十一届三中全会以来近四年社会主义现代化建设和社会主义体制改革的新经验，在理论上和路线上都有了新进展和新突破。邓小平在十二大开幕词中第一次明确提出了“建设有中国特色的社会主义”的相关概念的科学命题。大会报告和大会通过的新党章中明确规定，中国共产党在新的历史时期、在现阶段的总任务是：“团结全国各族人民，自力更生，艰苦奋斗，逐步实现工业、农业、国防和科学技术现代化，把我国建设成为高度文明、高度民主的社会主义国家。”这可以说是十一届三中全会之后第三次对总路线的更为完整的表述。在这个新表述中，第一，在四个现代化的顺序中，把“工业”调到“农业”之前。农业现代化本来理应依靠工业现代化，只能先由工业现代化带头，才能实现农业现代化。我国于 1954 年初次提出四个现代化的任务时，就是建设“现代化的工业”领先。只是到 60 年代初提出“农业是基础，工业是主导”的方针之后，才把“农业现代化”提到“工业现代化”之前去了。现在又重新加以理顺。第二，原先的提法是“高度民主和高度文明”，现在改变为“高度文明、高度民主”，这样更为顺理成章。因为民主的程度只能随着物质文明和精神文明的发展而逐步提高。当然，民主又会促进文明建设，把民主放在文明之前也是可以的。第三，强调了要“自力更生，艰苦奋斗”。

在 1982 年党的十二大提出的党的总任务、总路线的指引下，全面开创了我国社会主义现代化建设的新局面。随着实践的新发展，我们党对建设有中国特色社会主义的一些重大问题认识得比较深刻了。这样，到 1987 年 10 月召开党的十三大时，就有可能对整个社会主义初级阶段党的基本路线作出完整的、准确的表述。大会提出："在社会主义初级阶段，我们党建设有中国特色的社会主义的基本路线是：领导和团结全国各族人民，以经济建设为中心，坚持四项基本原则，坚持改革开放，自力更生，艰苦创业，为把我国建设成为富强、民主、文明的社会主义现代化国家而奋斗。这是十一届三中全会以后我们党对总路线的第四次新概括。

2.社会主义初级阶段基本路线提出的基本依据

邓小平理论是党制定社会主义初级阶段基本路线的理论依据。十一届三中全会以后，我们党遵循解放思想、实事求是的思想路线，深入总结历史的经验教训，在对社会主义再认识的过程中，逐步形成了中国特色社会主义理论即邓小平理论。这一理论集中反映了我们党对中国社会主义建设规律的认识，洋溢着鲜明的时代精神和民族精神，是我们党在新时期各项工作的根本指针，是中华民族振兴和发展的强大精神支柱。正是在邓小平理论的指导下，我们党形成了社会主义初级阶段的基本路线。同时，党的基本路线也是邓小平理论的集中体现，它反映了我们党对社会主义认识不断深化的新成果，是邓小平理论在现代化建设实践中的具体运用。

我国面临的国际环境是党制定社会主义初级阶段基本路线的客观依据。20 世纪 80 年代以后，国际形势发生了重大变化。冷战结束，世界向多极化发展，和平与发展成为世界的主题。尽管世界仍很不安宁，但国际形势总体趋向缓和，国际和平环境能保持较长时期。在国际关系中经济因素的作用明显增强，世界各国看好中国市场和经济发展前景。世界科技革命和产业结构调整的进程加快，亚太地区经济迅速发展。这就为我们集中力量进行经济建设，增强我国在国际上的回旋余地，提供了新的发展机遇。同时，在日趋激烈的国际经济竞争和综合国力较量中，我国面临着发达国家在经济与科技方面占优势的压力，面临着国际关系中霸权主义和强权政治的压力。机遇和挑战并存，总体上对我国经济建设和改革开放有利。这为我们党制定和坚持党的基本路线提供了可能性。

我国所处的历史发展阶段是党制定社会主义初级阶段基本路线的国情依据。我国还处于社会主义的初级阶段，这是我国的基本国情。一方面，我国已经进入社会主义社会，建立了社会主义制度。另一方面，由于我国的社会主义制度脱胎于半封建半殖民地社会，经过几十年的努力，虽然已经取得巨大成就，但与发达国家相比还存在相当大的差距。我国的社会生产力还不发达，社会主义生产关系和上层建筑还很不完善，我们的社会主义还处在初级阶段，它的发展将是一个相当长的历史时期。因此，要把我国建设成富强、民主、文明的社会主义现代化国家，必须以经济建设为中心，坚持改革开放，坚持四项基本原则。

3.社会主义初级阶段基本路线的基本内容

党在社会主义初级阶段基本路线文字很精练，但包括了丰富而深刻的内容。建设有中国特色的社会主义的基本路线的主要内容，可以分为以下六个部分。

(1)领导力量和依靠力量

领导力量和依靠力量，即中国共产党和全国各族人民。领导我们事业的核心力量是中国共产党。要建设有中国特色的社会主义，必须要有中国共产党的领导。这是由共产党的性质和中国共产党的特点所决定的。当今，中国共产党正在借鉴其他社会主义国家兴衰成败的经验教训，适应改革开放和现代化建设的需要，不断改善和加强对各方面工作的领导，改善和加强党的自身建设。我国各族人民是有团结一致、外御其侮、革故鼎新、艰苦创业的优良传统的。党必须而且能够依靠、团结各民族广大工人、农民、知识分子以及所有社会主义劳动者、拥护社会主义的爱国者和拥护祖国统一的爱国者，结成最广泛的统一战线，把他们的力量和智慧最大限度地调动起来，才能克服前进道路上的各种艰难险阻，并不断取得新的胜利。

(2)“一个中心”

即以经济建设为中心，党和国家的各项工作都要服从和服务于这个中心，这是党在社会主义初级阶段基本路线的核心内容。1978 年的十一届三中全会鲜明提出要把全党工作的着重点和全国人民的注意力转移到社会主义现代化建设上来。1980 年 1 月 16 日邓小平在《目前的形势和任务》的报告中更进一步强调指出：“现代化建设的任务是多方面的，各个方面需要综合平衡，不能单打一。但是说到最后，还是要把经济建设当作中心。离开了经济建设这个中心，就有丧失物质基础的危险。其他一切任务都要服从这个中心，围绕这个中心，决不能干扰它，冲击它。过去二十多年，我们在这方面的教训太沉痛了。”

(3)“坚持四项基本原则”

即坚持社会主义道路、坚持人民民主专政、坚持共产党的领导、坚持马列主义、毛泽东思想。邓小平于 1979 年 3 月 30 日在理论工作务虚会上强调指出：“我们要在中国实现四个现代化，必须在思想政治上坚持四项基本原则。这是实现四个现代化的根本前提。”[①]后来，小平又讲到：“坚持四项基本原则首先要求坚持社会主义，难道我们能够不坚持社会主义吗？不坚持社会主义，还有什么安定团结，还有什么社会主义的现代化？”[②]“坚持四项基本原则的核心，是坚持共产党的领导。没有共产党的领导，肯定会天下大乱，四分五裂。……资产阶级自由化的核心就是反对党的领导，而没有党的领导也就不会有社会主义制度。”[③]由于在世界范围内资本主义还有强大的势力，在对外开放的条件下，西方更是千方百计要对社会主义国家实行和平演变，国内总有极少数人想把西方资本主义制度照搬过来，因此旗帜鲜明地反对资产阶级自由化，始终坚持四项基本原则，将是长期的艰巨的任务。

(4)“坚持改革开放”

1978 年十一届三中全会公报就提出了要“对经济管理体制和经营管理方法着手认真的改革”，要“认真解决党政企不分、以党代政、以政代企的现象”、“正确改革同生产力迅速发展不相适应的生产关系和上层建筑。”从 1979 年起，我国的改革从农村发展到城市，从沿海发展到内地，从经济体制发展到政治体制、文化体制，从对内体制发展到对外体制。邓小平于 1984 年提出：“我们把改革当作一种革命，当然不是‘文化大革命’那样的革命。”[④]1985 年他进而指明：“改革是中国的第二次革命。”[⑤]这是因为从传统的指令性计划经济体制转变为现代化市场经济体制，从传统的党政不分、以党代政的政治体制转变为现代民主政治体制等等，都不是细枝末节的修补，而是改旧立新的根本性变革。1984 年他更进一步论证：“现在的世界是开放的世界。中国在历史上落后，就是因为闭关自守。”“搞建设关起门不行。”[⑥]“一个对外经济开放，一个对内经济搞活。

① 邓小平文选(第 2 卷)[C].北京：人民出版社，1994，第 164 页

② 邓小平文选(第 2 卷)[C].北京：人民出版社，1994，第 256 页

③ 邓小平文选(第 2 卷)[C].北京：人民出版社，1994，第 391 页

④ 邓小平文选(第 3 卷)[C].北京：人民出版社，1993，第 82 页

⑤ 邓小平文选(第 3 卷)[C].北京：人民出版社，1993，第 113 页

⑥ 邓小平文选(第 3 卷)[C].北京：人民出版社，1993，第 64—65 页

改革也就是搞活。对内搞活也就是对内开放,实际上都叫开放政策。对外是开放,对内也是开放。"[①]可以说,改革是对内体制的开放,开放则是对外体制的改革;对内对外都要改革开放。对外开放不仅是对西方资本主义国家,而且也对第三世界发展中国家和其他社会主义国家;不仅在经济方面,而且也在政治、文化方面。总之是全方位、多层次的对外开放,旨在博采世界文明之花,精酿社会主义之蜜。

(5)"自力更生,艰苦创业"

这是我们党的一个优良传统。我们是在一个人口众多的大国建设有中国特色社会主义,必须坚持独立自主、自力更生的方针。当今世界,国际分工很不合理,国际经济秩序很不公正,霸权主义和强权政治依然存在,一些大国倚仗经济技术优势损害别国利益,甚至干涉别国内政。"像中国这样大的国家搞建设,不靠自己不行,主要靠自己,这叫做自力更生。但是,在坚持自力更生的基础上,还需要对外开放,吸收外国的资金和技术来帮助我们发展。"[②]这就是说,在社会主义现代化建设中自力更生依然是我们基本方针的基点,整个方针依然是自力更生为主,争取外援为辅。对外开放,争取外援,最终也是为了达到更好的自力更生。要真正做到自力更生,就必须艰苦奋斗、艰苦创业。艰苦奋斗、艰苦创业是中华民族的传统美德,是几千年来中华民族历经变乱,终能复兴的精神所系。在毛泽东和邓小平的著作中,都多次讲到要"艰苦奋斗","要有一股艰苦奋斗的创业精神。中国搞四个现代化,要老老实实地艰苦创业。"

(6)富强、民主、文明三位一体的奋斗目标

这是一个完整的奋斗目标。体现了社会主义社会全面发展的要求。这里所提出的总目标已经不再具体写明工业、农业、科学技术和国防四个现代化,只概括写明"社会主义现代化"。这是因为四个现代化固然是社会主义现代化的主要内容,然而社会主义现代化的涵盖面更多、更广、更大。并且随着科技革命、产业革命、生产力革命、社会革命、政治革命、思想革命的发展,现代化的内容和要求因时而异,因地有别。19 世纪的现代化(如蒸汽化)与 20 世纪上半叶的现代化(如电气化)有所不同;20 世纪下半叶兴起新科技革命以来,现代化又具有了更新的内容,更高的要求(如信息化、智能化、全球化、国际化)。发达国家与发展中国家的现代化很不一样;资本主义现代化与社会主义现代化又有原则区别。我们的目标是在建设成为"社会主义现代化的国家"之前,还有"富强、民主、文明"三个定语,这是从经济、军事、政治、文化、思想、人民生活等多方面界定了我国社会主义现代化的具体内容。原先曾用过"高度民主和高度文明"的提法,后来考虑到在社会主义初级阶段要达到"高度"实非易事,所以就只提"民主"和"文明"。在我国这样底子单薄、人口众多、耕地缺少的国家,过去又多次犯过瞎指挥、高指标的错误,今后在预测发展目标时一定要从国情的实际出发,实事求是。这才是马克思主义者应有的求实、务实的态度。

建设有中国特色社会主义基本路线的六个要点,有着密切的内在联系,构成完整的统一整体,具有系统的科学性、操作的实践性和长期的效用性。在这六个要点中,最主要的是"一个中心"(以经济建设为中心)、"两个基本点"(坚持四项基本原则,坚持改革开放)。1992 年初邓小平谈话中有针对性地指出:"要坚持党的十一届三中全会以来的路线、方针、政策,关键是坚持'一个中心、两个基本点'。不坚持社会主义,不改革开放,不发展经济,不改善人民生活,只能是死路一条。"改革开放以来,我们的经济和科技发展这么快,社会面貌变化这么大,人民生活改善这么多,

---

① 邓小平文选(第 3 卷)[C].北京:人民出版社,1993,第 698 页

② 邓小平文选(第 3 卷)[C].北京:人民出版社,1993,第 78—79 页

全国焕然一新，举世刮目相看，这就足以证明十一届三中全会以来推行的基本路线和各项方针政策是完全正确的。

（三）社会主义的根本任务

1.社会主义根本任务的含义

历史唯物主义认为，生产力是一切社会发展和变革的决定性力量，是生产关系和上层建筑的基础。人类社会的发展是先进生产力不断取代落后生产力的历史过程，社会主义必须建立在发达生产力的基础上。社会主义的产生和发展，社会主义由一个阶段向另一个阶段的过渡，都是生产力发展的要求和结果。邓小平指出："社会主义阶段的最根本任务就是发展生产力，社会主义的优越性归根到底要体现在它的生产力比资本主义发展得更快一些、更高一些，并且在发展生产力的基础上不断改善人民的物质文化生活。"①邓小平以社会主义根本任务的理论为指导，提出了"发展才是硬道理"的著名论断，反复强调，中国解决所有问题的关键是要靠自己的发展，要抓住有利时机，加快改革开放步伐，加快发展，关键是发展经济。

1956年召开的中共八大，根据社会主义改造基本完成后我国社会结构和阶级关系的新变化，已经对国内主要矛盾和主要任务作出了基本正确的判断，但由于后来党在指导思想上发生"左"的错误，轻率地改变了这一判断，并最终形成"以阶级斗争为纲"的错误理论，因而未能很好地解决社会主义根本任务的问题。十一届三中全会以后，党和邓小平通过拨乱反正，重新确立并坚定了社会主义的根本任务是集中力量发展社会生产力的理念，形成了"发展才是硬道理""发展是解决中国一切问题的关键"等战略意识。

2.社会主义根本任务提出的意义

（1）符合马克思主义的基本原理，是巩固和发展社会主义制度的必然要求

人类社会存在和发展的基础是由物质生活资料的生产所构成的，社会的结构、性质和面貌，归根结底取决于生产力的发展状况。邓小平提出的"发展才是硬道理"的著名论断，充分肯定了社会主义的根本任务是发展生产力的基本观点。他认为，我们讲社会主义是共产主义的初级阶段，共产主义的高级阶段要实行各尽所能、按需分配，这就要求社会生产力高度发展，社会物质财富极大丰富。所以社会主义阶段的最根本任务就是发展生产力。他还指出，社会主义的优越性，归根到底是要大幅度发展社会生产力，逐步改善、提高人民的物质生活和精神生活。只有生产力发展了，才能提高人民的生活水平，实现社会安定，为社会主义民主政治建设、精神文明建设及和谐社会建设创造物质条件，从根本上巩固社会主义制度。只有社会主义的发展，才能使不相信社会主义的人逐步相信社会主义，使相信社会主义的人进一步坚信社会主义。

（2）是对社会主义建设历史经验的深刻总结

十月革命之后，社会主义制度曾经极大地解放了被资本主义生产关系束缚的生产力，迅速实现了苏联国家工业化，增强了其综合国力，提高了其国际地位，为反法西斯战争的胜利奠定了物质基础，促进了社会主义运动的蓬勃发展。但由于后来形成的"斯大林模式"导致体制僵化，束缚了生产力的发展，人民生活水平没有得到很大的提高，加之其他复杂的原因，最终导致苏联解体。这警示我们，社会主义制度建立以后，必须以经济建设为中心，仍然要不断解放和发展生产力。

---

① 邓小平文选(第3卷)[C].北京：人民出版社，1993，第63页

(3)适应了当今世界时代发展的需要

当今世界,和平与发展是两大战略问题,国与国之间的竞争是以经济实力为基础的综合国力的竞争。我国面临着发达资本主义国家的竞争压力与经济全球化快速发展的严峻挑战,只有大力发展生产力,才能实现经济社会的现代化,体现社会主义的优越性。社会主义中国属于发展中国家,是维护世界和平的主要力量,在维护世界和平问题上有着重要的地位。中国的发展对世界和平与稳定有着重要的意义,中国越发展,世界和平力量越强大,对世界和平就越有利。中国的发展不仅对世界和平与稳定具有重要影响,而且对世界发展问题的解决有着重要意义。

(四)社会主义市场经济理论

传统社会主义理论认为,计划经济和市场经济是属于社会制度的范畴,计划经济是社会主义社会的本质属性,市场经济是资本主义社会的本质属性。改革开放以后,我国是继续搞计划经济还是实行社会主义市场经济,理论上经历了较长时间的探索和争论。早在 1979 年,邓小平就提出了"社会主义也可以搞市场经济"的观点。邓小平明确区分了"资本主义的市场经济"和"社会主义的市场经济",他指出:"说市场经济只存在于资本主义社会,只有资本主义的市场经济,这肯定是不正确的。社会主义为什么不可以搞市场经济,这个不能说是资本主义"①。邓小平在"南方谈话"中进一步提出了"两个不等于"的思想,他说:"计划多一点还是市场多一点,不是社会主义与资本主义的本质区别,计划经济不等于社会主义,资本主义也有计划;市场经济不等于资本主义,社会主义也有市场。计划和市场都是经济手段"。② 邓小平社会主义市场经济理论的论断,科学地揭示了中国特色社会主义经济建设规律,它不仅解决了社会主义制度下有效发展生产力的基本途径问题,而且更重要的是为建构新型的社会主义经济制度和经济形态指明了发展方向,提供了理论指南。

(五)社会主义改革开放理论

改革开放是社会主义经济发展的动力和根本途径。邓小平强调,为了更快更好地发展生产力,必须对我国经济体制进行根本改革,不改革就没有出路。他指出:"改革是中国的第二次革命","改革也是解放生产力。"改革是社会主义制度的自我完善和发展。并提出一整套科学的改革思想理论和方案策略,要求进行全面系统的改革,包括科技、教育等体制改革。强调改革必须解放思想、实事求是,胆子要大,步子要稳。邓小平坚持对外开放,他指出:对外开放是建设中国特色社会主义的一项基本国策,是改革和建设必不可少的。经验证明,关起门来搞建设是不能成功的,中国的发展离不开世界。他说"社会主义要赢得与资本主义相比较的优势,就必须大胆吸收和借鉴人类社会创造的一切文明成果,吸收和借鉴当今世界各国包括资本主义发达国家的一切反映现代社会化生产规律的先进经营方式、管理方法。"他把开放和改革作为决定中国社会主义命运和国家前途的根本大计,揭示了改革开放的必然性,同时指出在改革开放中,必须坚持独立自主,坚持四项基本原则。邓小平社会主义改革开放思想创造性地回答了依靠什么动力建设社会主义这一重大问题。改革开放是决定中国社会主义命运的重大决策,它的作用不仅在于解决当前经济和社会发展中的一些重大问题,推进社会生产力的解放和发展,而且还为我国经济社

---

① 邓小平文选(第 2 卷)[C].北京:人民出版社,1994,第 236 页

② 邓小平文选(第 3 卷)[C].北京:人民出版社,1993,第 373 页

会的持续发展和国家的长治久安打下了坚实的基础。

（六）社会主义民主法制理论

邓小平谈到民主时，大都同法制相提并论，而且把二者有机结合在一起。他多次反复指出："社会主义民主和社会主义法制是不可分的""是同社会主义法制相辅相成的"[①]，"民主要坚持下去，法制要坚持下去。这好像两只手，任何一只手削弱都不行"[②]。他更加强调民主和法制的地位和作用。他认为，社会主义民主是建立完善社会主义法制的前提和基础，没有民主，社会主义法制就失去依靠；社会主义法制是建设社会主义民主的有力保障，只有法制才能使民主权利得以巩固和体现。并反复提出："没有民主就没有社会主义，就没有社会主义的现代化。"[③]十一届三中全会以后，邓小平针对"文化大革命"时期我国法制建设遭受严重破坏以及改革开放出现的新情况，十分强调和重视法制建设。他指出："要继续发展社会主义民主，健全社会主义法制。这是三中全会以来中央坚定不移的基本方针，今后也决不允许有任何动摇。我们的民主制度还有不完善的地方，要制定一系列的法律、法令和条例，使民主制度化和法律化。"[④]制度问题更带有全局性、稳定性和长期性。要加强民主就要加强法制。没有广泛的民主不行，没有健全的法制也不行。加强民主法制建设，必须积极稳妥地推进政治体制改革。政治体制改革的总目标是充分发展社会主义民主，调动广大人民的积极性，不断完善和巩固社会主义基本政治制度。邓小平关于民主法制建设的重要思想，是中国特色社会主义建设理论的重要组成部分。

（七）社会主义精神文明理论

邓小平在领导开辟建设中国特色社会主义道路的过程中，根据新的历史条件，创造性地阐述了关于社会主义精神文明建设的思想。他指出，社会主义精神文明是社会主义社会的重要特征，要在建设高度物质文明的同时，建设高度的社会主义精神文明；物质文明和精神文明都搞好，才是有中国特色的社会主义；要一手抓物质文明，一手抓精神文明，"两手抓，两手都要硬"；他反复强调，我们要建设的社会主义国家，不但要有高度的物质文明，而且要有高度的精神文明。不仅经济要上去，社会秩序、社会风气也要搞好，两个文明都要超过资本主义，这才是有中国特色的社会主义。社会主义精神文明建设的核心内容是提高人的全面素质，培养和造就有理想、有道德、有文化、有纪律的社会主义新人。加强社会主义精神文明建设，关键在干教育和科学。

（八）党的建设理论

邓小平把马克思主义党的学说与执政、改革开放和现代化建设条件下党的建设的实际结合起来，形成了邓小平党建理论，极大地丰富了马克思主义党的学说的理论宝库，为新时期中国共产党的自身建设指明了正确的方向和道路。在改革开放之初邓小平就提出了"执政党应该是一个什么样的党，执政党的党员应该怎样才合格，党怎样才叫善于领导"的问题，强调要把党建设成为有战斗力的马克思主义政党，成为领导人民进行社会主义物质文明建设和精神文明建设的坚

---

① 邓小平文选(第 3 卷)[C].北京：人民出版社，1993，第 294 页

② 邓小平文选(第 2 卷)[C].北京：人民出版社，1994，第 189 页

③ 邓小平文选(第 2 卷)[C].北京：人民出版社，1994，第 168 页

④ 邓小平文选(第 2 卷)[C].北京：人民出版社，1994，第 359 页

强核心。围绕这个目标,邓小平对在改革开放中加强和改进党的建设提出了一系列重要新思想。十一届三中全会以后,中国共产党实现了工作重心的转移,对内改革,对外开放。进行现代化建设,这是前无古人的事业,新的任务给党的领导提出了新的更高要求。邓小平在领导中国第二次伟大革命的进程中,把搞好党的建设称为"新的伟大工程"。他曾经指出:"一个国家的革命,核心问题是党,有了一个好党才能引导革命走向胜利。革命胜利后,搞社会主义也要靠一个好党,否则胜利就靠不住。"①经历十年动乱之后,党的组织力战斗力受到严重破坏,党内思想僵化、作风不正的现象非常严重,这影响了党在人民群众中的威信。必须加强党的建设,改变这种状况。邓小平曾指出:"党和国家现行的一些具体制度中,还存在不少的弊端,妨碍甚至严重妨碍社会主义优越性的发挥。如不认真改革,就很难适应现代化建设的迫切需要,我们就要严重地脱离广大群众。"②针对国内一些人鼓吹资产阶级自由化,否定四项基本原则,否定中国共产党的领导等问题,邓小平总结国内外经验,强调"中国的事情能不能办好,社会主义和改革开放能不能坚持,经济能不能快一点发展起来,国家能不能长治久安,从一定意义上说,关键在人"③,"关键是我们共产党内部要搞好"。随着党的工作重心的转移,需要进一步明确党在现代化建设中的中心地位和作用。邓小平明确指出:"把中国共产党建设成为有战斗力的马克思主义政党,成为领导全国人民进行社会主义物质文明和精神文明建设的坚强核心。"④

(九)"一国两制"和祖国和平统一理论

早在十一届三中全会召开前,邓小平就阐述了解决台湾问题要尊重台湾现实的思想。1982年1月10日,邓小平在接见来华访问的美国华人协会主席李耀基时说:"在实现国家统一的前提下,国家的主体实行社会主义制度,台湾实行资本主义制度。"在这次谈话中,邓小平第一次正式提出了"一个国家、两种制度"的概念。1984年,邓小平又先后提出了有关"一国两制"的许多重要思想,其中主要包括:第一,"一国两制"的主体是社会主义,在台港澳地区实行资本主义。他指出,"'一国两制'除了资本主义,还有社会主义,就是中国的主体、十亿人口的地区坚定不移地实行社会主义。……这是个前提,没有这个前提不行。在这个前提下,可以容许在自己身边,在小地区和小范围内实行资本主义。我们相信,在小范围内容许资本主义存在,更有利于发展社会主义。"第二,"一国两制"方针长期不变。邓小平多次阐明相关政策:"一个国家、两种制度。"我们已经讲了很多次了,全国人民代表大会已经通过了这个政策。有人担心这个政策会不会变,我说不会变。"第三,用"一国两制"办法解决中国统一问题也是一种和平共处。邓小平创造性地把列宁提出的和平共处原则运用到解决国家统一问题上来。他认为:"根据中国自己的实践,我们提出'一个国家、两种制度'的办法来解决中国的统一问题,这也是一种和平共处。"指出"和平共处的原则不仅在处理国际关系问题上,而且在一个国家处理自己内政问题上,也是一个好办法。"第四,强调全力支持香港、澳门特别行政区政府依法施政;提出在一个中国原则基础上协商正式结束两岸敌对状态,达成和平协议。"一国两制"理论创造性地运用和发展了马克思主义的国家学说;丰富了马克思主义原则的坚定性与策略的灵活性相统一的原则;并把马克思主义的统一战线

① 邓小平文选(第1卷)[C].北京:人民出版社,1994,第348页

② 邓小平文选(第2卷)[C].北京:人民出版社,1994,第327页

③ 邓小平文选(第3卷)[C].北京:人民出版社,1993,第380页

④ 邓小平文选(第3卷)[C].北京:人民出版社,1993,第39页

理论发展到一个新的高度。

四、邓小平理论对马克思主义的贡献

邓小平理论对马克思主义的伟大贡献在于继承和发展了马克思主义，赋予社会主义新的强大生命力，正确指引中国特色社会主义胜利前进；其科学体系的理论创新把马克思主义在新的历史时期发展到一个崭新的水平，丰富了马克思主义宝库。

（一）邓小平理论对毛泽东思想的继承和发展

邓小平带领中国共产党实现了历史的承前启后，推动了当代中国在社会主义道路上继续前进，邓小平理论与毛泽东思想一脉相承、密不可分。

1. 邓小平理论对毛泽东思想的继承

首先，客观公正地对毛泽东作出了评论，全面完整、准确地继承了毛泽东思想的科学体系。在历史的转折关头，邓小平排除了“左”右两种干扰，坚定不移地高举毛泽东思想的旗帜，捍卫了毛泽东思想的旗帜。邓小平不止一次地告诫全党和全国人民：“毛泽东思想这个旗帜丢不得，丢掉了这个旗帜，实际上就是否定我们党的光辉历史，不仅今天，而且今后，我们都要高举毛泽东思想的旗帜。”在邓小平提出的四项基本原则这一立国之本中，重要的一项就是坚持马列主义、毛泽东思想。

其次，继承了毛泽东倡导的“实事求是”的思想路线。《邓小平文选》就如《毛泽东选集》的续篇，翻阅这两部巨著可以清楚地看到。这两位伟人观察社会、分析矛盾、解决问题的立场、观点、方法是一致的。毛泽东关于“走自己的路”的思想，关于党的建设的思想，关于培养接班人的思想，关于加强思想政治工作的思想，关于统一战线的思想，关于社会主义经济建设的思想，在邓小平的理论体系中都有具体的阐述。两位革命家的思想相映生辉，相得益彰。在邓小平的理论体系中可以明显看出毛泽东思想在改革开放和经济建设的伟大实践中不断得到丰富和发展的轨迹；可以看出邓小平对毛泽东思想的潜心研究和独特见解。实事求是，一切从实际出发，是毛泽东思想的精髓，是中国革命和建设取得胜利的根本法宝，也是建设有中国特色社会主义的理论基石。正是在邓小平的倡导下，党的十一届三中全会之后，重新恢复了实事求是的思想路线，实行了一系列的改革开放政策。这一系列改革开放政策给我国的经济建设注入了生机和活力，使国民经济得到了迅速发展。作为中国改革开放的总设计师，邓小平从中国的国情出发，为改革勾画了宏伟蓝图，制定了行动纲领。他以自己的理论和实践进一步丰富和发展了毛泽东思想。

最后，对毛泽东曾经提出过的、正确的，但在后来实践中未能得到较好贯彻的思想作了比较系统的阐述，重申某些重要观点。关于社会主义经济建设思想是毛泽东思想的重要组成部分。在革命战争年代，毛泽东就在考虑战后的经济建设问题。在延安时期所作的《论联合政府》报告已经形成了毛泽东的工业化构想。他在同美军观察组成员谢伟思的谈话中多次表示：“中国必须工业化。在中国工业化只能通过自由企业和外国资本的帮助才能做到。”“中国战后最大需要是发展经济。”在建国前夕的七届二中全会上，毛泽东提出：“从我们接管城市的第一天起，我们的眼睛就要向着这个城市的生产事业的恢复和发展。务必避免盲目地乱抓乱碰，把中心任务忘记了。”他强调城市的各项工作，“都是围绕着生产建设这一个中心并为这个中心服务的”。在社会主义改造完成之后,毛泽东提出,我们现在已进入了一个“钻社会主义工业化,钻社会主义改造,钻现代化国防,并且开始要钻原子能这样的历史的新时期”,并提出了“社会主义革命的目的是为了解放生产力”这一论断。此后,毛泽东发表了《论十大关系》的讲话,提出了要调动国内外一切积极因素,为社会主义事业服务的基本方针。所有这些,在邓小平理论当中都有所体现。

2.邓小平对毛泽东思想的一系列重大发展和创新

第一,邓小平明确提出“革命和建设都要走自己的路”的思想,作为毛泽东提出的“马克思列宁主义的普遍真理同中国的具体实际相结合”的出发点、立足点以及努力的目标,这就充分表明了马克思主义中国化的必要性极其重大的理论意义和实践价值。

第二,邓小平提出了一个全新的概念——“有中国特色的社会主义”,这不仅是社会主义现代化建设的新时期马克思主义与中国改革开放的伟大实践相结合的理论成果,而且是在新的历史条件下马克思主义中国化的一个重要标志。

第三,邓小平不仅把实事求是作为马克思主义理论与中国实际的最佳结合点,而且把实事求是确立为党的思想路线。

第四,在新的历史条件下,邓小平在解决马克思主义普遍真理和中国建设实践相结合时,着重回答了“什么是马克思主义”的问题。

第五,邓小平不仅提出和回答了“什么是马克思主义”的问题,而且特别提出并回答了“什么是毛泽东思想”的问题。

第六,在如何认识当代中国国情、如何把马克思主义同当代中国改革开放与社会主义现代化建设的实践结合的问题上,邓小平创造性地做出了思想和理论的突出贡献。

第七,邓小平对马克思主义中国化的新贡献,还体现在他不仅解决了马克思主义和当代中国实践的结合,还解决了马克思主义与时代特征、时代精神、时代变化相结合的问题。邓小平理论因而成为马克思主义同当代中国实践和时代特征相结合的马克思主义。

(二)邓小平理论对马克思主义的伟大创新

马克思主义之所以是科学,就在于它始终严格地以事实为依据。而客观事物总是在不停地运动、变化和发展着。因此,马克思主义要保持强大的生命力,就必须随着实际生活的发展不断地发展,不断地创新。邓小平理论所要解决的问题,是面临苏联社会主义模式的失败,经历“文化大革命”浩劫之后,中国何去何从的问题;是中国要坚持社会主义,用什么理论来指引的问题。邓小平理论根据时代特征、中国实际,继承和发展了马克思主义,用创新的马克思主义理论,很好地解决了上述问题。

1.把解放思想与实事求是一起作为党的思想路线,是马克思主义理论上的升华

党的十一届三中全会以后,邓小平提出了新时期党的思想路线——解放思想,实事求是;突出地反映了邓小平独立的世界观、方法论。邓小平在毛泽东实事求是的基础上,更强调解放思想,他认为不解放思想,墨守成规,不换脑筋,就不可能在千变万化的现实斗争中实事求是。他认为:“解放思想,就是使思想和实际相符合,使主观和客观相符合,就是实事求是”。解放思想是人类对世界和自身所持有的一种积极进取的精神状态。解放思想的核心和灵魂,是不做习惯势力和主观偏见的奴隶,不断地去研究现实中出现的新情况,不断地解决实践中出现的新问题。正确的行动需要先进的理论指导,而思想解放是理论进步的先导,任何理论变革和创新无不以思想观

念的解放为前提。

正是因为有了解放思想、实事求是这样一条思想路线，我党才能坚持实践是检验真理的唯一标准，才能从“对毛主席的无限崇拜”中走出来，批判了“两个凡是”论、“超阶段论”，拨乱反正；正是因为有了这样一条思想路线，中国共产党人才有可能跳出过去对社会主义理论表述的框框，大胆探索社会主义本质，大胆实践中国特色社会主义道路；正是坚持了这条思想路线，我党才解决了关系党和国家命运前途的一系列重大课题，发展和创新了马克思主义。因此，解放思想、实事求是为我党与时俱进，创立适合我国社会主义初级阶段的中国当代的马克思主义——邓小平理论，提供了坚实的思想基础，是马克思主义在理论上的升华。

2.邓小平理论深刻地揭示了社会主义本质，把对社会主义的认识提高到新的科学水平

“什么是社会主义，怎样建设社会主义”，这是进行社会主义革命和建设需要解决的根本问题。苏联社会主义模式的失败，我国社会主义在改革开放前所经历的曲折和失误，改革开放以来在前进中遇到的一些困惑，归根到底都在于对这个问题没有完全搞清楚。

邓小平总结了多年来在社会主义问题上出现的失误和曲折的历史教训，根据我国处于社会主义初级阶段的基本国情，提出了著名的社会主义本质论：社会主义的本质，是解放生产力，发展生产力，消灭剥削，消除两极分化，最终达到共同富裕。这一科学概括，强调社会主义的根本任务是解放生产力和发展生产力；强调社会主义必须坚持公有制经济为主体；强调社会主义的目的是全体人民共同富裕。邓小平关于社会主义本质的概括，纠正了过去关于社会主义的种种错误观念，发展和创新了社会主义理论，并使中国的社会主义事业走上了快速健康持续发展的正确道路，是对科学社会主义的重大发展，对世界社会主义运动具有重要的指导意义。

3.提出了和平与发展是当代世界两大主题，必须抓住机遇，坚持发展是硬道理的论断

邓小平指出：“当前世界上主要有两个问题，一个是和平问题，一个是发展问题，”邓小平对当今时代总的特征和主流趋势作出的这一新的科学判断，是我党正确认识和把握当今世界形势发展变化的基本点。邓小平指出，我们必须争取创造和充分利用和平的国际环境，抓住机遇，千方百计发展自己，发展才是硬道理。正是基于以上认识，我们党才能无论在国际国内局势发生什么变化都始终能把握大局，正确应对，才能始终坚持党的基本路线，坚持经济建设这条主线，坚持改革开放，把发展生产力作为执政党的第一要务，保证了中国特色社会主义实践的顺利实施。

五、邓小平理论的历史地位

十五大把邓小平理论作为党的指导思想，写入党章，指出在当代中国，只有这个理论而没有别的理论能够解决社会主义的前途和命运问题，它是中国共产党的行动指南，从而确立了邓小平理论不可替代的历史地位和划时代意义。

（一）马克思主义在中国发展的新阶段

党的十五大指出：实践证明，作为毛泽东思想的继承和发展的邓小平理论，是指导中国人民在改革开放中胜利实现社会主义现代化的正确理论。在当代中国，只有把马克思主义同当代中国实践和时代特征结合起来的邓小平理论，而没有别的理论能够解决社会主义前途和命运问题。邓小平理论是当代中国的马克思主义，是马克思主义在中国发展的新阶段。

第一，邓小平理论坚持解放思想、实事求是，在新的基础上继承前人又突破陈规，开拓了马克思主义的新境界。实事求是是马克思列宁主义的精髓，是毛泽东思想的精髓，也是邓小平理论的精髓。1978 年邓小平《解放思想，实事求是，团结一致向前看》这篇讲话，是在“文化大革命”结束后，中国面临向何处去的重大历史关头，冲破“两个凡是”的禁锢，开辟新时期新道路、开创建设有中国特色社会主义新理论的宣言书。1992 年邓小平南方谈话，是在国际国内政治风波严峻考验的重大历史关头，坚持十一届三中全会以来的理论和路线，深刻回答长期束缚人们思想的许多重大认识问题，把改革开放和现代化建设推进到新阶段的又一个解放思想、实事求是的宣言书。在走向新世纪的新形势下，面对许多我们从来没有遇到过的艰巨课题，邓小平理论要求我们增强和提高解放思想、实事求是的坚定性和自觉性，一切以是否有利于发展社会主义社会的生产力、有利于增强社会主义国家的综合国力、有利于提高人民的生活水平这“三个有利于”为根本判断标准，不断开拓我们事业的新局面。

第二，邓小平理论坚持科学社会主义理论和实践的基本成果，抓住“什么是社会主义、怎样建设社会主义”这个根本问题，深刻地揭示了社会主义的本质，把对社会主义的认识提高到新的科学水平。新时期的思想解放，关键就是在这个问题上的思想解放。我国社会主义在改革开放前所经历的曲折和失误，改革开放以来在前进中遇到的一些困惑，归根到底都在于对这个问题没有完全搞清楚。拨乱反正，全面改革，近 20 年的历史转变，就是逐渐搞清楚这个根本问题的进程。这个进程，还将在今后的实践中继续下去。

第三，邓小平理论坚持用马克思主义的宽广眼界观察世界，对当今时代特征和总体国际形势，对世界上其他社会主义国家的成败，发展中国家谋求发展的得失，发达国家发展的态势和矛盾，科学技术进步对经济社会生活的深刻影响等，进行正确分析，作出了新的科学判断。邓小平理论正是根据这种新的观点来认识、继承和发展马克思主义，强调只有这样才是真正的马克思主义，墨守成规只能导致落后甚至失败。这是邓小平理论鲜明的时代精神。

第四，邓小平理论形成了新的建设有中国特色社会主义理论的科学体系。它是在和平与发展成为时代主题的历史条件下，在我国改革开放和现代化建设的实践中，在总结我国社会主义胜利和挫折的历史经验，并借鉴其他社会主义国家兴衰成败历史经验的基础上，逐步形成和发展起来的。因此，在当代中国，马克思列宁主义、毛泽东思想、邓小平理论，是一脉相承的统一的科学体系。坚持邓小平理论，就是真正坚持马克思列宁主义、毛泽东思想；高举邓小平理论的旗帜，就是真正高举马克思列宁主义、毛泽东思想的旗帜。

（二）中国特色社会主义理论体系的本源

中国特色社会主义理论体系，就是包括邓小平理论、“三个代表”重要思想以及科学发展观等重大战略思想在内的科学理论体系。这一理论体系是马克思主义中国化的最新成果。邓小平理论对中国特色社会主义理论体系的形成做出了开创性的贡献。

首先，“中国特色社会主义”的科学概念最初源于邓小平。“走自己的道路，建设有中国特色的社会主义”。这是邓小平在 1982 年十二大的开幕词中首次宣布的。从此“建设有中国特色的社会主义”成为改革开放 30 多年来高擎的旗帜、开辟的道路、形成的理论等的专有指代。尽管十四大和十六大先后对“建设有中国特色的社会主义”的表述有所修饰，删去了词组中的“的”、“建设”和“有”几个字，但这是简化词语，无碍本意，无关大局，基本含义没变。十七大提出的“中国特色社会主义理论体系”就是由“建设有中国特色的社会主义”演变而来，后者是前者的初始表述。

其次，邓小平理论是中国特色社会主义理论体系的本源理论。在十二大提出“建设有中国特色的社会主义”后，十三大报告对十一届三中全会以来形成的一系列新的理论观点作概括时，已使用“建设有中国特色的社会主义理论”的概念。十四大报告对这个理论作进一步总结时，明确冠以“邓小平”名字，称之为“邓小平建设有中国特色社会主义理论”。十五大报告讲我们党实现两次历史性飞跃，产生两大理论成果时，对第二次飞跃理论成果的表述，就是“建设有中国特色社会主义理论”。同时指出，由于它的主要创立者是邓小平，我们党把它称为邓小平理论”。这就是说，中国特色社会主义理论与邓小平理论在那时是等同的。十六大在继续肯定邓小平理论为党的指导思想的同时，将“三个代表”重要思想提升为指导思想，并指出它是邓小平理论的继承与发展。这样，邓小平理论的本源性开始显现。十七大报告一方面对科学发展观作了最新定位，指出它是与邓小平理论和“三个代表”重要思想既一脉相承又与时俱进的科学理论；另一方面又将改革开放以来作为指导思想的创新理论加以整合，统称为“中国特色社会主义理论体系”。它包括邓小平理论、“三个代表”重要思想以及科学发展观等重大战略思想。这是对马克思主义中国化第二次历史性飞跃的理论成果的高度概括，也是一个有长远眼光的、富于开放性的新思想。

最后，邓小平理论与“三个代表”重要思想以及科学发展观等重大战略思想的原创与传承关系。邓小平理论与“三个代表”重要思想和科学发展观，都属于马克思主义中国化第二次飞跃过程中的理论成果。从理论渊源关系看，邓小平理论与它们之间是原创与发展的关系。十七大报告指出：“改革开放伟大事业，是以邓小平为核心的党的第二代中央领导集体带领全党全国各族人民开创的。”邓小平理论吹响建设中国特色社会主义的时代号角，指引全党全国各族人民在改革开放的伟大征程上阔步前进。

改革开放伟大事业，是以江泽民为核心的党的第三代中央领导集体带领全党全国各族人民继承、发展并成功推向21世纪的。这一代中央领导集体，高举邓小平理论伟大旗帜，与时俱进，“创立‘三个代表’重要思想，继续引领改革开放的航船沿着正确方向破浪前进。”

新时期以来，我们以邓小平理论和“三个代表”重要思想为指导，坚持理论创新和实践创新，在全面建成小康社会实践中坚定不移地把改革开放伟大事业继续推向前进。

这三段话充分说明邓小平理论、“三个代表”重要思想以及科学发展观等重大战略思想之间的原创性与传承性关系。它们在历史发展不同阶段，根据实践的需要，解决的主要问题有所侧重，因而形成的理论形态，既一以贯之、承前继往，又与时俱进、启后开来。胡锦涛指出：改革开放以来，我们党始终坚持马克思主义的思想路线，不断探索和回答什么是社会主义、怎样建设社会主义，建设什么样的党、怎样建设党，实现什么样的发展、怎样发展等重大理论和实际问题，不断推进马克思主义中国化。就回答上述三大问题的一以贯之而言，坚持和丰富了党的基本理论、基本路线、基本纲领、基本经验，因而形成中国特色社会主义理论体系。但就上述三大问题本身来看，既是与时俱进的关系，又是前后递进的关系。只有前面的问题基本解决了，才有可能主要解决后面凸显的问题。因此，主要回答上述三大问题形成的三个理论形态，具有原创性与传承性关系。

（三）世界社会主义模式多样化的成功探索

自从1943年共产国际在完成了历史使命而自行解散以来，国际共产主义运动就改变了组织方式和斗争方式。自此，各国社会主义事业也就完全由本国工人阶级及其政党，独立自主地运用马克思列宁主义基本原理，结合本国实际和时代特征，团结和领导本国人民去不断探索、争取本国革命的进展和胜利。在新的历史时期,我们党也据此制定了同各国兄弟共产党、工人阶级政党发展关系所必须遵循的四条原则,即独立自主,完全平等,互相尊重,互不干涉内部事务。国际工人阶级团结奋斗方式的这种改变,是各国工人阶级政党在政治上趋于成熟的表现和必然要求。

面对国内外形势的深刻变化,全党和全国人民根据邓小平提出的“韬光养晦”和“有所作为”的方针,在国际事务中始终坚持奉行独立自主的和平外交政策,在团结世界人民反对霸权主义、强权政治,维护世界和平,谋求共同发展的同时,既不允许别人干涉中国的内政,中国也决不干预别国内政。邓小平说过,“别人的事情我们管不了”,我们要“埋头实干,做好一件事,我们自己的事”。也就是要集中精力实行改革开放,搞好现代化建设,不断推进中国特色社会主义事业。但是,这决不意味着邓小平理论及其开创的中国特色社会主义事业没有国际意义。随着中国特色社会主义事业不断发展,邓小平理论在世界社会主义运动中的地位和影响也就与日俱增。

第一,当今中国在建设中国特色社会主义道路上,正在向现代化迈进,并开始真正富强起来,这使中国正在产生示范效应,从而使邓小平理论对广大发展中国家,具有强大遏止的吸引力。

在当今世界的 190 多个国家中,现代化发展得比较充分、物质生活比较富裕的只有 22 个,而且其核心仅是西方“七国集团”。其余的绝大多数国家,至今仍然位居发展中国家之列。资本主义带给世界的,并不是遍地鲜花,而是日趋严重的两极分化、南北差距不断拉大、世界战乱频繁。广大发展中国家在世界资本主义统治体系内,看不到发展和富强的真正希望。在这种情况下,当中国这个原是半殖民地半封建社会,现在又有近 13 亿人口的经济文化比较落后的大国,能够按照邓小平理论所确定的发展道路和战略步骤,通过全国人民的团结奋斗,在建设中国特色社会主义发展道路上,比较快地富强起来。这对发展中国家的示范作用、对全世界劳动人民的鼓舞作用、对人类进步的促进作用,是不言自明、难以估量的。

第二,中国在建设中国特色社会主义道路上不断前进和成功,是世界社会主义运动处于低潮期的奇迹,是邓小平理论对世界社会主义运动做出的历史性贡献。

人类社会在 20 世纪最重大的历史事件,是苏联在 20—30 年代的兴起和在 80 年代末 90 年代初的衰亡。俄国十月革命的胜利和苏联社会主义制度的建立,曾经开辟了人类历史的新纪元。而 1974 年后,苏联解体、东欧剧变和苏共败亡给世界社会主义运动政治上的冲击,也是极其严重的。然而,就在世界社会主义运动由此步入低潮的时候,却在社会主义中国的大地上出现了奇迹。在由邓小平理论指导的中国改革开放和现代化建设中,中国的社会主义制度神奇地焕发出了生机和活力。中国经济由此连续获得了 20 多年的持续、高速和健康的发展。社会主义中国欣欣向荣、兴旺发达,使世界社会主义运动看到了曙光、看到了希望。

第三,邓小平理论客观而清醒地认识和对待当今社会主义与资本主义两种制度之间的关系,既看到它们之间存在本质对立和较量的一面,又看到它们可能长期共存和合作的另一面。这种实事求是、高瞻远瞩的战略估计,必将对世界社会主义运动的发展,产生巨大而深远的影响。

总之,邓小平理论作为马克思主义在中国的发展,上承马克思列宁主义、毛泽东思想,下启“三个代表”重要思想和科学发展观。它作为一个相对独立的思想体系,在马克思主义中国化的历史进程中,在中国特色社会主义事业发展的进程中,在世界社会主义运动的曲折前进中所占有的地位、所发挥的作用和影响,是深远的。

邓小平理论不仅是中国共产党的指导思想,而且是中华民族振兴的精神支柱。中国是个发展中国家,要建设好这个大国,取得改革开放和社会主义现代化建设的成功,就必须不断地巩固和加强全国各族人民的大团结。建设有中国特色的社会主义,把我国建设成为富强、民主、文明的社会主义国家，是我国各族人民在现阶段的共同理想。这个共同理想，集中了我国工人、农民、知识分子和其他劳动者、爱国者的利益和愿望，是我国各族人民奋发进取、克服困难、争取胜利和中华民族复兴强大的精神支柱和精神动力。邓小平理论不仅体现了我国各族人民现阶段的共同理想，而且还为实现这个共同理想指明了正确的方向和道路，因而成为调动一切积极因素、振奋民族精神、凝聚民族力量、鼓舞人民开拓进取的思想基础。因为邓小平理论是时代精神和民族精神的统一，是社会主义和爱国主义的统一，既是马克思主义的，又是“中国化”的，所以它才能成为中国共产党的指导思想，成为中华民族振兴的精神支柱。

第二节　“三个代表”重要思想的科学内涵

“三个代表”重要思想创造性地运用马克思列宁主义、毛泽东思想特别是邓小平理论，紧密结合时代发展的新形势、我国广大人民的新要求、我国改革开放和现代化建设的新实践，对中国特色社会主义道路继续进行探索，形成了一系列富有独创性的理论成果，进一步回答了“什么是社会主义、怎样建设社会主义”这个基本问题，创造性地回答了“建设一个什么样的党，怎样建设党”的问题，在改革发展稳定、内政外交国防、治党治国治军各个方面，提出了一系列紧密联系、相互贯通的新思想、新观点、新论断，进一步丰富和发展了中国特色社会主义理论体系。

一、“三个代表”重要思想形成的历史必然性

（一）“三个代表”重要思想是准确把握时代特征，紧跟世界发展潮流的必然要求

坚持解放思想、实事求是、与时俱进的思想路线，是我们党在长期执政条件下保持先进性和创造力的决定性因素。贯彻执行新时期的思想路线，最根本的前提，就在于正确认识时代特征，科学把握社会前进脉搏，深刻洞察历史发展大势。在新的历史阶段，我们要始终保持党在思想上理论上的先进性，就必须准确把握时代特征，紧跟世界发展的潮流。“三个代表”重要思想正是在这样的基础上产生的伟大理论创新。以江泽民为代表的中国共产党第三代领导人，以长远的广泛的眼光观察世界经济、政治、文化、科技的发展变化特征，并以此为基础对国际局势作出了正确判断，指出中国发展的力量在于中国人民。江泽民站在世界形势由两极化向多极化迅速发展变化的历史高度，面对经济全球化进程加快、现代科学技术迅猛发展的历史趋势，着眼中国特色社会主义建设的历史全局，与时俱进、开拓创新，对中国共产党的历史使命做出了极其深刻而精辟的论断。

1. 和平与发展是当今社会的时代主题

时代的主题依然是和平与发展。各国人民都渴望世界持久和平，渴望促进共同发展，渴望过上稳定安宁的生活，共创人类美好未来，但是和平与发展这两大课题至今一个都没有解决，其中，威胁世界和平与稳定的主要根源就是霸权主义和强权政治的存在。另外就是各种局部争端和冲突以及恐怖主义、贫困、环境恶化、毒品等非传统安全问题更趋突出，也在很大程度上影响着世界的和平与发展。总体和平、局部战争，总体缓和、局部紧张，总体稳定、局部动荡，是当前和今后一

个时期国际局势发展的基本态势。

世界上发达国家与发展中国家贫富差距日益扩大，各国的普遍发展与两极分化的矛盾异常突出，部分发展中国家的经济发展停滞，贫困化现象加剧。南北问题是影响世界和平与发展的核心问题。而世界要和平与发展是时代的潮流。如何适应这个时代潮流，把中国的事情做好，促进世界的和平与发展，是我们制定政策、开展工作的出发点。

2.科学技术的飞速发展

20世纪90年代以来，科学技术的发展日新月异。科学技术的迅速发展促使世界历史转向信息时代。信息一方面促使生产方式发生了根本变化，另一方面促使人们的生活方式、交往方式甚至思维方式都发生了根本变革。科学技术作为第一生产力，出现的这种新发展，必然会引起各相关产业乃至人类生产关系作出新的变革。然而与此同时，科学技术高速发展对于我国来说同样是一柄双刃剑，一方面信息的广泛传播给我国的发展带来了新的动力，另一方面我国的传统经济体系必须产生新的变革。在信息化背景下，实现各个产业的信息化变革，提高生产效率是我们当前的主要任务。因此，我们必须“走新型工业化道路”，优先发展信息产业，以信息化带动工业化。另外，在信息时代，知识或智力资源已经成为工业产业发展的重要动力。因此不断地革新，不断地在传统工业中运用最新的科技成果，是关系我国存在和发展的关键。

3.经济全球化的不断深入

全球经济联系不断紧密是当今世界经济发展的基本特征。在科技迅速发展的今天，各项资源依然能够完成在全球范围内的分配，各国、各地区经济的生产、贸易、金融、投资这四个方面已经实现相互依赖、相互渗透。投资者的眼光已经逐渐破除地区的限制，封建思想对于当今经济发展的影响越来越小。经济全球化给我国的发展带来了新的机遇。在经济全球化的时代里，整个世界都是我们国家发展的舞台。自然地，在西方国家主导的经济全球化规则下，经济全球化还给我国的发展带来了其负面影响。当然对于任何一个发展中国家来说，经济全球化都是一把“双刃剑”。因此，在参与经济全球化的过程相爱，我国应以更加积极的姿态，更加广阔的意识参与全球经济竞争中。通过有效地竞争一方面实现中国特色社会主义建设稳步前进，另一方面切实维护国家安全、经济安全和文化安全。因此，我们应当全面地、清醒地全球经济发展的形势，沉着冷静应对，积极稳步参与，不断增强自身竞争力，提高自己在经济全球化进程中的话语权，维护本国的经济安全，促进社会主义现代化高速健康发展。

4.多极化的政治格局

自苏联解体，东欧剧变，主导世界政治格局的“两极”被彻底打破，世界进入了“一超多强”的时代。在这个时代发展中，世界的发展正在经历一个新的矛盾，被美苏斗争所掩盖的地区、民族、宗教等问题逐渐开始凸显。国际恐怖主义、宗教极端主义、民族分裂主义成为见诸报端的三个新名词。

虽然世界许多地区仍旧处于战乱和不安之中，然而和平与发展仍旧是整个世界的主要趋势。人们追求平等和自由的脚步将不会停滞。在这种趋势的影响下，人们将不断突破固有的政治和经济规则的束缚，进入到一个更加民主和自由的环境之中。因此这种趋势既有利于推动建立公正合理的国际政治经济新秩序，又有利于世界和平与安全，符合各国人民的利益。

政治格局多极化、经济全球化极大地影响着世界各民族的生活和生产方式。在看待这些问题之时，我们一定要用冷静的意识、客观的态度、宽广的视野，运用马克思主义的方法清醒地认识当今世界的发展给我国带来的机遇和挑战。

世界经济政治的这种复杂变化必将是一个漫长、曲折而又复杂的过程。这必然对我们党的工作提出了新的要求。新的要求必然呼唤着新的理论。而“三个代表”重要思想正是在这样一种时代背景下产生的新理论。“三个代表”重要思想回答了在世界经济政治深刻复杂发展的过程中，党应该站在什么样的历史角度，朝向什么样的方向发展的问题。

（二）“三个代表”重要思想是面对中国基本国情发展的新变化对党的发展做出的正确判断

“三个代表”重要思想是江泽民运用马克思主义立场、观点、方法，在分析研究中国基本国情发展的新变化以及中国特色社会主义发展需要的基本问题前提下，对党的发展做出的正确判断。中国的基本国情发生的新变化，总结起来共有以下方面。

1.改革进入攻坚阶段

在经济层面上，改革的主攻方向已是社会主义公有制。创立社会主义市场经济体制和理论，是中国共产党对人类文明的一大贡献。苏联俄国的市场经济一定程度上还存在着不完善的地方。我国将社会主义公有制和市场经济结合在一起，是邓小平为代表的中国共产党人的一大新创举。从 1978 年改革开放开始，我们一开始是“摸着石头过河”，在实践的过程中逐渐探索：即先把市场调节作为补充，再把社会主义市场经济确立为经济体制改革的目标模式；先从农村和特区开始改革，再渐渐推向城市和各个方面；先让个体经济、私营企业以及“三资企业”直接进入市场，再将国有企业等公有制经济推向市场。公有制经济是社会主义经济的核心，我们一定要建设好。1992 年党的十四大，我党确立了社会主义市场经济的目标模式 1993 年召开的十四届三中全会，明确了社会主义市场经济的基本框架，并提出建立现代企业制度的要求。作为社会主义市场经济主体部分的公有制经济本身的改革，成为经济体制改革的重心。

我们在经济平稳较快发展的基础上，要处理好经济发展和政治发展的关系，要做好政府职能转变的工作，政府的运作要更加规范、透明、高效和廉洁，要更好地服务于社会。在政治层面上说，依法改革已步入正轨，党的领导与依法治国相互协调发展。把依法治国与党的领导相结合，这是中国共产党人的创造。我们要进一步扩大社会主义民主，健全社会主义法制，推进决策的科学化和民主化，扩大公民有序的政治参与，等等。

经济体制改革和政治体制改革都涉及社会主义基本制度的核心部分。我国的改革进入了真正的攻坚阶段。

2.发展处于关键时期

到 20 世纪末，尽管我国以人均 GDP 来衡量在总体上达到了小康水平，但仍有 3 000 多万人口不仅没有达到小康水平，甚至有一些还没有解决温饱问题，按国际标准看，他们的人均年收入，还处于赤贫状态。贫富分化的差距在加大，这是我们在发展过程中所要解决好的重大课题。

从完成信息化和工业化的双重任务的要求看：我国既面临着加快发展工业化的步伐，又面临着实现信息化的双重任务。由于中国发展的不平衡，许多地区还处在未开发状态，因此，就全国范围而言，要实现信息化，是一个十分艰巨的任务。

从可持续发展的要求看：我们面临的资源与环境的压力越来越大。我们要改变“粗放型”经济增长战略，实现经济社会与环境的协调发展。

3.稳定面临新的矛盾

(1)社会结构的变化与巩固党的执政基础之间的矛盾

随着经济体制改革的不断深入,外资、民营和私营经济发展迅猛;与此相联系,个体户、民营企业创业人员、私营企业主等大量出现。社会的利益主体多元化,利益关系复杂化,利益需求多样化,它导致人们价值取向多样化,导致人们思想选择的自主性增强。一些人的道德素质正在下降,党的群众基础面临着挑战。

(2)社会生活的多样化同党的传统工作方式之间的矛盾

随着改革的深化和社会主义市场经济体制的建立,我国社会生活发生了广泛而深刻的变化,社会经济成分、组织形式、就业方式、利益关系和分配方式日益多样化。

其一,社会主义经济成分发生变化。改革开放以后,中国特色的社会主义经济成分发生了新变化。各种所有制经济在改革开放的大潮下竞相角逐,同过去公有制占据中国经济的全部来说,发生了很大变化。在市场经济条件下,经济成分、社会阶层、利益分配主体、就业方式,还是人们的价值观念、意识形态等都要发生新的变化。因为这一形势对我国的基本环境产生了根本性影响,所以党在各个方面都要不断改革过去的领导方式,实现符合时代要求的方式变革。

其二,社会阶层构成发生变化。随着我国经济、政治、科技、文化的不断发展,我国社会阶层也发生了巨大变革。一方面,传统的农民肩负了国家发展中农民和工人的两个角色,担当了国家发展的根本动力。另一方面,知识分子逐渐从象牙塔中走出,融入到工人队伍之中,融入到我国经济其他阶层之中。

民营企业和外资企业的工人、受聘于外资企业的管理技术人员、个体户、私营企业主、第三产业中诞生的新社会阶层逐渐获得我国社会的认可,在有中国特色社会主义的实践和全面建设小康社会的过程中发挥了不可磨灭的作用。

其三,社会组织结构发生变化。流动的农民工大军是这个时代最显著的特征,也是我国当代难以承受的痛。农村城镇化的过程中,我国社会把农民逐渐由单一的角色个体变成多重角色个体。过去的社会组织结构逐渐显示出被打破的迹象。

其四,就业方式和人们的利益关系发生变化。由于劳动性质、就业方式、分配方式的不同,人们的利益关系发生了重大的变化,不同地区、不同行业、不同部门、不同岗位的收入必然会出现差别,有的差别悬殊。在这种情况下,即要求我们党能够更好地代表全体人民的根本利益和不同社会群体的具体利益。

其五,人们的交往领域和交往方式发生变化。随着经济全球化和信息科技对我国产生的新影响,我国居民的交往领域逐渐由地区拓展到全国,由国内拓展到国外。外国人来华投资办厂、经商、搞金融、发展文化和各种社会事业已成为潮流。中国到外国投资办企业、搞经济文化交流活动也是方兴未艾。中外交流活动频繁是我国不断开放的必然结果。

其六,收入分配差距拉大同社会公平之间的矛盾。在改革开放深入发展的过程中,地区和地区之间、不同行业之间、不同个人之间的收入分配差距显著拉大了,但是社会的收入分配关系尚未完全理顺,特别是农民、城镇弱势群体的收入增长较慢,城乡部分地区群众生活比较困难,成为社会不稳定的重要因素。

其七,改革攻坚与部分国有企业工人下岗之间的矛盾。我国经济在快速发展的同时,国民经济整体素质和效益不高之间的矛盾开始凸现出来。其原因在于经济结构不合理和部分国有企业活力不强。解决这些矛盾，需要以改革为动力，以结构调整为主线。国有企业的改组使得一些人下岗，这些企业的职工，是解放后共产党执政的最基本的群众基础，而现在由于改革的攻坚和产业结构的调整，恰恰是他们面临着下岗的问题。从传统的政治学观点看，他们原来都是社会的中坚力量，然而从社会学的观点看，现在下岗的工人成了社会的边缘群体和弱势群体。原有的“中”和现在的“边”，原有的“坚”和现在的“弱”之间的矛盾，恰恰是一些国有企业工人下岗同社会稳定之间产生矛盾的实质。

人们的思想认识、价值观念、思维方式、人际关系都在“多样化”的社会现实中发生碰撞、冲突和调整。一些人的价值观念扭曲、理想信念低俗、道德素质下降等，这对我国社会意识领域有着极大的负面影响。党的传统工作同社会生活多样化的矛盾，是稳定所面临的所有新的复杂矛盾的焦点。

4.党情的一些新变化

(1)党的地位和环境的新变化

我们这里着重讲一下我党地位发生的两次大变化。在中国共产党建党之后到中华人民共和国成立，也就是1921年到1949年的28年间，这一时期，我党是领导人民为夺取全国政权而奋斗的党，我党的奋斗目标是摧毁旧政权，建立人民当家做主的新政权，为人民打江山。1949年建国之后，我党已经成为领导人民掌握着全国政权并长期执政的党，我党的奋斗目标是要巩固一个新政权，是为人民坐江山。从1949年建国到1978年改革开放的这段时期，我党是在封闭条件下领导国家建设，而1978年改革开放之后，我们是在开放的市场经济条件下进行现代化建设，我们的现代化建设事业取得了重大成功。

上述这些变化，带来了党同其领导对象相互关系的变化。在民主革命时期，党同党的领导对象之间的关系，是奠定在一个共同的革命目标的基础上的，这一革命目标就是民族和人民的解放，而党的领导对象是为了这样的目标奔向共产党的，正如毛泽东在延安时期所说的：“我们的共产党和共产党所领导的八路军、新四军，是革命的队伍。”“我们都是来自五湖四海，为了一个共同的革命目标，走到一起来了。”这表明，当年中国共产党的领导对象，是“走到一起”来的，而之所以会“走到一起”，是“为了一个共同的革命目标”，这奠定了党同其领导对象关系的共同目标的基础。然而，当中国共产党掌握政权以后，其领导覆盖了全国，其所领导的对象就不是“为了一个共同的革命目标走到一起”来的，而是“生到一起”来的。这时的问题就是党如何领导人民。相对集中的管理模保证了党对全体人民领导的畅通无阻。

改革开放之后，当中国共产党的领导环境由封闭转变为开放后，市场经济和对外开放使社会生活多样化了，其领导的对象，开始有了更多的选择自由，市场经济环境带来的社会思潮多元化，人们的“言”“行”获得的较大的选择自由权，加强党的领导是党的建设所遇到的新的挑战。

(2)党的队伍状况的新变化

步入新世纪，中国共产党的新党员的数量大幅度增加，已从建党初的53位党员发展到8 300多万的庞大队伍。同时，从组织成分看，除了传统的产业工人和农民外，党员中知识分子和其他阶层人员的比例逐渐增加，这不仅反映了党的兴旺发达，反映了党在人民群众中的深刻影响力，同时，也给党的建设提出了新的挑战。

中国共产党党员中，90%以上都是在共产党执政的条件下入党的，其中又有一半以上是在改革开放和发展社会主义市场经济条件下入党的。对于老党员和新党员的教育工作，党要极其重视。如何培养这些年轻党员干部坚定党性，始终团结在党中央周围，为我国人民办实事、做好事是我们党要严肃面对的历史课题。党风廉政建设是党的建设的一个重大问题，必须引起我们高度重视。

进入21世纪，是我们党进入整体性新老交替的重要时刻，一大批年轻干部将要走上中高级领导岗位，在这种情况下，进一步提高全党特别是党的干部队伍的素质尤其是思想理论素质，使党本身在思想上、政治上、组织上进一步巩固起来，经得起任何风险的考验，已成为十分紧迫的任务。

(3)党所肩负任务的新变化

我国已进入了全面建成小康社会、加快推进社会主义现代化的新的发展阶段。到2010年，要建立比较成熟和完善的社会主义市场经济体系，同时实现国民生产总值翻一番，为实现邓小平设计的第三步战略目标奠定坚实的基础；到2021年建党100周年的时候，在经济、政治、文化各方面形成一整套更加成熟更加定型的制度；再到本世纪中叶基本实现现代化，实现中华民族的伟大复兴。而要实现中华民族的伟大复兴，又必须争取以一国两制的方式和平解决台湾问题，实现祖国的统一，同时，还必须争取有利于中国现代化建设的和平的环境。因此，实现现代化、祖国统一，以及积极推进世界的和平与发展，是我们党进入新世纪所肩负的三大历史任务。

这三大历史任务，与党在历史上所承担的领导新民主主义革命的任务、任务相比，既有历史的继承性，即实现振兴中华的伟大使命，又在新的历史条件下具有新的内容和要求。这些新的内容和要求，对党的领导和建设带来了新的考验。

综上，党的历史方位、队伍状况和肩负任务所发生的新变化，对于进入新世纪后的中国共产党来说带来了新的考验，正如江泽民所说："历史和现实都表明，执政党的建设和管理，比没有执政的政党要艰难得多。""成为执政党特别是长期执政以后，我们遇到的一个突出问题，就是如何使广大党员、干部始终树立正确的利益观。"中国共产党必须从严治党，以在新的历史条件下保持自己同最广大人民群众的血肉联系。由此，"三个代表"重要思想的形成，就是为了反映党情的这一变化对党和国家工作的新要求。党的建设面临的新形势新任务，是"三个代表"重要思想形成的现实依据。

二、"三个代表"重要思想的形成与发展过程

"三个代表"重要思想的酝酿、提出、理论体系的形成，及其作为党的指导思想地位的确立经历一个相对比较长的历史过程。

(一)酝酿时期——从1989年到2000年2月

从1989年的十三届四中全会到2000年2月江泽民赴广东视察之前，是"三个代表"重要思想的酝酿与轮廓形成时期。这一时期，中国改革开放和现代化建设在经受了严峻考验之后又进入一个新的发展阶段。其中一些党员干部由于世界观改造不彻底，犯了错误，有的属于严重错误。江泽民于1989年6月中共十三届四中全会出任党的总书记，此后，以江泽民为代表的中央领导集体，继承了毛泽东、邓小平两代中央领导集体开创的宏伟事业，领导中国继续向前发展。因此我们说，在这个时期以江泽民为主要代表的中国共产党人，特别关注并且严肃对待党的建设问题并不是偶然的，而是势在必行。

目睹了苏东各国共产党丧失执政地位甚至亡党亡国的惨剧，并且也亲身经历了国内政治风波给我国社会主义事业带来的重大冲击，江泽民等人便认真思考，思考在中国如何避免苏东剧变的重演、如何加强中国共产党的凝聚力和战斗力以防止中国社会的动荡、如何在党的领导下把中国特色社会主义建设推向前进。确切地说，以江泽民为代表的中国共产党人就是如何坚持和改善党的领导、如何提高和改进党的执政水平和执政能力的问题，更准确地说，就是在中国"建设什么样的党、怎样建设党"等一系列重大的理论和现实问题进行了认真的思考。这是一个关系党和国家命运和前途的头等重要的问题。因此，在新一代领导集体刚刚诞生之时，就已经强调大力加强党的建设问题。从那个时候开始，第三代领导集体对这一问题的探索从未间断。

这时期在党建方面，中共中央提出了一系列重大部署和举措。如仅在 1989 年，新班子出任后的短短几个月内就连续发出了如 7 月份的《关于近期做几件群众关心的事的决定》、8 月份的《关于加强党的建设的通知》、11 月份转发中纪委的《关于加强党风廉政建设的意见》和 12 月份通过的《关于坚持和完善中国共产党领导的多党合作和政治协商制度的意见》以及同月的《为把党建设成为更加坚强的工人阶级先锋队而斗争》的讲话等一系列重要指示。此后，在党的十三届六中全会、十四届四中全会、十四届六中全会等一系列重要会议中或者中共十四大、十五大上等代表大会上，都对党建问题进行了专门地论述或决议。此外，党的领导人也在各种场合反复强调党建问题，并在全党开展了以"三讲"为主要内容的党性党风教育活动。

1994 年，中共十四届四中全会在研究了新形势下的党建问题的基础上，通过了《中共中央关于加强党的建设几个重大问题的决定》。该《决定》对党建面临的新形势新矛盾新问题进行了分析，提出把党的建设确立为党的"新的伟大工程"，以及党的建设的目标。

早在 1995 年 9 月 27 日，江泽民在中共十四届五中全会召集人会议上指出："我们的高级干部，首先是省委书记、省长和部长，中央委员和中央政治局委员，一定要讲政治。我这里所说的政治，包括政治方向、政治立场、政治观点、政治纪律、政治鉴别力、政治敏锐性。在政治问题上，一定要头脑清醒。"①

1997 年，中共十五大鲜明地提出了"面向新世纪的中国共产党"的党建命题，进一步明确了新时期党的建设这一伟大工程的总目标，并全面部署了加强党的思想建设、组织建设和作风建设的具体任务。在十五大之后，以江泽民为主要代表的中国共产党人继续探索面向新世纪的党的建设问题。

为了更好地贯彻执行的那个的路线、方针和政策，确保社会主义现代化建设的胜利进行，1998 年 11 月 21 日，中共中央作出在县级以上党政领导班子、领导干部中深入开展以"讲学习、讲政治、讲正气"为内容的党性党风教育意见。12 月 25 日，中共中央召开电视电话会议，对在县级以上党政领导班子、领导干部中深入开展以"讲学习、讲政治、讲正气"为内容的党性党风教育进行动员部署。

1999 年初，中央正式开展在全党党员干部中进行以"讲学习、讲政治、讲正气"为内容的"三讲"教育。这一年"三讲"教育全面展开。至同年底、次年初，省部和中央国家机关司处以及绝大多数地厅局领导干部的"三讲"教育，取得了明显成果，并告一段落。总的看来，这一时期有关党建最重要的会议及其成果，即江泽民所说的"党的十四届四中全会和十五大提出的党的建设新的

① 江泽民文选(第 1 卷)[C].北京:人民出版社,2006,第 457 页

伟大工程"[①]。

(二)形成时期——从2000年2月到2001年

从2000年2月江泽民赴广东视察到2001年中国共产党成立80周年大会召开之前是"三个代表"重要思想正式提出、形成时期。

21世纪之交,江泽民就如何加强新时期党的建设问题进行了大范围的调研,多次主持召开了党建工作座谈会,发表重要讲话,并赴广东、江苏、浙江、上海等地考察。在这个过程中,江泽民明确提出了"三个代表"重要思想。

2000年1月14日,他在中央纪委第四次会议上提出的"四个始终",为"三个代表"思想的提出奠定了基础。江泽民指出:"在新的国内外环境中,如何保证我们党始终保持工人阶级先锋队性质,始终代表最广大人民群众的利益,始终经得起各种风险和困难的考验,始终坚强有力地发挥好领导核心作用,这是面向新世纪加强党的建设必须进一步解决好的最重大的课题,也是决定社会主义在中国的跨世纪发展中进一步巩固和充分显示优越性的根本问题。"[②]

2000年2月24日,在广州主持召开的党建工作座谈会上,江泽民第一次明确而完整地提出了"三个代表"的概念及其思想。他还指出,"办好中国的事情取决于党的思想、作风、组织、纪律状况和战斗力、领导水平。只要我党坚持'三个代表'重要思想,就能永远立于不败之地,得到全国各族人民的衷心拥护并带领人民不断前进"[③]。随后,5月8日至15日,江泽民在赴江苏、浙江和上海等地考察期间召开的党建工作座谈会上作了重要讲话,重申这一思想,并号召全党深入基层,总结实践,积极探索,开拓前进,按照"三个代表"的要求,加强党的建设。同年10月,在中共十五届五中全会上,江泽民发表重要讲话,对全党提出了各项要求,如高度警觉党内存在的腐败问题,研究和借鉴国际上一些长期执政的政党下台或衰亡的经验教训,深刻认识和全面、正确地把握"三个代表"的要求等。2001年1月,江泽民在召开的全国宣传部长会议上,再次阐发了"三个代表"重要思想,并要求全党把对"三个代表"重要思想的研究、阐述和宣传引向深入。在此背景下,党的理论工作者深入总结研究,形成了关于"三个代表"重要思想的严谨表述,即我们党要始终代表着中国先进生产力的发展要求,代表着中国先进文化的前进方向,代表着中国最广大人民的根本利益。由此,"三个代表"重要思想成为新时期一切工作的行动指南。

(三)发展时期——从2001年7月到2002年

2001年7月1日,江泽民在纪念建党80周年大会上的讲话,全面阐述了"三个代表"的科学内涵和基本内容,论述了三者之间的关系,正确回答了在新的历史条件下"建设什么样的党、怎样建设党"这一重大问题,提出了按照"三个代表"要求加强和改进党的建设、始终保持党的先进性和纯洁性的任务。《在庆祝中国共产党成立80周年大会上的讲话》则是"三个代表"重要思想形成的标志性成果。江泽民指出:"总结八十年的奋斗历程和基本经验,展望新世纪的艰巨任务和光明前途,我们党要继续站在时代前列,带领人民胜利前进,归结起来,就是必须始终代表中国先

---

① 江泽民文选(第3卷)[C].北京:人民出版社,2006,第44页

② 中国共产党新闻网[EB/OL].http://dangjian.people.com.cn/n/2012/1019/c349309-19316593.html

③ 郑永廷,杨菲蓉,江传月.中国化马克思主义发展概论[M].北京:中国人民大学出版社,第93页

进生产力的发展要求，代表中国先进文化的前进方向，代表中国最广大人民的根本利益。”[①]

此后，在2002年的“5·31”重要讲话中，江泽民更加明确地指出了高举邓小平理论的伟大旗帜，全面贯彻“三个代表”重要思想，开创建设有中国特色社会主义事业新局面。明确提出“三个代表”重要思想是我们党的立党之本、执政之基、力量之源，是加强和改进党的建设、推进我国社会主义制度自我完善和发展的强大理论武器。贯彻“三个代表”，坚持与时俱进是关键，保持党的先进性是核心，坚持执政为民是本质。特别是当他谈到社会主义文化建设时，首次提出要“用‘三个代表’要求统领社会主义文化建设”。[②] 这为即将召开的中共十六大确立“三个代表”重要思想的指导地位，奠定了直接的思想准备。

2002年11月8日，江泽民在《全面建设小康社会，开创中国特色社会主义事业新局面》中，进一步阐述了“三个代表”重要思想的时代背景、历史地位、精神实质和指导意义，阐明了贯彻“三个代表”重要思想的根本要求。

2002年11月14日，中共十六大通过的《中国共产党章程》，将“三个代表”重要思想连同马克思列宁主义、毛泽东思想、邓小平理论一起作为党的行动指南。2007年10月21日，中共十七大通过的《中国共产党章程》，仍然坚持了这一点。这表明，“三个代表”重要思想已经得到全党乃至全国人民的认同，并且经得起时代的考验。

从十三届四中全会到十六大的13年中，以江泽民为代表的中国共产党人把马克思主义与当代中国实际相结合，进行理论创新，再次取得了重大成果，即“三个代表”重要思想。该思想是新时期加强和改进党的建设、推进我国社会主义自我完善和发展的强大思想理论武器，是实现全面建设小康社会宏伟目标的根本指南。

三、“三个代表”重要思想的基本内容

（一）“三个代表”重要思想的内涵

中国共产党必须始终代表中国先进生产力的发展要求，代表中国先进文化的前进方向，代表中国最广大人民的根本利益。这是对“三个代表”重要思想的集中概括。

始终代表中国先进生产力的发展要求，就是党的理论、路线、纲领、方针、政策和各项工作，必须努力符合生产力发展的规律，体现不断推动社会生产力的解放和发展的要求，尤其要体现推动先进生产力发展的要求，通过发展生产力不断提高人民群众的生活水平。

始终代表中国先进文化的前进方向，就是党的理论、路线、纲领、方针、政策和各项工作，必须努力体现发展面向现代化、面向世界、面向未来的，民族的科学的大众的社会主义文化的要求，促进全民族思想道德素质和科学文化素质的不断提高，为我国经济发展和社会进步提供精神动力和智力支持。

始终代表中国最广大人民的根本利益，就是党的理论、路线、纲领、方针、政策和各项工作，必须坚持把人民的根本利益作为出发点和归宿，充分发挥人民群众的积极性主动性创造性，在社会不断发展进步的基础上，使人民群众不断获得切实的经济、政治、文化利益。

---

① 江泽民文选(第3卷)[C].北京：人民出版社，2006，第272页

② 江泽民文选(第3卷)[C].北京：人民出版社，2006，第281页

(二)"三个代表"重要思想的本质

胡锦涛指出:"'三个代表'重要思想的本质是立党为公、执政为民。"相信谁、依靠谁、为了谁,是否始终站在最广大人民的立场上,是区分唯物史观和唯心史观的分水岭,也是判断马克思主义政党的试金石。对于马克思主义执政党来说,坚持立党为公、执政为民,实现好、维护好、发展好最广大人民的根本利益,充分发挥全体人民的积极性来发展先进生产力和先进文化,始终是最紧要的。全国各族人民是建设中国特色社会主义事业的主体,人民群众积极性创造性的充分发挥是我们事业成功的保证,不断实现最广大人民的根本利益是我们党全部奋斗的最高目的。

(三)"三个代表"重要思想是密切相关、辩证统一的整体

"三个代表"重要思想体现了党的建设中继承优良传统与不断创新的辩证统一;体现了党的建设中改造客观世界与改造主观世界的统一;体现了党的建设中保持自身先进性与联系群众广泛性的统一。先进生产力是基础和前提,先进文化是灵魂与旗帜,最广大人民的根本利益是主体和目的,三者统一于党的建设的新的伟大工程和实践之中。

代表中国社会先进生产力的发展要求是前提。在马克思主义看来,生产力是最活跃、最革命的因素,是社会发展的最终决定力量。人类社会的发展就是先进生产力不断取代落后生产力的历史进程。党的光辉历史,不论是革命、建设、改革,归结起来都是为中国先进生产力的发展不断开辟新的道路。我们党的理论、路线、纲领、方针、政策和各项工作,力求符合生产力发展的规律,体现不断推动社会生产力的解放和发展的要求,尤其是体现推动先进生产力发展的要求。这既是最广大人民的根本利益之所在,又是先进文化所揭示的道理。发展先进的生产力是发展先进文化和实现最广大人民根本利益的前提条件。

代表中国先进文化的前进方向是关键。先进文化是先进生产力的反映,是最广大人民在精神上的需求。回顾党的奋斗历程,一项十分重要的工作,就是高举中国先进文化的前进旗帜,努力建设和弘扬反映革命、建设和改革要求的新文化,荡涤旧社会遗留下来的和国外渗透进来的腐朽没落的旧文化,从思想上、精神上极大地解放和激励了广大干部群众,在全党和全国人民中形成了凝聚人心、统一意志的正确指导思想和共同理想。在当今中国,发展先进文化就是发展有中国特色社会主义的文化。如果失去了先进文化的指引,那么,无论是先进生产力的发展,还是人民根本利益的满足,都会失去正确的方向和前讲的动力。

代表中国最广大人民的根本利益是核心。全心全意为人民服务,是我们党的根本立场和根本宗旨,是我们党与一切剥削阶级政党的根本区别。不断发展先进生产力和先进文化,归根到底都是为了不断满足人民日益增长的物质文化生活需要,不断实现最广大人民的根本利益。代表中国人民的根本利益必须发展先进的生产力,同样的,要想真正很好地为最广大人民谋利益,必须有先进文化来指导,但是如果离开人民的根本利益去谈文化,那这种文化的先进性就会成为一句空话。虽然在前进的道路上,我们还会遇到这样那样的困难,但只要始终坚持"三个代表",始终保持与人民群众的血肉联系,就一定能无往而不胜。

"三个代表"重要思想是相互联系、辩证统一的整体。只有不断解放和发展生产力,增强国家的经济实力,才能为建设中国特色社会主义的文化和实现人民群众的根本利益提供雄厚的物质基础。只有不断发展和繁荣社会主义文化,才能不断满足人民群众日益增长的精神文化生活需要,才能为发展生产力提供强大的精神动力和智力支持。只有不断提高人民群众的物质文化生

活水平，改革和建设才能具有坚实的群众基础，人民群众才能始终以饱满的热情投身到中国特色社会主义的伟大事业中来。发展先进生产力和先进文化是实现最广大人民根本利益的基础和前提，实现最广大人民根本利益则是发展先进生产力和先进文化的目的和归宿。人民群众既是先进生产力和先进文化的创造者，又是其成果的享有者。

四、“三个代表”重要思想的科学体系

“三个代表”重要思想，在邓小平理论的基础上，进一步回答了“什么是社会主义、怎样建设社会主义”的问题，创造性地回答了“建设什么样的党、怎样建设党”的问题，集中起来就是深化了对中国特色社会主义的认识。“三个代表”重要思想，在改革发展稳定、内政外交国防、治党治国治军各个方面，提出了一系列紧密联系、相互贯通的新思想、新观点、新论断，构成了一个系统的科学理论。2003 年中央印发的《“三个代表”重要思想学习纲要》，包括了 11 个方面的问题：

(1)关于“三个代表”的科学论断。包括对“三个代表”科学论断及相互关系的阐释，以及对“三个代表”科学论断的重大意义的论述。这是“三个代表”重要思想科学体系的核心内容。

(2)关于建设中国特色社会主义的思想路线。包括关于解放思想、实事求是、与时俱进的论述，关于必须不断根据实践的要求进行创新的论述，关于要以科学的态度对待马克思主义的论述等。

(3)关于中国特色社会主义的根本任务。包括关于社会主义的根本任务是发展生产力尤其是先进生产力的论述，关于人是生产力中最活跃的因素的论述，关于科学技术是先进生产力的集中体现和主要标志的论述，关于生产力的发展同生产关系、上层建筑的密切联系的论述等。

(4)关于中国特色社会主义的发展阶段和发展战略。包括关于社会主义初级阶段的基本特征和基本要求的论述，关于新“三步走”的发展战略的论述，关于全面建设小康社会的论述等。

(5)关于中国特色社会主义的发展道路。包括关于发展是党执政兴国第一要务的论述，关于物质文明、政治文明、精神文明协调发展和人的全面发展的论述，关于正确认识和处理改革、发展、稳定的关系的论述等。

(6)关于中国特色社会主义的改革和对外开放。包括关于改革是经济和社会发展的强大动力的论述，关于改革的基本指导方针的论述，关于对外开放战略的论述，关于在对外开放中要始终注意维护国家主权和经济社会安全的论述等。

(7)关于中国特色社会主义的经济建设和经济体制改革。包括对社会主义基本经济制度的论述，关于建立和完善社会主义市场经济体制的论述，关于国民经济协调发展和持续快速健康发展的论述，关于实施科教兴国战略、走新型工业化道路、高度重视“三农”问题的论述等。

(8)关于中国特色社会主义的政治建设和政治体制改革。包括关于建设社会主义政治文明的根本要求的论述，关于坚持和完善社会主义政治制度和扩大基层民主的论述，关于改革行政管理体制和干部人事制度的论述，关于依法治国的论述，关于尊重和保障人权的论述等。

(9)关于中国特色社会主义的文化建设和文化体制改革。包括关于牢牢把握先进文化的前进方向、建设社会主义精神文明的论述，关于以德治国的论述，关于弘扬主旋律和提倡多样化的论述，关于发展文化事业和文化产业以及深化文化体制改革的论述。

(10)关于建设中国特色社会主义的依靠力量。包括关于统一战线是党执政兴国的重要法宝的论述，关于巩固和发展新时期爱国统一战线的论述，关于最广泛最充分地调动一切积极因素的

论述，关于做好民族工作、宗教工作和侨务工作的论述等。

(11)关于中国特色社会主义的保障力量。包括关于建立巩固的国防、推进国防和军队现代化的论述，关于坚持党对军队的领导的论述，关于贯彻积极防御的战略方针、走中国特色精兵之路的论述，关于积极推进中国特色的军事变革的论述等。

五、“三个代表”重要思想是面向21世纪中国化的马克思主义

“三个代表”重要思想科学回答了中国特色社会主义事业的一系列理论问题和实践问题，开辟了马克思主义的新境界。胡锦涛指出：“‘三个代表’重要思想是面向21世纪的中国化的马克思主义，是指引全党全国人民为实现新世纪新阶段的发展目标和宏伟蓝图而奋斗的根本指针。”具有重要的历史地位和指导意义。

(一)“三个代表”重要思想是马克思主义中国化的新成果

“三个代表”重要思想体现了丰富的时代特征，生动而具体地坚持和发展了马克思主义，对于马克思主义政党来说，保持先进性是由党的性质、宗旨和指导思想决定的。“三个代表”的核心是要永葆党的先进性。“三个代表”重要思想的提出，既凝聚着中国共产党人对共产主义运动史上从未有过的大灾难的深刻反思，也包括对世界上一些执政几十年的政党或下台或衰亡等历史教训的高度警觉。

“三个代表”重要思想在一系列根本问题上丰富和发展了马克思列宁主义、毛泽东思想和邓小平理论。“三个代表”重要思想不仅是总结过去、立足现实、面向未来提出来的富有时代气息的新论断，更重要的是，它在理论创新的意义上给人以新的马克思主义教育。

(二)“三个代表”重要思想是实现全面建设小康社会的根本指针

第一，“三个代表”是全党的思想理论基础和指导思想，当然也是全面建设小康社会的指导思想。第二，社会主义建设有其内在的客观规律，“三个代表”重要思想系统地概括了我们党对社会主义建设规律的探索成果，科学预测现代化建设的发展趋势，规划了中国特色社会主义发展的宏伟蓝图和发展战略。第三，发展先进生产力和先进文化，目的是实现人民群众的根本利益，把发展先进生产力和先进文化落到实处。第四，贯彻“三个代表”重要思想，我们始终奉行独立自主的和平外交政策。第五，“三个代表”重要思想为在新形势下建设一个什么样的党和怎样建设党指出了明确方向。

(三)“三个代表”重要思想是我党建设的根本要求

推进党的思想、组织和作风建设我们党所以坚强有力，就是坚持以马克思主义作为自己的世界观和行动指南。党内民主是党的生命，对人民民主具有重要的示范和带动作用。加强领导班子建设，建设一支能够担当重任、经得起风浪考验的高素质的领导干部队伍，是党和国家长治久安的根本大计。加强和改进党的基层组织建设，党的基层组织是党的全部工作和战斗力的基础。基础不牢，地动山摇。深入推进廉政建设和反腐败斗争，坚持党要管党、从严治党的方针。坚决反对和防止腐败是全党一项重大的政治任务，是关系党和国家生死存亡的严重政治斗争。

（四）“三个代表”重要思想是对毛泽东思想、邓小平理论的直接继承

江泽民长期受到毛泽东思想、邓小平理论的熏陶，直接从中吸取了丰富的精神瑰宝，作为“三个代表”重要思想的理论根基。

始终代表中国先进生产力的发展要求，是对毛泽东和邓小平发展先进生产力思想的直接继承。毛泽东非常重视生产力的发展，强调一切工作都要围绕生产建设这个中心并为这个中心服务，社会主义革命的目的是为了解放生产力。邓小平从历史经验中深刻认识到发展生产力的极端重要性，提出了科学技术是第一生产力的观点，明确社会主义的根本任务是发展生产力。江泽民提出党要始终代表中国先进生产力的发展要求的科学命题，把毛泽东、邓小平关于发展生产力的原理提到了新的高度，深刻揭示了党的先进性的最深刻的本质。

始终代表中国先进文化的前进方向，是对毛泽东和邓小平发展先进文化思想的直接继承。毛泽东认为：一定的文化是一定社会的政治和经济在观念形态上的反映，是为一定的政治和经济服务的。邓小平继承和发展了毛泽东的文化思想，提出了建设高度的社会主义精神文明的任务，从我国社会主义现代化建设总体布局的高度，确定了社会主义精神文明建设的重要战略地位。江泽民关于始终代表中国先进文化前进方向的重要思想，就是对这些理论和实践的继承和发展，树起了党在思想上、精神上保持先进性的旗帜。

始终代表中国最广大人民的根本利益，是对毛泽东和邓小平以中国最广大人民根本利益为出发点的原理的直接继承。毛泽东思想反复强调“共产党人一切言论行动，必须以合乎最广大人民群众的最大利益，为最广大人民群众所拥护为最高标准”。邓小平坚持和发展了毛泽东的这个思想，强调“社会主义现代化建设是我们当前最大的政治，因为它代表着人民的最大利益、最根本的利益”。江泽民关于始终代表中国最广大人民的根本利益的思想，是党的基本经验的升华，立起了党在坚持根本宗旨上保持先进性的标尺。

（五）“三个代表”重要思想是我党执政的理论基础

“始终做到‘三个代表’，是我们党的立党之本、执政之基、力量之源。”这段话从立党和执政的高度，评价了“三个代表”要求的重要地位和作用，指明了“三个代表”重要思想是加强和改进党的建设、提高执政水平、推进社会主义制度自我完善和发展的强大理论武器。

有学者指出，“‘三个代表’重要思想用世界眼光贯串 21 世纪党的建设大思路，把党的建设同当今世界生产力发展和人类文明进步、同社会主义初级阶段根本任务、同中华民族伟大复兴相联系；把总结历史经验作为党建理论创新的重要方法，对党的历史上蕴涵着‘三个代表’意思的思想资源进行了深入的发掘、加工和提炼，对党的历史活动本质进行了科学的概括，对世界社会主义运动经验教训进行了总结；用唯物史观深化党的先进性的传统内涵，体现了党的阶级性、先进性、时代性的统一；用新的系统化思想丰富和发展马克思主义党建理论体系，密切了党建理论体系同唯物史观的联系，拓展了党建理论体系的研究领域，加强了党建理论体系的开放性。‘三个代表’重要思想是把马克思主义党建一般原理同当代中国共产党建设实际、同国际国内新情况新特点相结合的新结论”。

“三个代表”要求是加强和改进党的建设的理论武器和伟大纲领；“三个代表”重要思想体现了党的性质和宗旨，是党的先进性的集中表现；“三个代表”要求，是党执政的理论武器和政治基础；“三个代表”要求，是推进我国社会主义制度自我完善和发展、实现中华民族伟大复兴的理论

武器和力量源泉。"三个代表"重要思想，体现了人类社会发展的客观规律、社会主义建设的发展规律，顺应了时代发展的要求，代表了中华民族的整体利益，反映了人民群众的根本愿望和要求，是我们的事业不断成功和发展的力量源泉。

（六）"三个代表"重要思想是具有中国特色的理论思想

江泽民指出：毛泽东思想和邓小平理论"这两大理论成果，是中国化了的马克思主义，既体现了马克思列宁主义的基本原理，又包含了中华民族的优秀思想和中国共产党人的实践经验"。"三个代表"重要思想正是这样的理论成果。

第一，"三个代表"重要思想充分吸收了中华民族的优秀思想。江泽民向来高度重视以科学态度对待我们民族的文化传统，强调"我国几千年历史留下了丰富的文化遗产，我们应该取其精华、去其糟粕，结合时代精神加以继承和发展，做到古为今用"。"三个代表"重要思想不仅继承了蕴含在毛泽东思想和邓小平理论中的中国传统文化的思想精华，而且赋予它们以当代的内涵。例如，源出于《诗经》的"小康"一词，作为一种社会模式，最早曾在《礼记·礼运》中得到系统阐述。它相对于"大道之行也，天下为公"的大同社会，是理想社会的初级阶段，也就是孔子心目中的禹汤文武之治。近代康有为鼓吹变法维新，用资产阶级的社会发展观对儒家的"大同"和"小康"社会理想进行了改造。小康这个词语在中国民间影响深远，实际上已成为中国老百姓追寐殷实富裕生活的目标。改革开放初期，邓小平在设计中国现代化进程时，用马克思主义观点改造了中国传统文化中的小康概念，将"小康社会"确立为20世纪末中国现代化的总体发展目标。江泽民在党的十六大报告中对这一思想进一步作了马克思主义的诠释，将"全面建设小康社会"确立为党领导人民在新时期的奋斗目标，并从不同的方面对如何实现这一目标作了系统的论述，很容易为中国人民理解和接受。

第二，"三个代表"重要思想融汇了中华民族的优秀思想。"三个代表"重要思想蕴含着很多优秀的民族思想，诸如民为邦本的民本思想，天下为公的大同理想，自强不息的奋斗精神，居安思危的忧患意识，天下兴亡、匹夫有责的使命意识，富贵不淫、贫贱不移、威武不屈的人格力量、舍生取义的献身精神，先天下之忧而忧、后天下之乐而乐的济世情怀。这些思想指导着社会主义现代化的伟大事业。这就使我们党的指导思想既充满着马克思主义精神和时代内容，又为中国广大群众所喜闻乐见，具有极大的感召力和极高的认同度。

"三个代表"重要思想在坚持"实事求是""解放思想"的同时，给党的思想路线注入了"与时俱进"这一新内涵，这是有很强的针对性的。与时俱进的原则指导着解放思想、实事求是的目标取向，指明党的全部理论和工作都必须体现时代件，把握规律性，富于创造性。同时，与时俱进又是全党面对新时期艰巨任务时必须具有的精神状态，它激励和鼓舞着全党和全国人民以实践来检验一切，自觉地把思想认识从不合时宜的观念、做法和体制的束缚中解放出来，使解放思想、实事求是能够落到实处，能够跟上时代发展的脉搏。把与时俱进与解放思想、实事求是并提，是对党的思想路线更完整、更全面、更富于时代特征的新表述。这一表述包含着丰富的内容，反映了新时期党的建设的根本要求，是新的条件下解放思想、实事求是的重要保证一解放思想、实事求是、与时俱进，是党坚持先进性、增强创造力的决定性因素，是"三个代表"重要思想的精髓。

第三节　树立以人为本的科学发展观

科学发展观等重大战略思想坚持以邓小平理论和“三个代表”重要思想为指导，准确把握进入新世纪新阶段后的世界大势和我国的发展变化，顺应人民过上更好生活的新期待，提出以人为本、实现全面协调可持续发展、构建社会主义和谐社会、建设社会主义新农村、建设创新型国家、树立社会主义荣辱观、建设社会主义核心价值体系、推动建设和谐世界、以改革创新精神全面推进党的建设新的伟大工程等思想，用新的思想观点回答了“什么是社会主义，怎样建设社会主义”，“建设一个什么样的党，怎样建设党”，“实现什么样的发展，怎样发展”等基本问题，进一步丰富和发展了中国特色社会主义理论体系。

一、科学发展观的理论基础和实践基础

（一）科学发展观的理论基础

发展是当代中国的主题，也是世界的主题。科学发展观既借鉴了当代西方发展理论的积极成果，也集中体现了马克思主义关于发展的世界观和方法论，是党的三代中央领导集体关于发展的重要思想的继承和发展。

1.人类发展理论的借鉴

发展观是从哲学角度对发展的诠释，是人们对经济社会发展总的看法和根本观点。随着人类社会的不断进步，人们对发展的认识不断深化，发展的内涵越来越充实，在发展观的历史沿革中主要有以下几种发展观。

（1）经济增长论的发展观

这种发展观认为只有促进经济增长，落后国家才能实现追赶的目标，在理论和认识上将发展等同于经济增长。在这种发展观的指导下，在二战后50多年的时间里，人类创造了历史上前所未有的增长奇迹。作为政府对国家经济运行进行评价与诊断的重要指标——国内生产总值（GDP），成为衡量一个国家经济社会是否进步的最重要的指标，形成了以GDP增长为核心的传统发展理念。

实践证明，以经济增长为核心的发展观，对促进经济增长、迅速积累财富起到了积极作用。但是，由于经济增长并不能体现收入分配的改善和社会结构的完善，不能反映技术进步的变化，并没有给人们带来所期望的福祉，相反，却出现了高增长下的分配不公、两极分化、社会腐败、政治动荡、环境污染和生态破坏等问题。

（2）增长极限论的发展观

20世纪70年代初，罗马俱乐部的梅多斯等人提出了增长极限论。增长极限论认为，世界经济增长已临近自然生态极限，人类应停止增长和技术对生态环境的破坏。它所表达的发展观尽管过于悲观，但却警告人类要从人与自然的和谐角度看待发展。在发展过程中，经济发展不能过度消耗资源、破坏环境，人类要注意经济增长与资源环境的协调，应考虑资源环境的最终极限对

人类发展和人类行为的影响。

(3)人与客观世界相协调的综合发展观

联合国第二个发展10年(1970—1980年)报告指出:发展已不再是单纯的经济增长,社会制度和社会结构的变迁以及社会福利设施的改善具有同等重要的地位。1983年联合国推出《新发展观》一书,提出了“整体的”“综合的”“内生的”新发展理论,在此基础上逐步形成了综合发展观。综合发展观强调经济与政治、人与自然的协调,将人与人、人与环境、人与组织、组织与经济的合作作为新的发展主题,把发展看作是以民族、历史、文化、环境、资源等内在条件为基础,包括经济增长、政治民主、科技水平、文化观念、社会转型、自然协调、生态平衡等各种因素在内的综合发展过程。这种发展观的局限性在于强调了当代发展的各种综合协调,但没有考虑到后代的发展空间问题。

(4)循环经济的发展观

循环经济作为一种发展观,其特点在于:一是体现了新的经济观,即在传统工业经济的资本循环、劳动力循环的基础上,强调自然资源也应该形成循环;二是体现了新的价值观,将自然作为人类赖以生存的基础,利用科技促进生态系统的自我修复;三是体现了新的生产观,即在生产中不断提高自然资源的利用效率,循环使用资源,尽可能地利用可再生资源替代不可再生资源;四是体现了新的消费观,提倡物质的适度消费、层次消费,在消费的同时考虑到废弃物的资源化,建立循环生产和消费的观念。

(5)可持续发展观

1980年3月,联合国大会第一次使用了可持续发展的概念,世界环境与发展委员会在《我们共同的未来》研究报告中,首次清晰地表达了可持续发展观,即“可持续发展是既满足当代的需求,又不对后代满足需求能力构成危害的发展”。1992年在巴西里约热内卢召开的联合国环境与发展大会,通过了《里约宣言》和《21世纪议程》两个纲领性文件,它标志着可持续发展观被全球持不同发展理念的各类国家所普遍认同。可持续发展观强调以未来的发展规范现在的行动;换言之,就是使发展成为在今天是现实的、合理的,同时又能使明天的发展获得可能的空间和条件,因此,可持续发展也是为未来发展创造条件的发展。

2.马克思主义关于发展理论

马克思主义历史观认为社会发展的最终力量是物质的生产资料、物质的生产力,这是一切社会向前发展的根本动力。所有的社会历史发展,归根结底,是生产力的东西、经济的东西、物质的东西所决定的。所以叫社会存在决定社会意识。马克思主义发展观最重要的首先就是发展生产力、解放生产力,发展归根到底首先是解决好生产力的发展。马克思主义历史观强调社会发展,不能仅仅把经济、生产力归结为是发展的唯一因素,要讲政治、文化、思想各方面因素在整体社会发展中的制约作用,任何一个社会的发展都是在解决矛盾过程中来发展的,社会发展是全面的、协调的、可持续的发展。

马克思主义的历史唯物论就是从现实的人出发,以现实的人的发展为目的的社会发展理论,正是从这样一个历史观出发,马克思主义把人作为社会发展的主体,作为社会发展的目的,把努力促进人的全面发展作为关于创建未来社会的本质规定。

3.党的三代中央领导人关于发展的理论

(1)毛泽东的发展思想

新中国成立前后,在关于发展问题上,毛泽东的有关论述为科学发展观的形成提供了直接理论渊源。毛泽东关于发展问题的思想主要表现在：一是从世界观的高度提出和解决了“为什么人的问题”，1945 年 4 月 24 日，毛泽东在七大的政治报告中正式提出了“全心全意为人民服务”是我们党的出发点。二是毛泽东创立了“从群众中来，到群众中去”的领导方法和工作方法。他指出，人民，只有人民，才是创造世界历史的动力。毛泽东的这句名言是对群众观点的高度概括。三是毛泽东在社会主义建设时期的矛盾学说，是社会主义建设方面是最重要的指导理论，集中体现在《论十大关系》和《关于正确处理人民内部矛盾的问题》这两篇著作之中。

(2)邓小平的发展思想

邓小平理论中的一个重要组成部分是关于“发展”的思想。在邓小平的著作中，有关发展的主张和论述随处可见，譬如“发展是硬道理”，“抓住机遇，发展自己，关键是发展经济”等。邓小平的发展思想主要表现在：一是科学判断形势，得出“和平与发展是当今时代主题”，及时将我党工作重心转移到现代化建设中来；对我国国情做出科学判断，提出社会主义初级阶段的理论，分析初级阶段的基本矛盾，制定出我党初级阶段的基本路线。二是确立了全新的战略发展道路：坚持社会主义制度，坚持与世界经济的融合，独立自主地建设具有中国特色的社会主义，分三步走，实现四个现代化。三是邓小平明确提出中国解决所有问题的关键是要靠自己的发展；我们搞的现代化，是中国式的现代化。四是邓小平在发展战略思维上提出“面向现代化、面向世界、面向未来”，把发展问题提到全人类的高度来认识。

(3)江泽民对科学发展观的贡献

十三届四中全会以后，我们党吸取了 80 年代在实际工作中一度出现的“一手硬、一手软”的教训，更加强调全面发展。江泽民提出“社会主义是全面发展、全面进步的社会”的重要概念。他在十五大报告中提出了建设中国特色社会主义经济、政治、文化的纲领，形成了三位一体的现代化建设战略布局，发展了邓小平“两手抓”的思想。他提出关于社会主义现代化建设的一系列路线方针政策，充分体现了全面发展的思想。他强调，发展是我们党执政兴国的第一要务；要正确处理改革发展稳定三者的关系。要保持国民经济持续、快速、健康发展，用发展的办法解决发展中的问题，走既有较快速度又有较好素质的发展路子。

江泽民在十六大提出了全面建设小康社会的任务，即建设经济更加发展、民主更加健全、科教更加进步、文化更加繁荣、社会更加和谐、人民生活更加殷实的小康社会。应该说，科学发展观中的一些重要观点和概念，在这个时期已经提出来了，江泽民关于发展的思想，为科学发展观的提出做了充分理论准备。

(二)科学发展观提出的实践基础

坚持以人为本，树立全面地、协调的、可持续的发展观，这首先意味着国家重大战略思想的一次转变，执政党的执政理念和治国理念的一次转变。对于这样一种战略思想的重大转变，我们必须将其与 20 世纪 80 年代那一次划时代的历史性战略思想的重大转变——将工作中心从以阶级斗争为纲转变到以经济建设为中心——联系起来，才能够获得适当的理解。可以说，第一次转变，为中国社会主义市场经济的建立打开了思想通道；而这一次转变，则为中国社会主义市场经济的完善和健康发展奠定了思想基础。从表面上看，上一次只是着重强调了以经济建设为中心；而这一次则强调经济、社会和人民生活的全面发展，对上一次只强调经济作了补充。但如果这样理解问题，那就是把极其复杂的社会发展问题简单化了。这两次战略思想转移的重大意义，以及蕴含于其中的哲学方法论意义，我们只有将其放置在中国社会主义市场经济的发展对于社会结构和价值观念的深刻改变的历史背景中,才能充分显示出来。

为理解上述问题,我们必须首先说明从非市场经济向市场经济的转变对于社会结构和价值观念的巨大改变作用。如果我们把社会基本结构理解为经济、政治和文化三大活动领域之间的关系的话,那么,在非市场经济条件下,由于物质生产水平大致稳定,易生波动的社会秩序对于人类生存便具有了决定性的意义;又由于分工和交换的不发达,社会秩序的获得便主要依赖于政治活动的强力整合作用,经济活动对此则很少贡献,于是,政治活动便不可避免地在社会生活中占据了中心地位,并要求经济活动与文化活动服从于自身,从而使得三大活动领域以政治为中心统合为了一个整体,即诸领域合一。而在市场经济条件下,由于分工与交换高度发达,人们之间由此而建立起了一种互相依赖的经济纽带关系,市场这只看不见的手使得经济活动本身就直接构成了一种保证社会秩序的整合力量。这样一来,政治活动虽然仍具有社会整合的重大作用,但统合一切领域的中心地位在客观上却不再是必要的了。由此引出的结果是,各个领域间将不再存在一种直接的从属性关系,而是相互拉开了距离,相对分离了,即诸领域分离。从领域合一到领域分离,这是从非市场经济转变为市场经济时,社会基本结构和社会基本价值关系所发生的最为根本性的变化。

从市场经济的建立所导致的社会基本结构从领域合一到领域分离的转变来看两次战略思想的转变,便不难看出,每一次战略思想转移所面临的问题是什么,以什么样的方式才能最为有效地解决问题。从一种纯粹理论的角度看问题,人们也许会说,从一开始提出经济、社会生活的全面发展岂不更好?但这样提问题恰恰是一种脱离历史背景的抽象观点。这种观点没有看到,第一次战略思想转变所要解决的问题是如何建立起社会主义市场经济。但如前所述,在计划经济这种典型的非市场经济条件下,社会基本结构不可避免地是一种以政治生活为中心的领域合一状态,政治生活在其中有着压倒一切的优势地位,一切诸如政治挂帅、思想领先,凡事先算政治账,直至宁要社会主义的草,不要资本主义的苗之类说法,均是其表现。在这种情况下,社会的发展所面临的首要问题并不是全面发展,而是如何改革限制了生产力发展的经济体制,而要做到这一点,就必须改变这种以政治生活为中心的领域合一状态。这时候,若要提出一个社会全面发展的主张,不仅是明显的无的放矢,不得要领,而且实际上只能巩固计划经济体制。因为这种领域合一的社会结构自身就有着一种连带着的全面性。因而,要改革这种社会结构,便只能打破既有平衡,强调优先发展其中一个领域。这便是以经济建设为中心的第一次战略思想转变的意义之所在。

但是,以经济建设为中心,毕竟又只是一个特定时期的战略思想,而不是一个超时空的普遍适用的永恒原则。这一战略思想的历史使命即在于打破既有平衡,建立市场经济。而在市场经济体制基本建立起来之时,社会便面临着一个重新恢复平衡发展的问题。为了改革社会结构,必须打破平衡,但任何一个社会都不可能总处在一种不平衡的状态之中,因而,在一个适当的时候提出战略思想的第二次转变,使社会在新的基础上恢复到各个领域的平衡发展的状态之中,便具有了一种客观的必然性。而这个适当的时候,便是市场经济的基本建立,经济发展步入正轨,成为一种不可扭转之趋势的时候。这便是第二次战略思想转变即科学发展观提出的直接意义之所在。

二、科学发展观的理论内涵和本质要求

科学发展观,第一要义是发展,核心是以人为本,基本要求是全面协调可持续,根本方法是统

筹兼顾。科学发展观是我们党在新世纪新阶段准确把握世界发展趋势、认真总结我国发展经验、深入分析我国发展阶段性特征基础上确立的重大战略思想。科学发展观坚持马克思主义哲学基本原理,吸收人类文明进步的新成果,紧密结合中国特色社会主义的伟大实践,是把马克思主义中国化的最新成果。

(一)科学发展观的第一要义是更快更好的发展

党的十七大报告指出:科学发展观,第一要义是发展。以发展作为第一要义,表明坚持科学发展观,就是要坚持发展是硬道理,发展是党执政兴国的第一要务。强调发展是科学发展观的第一要义,具有十分重大的理论和实践意义。

1.反映了人类社会发展的普遍规律

马克思在1859年1月写的《政治经济学批判》序言中,阐述了人类社会的发展规律。他认为,人们在自己生活的社会生产中发生一定的、必然的,不以他们的意志为转移的关系,即同他们的物质生产力的一定发展阶段相适合的生产关系。这些生产关系的总和构成社会的经济结构,即有法律的和政治的上层建筑树立其上并有一定的社会意识与之相适应的现实基础。用历史的眼光来看,人类社会到目前为止,之所以出现以奴隶社会代替原始社会、以封建社会代替奴隶社会、以资本主义社会代替封建主义社会,以社会主义社会代替资本主义社会,其每一次社会变革的最终极原因,都是因为生产力的发展。

但是,我们应当明白的是从理论上讲,社会主义之所以能够替代资本主义,最终原因是它在继承资本主义生产力的基础上,能够比资本主义创造出更高的劳动生产率,同时又避免资本主义社会的各种弊病。因此,科学发展观强调发展是第一要义,正是对人类社会发展规律的充分尊重和深刻揭示。坚持发展这个第一要义,就是要把发展作为根本任务和根本要求,毫不动摇、坚持不懈地加以推进;就是要牢牢扭住经济建设这个中心,聚精会神搞建设、一心一意谋发展,大力解放和发展社会生产力。

2.体现了新中国成立以来特别是改革开放以来的基本经验

进入新世纪以来,以胡锦涛为核心的第四代的党中央,根据中国特色社会主义事业的新实践,创造性地提出了科学发展观的理念,实现了我们党在发展理论上的又一次飞跃,形成了以科学发展观为指导的实现发展的“方法论”。坚持以科学发展观为指导的“方法论”要求:必须坚持以人为本的发展,合乎逻辑地承载了为实现人民群众的根本利益谋求发展和依靠人民群众的创造力量来促进发展的双重含义。必须坚持全面发展与协调发展的辩证统一,就是要以经济建设为中心,全面推进经济建设、政治建设、文化建设和社会事业建设,实现经济发展和社会全面进步;就是要统筹城乡发展、统筹区域发展、统筹经济社会发展、统筹人与自然和谐发展、统筹国内发展和对外开放,推进生产力和生产关系、经济基础和上层建筑相协调,推进经济建设、政治建设、文化建设、社会建设的各个环节、各个方面相协调。必须坚持可持续的发展,就是要通过促进人与自然的和谐,实现经济发展和人口、资源、环境相协调,坚持走生产发展、生活富裕、生态良好的文明发展道路,保证一代接一代的永续发展。同时,科学发展观还强调作为领导发展的主体力量——中国共产党必须提高领导发展的能力,要抓住发展机遇、强化发展意识、更新发展理念、创造发展环境、创新发展体制、增强发展动力、拓宽发展空间。

3.是正确把握我国社会所处的历史阶段和面临的主要矛盾的科学论断

新中国成立以来特别是改革开放以来，我们经济社会取得了巨大的发展成就。对此，党的十八大总结了十大成就：一是经济平稳较快发展，综合国力大幅提升。二是改革开放取得重大进展。三是人民生活水平显著提高。四是民主法制建设迈出新步伐。五是文化建设迈上新台阶。六是社会建设取得新进步。七是国防和军队建设开创新局面。八是港澳台工作进一步加强。九是外交工作取得新成就。十是党的建设全面加强。中国的发展，不仅使中国人民稳定地走上富裕安康的广阔道路，而且为世界经济发展和人类文明进步作出了重大贡献。

（二）科学发展观的本质要求是坚持以人为本

科学发展观是的以人为本其本质的含义就是指以人民群众作为根本，要重视人民群众在发展中的根本地位和根本作用。这种根本地位和根本作用，具体而言又可以概括为必须把依靠人作为发展的根本前提，把提高人作为发展的根本途径，把尊重人作为发展的根本要求，把为了人作为发展的根本目的。下面，让我们对此加以具体的分析。

1.依靠人是发展的根本前提

坚持以人为本，必须把依靠人作为发展的根本前提。依靠人，就是要看到人民群众是发展的主体，是实现发展的根本力量。不论是坚持发展是第一要义，还是坚持全面协调可持续发展，都要依靠人来进行，通过人来实现。胡锦涛指出："人民群众是科学发展的主体"，"推动科学发展，必须紧紧依靠人民群众，做到谋划发展思路向人民群众问计，查找发展中的问题听人民群众意见，改进发展措施向人民群众请教，落实发展任务靠人民群众努力，衡量发展成效由人民群众评判。"①科学发展观把依靠人作为发展的根本前提，是唯物史观在发展问题上的必然体现。唯物史观认为，人民群众是社会物质财富的创造者，也是社会精神财富的创造者，更是推动社会变革的决定性力量。所以唯物史观又认为，人民群众是历史的创造者。同样道理，人也是发展的主体，是推动社会发展的决定性力量。

2.提高人是发展的根本途径

坚持以人为本，就要把提高人作为科学发展的根本途径。提高人，就是要不断提高全民族的思想道德素质、科学文化素质和健康素质，努力造就数以亿计的高素质劳动者、把全面、协调、可持续发展建立在提高劳动者素质的基础上，建立在提高全民族素质的基础上。提高人，就是要把教育摆在优先发展的战略地位，加快构建现代国民教育体系，科技和文化创新体系、全民健身和医疗卫生体系，加快构建终身教育体系，促进学习型社会的形成。在全社会进一步树立全民学习、终身学习理念，鼓励人们通过多种形式和渠道参与终身学习，把我国由人口大国转化为人才资源强国。提高人，就是要实施科教兴国战略和人才强国战略，大力开发人才资源，为各类人才成长创造有利的社会环境和条件，努力造就数以千万计的专门人才和一大批拔尖创新人才，建设规模宏大、结构合理、素质较高的人才队伍，开创人才辈出、人尽其才的新局面，走人才强国之路。胡锦涛指出："全面建设小康社会、发展中国特色社会主义的伟大实践，为我国人民提高自身素质和能力、为各类人才成长进步提供了宽广舞台。把每个人的潜能和价值都充分发挥出来，努力使

---

① 中共中央文献研究室.十七大以来重要文献选编(上册)[C].北京：中央文献出版社，2009，第579页

每个人都成为对祖国、对人民、对民族的有用之才，不仅对实现我国的发展战略目标具有重大意义，而且对提高全民素质、促进人的全面发展也具有重大意义。”①

3. 尊重人是发展的根本要求

尊重人是科学发展的根本要求。胡锦涛指出：让广大劳动者实现体面劳动，是以人为本的要求，是时代精神的体现，也是尊重和保障人权的重要内容。② 温家宝也指出：我们所做的一切都是要让人民“生活得更加幸福、更有尊严”。③

尊重人，就要尊重劳动、尊重知识、尊重人才、尊重创造。劳动中不分是体力劳动和脑力劳动，不管劳动的内容是简单的还是复杂的，这一切的劳动都要为我国社会主义现代化建设作出贡献的劳动，只要是有贡献的劳动那都是光荣的，都应该得到承认和尊重。确立劳动、资本、技术和管理等生产要素按贡献参与分配的原则，一切合法的劳动收入和合法的非劳动收入，都应该得到保护，得到尊重。尊重人，就要尊重人权，包括公民的政治、经济、文化权利。实现充分的人权，是中国改革与发展的重要内容和目标。尊重人，还必须尊重人的需求、人的生命、人的价值。人的需求与生俱来，是社会发展的原初动力。人的生命弥足宝贵，是人进行一切活动的前提。人的价值无法估量，是任何物的东西所不能取代的。满足人的需求、珍爱人的生命，实现人的价值，是尊重人的起码要求。

（三）科学发展观的基本内涵是全面发展、协调发展和可持续发展

科学发展观的基本内涵是全面、协调、可持续发展。这一重要思想的提出，不仅是对科学发展观科学内涵的解释，同时也给当代中国的发展提出了本质要求。我们可以从三个方面要理解科学发展观的这项基本要求，即全面、协调、可持续。

1. 全面推进政治、经济、文化、社会建设

全面协调可持续发展的第一个要求是全面，所谓全面，就是指一个国家或地区在发展现代化的进程中所实现的政治、经济、文化、社会等方面的进步是统一步伐的，它能促进国家发展目标向整体性、统一性发展。全面发展是贯彻落实我国科学发展观、促进经济社会发展的重要方向，同时也是人类社会发展规律、社会主义建设规律以及我党执政规律的具体表现。

全面发展是完善中国特色社会主义事业总体布局的时代要求。目前我国的现代化建设决定了我国的发展必须要遵循整体性、协同性的全面发展方针，但同时，不能忽略的是，我国发展的历史阶段性决定了我们不能完全脱离历史和现实国情，凭空想象出推进社会进步的方法，我国的现代化建设必须要以我国的社会生产力水平为基本依据，在社会生产力发展的基础上促进其他项目的整体进步。

可以看出，将全面发展作为科学发展观的基本要求之一，不仅体现了我党立足于现实和时代背景，并且反映了我党在发展这一问题上的探索和实践。

全面发展的科学内涵在于推进全面建设小康社会以及促进人的全面发展的双重进步。

全面建设小康社会，作为我国新阶段经济社会发展的重要环节，不仅要追求实现经济社会内

① 中共中央文献研究室. 十七大以来重要文献选编(中册)[C]. 北京：中央文献出版社，2011，第 716 页

② 胡锦涛出席“2008 经济全球化与工会”国际论坛开幕式并致辞[N]. 人民日报，2008－01－08

③ 温家宝. 在 2011 年春节团拜会上的讲话[N]. 人民日报，2010－02－02

部各因素的协调和全面发展，并且为人的全面发展提供了环境、奠定了基础。同时，促进人的全面发展也是全面建设小康社会的核心目标。因此，全面发展作为一项科学发展观的基本要求，不仅标志着我国已经形成了更加科学合理的发展的实践标准，同时已经成为我国促进人的全面发展的历史性建构过程。

全面推进政治、经济、文化、社会建设的关键在于要政治、经济、文化、社会"四大建设"一把抓。

(1)政治建设

抓好政治建设，在深化政治体制改革的同时，不断促进我国社会主义民主政治的发展，始终是我党的奋斗目标。进入21世纪以来，随着我国政治体制改革的不断深入，新的社会阶层的不断分化，导致阶层之间存在的分歧乃至冲突越来越严重，阶层之间开始使用法律方式来进行矛盾的处理和协调。因此，在这样的环境中抓好政治建设，必须注意沿着正确的政治体制改革方向，保障人民的根本利益不受侵害，保证人民在我国的当家做主的地位不受危害，建设社会主义法治国家，健全并完善社会主义法治体制，发展社会主义政治文明，为人民群众创造更多的民主权利。同时，壮大爱国统一战线，团结所有力量，贯彻依法治国的战略方针，加快建设社会主义法治国家。

(2)经济建设

抓好经济建设，促进我国国民经济更好更快发展，尽快实现经济发展目标，关键在于要同时推动社会主义经济后发展方式的转变和社会主义市场经济体制的完善和健全。要实现这两项目标，首先要加大力度对我国经济结构进行战略调整，其次要重视创新在经济发展中的重要作用，提倡环保节能，降低生产成本，在提高经济效率的同时保证环境不受到损害。同时，要更加注重农业在经济发展中的基础地位，大力推进农村社会主义建设，形成城乡发展一体化格局，实现城乡差距的缩小。此外，要优化国土开发格局，深化对社会主义市场经济的认识和了解，促进人们加深对社会主义市场经济客观规律的掌握，从制度和体制两方面更好地发挥市场在资源配置中的作用，形成能促进经济科学、合理发展的宏观调控体系。

(3)文化建设

随着世界经济的不断发展，文化越来越成为衡量一国综合实力的重要指标，在日益激烈的国际竞争中起到越来越重要的作用。抓好文化建设，就是要通过建设精神文明，促进中华民族凝聚力的提升和改造里的增强，使文化成为支撑我国参与国际竞争的重要基础和满足人们日益增长的精神文化需求的具体手段。

做好文化建设，首先要继承和发扬"三个代表"重要思想的内容，坚持社会主义先进文化的前进方向，加大力度推广精神文化的重要性，激发中华民族文化的创造力，以实现国家软实力得到提升的目标。

除此之外，提高人民群众参与文化建设的热情，提高人民群众的文化素质和道德素养，就必须要努力建设社会主义核心价值体系，建设社会主义和谐文化，增强人民的社会责任感和诚信意识，提倡科学精神，帮助更多的群众掌握和学习科学知识。

当然，随着科学技术的发展，网络文化也成为文化建设中不可忽视的力量。针对网络和信息文化，要营造良好、健康的网络环境，在给人民群众带来信息的同时不对社会主义文化建设的环境造成污染。同时，面对新阶段文化建设的新趋势，应当在继承和发扬我国优秀传统文化的同时，努力推动传统文化和现代文化相适应，在继承的基础上注重创新，解放和发展文化生产力，推动我国文化发展向更高的层次，迈进。

(4)社会建设

抓好社会建设不仅是建设社会主义和谐社会的重要内容，而且还是实现全面发展目标的基本要求。在科学发展观的思想指导下，我国目前不仅要抓好经济建设，将经济建设作为核心内容，同时也将构建社会主义和谐社会提到了更加重要的位置。这不仅凸显了社会建设在现代化建设中的重要性，而且也要求我们必须在注重经济建设的同时更加注重推动我国社会体制改革的进程，完善社会管理，实现社会公平，实现人们生活水平的提高以及教育质量的增强。

2.促进现代化建设各环节各方面的协调发展

科学发展观基本要求之一的协调，就是指一国或地区在实现现代化建设的过程中要努力维持各方面、各环节之间的协调发展，促进生产力与生产关系、经济基础与上层建筑之间的结构优化。

一方面，人类社会的发展和自然界的新陈代谢不同，是可以受到人的作用控制的，因此，人们有能力为实现社会协调发展作出努力；另一方面，协调发展也是一个社会进步和完善的必要条件和重要标志，如果一个社会的发展离开了协调，那么这个社会的发展就不是真正的发展，是不科学、不合理的发展，这就要求人类需要在社会发展中为“协调”作出努力。我们可以从三个角度来理解科学发展观的这一基本要求。

(1)协调发展是优化我国发展结构和社会效益的现实要求

协调发展作为科学发展观的基本要求，强调在现代化建设的同时推动所有环节的协调发展，它不仅是中央领导在现代化建设中长期探索获得的思想指导以及对传统经验的继承和发展；同时也是对发展中国家在现代化建设中的经验的总结和吸取，也是优化我国现代化发展的结构的现实要求。

(2)协调发展的内涵是促进现代化建设各方面、各环节的协调关系

从内容的角度分析协调发展，其具体要求就是实现现代化建设过程中各方面、各个环节的协调发展，优化现代化建设过程中各环节之间的协调关系，促进各环节的统一发展。

首先，促进现代化建设过程中各环节、各方面的协调发展是从我国建立中国特色社会主义社会、全面布局中国特色社会主义的内在要求。

其次，促进现代化建设过程中各环节、各方面的协调发展是我国经济建设过程中优化经济结构的内在要求。经济建设中，生产力和生产关系之间的矛盾关系构成了社会的经济结构，要促进经济的发展，就必须协调生产力和生产关系之间的关系。

最后，促进现代化建设过程中各环节、各方面的协调发展也是我国社会发展中优化社会结构的内在要求。社会结构主要就是经济基础和上层建筑以及两者之间的矛盾关系，要想优化社会结构，促进社会的全面科学发展，就要协调好社会结构中两者之间的关系。

(3)协调发展的关键是通过利益协调促进整体协调

将协调发展作为贯彻落实科学发展观的基本要求之一，这在实践中是一项复杂、系统的工程。这就决定了在具体协调过程中，我们不仅要把握好协调发展的总体要求，而且要对重点问题和关键环节进行慎重、准确地处理。从当前我国的发展情况来看，无论是生产力以生产关系之间的矛盾关系的协调处理；还是上层建筑与经济基础之间的矛盾关系的协调处理；抑或是现代建设过程中各方面各个环节的协调处理，从本质上来看都是利益问题的协调。也就是说，在目前我

国，随着经济的全面发展和经济成分的丰富，社会利益格局也在不断的发生着变化，不同的阶层开始对利益产生了不同的诉求，如果处理好不同阶层之间的矛盾及冲突，是我国宏观经济发展能够实现整体协调的重要环节。

3.坚持走可持续发展道路

坚持可持续的发展道路是科学发展观基本要求的第三个内容。所谓可持续发展是指一个国家在推动现代化建设的同时实现的劳动成果不仅能满足当代人对生存和生活发展的需求，而且不会对后代的生存发展造成危害。

中国共产党一直高度重视可持续发展在现代化建设中的重要作用和要求，不仅在改革开放以来建立了多项基本国策和战略方针，而且在党的十七大上明确的将可持续发展提升成为我国现代化建设中的基本要求和战略任务。可持续发展这一基本亚要求也可以从以下几个角度进行解读。

（1）可持续发展是实现我国发展前景拓宽的战略要求

党的十七大明确提出，走可持续发展道路，不仅要从拓宽空间和优化结构等方面解决我国现代化建设的全面性和协调性的问题，还必须从时间上对现代化建设可能造成的后果进行预估和控制，不仅要关注当前利益，而且要重视长远利益，这就使得可持续发展成为我国拓宽发展前景的战略要求。

（2）可持续发展的内涵是实现经济增长、社会发展、资源节约以及环境保护的有机统一

对可持续发展的内涵进行解读，首先要对我国的现代化建设现状进行分析，虽然可持续发展在全世界范围内都受到了一致的肯定，也越来越成为各国发展社会经济过程中的重要要求；但是我们必须看到，尽管我国一直在现代化建设中坚持可持续发展的基本要求，但是由于我国资源和环境问题的频繁出现，将可持续发展作为科学发展观的基本要求之一就不仅要遵循可持续发展的一般规律和共同价值取向，而且要立足我国发展现状对可持续发展进行具体解读。

我国对可持续发展内涵的解读，经历了一个不断发展和提升的过程，并且随着我国社会的不断发展仍然在发生着变化，直到党的十七大将其作为科学发展观的基本要求，我国才对可持续发展形成了独有的“中国内涵”的理解。大体来说，我国对于“可持续发展”的理解，可以总结为以下几个方面。

第一，坚持可持续发展，要坚持生产发展、生产富裕、生态良好的文明发展道路，建设资源节约型社会，实现经济效率与结构质量增长相统一的目标，实现经济发展同人口资源环境的协调发展，推动人民在良好的生态环境下生产、生活，实现人的全面发展。

第二，要想真正实现可持续发展，就要坚持以科学发展观为指导，以实现国民经济又好又快发展为最终目标，加快转变中国经济发展方式、优化产业结构、提高创新能力、降低能源消耗，真正实现经济效率的提高。

第三，实现可持续发展，必须坚持建设生态文明，以建设资源节约型、环境友好型社会为具体导向，加强同国际间的合作，在保障国家环境和资源安全的前提下形成可持续发展的系统保障体系。

第四，实现可持续发展，必须树立以人为本的观念，树立节约资源、保护环境、促进人和自然和谐相处的观念。要强化经济、环境、生态等效益相统一的意识。

（3）可持续发展的关键是加快建设资源节约型、环境友好型社会

根据数据研究显示，到2020年，我国的经济总量将达到35万亿元，人口数量将达到14.5～

14.9亿，依照这样的预估进行计算，我国的环境承受压力将是2000年的5倍以上，因此，如果环境质量保持不变，那么资源消耗和污染将更加严重。因此，建设资源节约型、环境友好型社会已经成为我国现代化建设过程中不可绕道的重要课题。

三、科学发展观的精神实质

精神实质是理论的精髓，是使理论得以形成和发展并贯穿始终，同时又体现在这一理论基本观点中的最本质的东西。党的十八大报告指出："解放思想、实事求是、与时俱进、求真务实，是科学发展观最鲜明的精神实质。"学习领会科学发展观，必须深刻把握这个精神实质。把握了这个精神实质，就把握了科学发展观最本质的东西，就把握了科学发展观与马克思列宁主义、毛泽东思想、邓小平理论、"三个代表"重要思想的历史联系及其统一的科学思想体系。

（一）解放思想、实事求是、与时俱进、求真务实，是人类实践和认识的发展规律，也是马克思主义的发展规律，是一种思想方法，也是一种精神状态

正是运用这种思想方法，发扬这种精神状态，一代又一代马克思主义者在开创和发展社会主义事业的历史进程中，不断解决新课题、开拓新境界，推动理论创新不断发展、不断前进。党的十六大以来，胡锦涛反复强调"坚持解放思想、实事求是、与时俱进，以科学态度对待马克思主义，用发展着的马克思主义指导新的实践"，反复强调"求真务实，是辩证唯物主义和历史唯物主义一以贯之的科学精神，是我们党思想路线的核心内容"。我们党准确把握世界发展大势，准确把握社会主义初级阶段基本国情，深入研究我国发展的阶段性特征，在研究新情况、解决新问题的过程中逐步创立了科学发展观。科学发展观的形成，反映了我们党思想上的新解放、理论上的新发展、实践上的新创造，使党的理论和工作更好地体现时代性、把握规律性、富于创造性。

（二）解放思想、实事求是、与时俱进、求真务实贯穿科学发展观的始终

科学发展观创造性地运用马克思列宁主义、毛泽东思想、邓小平理论、"三个代表"重要思想，紧密结合新的实践，提出以人为本、实现全面协调可持续发展、建设社会主义新农村、建设创新型国家、建设社会主义核心价值体系、建设社会主义文化强国、构建社会主义和谐社会、推进生态文明建设、推动建设和谐世界、加强党的执政能力建设、先进性和纯洁性建设等一系列新思想、新观点、新论断，这些都是对马克思主义理论的重大贡献。可以说，科学发展观的每个组成部分、每个重要观点，都贯穿和体现了解放思想、实事求是、与时俱进、求真务实的精神品质，都既坚持了马克思主义基本原理，又讲出了新话，体现了坚持与发展的统一、继承与创新的统一，使人们深深感受到随着时代、实践和科学的发展而发展着的马克思主义的强大生命力。

（三）实践永无止境，认识真理永无止境，理论创新也永无止境

党和人民的实践是不断前进的，指导这种实践的科学理论也要不断前进。科学发展观不是封闭的，而是开放的理论体系，它既是我们推进实践创新的根本指针，又是我们深化理论探索的崭新起点。中国特色社会主义事业是不断发展的事业，前进中还会遇到这样那样的新情况新课题，还要应对各种可以预料和难以预料的风险和挑战，还要进行新的实践和新的探索。只要我们始终坚持解放思想、实事求是、与时俱进、求真务实，把握时代发展要求，顺应人民共同愿望，勇于

实践、勇于变革、勇于创新，永不僵化、永不停滞，就能在科学发展观的基础上，不断有所发现、有所创造、有所前进，进一步深化对中国特色社会主义规律的认识，不断丰富中国特色社会主义的实践特色、理论特色、民族特色、时代特色，永葆党的生机活力，永葆国家发展动力，奋力开拓中国特色社会主义更为广阔的发展前景。

四、科学发展观的指导意义与价值

科学发展观的提出对于我国未来的经济发展和社会进步有重要的指导作用。科学发展观是我党在长期的探索之后，吸取国内外改革的经验教训，结合马克思主义思想理论形成的具有中国特色的世界观个方法论，除了是马克思主义世界观方法论在发展中的集中体现之外，它还是推动中国特色社会主义建设的现实要求。科学理解科学发展观的意义与价值将对我国建设社会主义和谐社会、发展中国特色社会主义起到重要的指导作用。

（一）科学发展观是马克思主义中国化的最新理论成果

科学发展观是建立在邓小平理论、“三个代表”重要思想之上、运用马克思主义的立场、观点和方法从我国新阶段的发展特征出发，发展成的深化对经济社会发展客观规律认识的最新理论成果，是马克思主义中国化的最新表现。

1. 与时俱进

科学发展观从发展的观点对马克思主义中国化进行了新的定位，确立了知道中国发展新阶段的世界观和方法论，与时俱进，以现实问题为中心环节不仅是研究马克思主义的科学方法，同样也是推动马克思主义中国化的历史进程。在马克思主义中国化的进程中，与时俱进始终是思想理论的基础，围绕不同历史时期，马克思主义中国化产生了不同的思想理论和科学方法。这些思想理论一脉相承形成了具有中国特色的马克思理论体系。

作为马克思主义中国化最新的理论成果，科学发展观从以下角度完美地诠释了与时俱进在发展中的意义和地位。

2. 求真务实

求真务实是科学发展观的又一个特点。科学发展观从我国社会主义发展的新阶段出发，着眼于实际情况，构建了一系列的战略思想。科学发展观在将我国的发展问题上升到世界观和方法论的问题上进行讨论的同时，以我国经济社会的发展现状为出发点，对全面建设小康社会以及推动现代化发展给出了全新的指导思想和战略方向。在以我国现阶段发展状况的基础上形成了一个全方位、多层次的科学思想体系。

（二）科学发展观是对中国特色社会主义理论体系的丰富和发展

科学发展观是对我国改革开放以来党的思想理论的丰富和发展，是深化对人类社会、社会主义社会发展规律认识的重要思想理论。

1. 创造性地回答了中国特色社会主义的基本问题

党的十一届三中全会以来，我国的改革面临这三大问题，分别是：什么是社会主义、怎样建设社会主义；建设什么样的党、怎样建设党以及实现什么样的发展、如何实现发展。科学发展观对中国特色社会主义的基本问题做出了回答。

(1)发展的原因及目标

我国目前的建设中心的发展，那么为什么发展？要实现怎样的发展？科学发展观对这两个问题进行了详细的回答。胡锦涛指出，科学发展观是用来指导发展的，没有发展，科学发展观也就失去了意义。当前我国的发展还是要以经济建设为中心，虽然我党目前正面临国内外各种矛盾和问题，但是经济基础决定上层建筑，只有推动了经济建设，才能为解决出现的问题提供物质基础。同时，我国的发展并不仅仅是经济发展，而是全面的发展，包括政治、经济、文化、社会等各个方面。

(2)发展的基础及意义

对于发展依靠谁、发展为了谁的问题，科学发展观给出了答案：在改革开放的进程以及现代化建设的过程中，发展要依靠人民群众，同时发展的成果也是为了造福于人民群众。因此，社会主义现代化建设必须坚持"以人为本"，坚持以人民群众为建设的主力军，加大力度调动人民群众的积极性，促进现代化建设的发展，并将发展成果造福于人民。

(3)发展进行的具体方式

科学发展观还回答了怎样发展的问题，也就是科学发展观的基本要求和根本方法：全面协调可持续发展是科学发展观的基本要求；统筹兼顾是科学发展观的根本方法。我国当前的经济和社会发展虽然取得了长足的进步，但是从区域、城乡等方面来看还是存在不平衡现象的，因此要将全面协调可持续作为基本要求。而随着我国社会经济的全面发展，我国的利益格局已经发生了变化，只有运用统筹兼顾的方法，对各个方面、各个阶层的利益进行全面考虑和分析，才能真正处理好利益之间的协调问题，才能促进我国改革更加稳定的进行。

2.科学发展观明确了建设中国特色社会主义的根本目的

对发展目的的研究是科学发展观的根本和核心问题，是对发展中其他问题起到决定性作用的首要问题。科学发展观以以人为本为核心，这一核心思想从更深的角度对发展的目的进行了剖析，它告诉我们，在改革开放和现代化建设的进程中，发展问题的出发点和最终目的是能否为人民带来利益；能否提高人民的生活水平和生活质量；能否市人民的根本权益得到保障。也就是说，我国的现代化建设和中国特色社会主义的发展的目标都是为了人民，如果离开了人民，离开了以人为本，那么发展也就失去了意义。可以说，科学发展观这一思想理论从更高的战略高度对我国发展的目的进行了深入探讨。

3.科学发展观解决了新阶段中国特色社会主义经济如何发展的问题

实现科学发展，要求我们在进行改革开放和现代化建设的进程中，必须要把握客观发展规律、创新发展思路、转变发展方式，从而提高发展效率和发展质量，实现我国经济又好又快发展。

(1)遵循和把握客观发展规律

实现新阶段中国特色社会主义经济又好又快发展，首先要遵循和把握客观发展的规律。又好又快发展要坚持以"好"为关键，在好中求快，因此不能将二者分开讨论，必须推动二者的相互结合和相互促进。如果单纯只追求速度，那么经济发展的质量将不会得到提高，而已为之追求发展质量，那么发展效率就会停滞不前。因此，在现代化建设中必须遵循和把握客观规律，准确运用"好"与"快"的辩证关系，努力实现经济发展目标。

(2)创新发展理念

在发展要求上,科学发展观对中国特色社会主义的发展创造了新的发展理念,就是要坚持全面协调可持续发展的基本要求,以经济建设为中心,推动经济与政治、社会、文化协调、共同发展,促进社会的全面进步。

科学发展观的新理念不仅体现了当今世界和我国的发展变化对党和国家工作的新要求,而且反映了我党对于中国特色社会主义发展新阶段有了全新的理解和认识。

(3)转变发展方式

在发展方式上,科学发展观强调要加快转变经济增长模式、优化产业结构、促进产业结构升级,在上述措施的基础上实现经济的快速增长。

第五章 马克思主义中国化的基本经验

善于总结和学习历史经验，是中国共产党的光荣传统。自成立以来，中国共产党在领导中国革命、建设和改革的实践中，把马克思主义基本原理与中国具体实际结合起来，并将实践经验上升到理论层次，实现了马克思主义中国化的两次历史性飞跃，创立了毛泽东思想和中国特色社会主义理论体系两大理论成果。因此，马克思主义中国化是贯穿党的历史的一条主线，一部中国共产党的发展史，就是在实践中不断推进马克思主义中国化的探索史。在这一探索过程中，中国共产党积累了丰富的经验，为在新的历史条件下进一步开创马克思主义中国化的新境界指明了方向。

第一节 坚持马克思主义

马克思主义中国化的过程，就是马克思主义在中国不断得到运用和发展的过程。在这一过程中，中国共产党领导中国人民以马克思主义为指导，认识和改造中国，使之获得了独立解放，不断走向繁荣富强，并以生动鲜活的中国经验丰富和发展了马克思主义。历史已经证明并将继续证明，中国的兴旺发达离不开马克思主义，马克思主义的与时俱进也不能没有中国马克思主义者的理论创造和实践创造。因此，在实践中坚持和发展马克思主义，是马克思主义中国化的前提条件，也是马克思主义中国化的一条基本经验。

一、坚持和捍卫马克思主义是马克思主义中国化的前提

马克思主义中国化就是把马克思主义基本原理与中国的具体实际相结合，创造并不断发展中国的马克思主义。马克思主义中国化的历程就是以马克思主义来“化”中国的历程。在这一过程中自始至终都贯穿着一个根本原则：坚持和捍卫马克思主义的立场、观点和方法，始终坚持马克思主义的科学指导。

马克思主义是我们立党立国的根本指导思想，是我们认识世界和改造世界的强大思想武器。中国共产党自成立之日起，就把马克思主义作为指导自己的思想和行动的理论基础。正是依靠马克思主义的指导，结合中国国情和不断变化了的实际，我们取得了革命建设和改革的一个又一个胜利，并从中产生形成了马克思主义中国化的伟大理论成果——毛泽东思想和中国特色社会主义理论体系，它们是与马克思主义既一脉相承又与时俱进的思想体系。因此，马克思主义中国化必须坚持以马克思主义为指导，不坚持马克思主义就没有马克思主义中国化。否定马克思主义的指导地位，背弃马克思主义的基本原理和科学精神，我们的事业就会因为没有正确的理论指导和思想灵魂而迷失方向，就会归于失败。

立场，是人们认识和处理问题时的立足点，在阶级社会中，立场是一个具体的存在，并不是抽象的，它主要是通过主体的政治态度、阶级立场、价值标准表现出来，最典型的表现为政治态度。

二、始终不渝地坚持马克思主义

坚持和发展马克思主义，首要的是坚持，没有坚持就谈不上发展。坚持马克思主义，最根本的就是坚持马克思主义的基本原理，坚持马克思主义的立场、观点和方法，坚持马克思主义的科学世界观和方法论。要在学习中、在实践中坚持马克思主义。

（一）坚持马克思主义是中国革命和建设的成功之本

中国共产党之所以要坚持马克思主义，是因为马克思主义揭示了人类社会发展的最一般规律，是中国共产党的党魂，是中国革命和建设的根本指导思想，是党永不变质和事业成功的根本思想保证。只有懂得了这一点，才能建立起对马克思主义的坚定信仰，建立起中国革命和建设必定成功的坚定信念，在实践中自觉坚持马克思主义。

中国共产党在成立以来的八十多年中，主要干了两件大事，一件是革命，一件是建设。这两件大事，都是为了完成先人的遗志和中国人民的夙愿，实现中华民族的独立解放和繁荣富强。其中，前者是后者的基础和前提，后者是前者的目的和延续。这两件大事，都是在马克思主义特别是中国化马克思主义指导下搞成功的，是围绕建立和巩固社会主义制度、实行人民民主、解放和发展生产力进行的。毫无疑问，没有马克思主义特别是中国化马克思主义的正确指导，中国革命和建设事业的成功都是不可想象的。

中国社会变革的实践迫切需要马克思主义理论的指导，马克思主义很好地满足了这一需要，这就是马克思主义中国化的实践根据。在马克思主义中国化的过程中，中国革命和建设实践的成功与马克思主义在中国的存在和发展，是同一过程中同时并存的两个方面，它们是互为因果和前提的。

第一，中国共产党运用马克思主义指导革命，取得了新民主主义革命的伟大胜利，建立了人民政权。第二，中国共产党运用马克思主义指导所有制改造，取得了社会主义改造的伟大胜利，在中国建立起了社会主义制度。第三，中国共产党运用马克思主义指导改革开放，使社会主义现代化建设取得了伟大成就，使全国人民的生活总体达到小康水平。

中国共产党在革命和建设中所取得一切胜利和成就，都是马克思主义的胜利，没有马克思主义的指导，就没有这一个个伟大胜利。中国共产党八十多年奋斗的全部实践，都是围绕建立和建设社会主义这个主题展开的。历史和实践都已证明了马克思主义的科学性，证明了马克思主义对中国社会发展的巨大指导作用，这就是我们要始终不渝地坚持马克思主义的根本原因所在。

（二）坚持和捍卫马克思主义根本在于坚持马克思主义的立场

1. 马克思主义的立场是人民大众的立场

马克思主义始终具有鲜明的政治立场，这就是始终站在人民大众立场上，诚心诚意为人民谋利益。马克思主义的全部理论都立足于实现和维护最广大人民的根本利益，把全人类解放和人的全面发展作为最高价值追求。

坚持马克思主义立场，就是要坚持一切为了人民、一切相信人民、一切依靠人民。马克思、恩格斯在《共产党宣言》中明确提出“共产党人始终坚持为无产阶级，为绝大多数劳动人民谋利益。”

列宁强调“要为人民群众服务”，毛泽东提出“全心全意为人民服务”，邓小平的“必须把人民赞成不赞成，高兴不高兴，答应不答应作为衡量改革和一切事业根本标准”的重要思想，江泽民同志关于“中国共产党必须始终代表最广大人民根本利益”的重要思想，胡锦涛同志关于必须“把最广大人民根本利益作为贯彻落实科学发展观的根本出发点和落脚点”的重要思想，都始终把无产阶级和广大劳动人民的利益作为最高利益等，始终站在人民大众的立场上，始终不脱离、不动摇这个立场。

2. 马克思主义的立场就是辩证唯物主义的立场

辩证唯物主义是马克思、恩格斯批判地吸取德国古典哲学，并在总结自然科学，社会科学和思维科学成果的基础上创立的哲学理论，是把唯物论和辩证法有机统一起来的科学世界观。同时，马克思、恩格斯成功运用辩证唯物主义原理科学地分析人类社会发展的历史，创立了科学的政治经济学和科学的社会主义学说。因此，辩证唯物主义是人类认识发展的科学总结，它建立在现代科学和先进社会实践的基础上，并随着科学和实践的发展而不断丰富发展。它是无产阶级政党的战略和策略的理论基础，是无产阶级和广大人民群众科学地认识世界和改造世界的强大思想武器。坚持辩证唯物主义的立场，当前重要的就是运用中国特色社会主义理论体系的基本观点，观察、分析和解决我们在改芋开放和现代化建设中面临的实际问题，用以指导客观世界和主观世界的改造。

3. 马克思主义的立场是探求真理一以贯之的立场

一切从实际出发，不断探索真理和发展真理，贯穿于中国马克思主义者和中国共产党人认识世界和改造世界的全过程。以毛泽东为代表的中国共产党人，把马克思主义基本原理与中国国情相结合，提出了在半殖民地半封建的中国如何进行革命的一整套新民主主义革命的理论和正确道路。在领导改革开放和现代化建设事业中，中国共产党人创造性地发展马克思主义，敏锐地把握时代发展的脉搏和机遇，既继承前人又打破陈规，既借鉴外国先进经验又不照搬别国模式，从中国的实际和时代特征出发，开创并全面推进中国特色社会主义事业。党的历史发展证明：实事求是，不断探索和发展真理是辩证唯物主义和历史唯物主义一以贯之的科学精神，是党的优良传统和共产党人应该具备的政治品格。

（三）坚持马克思主义首先要学懂弄通马克思主义

坚持马克思主义的首要前提是真正懂得马克思主义。只有真正懂得马克思主义的科学性、真理性，了解它对革命和建设事业的根本指导作用，明确它在人类思想史上的重要地位，才能做到坚信不疑，才会在实际生活和工作中自觉坚持。而“懂”和“信”的前提是“学”。不认真学习马克思主义，就不可能真懂、真信马克思主义。

1. 学习马克思主义，首先要把它作为科学来学习

毛泽东指出：“马克思列宁主义是科学，科学是老老实实的学问，任何一点调皮都是不行的。”[①]说马克思主义是科学，因为它是在批判地吸取人类一切积极的思想成果、概括现代科学的一切成就、总结无产阶级革命和社会主义建设的经验教训基础上形成和发展起来的，揭示了人类

---

① 毛泽东选集(第3卷)[C]. 北京：人民出版社，1991，第800页

社会发展的客观规律,特别是资本主义社会的根本矛盾和发展趋势,指明了未来社会的发展方向和无产阶级解放的正确道路,体现了合规律性与合目的性的统一,具有严密的逻辑性和充分的说理性,并在实践中证明了自己的思想魅力和理论价值。

2. 学习马克思主义,要善于把握它的科学体系

马克思主义是一个完整的科学体系,而不是一个个具体理论观点的堆积。它是涉及多个学科领域,如哲学、政治经济学、科学社会主义及其他社会科学和自然科学,丢掉任何一个部分,都会破坏马克思主义理论的完整性,影响马克思主义的生命力。而且,马克思主义的各个组成部分是紧密结合、密切联系的,其中,科学社会主义是它的理论核心和主体内容;马克思主义的哲学和政治经济学,特别是唯物史观和剩余价值学说,则是它的最切近、最坚实的基础,不懂得马克思主义的哲学和政治经济学,就不可能真正理解和掌握科学社会主义。

3. 学习马克思主义,要善于领会它的精神实质

马克思主义首先是关于无产阶级解放条件的理论,但它决不仅仅是关于无产阶级革命的理论,它同时又是关于社会主义建设和实现共产主义的理论。领会马克思主义的精神实质,就是要深刻认识和把握马克思主义的根本目的以及达到这一目的根本道路和途径。据此,可以把马克思主义的精神实质理解为:通过无产阶级革命,建立无产阶级专政的社会主义制度,消灭私有制,实现无产阶级的解放,并在此基础上,大力发展生产力和人民民主,进而最终消灭阶级、消灭剥削,实现共产主义,实现全人类的解放和每个人自由而全面的发展。由此可见,在马克思主义的理论链条中,无产阶级革命—社会主义建设—实现共产主义,是它的三个最主要环节;这三个环节中的每一个环节,前者都是后者的基础和前提,后者都是前者的目的和延续。

4. 学习马克思主义,要把向书本学习与向实践学习结合起来

马克思主义集中体现在马克思主义的著作中,这些著作既是前人对当时社会问题的深刻分析,又是对革命和建设的经验教训的科学总结,是前人留给我们的宝贵精神财富。所以,向书本学习是学习马克思主义的一条重要途径。马克思主义不仅存在于书本里,而且存在于实践中。因此,学习马克思主义还要注重向实践学习,善于读无字之书,这也是毛泽东学习马克思主义的一条重要经验。这里讲的实践也分两类:一类是社会实践,特别是党和人民进行革命、建设的伟大实践;另一类是个人的工作和生活实践。

5. 学习马克思主义,要把学与思结合起来

古人云:“学而不思则罔。”学习其他知识是这样,学习马克思主义也是这样。我们要确立对马克思主义的坚定政治信仰,就要把信仰建立在理智的基础上,建立在真懂的基础上,通过怀疑、思索、比较,达到理性的信仰。对马克思主义也要怀疑,要允许人们怀疑,因为马克思主义是真理,而真理是不怕怀疑、经得起怀疑的。

6. 学习马克思主义,要有“挤”和“钻”的精神

马克思主义既不神秘,也不浅显。说它并不神秘,是因为马克思主义是真理,而真理是很朴实的道理。马克思主义是无产阶级的理论,是与实际相结合的理论,最讲实际。说马克思主义也不浅显,是因为它不是简单的道德律令和行动指令,而是博大精深的理论体系,包含着许多深刻的道理,不是轻易就能掌握的,对一些党员、干部、群众来说,学理论的难度还是相当大的。这就需要发扬“挤”和“钻”的精神。没有这种精神,要学好马克思主义是很难想象的。“挤”,就是挤时

间，利用一切时间学习马克思主义理论。"钻"，就是一学到底，深入进去，不弄懂弄通决不罢手。毛泽东给我们树立了"挤"和"钻"的典范，无论是战争年代行军打仗，还是建设时期外出视察，他都随身携带马列著作，一有时间就拿出来阅读，在上面圈圈点点，批注所思所想，终于达到了融会贯通的境界。

（四）坚持马克思主义，关键在于自觉运用马克思主义

学习的目的在于运用。读书是学习，应用也是学习，而且是更重要的学习。学会运用，对于坚持马克思主义具有十分重要的意义。只有在运用中才能深化对马克思主义的理解，感受和体验它的强大指导功能，更加坚定对马克思主义的信仰。在运用中坚持马克思主义，是我们党的一条重要经验。

1. 在运用中坚持马克思主义，就是要以马克思主义为指导，去分析、解决中国革命和建设中的具体问题

这样，既能充分发挥马克思主义的指导功能，加深对马克思主义的理解，坚定社会主义信念，又能推动中国革命和建设事业的健康发展，收到一箭双雕之效。马克思主义的生命力和价值就在于它能够指导实践，能够解决革命和建设中遇到的各种问题，如果不被运用，它的价值就不可能实现，它的生命也就停止了。

2. 在运用中坚持马克思主义，就是要坚持理论联系实际

这就需要具备三个基本条件：一是要真正懂得马克思主义，二是要切实了解实际情况，三是要实现二者的有机结合。做到理论联系实际的根本前提，就是要切实把中国的实际搞清楚。要深入实际，深入群众，广泛开展调查研究，了解真实情况，切实摸清世情、国情、党情、军情，以此作为研究问题的出发点，并用马克思主义的观点去分析它、研究它，区分本质与现象、必然与偶然，制定出解决问题的政策、办法和措施。

3. 在运用中坚持马克思主义，一定要防止教条主义和经验主义

教条主义者不管我国实际情况，适用的不适用的，一起搬来，唯本本是从，以为上了书的就是对的，把马克思主义的个别词句、个别结论到处生搬硬套，常常用理论去框实践，而不是用实践去检验理论。经验主义者则相反，他们看不到马克思主义理论的巨大指导作用，拒绝理论指导，以为只有具体经验才是可靠的，拘泥于狭隘的个人经验，甚至把局部经验当作普遍真理。教条主义和经验主义都是主观主义，它们是以主观与客观相脱离、理论与实践相分裂为特征的。在我们的队伍中，教条主义者和经验主义者都是有的，他们共同的毛病是不会运用马克思主义，因而都不能很好地坚持马克思主义。因此，有工作经验的人，要向理论方面学习，要认真读书，才可以使经验带上条理性、综合性，上升成为理论，才可以不把局部经验误认为普遍真理，然后才可能不犯经验主义的错误。懂理论的人，要向实践方面学习，要勇于参加实践，在革命和建设的工作实践中，在接近工农群众中，在运用马克思主义解决具体问题中，深入了解现实，加深对马克思主义理论的理解。

三、在实践中不断发展马克思主义

对于马克思主义，不仅要坚持，而且要发展。发展是马克思主义的根本原则，是马克思主义

的生命力之源。只有在实践中不断发展马克思主义，才能使其保持旺盛的生命力，真正发挥它的指导作用。

（一）马克思主义在中国需要有一个大发展

马克思主义之所以在中国需要有一个大发展，一方面是由于马克思主义的内在要求，另一方面是由于中国革命和建设的迫切需要。根据中国国情和时代条件的变化发展马克思主义，是中国共产党人的庄严历史责任。

1.发展马克思主义是马克思主义的内在要求

首先，发展是马克思主义的根本原则。马克思主义的创始人马克思、恩格斯一向以发展的观点对待自己的理论。他们一再声明：我们的理论是发展着的理论，而不是必须背得烂熟并机械地加以重复的教条。他们总是根据新的实践和新的研究，不断补充、修正和发展自己的理论，而反对任何教条化的倾向。我们知道，《共产党宣言》是马克思主义诞生的标志性文献。就是对这样一个历史性文献，马克思、恩格斯也总是根据实际情况的变化，通过写序言或其他形式来发展它。

其次，发展是马克思主义的生命力之源。迄今为止，在人类历史上，还没有哪一种思想理论，能够像马克思主义这样，在全世界范围内如此长久地影响这么广大的群众，产生如此深刻的改造社会的巨大作用。马克思主义之所以具有如此强大的生命力，最根本的原因就在于：它是与时俱进的，是在实践中不断发展的。

2.发展马克思主义是中国革命和建设成功的迫切需要

中国革命要取得胜利，就要靠中国同志了解中国情况，用中国化的马克思主义作指导，走出一条“中国式的、特殊的、新式的民主主义”道路。

毛泽东思想是战争与革命为时代主题条件下的中国化的马克思主义，是马克思列宁主义在中国革命中的运用和发展，是中国化马克思主义的第一个理论形态，指导中国革命取得了伟大胜利。毛泽东就是在把马克思主义中国化的过程中发展了马克思列宁主义。正是有了毛泽东思想这一中国化马克思主义的指导，中国革命才走出了左右徘徊的窘境，走上了健康顺利发展的坦途。

不仅中国的革命需要以中国化的马克思主义为指导，中国的社会主义建设同样需要以中国化的马克思主义为指导。邓小平理论就是中国化的马克思主义建设理论，带领全党走出了一条建设中国特色社会主义的正确道路，指导中国社会主义建设取得了巨大成功。邓小平理论的主题是改革和建设，它是关于中国社会主义改革和建设的理论，是马克思主义的社会主义建设理论与中国社会主义建设的具体实践相结合的产物和结果，是中国化的马克思主义建设理论，是马克思主义中国化的又一重要理论形态。

3.发展马克思主义是中国共产党人的庄严历史责任

中国共产党是一个拥有七千多万党员的大党，有着八十多年的奋斗历史和丰富的实践经验，在世界上具有广泛而深刻的影响，因而在发展马克思主义过程中肩负着特殊的责任，具有特别巨大的作用。“苏东剧变”之后，马克思主义遇到严峻挑战，社会主义能不能站得住，在很大程度上取决于中国的社会主义建设搞得怎么样。要把中国的事情办好，关键在党，而关键的关键是把中国化的马克思主义不断推向前进，搞好全党的马克思主义理论武装。

（二）发展马克思主义的基本要求

在中国发展马克思主义的过程，也就是马克思主义普遍真理与中国具体实际相结合的过程。发展马克思主义是一个复杂的系统工程，必须坚持解放思想、实事求是，必须大胆进行理论创新，必须准确把握时代脉搏、科学判断党的历史方位，必须集中全党智慧、总结群众实践经验。

1. 必须坚持解放思想、实事求是

解放思想、实事求是，是辩证唯物主义的根本要求，是我们党的思想路线的核心。马克思主义哲学是辩证唯物主义和历史唯物主义，它观察一切问题都既是唯物的又是辩证的，是唯物论与辩证法的统一、唯物辩证的自然观与历史观的统一。这种辩证唯物主义的世界观必然要求我们：想问题、办事情，都必须从客观存在的实际情况出发，从运动、变化、发展着的实际出发，在尊重客观规律的基础上，充分发挥主观能动性，努力探求客观规律，坚持按客观规律办事。我们共产党人思考和解决一切问题，都要坚持这一思想路线，在发展马克思主义的问题上同样应该如此。

2. 必须大胆进行理论创新

创新，包括理论创新、制度创新、科技创新以及其他各方面的创新，但首要的是理论创新。实践基础上的理论创新是社会发展和变革的先导，其他各方面的创新，都是以理论创新为基础的，都是在理论创新的推动下进行的。

马克思主义的理论创新，就是要在坚持马克思主义基本原理的前提下，运用马克思主义的立场、观点和方法，不断总结新的实践经验，形成新的理论，丰富和发展马克思主义，用以指导新的实践坚持马克思主义的理论创新，就要以正确的思想观点纠正错误的思想观点，以更全面、更深刻的认识，丰富和深化原来不够全面、不够深刻的认识，以对新事业的认识、新问题的回答，填补原有认识的空白，以新的系统的认识开拓马克思主义发展的新境界。

3. 必须准确把握时代脉搏、顺应世界潮流

马克思主义是时代的产物。时代的变化、时代主题的变化、时代条件的重大变化，必然会给共产党人提出不同的时代课题和历史任务。每一代中国共产党人，也只能完成他们所面临的时代课题和历史任务，从而使他们的思想被打上鲜明的时代印记，使中国化马克思主义的发展呈现出历史阶段性。每一代中国共产党人要肩负起自己的历史使命，解决好自己面临的时代课题，就必须准确把握自己所处时代的基本特征。依据对时代条件和国际局势的科学判断和准确把握，制定出符合当时中国国情的路线和战略、策略，是我们党的一条重要经验，也是中国化马克思主义发展的一条重要规律。

4. 必须善于总结群众实践经验、集中全党智慧

马克思主义在中国的发展，是通过毛泽东思想、邓小平理论、“三个代表”重要思想、科学发展观的创立和发展体现出来的。在这一过程中，毛泽东、邓小平、江泽民、胡锦涛都作出了卓越的历史性贡献。但是，无论是毛泽东思想、邓小平理论还是“三个代表”重要思想、科学发展观，都不是他们个人的研究成果，而是在总结群众实践经验、集中全党智慧的基础上形成和发展起来的。这既是发展马克思主义的一个必要条件，也是我们党进行理论创新的一条基本经验。

四、努力把坚持和发展马克思主义统一起来、结合起来

坚持马克思主义和发展马克思主义是同一问题的两个不同方面，二者是密切联系、相互促进和制约的。只有把坚持和发展统一起来、有机结合起来，才能不断推进马克思主义理论创新，推动党的事业健康发展。

（一）坚持和发展是辩证统一的

1. 坚持马克思主义和发展马克思主义是辩证统一的

一方面.坚持是发展的前提。没有坚持，就谈不上发展。我们所要发展的是马克思主义，而不是其他什么主义。如果离开坚持讲发展，就很有可能脱离马克思主义的轨道，走到邪路上去。另一方面，发展是坚持的必要条件。我们坚持马克思主义的根本目的，就是用以指导实践。而实践是不断向前发展的，新情况、新问题层出不穷。马克思主义只是为我们指出了社会发展总的趋势和方向，提供了分析和解决问题的总的方法论原则，不可能提供现成的答案。我们必须根据时代条件的变化不断发展马克思主义，使之适合新的实践需要。如果离开发展讲坚持，就会把马克思主义教条化，导致思想僵化，使马克思主义失去生命力，就是主观上想坚持，也坚持不住、坚持不好。因此，对于马克思主义，要在坚持的前提下发展，在发展中坚持，发展是最好的坚持。胡锦涛同志指出："理论创新必须以坚持马克思主义基本原理为前提，否则就会迷失方向，就会走上歧途，而坚持马克思主义又要以根据实践的发展不断推进理论创新为条件，否则马克思主义就会丧失活力，就不能很好地坚持下去"。①

2. 坚持和发展马克思主义的辩证统一，具体表现为马克思主义的变与不变的辩证统一

坚持是不变，因为坚持意味着坚守，即坚守马克思主义的基本原理和立场、观点、方法，坚守马克思主义的理论阵地和指导地位，这些基本的东西不能变，也不能丢。但坚守不是保守僵化。发展是变，因为发展意味着突破和超越，意味着吸收借鉴人类一切优秀的思想文化成果，根据时代和实践的发展变化提出的要求，对马克思主义经典作家的某些具体观点、提法作某种程度的校正或改变。没有这种突破、超越或改变，也就没有马克思主义的丰富和发展，马克思主义就会失去生命力和指导作用。但突破、超越或改变不能触动根本，不是另起炉灶，不能另搞一套，更不能搞"西化""儒化"，那样就从根本上违背了马克思主义。中国共产党人就是在变与不变的统一中坚持和发展马克思主义，推进马克思主义中国化的。在这一进程中，不变的是马克思主义的本质和灵魂，变的是马克思主义的具体内容和形式。

3. 做到坚持和发展的统一，就要处理好继承与发展的关系

任何新的思想理论体系都是在继承前人提供的思想资料基础上形成和发展起来的，都会在前人的思想体系中找到它的理论根基，这就是意识形态的历史继承性。因此，继承是发展的基础，没有继承，不真正学懂弄通，就谈不上发展马克思主义。同样，一种新的思想理论体系又是根据新的社会历史条件、总结新的实践经验提出来的，它总要在前人的基础上有所发明、有所创造、

① 十六大以来重要文献选编（上册）[C].北京：中央文献出版社，2005，第365页

有所前进才能立得起来。因此，发展是最好的继承。没有发展，就会使马克思主义逐渐失去群众，也谈不上真正的继承。正是在这个意义上，邓小平、江泽民、胡锦涛一再强调，一方面，“老祖宗不能丢”，丢了就会丧失根本；另一方面，“要说老祖宗没有说过的新话”，如果老是那么一套，不能解决新问题，马克思主义就会因缺乏吸引力、说服力而失去群众。

（二）坚持和发展相统一的基础是实践

马克思主义是在实践中不断发展的科学，它来自实践，又指导实践，并在指导实践的过程中，实现自身价值，接受实践检验，不断丰富和发展自己。实践性是马克思主义的最鲜明特征，是其生命力和价值的根本所在。离开人民群众的社会实践，马克思主义既没有来源，又没有动力，也没有意义。所以，只有在实践中才能真正坚持和发展马克思主义。坚持用马克思主义指导实践，不断用新的实践经验丰富和发展马克思主义，始终用发展着的马克思主义指导新的实践，如此循环往复，不断把马克思主义和党的事业推进到更高一级的程度。这就是中国共产党人坚持和发展马克思主义的全过程，也是我们党的一条基本经验。

（三）坚持和发展相统一的前提是以科学的态度对待马克思主义

对待马克思主义有两种根本不同的态度，一种是科学的态度，另一种是非科学的态度。只有以科学的态度对待马克思主义，才能真正坚持和发展马克思主义。

1. 以科学的态度对待马克思主义，就要从阶级性与科学性的统一上看待马克思主义，不能以其阶级性否定其科学性

马克思主义是关于无产阶级解放条件的学说，是无产阶级认识世界和改造世界的强大思想武器。它集中反映了无产阶级的愿望和要求，代表了无产阶级的根本利益，具有鲜明的阶级性，它公开申明自己是为无产阶级服务的。马克思主义既具有鲜明的阶级性，同时又具有严密的科学性，它批判地吸取了人类历史上一切优秀的思想文化成果，深入研究了当代社会的历史发展，深刻分析了人类社会的基本矛盾运动，深刻揭示了人类社会发展的最一般规律特别是资本主义社会的根本矛盾和发展趋势，指明了人类社会的发展方向。马克思主义是合规律性与合目的性的有机统一，其阶级性和科学性之间并不存在矛盾，因为实现共产主义既是符合无产阶级利益的，又是合乎人类社会发展规律的。

2. 以科学的态度对待马克思主义，就要从绝对真理与相对真理的统一上看待马克思主义，不能以其真理的相对性否定其真理的绝对性

同任何真理一样，马克思主义作为一种社会科学的真理也具有相对性。沿着马克思开辟的道路前进，我们就会一步步逼近真理，离开了这条道路，除了谬误和迷惘之外，我们什么也得不到。马克思主义同一切真理一样，是绝对真理与相对真理的统一。说它是绝对真理，是因为它来自实践，揭示了人类社会发展的最一般规律，并经过了严格的实践检验，它的基本原理是推不倒的。说它是相对真理，是因为它没有也不可能穷尽人世间的一切真理，它也要继续接受实践的检验，并随着时代、实践和科学的发展而不断向前发展。

3. 以科学的态度对待马克思主义，就要从世界观和方法论的统一上看待马克思主义哲学，不能以其方法论功能否定其世界观功能

一切哲学都是世界观和方法论的统一体，都具有世界观和方法论两种功能，马克思主义哲学

同样如此。在一个很长的时期内，我们在马克思主义哲学的教育和宣传中，比较强调它的世界观和意识形态功能，而对它的方法论功能则重视不够、研究不透，有时甚至把它变成了纯粹的政治斗争工具，在某种程度上降低了马克思主义哲学的吸引力，影响了其指导作用的发挥，这是一个严重的教训。

4.以科学的态度对待马克思主义，就要做到两个“坚定不移、不能含糊”

一是必须坚持马克思主义的立场、观点和方法，坚持马克思主义的基本原理，这一点，要坚定不移、不能含糊。二是必须贯彻解放思想、实事求是的思想路线，坚持勇于追求真理和探索真理的革命精神，这一点，也要坚定不移、不能含糊。这两个“坚定不移、不能含糊”，始终是检验我们是不是真正的马克思主义者的试金石，也是坚持和发展马克思主义的基本要求。

（四）坚持和发展马克思主义必须加强党的理论建设

坚持和发展马克思主义，都要靠人。只要越来越多的人真正懂得马克思主义，真诚信奉马克思主义，自觉传承马克思主义，马克思主义就能后继有人。

1.坚持用马克思主义武装全党、教育人民

马克思主义只有被广大人民群众所掌握，才能变成改造世界的强大物质力量，实现其价值，并同时获得自己传播和延续的主体。马克思主义作为无产阶级解放条件的学说，既反映了人类社会发展的客观规律，特别是资本主义社会发展的特殊规律，又符合无产阶级和广大劳动群众的根本利益，因此，它同人民群众之间存在着天然的亲和力，能够掌握群众；反过来说，无产阶级的革命斗争迫切需要马克思主义的指导，人民群众只有掌握了马克思主义，才能认识到自己的利益并组织起来，自觉地为自己的利益而斗争，他们创造历史的活动才能从盲目变成自觉，由“必然王国”进入“自由王国”。

2.培养造就一支宏大的马克思主义理论队伍

马克思主义中国化的基本内涵是马克思主义基本理论同中国具体实践相结合，这其中包含着三个方面的要求，即马克思主义基本理论、中国革命和建设的具体实践和致力于二者结合并能够把二者结合起来的人。历史地看，马克思列宁主义同中国实际相结合，是通过革命知识分子这个特殊群体来实现的，中国共产党内的马克思主义理论家在这一过程中发挥了纽带和桥梁的作用，成为马克思主义与中国实际、中国人民群众之间不可或缺的中介环节。没有这个中介，马克思主义和中国实际就是两张皮，就是两条永远不相交的平行线，马克思主义中国化和中国化的马克思主义都无从谈起。

3.努力提高党的各级领导干部的马克思主义理论水平

我们党的各级领导干部，特别是高级领导干部，都担负着一个地区或部门、领域的领导重任，是党的事业的领导中坚。他们的政治立场、政治信仰是否坚定，政治倾向、价值取向是否正确，政治敏锐性、政治鉴别力强不强，是否具有良好的道德形象和很强的领导能力，对党的事业影响极大，在一定意义上甚至可以决定党、国家和军队的性质，决定党、国家和军队建设的发展方向，决定党的事业成败和社会主义的前途命运。所以，提高党的各级领导干部特别是中高级领导干部的马克思主义理论水平，是加强党的思想理论建设的关键环节。

第二节　坚持理论创新

实践是理论创新的源泉。实践的观点是马克思主义的基本观点，也是马克思主义的出发点和归宿。马克思主义来源于实践，是实践经验的理论概括和总结，又反过来指导实践，并在实践中得到检验和发展。作为马克思主义中国化理论创新成果的毛泽东思想和中国特色社会主义理论体系，其形成和发展也有着深厚的实践基础。

一、马克思主义是在实践中产生和丰富发展的

辩证唯物主义认识论认为，实践是认识的基础，认识是在实践基础上由浅入深、由片面到全面、由低级到高级的无限发展过程。因此，人们对任何一个事物的认识都不可能一次完成，都要经过实践、认识、再实践、再认识这样一个循环往复以至无穷的过程。

同任何科学的理论和认识一样，马克思主义是从人类社会实践的客观实际中抽象出来的，是对自然、社会和人类思维发展规律的深刻认识，是对人民群众在实践中创造的新鲜经验的科学总结，因而也必然随着时代的进步和实践的发展而不断丰富、完善和发展。马克思主义从诞生至今160多年的历史，就是在实践基础上与时俱进不断推动理论创新的历史，它揭示了一个深刻的道理：社会实践是随着时代的进步不断发展的，实践主体的思想认识也必须随之发展前进，根据实践的要求进行不断创新。

马克思主义具有强烈的实践性，这就决定它只有不断创新才能适应实践发展的要求，才能指导社会实践不断前进。马克思和恩格斯在创立马克思主义的过程中，发现有些观点和结论已经不适应形势的发展，曾多次对原有的观点、结论进行补充和修改。他们从不认为自己的理论是一成不变的，总是根据实践的发展和时代的变化，对其进行不断的丰富、完善和发展。进入20世纪以后，列宁把马克思主义基本原理与新的时代特征以及俄国的具体实际相结合，揭示了帝国主义发展的规律，提出了社会主义可以在一国或数国首先取得胜利的思想，从而把马克思主义发展到一个新的阶段，即列宁主义阶段，并以此指导“十月革命”取得成功，推动社会主义从理论变成了现实。

回顾中国共产党的发展历程，它从无到有、从小到大，并领导全国各族人民取得了革命、建设和改革的伟大成就，一个重要原因在于，它是一个善于在实践中总结经验并使之上升为理论原则再用以指导实践的马克思主义政党。进入新世纪以来，当代中国共产党人在马克思主义中国化问题上书写的新篇章、达到的新境界，正是在不断深刻总结实践经验的基础上取得的。

当今世界和我们所处的时代，同过去相比发生了很多深刻的变化。无论从国际还是从国内看，我们都面临着许多新情况新问题，必须从理论上和实践上作出回答并加以解决，必须与时俱进，继续丰富和发展马克思主义。如果因循守旧，停滞不前，我们就会落伍，我们党就有丧失先进性和领导资格的危险。理论创新，这是马克思主义理论的根本要求。要使党和国家的发展不停顿，首先理论上不能停顿，否则，一切新的发展都谈不上。

二、与时俱进是马克思主义最重要的理论品质

“马克思主义具有与时俱进的理论品质。”①这一科学论断，是江泽民在纪念建党80周年讲话中首次明确提出的。胡锦涛在“三个代表”重要思想理论研讨会上又进一步指出：“与时俱进的理论品质”，就是“坚持一切从实际出发，理论联系实际，实事求是，在实践中检验真理和发展真理”，这也是“马克思主义最重要的理论品质”。②

马克思主义是随着时代的进步和实践的发展而不断丰富、完善和发展的理论，与时俱进是马克思主义最重要的理论品质。这是在总揽马克思主义发展史的基础上，对马克思主义的全部特点和优点进行科学分析基础上做出的深刻概括，使中国共产党人对马克思主义的认识上升到了一个新的高度。

马克思主义不是故步自封的学说，而是开放的、与时俱进的理论体系。一部马克思主义发展史，就是与时俱进的理论创新史，它昭示我们：社会实践是随着时代进步而不断发展的，社会实践主体的认识水平也必须随之不断提高，并根据实践的新要求进行不断创新。马克思和恩格斯多次强调，他们的学说不是必须背得烂熟并机械地加以重复的教条，而是行动的指南，并且是发展着的理论。作为与时俱进推动理论创新的光辉典范，马克思主义的创立者为后继者们树立了学习榜样。

马克思主义是随着时代的进步和实践的发展而不断丰富、完善和发展的理论，这正是马克思主义能够反映时代和实践的要求，永远保持蓬勃生机和活力，始终具有科学性和真理性的根本原因。新的时代条件下，只有用发展着的马克思主义指导新的实践，才能永葆马克思主义的强大生命力，为进一步认识世界和改造世界、推动党和国家事业发展提供强有力的理论指导。

三、中国共产党人在实践基础上的理论创新

理论创新源于实践又指导实践，是在继承已有实践经验和思想认识的基础上，不断吸取新的实践经验、新的思想形成新认识的过程。在新的实践基础上的理论创新，能够在更高层次上引领和推动实践活动的深入开展，往往成为社会发展变革的先导和推动社会前进的强大力量。

重视实践基础上的理论创新，推动党的事业不断前进，是中国共产党的一条重要政治经验。历史经验表明：什么时候我们紧密结合实践不断推进理论创新，党的事业就充满生机和活力；什么时候理论的发展落后于实践，党的事业就会受到损害，甚至受到挫折。

以毛泽东为核心的党的第一代中央领导集体，是中国共产党与时俱进推动理论创新的光辉典范。中国共产党在运用马克思主义的立场观点方法、深刻研究中国革命的特点和规律基础上，实现了马克思主义中国化的第一次历史性飞跃，创立了毛泽东思想，系统回答了在中国这样一个落后的东方大国怎样开展新民主主义革命、走上社会主义道路的一系列问题，引领中国革命取得了辉煌胜利。

以邓小平为核心的党的第二代中央领导集体，是中国共产党与时俱进推动理论创新的又一

① 江泽民文选(第3卷)[C].北京：人民出版社，2006，第283页

② 十六大以来重要文献选编(上册)[C].北京：中央文献出版社，2005，第364页

光辉典范。他一方面强调马列主义、毛泽东思想的基本原则在任何时候都不能违背，另一方面又强调要讲新话，要研究、回答和解决新问题。以邓小平为核心的党的第二代中央领导集体坚持解放思想、实事求是的思想路线，成功开辟了中国特色社会主义道路，取得了改革开放和现代化建设的巨大成就，并将中国化马克思主义推进到一个新的阶段，形成了邓小平理论，第一次比较系统地初步回答了中国这样的经济文化比较落后的国家如何建设社会主义、如何巩固和发展社会主义等一系列基本问题，奠定了中国特色社会主义理论体系的基础。

在新的时代条件下，坚持与时俱进，勇于开拓创新，用发展着的马克思主义指导新的实践，开创中国特色社会主义事业新局面，实现中华民族的伟大复兴，这是时代赋予新世纪中国共产党人的神圣使命。21世纪初，江泽民在一次讲话中指出："当今世界和我们所处的时代，同过去相比发生了很多深刻变化。无论从国际还是从国内看，我们都面临着许多新情况新问题，必须从理论上、实践上作出回答并加以解决，否则我们就不能更好地前进。我们必须与时俱进，继续丰富和发展马克思主义。如果因循守旧、停滞不前，我们就会落伍，我们党就有丧失先进性和领导资格的危险。""要使党和国家的发展不停顿，首先理论上不能停顿，否则一切新的发展都谈不上。"他强调要"用发展的观点对待马克思主义，在坚持中发展、在发展中坚持"，从两个方面做到"坚定不移，不能含糊"：一是必须坚持马克思主义的立场、观点、方法，坚持马克思主义的基本原理；二是一定要贯彻解放思想、实事求是的思想路线，坚持勇于追求真理和探索真理的革命精神。"这两个'坚定不移'、两个'不能含糊'，始终是检验我们是不是真正的马克思主义者的试金石。"①

党的十六大以来，胡锦涛在多种场合及多次讲话中，继续强调解放思想、实事求是的重要意义，指出必须从理论和实践的结合上不断研究新情况、解决新问题，不断有所发现、有所创造、有所前进。正是由于做到了坚定不移地以实事求是、与时俱进的科学态度对待马克思主义，一切从发展变化着的实际出发，把马克思主义看作是不断随着实践的发展而发展的科学，用发展着的马克思主义指导新的实践，进入21世纪以来，当代中国共产党人的重大理论创新接连不断，逐步形成了"三个代表"重要思想和科学发展观等重大战略思想，进一步丰富了中国特色社会主义理论体系，开拓了马克思主义中国化的新境界。

党的十八大对科学发展观重新作出了新的历史定位——科学发展观是马克思主义同当代中国实际和时代特征相结合的产物，是中国特色社会主义理论体系最新成果，把我们对中国特色社会主义规律的认识提高到新的水平，开辟了当代中国马克思主义发展新境界；对中国特色社会主义作出了新的阐述——国特色社会主义是当代中国发展进步的根本方向，只有中国特色社会主义才能发展中国。全党全国各族人民要把中国特色社会主义作为共同信念，坚定对中国特色社会主义的道路自信、理论自信、制度自信，决不能走封闭僵化的老路、也不能走改旗易帜的邪路，只能走坚定不移走中国特色社会主义的新路，毫不动摇坚持、与时俱进地发展中国特色社会主义，不断丰富中国特色社会主义的实践特色、理论特色、民族特色、时代特色；对中国特色主义作出了新拓展——党的十八大明确把生态文明建设上升为中国特色社会主义事业总体布局的重要组成部分。"五位一体"总体布局是中国特色社会主义实践不断丰富发展的结果，是我们党对中国特色社会主义认识不断深化的结果，对于开创中国特色社会主义新局面具有重大意义，对全面建成小康社会提供了有力支撑；对全面坚持小康社会和深化改革提出了新的要求——党的十八大根据我国经济社会发展实际，从五个方面提出了全面建成小康社会的新的目标要求，即经济持

① 江泽民文选(第3卷)[C].北京：人民出版社，2006，第335－337

续健康发展，人民民主不断扩大，文化软实力显著增强，人民生活水平全面提高，资源节约型、环境友好型社会建设取得重大进展。

第三节　坚持实事求是

坚持解放思想、实事求是，把马克思主义普遍真理与中国实际、时代特征相结合，走中国特色革命和建设的道路，这就从党的思想路线和中国化马克思主义思想方法论的实质上为中国革命和建设道路提供了坚实的哲学基础。坚持解放思想、实事求是，有助于深入理解和掌握马克思主义中国化的理论成果，全面贯彻执行党的基本理论、基本路线、基本纲领、基本经验和基本要求，把马克思主义中国化的伟大事业不断推向前进。

一、实事求是的精神实质

1941 年 5 月，为开展全党范围的马克思主义教育运动，毛泽东在延安干部会议上作了《改造我们的学习》的报告，突出地强调了“实事求是”的重要性，并对实事求是的含义作了精辟的阐述。他说：“‘实事’就是客观存在着的一切事物，‘是’就是客观事物的内部联系，即规律性，‘求’就是我们去研究。我们要从国内外、省内外、县内外、区内外的实际情况出发，从其中引出其固有的而不是臆造的规律性，即找出周围事变的内部联系，作为我们行动的向导。”①他认为这是共产党人应该具备的对待马克思列宁主义的正确态度。这样，经过毛泽东的阐释，“实事求是”这个古老的概念具有崭新的含义，它成为马克思主义辩证唯物主义和历史唯物主义基本精神的中国语言表达形式。从此，实事求是就成为中国共产党的一切从实际出发、理论和实际相统一的马克思主义思想路线的集中概括，是毛泽东思想的活的灵魂和精髓。

回顾党的历史，可以看出，我们所取得的一切胜利，都是实事求是思想路线的胜利；我们所遭受的一切挫折，也恰恰是背离了实事求是思想路线的结果。实事求是是我们党的生命线和一切工作的准则，是中国共产党最根本的思想方法和工作方法，是中国革命和建设胜利的根本保证。邓小平指出：“实事求是，是无产阶级世界观的基础，是马克思主义的思想基础。过去我们搞革命所取得的一切胜利，是靠实事求是；现在我们要实现四个现代化，同样要靠实事求是。”②

我们所以要实事求是，是因为实事求是是马克思主义的根本立场、根本观点和根本方法，是贯穿于毛泽东思想全部内容的活的灵魂，是毛泽东思想的精髓。

（一）实事求是集中体现了唯物论、辩证法和认识论三者的有机统一

1. 实事求是包含了辩证唯物主义的基本观点

马克思主义从科学的实践观出发，既唯物又辩证地解决了思维与存在的关系这个哲学的基本问题。毛泽东坚持了马克思主义的彻底唯物主义立场，指出“实事”就是客观存在着的、不以人

---

① 毛泽东选集(第 3 卷)[C]. 北京：人民出版社，1991，第 801 页

② 邓小平文选(第 2 卷)[C]. 北京：人民出版社，1994，第 143 页

的意志为转移的一切事物,"是"就是对客观事物内部规律性的认识,由于事物的规律存在于事物本身之中,因此,必须从"实事"中求"是"。这正是坚持从物质到精神、从存在到思维的唯物主义。

2.实事求是包含了马克思主义认识论的基本观点

实事求是中的"求",就是指要去认识世界,探求事物发展的规律性。这就要求我们在实践的基础上,遵循马克思主义认识论的原则,能动地反映客观事物的规律性,揭示事物内在的、本质的、必然的联系,以达到正确地认识世界及其客观规律并有效地改造世界的根本目的。这就内在地包含了辩证唯物主义认识论的基本思想。

3.实事求是包含了唯物辩证法的基本观点

客观事物是复杂的,又是相互联系和发展变化的。人们要从复杂而变化着的客观事物中"求"出规律,就必须通过调查研究,详尽地占有材料,并运用全面、发展、对立统一等辩证法的观点和方法,对客观事物进行具体分析和研究,从而引出其固有的而不是臆造的规律性。可见,实事求是充分体现了唯物论、辩证法和认识论的有机统一,体现了世界观和方法论的有机统一,是对辩证唯物主义和历史唯物主义的运用和发展,是我们一切实际工作必须遵循的根本原则。

(二)实事求是是贯穿于毛泽东思想全部内容之中的活的灵魂,是毛泽东思想的出发点和根本点

毛泽东思想的内容是极其丰富的,它涵盖了政治、经济、军事、文化、思想等各个方面。但是无论哪一部分内容都是以实事求是为出发点和根本点的,都是中国革命和建设经验的总结,都是实事求是的产物。新民主主义的理论,特别是其中关于中国革命新道路的理论,是以毛泽东为代表的中国共产党人,运用马克思主义的普遍原理,分析中国的历史和现状,实事求是地研究和解决中国革命的实际问题,总结中国革命斗争的经验而创立的,是坚持实事求是的结果。社会主义革命理论的形成和社会主义建设经验的取得,也贯穿着实事求是的精神。新中国成立后,党和毛泽东依据新民主主义革命胜利所创造的经济政治条件以及当时具体的国内外环境,制定了党在过渡时期的总路线,创造了适合中国特点的社会主义改造道路。此后,他又在调查研究、总结经验的基础上,提出了探索中国工业化道路的基本要求和一系列正确方针。此外,在革命军队建设和军事战略理论、政策策略理论、文化工作理论、党的建设理论等方面,无不是以实事求是为出发点和根本点的,无不是实事求是的产物。不仅如此,实事求是还是毛泽东思想灵魂中的最根本的原则,群众路线和独立自主,归根到底,又是实事求是的根本要求和体现。可见,实事求是贯穿于毛泽东思想形成和发展的全过程,贯穿于毛泽东思想的各个方面,没有实事求是,就不可能有毛泽东思想。

二、实事求是方法的形成和发展

实事求是是中国共产党最具特色的基本原则,它是在中国革命、建设和改革的长期实践中逐步形成和发展起来的。

在中国共产党内,毛泽东对"实事求是"思想方法的创立作出了最重要的贡献。早在1929年6月,毛泽东在分析红四军党内存在着种种错误思想的原因时即指出,那些错误的思想是"历史的结穴",是"历史上一种错误的思想路线上的最后挣扎"。这是毛泽东第一次使用"思想路线"这一概念,目的是引导各级红军干部从深层次来防止错误的发生。同年12月,毛泽东在古田会议

决议中，第一次明确提出了反对主观主义的任务。他指出："对于政治形势的主观主义的分析和对于工作的主观主义的指导，其必然的结果，不是机会主义，就是盲动主义。"[①]要纠正主观主义，使党员的思想和党内的生活都政治化、科学化，就要："（一）教育党员用马克思列宁主义的方法去作政治形势的分析和阶级势力的估量，以代替主观主义的分析和估量。（二）使党员注意社会经济的调查和研究，由此来决定斗争的策略和工作的方法，使同志们知道离开了实际情况的调查，就要堕入空想和盲动的深坑。"[②]在这里，毛泽东实际上已经从两种对立的思想路线和思想方法的角度，提出了马克思列宁主义普遍原理与中国革命具体实践相结合的思想，只是还没有使用这样的语言。

1930 年 5 月，毛泽东针对当时党内盛行的把马克思主义教条化、把共产国际决议和苏联经验神圣化的错误倾向，发表了《反对本本主义》一文。文章认为"那些具有一成不变的保守的形式的空洞乐观的头脑的同志们，以为现在的斗争策略已经是再好没有了，党的第六次全国代表大会的'本本'保障了永久的胜利，只要遵守既定办法就无往而不胜利。这些想法是完全错误的，完全不是共产党人从斗争中创造新局面的思想路线，完全是一种保守路线。"[③]并强调指出：没有调查，没有发言权；离开实际调查就要产生唯心的阶级估量和唯心的工作指导，它的结果，不是机会主义，便是盲动主义；马克思主义的本本是要学习的，但一定要与中国的实际相结合。文章实际上是反对了当时党内和红军中的一种错误的思想路线，代表了一条正确的思想路线，即反对唯书唯上，主张把马克思主义与我国实际相结合的思想路线。但可惜的是，毛泽东在实际上所代表的马克思列宁主义的思想路线和思想方法，当时并没有被党中央大多数同志所认识和接受。处在中共中央领导地位的王明"左"倾教条主义，甚至把毛泽东提出的这些正确的思想讥为"狭隘经验论"而加以指责，并在实际工作中排斥了毛泽东对党和红军的正确领导。

遵义会议以后，由于批判了教条主义，人们的思想得到很好地解放，以毛泽东为主要代表的理论和实际相结合的正确方向为越来越多的领导干部所认识和接受，更多的人开始注意从实际出发创造性地运用马克思列宁主义，这就为党的实事求是思想路线的形成和发展创造了有利条件。1935 年 12 月，毛泽东在《论反对日本帝国主义的策略》的报告中，结合对"左"倾冒险主义在政治策略上的错误的清理，批评了"圣经上载了的才是对的"这种把"本本"当"圣经"的错误倾向，这是同本本主义作斗争的继续。1936 年 12 月，毛泽东在《中国革命战争的战略问题》中对第二次国内革命战争军事斗争经验的系统总结，则是把《反对本本主义》一文中提出的思想路线问题结合军事问题具体化了。1937 年 7、8 月间，毛泽东相继发表《实践论》和《矛盾论》两篇重要哲学著作。《实践论》以科学的社会实践为基础，阐明了"主观和客观、理论和实践、知和行的具体的历史的统一"问题；《矛盾论》则以矛盾的特殊性为基础，阐明了"共性个性、绝对相对的道理"，从而为实事求是作了系统的哲学论证，奠定了实事求是思想路线的基础。

1938 年，毛泽东在党的六届六中全会提出"马克思主义中国化"任务的同时，要求"共产党员应是实事求是的模范"，"因为只有实事求是，才能完成确定的任务。"[④]为了统一全党思想、并为新民主主义革命的总路线制定和执行奠定思想基础，毛泽东领导了延安整风。延安整风期间所

---

① 毛泽东选集（第 1 卷）[C]. 北京：人民出版社，1991，第 91 页

② 毛泽东选集（第 1 卷）[C]. 北京：人民出版社，1991，第 92 页

③ 毛泽东选集（第 1 卷）[C]. 北京：人民出版社，1991，第 115 页

④ 毛泽东选集（第 1 卷）[C]. 北京：人民出版社，1991，第 522 页

发表的《改造我们的学习》、《整顿党的作风》、《反对党八股》等文献，对“实事求是”思想路线进行了全面的阐述，其中《改造我们的学习》一文对“实事求是”科学含义作了马克思主义的界定。在这里，毛泽东不仅赋予了“实事求是”以认识论的意义，还将能否坚持实事求是提到有没有党性、党性纯不纯的高度，进一步上升为中国共产党的思想路线。经过延安整风和党的七大，实事求是的思想路线在全党得到了确立。

中华人民共和国成立后，毛泽东继续强调实事求是。1956 年，他明确提出马克思主义与中国实际进行“第二次结合”的思想。在全面进行社会主义建设的过程中，他还曾针对“大跃进”的“左”的错误，号召全党“大兴调查研究之风”，把实事求是的精神恢复起来。然而可惜的是，不久，正确的思想路线又受到更大的干扰和破坏。毛泽东晚年由于过多地相信以往革命斗争中所取得的经验，较少地去认真研究中国进入社会主义时期以后出现的新情况和新问题，逐渐脱离实际和脱离群众，从而逐渐背离了他自己所提倡的实事求是的思想路线，结果导致了“文化大革命”这样严重的“左”倾错误，并被林彪、江青反革命集团所利用，造成十年内乱。正如邓小平所指出的：“这条思想路线，有一段时间被抛开了，给党的事业带来很大的危害，使国家遭到很大的灾难，使党和国家的形象受到很大的损害。”[①]

“文化大革命”结束后，在中国向何处去的重大历史关头，邓小平严厉批评了“两个凡是”的教条主义的态度，强调“实事求是，是毛泽东思想的出发点、根本点。”[②]指出：“我们也有一些同志天天讲毛泽东思想，却往往忘记、抛弃甚至反对毛泽东同志的实事求是、一切从实际出发、理论与实践相结合的这样一个马克思主义的根本观点，根本方法。不但如此，有的人还认为谁要是坚持实事求是，从实际出发，理论和实践相结合，谁就是犯了弥天大罪。”[③]同时尖锐地指出：“他们提出的这个问题不是小问题，而是涉及到怎么看待马列主义、毛泽东思想的问题。”[④]在 1978 年 12 月召开的中央工作会议闭幕会上，邓小平作了题为《解放思想、实事求是，团结一致向前看》的重要讲话。这篇讲话实际上成为十一届三中全会的主题报告。邓小平在讲话中深刻阐明了党的实事求是思想路线的意义以及解放思想的极端重要性。他强调指出：“过去我们搞革命所取得的一切胜利，是靠实事求是；现在我们要实现四个现代化，同样要靠实事求是。”“一个党，一个国家，一个民族，如果一切从本本出发，思想僵化，迷信盛行，那它就不能前进，它的生机就停止了，就要亡党亡国。”[⑤]只有思想解放了，我们才能正确地以马克思列宁主义、毛泽东思想为指导，解决过去遗留的问题，解决新出现的一系列问题，正确地改革同生产力迅速发展不相适应的生产关系和上层建筑，根据我国的实际情况，确定实现四个现代化的具体道路、方针、方法和措施。邓小平对恢复和发展实事求是思想路线作出了卓越的贡献：他深刻揭示了实事求是在整个马克思列宁主义、毛泽东思想科学体系中的地位，对党的思想路线的内容作出了新的更为完整的概括，科学揭示了解放思想与实事求是的辩证关系，强调了民主是解放思想、实事求是的重要条件。

20 世纪 90 年代以来，国际局势和国内形势的变化呈现出许多前所未有的新特点。中国共产党自身的状况也发生了很大的变化。面对改革开放以来中国社会所出现的新情况新特点，部

---

① 邓小平文选(第 2 卷)[C]. 北京：人民出版社，1994，第 278 页

② 邓小平文选(第 2 卷)[C]. 北京：人民出版社，1994，第 114 页

③ 邓小平文选(第 2 卷)[C]. 北京：人民出版社，1994，第 114 页

④ 邓小平文选(第 2 卷)[C]. 北京：人民出版社，1994，第 114 页

⑤ 邓小平文选(第 2 卷)[C]. 北京：人民出版社，1994，第 143 页

分干部和党员对党所采取的新政策、新领导方式和工作方法等，还缺乏科学的分析和正确的认识，还沉浸在不合时宜的观念、做法和体制中，对马克思主义也还存在一些错误的和教条式的理解。为了使党在思想上保持开拓创新的状态，更好地坚持实事求是的思想路线，进一步突出时代精神和创新要求，江泽民、胡锦涛在坚持解放思想、实事求是的同时，相继提出了“与时俱进”、“求真务实”等重要观点，作为坚持党的实事求是思想路线的基本要求，丰富和发展了党的思想路线。

“与时俱进”的思想是逐步形成的。党的十五大在提出用邓小平理论武装全党的同时，强调指出：“一定要以我国改革开放和现代化建设的实际问题、以我们正在做的事情为中心，着眼于马克思主义理论的运用，着眼于对实际问题的理论思考，着眼于新的实践和新的发展。”①“一个中心、三个着眼于”思想的提出，是党在思想路线认识上的深化，体现了与时俱进的精神。1998 年 12 月，在纪念党的十一届三中全会召开 20 周年大会上，江泽民从思想方法论的高度，进一步总结了 20 年来的主要经验。他指出：“实践是永无止境的，认识真理不是一次完成的。一切从实际出发，解放思想、实事求是，也要一以贯之。”②并再次重申了“一个中心、三个着眼于”的马克思主义学风。2001 年 1 月，江泽民在全国宣传部长会议上的讲话中第一次明确提出“与时俱进”的概念，并把它同创新联系起来，指出：不唯本本、不守教条，与时俱进，不断推进理论创新、体制创新、科技创新。随后，江泽民又把与时俱进作为党的思想路线的要求加以阐述。他指出，解放思想、实事求是、与时俱进、开拓创新是马克思主义活的灵魂，也是我们认识新事物、适应新形势、完成新任务的根本思想武器。同年 7 月，在庆祝中国共产党成立 80 周年的讲话中，江泽民从更为广阔的视角对“与时俱进”进行深刻的思考，提出了“马克思主义具有与时俱进的理论品质”③的论断。党的十六大报告对“与时俱进”的含义进行了科学的表述，明确指出：与时俱进，就是党的全部理论和工作要体现时代性、把握规律性、富于创造性。同时，强调指出：“坚持党的思想路线，解放思想、实事求是、与时俱进，是我们党坚持先进性和增强创造力的决定性因素。”④

“求真务实”是中国共产党一以贯之的优良传统和作风。毛泽东曾号召全党要把革命气概和实际精神结合起来，告诫全党同志要老老实实地办事，在世界上要办成几件事没有老实态度是根本不行的。新时期，邓小平则突出强调，世界上的事情都是干出来的，不干，半点马克思主义都没有，要坚决制止追求表面文章，不讲实际效果、实际效率、实际速度、实际质量、实际成本的形式主义，杜绝说空话、说大话、说假话的恶习。江泽民也一再强调，形式主义、官僚主义是一大祸害，必须狠煞形式主义、官僚主义的歪风，时时处处坚持重实际、说实话、务实事、求实效，大力发扬脚踏实地、埋头苦干的工作作风。党的历史充分证明，求真务实是党的活力之所在，也是党和人民事业兴旺发达的关键之所在。什么时候求真务实坚持得好，党的组织和党员干部队伍就充满朝气和活力，党和人民的事业就能顺利发展；什么时候求真务实坚持得不好，党的组织和党员干部队伍就缺乏朝气和活力，党和人民的事业就受到挫折。新世纪新阶段，针对党和国家工作的新要求，胡锦涛在 2004 年 1 月中央纪律监察委员会第三次全体会议上向全党发出了大力弘扬求真务实精神、大兴求真务实之风的号召。他指出：“求真务实，是辩证唯物主义和历史唯物主义一以贯之的科学精神，是我们党的思想路线的核心内容，也是党的优良传统和共产党人应该具备的政治

① 江泽民文选(第 3 卷)[C].北京：人民出版社，2006，第 12 页

② 江泽民文选(第 3 卷)[C].北京：人民出版社，2006，第 251 页

③ 江泽民文选(第 3 卷)[C].北京：人民出版社，2006，第 282 页

④ 江泽民文选(第 3 卷)[C].北京：人民出版社，2006，第 537 页

品格。"[①]把求真务实明确地作为党的思想路线的核心内容，作为共产党人应该具备的政治品格，这就进一步深化了党对思想路线的认识，具有十分重要的理论价值和实践意义。

总之，从毛泽东提出实事求是，到邓小平冠之以解放思想、实事求是，再到江泽民、胡锦涛对实事求是基本要求作出"与时俱进"、"求真务实"的新概括，反映了思想路线必须随着时代和实际的发展而不断丰富和发展，充分体现了主观与客观相符合、理论与实际相联系、历史与现实相统一的基本立场、观点和方法。这些基本立场、观点和方法，是党的思想路线不断丰富和发展的内在动力。

三、实事求是方法的基本内容

"实事求是"一词，原出自《汉书》本义指一种学风。实事求是的方法，植根于马克思主义的辩证唯物主义与历史唯物主义，凝结着中国共产党人科学思维的创造，蕴涵着中华民族优秀传统文化的精华，表现于中国人民喜闻乐见的民族形式，具有深刻而又丰富的思想内容。

（一）实事求是

毛泽东在《改造我们的学习》一文中，第一次对"实事求是"的含义作了科学的解释。他说："'实事'就是客观存在着的一切事物，'是'就是客观事物的内部联系，即规律性，'求'就是我们去研究。我们要从国内外、省内外、县内外、区内外的实际情况出发，从其中引出其固有的而不是臆造的规律性，即找出周围事变的内部联系，作为我们行动的向导。"[②]毛泽东在这里已经揭示了马克思主义的真理观。邓小平指出："马克思、恩格斯创立了辩证唯物主义和历史唯物主义的思想路线，毛泽东同志用中国语言概括为'实事求是'四个大字"[③]，"毛泽东思想的精髓就是这四个字"，又说："实事求是，一切从实际出发，理论联系实际，坚持实践是检验真理的标准，这就是我们党的思想路线。"[④]邓小平的这些科学论断，不仅精辟地阐明了实事求是在马克思列宁主义、毛泽东思想中的重要地位，而且对实事求是思想路线的基本内容作出了新的更完善的概括。

1. 一切从实际出发，既是实事求是最主要的内容，也是坚持实事求是的客观前提和基础

从实际出发，按照科学的方法认识规律、掌握规律，以此作为行动的指南，这就正确地解决了人们认识世界、改造世界的根本出发点问题。其次，理论联系实际，即理论和实践相结合，这是实事求是的基本内容，也是坚持实事求是，达到主客观相统一的根本途径。中国共产党一贯重视并致力于把马克思主义的理论同中国的实际相结合，把理论联系实际还是脱离实际、理论和实践相结合还是相分裂的问题，看作全党的思想方法和工作态度问题，看作对待马克思主义的态度问题，是"第一个重要的问题"。强调要反对教条主义和经验主义这两种错误倾向，善于把马克思主义理论应用于中国的具体环境，使之中国化，并为中国人民所掌握，成为夺取革命和建设胜利的有效武器。这就解决了理论向实际转化，以及不断在实践中得到发展的途径问题。

---

① 十六大以来重要文献汇编（上卷）[C]. 北京：人民出版社，2005，第 724 页

② 毛泽东选集（第 3 卷）[C]. 北京：人民出版社，1991，第 801 页

③ 邓小平文选（第 2 卷）[C]. 北京：人民出版社，1994，第 278 页

④ 邓小平文选（第 2 卷）[C]. 北京：人民出版社，1994，第 126 页

2. 坚持实践是检验真理的标准

毛泽东继承和发展了马克思、列宁关于用实践作为证明人的思维是否具有真理性的标准的重要思想，不仅进一步强调了实践作为检验真理标准的唯一性，指出只有人们的社会实践，才是人们对于外界认识真理性的标准，并且阐明了实践检验真理的复杂性。邓小平在新时期把实践是检验真理的标准规定为党的思想路线的内容，意义十分重大，它构成了党的思想路线的基石。人们是不是做到了从实际出发，是不是实现了理论联系实际，是不是坚持了实事求是，最终全靠以人民群众为主体的社会实践的检验。

上述几个方面的核心是实事求是。它集中体现了马克思列宁主义的世界观和方法论。只要坚持实事求是，就不能不坚持一切从实际出发，理论联系实际和实践是检验真理的标准。反之，也只有坚持后面这三点，才能真正做到实事求是。因此，邓小平在讲到党的实事求是的思想路线时，才把这三点联系起来作综合考察，把它们作为一个整体加以论述，使党的实事求是思想路线的要求更加明确和具体，更具有鲜明的针对性，也更容易为人们所理解和掌握。

（二）解放思想

关于解放思想的内涵，邓小平曾明确指出："什么叫解放思想？我们讲解放思想，是指在马克思主义指导下打破习惯势力和主观偏见的束缚，研究新情况，解决新问题。"① 又说："解放思想，开动脑筋，实事求是，团结一致向前看，首先是解放思想。只有思想解放了，我们才能正确地以马列主义、毛泽东思想为指导，解决过去遗留的问题，解决新出现的一系列问题，正确地改革同生产力迅速发展不相适应的生产关系和上层建筑，根据我国的实际情况，确定实现四个现代化的具体道路、方针、方法和措施。"② 邓小平的这些论述，不仅深刻地揭示了解放思想的历史背景，而且系统地说明了解放思想的基本要求。

1. 解放思想必须认真解决过去长期以来所形成的思想僵化问题

解放思想和思想僵化是两种根本不相容的精神状态。邓小平指出，由于"文化大革命"中林彪、"四人帮"大搞禁区、禁令，制造现代迷信，把人们的思想封闭在他们假马克思主义的禁锢圈内；由于民主集中制遭到破坏，党内确实存在权力过分集中的官僚主义；由于是非功过不清、赏罚不明以及小生产的习惯势力的影响等等原因，不少同志的思想还很不解放，脑筋还没有开动起来，也可以说还处在僵化或半僵化的状态。思想不解放，思想僵化，很多的怪现象就产生了。思想一旦僵化，条条、框框就多起来了，不从实际出发的本本主义，也就严重起来了。思想僵化、迷信盛行，不解决人们思想上存在的这些严重问题，就不可能使我们的社会主义事业真正有所前进。"不打破思想僵化，不大大解放干部和群众的思想，四个现代化就没有希望。"③ 在这里，很明显，解放思想又具有拨乱反正的性质。

2. 解放思想必须注意研究新情况，解决新问题

十一届三中全会以后，邓小平特别强调解放思想，从更深层次的背景看，主要是为了"解决新出现的一系列问题"。他首先自觉地意识到中国的社会主义事业已经进入一个新的历史时期，从

① 邓小平文选(第2卷)[C].北京：人民出版社，1994，第279页

② 邓小平文选(第2卷)[C].北京：人民出版社，1994，第141页

③ 邓小平文选(第2卷)[C].北京：人民出版社，1994，第143页

而认识到在中国需要探索一条新的道路，即一条具有中国特色的社会主义建设道路。邓小平指出，在党内和人民群众中，肯动脑筋、肯想问题的人愈多，对我们的事业就愈有利。干革命、搞建设，都要有一批勇于思考、勇于探索、勇于创新的闯将。没有这样一大批闯将，我们就无法摆脱贫穷落后的状况，就无法赶上更谈不到超过国际先进水平。又说，解放思想必须真正解决问题。我们的思想懒汉不少，讲大话、空话的多。真正仔细地研究新情况，解决新问题，切实地想办法使我们的步伐快一些，使生产力发展快一些，使国民收入增加快一些，把领导工作做得更好一些，这样的同志还不多。他希望各级党组织和每个领导干部，都来鼓励、支持党员和群众去思考、探索、创新。显然，在这里，解放思想是与开拓社会主义现代化建设新局面紧密联系在一起的，体现了革命的探索、创新的精神。

3.解放思想必须坚持四项基本原则

解放思想作为党的马克思主义思想路线的重要原则，本身就具有很强的党性和阶级性。中国在粉碎“四人帮”以后出现了资产阶级自由化思潮。一些鼓吹资产阶级自由化的人，打着“解放思想”的旗号，反对共产党的领导，反对社会主义道路，反对人民民主专政，反对马克思列宁主义、毛泽东思想，主张中国全盘西化，走资本主义道路。在他们的煽动下，出现了一次次学潮，并最终导致 1989 年春夏之交的政治风波。邓小平鉴于“文化大革命”十年动乱给党和国家造成的惨痛损失及资产阶级自由化所带来的严重后果，在反复强调必须坚持四项基本原则、巩固和发展安定团结的政治局面的同时，还严肃指出，解放思想决不能偏离四项基本原则的轨道，不能损害安定团结、生动活泼的政治局面。如果离开四项基本原则去“解放思想”，实际上就把自己放到党和人民的对立面上去了。

关于解放思想与实事求是的关系，邓小平也有过明确的论断。他指出：“解放思想，就是使思想和实际相符合，使主观和客观相符合，就是实事求是。”①一方面，解放思想是实事求是的前提。邓小平认为，只有解放思想，才能真正做到实事求是。他指出：“解放思想，就是要运用马列主义、毛泽东思想的基本原理，研究新情况，解决新问题。”②而面对崭新的历史任务，许多党员和干部思想还不够解放，不善于研究新情况，解决新问题。小生产和官僚主义的习惯势力，还顽强的纠缠着我们。不解放思想，就不能前进。这就是说，解放思想是实事求是的必备条件。另一方面，实事求是是解放思想的目的和归宿。邓小平认为，只有实事求是，才是真正的解放思想。这就是说，提出解放思想，是为了真正做到实事求是，离开实事求是来谈解放思想，就会变成脱离实际的臆想，就会违背客观规律，使思想与实际、主观与客观相脱离，这样的解放思想，不是真正的解放思想。因此，邓小平指出，不以实事求是为指针，解放思想就会“离开坚持四项基本原则，就没有根，没有方向，也就谈不上贯彻党的思想路线。”③解放思想与实事求是的统一，是实践的现实性的内在要求与体现，是在实践基础上的辩证的统一。主观与客观、思想和实际的符合与统一，也是一个不断发展的过程。实践在发展，人们的认识也就需要不断深化，不能也不应该停止在某一阶段。停滞必然导致僵化，发生主观脱离客观、思想落后于实际的问题。

改革开放 30 多年的实践充分证明，解放思想是党的思想路线的本质要求，是应对前进道路

① 邓小平文选(第 2 卷)[C].北京：人民出版社，1994，第 364 页

② 邓小平文选(第 2 卷)[C].北京：人民出版社，1994，第 179 页

③ 邓小平文选(第 2 卷)[C].北京：人民出版社，1994，第 278 页

上各种新情况新问题、不断开创事业新局面的一大法宝，必须坚定不移地加以坚持。

（三）与时俱进

“与时俱进”一词，源自《易经》“与时偕行”。从义理上看，就是指人们的思想行为应把握时机，因时而变，随时令前进。世纪之交，江泽民以马克思主义为指导，吸取中国优秀的传统文化精华，赋予“与时俱进”以新的含义，使其成为科学的思维方式，并融入到中国共产党的思想路线之中。强调与时俱进，就是党的全部理论和工作要体现时代性，把握规律性，富于创造性。

所谓体现时代性，就是要求人们站在时代的前列，立足于新的实践，把握时代特点，认真研究和探索并解决现实中的重大问题，使我们的思想和理论充分反映时代的进步和发展的要求，体现时代特点和时代精神。所谓把握规律性，就是要求人们以马克思主义的世界观和方法论为指导，善于透过社会浅层的表象，抓住社会变革深层中的客观规律。这是因为，不是任何“变”都是正确的，只有抓住事物的发展规律和客观趋势的变革，才具有生命力。在当代，就是要不断认识和探求共产党执政的规律、社会主义建设的规律和人类社会发展的规律，从而为我们的一切实际工作提供规律性的指导。所谓富于创造性，是指坚持与时俱进，最根本的是要有创新精神。适应变化、遵循规律其最终目的和结果要体现在现实性上，创新是将其转化为现实的途径，是与时俱进的最终结果和现实体现。

与时俱进和实事求是也是内在统一的。与时俱进强调顺乎历史潮流，反映时代精神，其实质是从不断变化的实际出发，揭示客观事物的新属性、新联系、新规律，以有效地认识世界和改造世界，这正是坚持实事求是的根据和目的。离开了实事求是，与时俱进就失去了前进的方向和目标。与时俱进既是一种精神状态、一种方法论，又是一个实践的范畴。与时俱进贯彻到理论创新上必将结出实事求是的思想成果，落实到实际工作中则是实现实事求是的实践价值。

马克思主义具有与时俱进的理论品质，马克思主义的一些具体结论要依时间、地点、条件为转移，随着时代和实践的发展变化用符合新的实际的结论取代旧的过时的结论。中国共产党从中国的社会实际和历史条件出发，不断开拓马克思主义理论发展的新境界。毛泽东科学地分析了半殖民地半封建中国的具体国情，在革命道路问题上，冲破俄国革命以城市为中心武装夺取政权的模式，开辟了农村包围城市、武装夺取政权的新民主主义革命道路。这条独特的革命道路终于把中国革命引向胜利，从而建立了社会主义的新中国。改革开放以来，中国共产党带领全党全国人民，把马克思主义基本原理同当代中国的具体实际和时代特征相结合，开辟了中国特色社会主义的发展道路，创立了中国特色社会主义理论体系，实现了党的指导思想又一次与时俱进。

（四）求真务实

求真务实是一个具有鲜明中国风格和民族特色的概念。从基本意义上讲，真，就是本性、本质，符合于事物的本来面貌，是与“假”、“伪”相对的。实，就是充盈、稳固、脚踏实地、实事求是，是与“虚”、“空”相对的。真与实，是万事万物赖以存在的基础，也是人们认识客观世界、规范自身行为的第一要求。求真务实在当代中国有特定的内涵，即：求我国社会主义初级阶段基本国情之真，务坚持长期艰苦奋斗之实；求社会主义建设规律和人类社会发展规律之真，务抓好发展这个党执政兴国第一要务之实；求人民群众历史地位和作用之真，务发展最广大人民根本利益之实；求共产党执政规律之真，务全面加强和改进党的建设之实。

求真与务实二者是相辅相成、密不可分的。求真是务实的前提，只有求真，务实才有正确的方向、恰当的方法；务实是求真的目的，只有务实，求真才能落到实处，才能把对世界的认识变成改造世界的行动，把美好的设想变成活生生的现实。求真务实是实事求是的直接体现和必然要求，是党的思想路线的核心内容。党的十七大通过的中国共产党章程，重申了党的“一切从实际出发，理论联系实际，实事求是，在实践中检验真理和发展真理。”的思想路线。它以简洁的表述，深刻地揭示了辩证唯物主义和历史唯物主义的精髓，涵盖了马克思主义世界观方法论的丰富内容。“一切从实际出发”、“联系实际”、“实事”和“实践”，突出的都是一个“实”字，表明中国共产党人“务”的是实情、实事、实效，是“客观存在”；“求是”、“在实践中检验真理和发展真理”，讲的则是一个“真”字，表明中国共产党人“求”的是真理，是反映“客观存在”内部联系的客观规律。

求真务实，生动地体现了实践、认识、再实践、再认识的唯物主义认识路线，是知与行、主观与客观、理论与实际的有机结合，是认识真理、实践真理与发展真理的辩证统一，是对党的思想路线的集中概括。

四、实事求是是中国化马克思主义的精髓

邓小平指出：“实事求是，是毛泽东思想的出发点、根本点”[①]，“是无产阶级世界观的基础，是马克思主义的思想基础”[②]，“毛泽东同志在延安为中央党校题了‘实事求是’四个大字，毛泽东思想的精髓就是这四个字。”[③]邓小平的这些科学论断精辟地阐明了实事求是在中国化马克思主义中极为重要的地位。

（一）实事求是是无产阶级世界观的基础，是马克思主义的根本方法

马克思主义是一个严密的科学体系，在马克思主义体系中，基础的东西是马克思主义的哲学。中国共产党人所倡导的同各种形式的主观主义势不两立的实事求是精神，充分体现了马克思主义哲学的根本观点和根本方法。首先，实事求是要求从实际出发，从“实事”中求出“是”来，即要求从客观实际、客观事物中求得事物的规律性认识，这正是坚持从物质到精神、从存在到思维的唯物主义的基本思想。其次，实事求是中的“求”是指要去认识世界，把握事物发展的规律性。这就要求我们在实践的基础上，遵照马克思主义认识论的原则和规律，能动地反映客观事物的规律性，揭示客观真理，作为我们行动的向导。这就内在地包含了辩证唯物主义认识论的基本思想。再次，实事求是强调事物的发展是有规律的，规律是客观存在的，人们只能认识和运用而不能改变规律，客观规律是辩证地运动的等等，这是主体对客观辩证法的反映。所以，我们说实事求是又包含着辩证法的基本思想。毛泽东把马克思主义哲学的基本原理注入实事求是这个传统的中国成语中，因此它既确切又精炼地表述了辩证唯物主义的精神，既唯物又辩证地阐明了无产阶级的世界观和方法论，反映了马克思主义在世界观、方法论、认识论上的高度一致。

（二）实事求是是贯穿于中国化马克思主义全部成果的灵魂

作为马克思主义中国化第一次历史性飞跃伟大成果的毛泽东思想具有极为丰富的内容，但

---

① 邓小平文选(第2卷)[C]. 北京：人民出版社，1994，第143页

② 邓小平文选(第2卷)[C]. 北京：人民出版社，1994，第114页

③ 邓小平文选(第2卷)[C]. 北京：人民出版社，1994，第126页

无论哪部分内容，都无不是以实事求是为其出发点和根本点的，又都无不是实事求是的产物。如何开辟农村包围城市这一中国特色的革命道路，如何在中国建设一个具有广大群众性的、马克思主义的无产阶级政党，如何建设一支无产阶级性质的、具有严格纪律的、同人民群众保持密切联系的新型人民军队，如何进行新民主主义革命并在这一革命胜利后顺利实现从新民主主义向社会主义的过渡等等，中国革命所遇到种种理论难题的破解，都是坚持实事求是的结果。不仅如此，实事求是还是毛泽东思想活的灵魂中最基本的原则。群众路线和独立自主，说到底，都是实事求是的根本要求和体现。实事求是还是党在新时期科学地确立毛泽东思想的指导地位，完整准确地理解和掌握毛泽东思想科学体系，并使之与新的历史条件相结合，得到继承、发展的基础和条件。

作为马克思主义中国化第二次历史性飞跃伟大成果的中国特色社会主义，涉及的领域很广，内容十分丰富，但其中最根本的观点也是实事求是。从抛弃过去对社会主义的种种不科学的甚至扭曲了的认识，到明确作出我国社会现在处于并将长期处于社会主义初级阶段的历史定位，科学揭示社会主义的本质；从重新确立发展生产力这个社会主义的根本任务，提出改革开放，到制定“一个中心、两个基本点”的基本路线、基本纲领；从突破长期以来把市场经济等同于资本主义、把计划经济等同于社会主义的认识误区，到确立社会主义市场经济为我国经济体制改革的目标，以及提出我国现代化建设“三步走”的战略步骤、“五位一体”的战略布局等等。从邓小平强调“解放思想，就是使思想和实际相符合，使主观和客观相符合，就是实事求是。”到江泽民提出与时俱进是马克思主义的理论品质、胡锦涛强调求真务实是我们党的思想路线的核心内容。所有这些，无一不是坚持实事求是的结果，也无不体现了实事求是的基本精神。

总之，实事求是不仅是马克思列宁主义毛泽东思想的精髓，也是中国特色社会主义理论体系的精髓。把握了实事求是，就把握了马克思主义中国化各个理论成果之间的历史联系及其统一的科学思想体系，把握了马克思主义中国化理论成果中的最本质的东西。而马克思主义中国化进程中出现的曲折和错误，又都是违背了实事求是原则的结果。王明等“左”倾教条主义错误的本质及其危害自不必说，即便是毛泽东这样的实事求是原则的倡导者和成功的实践者，一旦违背实事求是，也同样会发生错误，给革命和建设事业带来危害。

（三）实事求是是继续推进马克思主义中国化的根本保证

中国共产党在领导中国人民进行革命和建设的过程中，积累了丰富的经验，制定了一系列正确的路线和政策，形成了许多优良的传统和作风。这是革命和建设不断取得胜利的根本保证。在中国共产党的路线和作风中，最根本的东西，就是实事求是。它是党制定和执行其他一切路线和政策的理论基础。虽然党的政治路线是党为实现一定历史时期的奋斗目标而制定的总路线和总政策，它的正确与否直接关系到革命的命运。但是，正确的政治路线不是凭空产生的，它必须建立在对客观情况的深刻了解和科学分析的基础上，就是说，它必须以正确的思想路线为基础。只有思想路线正确了，才能制定出正确的政治路线，从而使革命和建设沿着正确的方向前进并取得胜利。反之，不解决思想路线问题，正确的政治路线就制定不出来，制定了也贯彻不下去。中国共产党坚持和发展实事求是思想路线的历史经验一再告诉我们，实事求是是毛泽东思想和中国特色社会主义理论体系的精髓，是中国化马克思主义方法论的基础。我们要做到在任何时候、任何情况下都能坚持实事求是，不仅要充分认识实事求是在中国化马克思主义中犹如“命根子”一样重要的地位，了解实事求是的涵义和内容，而且必须弄清坚持和发展实事求是的基本要求和条件。

第四节　坚持依靠人民群众

马克思主义认为，人民群众是社会实践的主体，是社会物质财富和精神财富的创造者，也是社会变革的推动者和决定力量。而群众路线则是把这一原理系统地运用到党的全部活动中的生动体现。它是中国共产党长时期在敌我力量悬殊的环境里进行革命活动的无比宝贵的历史经验的总结，是党领导人民群众的根本路线和基本方法。

一、人民群众在马克思主义中国化进程中的重要作用

“理论只要说服人，就能掌握群众；而理论只要彻底，就能说服人。所谓彻底，就是抓住事物的根本。但是，人的根本就是人本身。”①“任何思想，如果不和客观的实际的事物相联系，如果没有客观存在的需要，如果不为人民群众所掌握，即使是最好的东西，即使是马克思列宁主义，也是不起作用的。”②

在马克思主义中国化过程中，人民群众的主体作用表现在以下几个方面：

（一）人民群众的理论诉求是马克思主义中国化的动力

马克思主义之所以能在中国传播、之所以要中国化，归根到底，是由人民群众的理论诉求决定的。没有人民群众变革社会的实践对马克思主义的诉求，就不会有马克思主义中国化。

（二）人民群众的理论取向是马克思主义中国化的坐标

人民群众的知识素养、接受能力、思维方式、审美习惯，要求马克思主义通俗化、具体化、生活化、本土化。毛泽东思想在形成和发展过程中，融入了大量人民群众喜闻乐见的语言、形式与贴近人民群众实际生活的内容。在中国特色社会主义理论体系形成过程中，邓小平注意适应人民群众的理论取向与理论诉求，善于利用人民群众之中流传甚广的语言，如“摸着石头过河”“不管白猫黑猫，捉到老鼠就是好猫”“发展才是硬道理”来表达中国特色社会主义理论的基本观点。

（三）人民群众的社会实践是检验中国化马克思主义的尺度

马克思主义中国化是否适应中国国情，是否能够指导中国实际，是否能够满足人民群众的理论诉求，要放在人民群众的社会实践中去考察。马克思主义中国化的理论成果只有回到人民群众的实践之中，由实践去检验、去评判，才能衡量出其是否科学。人民群众的实践结果是评价中国化马克思主义的重要尺度。实践的结果既可以促进中国化马克思主义的完善，也可以修正中国化马克思主义的偏差，实践的检验、评价功能也是推动马克思主义中国化的重要力量。

---

① 马克思恩格斯选集(第 1 卷)[C].北京：人民出版社，1995，第 9 页

② 毛泽东选集(第 4 卷)[C].北京：人民出版社，1991，第 515 页

（四）马克思主义中国化理论成果是领袖人物与人民群众二者良性互动的结果

马克思主义中国化的每一次创新都是在领袖和人民群众的良性互动的基础上取得的。在马克思主义中国化过程中，领袖和人民群众良性互动规律最典型的表现，就是家庭联产承包责任制的推行。1978 年党的十一届三中全会开启了改革开放的历史新时期。家庭联产承包责任制，与传统社会主义生产经营模式相冲突，不为当时社会所接受。而邓小平同志尊重农民在实践中的创造精神，强调要实事求是，从实际出发，把发挥农民的积极性、发展农业生产作为确定一切农村政策的出发点，提出了家庭联产承包责任制，安徽省凤阳县小岗村 18 户农民为了摆脱贫穷和饥饿，实行包干到户，签下了生死合同。这带动了全国农村农业生产和农民的积极性。这是中国农村的一场历史性变革。“农村搞家庭联产承包，这个发明权是农民的。农村改革中的好多东西，都是基层创造出来，我们把它拿来加工提高作为全国的指导。”[①]“改革开放中许许多多的东西，都是由群众在实践中提出来的”[②]，“绝不是一个人的脑筋就可以钻出什么新东西来，是群众的智慧，集体的智慧，我的功劳是把这些新事物概括起来，加以提倡。”[③]

二、群众路线方法的形成和发展

在中国共产党看来，人民是国家的主人，具有至高无上的地位，党必须全心全意地为人民利益而奋斗，必须相信和依靠群众，坚持群众路线的工作方法。在党的历史上，比较早地明确使用“群众路线”概念的文献，是由周恩来 1929 年主持起草的《中央给红四军前委的指示信》(即著名的“九月来信”)。信中提到，在红军筹款、没收地主豪绅的财产等工作中，一定“要经过群众路线”。同年 12 月，毛泽东根据“九月来信”精神而起草的古田会议决议，也使用了“群众路线”的提法。这个决议批判了红四军中存在的不重视宣传群众、武装群众的流寇思想，反复强调群众工作对于红军存在和发展的意义。由于古田会议决议在红四军党内得到贯彻执行，党的群众路线很快在广大红军指战员中形成，为建立一支与人民群众保持血肉联系的新型军队奠定了良好的思想基础。后来，毛泽东在《星星之火可以燎原》《反对本本主义》《关心群众生活，注意工作方法》等著作中，又提出了一系列关于党群关系、干群关系的重要观点。

抗日战争时期，党的群众路线思想日臻完善、达到成熟。抗战伊始，毛泽东就把相信群众、依靠群众作为共产党人克敌制胜的一大法宝，把人民群众看成是夺取抗日战争胜利的最根本力量。他在 1938 年 5 月发表的《论持久战》一文中，提出了“兵民是胜利之本”的著名论断，论述了充分依靠全体中国人民，走全面抗战路线的必要性和重要性。这是对群众力量在战争中的伟大作用最精辟的论述，也是群众路线的基本原理在无产阶级的军事学说中的具体运用。1943 年 6 月，毛泽东在《关于领导方法的若干问题》一文中，更明确地指出：“我们共产党人无论进行何项工作，有两个方法是必须采用的，一是一般和个别相结合，二是领导和群众相结合。”[④]强调“从群众中集中起来又到群众中坚持下去，以形成正确的领导意见，这是基本的领导方法。在集中和坚持过

① 邓小平文选(第 3 卷)[C].北京：人民出版社，1993，第 382 页

② 胡锦涛.在邓小平同志诞辰 100 周年纪念大会上的讲话[R].北京：人民出版社，2004，第 9 页

③ 胡锦涛.在邓小平同志诞辰 100 周年纪念大会上的讲话[R].北京：人民出版社，2004，第 9 页

④ 毛泽东选集(第 3 卷)[C].北京：人民出版社，1991，第 897 页

程中，必须采取一般号召和个别指导相结合的方法，这是前一个方法的组成部分。”①“斗争愈是艰苦，就愈是需要共产党人的领导和广大群众的要求密切地相结合，愈是需要共产党人的一般号召和个别指导密切地相结合，而彻底粉碎主观主义的和官僚主义的领导方法。我党一切领导同志必须随时拿马克思主义的科学的领导方法去同主观主义的和官僚主义的领导方法相对立，而以前者去客服后者。主观主义者和官僚主义者不知道领导和群众相结合、一般和个别相结合的原则，极大地妨碍党的工作的发展。为了反对主观主义的和官僚主义的领导方法，必须广泛地深入地提倡马克思主义的科学的领导方法。”②《关于领导方法的若干问题》把党的群众路线同马克思主义认识论联系起来，把马克思主义认识论原理化为领导方法，标志着中国共产党的群众路线具备了成熟的理论形态。

在党的七大上，群众路线有了更加深入的阐述和准确的表述。毛泽东在《论联合政府》的报告中说：“我们共产党人区别于其他任何政党的又一个显著标志，就是和人民群众取得最密切的联系。全心全意为人民服务，一刻也不脱离群众；一切从人民的利益出发，而不是从个人或小集团利益出发；向人民负责和向党的领导机关负责的一致性，这些就是我们的出发点。”③刘少奇在修改党章的报告中也明确指出：所谓群众路线，“就是要使我们党与人民群众建立正确关系的路线，就是要使我们党用正确的态度与正确的方法去领导人民群众的路线，就是要使我们党的领导机关和领导人与被领导的群众建立正确关系的路线。”④党的七大把一切为了人民群众、全心全意为人民服务的观点，一切向人民群众负责的观点，相信群众自己解放自己的观点，向人民群众学习的观点作为群众路线的基本内容写入了党章。这说明，经过长期的革命斗争，中国共产党形成了自己领导人民进行革命的群众路线的根本方法。群众路线的正确坚持和发挥，促进了解放战争的迅速胜利，为中华人民共和国的成立奠定了深厚的群众基础。

新中国成立后的一个比较长的时期，党中央和毛泽东仍然非常重视认真贯彻党的群众路线，并根据新的历史条件及时总结经验，使党对群众路线的认识继续深化。毛泽东十分注意党成为全国范围的执政党情况下脱离群众的危险以及可能给群众造成危害的增强；强调要克服党内、首先是领导干部中的居功自傲情绪，反对官僚主义和命令主义，密切党和人民的关系；强调发扬群众路线传统，认真执行群众路线对于执行党的政治路线和各项政策的极端重要性，认为采取群众路线，工作中毛病会比较少一些，错误比较容易纠正些；要求党的领导机关要善于从本质上发现群众的积极性，恰当地组织群众的积极性，加强对群众运动的引导。在党的第八次全国代表大会上，邓小平在修改党章的报告中，总结了党处于执政党地位七年来执行群众路线的经验，强调了发扬党的群众路线传统的重要意义，并提出了贯彻群众路线必须采取的一系列具体措施。他指出：“执政党的地位，很容易使我们同志沾染上官僚主义的习气。”⑤我们必须同这些脱离群众的、官僚主义的现象进行经常的斗争；必须对党员着重进行党的群众路线的教育；必须有系统地改善各级领导机关的工作方法，使领导工作人员有足够的时间深入群众，研究群众的情况、经验和意见；必须健全党和国家的民主生活，使下级组织可以及时地无所顾忌地批评上级机关工作中的错

---

① 毛泽东选集(第3卷)[C].北京:人民出版社,1991,第900页

② 毛泽东选集(第3卷)[C].北京:人民出版社,1991,第902页

③ 毛泽东选集(第3卷[C]).北京:人民出版社,1991,第1094页

④ 刘少奇选集(上卷)[C]北京:人民出版社,1981,第348页

⑤ 邓小平文选(第1卷)[C].北京:人民从出版社,1994,第214页

误和缺点，使党和国家的各种会议成为充分反映群众意见、开展批评和争论的讲坛；必须加强党和国家的监察工作，及时发现和纠正各种官僚主义现象，及时处分违法乱纪和其他严重损害群众利益分子；必须运用过去整党工作的经验，采取群众性的批评和自我批评的方法，对党员定期进行工作作风的整顿，特别着重检查群众路线的执行。1957 年春，毛泽东在提出正确处理人民内部矛盾理论的同时，又提出正确处理人民内部矛盾问题，就是我党经常说的走群众路线的问题。

但是，1957 年夏季以后，由于党在指导思想上"左"的错误的发展和党的民主集中制逐渐遭到破坏，也由于不适当地夸大群众运动的作用，把群众运动当作群众路线的唯一形式，把"大搞群众运动"作为开展各项工作的基本方法，助长了形式主义，因而把一些本来体现群众路线精神的形式和方法、变成了违反群众路线的东西，并使党长期以来形成的群众路线的优良传统遭到严重歪曲和破坏，使党的事业和人民的利益蒙受了重大损失。

1958 年底，党和毛泽东开始纠正当时已察觉到的"左"的错误。这时，毛泽东再次强调坚持群众路线的问题。1959 年 3 月，他在一封党内通信中指出：凡属大政方针的制定和执行，一定要征求基层干部和群众中的积极分子的意见。通信批评一些单位的领导干部几乎完全脱离群众，独断专行，在许多问题上仅仅相信他们自己，不相信群众，根本无所谓群众路线。在庐山会议前期分析"大跃进"的教训时，毛泽东还把群众路线列为最重要的问题之一。然而不久开展的"反右倾"，打断了纠"左"的进程，毛泽东的这些正确认识也没有坚持下来。1961 年，党中央和毛泽东在重提调查研究的时候，再次强调贯彻群众路线问题。这年 4 月，毛泽东在给邓小平的信中，把"反对恩赐观点、坚决走群众路线问题，向群众请教、大兴调查研究之风问题"，列为"农村中的若干关键问题"之一，并提出"向群众寻求真理"的要求。

1962 年初，在扩大的中央工作会议上，刘少奇联系 1958 年以来党的工作的经验教训，进一步从理论上论述了群众路线。他指出，概括地说，群众路线的基本点就是：第一，信任人民群众，相信他们能够自己解放自己，相信他们是历史的创造者。第二，党必须根据群众的实践来检验自己的工作，党的方针、政策、措施都必须"从群众中来，到群众中去"。指出，群众运动的内容是多种多样的，适应于不同的内容有不同的形式，不能千篇一律；把群众运动当作群众路线的唯一方式，是不正确的；形式主义的东西，决不是真正的群众运动，更不是群众路线；违反群众路线的所谓"群众运动"，不仅不能真正反映群众的意见和要求，而且损害了群众的积极性，损害了党的威信。他要求"各级党组织必须认真地讨论一下什么叫做群众路线的问题。一切党员干部，凡是还没有真正懂得党的群众路线的，都应该从头学起。"①毛泽东在这个会议上的讲话中，也结合民主集中制原则阐述了贯彻执行群众路线的重要性。在党中央和毛泽东的号召下，党的群众路线的传统得到相当的恢复，保证了国民经济调整任务的完成。然而，党恢复群众路线传统的工作又由于"文化大革命"而中断。"文化大革命"给党的事业和人民利益所造成的严重损失，是根本背离群众路线精神实质的所谓"群众运动"所导致的恶果。

十一届三中全会以后，经过拨乱反正，党又对群众路线作出了一些新的理论概括，从而丰富和发展了毛泽东思想中关于群众路线的理论。党的十三届六中全会通过的《关于加强党同人民群众联系的决定》在科学地总结党的历史上正反两方面经验，尤其是改革开放以来新鲜经验的基础上，从建立健全民主的科学的决策和决策执行程序、坚持领导干部深入基层和深入群众、加强廉政建设和党风建设、建立和完善党内外监督制度等七个方面，要求全党必须坚持不懈地努力加

① 刘少奇选集(下卷)[C].北京：人民出版社，1985，第 406 页

强党同人民群众的联系。《决定》及其他加强党的建设的文件，在党群关系方面所提出的一系列正确观点。邓小平、江泽民、胡锦涛、习近平等党的领导人丰富和发展了党的群众路线和群众观点。

第一，党群关系问题事关党的生死存亡邓小平在许多场合都谈到了改革开放新时期党群关系的现状，他认为，我们党同群众的关系、干部同群众的关系总的说来是好的，但也存在一些问题。有的党员干部由于受西方思潮的影响，贬低、甚至否定我们党的群众路线的科学方法；有的搞官僚主义、主观主义、形式主义、个人主义；还有的以权谋私、腐败堕落，严重损害了党在人民群众中的威望，削弱了党与人民的血肉联系，阻碍了社会主义现代化建设事业的顺利发展。历史经验反复证明，什么时候党的群众路线执行得好，党群关系密切，我们的事业就顺利发展；什么时候党的群众路线执行得不好，党群关系受到损害，我们的事业就遭受挫折。党领导的改革开放和现代化建设事业之所以能够成功地进行，归根结底在于它是立足于深厚的群众基础之上的。中国共产党在改革开放中，深深扎根于人民，同广大群众结合在一起，因而有力量、有智慧、有办法经受考验，战胜困难，从而取得令人瞩目的成绩。相反，前苏联、东欧的共产党领导的所谓“改革”不成功，最后自己也变质、垮掉，最重要的一个原因，就是因为它们长期脱离群众，他们的“改革”不可能得到人民群众的支持、拥护。

第二，群众的利益是党的路线方针政策的出发点和归宿，是评价各项工作的根本依据。早在 1978 年 12 月的中央工作会议上的讲话中，邓小平就指出，党领导得好不好，要用生产力和劳动者生活水平的提高来衡量。他强调，增加群众的实际利益，“这就是今后主要的政治。离开这个主要的内容，政治就变成空头政治，就离开了党和人民的最大利益。”[①]后来，邓小平又反复地谈到，“人民拥护不拥护”“人民赞成不赞成”“人民高兴不高兴”“人民答应不答应”是党制定政策的依据。在 1992 年春的南巡谈话中，邓小平更是明确地提出，要把是否有利于发展社会主义社会的生产力、是否有利于增强社会主义国家的综合国力、是否有利于提高人民的生活水平作为评价党的各项工作的标准。江泽民、胡锦涛多次重申了邓小平的这一思想，“三个代表”重要思想、科学发展观的出发点和落脚点，始终都是人民群众的根本利益。把人民利益作为评价党的各项工作的根本依据，作为党的决策的出发点和归宿，作为中国特色社会主义的根本目的，是中国特色社会主义理论体系的一个重要思想。

第三，通过加强制度建设密切党群关系。党发生脱离群众的错误，很重要的一个原因是由于制度不健全。因此，应当从制度上解决党和群众联系的问题。按照这一思路，党中央提出了一系列重要的措施和主张。一是完善人民群众参与国家和社会管理的制度。在不断建立、健全和拓宽人民群众参与国家和社会管理的渠道的基础上，将其中已被实践证明有利于国家发展和进步、有利于密切党群关系的成果用制度的形式固定下来。二是不断充实和加强群众对党和政府监督的制度。这首先指的是对各级领导干部的监督，强调选拔干部必须充分走群众路线，严格按选拔程序进行，要建立相应的干部行为约束机制，发挥群众监督和舆论监督的作用。三是从制度上规定了对党和国家机关、党员、干部密切同群众联系的要求。对党内腐败现象，强调一方面要加大惩处力度，另一方面要不断地改进各项管理制度、分配制度，努力从制度上保证党政干部的廉洁。

第四，确定“以人为本”的执政理念。科学发展观把以人为本作为核心，深刻体现了科学追求与价值追求的高度统一，体现了马克思主义哲学关于人的全面发展的价值理想，体现了中国共产

① 邓小平文选(第 2 卷)[C]. 北京：人民出版社，1994，第 150 页

党对人民历史发展主体地位和最高价值主体地位的尊重，体现了党坚持使发展成果惠及全体人民、实现人的全面发展的根本价值取向。把“发展为了人民、发展依靠人民、发展成果由人民共享”纳入“以人为本”的内涵，具有特别重要的意义和针对性。科学发展观对“以人为本”的界定，体现了立党为公、执政为民的先进执政理念，彰显了共产党人为最广大人民谋利益的执政观。

党的十八大选举出了以习近平为总书记的新一届党中央领导集体。履新伊始，习近平便在很多重要场合始终强调人民群众在坚持和发展中国特色社会主义中的重要作用。他在与采访党的十八大的记者见面会上明确提出：“人民是历史的创造者，群众是真正的英雄。人民群众是我们力量的源泉。”不久，他又在中共十八届中央政治局集体学习会上再次指出：“密切党群、干群关系，保持同人民群众的血肉联系，始终是我们党立于不败之地的根基。一个政党、一个政权，其前途和命运最终取决于人心向背。如果我们脱离群众、失去人民拥护和支持，最终也会走向失败。”[①]2013 年 3 月，他在第十二届全国人民代表大会第一次会议上联系“中国梦”再次明确指出：“中国梦归根到底是人民的梦，必须紧紧依靠人民来实现，必须不断为人民造福。”在这里，习近平阐明了中国梦的核心价值，也指明了中国梦的动力源泉。这些论述，深深体现了新一届党的领导集体对人民至上、群众路线根本立场、观点、方法的传承和发展。

三、群众路线方法的基本内容

刘少奇在《论党》中指出：“所谓密切联系人民群众的路线，就是党的群众路线，毛泽东同志的群众路线，就是要使我们党与人民群众建立正确关系的路线，就是要使我们党用正确的态度与正确的方法去领导人民群众的路线，就是要使我们的领导机关和领导人与被领导的群众建立正确关系的路线。”这不仅揭示了党的群众路线的实质，而且高度概括了党的群众路线的基本内容。从整体上讲，可以把群众路线的基本内容科学地概括为正确对待人民群众的立场、观点和正确领导人民群众的方法这样两个基本的方面。

（一）正确对待人民群众的立场、观点

如何对待人民群众，是一个根本的立场问题。在这个问题上，中国共产党人和其他任何政党都有着根本的区别。党依据历史唯物主义关于人民群众是历史创造者的基本原理，在组织群众、带领群众进行革命的实践中，逐步形成了一切为了群众，一切依靠群众的思想，这是党正确对待人民群众的根本立场和观点，是党的群众路线的根本出发点和基本立足点，是群众路线的核心内容。

1. 一切为了群众，一切从人民的利益出发，全心全意为人民服务

这是党的群众路线的根本出发点。中国共产党的性质和最终目的决定了它从成立的那一天起，就是为了服务于人民解放事业的。共产党员的一切牺牲、努力和斗争，都是为了人民群众的福利和解放，而不是为了别的。为人民服务是中国共产党的唯一宗旨。党的一切工作，都是紧紧地和人民联系在一起、全心全意地为人民服务的。共产党员的一切言论、行动都必须合乎最广大

① 习近平. 紧紧围绕坚持和发展中国特色社会主义学习宣传贯彻党的十八大精神——在十八届中共中央政治局第一次集体学习时的讲话[R]. 北京：人民出版社，2012，第 11 页

人民群众的利益，为最广大人民群众所拥护不能脱离群众。“一切为了群众，否则，革命就毫无意义。”凡是为了个人利益或小集团利益而损害人民利益的观点，都是错误的。共产党员只有牢固树立一切为了群众的思想，自觉地为人民服务，才能真正赢得广大群众的信任、拥护和支持，做好各项工作。

同时，要为人民服务，就要对人民负责，就要在客观上使人民因为我们的服务而获得益处，获得解放，就要力求不犯或少犯错误，免得造成人民的损失。因此，我们必须树立一切向人民群众负责的观点，对人民群众采取严肃的负责的态度，而不允许采取轻率的不负责任的态度，力求使自己的领导保持正确，如不正确则要迅速求得改正。同时，还必须了解，向人民负责与向党的领导机关负责的一致性，把向人民群众负责与向党的领导机关负责统一起来。共产党人的自我批评精神，对自己及对领导机关的错误所采取的批评与自我批评的态度，以及遵守党的纪律的自觉性等等，都是对人民负责的表现，也是对党的领导机关负责的表现。

2.一切依靠群众，相信群众能够自己解放自己，是党的群众路线的立足点

中国共产党的一切事业，都是人民群众的事业。人民群众是真正伟大的，群众的创造力是无穷无尽的，我们只有紧紧地依靠人民群众，才是不可战胜的。马克思早就指出，劳动者是自己解放自己。这就是说，人民群众的解放，只有自己起来斗争，自己起来争取，才能获得，才能保持与巩固；而不是任何群众之外的人所能恩赐、所能给予的，也不是任何群众之外的人能够代替群众去争取的。任何恩赐的观点、代替群众斗争的观点，都是错误的。依靠群众，是马克思主义的革命原则，是群众路线的一个基本观点。从这个基本观点出发，党一贯坚信人民群众是我们力量的源泉，时刻注意保持和群众的联系，深信“只要我们依靠人民，坚决地相信人民群众的创造力是无穷无尽的，因而信任人民，和人民打成一片，那就任何困难也能克服，任何敌人也不能压倒我们，而只会被我们所压倒。”并一再告诫自己的党员和干部不要脱离群众，不要高踞于群众之上，不要把自己看作群众的主人。

依靠群众必须建立在相信群众、尊重群众的基础上，必须取得群众的自觉与自愿。如果人民群众还没有某种革命的要求，就去组织群众进行这种革命，企图用包办、代替的方法取消群众的自觉与自愿，那么，这种革命决不会成功。没有人民群众的真正自觉与真正发动，仅有先锋队的奋斗，人民群众的解放是不可能的。“这里是两条原则：一条是群众的实际上的需要，而不是我们脑子里头幻想出来的需要；一条是群众的自愿，由群众自己下决心，而不是由我们代替群众下决心。”①共产党人的责任就是，当着群众还没有自觉时，用一切有效的适当的方法去启发群众的自觉；当着群众已经有了某种必要的自觉以后，才去指导群众的行动，指导群众组织起来，斗争起来；而在群众组织起来、斗争起来以后，再从群众的行动中去启发群众的再自觉。这样，一步一步地引导群众去为党提出的基本口号而斗争。这也就是共产党人和一切人民群众中的先进分子所起的全部作用。

要做到真正依靠群众，还必须努力向人民群众学习。共产党人除了完全忠实于人民的解放事业、具有充分的热情和牺牲精神以外，还必须有知识、有经验、有预见，为此就必须注重学习。而最重要的学习，就是向人民群众学习。毛泽东特别强调必须首先向群众学习，然后才能教育群众。先做群众的学生，后做群众的先生。领导者和领导机关只有虚心向人民群众学习，拜人民群

① 毛泽东选集(第3卷)[C].北京：人民出版社，1991，第1096页

众为师，把群众的知识和经验集中起来，化为系统的更高的知识，才能具体地去启发群众的自觉，指导群众的行动，才能实行正确的领导。

（二）正确领导人民群众的基本方法

毛泽东指出："在我党的一切实际工作中，凡属正确的领导，必须是从群众中来，到群众中去。这就是说，将群众的意见（分散的无系统的意见）集中起来（经过研究，化为集中的系统的意见），又到群众中去作宣传解释，化为群众的意见，使群众坚持下去，见之于行动，并在群众行动中考验这些意见是否正确。然后再从群众中集中起来，再到群众中坚持下去。如此无限循环，一次比一次地更正确、更生动、更丰富。这就是马克思主义的认识论。"[①]他又说："从群众中集中起来又到群众中坚持下去，以形成正确的领导意见，这是基本的领导方法。"[②]毛泽东这些论述，科学地总结了党领导群众的经验，完整地提出和阐明了群众路线的领导方法和工作方法。

所谓从群众中来，就是把广大群众在长期实践中所积累的经验，把群众提出的要求和愿望，也就是来自群众各方面的分散的无系统的意见集中起来，经过分析和综合，化为领导的集中的系统的意见，形成符合实际情况的工作指示、方针、政策、计划和办法；所谓到群众中去，就是把从群众中集中起来形成的领导的工作指示、方针、政策、计划和方法，再拿回到群众中去，让群众照着去办，化为实际行动，并使之在群众的实践中得到检验、丰富和发展。

从群众中来，到群众中去的领导方法和工作方法，是马克思主义认识论基本原理在实际工作中的具体运用和生动体现。从群众中来的过程，也就是"从感性认识而能动地发展为理性认识"的过程；到群众中去的过程，也就是"从理性认识而能动地指导革命实践"的过程。从群众中来，到群众中去的无限循环，也就是实践、认识、再实践、再认识的往复无穷。因此，要真正掌握群众路线的方法，并把它贯彻到实际工作中去，必须认真掌握马克思主义的认识论。

从群众中来，到群众中去，作为党的基本的领导方法，其内容和形式是相当丰富的，包含了许多具体的方法。这里着重分析几种主要的方法：

1. 一般号召和个别指导相结合的方法

所谓一般号召和个别指导相结合，就是"从许多个别指导中形成一般意见（一般号召），又拿这一般意见到许多个别单位中去考验（不但自己这样做，而且告诉别人也这样做），然后集中新的经验（总结经验），做成新的指示去普遍地指导群众。"[③]这是在从群众中集中起来又到群众中坚持下去过程中必须采取的方法，是这个方法的组成部分。在实际工作中，根据上级的指示进行一般号召是非常必要的。它不仅体现了上级的全面的统一领导，而且可以使领导的意见、方针、政策迅速直接地与群众见面，为群众所了解，起到广泛地普遍地动员群众行动起来的作用。但是，一般号召又必须与个别指导相结合。一般的重要性只是在于它对同类事物具有普遍指导意义，它能指导我们对具体的个别的事物进行科学分析，而不能代替这种分析，我们在研究具体问题时，仍然要从特殊（或个别）的事物开始。这里所说的个别指导，就是我们通常所说的"蹲点""抓典型"等，也就是经过试点，摸索经验。

---

① 毛泽东选集（第3卷）[C]. 北京：人民出版社，1991，第899页

② 毛泽东选集（第3卷）[C]. 北京：人民出版社，1991，第900页

③ 毛泽东选集（第3卷）[C]. 北京：人民出版社，1991，第903页

2.领导骨干和广大群众相结合的方法

所谓领导骨干和广大群众相结合，就是由从群众斗争中形成的、以该地区或单位主要负责人为核心的、少数的积极分子组成的领导骨干，与该地区或单位广大群众相结合，通过这些领导骨干的带头、桥梁作用，更好地实现对广大群众的领导。这也是在各项工作中都必须采取的群众路线的工作方法。任何有群众的地方，大致都有比较积极的、中间状态和比较落后的三部分人。领导者应该善于团结少数积极分子作为领导的骨干，并凭借这些骨干的作用去提高中间状态的群众，争取后进的群众，从而使领导骨干和广大群众密切地联系在一起。只有这样，才能把各方面的工作做好。群众是基础，领导是关键。不论是从群众中来，还是到群众中去，都离不开领导和群众这两头。没有广大群众的力量，事情就办不好；但是，没有领导骨干的力量，事情也办不好，必须使二者有机结合起来。实行领导骨干和广大群众相结合的方法，重要的是要有从群众斗争中逐渐形成的、而不是脱离群众斗争所形成的、真正团结一致、联系群众、有威信、有能力、敢于负责而又作风正派的领导骨干。正如毛泽东所指出，“一个百人的学校，如果没有一个从教员中、职员中、学生中按照实际形成的（不是勉强凑集的）最积极最正派最机敏的几个人乃至十几个人的领导骨干，这个学校就一定办不好。”[①]办学校是如此，搞其他工作也是如此。

3.民主和集中相结合的方法

所谓民主和集中相结合，就是在民主基础上的集中与在集中指导下的民主相结合。它是党和国家的根本组织原则，也是党的群众路线的组织保证，是坚持群众路线的重要方法。毛泽东指出：“没有民主，就不可能正确地总结经验。没有民主，意见不是从群众中来，就不可能制定出好的路线、方针、政策和办法。”[②]我们的领导机关，就制定路线、方针、政策和办法这一方面说来，只是一个加工厂。工厂没有原料就不可能进行加工，没有数量上充分的和质量上适当的原料，就不可能造出好的成品来。而广大人民群众的实践活动则是这种加工原料的唯一来源。只有认真实行民主集中制，充分发扬民主，通过从群众中来、到群众中去的方法，对工作中的成功经验和失败教训作历史的考察，广泛听取群众的意见，才能制定出适合客观情况和群众真实需要的方针、政策和办法，从而成功地改造客观世界。毛泽东所以把民主集中制引进认识论，把它看作认识世界和改造世界不可缺少的重要环节，作为重要的工作方法和领导方法，是因为民主和集中相结合的制度，实际上就是领导骨干与广大群众相结合的制度，就是从群众中集中起来又到群众中坚持下去的制度。

四、群众路线是党的根本路线和基本领导方法

邓小平指出：“毛泽东同志倡导的作风，群众路线和实事求是这两条是最根本的东西。”[③]他又说：“群众是我们力量的源泉，群众路线和群众观点是我们的传家宝。”[④]这就指明了群众路线作为党的根本路线、作风、方法的极端重要性。

---

① 毛泽东选集（第3卷）[C].北京：人民出版社，1991，第898页

② 毛泽东选集（第3卷）[C].北京：人民出版社，1991，第294页

③ 邓小平文选（第2卷）[C].北京：人民出版社，1994，第45页

④ 邓小平文选（第2卷）[C].北京：人民出版社，1994，第368页

（一）群众路线是党的根本路线

中国共产党及党所领导的各种工作、各种事业，都是人民群众的事业，并且都要经过人民群众去进行。因此，一切工作都要走群众路线，都要有群众观点。离开了群众路线，党的政治、经济、军事及其他一切工作就不可能有正确的路线。我们说群众路线是党的根本的政治路线和根本的组织路线，正是因为党的政治路线和组织路线都是根据群众路线的观点和方法制定的，并充分体现了群众路线的基本精神。

党的政治路线是党在一定历史时期为完成一定的政治任务而确定的总路线和总政策，它最大限度地反映和代表了这一历史时期广大人民群众的利益和要求，是从人民的利益出发制定的，又是以合乎最广大人民群众的最大利益、为最广大群众所拥护为最高标准的，而不是从个人或小集团的利益出发，为个人或小集团服务的。只有坚持党的群众观点，经过党的群众路线，才能制定出代表人民群众根本利益的政治路线，也才能在人民群众的拥护和支持下贯彻执行好代表人民群众根本利益的政治路线。反之，就要在政治上犯脱离群众的错误，使革命遭受损失和失败。

党的组织路线是以贯彻民主集中制的组织原则为核心的，它是维护党在组织上、行动上的一致，巩固党的团结和统一的基本保证，是群众路线在党内生活中的具体运用。所谓党内民主集中制，就是党内在民主基础上的集中和在集中指导下的民主相结合的制度。它是民主的，又是集中的，是民主和集中的辩证统一，而不是离开民主的个人专断和离开集中的极端民主化及无政府状态。它反映了党的领导者和被领导者、党的上级与下级组织、党员个人与党的整体、党的中央和各级组织与党员群众的正确关系，因而也就反映了党内的群众路线。

正是由于党把群众路线作为自己的根本路线，运用于指导党的全部工作，制定和执行了党在各个方面的路线、方针、政策，从而才保证了党的事业的胜利发展。

（二）群众路线是党的根本作风

我们之所以说群众路线是党的根本作风，不仅因为党风问题的实质从根本上说，就是党能否代表人民群众、同人民群众保持密切联系，并得到人民群众的拥护，从而依靠人民群众的力量去进行革命和建设，而且因为党的优良传统和作风，归根结底都体现了群众路线的基本精神。理论和实践相结合的作风，虽然主要是解决党对待马克思列宁主义的态度问题，解决党的思想路线、思想方法和思想作风问题，但是，无论从坚持这一作风的目的和出发点来说，还是从坚持这一作风的实际过程来说，又都离不开作为党的根本作风的群众路线。我们所以要坚持理论和实践相结合的作风，正是为了把反映了全世界无产阶级实践斗争的马克思列宁主义的普遍真理，变成中国无产阶级和广大人民群众手中百战百胜的武器，是为了中国革命的胜利、人民的解放和幸福；而理论和实践相结合的过程，实际上就是领导者向群众斗争实践学习，与群众斗争实践结合的过程，离开群众斗争实践，就不会有真正的理论和实践相结合。中国共产党人所以要经常开展正确的而不是歪曲的、认真的而不是敷衍的批评和自我批评，不是为了别的，而是为了维护人民群众的利益；而中国共产党人所以敢于进行严肃、认真的批评和自我批评，也正是因为我们是以中国最广大人民的最大利益为出发点的。正如毛泽东所指出：“共产党人必须随时准备坚持真理，因为任何真理都是符合于人民利益的；共产党人必须随时准备修正错误，因为任何错误都是不符合于人民利益的。”，“凡属正确的任务、政策和工作作风，都是和当时当地的群众要求相适合，都是联系群众的。”[①]“凡属错误的任务、政策和工作作风，都是和当时当地的群众要求不相适合，都是脱离群众的。”因此，只有坚持党的群众路线，密切联系群众，一刻也不脱离群众，才能搞好党的根本作风，使党永不变质，永远立于不败之地。这个问题，在党成为执政党的情况下，就显得特别突出和具有更加重要的意义。

（三）群众路线是党的基本领导方法

群众路线的方法，作为党的基本领导方法，之所以是科学的、正确的，不仅是因为，它是以承认人民群众是历史的创造者为其根本前提的，坚持了一切为了群众、一切依靠群众的根本立场；而且更重要的是因为，它是建立在辩证唯物主义认识论的基础上的，正确地解决了主观和客观、认识和实践、领导和群众之间的辩证关系，是实现革命和建设中主观和客观相一致、理论和实践相统一、领导和群众相结合的基本保证。

1.主观和客观的矛盾，只有在实践的基础上才能得到解决

实践是“主观见之于客观”的东西，是沟通主观和客观的桥梁。人们在实践中认识客观事物，又根据对客观事物的认识制定出改造客观世界的计划和方案，然后再回到实践中去进行检验，并根据实践的结果来改造原来计划和方案中不符合客观实际的地方。如此循环往复，一次比一次正确，最后达到改造客观世界和主观世界的目的。这就是毛泽东在《实践论》中所提出的实践—认识—实践的认识路线的公式。

2.实践是群众的实践，群众是社会实践的主体，又是认识的主体

人民群众的实践是我们认识的源泉，也是检验我们的认识是否正确的唯一标准。任何领导者的思想、意见、计划、办法等等，只能来自群众的实践，并且转过来为群众的实践服务，经受群众实践的检验，这就又形成了群众—领导—群众这样一个群众路线的公式。

毛泽东把马克思主义认识论的基本原理化为党的群众路线的领导方法，又把群众路线的领导方法提高到马克思主义认识论的高度，把实践—认识—实践的认识论公式，与群众—领导—群众的群众路线的公式密切结合、有机地统一起来，这就使党的从群众中来、到群众中去的基本领导方法，成为科学的领导方法。

中国革命、建设和改革的历史经验一再证明：坚持党的群众路线，把人民放在心中最高的位置上，保持党与群众的密切联系，革命和建设的事业就前进、就胜利；违背党的群众路线，严重脱离群众，革命和建设事业就要遭受挫折和失败。人民至上、群众路线，无论过去、现在和将来，都是我们必须坚持的。

---

① 毛泽东选集(第3卷)[C].北京：人民出版社，1991，第1095页

第六章 “马克思主义中国化时代化大众化”内涵、逻辑和路径

坚持把思想理论建设放在首位，提高全党马克思主义水平，不断推进马克思主义的中国化、时代化和大众化。明确马克思主义时代化、中国化和大众化的内涵，逻辑好实现路径能够更好地帮助我们进行社会实践。

第一节 “马克思主义中国化时代化大众化”的科学内涵

马克思主义中国化，就是把马克思主义的基本原理与中国具体实际相结合，使马克思主义扎根于中国的土壤，把马克思主义真理的力量深深熔铸于中华民族的生命力、创造力、凝聚力之中，使当代中国的马克思主义具有更加鲜明的民族特色。

一、马克思主义“中国化”

毛泽东对“马克思主义中国化”的内涵作出了科学界定。早在1930年毛泽东就指出，中国革命斗争的胜利要靠中国共产党人了解中国情况，马克思主义的本本是要学习的，但是必须同我国的实际情况相结合，这成为批判本本主义（教条主义）的著名论断。1938年，毛泽东在《中国共产党在民族战争中的地位》中，第一次明确提出了“马克思主义中国化”的问题。他说：“马克思列宁主义的伟大力量，就在于它是和各个国家具体的革命实践相联系的。对于中国共产党说来，就是要学会把马克思列宁主义的理论应用于中国的具体的环境。成为伟大中华民族的一部分而和这个民族血肉相连的共产党员，离开中国特点来谈马克思主义，只是抽象的空洞的马克思主义。因此，使马克思主义在中国具体化，使之在其每一表现中带着必须有的中国的特性，即是说，按照中国的特点去应用它，成为全党亟待了解并亟须解决的问题。”①毛泽东还特别指出：“马克思活着的时候，不能将后来出现的所有的问题都看到，也就不能在那时把所有的这些问题都加以解决。俄国的问题只能由列宁解决，中国的问题只能由中国人解决。”②马克思主义产生于欧洲，其时代背景和语言环境都不同于中国，因此要使其具有新鲜活泼的、为中国老百姓所喜闻乐见的中国作风和气派，以便于为广大人民群众普遍接受，“必须将马克思主义的普遍真理和中国革命的具体实践完全地恰当地统一起来，就是说，和民族的特点相结合，经过一定的民族形式，才有用处”。③

1940年，党外马克思主义学者嵇文甫进一步诠释了“中国化”的内涵。据他的解释：第一，“‘中国化’的含义，当然是说把本来非中国的东西化成中国的，它是以吸收外来文化为其前提条件的”。第二，“所谓‘中国化’，是融化不是拼凑，是化合不是混合，是彻首彻尾，彻上彻下的，不是

① 毛泽东选集（第2卷）[C].北京：人民出版社，1991，第534页

② 毛泽东选集（第8卷）[C].北京：人民出版社，1991，第5页

③ 毛泽东选集（第2卷）[C].北京：人民出版社，1991，第707页

割裂补缀的……所谓‘中国化’者，只是世界性的文化，经过中国民族的消化，而带上一种特殊的中国味道而已”。第三，“中国化”是“世界性”的，又是“现实性”的，即是说“‘中国化’乃是把世界性的文化‘中国化’”，中国“为着克服这种依附性，半殖民地性和机械性，于是乎有‘中国化’运动之发生”。嵇文甫从中国现代化的崭新视角诠释“中国化”，在当时是极具有社会影响力的。

马克思主义中国化的实质是“结合”，关键在于能否有效的“结合”。马克思主义与中国的具体实际相结合有三条路径：第一条路径是把马克思主义与中国的具体实践相结合，用马克思主义考察和分析中国的现实，通过对中国面临的重大现实问题的创造性回答，推进马克思主义的丰富和发展，用发展着的马克思主义指导新的实践；第二条路径是用马克思主义改造中国传统文化，推动和促进中国传统文化的现代转换以及中国先进文化的形成和发展；第三条路径是汲取中国传统文化的精华，用以丰富马克思主义的理论宝库。只有把“结合”这篇文章做好，我们才能真正赋予马克思主义以中国作风和中国气派，才能真正创造属于中国的马克思主义。

马克思主义中国化不仅是必要的，也是可能的。马克思主义之所以必须“中国化”，是因为马克思主义产生于西欧，中国具有完全不同于西欧的国情，马克思主义的普遍性寓于特殊性之中，不存在脱离特殊性的普遍性，马克思主义的普遍真理要指导我国的革命、建设和改革事业，就必须与我国实际情况结合起来，实现中国化。马克思主义之所以能够“中国化”，是因为马克思主义不是一成不变的教条，不是千古不易的教义，而是方法。只有“教义”才具有坚硬的外壳，才具有超越民族、超越时空、超越地域限制的巨大力量，才能做到任凭风云变幻，我自岿然不动。马克思主义创始人从来没有宣告自己的理论是绝对真理，是人类思想发展的“顶峰”，他们自始至终强调我们“提供的不是现成的教条，而是进一步研究的出发点和供这种研究使用的方法”①。

坚持马克思主义中国化，必须明确划清“中国化”与“洋教条化”“民族化”与“民族主义化”之间的原则界限。中国化马克思主义应该吸收西洋文化的精华，但不能走向崇洋媚外的“洋教条主义”；中国化马克思主义必须彰显中华民族的个性和特质，体现民族风格、民族特色、民族气派，但不能走向狭隘的“民族主义”。一部中国共产党的历史，就是一部坚持以马克思主义基本原理为指导、紧密结合中国具体实际进行理论创新的历史，就是一部不断推进马克思主义中国化的历史。坚持马克思主义的基本原理与中国具体实际相结合，不断推进马克思主义中国化，走自己的道路，这是中国共产党的基本理论、基本实践和基本经验。

二、马克思主义“时代化”

马克思主义时代化，就是要把马克思主义与当今时代相结合，使马克思主义始终走在时代前列，敏锐把握时代特征，准确反映时代要求，科学引领时代前进，使当代中国的马克思主义具有更加鲜明的时代特色。

马克思主义经典作家对理论的时代性进行过深刻的阐释。马克思主义认为，任何时代都有反映自己时代特征的思想理论体系，任何真正的思想理论体系都是自己时代的精神上的精华。这个时代的特定的理论体系，既是时代的产儿，是“被把握在思想中的它的时代”，又是解决时代问题的指针。马克思恩格斯指出：“一切划时代的体系的真正的内容都是由于产生这些体系的那个时期的需要而形成起来的。所有这些体系都是以本国过去的整个发展为基础的，是以阶级关

① 毛泽东选集(第2卷)[C].北京：人民出版社，1991，第707页

系的历史形式及其政治的、道德的、哲学的以及其他的后果为基础的。"马克思主义"不仅从内部即就其内容来说，而且从外部即就其表现来说，都要和自己时代的现实世界接触并相互作用"。时代孕育了马克思主义，时代又发展了马克思主义。马克思主义在本质上永远是现时代的，永远是时代的旗帜，引领着时代的前进。正如恩格斯所言："每一个时代的理论思维，从而我们时代的理论思维，都是一种历史的产物，它在不同的时代具有完全不同的形式，同时具有完全不同的内容。"纵观马克思主义 160 多年的发展史，马克思主义始终是时代的产物，它在不同的时代具有不同的形式和内容，如毛泽东思想、中国特色社会主义理论体系与经典马克思主义相比就赋予了鲜明的时代特色，烙上了浓厚的时代印记。

马克思主义时代化不仅是必要的，也是可能的。马克思主义之所以必须"时代化"，一方面是因为马克思主义不是世界之外的遐想，而是自己时代的产物，是时代的精神上的精华，是文明的活的灵魂；另一方面是因为马克思主义是 19 世纪的理论产物，今天已经是 21 世纪了，时代总是一往直前地变化发展着的，马克思主义断然不能漠视时代的变化发展，否则就会被时代所淘汰。由于我国所处的时代条件、外部环境是发展变化的，这就决定了马克思主义要指导当代中国的改革和发展，就必须与时代特征相结合，跟上时代的步伐，合着时代的节拍一起律动，实现时代化。马克思主义之所以能够"时代化"，是因为马克思主义具有与时俱进的理论品质，在不同的时代具有不同的形式和内容，这决定了马克思主义可以时代化。

坚持马克思主义时代化，必须明确划清"时代化"与"学院化"之间的界限。马克思主义要关注现实，而且是以学术的方式干预现实，在学术性中体现现实性，在现实性彰显学术性，但是不能走向"思想淡出、学术凸显"的"学院化"误区。中国共产党在领导党和人民进行革命、建设和改革的过程中，以新思想、新观点、新论断极大地丰富了马克思主义理论宝库，极大地推进了马克思主义理论创新，这些创新理论都是马克思主义时代化的产物和结晶，是我国各个不同历史时期时代精神的精华、先进文化的主要标志和高高擎起的伟大旗帜。

三、马克思主义"大众化"

马克思主义大众化，就是要坚持把马克思主义基本原理同中国具体实际相结合，不断作出符合我国社会发展要求和人民群众实践需要的新的理论概括，使之具有"新鲜活泼的、为中国老百姓所喜闻乐见的中国作风和中国气派"，①使当代中国的马克思主义具有更加鲜明的实践特色。

毛泽东对"马克思主义大众化"的基本内涵作出了科学界定。第一，"大众化"必须要彻底。毛泽东认为，大众化之"化"是"彻里彻外之谓也"，连"少许"都没有实行，是不能称作"化"的；第二，"大众化"的主要表现是语言。毛泽东说："有些天天喊大众化的人，连三句老百姓的话都讲不来，可见他就没有下过决心跟老百姓学，实在他的意思仍是小众化"②；第三，"大众化"要从实际出发。他说："共产党员如果真想做宣传，就要看对象……否则就等于下决心不要人看，不要人听"。③ 我以为，"马克思主义大众化"可以从"量"与"质"两个角度来判断。从"量"的尺度来衡量，就是说马克思主义不能局限于思想家、理论家，不能局限于党和政府工作人员、学生等狭小的

① 毛泽东选集(第 2 卷)[C]. 北京：人民出版社，1991，第 534 页

② 毛泽东选集(第 2 卷)[C]. 北京：人民出版社，1991，第 841 页

③ 毛泽东选集(第 2 卷)[C]. 北京：人民出版社，1991，第 836 页

圈子或者少数人的认同;从“质”的方面来衡量,就是说马克思主义要为人民大众所理解、认同和信仰,成为人民大众精神世界的坐标和实践的指南。

马克思主义来自人民大众又服务人民大众,按其本性来说,是大众的。马克思主义从来就不是书斋中的学问,不是时代之外的遐想,不是遨游于太空的“不明飞行物”,而是人民群众实践经验的科学总结,是人们认识世界、改造世界的强大思想武器。马克思主义从诞生的那一天起就超越了书斋中的理论,而走向了人民大众。恩格斯反复强调说,马克思主义理论不是教条,而是行动的指南。而要使马克思主义成为人民大众的行动指南,就必须首先使其为人民大众所理解和掌握,马克思主义只有被广大人民群众所理解、所掌握,才能转化为强大的物质力量,在实践中发挥应有的作用。在马克思主义发展史上,马克思最早提出理论武装群众的思想。他说,理论一经掌握群众,也会变成物质力量;理论只要说服人,就能掌握群众。马克思还说:“哲学把无产阶级当作自己的物质武器,同样,无产阶级也把哲学当作自己的精神武器。”列宁认为,马克思主义把伟大的认识工具给了全人类,首先是给了工人阶级,教会了工人阶级自我认识和自我意识。

马克思主义大众化不仅是必要的,也是可能的。马克思主义之所以必须“大众化”,一方面是因为马克思主义一开始就是面向无产阶级和劳动人们的,具有实践性和人民性的理论特质;另一方面是因为马克思主义必须与人民群众相结合,为人民群众所理解和掌握,才能转化为巨大的物质力量。马克思主义之所以能够“大众化”,一方面是因为马克思主义本身具备了实现大众化的坚实的理论基础,主要表现是马克思主义深刻地揭示了客观世界特别是人类社会发展的根本规律,指明了人类社会发展的前途和命运;另一方面是因为马克思主义大众化完全符合人民大众的根本利益。马克思主义始终代表着最广大人民的根本利益,始终把无产阶级当作自己的物质武器,无产阶级也始终把马克思主义当作自己的精神武器,马克思主义的最高价值目标是每个人的全面而自由的发展,作为无产阶级的利益、愿望和要求的理论表达,马克思主义代表了最广大人民群众的根本利益,马克思主义大众化完全可以成为人民大众的自觉追求。

坚持马克思主义大众化,必须明确划清“大众化”与“经院化”“通俗化”与“庸俗化”之间的界限。推进马克思主义大众化,应该提升学理性,以理论的力量、思想的魅力来征服人,但不能走向经院化、庸俗化的误区。

第二节　“马克思主义中国化时代化大众化”是一个整体

早在20世纪30年代,中国共产党就提出了马克思主义中国化、大众化问题,并坚持不断地推进马克思主义中国化、大众化。“马克思主义时代化”则是近年才明确提出来的。不过,“时代化”不是对“中国化”的否定,而是马克思主义中国化在新时代的必然要求和本质延伸。马克思主义时代化与马克思主义中国化、大众化一起构成了一个紧密联系、不可分割的有机整体。

一、马克思主义中国化、时代化、大众化整体的内涵与实质

2009年9月,党的十七届四中全会把“马克思主义中国化、时代化、大众化”作为一个整体性的命题提出来,有着深刻的社会历史背景。分析“马克思主义中国化、时代化、大众化”作为一个整体的内涵,首先需要考察这一命题提出的历史语境和现实诉求。

(一)马克思主义中国化、时代化、大众化整体提出的历史语境

从世情来看,20 世纪 90 年代两极格局终结以来,和平、发展、合作成为世界的主旋律,较长时期的和平的国际环境可以保持。但是,多极化的世界格局并没有最终形成,世界正处于大发展、大变革、大调整之中。纵览世界风云,政治多极化日趋明显,经济全球化深入发展,科技进步日新月异,全球思想文化交流、交融、交锋。这深刻影响着世界经济政治格局以及世界各国的发展。从经济上看,新兴市场国家迅速崛起与全球经济贸易重心“东移”,冲击着西方发达国家世界经济的主导地位,世界经济格局正在发生变化,国际金融危机使之更加明显。从国际关系上看,全球金融危机以来,“一超”(美国)遭受重创,整体实力有所减弱,中国、俄罗斯以及其他新兴力量迅速崛起,世界政治格局正在发生变化。从思想文化上看,全球文化的交流、交融、交锋,既为世界后发国家赶超发达国家提供了从未有过的历史机遇,又在一定程度上引起了传统文化危机和民族文化冲突,文化软实力和文化安全问题日益突出。时代语境的嬗变与世界形势的发展,要求我们运用马克思主义的立场、观点、方法,来判断国际形势,化解国际风险,洞悉发展先机,科学预见未来;需要我们着力思考和解答当今时代诸如经济危机、全球治理、能源资源、生态环保等全球性问题;要求我们科学统筹国际、国内两个大局,积极参与国际合作,不断解放思想,与时俱进,努力开辟马克思主义理论发展和科学社会主义实践的新境界,充分彰显马克思主义的时代价值。

从国情来看,我国发展进入机遇与挑战并存、困难与希望同在的重要战略机遇期,经济社会发展正经历着广泛而深刻的变化。党的十七大报告指出,新世纪的中国发展呈现出一系列新的阶段性特征。简言之,就是经济实力增强显著,结构性矛盾依然突出;市场经济体制虽已建立,却不完善;人民生活水平大幅度提高,但贫富差距依然突出;协调发展成绩显著,区域发展仍不平衡;政治与文化建设不断发展,但其与现实需求仍有差距;社会建设初见成效,任务却非常艰巨;对外开放日益扩大,风险也不断增多。这些阶段性特征集中反映了我国正在经历的“四个深刻变化”:“经济体制深刻变革,社会结构深刻变动,利益格局深刻调整,思想观念深刻变化。”[①]如此广泛而深刻的历史变化,在我国社会历史发展过程中非常少见。也是许多人未曾意料和设想到的。正如党的十八大强调:“我们面临的发展机遇和风险挑战前所未有。”这说明我国经济社会发展已经进入非常关键的历史时期,许多历史遗留下来的深层次的矛盾和问题严重阻碍着我国经济社会的向前发展。这就需要我们解放思想,攻坚克难,改革和发展的复杂性与艰巨性是不言而喻的。这些现实国情所反映的新问题及其要求,对中国共产党的领导水平和执政能力提出了严峻挑战,对马克思主义的指导性和解释力也提出了新的要求。

从党情来看,中国共产党所处的历史方位正在发生历史性转变,不仅面临着艰巨的现代化建设的外部任务,而且面临着复杂的自身建设的伟大工程。经过多年的发展,中国共产党从只有几十名党员的革命党转变为拥有 8000 多万名党员的执政党,从在相对封闭的计划经济条件下执政转到在不断开放的市场经济条件下执政,党的领导水平和执政能力不断提高,党的建设成就举世瞩目,但存在的问题也非常突出。胡锦涛在党的十七届四中全会上指出:“一些党员、干部忽视理论学习、学用脱节,理想信念动摇。”“一些党组织贯彻民主集中制不力。”“一些领导班子整体作用发挥不够,推动科学发展、处理复杂问题能力不强。”“一些基层党组织战斗堡垒作用不强。”“一些领导干部特别是高级干部中发生的腐败案件影响恶劣,一些领域腐败现象易发多发等。”这些问

① 中共重要文献研究室.十七大以来重要文献选编[C].北京:中央文献出版社,2009,第 110 页

题严重削弱了中国共产党的创造力、凝聚力、战斗力，严重损害了党群关系、干群关系，严重影响了中国共产党的执政地位和执政使命的实现，大大降低了中国共产党执政的合法性，严重危害了党的执政安全，必须抓紧加以解决。正如邓小平过去所说："这个党该抓了，不抓不行了。"①党情的变化，使中国共产党面临着比过去任何时候都更为繁重和紧迫的执政党自身建设任务。

（二）马克思主义中国化、时代化、大众化整体提出的现实诉求

世情、国情、党情的深刻变化对中国共产党执政的理论和实践都提出了新的问题和要求，迫切需要中国共产党从源头上思考和回答"什么是马克思主义，怎样对待马克思主义"这一根本性问题。在新世纪、新阶段，中国共产党整体地提出"马克思主义中国化、时代化、大众化"命题，强调整体推进马克思主义中国化、时代化、大众化，这是中国共产党对当今世情、国情、党情的深刻变化所作出的理性关照与深度回应。具体而言，这一整体性命题的提出，主要针对如下现实问题并诉求解决。

1. 在新的时代条件下马克思主义是否过时

马克思主义理论诞生160多年以来，人类社会发展已经远远超出了马克思主义创始人当年所经历与生活年代，如此广泛而深刻的变化，是他们没有经历也未曾意料到的。人类社会当前面临的诸如生态失衡、环境污染、资源短缺、恐怖主义、跨国犯罪等全球性问题以及生活世界殖民化、人际关系异化、精神家园缺失等现代性问题，不可能在马克思主义经典作家那里找到现成的答案。因此，据此断定马克思主义过时的论调滋生蔓延。"过时论"有各种说法，而且多变。"基本说法是，马克思主义曾经是真理，但时过境迁，已经不再是真理了；过去曾经是有用的，在中国革命的历史上发挥过作用，但现在不再有用了。"马克思主义是否过时，这不仅关系马克思主义理论的前途和命运，更是关系我国民族发展、社会进步、国家繁荣、人民幸福的头等大事，迫切需要我们进行理论上的思考和回答。马克思主义时代化与中国化、大众化整体地提出，目标直指马克思主义"过时论"，就是要解答这种事关中国前途和命运的重大理论问题。

2. 在新的文化土壤中马克思主义是否管用

在中国现代化的百年历程中，文化激进主义与文化保守主义两大思潮相依相伴，此消彼长，共同构成我国独特的文化景观。在文化激进主义的荡涤下马克思主义得以传入中国，却不断遭受到文化保守主义的抵抗，一直存在马克思主义是否适合中国之争。早在马克思主义传入中国之初就有人宣称"马克思主义不适合中国国情"。虽然，中国革命在马克思主义指导下获得了成功，用实践证明这种观点是错误的，历史已经作出了回答。但是，稍有机会，这种论调就会反弹。改革开放以来，全球化与西方世俗文明冲击波造成的文化焦虑感，使文化保守主义再次抬头。有人认为，马克思主义本质上是异族文化，不适合中国，马克思主义传入中国以后，导致中国传统文化的断裂和民族根基的丧失，致使当代国人"灵魂四处飘荡，无所归依"，因此他们主张"回归传统""复兴儒学""儒化中国"。如果说"过时论"以时间为尺度否定马克思主义，那么"失灵论"则以空间为尺度否定马克思主义。尽管两者内容不同，对策各异，却都否认马克思主义的科学性和真理性，其实质是取消马克思主义的指导地位。从认识论而言，他们都教条式地理解马克思主义，缺乏辩证的思维和发展的眼光，既没有深刻领会马克思主义的精髓，也没有正确认识中国化马克

---

① 邓小平文选(第3卷)[C].北京：人民出版社，1993，第314页

思主义的实质。马克思主义中国化、时代化、大众化的整体提出，就是强调要与时俱进地对待马克思主义，反对教条式地理解马克思主义，强调要求根据新的实践，创新马克思主义理论，用以解答实践问题。

3. 多元社会思潮下马克思主义是否可信

当今世界正在发生广泛而深刻的历史变化，文化上的表现就是各种思想文化交流、交融、交锋，人们的思维方式和价值观念多元、多样、多变。所有制改革、市场经济改革与对外开放的实施，加之信息传播手段与方式的现代化和多样化发展，使我国不可避免地被卷入文化全球化浪潮之中，国内各种思想文化争奇斗艳，各种社会思潮异彩纷呈，相互间交流、碰撞，呈现出空前繁荣、空前复杂的局面。这使一部分社会民众不同程度地陷入马克思主义的信仰危机，马克思主义在我国意识形态领域的指导地位受到挑战。一方面，社会生活世俗化、市民化、功利化和商业化，使得情感退场，理想缺失，在一定程度上造成马克思主义的弱化和边缘化；另一方面，各种思潮跌宕起伏，纷纷踏上当代中国历史舞台，试图影响和改变中国发展的历史进程，许多非马克思主义和反马克思主义的思潮不断影响和冲击马克思主义的指导地位。另外，我国意识形态自身建设未能很好地将改革开放所取得的伟大成就充分有效地转化为人们对马克思主义的认同，这也造成一部分社会民众不同程度地陷入马克思主义信仰危机。面对如此复杂的局面，整体提出马克思主义中国化、时代化、大众化，就是要用马克思主义引领社会思潮，占领思想领域的高地，用马克思主义武装人民群众的头脑，维护和巩固马克思主义在我国意识形态领域的指导地位。

（三）马克思主义中国化、时代化、大众化整体的科学内涵

马克思主义中国化、时代化、大众化的历史语境与现实诉求规定着马克思主义中国化、时代化、大众化整体的内涵和实质。马克思主义中国化、时代化、大众化作为整体的基本含义可以这样概括：马克思主义中国化、时代化、大众化，就是把马克思主义基本原理同中国的具体实际和所处的历史时代、生活于其中的人民群众结合起来，运用马克思主义的立场、观点、方法研究和解决中国革命、建设、改革过程中的实际问题，推动人民群众的实践，满足人民群众的需求，促进人民群众的发展，使马克思主义的应用和表现都带着中国特点和时代气息，实现马克思主义在中国的理论创新和实践创新，推动马克思主义理论和中国实践的共同发展。

1. 马克思主义中国化、时代化、大众化整体以“马克思主义”为理论主体，坚持马克思主义基本原理是其基本前提，保持马克思主义本质为其内在要求

马克思主义中国化、时代化、大众化有共同的理论主体，即“马克思主义”，不论是中国化、时代化还是大众化都是马克思主义理论之“化”，没有“马克思主义”的马克思主义中国化、时代化、大众化意味着“主体”缺失，既不合逻辑，也不存在。因此，“马克思主义”必须贯穿马克思主义中国化、时代化、大众化的全过程，在“化”前、“化”中、“化”后“马克思主义”都不能“缺场”，特别是“化”出来的结果不能失去马克思主义的本质，必须保持马克思主义的本性。这就说明，坚持马克思主义基本原理是马克思主义中国化、时代化、大众化的基本前提，保持马克思主义本质是马克思主义中国化、时代化、大众化的内在要求。在我国革命、建设、改革的实践中，中国共产党始终强调坚持马克思主义基本原理，保持马克思主义本质。毛泽东强调指出：“马克思主义的‘本本’是要学习的，但是必须同我国的实际情况相结合。”邓小平强调指出：“我们搞改革开放，把工作重心放在经济建设上，没有丢马克思，没有丢列宁，也没有丢毛泽东。老祖宗不能丢啊！”江泽民强

调指出:“否认马克思主义的科学性,丢掉老祖宗,是错误的、有害的。”

2. 马克思主义中国化、时代化、大众化整体以我国革命、建设、改革的伟大实践为基础,解答实践问题,推动实践发展

马克思主义中国化、时代化、大众化必须以马克思主义为理论主体,保持马克思主义理论的本性,自始至终都不能脱离“马克思主义”。但是,马克思主义理论自身不能“化”。从根本上说,理论的发展根源于实践,实践从根本上决定着理论的生成与发展。因此,马克思主义中国化、时代化、大众化的基础和动力是社会实践,马克思主义中国化、时代化、大众化应我国实践需要而产生,受我国实践推动而发展。只有以实践为中心,努力解答实践问题,马克思主义“三化”才能形成和发展。纵观马克思主义中国化、时代化、大众化的历史进程,正因为马克思主义相继解答了我国革命、建设、改革过程中的重大实践问题,马克思主义中国化、时代化、大众化才得以实现。就此而言,马克思主义中国化、时代化、大众化的过程就是中国共产党带领人民群众进行革命、建设、改革的伟大实践的历史过程。

3. 马克思主义中国化、时代化、大众化以满足人民群众需求,促进人民群众发展为价值取向和根本目标

任何社会科学的理论都会有自己的理论立场和价值取向,马克思主义理论也不例外。马克思恩格斯创立马克思主义理论之初,就公开宣称自己的理论是人民群众的理论,是人民群众认识世界和改造世界的理论武器。这表明马克思主义有着非常鲜明的理论立场和价值取向。以“马克思主义”为理论主体的中国化、时代化、大众化,不能脱离马克思主义的理论立场和价值取向,必须坚持人民群众的理论立场和价值取向,不断地满足人民群众的需求,努力维护和实现人民群众的利益,积极促进人民群众的发展。这是马克思主义中国化、时代化、大众化的根本要求和终极价值,马克思主义中国化、时代化、大众化的过程就是通过不断解答实践问题来满足人民群众需求,促进人民群众发展的历史过程。

(四)马克思主义中国化、时代化、大众化整体的实质

所谓实质就是决定事物性质的根本内容,亦即本质。唯物辩证法表明,本质是事物存在和发展的内在根据,即事物本身所固有的特殊矛盾。对事物本质的认识就是对事物本身所固有的特殊矛盾的分析。事物本质或实质是内在的、隐性的。正如列宁所说:“‘真正实质’这几个字表明,必须把假象和真实、外表和本质、言论和行动区别开来。”但是,事物的本质并非不可认识、不可捉摸,透过现象,穿越非本质的东西,可以抓住事物本质。决定事物本质的内在矛盾有其外在的表现形式,这就是“问题”。“问题就是事物的矛盾。哪里有没有解决的矛盾,哪里就有问题。”因此,马克思主义中国化、时代化、大众化的实质就蕴涵在它们所要解决的马克思主义是否过时、是否管用、是否可行的三大基本问题之中。

首先,针对“过时论”,整体性的马克思主义中国化、时代化、大众化旨在强调马克思主义要与时俱进和不断发展,通过中国化、时代化、大众化三大途径实现当代中国马克思主义理论的发展与创新,创立富有时代气息的马克思主义。“过时论”凸显马克思主义的时代性问题,反映出马克思主义与历史时代之间的张力。恩格斯指出:“每一个时代的理论思维,包括我们这个时代的理论思维,都是一种历史的产物,它在不同的时代具有完全不同的形式,同时具有完全不同的内容。”因此,作为时代产物的马克思主义必须与时俱进,不断发展,否则就难逃“过时”和被“淘汰”

的命运。这就要求我们通过马克思主义的“中国化”“时代化”“大众化”这三大途径，不断推进马克思主义理论的发展，使之与时俱进，永葆生机与活力。

其次，针对“失灵论”，马克思主义中国化、时代化、大众化强调马克思主义必须不断创新，形成中国化的马克思主义，用以解决中国的现实问题，指导当代中国的实践。“失灵论”以马克思主义是外来文化为由否定马克思主义能够指导中国实践，凸显出马克思主义的地域性问题，反映出马克思主义与空间地域之间的张力。从文化学视角而言，作为文化样态，马克思主义确实是在近代欧洲思想文化土壤中产生的，因而不可避免地会带有欧洲历史文化的地域性。但是，马克思主义不是离开人类文明发展大道的宗派主义，而是人类文明的结晶，因而具有超越民族和地域限制的普遍性。马克思主义既是民族的，具有民族性，又是世界的，具有普适性。以马克思主义是外来文化为由，简单地否定其科学性和普适性无疑是错误的。但是，这也并不意味着可以随意把马克思主义移植到其他国家或地区。马克思主义理论与地域文化之间的张力，决定只有把马克思主义基本原理和民族国家具体实际结合起来，使之具体化、民族化，马克思主义才能“存活”。面对改革开放以来我国发生的广泛而深刻的变化，我们必须坚持马克思主义中国化、时代化、大众化，旨在创立适合当代中国国情的马克思主义，用以解决中国实际问题，推动中国实践发展。

最后，针对“边缘化”，马克思主义中国化、时代化、大众化强调增强马克思主义在当代中国的影响力，维护和巩固马克思主义在我国意识形态领域的指导地位。马克思主义在一定程度上被“边缘化”凸显人民群众对马克思主义的信仰危机，反映出马克思主义与人民群众思想之间的矛盾。从本质上说，马克思主义是人民群众的理论，是马克思恩格斯以“为全人类而工作”的历史使命创立的关于无产阶级和劳动人民解放的学说。但是，光是理论趋向群众是不够的，群众本身必须力求趋向理论。马克思主义理论只有被群众掌握，才能变为物质力量，实现自身价值。那么，理论何以掌握群众？马克思说过：“理论只要说服人，就能掌握群众；而理论只要彻底，就能说服人。所谓彻底，就是抓住事物的根本。”所谓“根本”就在于马克思主义能够解答人民群众的实际问题，满足人民群众的各种需求，实现人民群众的各种发展诉求。针对马克思主义边缘化以及人民群众的马克思主义信仰危机问题，在马克思主义中国化、时代化、大众化的过程中不仅要创立适合中国国情和时代气息的马克思主义，并使之具象化、通俗化，而且要用以解答人民群众的实际问题，实现好、维护好、发展好人民群众的根本利益，从根本上赢得人民群众的认同，从而扩大马克思主义在我国的影响，真正巩固马克思主义在我国意识形态领域的指导地位。

综上所述，马克思主义中国化、时代化、大众化所针对的马克思主义是否过时、是否管用以及是否可行的问题，反映出马克思主义理论与时间、空间、主体之间的张力。因为时空转换与主体变换，在一定的时空范围内产生有着特定理论立场的马克思主义出现“生存”危机，即“过时”了、“失灵”了、“边缘化”了。从马克思主义理论自身而言，应对和化解这些危机的唯一办法和根本出路就是结合新的实践不断地发展与创新，即既要与“时”俱进，又要因“地”制宜，还要因“人”而异。“时”“地”“人”三者的紧密联系，不可分割，决定马克思主义中国化、时代化、大众化三者相互支撑，联动共进。因此，马克思主义中国化、时代化、大众化的实质就是通过“中国化”“时代化”“大众化”实现马克思主义理论在中国的发展与创新。

二、马克思主义中国化、时代化、大众化整体的要素与结构

深刻理解马克思主义中国化、时代化、大众化整体的内涵和实质，必须弄清楚马克思主义中

国化、时代化、大众化整体的结构。在这里，马克思主义中国化、时代化、大众化整体的结构，指构成马克思主义中国化、时代化、大众化整体的要素、内容及其相互关系。

（一）马克思主义中国化、时代化、大众化整体的基本要素

马克思主义中国化、时代化、大众化这一整体包含“马克思主义”“中国”“时代”“大众”等基本要素。在马克思主义中国化、时代化、大众化整体视阈下，它们各自有着特定的语义和内涵。正确认识和理解这些要素，是科学理解马克思主义中国化、时代化、大众化整体结构的前提和基础。

1.“马克思主义”是马克思主义中国化、时代化、大众化的前提

“马克思主义”是马克思主义中国化、时代化、大众化的逻辑前提，缺失这一理论主体的中国化、时代化、大众化是无从开展，不能存在的。但是，对于什么是马克思主义，从不同的角度可以作出不同的回答，学术界并未完全达成共识。一般认为，马克思主义有狭义和广义之分。“从狭义上说，马克思主义即马克思恩格斯创立的基本理论、基本观点和学说的体系。……从广义上说，马克思主义不仅指马克思恩格斯创立的基本理论、基本观点和学说体系，也包括继承者对它的发展，即在实践中不断发展着的马克思主义。”狭义的马克思主义，按照列宁的解释，主要指由马克思主义哲学、马克思主义政治经济学、科学社会主义等组成的经典马克思主义。广义的马克思主义则还包括列宁主义，以及马克思主义在中国发展所形成的毛泽东思想和中国特色社会主义理论体系等内容。那么，马克思主义中国化、时代化、大众化之中的“马克思主义”是广义还是狭义的马克思主义？有学者认为：“中国化的马克思主义，首先和主要是狭义的马克思主义，即马克思主义创始人的理论思想。”除此之外的“马克思主义”都是次要的。“例如，列宁主义等等的中国化，至少不能完全叫做马克思主义中国化，可以叫列宁主义中国化。”[①]不仅如此，还有学者进一步指出：“这种形式的马克思主义中国化的任务已经由毛泽东和邓小平等人基本完成了，这就是中国化马克思主义——毛泽东思想和邓小平理论的创立。”[②]笔者认为，马克思主义中国化、时代化、大众化之中的“马克思主义”不是狭义的马克思主义，而是广义的马克思主义。从地域上来看，它不仅包括当代中国的马克思主义，还包括经典马克思主义、列宁主义，以及当代国外马克思主义的积极的合理的成分，如西方马克思主义、东欧马克思主义等国外马克思主义理论中一些积极的有益的成分。

马克思主义是个博大精深的体系，内容非常丰富，按其层次结构大致分为三个层次：外围层次——具体结论及个别论断，中间层次——基本原理，核心层次——世界观和方法论。就马克思主义的外围层次而言，马克思主义的具体结论及个别判断往往是针对某个具体的问题作出的，有其特定的历史条件和适用范围，随着历史条件的变化或者不复存在，它们有可能变得不正确了。因此，这些不具有普遍意义的具体结论及个别论断不属于马克思主义中国化、时代化、大众化之中的“马克思主义”。就马克思主义的中间层次而言，马克思主义基本原理是“马克思主义著作中经过实践反复检验而确立起来的具有普遍的真理性和价值的科学理论”[③]。这是一个内容复杂的理论体系，不能简单地罗列出一个“原理清单”，也不能用一两句话的概括使之标签化，而是需

① 陈文通．马克思主义中国化之我见[J]．中国特色社会主义研究，2007(3)

② 常绍舜．当今主要任务——马克思主义中国化[N]．社会科学报，2005－09－07

③ 田心铭．关于马克思主义观的十二个关系问题论纲(上)[J]．高校理论展现，2010(1)

要从理论与实践、历史与现实的辩证统一中整体把握马克思主义基本原理的基本内容。不过，为了便于人们认识和研究，有学者将其概括为14个基本原理："关于客观物质世界相互联系、相互作用和运动发展的原理，人类社会形态由低级到高级演进和发展规律的原理；关于时代本质和发展阶段的原理，生产力和生产关系、经济基础和上层建筑辩证统一的原理，阶级、阶级斗争和阶级分析的原理"等。

一般来说，马克思主义基本原理都是经过实践检验被证明是科学的理论，都具有一定的普遍意义。因此，马克思主义基本原理属于马克思主义"三化"中的"马克思主义"，并成为其中最重要的内容之一。但是，马克思主义基本原理同样有其适用条件和范围，哪些基本原理需要"化"，哪些基本原理不需要"化"，以及何时"化"，这些都需要具体分析。从马克思主义中国化的历史进程来看，应中国革命的现实需要，最先"化"的基本原理是阶级斗争学说，随着实践主题转换，后来才是社会主义建设规律等内容。因此，"化"与不"化"、先"化"还是后"化"，这其实就是实践需要对马克思主义基本原理作出的"选择"。就马克思主义的核心层次而言，马克思主义的世界观和方法论最能反映马克思主义理论的本质，是马克思主义中国化、时代化、大众化之中的"马克思主义"的核心内容。

由此可见，马克思主义中国化、时代化、大众化之中的"马克思主义"是广义的，不仅包含经典马克思主义、列宁主义，还包含中国化的马克思主义。进一步而言，它是指广义马克思主义中属于基本原理和世界观、方法论层面的内容。至于有学者认为，这种"马克思主义"中已包括中国化的马克思主义内容，若再将其中国化就是同义反复的问题，这其实是没有整体性理解"马克思主义"不同层次的内容。如上所述，"马克思主义"就其内容而言，是指基本原理和世界观、方法论层面的马克思主义，中国化的马克思主义已经融入到马克思主义整体之中。即使单独而论，用来中国化、时代化、大众化的中国化的"马克思主义"同样是具有普遍意义的原理层面与世界观方法论层面的内容，而非中国化马克思主义的细枝末节。

2."中国""时代""大众"是马克思主义中国化、时代化、大众化的基础

在这里，"中国"首先是个空间概念，即中国这个民族国家，这是对马克思主义中国化、时代化、大众化的地域范围进行的界定，意指马克思主义在中国而非其他国家或地区的"化"，旨在强调马克思主义中国化、时代化、大众化要立足中国现实，以中国为中心，不能脱离中国国情。

"时代"则是一个客观实在范畴，它和人类社会发展一样，是不以人的意志为转移的自然历史过程。在马克思恩格斯的著作中，他们没有给"时代"作出明确界定，往往是在较为宽泛意义上使用，"其基本含义，就是指人类社会或某一民族共同体的一个历史发展阶段"①。例如，从人的主体性发展角度，马克思将人类社会的历史划分为依次更替的"人的依赖""物的依赖"以及个人全面发展三个阶段。按照社会方式，马克思说："大体说来，亚细亚的、古希腊罗马的、封建的和现代资产阶级的生产方式可以看作是经济的社会形态演进的几个时代。"②

要对"时代"作出正确的认识和判断，就需要弄清时代主题、时代特征、时代趋势。时代主题是依据时代主要矛盾对时代性质作出的判断，如战争与革命、和平与发展。时代特征是时代主题在世界范围内的展开，如经济全球化、政治多极化、美苏对峙等。时代趋势是时代根本矛盾决定

① 孙彭新.时代性质判断与社会主义时间选择[M].北京：人民出版社，2010，第55页

② 马克思恩格斯文选(第2卷)[C].北京：人民出版社，2009，第592页

的时代发展方向。马克思恩格斯在《共产党宣言》中指出:“资产阶级的灭亡和无产阶级的胜利是同样不可避免的。”[①]列宁进一步明确指出:“一切民族都将走向社会主义,这是不可避免的。”这就是马克思主义经典作家揭示的人类社会历史时代发展的总趋势。马克思主义中国化、时代化、大众化中的“时代”,不是泛指人类历史发展过程中的任何时代,而是特指马克思主义传入中国以来中国所处的历史时代,即鸦片战争以来的历史时代。“大众”则是指人民群众。“人民群众是一个历史范畴。人民群众从本质上说是一切对社会历史发展起推动作用的人们,从量上说是指社会人口中的绝大多数。”在马克思主义中国化、时代化、大众化的历史进程中,人民群众有着不同的内容,包含着不同的阶级、阶层和集团,但其主体部分始终是从事物质资料生产的劳动群众和知识分子。

在马克思主义中国化、时代化、大众化整体中的“中国”“时代”“大众”是紧密联系在一起的。“中国”不仅是空间概念,而且是一个与时间相联系的空间概念。也就是说,“中国”是处于一定“历史时代”的中国。同样,“时代”是“中国”的时代,即中国近代以来的历史时代。“大众”则是处于特定时空条件下的大众,即我国近代以来的人民群众。三者紧密联系,不可分割,共同构成了马克思主义中国化、时代化、大众化的基础。

3.“化”——“马克思主义”与“中国”“时代”“大众”的连接点

“化”是“马克思主义”与“中国”“时代”“大众”的连接点,马克思主义中国化、时代化、大众化的关键在于“化”。但是,这个空灵之“化”让人难以捉摸——“拿什么去‘化’?‘化’多少?怎么‘化’?‘同化’还是‘异化’?‘强化’还是‘弱化’?‘实化’还是‘虚化’?……”[②]这些问题不仅涉及“化”的内涵,还涉及“化”的性质、程度、方法、途径等。从字面意思而言,“这里‘化’是动词,是改变”[③]。“就是事物自身随着条件环境的改变而发生的形式上的转变、转化和适应。”[④]具体而言,就是指马克思主义理论随着时空与主体的改变而发生的形态变化,即把欧洲的马克思主义变为中国的马克思主义,把当年的马克思主义变为当代的马克思主义,把理论化的马克思主义变为实践化的马克思主义,把精英化的马克思主义变为大众化的马克思主义等。“化”的实质是马克思主义理论自身的发展和中国共产党人对马克思主义理论的创新。从性质上而言,这里的“化”既不是丝毫不触及马克思主义内容而只是给马克思主义稍微蒙上一点或“中国”或“时代”或“大众”色彩的简单的“形式包装”,也不是抽掉马克思主义的实质而将其变成非马克思主义的“异化”,而是将马克思主义基本原理与中国具体实际、历史时代、人民群众结合起来,实现马克思主义在新的“环境”中的发展,是马克思主义与新的实践的融合生长。

虽然“结合”并不等于“化”,但要“化”首先需要“结合”。因此可以说,“结合”是“化”的基本途径和基本方式,要实现马克思主义中国化、时代化、大众化,必须将“马克思主义”与“中国”“时代”“大众”结合起来。中国化就是把“马克思主义”与“中国”结合起来,形成适合中国国情、能满足中国需要的民族化的马克思主义。在这里,可以从不同的角度对“中国实际”进行理解:“一是历史的角度,中国实际包括历史实际、现实实际以及未来可以预见的实际;二是社会结构的角度,中国实际包括经济、政治、文化、社会各个方面的实际和国计民生中综合性重大问题的实际;三是中国

① 列宁专题文集——论社会主义[C].北京:人民出版社,2009,第398页
② 周凡.关于马克思主义中国化的哲学反思[J].江海学刊,2010(2)
③ 陈文通.马克思主义中国化之我见[J].中国特色社会主义研究,2010(2)
④ 赵存生.论对马克思主义中国化的整体性认识[J].毛泽东邓小平理论研究,2007(9)

的世界处境的角度，中国实际包括区位、地理、人口、资源、环境、发展水平、国际地位和影响力等方面的实际。”①因此，“中国实际”的内容是多方面的、丰富的。但是，其中最大的实际是中国的历史方位，最主要的实际是中国实践、中国历史、中国文化。时代化就是把“马克思主义”与“时代”结合起来，创立时代化的马克思主义，使之能够与时俱进。这里的“时代”就是指当下的“时代”，其内容主要包括时代主题、时代特征、时代趋势。大众化就是把“马克思主义”同“大众”结合起来，即把马克思主义基本原理同人民群众的思想、利益、实践结合起来，用科学的理论武装人民群众的头脑。按照“结合论”的解释思路和框架，一体化的马克思主义“三化”实际上就是马克思主义基本原理同中国实际、历史时代、人民群众的结合，其目的在于实现马克思主义理论在中国的理论创新和实践创新。

不仅需要明确“化”的性质和途径，还需要把握“化”的目的和结果。马克思主义之所以要“化”，是因为马克思主义的出场语境已经发生深刻变化，一般性的马克思主义以及教条式马克思主义在新形势、新问题面前显得有些力不从心，已经无法解答当代中国的实际问题。因此，马克思主义之“化”的目的在于创立能够解答当代中国实际问题的、有鲜活生命力的马克思主义，以指导当代中国实践，满足人民群众利益需求，促进人民群众发展。从结果来看，“化”体现在化为理论、实践、武器、信仰等不同的层面和结果，即化为适合中国国情的中国化马克思主义理论，化为中国革命、建设、改革的伟大实践，化为人民群众认识世界和改造世界的理论武器，化为人民群众的精神家园。综上所述，马克思主义中国化、时代化、大众化的“化”是“同化”非“异化”，是“强化”非“弱化”，是“实化”非“虚化”。

（二）马克思主义中国化、时代化、大众化整体的结构关系

马克思主义认为，结构是整体的结构，整体是结构的整体。所谓结构关系实际上就是构成整体的要素之间的关系，亦即要素之间的关联方式。马克思主义中国化、时代化、大众化整体包含“马克思主义”“中国”“时代”“大众”四个基本要素。其中，“马克思主义”是前提性要素，“中国”“时代”“大众”是基础性要素，“化”则是这两类要素相连接的桥梁和中介。“马克思主义”分别与“中国”“时代”“大众”相结合就构成“马克思主义中国化”“马克思主义时代化”“马克思主义大众化”。简言之，就是“中国化”“时代化”“大众化”。如此结合之后，马克思主义中国化、时代化、大众化就成为“马克思主义”“中国化”“时代化”“大众化”四大组成部分结合起来的整体。分析这四个部分的内容，可以发现它们之间蕴涵着两种不同类型的关系：“马克思主义”与“中国化”“时代化”“大众化”三者之间的关系以及“中国化”“时代化”“大众化”三者之间的关系。就前者而言，马克思主义与中国化、时代化、大众化之间是“三维一体”的关系，即中国化、时代化、大众化分别是马克思主义理论发展的三“维”（空间维度、时间维度、主体维度），“马克思主义”是一体，即中国化、时代化、大众化的理论主体。其中，中国化就是民族化。大众化、时代化是广义而言的。就后者而言，中国化、时代化、大众化三者之间是“一体两翼”的关系，即中国化是“主题”，也是“主体”，内在地包含着时代化、大众化的要求，时代化、大众化是“两翼”，两者服从和服务于中国化，是增强当代中国马克思主义影响力的基本途径。其中，中国化是广义的，时代化、大众化则是特指马克思主义在中国的时代化、大众化。这两类关系有着不同的视角，涉及不同要素，前者主要是基于马克思主义理论自身发展的视角，后者主要是基于马克思主义在中国实践的视角，两种关系在

① 赵存生.论对马克思主义中国化的整体性认识[J].毛泽东邓小平理论研究，2007(9)

马克思主义理论在中国的实践中获得历史的、具体的统一。

三、马克思主义中国化、时代化、大众化的整体性特征

马克思主义中国化、时代化、大众化是一个整体，就像列宁评价马克思主义如同“一整块钢铸成的”一样，“决不可去掉任何一个基本前提、任何一个重要部分，不然就会离开客观真理”①，就会变形走样。整体性是马克思主义中国化、时代化、大众化关系的基本属性。理论性与实践性、时空性与主体性、民族性与世界性、历史性与逻辑性、发展性与创新性五个“统一”，是马克思主义中国化、时代化、大众化整体性的具体表征。

(一)理论性与实践性的统一

从马克思主义中国化、时代化、大众化整体目标来看，既要实现马克思主义理论在中国的实践创新，又要实现马克思主义理论在中国的理论创新。前者是后者的基础，后者以前者为指导，两者都是不可或缺的。因此，马克思主义中国化、时代化、大众化既包含“理论化理论”的理论发展过程，也包含“理论化实践”的实践创新过程，以及实践经验马克思主义化的理论提升过程。马克思主义中国化、时代化、大众化既是一个理论性问题，也是一个实践性问题，是理论性与实践性的有机统一。具体而言，理论性是指马克思主义中国化、时代化、大众化的过程实际上就是马克思主义理论自身发展的过程，具体表现为马克思主义理论立足当代中国这一新的环境，通过民族化、时代化、大众化三大途径，从世界性、本原性、精英化的理论转化成为民族性、当代性、大众化的理论，形成民族化、时代化、大众化的马克思主义。马克思主义中国化、时代化、大众化的理论性充分体现了马克思主义理论发展的自身逻辑和内在要求，在一定程度上反映了其科学发展的客观规律。

实践性是指马克思主义中国化、时代化、大众化的过程实际上就是中国共产党人应用马克思主义理论解答中国实际问题的过程，即中国共产党人立足中国国情，结合时代大势，把马克思主义基本原理和中国具体实际结合起来，大胆实践，相继解答我国革命、建设、改革过程中的重大实践问题，实现民族独立、人民解放、国家富强、人民富裕的历史过程。理论性与实践性的统一是马克思主义本质的内在要求，也是马克思主义中国化、时代化、大众化整体性的表征。马克思主义中国化、时代化、大众化理论与实践的统一，对中国的发展进步和中华民族的伟大复兴产生了极其深远的历史影响。正如胡锦涛所说：“我们党的全部理论和全部实践，归结起来就是创造性地探索和回答了什么是马克思主义、怎样对待马克思主义，什么是社会主义、怎样建设社会主义，建设什么样的党、怎样建设党，实现什么样的发展、怎样发展等重大理论和实际问题。”②中国共产党 90 多年的光辉历史，实际上就是马克思主义理论在中国不断实现实践创新与理论发展的历史。

(二)时空性与主体性的统一

任何理论或实践都跟时空、主体紧密地联系在一起，因而都具有一定的时空性和主体性。马

① 列宁专题文集——论辩证唯物主义和历史唯物主义[C].北京：人民出版社，2009，第 112 页

② 中央文献研究室.十七大以来重要文献选编[C].北京：中央文献出版社，2009，第 808 页

克思主义中国化、时代化、大众化同样如此，时空性与主体性的统一彰显了马克思主义中国化、时代化、大众化的整体性。中国共产党相继提出马克思主义中国化、大众化、时代化，最后使之成为整体，不是无的放矢，而是有着鲜明的问题意识和明确的现实指向。在思想理论建设方面，“中国化”针对世界性的马克思主义难以解决民族性问题而诉求民族化的马克思主义，以解决民族问题，实际上是实现马克思主义理论从一般向特殊的转化。“时代化”针对本原性的马克思主义难以解答现时代问题而诉求时代化的马克思主义，以解决时代问题，实际上是马克思主义理论与时俱进，不断发展。“大众化”则是针对精英化的马克思主义难以走进群众头脑而诉求通俗化的马克思主义，以武装群众头脑，实际上是马克思主义理论的具象化、通俗化。

由此可见，马克思主义中国化、时代化、大众化有不同的着眼点。“中国化着眼于国情，从世界走向中国，是一个由外到内的吸收与创新的过程；时代化着眼于世情，从中国走向世界，是一个由内到外的顺应与引领潮流的过程；大众化着眼于民情，从精英走向群众，是一个由上到下的运用与发展的过程，也就是把马克思主义理论变成改造世界的物质力量的过程。”①马克思主义中国化、时代化、大众化的着眼点和针对性充分体现出马克思主义中国化、时代化、大众化整体的空间性、时间性、主体性。如同中国传统文化之中的“天时、地利、人和”，马克思主义中国化、时代化、大众化把“地”“时”“人”这三个要素统一起来，强调马克思主义基本原理的应用要因“地”制宜、与“时”俱进、因“人”而异，反映出马克思主义中国化、时代化、大众化整体的空间性、时间性、主体性的有机统一。

（三）民族性与世界性的统一

马克思主义中国化具有民族化的内在要求和现实需要，马克思主义同中华民族的历史文化相结合，必然会使其烙上民族的烙印，彰显中华民族的气派和风格。在马克思主义中国化的历史进程中，毛泽东强调：“共产党员是国际主义的马克思主义者，但是马克思主义必须和我国的具体特点相结合并通过一定的民族形式才能实现。”②李大钊、陈独秀、毛泽东、邓小平等马克思主义中国化的主要代表人物无一不受中国传统文化的浸润和滋养而内具民族文化气质，他们的思想、理论、观点也都带有浓郁的民族文化色彩。例如，毛泽东思想和邓小平理论都是中国内容和民族内容的思想体系。但是，马克思主义中国化、时代化、大众化这一整体的民族性并不拒斥其世界性。这是因为，立足中国面向世界的马克思主义时代化必然会使马克思主义饱含鲜明的时代色彩与浓郁的时代气息。江泽民指出：“离开本国实际和时代发展谈马克思主义，是没有意义的。”胡锦涛也强调：“坚持马克思主义必须同时代特征结合起来，同不断发展变化的客观实际结合起来。”因此可以说，马克思主义中国化、时代化、大众化是民族性与世界性的有机统一。从实际情况来看，两者在我国革命、建设和改革的伟大实践中获得了历史的、具体的统一。例如，毛泽东思想和中国特色社会主义理论体系这些理论成果既是民族化的马克思主义，也是时代化的马克思主义。

（四）历史性与逻辑性的统一

马克思主义中国化、时代化、大众化是中国共产党带领人民群众从中国的实际出发，把马克

---

① 金民卿．遵义会议与马克思主义中国化——第四届全国马克思主义院长论坛综述[J]．马克思主义研究，2010(5)

② 毛泽东选集(第2卷)[C]．北京：人民出版社，1991，第556页

思主义与中国实际相结合，不断解决我国革命、建设、改革方面的具体问题的历史过程。这一过程充分体现了马克思主义中国化、时代化、大众化的历史性和逻辑性的统一。首先，马克思主义中国化、时代化、大众化具有历史性，也就是说具有历史过程性。马克思主义中国化、时代化、大众化深刻揭示了马克思主义理论发展与创新的历史过程性。在这一过程中，实现了“马克思主义”与“中国、时代、大众”的双向互动。一方面是马克思主义“化”中国、时代、大众的过程，即将原生态的、经典的、理论化的马克思主义民族化、具体化、通俗化，形成适合当代中国国情、能够解决中国当前的问题并被人民群众所理解和认同的马克思主义。另一方面是中国、时代、大众“化”马克思主义的过程，即在将马克思主义应用于新的实践过程中会形成新的经验，将这些经验进行理论提升从而形成新的马克思主义。因此，从其历史过程而言，马克思主义中国化、时代化、大众化不是“一化”，而是“两化”，是一个“双向互动”的历史过程。其次，马克思主义中国化、时代化、大众化体现出马克思主义理论发展的内在规律，因而具有一定的逻辑性。任何理论都是在一定的时空范围内产生的，都不能脱离人的社会实践，都具有地域性、时间性、主体性。马克思主义理论也不例外。马克思主义中国化、时代化、大众化反映出马克思主义理论发展的地域性、时代性、主体性的统一，深刻反映出马克思主义理论发展的内部规律。

（五）发展性与创新性的统一

一般而言，“发展”具有“创新”的语义。因此，理论的“发展”与“创新”在很多语境下可以互换和通用。但是，严格说来，两者在主体方面还是存在一定的区别。就马克思主义理论而言，理论发展的主体是“马克思主义”，这一主体是具有一定客观性的“物”。理论创新的主体则是“马克思主义者”，这一主体是具有主体性的“人”，即中国共产党领导群体和知识分子群体。据此，马克思主义中国化、时代化、大众化实际上存在两个主体，即理论主体（马克思主义）和实践主体（中国共产党及其领导的人民群众）。两者既相互联系，也存在明显的区别。在马克思主义中国化、时代化、大众化的历史实践中，这两个“主体”有着各自不同的诉求。“理论主体”旨在通过民族化、时代化、大众化三大途径实现马克思主义理论自身的发展。“实践主体”虽然也以创新理论为目标，但它只是以此为手段，最终目标在于通过创新性的马克思主义理论来解答实践中的问题，实现实践的创新，满足实践的需要。由此可见，尽管两个“主体”的目标不完全一致，却都需要理论发展或创新。这就使得马克思主义中国化、时代化、大众化具有发展性与创新性相统一的整体性特征。

第三节　整体推进“马克思主义中国化时代化大众化”的路径思考

在相当长的历史时期中，由于中国共产党对马克思主义中国化、时代化、大众化三者关系的认识不够全面和深刻，未能充分自觉地认识到马克思主义中国化、时代化、大众化的整体性和统一性，致使马克思主义中国化、时代化、大众化的推进显得不够平衡，从而影响了马克思主义中国化、时代化、大众化的历史进程和实践效果。因此，探求马克思主义中国化、时代化、大众化的协调发展，找到整体推进马克思主义中国化、时代化、大众化的路径，实现马克思主义中国化、时代化、大众化的联动共进，是当前推进马克思主义中国化、时代化、大众化关系问题研究的重要内容和紧迫任务。

一、整体推进马克思主义中国化、时代化、大众化的基本原则

(一)理论与实践互动

马克思主义不是凝固不变的,而是在改变世界的实践中变化发展的。民族化、时代化、大众化是马克思主义理论发展的重要途径。在我国,马克思主义中国化、时代化、大众化的历史过程,实际上就是中国共产党领导广大人民群众以马克思主义为理论武器认识世界和改造世界的实践过程。在这一过程中,既形成了中国化马克思主义的理论成果,也形成了中国特色社会主义道路和制度等实践成果。马克思主义中国化、时代化、大众化既是一个理论创新的过程,也是一个实践创新的过程。理论与实践的互动不断地推动着马克思主义中国化、时代化、大众化。因此,当前,整体地推进马克思主义"三化",必须坚持理论与实践互动的基本原则。

1.吃透"两头":马克思主义经典理论与当代社会实践

(1)要"吃透"理论

主要是马克思主义经典作家的基本理论。从历史记载来看,19世纪末马克思主义就开始传入中国,五四运动以后开始在中国广泛传播。就其传播渠道而言,我国的马克思主义主要不是从欧洲而是从苏俄传入的,马克思主义入境之初就已经失去了它的原汁原味,变成经过苏联"咀嚼"和"消化"从而深深烙上苏联印记的俄国化马克思主义。后来,马克思主义在中国传播的过程中,又不断融进了中国文化元素,加入了我们自己的认识和理解。这就进一步拉大了它与原生态马克思主义的间距,甚至还附上了一些非马克思主义的东西。我国革命、建设、改革实践之所以会历经各种曲折和失误,不能说与这种"二手"的马克思主义以及我国对马克思主义的一些片面的认识没有关系。尽管我们以马克思主义为指导搞了几十年的新民主主义革命和社会主义建设,但是正如邓小平所说:"什么叫社会主义,什么叫马克思主义?我们过去对这个问题的认识不是完全清醒的。"因此,弄清马克思主义创始人的基本思想、观点和方法,把握原初马克思主义的精神实质,做好"四个分清",廓清马克思主义的地平线,真正吃透马克思主义,这是整体推进马克思主义中国化、时代化、大众化的重要前提。

(2)要"吃透"实践

主要包括我国革命和建设的实践,以及当代世界的实践。一方面,要对现实的实践进行探究,用世界眼光审视中国社会主义现代化建设的具体实际。认清中国的国情,乃是认清一切革命和建设问题的基本依据。在全球化加速发展的今天,整体地推进马克思主义中国化、时代化、大众化,离不开对当代中国所处的世情和国情进行充分认识和深刻把握。既要科学判断当代中国的基本国情,弄清自身发展的历史方位和发展程度,判断我国目前社会的发展阶段和主要矛盾,又要弄清楚当今时代的基本特征和世界潮流,明确其对我国经济社会发展的双重影响,更要深刻地认识和科学地把握影响当代中国发展的重大问题。这些问题不仅包括意识形态领域的"四个重大理论问题",而且包括经济、政治、文化、社会、生态、党建等领域所面临的具体的现实的重大问题,如经济领域的经济发展方式转变和经济结构调整问题、政治领域的民主法治问题、文化领域的文化软实力问题、社会领域的民生问题、生态领域的环境污染问题、党建领域的反腐倡廉问题等。另一方面,要对历史的实践进行总结,用历史的眼光总结中国革命和建设的实践经验。

“前车之鉴，后事之师。”建党以来，我国进行了几十年的新民主主义革命和社会主义建设，特别是30多年的改革开放的实践，很值得我们进行深入的系统的总结。在判断得失的基础上，需要我们弄清楚这些历史实践究竟检验了什么、证实了什么、否定了什么。同时，还需要对世界其他社会主义国家的兴衰成败进行分析和总结。如果不对世界社会主义几百年，不对中国革命和建设的近百年，甚至不对改革开放前后30年的历史实践进行总结，而一味地从当下的实际出发，盲目推进马克思主义中国化、时代化、大众化，必然陷入发展困境。

2. 实现互动：理论指导实践和实践检验理论

中国革命、建设、改革的伟大实践与马克思主义理论的指导是紧密联系在一起的。中国共产党的历史发展已经证明并将继续证明，只有坚持以马克思主义理论指导中国实践，中国革命、建设、改革才能够获得成功。同时，马克思主义只有深深扎根于中国实践的沃土，接受中国实践的检验，才能够实现它在中国的发展。因此，坚持用马克思主义理论指导中国社会主义实践，实现马克思主义理论与中国实践的互动，这是当前我国整体地推进马克思主义中国化、时代化、大众化的重要原则和中心问题。

一方面，要坚持用马克思主义指导中国社会主义建设，推动我国社会主义实践的发展。马克思恩格斯在创立马克思主义理论之初就公开宣称自己的理论是为全世界无产阶级解放运动服务的，表明了自己的理论立场和价值诉求。在俄国的实践中，列宁非常重视马克思主义理论对俄国革命和建设实践的指导。他明确提出：“没有革命的理论，就不会有革命的运动。”“只有以先进理论为指南的党，才能实现先进战士的作用。”在我国的实践中，马克思主义已经成为立党立国之本。正是因为中国共产党和人民群众坚持以马克思主义理论为指导，才能够不断地取得革命、建设、改革的胜利，中国共产党才能够由一个只有几十个党员的小党发展成为拥有8000多万名党员的大党，我国才能够从一个积贫积弱的国家发展成为繁荣富强的发展中大国。纵观马克思主义的历史实践，可以发现，马克思主义对包括我国在内的世界无产阶级革命和建设的实践具有普遍的指导意义。因此，当前的中国特色社会主义建设实践同样不能离开马克思主义理论的指导。

另一方面，要坚持用我国社会主义实践检验马克思主义理论，推动马克思主义的理论创新。就理论与实践的关系而言，实践更具有根本性。实践是人类认识的基础和源泉，理论是对实践的总结和反思，是系统化的理性认识，离开实践的认识和理论是无法形成的。同时，实践还是人类认识和理论的发展动力和检验标准。“凡是把理论引向神秘主义的神秘东西，都能在人的实践中以及对这种实践的理解中得到合理的解决。”[①]在我国革命和建设的历史长河中，经由实践判别和检验，一些附加在马克思主义名义下的非马克思主义，甚至是反马克思主义的思想或观点得以澄清，一些对马克思主义的教条式理解得以破除，马克思恩格斯对某些具体问题所作的论断得到丰富，马克思主义基本原理得到坚持，马克思主义在我国实践中得到发展。例如，毛泽东个人思想及其晚年的错误思想与毛泽东思想界限的划清，使毛泽东思想得到完整准确的理解，从而推动了马克思主义在新时期进一步丰富和发展。

另外，要充分认识理论与实践互动的复杂性和条件性。理论与实践之间不是简单的决定与被决定的关系，而是有着非常复杂的关系。不论是理论对实践的指导，还是实践对理论的检验都不是自发的、简单的。就前者而言，要发挥理论对实践的指导作用，理论本身务必是经过实践检

① 马克思恩格斯文集(第1卷)[C].北京：人民出版社，2009，第501页

验的科学理论,实践必须是有意识的自觉的实践。同时,理论指导实践必须借助必要的中介,将抽象的理论转化成为具体的路线、方针、政策、方案,理论才能发挥能动的指导作用。就后者而言,实践标准本身具有确定和不确定的双重属性。“实践标准实质上决不能完全地证实或驳倒人类的任何表象。”实践检验认识的真理性是有条件的,不是绝对的。在检验之前,首先需要设定实践活动方案,确定实践目标及评价标准,这样才有检验认识的真理性的尺度。同时,不能盲目排斥理论检验实践真理性的问题,亦即当理论与实践出现反差时,并非必然是理论本身的错误,或许实践自己出了问题。另外,理论与实践是不是一一对应关系,是不是一对多或多对一的复杂关系,这同样是复杂的具体的。总之,坚持理论与实践的互动作为基本原则是明确的。但是,将这一原则用于实践确实非常复杂。因为,实践会以其无可比拟的丰富性突破理论的界限,历史会以其无可比拟的复杂性挣脱逻辑的把握。因此,在推进马克思主义中国化、时代化、大众化的实践中,“完美的理论”有可能产生不完美的甚至是灾难性的实践,这一现象需要我们警醒和反思。

3. 弘扬学风:反对教条主义和经验主义

理论联系实际是中国共产党的优良学风。毛泽东曾用“有的放矢”来形象地阐释这一学风。他说:“马克思列宁主义和中国革命的关系,就是箭和靶的关系。……马克思列宁主义之箭,必须用了去射中国革命之的。”“仅仅把箭拿在手里搓来搓去,连声赞曰:‘好箭!好箭!’却老是不愿意放出去。这样的人就是古董鉴赏家,几乎和革命不发生关系……‘无的放矢’,乱放一通,这样的人就容易把革命弄坏。”论联系实际学风的实质是用科学的态度对待马克思主义。当前,整体地推进马克思主义中国化、时代化、大众化需要我们弘扬理论联系实际的学风,科学对待马克思主义。在党的历史上存在两种截然相反的对待马克思主义的态度,一是实事求是的态度,二是主观主义的态度。前者坚持从实际出发,用实践的、发展的观点来对待马克思主义,面向实际,勇于探索,大胆创新。后者则坚持从本本或经验出发,用孤立的、静止的观点来对待马克思主义,面向书本,唯书是从,生搬硬套。从认识论角度而言,主观主义以主观和客观相分离、理论和实践相脱节为特征,从根本上违背了唯物辩证法,因而是错误的。因此,坚持理论联系实际的学风必须坚决反对主观主义的学风,即教条主义和经验主义。具体而言,既要反对脱离中国实践、时代发展、人民群众空谈马克思主义,不懂得结合中国具体实际,教条式对待马克思主义的“马教条”,又要反对忽视马克思主义理论指导,只顾摸着石头过河,瞎撞蛮干、盲目实践的经验主义,还要注意反对否定或反对马克思主义,把西方某些资产阶级学派的理论甚至把发达资本主义国家的政策主张奉为教条的“西教条”。

(二)真理与价值统一

马克思主义认为,真理尺度和价值尺度是人类实践活动必须遵循的两大尺度。所谓真理尺度,就是指人们在实践活动中必须遵循实践对象的客观规律,即要求按规律办事。所谓价值尺度,就是指人们在实践活动中必须以满足人的实践需要为目标,即要求满足人的需要。任何成功的实践都必然是既遵循真理尺度,又符合价值尺度,既合规律性,又要合目的性,并将两者有机统一的结果。因此,坚持实践的真理尺度与价值尺度的有机统一,是马克思主义的基本原理,是科学社会主义的基本原则。当前,整体地推进马克思主义中国化、时代化、大众化,发展中国特色社会主义,必须遵循“两个尺度”的根本原则,既要从中国实际出发,按照社会主义建设和发展的客观规律办事,又要坚持以人为本,不断满足人民群众日益增长的物质文化需求,实现人的自由全面发展。

1. 坚持求真务实、科学发展的真理尺度

整体地推进马克思主义中国化、时代化、大众化必须遵循真理原则。弘扬求真务实精神，按照客观规律办事，实现科学发展，这是整体地推进马克思主义中国化、时代化、大众化真理原则的具体要求。首先，要从我国社会主义建设的实际出发，遵循社会主义建设的历史规律。马克思主义中国化、时代化、大众化整体的首要内涵就是用马克思主义解决中国革命、建设、改革的实际问题。因此，当前整体地推进马克思主义“三化”的实质就是用民族化、时代化、大众化的马克思主义解决当前我国改革开放和社会主义现代化建设所面临的具体问题。整体地推进马克思主义中国化、时代化、大众化需要遵循科学社会主义的基本原则和社会主义建设发展的客观规律。其次，要从我国意识形态建设的实际出发，遵循社会主义意识形态建设规律。创新马克思主义理论，形成富有时代气息、能够解决中国现实问题的马克思主义。巩固马克思主义在我国意识形态领域的指导地位，是马克思主义中国化、时代化、大众化的诉求之一。整体地推进马克思主义中国化、时代化、大众化必须遵循意识形态建设规律，“高势位”建设马克思主义意识形态。最后，要从中国共产党自身建设的实际出发，遵循无产阶级政党建设的规律。马克思主义中国化、时代化、大众化是马克思主义学习型政党建设的重要任务。整体地推进马克思主义中国化、时代化、大众化需要遵循无产阶级政党建设的规律，以党的先进性纯洁性建设和执政能力建设为重点，大力加强党的思想理论建设。

2. 坚持以人为本、服务人民的价值尺度

整体地推进马克思主义中国化、时代化、大众化的价值尺度，就是要求马克思主义“三化”的推进要坚持以人为本，不断满足人民群众的实践需要，实现人民群众的自由全面发展。首先，整体地推进马克思主义中国化、时代化、大众化要尊重人民群众的主体地位。人民群众是人类社会物质财富和精神财富的创造者，是我国改革开放和社会主义现代化建设的实践者和推动者。整体地推动马克思主义中国化、时代化、大众化不仅要尊重人民群众的历史主体和实践主体的地位，更要尊重人民群众的价值主体地位。“任何时候我们都必须坚持尊重社会发展规律与尊重人民历史主体地位的一致性，坚持为崇高理想奋斗与为最广大人民谋利益的一致性，坚持完成党的各项工作与实现人民利益的一致性。”其次，整体推进马克思主义中国化、时代化、大众化要满足人民群众的利益诉求。“党的一切奋斗和工作都是为了造福人民。”整体推动马克思主义中国化、时代化、大众化要始终把实现好、维护好、发展好最广大人民的根本利益作为出发点和落脚点，尊重人民的主体地位，维护和增进人民的利益，促进人的全面发展。这既是整体地推进马克思主义“三化”的价值目标，也是整体地推进马克思主义“三化”的价值标准。最后，整体地推进马克思主义中国化、时代化、大众化要提升人民群众的幸福指数。整体地推进马克思主义中国化、时代化、大众化要增进人民群众对马克思主义理论的信仰，用科学的理论武装人民群众的头脑，提升人民群众的幸福感。

（三）国内与国际结合

马克思主义中国化、时代化、大众化是中国共产党领导全国人民在中国本土进行的革命、建设和改革的伟大实践，是中华民族和中国人民自己的伟大事业。但是，在全球化背景下，这一伟大的实践和事业不是一场封闭的、孤立的、狭隘的民族解放运动，而是开放的、动态的、复兴的世界社会主义运动，民族性和世界性的统一是其重要特征。因此，整体地推进马克思主义中国化、时代化、大众化，既要坚持民族立场，从中国实际出发，立足中国国情，解决中国问题，又要保持世界眼光，放眼天下大势，纵览国际风云，洞悉发展先机，将国内实际和国际形势紧密结合起来，用宽阔的视野确保马克思主义中国化、时代化、大众化的整体推进。

1. 民族立场：整体地推进马克思主义中国化、时代化、大众化的立足点

立场，是人们观察、认识和处理问题的立足点。马克思主义中国化、时代化、大众化是中国共产党领导人民群众在中国本土展开的新民主主义革命和社会主义建设运动。秉持民族立场，坚持从中国实际出发，着力解决中国实际问题，这是整体地推进马克思主义中国化、时代化、大众化的立足点和着力点。这个立足点和着力点，从根本上来讲，是由马克思主义民族化发展趋势与民族国家的本性决定的。马克思主义揭示了自然、社会和人类思维发展的普遍规律，本质上是具有普遍意义的世界性理论和国际性的学说。无产阶级及其解放运动以世界性的马克思主义理论为指导，因而在本质上也是一种国际性的存在。但是，在国家和民族存在的条件下，无产阶级广布于不同的民族和国家，受各国不同国情的影响和制约，其解放运动必然要分地域、分阶段地展开，并且只能首先在本国和本民族范围内实现。而这些民族和国家不仅有自己特定的疆域，更有自己特殊的利益。能否为民族苍生谋福祉，这是判断民族国家建构与存续合法性的根本标准。因此，马克思主义民族化的发展规律与民族国家的本性决定，马克思主义“三化”必须秉持民族立场，立足中国，解决中国问题。

当前，秉持民族立场整体地推进马克思主义中国化、时代化、大众化，要以中国问题为中心，结合中国国情来进行。首先，要从中国实际出发，充分把握中国国情。要深入研究社会主义初级阶段基本国情和当前发展的阶段性特征，清醒地认识我国改革开放和现代化建设的历史进程，深刻地把握当前我国发展所面临的历史机遇和现实挑战。其次，要从国家利益出发，着力解决中国问题。当前，我国正在开展的改革开放和社会主义现代化建设事关中华民族的伟大复兴，是全民族共同的福祉，理当成为整体地推进马克思主义中国化、时代化、大众化的中心任务。再次，要坚持以人为本，维护和增进我国人民群众的根本利益。最后，在全球化的历史背景下，我们还必须坚持国际的视野，用世界性的眼光判断和审视中国问题，将马克思主义中国化、时代化、大众化与中国现代化同马克思主义世界化和世界现代化紧密结合起来。

2. 国际视野：整体地推进马克思主义中国化、时代化、大众化的着眼点

全球化是当今世界发展不可逆转的时代潮流和历史趋势，是当今世界最突出的特征。全球化对于人类社会生活的影响和冲击是史无前例的，它使各民族国家之间的关系日益紧密，使整个世界逐步变成“地球村”。在这样的大环境、大背景下，任何一个国家的马克思主义民族化都不可能与世隔绝独立生存。新时期我们应该充分发挥马克思主义应有的影响力和号召力，推动本国无产阶级解放运动的发展。因此，整体地推进马克思主义中国化、时代化、大众化必须基于民族立场，坚持国际视野，着眼全局，科学地确定当代中国的地位，在统筹兼顾、兼收并蓄中实现马克思主义中国化、时代化、大众化的宏伟目标。

首先，要合理定位当代中国的世界地位。经过 30 多年的改革开放，我国发生了翻天覆地的变化，中国崛起是一个不争的事实。但是，当代中国在世界格局中究竟处于什么地位以及相应承担什么责任，国内外有不同甚至截然相反的看法。在全球化背景下，中国已经成为世界大家庭的一员，中国现代化是世界现代化的一部分，中国特色社会主义是世界社会主义运动的复兴。因

此，要把中国发展道路、发展模式、发展制度置于世界现代化进程和世界社会主义运动中去考察，合理科学定位当代中国的世界地位及其影响。其次，要大胆吸收世界文明的先进成果。在全球化背景下推进马克思主义中国化、时代化、大众化要充分吸收世界各民族的文明成果，吸收当今时代的精华，积极利用全球化带来的机遇。最后，要合理规避全球化的风险。全球化是一把“双刃剑”，将马克思主义中国化、时代化、大众化置于全球化背景下，需要合理规避全球化的风险，避免陷入资本主义主导的全球化陷阱。

(四)坚持与发展统一

马克思主义“绝不是离开世界文明发展大道而产生的一种故步自封、僵化不变的学说”①，而是不断地调整、更新和发展自己的理论。与时俱进是马克思主义的理论品格。在我国，马克思主义是我们立党立国的指导思想，只有把马克思主义同本国国情和时代特征结合起来，不断地推进马克思主义中国化、时代化、大众化，才能更好地发挥马克思主义指导实践的作用。建党90多年来，中国共产党始终致力于马克思主义中国化、时代化、大众化的伟大事业，领导全国各族人民相继完成了革命、建设、改革的历史任务，开辟了中国特色社会主义道路，形成了中国特色社会主义理论体系，建立了中国特色社会主义制度，为新时期进一步推进马克思主义中国化、时代化、大众化的伟大事业奠定了坚实基础。当前，整体地推进马克思主义中国化、时代化、大众化不是另起炉灶，从头开始，而是对已有的马克思主义中国化、时代化、大众化伟大事业的继承和发展。因此，坚持与发展相统一是整体地推进马克思主义中国化、时代化、大众化必须遵循的基本原则。

1. 在继承中坚持马克思主义

首先，要坚持马克思主义的基本理论。马克思主义理论博大精深、丰富多彩。其中，贯穿于马克思主义理论各个组成部分的马克思主义的基本立场、观点、方法，是马克思主义科学思想体系的精髓。邓小平指出：“学马列要精，要管用的。”因此，坚持马克思主义的理论，首要的是坚持马克思主义的基本立场、观点、方法。毛泽东指出，学习马克思列宁主义，不能“只会片面地引用马克思、恩格斯、列宁、斯大林的个别词句，而不会运用他们的立场、观点和方法，来具体地研究中国的现状和中国的历史，具体地分析中国革命问题和解决中国革命问题”。“不但应当了解马克思、恩格斯、列宁、斯大林他们研究广泛的真实生活和革命经验所得出的关于一般规律的结论，而且应当学习他们观察问题和解决问题的立场和方法。”其次，要坚持马克思主义的实践成果。马克思主义在中国的传播与实践已有100余年的历史。在这一历史过程，中国共产党人坚持推进马克思主义中国化、时代化、大众化，开辟了中国特色的革命和建设道路，形成了毛泽东思想和中国特色社会主义理论体系，建立了中国特色社会主义制度，这些实践成果为我国实现社会主义现代化和中华民族伟大复兴奠定了坚实的基础，提供了根本途径和科学理论。经由实践检验被证明是正确的道路、理论和制度，整体地推进马克思主义中国化、时代化、大众化一定要继承这些伟大的成果。最后，要坚持马克思主义的优良学风。要坚持解放思想、实事求是、与时俱进、求真务实，科学对待马克思主义，整体地推进马克思主义中国化、时代化、大众化。

2. 在创新中发展马克思主义

一方面，要坚持理论创新。中国共产党非常注重理论指导，也高度重视理论创新。理论创新

---

① 马克思恩格斯文集(第1卷)[C]. 北京：人民出版社，2009，第66页

是中国共产党的优良传统，是中国共产党攻坚克难的重要法宝。在不同的历史时期，针对不同的问题，中国共产党先后创立了毛泽东思想、邓小平理论、“三个代表”重要思想、科学发展观等重要的思想理论成果。当前，整体地推进马克思主义中国化、时代化、大众化，需要继承中国共产党理论创新的传统，通过多种途径和方式进行理论创新。一是通过人民群众的实践进行理论创新。实践是认识的来源，人民群众是社会实践的主体。在新的历史条件下进行理论创新，关键是要及时回答人民群众实践提出的实际问题，尊重人民群众的首创精神，集中人民群众的智慧和经验，这是我们进行理论创新的根本途径。二是通过经验反思进行理论创新。恩格斯指出：“要获取明确的理论认识，最好的道路就是从本身的错误中学习。”历史实践中所形成的历史经验是理论创新最好的素材。正如邓小平所说：“历史上成功的经验是宝贵财富，错误的经验、失败的经验也是宝贵财富。”要科学总结历史经验，认真梳理历史逻辑，准确概括历史规律，形成新的理性认识，从而实现马克思主义理论创新。三是通过吸纳世界文明成果进行理论创新。他山之石，可以攻玉。对其他民族的文明成果进行批判性的借鉴和吸收，可以形成新的理论。毛泽东曾经指出：“凡属我们今天用得着的东西，都应该吸收。”“一切民族，一切国家的长处都要学。”

另一方面，要坚持实践创新。马克思主义既是一种理论，也是一种实践，即无产阶级谋求自身解放的现实运动，在我国当前就表现为中国特色社会主义建设和发展的实践。整体地推进马克思主义中国化、时代化、大众化，不仅要创新马克思主义理论，还要创新马克思主义实践。在新的历史条件下，我们要准确地把握世界发展大势，准确地把握社会主义初级阶段基本国情，深入研究我国社会主义社会发展的阶段性特征，抓住经济社会发展几大问题，在科学理论的指导下，形成具体的路线、方针、政策、做法，进行创新性实践。在中国共产党的历史上曾经出现的中国特色革命道路、社会主义改造道路，以及目前正在走的中国特色社会主义建设道路都是通过实践创新探索出来的。如今面临深化改革和科学发展的新问题同样没有现成的理论可以照搬，唯有大胆进行创新性的探索才能够从根本上破解各种实践难题。

二、整体推进马克思主义中国化、时代化、大众化的实现路径

马克思主义中国化、时代化、大众化面临的历史境遇和主要问题，迫切要求我们整体地推进马克思主义中国化、时代化、大众化。作为一项复杂的系统工程，整体地推进马克思主义中国化、时代化、大众化，需要理论研究与社会实践的互动，文化的交流与融合，民众的参与和支持，制度的规范与创新。因此，制度创新、理论研究、社会实践、文化融合、改善民生等就成为当前整体地推动马克思主义中国化、时代化、大众化的基本路径。其中，以制度创新为基础的中国特色社会主义事业的又好又快发展，特别是社会公平正义与广大民众福祉的不断增进，是整体地推进马克思主义中国化、时代化、大众化的根本前提。特别需要指出的是，这些路径是综合作用的，单个路径无法完成整体推进的历史任务。仅仅是为了便于研究，才分开逐一探讨。

（一）建章整制、联动协调，在制度创新中推进马克思主义中国化、时代化、大众化

整体地推进马克思主义中国化、时代化、大众化的制度路径，就是通过一系列制度安排和规章制定来规范马克思主义中国化、时代化、大众化的过程，保障马克思主义中国化、时代化、大众化目标任务的顺利实现，达到整体推进和协调发展的基本要求。马克思主义中国化、时代化、大众化既是不断实现马克思主义理论创新的过程，也是不断推进马克思主义理论实践的过程。因

此，整体地推进马克思主义中国化、时代化、大众化的制度路径可以分为马克思主义理论创新的制度路径和马克思主义理论武装的制度路径两大块。就前者而言，主要是指我国马克思主义理论研究和建设制度。就后者而言，主要是指有关中国特色社会主义理论体系的学习、宣传和普及等制度。在马克思主义中国化、时代化、大众化的历史进程中，这些制度先后出台，并发挥着非常重要的作用。但是，在新的历史条件下却遭遇了一些新问题，制度的针对性和实效性不同程度地受到影响。与时俱进地完善这些制度，使之形成联动协调的制度体系，成为整体地推进马克思主义中国化、时代化、大众化制度路径的重要任务。

1. 推进马克思主义理论研究与建设制度化，“高势位”建设国家意识形态

意识形态具有为统治的合法性作辩护的重要功能。加强意识形态建设是政党特别是执政党的普遍要求。在我国，自马克思主义随着新民主主义革命的胜利而成为国家的主流意识形态以来，就开始不断加强马克思主义国家意识形态建设，并积累了许多成功的经验。特别是改革开放以来，中国共产党坚持把马克思主义基本原理和中国具体实际结合起来，开创了中国特色社会主义道路，形成了中国特色社会主义理论体系，发展了中国特色社会主义制度，为巩固马克思主义在我国意识形态领域的主导地位奠定了坚实的基础。但是，意识形态建设不是一劳永逸的。当前，我国意识形态建设正面临着前所未有的挑战，市场化、全球化以及非意识形态化的浪潮使马克思主义的指导地位及其话语方式被弱化，马克思主义在一定程度上遭遇到被边缘化的危机。因此，进一步加强马克思主义国家意识形态建设，成为当前我国所面临的重大而紧迫的任务之一。通过总结我国意识形态建设的历史经验，可以发现，必须“高势位”[①]建设马克思主义国家意识形态，深入推进马克思主义理论研究与建设工程。

2004 年党中央启动马克思主义理论研究和建设工程以来，马克思主义经典著作编译及基本观点研究、群众关心的重大现实问题研究以及教材编写等成果大量涌现，马克思主义一级学科应运而生，马克思主义学院纷纷成立，马克思主义理论队伍建设进展显著，为我国马克思主义国家意识形态建设作出了历史性贡献。目前，要深入推进这一工程，制度化建设是其重要任务。必须着力建立健全马克思主义理论研究制度、机构建设制度、队伍建设制度、人才培养制度，以及建立和完善具体的实施办法和细则，使马克思主义理论研究与建设工程进一步制度化、规范化、长期化。

2. 推进我国意识形态管理制度科学化，牢牢掌握社会意识形态主动权

“思想领域的阵地马克思主义不去占领，非马克思主义和反马克思主义的东西就必然会去占领。”[②]在社会思潮跌宕起伏的今天，马克思主义主流意识形态不断地受到冲击和挑战，“高势位”建设马克思主义国家意识形态，必须适应时代变化，加强意识形态的科学化管理，灵活运用各种方法和手段，有目的地管理、规范、引导各种非马克思主义的意识形态，坚决反对和打击各种反马克思主义的意识形态，维护和巩固马克思主义在我国意识形态领域的主导地位。首先，要加强对各种社会思潮的制度规范，健全用马克思主义引领社会思潮的机制。当前，多元文化交流激荡，各种思潮跌宕起伏，思想文化的高地需要马克思主义去占领、引领和规范。用健全的规章制度、法律法规去规范和引导各种思想文化的传播，建立马克思主义引领社会思潮的有效机制，实现国

① 江泽民文选(第 3 卷)[C]. 北京：人民出版社，2006，第 93 页

② 江泽民文选(第 3 卷)[C]. 北京：人民出版社，2006，第 94 页

家意识形态管理的制度化和科学化，是我国意识形态制度化建设的重要任务。其次，要适时调整各种研究和宣传部门的机构设置和职能安排。党校、高校、社会科学院、讲师团等机构和部门承担着马克思主义理论研究，党和国家路线、方针、政策的宣传，以及对民间思想动向进行监管，维护国家意识形态安全的重要职能。必须进一步理清这些机构和部门之间的关系，强化各自的职能和分工，使之能够团结协作，相互支撑。最后，需要进一步加强主旋律制度建设，引导各种媒体报道、文艺作品、文化活动以弘扬主旋律为宗旨，传播正能量，在百家争鸣、百花齐放中牢牢掌握意识形态的主动权，实现社会主义文化大繁荣、大发展。

3.推进思想政治工作制度实效化，不断增强国家意识形态的合法性

思想政治工作是实现马克思主义和人民群众相结合的重要途径和主要方式，是增强马克思主义国家意识形态合法性的重要途径。中国共产党曾经凭借强有力的思想政治工作，让广大人民群众认同和信仰马克思主义，跟随中国共产党进行革命和建设，从而取得了新民主主义革命和社会主义建设事业的胜利。伴随这一历史过程，中国共产党也逐步建立了从军队到各行各业的比较系统化的思想政治工作机构。但是，改革开放以来，社会经济成分、组织形式、就业方式、分配方式日益多样化，人们思想活动和价值观念的独立性、多样性、选择性不断增强，思想政治工作面临前所未有的挑战，思想政治教育实效性呈现锐减的态势。从制度路径推进马克思主义中国化、时代化、大众化，必须强化思想政治工作制度建设，切实提高思想政治工作实效。首先，要建立适应新形势的思想政治工作制度体系，包括组织管理制度、目标管理制度、责任考核制度、奖惩监督制度、学习交流制度等。其次，要改进思想政治工作方式。改变传统的单向灌输方式，坚持以人为本，增加思想政治教育的平等、民主、尊重的成分。“要力求做到生动活泼、群众喜闻乐见，切忌形式主义、教条主义，切忌简单生硬。”最后，注意分层实施思想政治教育工作。“不讲究方式、方法，不分对象、条件、场合，照本宣科，生搬硬套，老生常谈，空话套话连篇，绝对不会有成效。”“要注意因地制宜，因人制宜，因事制宜，因时制宜。不同地区、不同部门、不同领域的干部群众，所处的环境、承担的任务、面临的问题不同，其思想活动的特点和要求也会有不同。”[①]

（二）返本开新、与时俱进，在学术研究中推进马克思主义中国化、时代化、大众化

“马克思主义”是马克思主义中国化、时代化、大众化的理论主体和实践对象。马克思主义中国化、时代化、大众化的过程既是用马克思主义指导我国实践，解决实践问题，实现实践创新的过程，也是马克思主义理论自身不断发展和创新的过程。推进马克思主义中国化、时代化、大众化，不能离开对马克思主义的正确认识和深刻理解。但是，“什么是马克思主义”，这是自马克思主义诞生以来就一直存在争论的问题。马克思曾愤怒地指出：“我播下的是龙种，而收获的却是跳蚤。”仅从马克思自己的言论中，就可以发现对“马克思主义”理解的多样性和复杂性。当前，面对剧烈的历史变迁和社会转型，不仅“有一千个读者就会有一千个哈姆雷特”的对马克思主义多样理解的现象依然如故，而且“终结论”“过时论”“失灵论”等各种对马克思主义的歪曲与否定的论调经常出现。因此，到底什么是马克思主义？这是当前在整体地推进马克思主义中国化、时代化、大众化的过程中必须思考和回答的重大基础理论问题。

---

① 江泽民文选(第3卷)[C].北京：人民出版社，2006，第90页

1.“回到马克思”,廓清马克思主义的历史地平线

狭义而言,马克思主义是由马克思和恩格斯创立的,以文本为载体的思想理论体系。完整准确地辨识和理解马克思主义,首先需要回到马克思,廓清马克思主义的历史地平线。也就是说,通过研究马克思主义创始人的经典文本,特别是马克思的文本,弄清马克思的立场、观点、方法,把握马克思主义的原初内涵和历史语义。

首先,研究马克思,回到马克思的原本思想。马克思思想作为马克思主义理论之源,经过后人阐释、修补、扩展,如今已经变得姿态万千。从时间上看,有马克思恩格斯的经典马克思主义、第二国际的马克思主义、苏联的马克思主义、当代中国的马克思主义等;从地域上来看,有欧洲的马克思主义、日本的马克思主义、苏联的马克思主义、中国的马克思主义等;从理论性质上看,有与经典马克思主义一脉相承的正统的马克思主义,也有背离马克思主义精神实质的修正主义。另外,就西方马克思主义而言,一直存在人本主义的马克思主义和科学主义的马克思主义两大类别。前者如存在主义马克思主义,后者如结构主义马克思主义。后来,随着西方社会基本矛盾的变化和新社会运动的兴起,又出现生态学的马克思主义等新的马克思主义。如此众多的“马克思主义”,难免良莠不齐、鱼龙混杂,会有许多“跳蚤”。要消灭这些“跳蚤”,清除附加在马克思主义身上的错误思想,将形形色色的假马克思主义、反马克思主义踢出去,迫切需要我们回到马克思的原本思想。要根据马克思的著作来认识和把握马克思主义的本真,并以此作为参照,来解决马克思主义理解上的各种分歧和争论,消除各种对马克思主义虚假甚至错误的理解和阐释。

其次,研究马克思,回到马克思的科学认识。研究马克思,回到马克思,不是简单地回到马克思本人说过的某些“话语”,钻进故纸堆里照本宣科,也不是抛开马克思的文本主观任意“制造马克思”,而是依据马克思的文本,结合历史与现实,采用科学的方法,找到本真的马克思,回到马克思的真理性认识。一般认为,“回到马克思”,就是回到马克思的思想,尊重马克思的原创,按照马克思著作的本义来理解马克思主义。不过,马克思的思想既不是单一的,也不是凝固的,往往是多元多变、异常复杂甚至尖锐对立的。因此,在西方马克思主义研究中,一直存在两个不同的“马克思”——“青年马克思”和“老年马克思”,并提出“两个马克思的对立”的命题。长期以来,按照传统的马克思主义观,马克思主义创始人及其主要继承者的思想是完全一致的,我们对于他们之间思想的差异性和异质性认识并不深刻,认为“两个马克思”是西方资本主义政治家和理论家捏造出来的,因而只作出简单的意识形态批判。“衡量是不是马克思主义的方法论原则,不是对某个文本或文本的某句话的不同解读,而是对贯穿全部马克思著作(当然包括恩格斯的著作)的那些反复论述不断出现的具有规律性的论断的解读,而且从他们对历史和现实问题的实际运用中得到证明。”因此,仅仅抓住马克思思想的差异性否定马克思主义显然是错误的。在马克思主义与马克思思想之间不能简单地画等号。虽然,马克思思想是多元流变的,但马克思主义是一元同质的,否则就不是马克思主义。在纷繁复杂的马克思思想之中,只有一种马克思的思想是作为马克思主义思想的马克思的思想,只有一个“马克思”是作为马克思主义者的马克思。因此,回到马克思,是回到作为马克思主义者的“马克思”,是回到马克思主义真理性的认识,而不仅仅是呈现马克思思想的真实面貌和原初状态,甚至纠结于不同时期马克思或马克思与恩格斯之间的思想差异。

再次,研究马克思,回到马克思的基本立场。“回到马克思”,绝不只是简单地回到马克思当年的文本和思想,也不只是简单地再现马克思的心路历程和思想轨迹,而是要回到马克思的基本

立场。如果说，马克思思想因其在不同时期所面临的历史任务和问题不一样而显得多元多样、变幻莫测的话，那么蕴涵在这些思想之后的马克思的基本立场则是相对稳定、一以贯之的。马克思的立场就是无产阶级立场，他的根本的价值目标是代表无产阶级的根本利益，实现无产阶级和全人类的解放。纵观马克思的一生，我们可以看到，作为伟大的革命家，“他毕生的真正使命，就是以这种或那种方式参加推翻资本主义社会及其所建立的国家设施的事业，参加现代无产阶级的解放事业”；作为伟大的思想家，他毕生的全部精力，都用于指导无产阶级革命，谋求无产阶级解放的科学理论的创建。可以说，马克思将其一生无私地奉献给了全世界无产阶级。“回到马克思”，就是要回到马克思的这一基本立场，秉持这一立场来解读马克思思想和马克思主义，一旦偏离马克思的这一基本立场，是不可能真正读懂马克思的，也就难以回到本真的马克思主义。

2.“让马克思主义走入当代”，实现马克思主义与时俱进

完整准确地理解马克思主义需要返“本”，找到马克思主义的“源头”。不过，仅此是不够的。马克思主义并不完全等于马克思思想，马克思也非马克思主义的唯一创始人。对马克思主义的认识和理解不能不考虑马克思主义的阐释者、继承者、拓展者，即便是对马克思思想本身的理解也是如此。列宁曾说过：“要正确评价马克思的观点，无疑必须熟悉他最亲密的同志和合作者弗里德里希·恩格斯的著作。不研读恩格斯的全部著作，就不可能理解马克思主义，也不可能完整地阐述马克思主义。”因此，完整准确地认识和理解马克思主义，还需要对马克思主义诞生后160多年的发展历史进行梳理和反思，比较马克思主义的“流”与“源”，清源分流，踢出各种附加在马克思主义名义下的非马克思主义，让马克思主义真正走入当代。

一方面，回溯考察马克思主义发展的历史，对160多年来马克思主义的理论与实践进行清理和总结。从马克思主义理论流变而言，马克思思想草创之后，经由马克思主义的共同创始人恩格斯整理和阐述，形成了经典的马克思主义。恩格斯逝世后，第二国际时期的马克思主义开始出现共产国际的列宁主义、第二国际的修正主义和批判这两者的西方马克思主义的历史分野。一个支流经由列宁阐释和发展，演变成为共产国际的列宁主义，并在十月革命后传入中国，形成中国化的马克思主义。另一个支流则经过伯恩斯坦“修正”而逐步演变成为民主社会主义思潮。同时，德国、匈牙利等国共产党人通过对修正主义和列宁主义的批判，重新阐释和构建马克思主义，并逐步演变成为异常复杂的当代西方马克思主义。因此，在整体地推进马克思主义中国化、时代化、大众化的历史进程中，甄别和对待当今世界各种流派的马克思主义，特别是科学认识和把握当代西方马克思主义，是完整准确地理解马克思主义不能回避的重大理论问题。从马克思主义的实践而言，马克思主义诞生160多年来，在马克思主义催生和引导下，世界社会主义由理论到现实、由一国到多国，社会主义运动波澜起伏、曲折发展。其间的历史经验与教训需要我们进行深刻的总结和反思，特别是20世纪末苏东剧变的原因和教训尤其需要进行广泛而深入的研究。

另一方面，用马克思的立场、观点和方法，分析和解决当今时代问题。与时俱进是马克思主义的理论品质，现代性是马克思思想的重要特征。马克思和马克思主义的当代意义表明，“马克思仍然是我们的同时代人”，马克思主义仍然具有强大的生命力。但是，如何让马克思思想和经典马克思主义走入当代？人们普遍认为，运用马克思的立场、观点和方法去分析和解决当今时代的重大问题，在满足时代需要、实践需要中凸显马克思主义的生命力和影响力，是推动当年马克思主义转变成为当代马克思主义的根本途径。归纳起来，以下重要问题需要马克思主义去面对和解答。一是世界历史时代的全球化及其问题。二是当今资本主义新特征及其经济危机问题。

三是苏联模式与中国模式、苏东剧变与中国崛起的问题。

3.总结反思,实现当代中国马克思主义的理论创新

当代中国马克思主义是马克思主义中国化、时代化、大众化的理论成果,是经由中国实践检验被证明是正确的理论原则和经验总结。因此,整体地推进马克思主义中国化、时代化、大众化,无疑要以当代中国马克思主义作为“马克思主义”的主要内容。从学术研究来看,整体地推进马克思主义中国化、时代化、大众化,需要加强中国特色社会主义理论体系研究,进一步推动和实现当代中国马克思主义的理论创新。

首先,加强中国特色社会主义理论结构体系研究,增强中国特色社会主义理论体系的学理性。任何一个理论体系都具有独立的理论基础、基本范畴、基本原理和主要结论等要素,这些要素之间存在严密的逻辑关系,这样才能成为理论体系。目前,关于中国特色社会主义理论体系的阐述和研究多从邓小平理论、“三个代表”重要思想、科学发展观等几个组成部分横向展开,从纵向角度将之融为一体的研究还显得不够。因此,进一步梳理中国特色社会主义理论的基本内容,研究中国特色社会主义理论体系特有的概念、范畴和基本原理,建构中国特色社会主义理论的逻辑体系,是加强中国特色社会主义理论体系研究的首要任务。尽管当前关于中国特色社会主义理论体系逻辑结构的认识和看法并不少见,也取得了一些共识,但是分歧依然很大,甚至在最基本的范畴上都存在严重分歧。

其次,加强中国特色社会主义理论体系比较研究,科学定位中国特色社会主义理论体系的地位。有比较才可以鉴别。要科学定位中国特色社会主义理论体系在马克思主义发展过程中的历史地位,完整准确地认识和把握中国特色社会主义理论体系,需要我们进行中国特色社会主义理论体系的比较性研究。一方面,要将中国特色社会主义理论体系置于马克思主义发展历史长河中进行历时性比较,即比较中国特色社会主义理论体系与马克思主义、列宁主义、毛泽东思想,以及历史上马克思主义在东欧、苏联等国家和民族本土化的马克思主义进行比较,分析它们之间的联系和区别,从而科学定位中国特色社会主义理论体系的历史地位。另一方面,要将中国特色社会主义理论体系置于当代世界历史发展洪流之中进行共时性比较。把中国特色社会主义与当代西方马克思主义以及越南、朝鲜、古巴、老挝等国家的本土化的马克思主义进行比较,弄清中国特色社会主义理论体系的特色和本质。另外,还要在中国特色社会主义理论体系内部进行比较,进一步理清邓小平理论、“三个代表”重要思想、科学发展观这些马克思主义中国化理论成果之间的逻辑关系。

最后,反思中国特色社会主义实践,借古鉴今,实现当代中国马克思主义的理论创新。总结实践经验和借鉴其他理论,是我们创新和发展马克思主义理论的基本途径。当代中国马克思主义理论创新同样离不开它。一方面,要总结我国改革开放以来的社会主义现代化建设的实践经验,并对其进行提升,使之成为马克思主义中国化新的理论成果。改革开放以来我国取得了举世瞩目的伟大成就,形成了影响深远的中国模式,其中蕴涵着建设和发展中国特色社会主义独到的历史经验,对其进行总结和提升便形成中国特色社会主义理论体系。但是,目前这些成果经验成分还是很浓,操作层面的路线方针政策较多,其理论性、学术性、学理性还需要进一步提升和发展。另一方面,要充分吸纳世界先进思想资源和文明成果,使之与马克思主义融合生长,形成新的理论成果。

(三)立足实践、解决问题，在实践创新中推进马克思主义中国化、时代化、大众化

马克思主义中国化、时代化、大众化的过程本质上是一个实践过程，亦即中国共产党领导人民群众运用马克思主义基本原理解决中国实际问题的过程。正因为中国共产党坚持马克思主义基本原理和中国具体实际相结合，成功地解答了我国革命、建设、改革的重大理论和实践问题，马克思主义中国化、时代化、大众化的事业才能够得到不断发展。因此，实践是实现马克思主义中国化、时代化、大众化的根本途径。当前整体地推进马克思主义、中国化、大众化，不能离开实践的主渠道和主阵地。强化问题意识，抓住中国问题，立足实践来加以解答，是整体地推进马克思主义中国化、时代化、大众化的重要路径。

1. 强化问题意识

“问题就是公开的、无畏的、左右一切个人的时代声音。问题就是时代的口号，是它表现自己精神状态的最实际的呼声。”①在人类认识和改造世界的实践活动中，不同的时代会有不同的问题。这些问题横亘在人们的面前，需要人们去研究和解答，是人类实践活动的推动力量和逻辑起点。“什么叫问题？问题就是事物的矛盾。”②问题无时不在，无处不有，它是客观的、普遍的。不过，人们对问题的认识和反映往往存在很大差异。例如，在前人认为已有答案的地方，马克思却认为只是问题所在。究其原因，其中之一，就是不同的人认识问题的自觉性和敏锐性往往是不一样的，即问题意识存在差别。当前，面临整体地推进马克思主义中国化、时代化、大众化的战略任务，我们不能停留在口号式的理解、学习和宣传状态，也不能沉浸在概念辨析和逻辑推理的抽象思辨之中，而应该带着强烈的问题意识深入实践、深入群众，努力发现问题、分析问题、解决问题。只有具有强烈的问题意识，实事求是地研究和解答人民群众的实践问题，夯实马克思主义中国化、时代化、大众化的实践基础，才能完成整体推进马克思主义中国化、时代化、大众化的历史任务。可是，在目前的理论和实践中，空谈马克思主义中国化、时代化、大众化的较多，用其深入实际解决实际问题的偏少。特别是对马克思主义大众化的理论研究可谓汗牛充栋，但大多都是抽象的原则和途径之类的探讨，将之作为理念融入实践解决实际问题的理论成果少。没有强烈的问题意识，就很难准确地把握实践问题。对实践问题把握不准，马克思主义中国化、时代化、大众化就会失去针对性、实效性。所以，强化问题意识成为整体地推进马克思主义中国化、时代化、大众化的历史起点。

2. 捕捉中国问题

整体地推进马克思主义中国化、时代化、大众化，不仅需要强化问题意识，需要正视中国现实，更需要敏锐地捕捉中国问题，通过研究解答重大现实问题，实现马克思主义中国化、时代化、大众化整体推进的目标任务。邓小平曾经指出：“观察中国问题，一定要认识中国问题的复杂性。”中国问题确实非常复杂，有不同层次、类型、分量之别。整体地推进马克思主义中国化、时代化、大众化，对“中国问题”的捕捉，要努力做到三个“着眼于”：着眼于本国国情，抓住中国改革发展遇到的重大现实问题；着眼于时代发展，抓住时代发展变化提出的重大现实问题；着眼于群众生活，抓住人民群众普遍关注的重大现实问题。这样，当代“中国问题”，不仅包括“什么是马克思

① 马克思恩格斯文集(第6卷)[C].北京：人民出版社，1982，第289页

② 毛泽东选集(第3卷)[C].北京：人民出版社，1991，第839页

主义、怎样对待马克思主义，什么是社会主义、怎样建设社会主义，建设什么样的党、怎样建设党，实现什么样的发展、怎样发展”等重大理论问题，中国社会转型和社会主义现代化的宏观历史问题，以及全球化等重大时代问题，而且包括经济、政治、文化等领域碰到的比较具体的基本理论和实践问题。其中，最突出的问题如下。

在经济领域，主要是转变经济发展方式与提高自主创新能力的问题。经过多年的改革开放，我国经济发展取得了很大的成就，但同时也积累了很多严重的问题，要继续推进我国经济发展，必须努力提高自主创新能力，尽快实现经济发展方式由粗放型向集约型转变。在政治领域，主要是民主政治建设与政府治理模式转换问题。与经济发展的惊人速度、骄人成绩以及群众满意度相比，改革开放以来的民主政治建设显然有点滞后。当前，我国经济社会的朝前发展和诸多深层次问题的解决迫切需要民主的支撑，大力发展中国特色社会主义民主政治，继续积极稳妥地推进政治体制改革，发展更加广泛、更加充分、更加健全的人民民主，已经成为非常急迫的问题。

近年来，公平问题已经成为社会关注的焦点，如何在民生领域切实改善和提高人民的生活水平，提升其生活质量和幸福指数，这是推进我国发展必须着力解决的重要问题。同时，构建公民社会，以化解社会风险，建设现代国家，这也是进一步推动中国发展不可回避的重要问题。在党自身的建设方面，主要是拒腐防变、抵御风险与党内民主建设问题。执政环境和党自身结构的变化已经使保持党的先进性、纯洁性和提升党的执政能力成为非常重要的问题，屡禁不止的贪污腐败凸显了这一问题的紧迫性。党内民主建设是从根本上解决这一问题的突破口，必须切实有效地推进党内民主建设，以党内民主带动人民民主。

3.立足实践解答

解决重大现实问题是马克思主义中国化、时代化、大众化的重要切入点，在解答重大现实问题的过程中不断实现马克思主义中国化、时代化、大众化，这是中国共产党不断推进马克思主义中国化、时代化、大众化的基本经验。中国共产党诞生 90 多年来，以毛泽东为代表的中国共产党人解决了新民主主义革命和社会主义改造的重大历史课题，创立了毛泽东思想，建立了新中国，确立了社会主义基本制度，开辟了马克思主义中国化、时代化、大众化的崭新道路；以邓小平为代表的中国共产党人思考和回答了“什么是社会主义，怎样建设社会主义”的重大历史课题，创立了邓小平理论，使中华民族走上了改革开放和社会主义现代化建设的康庄大道，树立了马克思主义中国化、时代化、大众化的时代丰碑；以江泽民为代表的中国共产党人围绕如何加强党的建设新的伟大工程，全面建设中国特色社会主义的历史任务，创立了“三个代表”重要思想，顺利实现了马克思主义中国化、时代化、大众化的世纪跨越；21 世纪以来，以胡锦涛为代表的中国共产党人，着力思考社会和谐与科学发展的战略问题，创立了科学发展观，推动马克思主义中国化、时代化、大众化走向新的境界。如今，站在新的历史起点上，要完成整体地推进马克思主义中国化、时代化、大众化的历史任务，唯有立足实践，在破解重大现实问题的过程中继续前行。

重大现实问题是社会实践内在矛盾的外部反映，解决问题的根本办法也在于实践。因此，当前围绕马克思主义中国化、时代化、大众化展开的理论探讨、舆论宣传、思想发动、制度建设等各个方面的工作都要以实践为落脚点，通过实践去解决影响和制约马克思主义中国化、时代化、大众化的若干重大现实问题，才能够切实有效地推进马克思主义中国化、时代化、大众化。需要指出的是，当前整体地推进马克思主义中国化、时代化、大众化，在一定程度上存在空谈理论多、联系实际少，舆论造势多、真做实事少的问题。这就需要我们针对具体问题，将马克思主义中国化、时代化、大众化的理念付诸实践，落实到具体行动中去。

人民群众是实践的主体，立足实践，破解现实重大问题，不能忽视人民群众的主体性。既要尊重人民群众的首创精神，又要维护和实现人民群众的根本利益。“现在，推进改革和建设需要我们解决的问题不少，好办法从哪里来呢？不是从天上掉下来的，也不是我们头脑里固有的，归根到底来自于人民群众创造历史的丰富多彩的实践。”因此，要坚持从群众中来，到群众中去，以解决重大现实问题、实现人民群众根本利益作为整体推进马克思主义中国化、时代化、大众化的根本目标，以“人民拥护不拥护”“人民赞成不赞成”“人民高兴不高兴”“人民答应不答应”作为判断其工作得失的根本标准。

（四）古为今用、洋为中用，在文化融合中推进马克思主义中国化、时代化、大众化

马克思主义是一种意识形态，更是一种文化形态。马克思主义中国化、时代化、大众化不仅是马克思主义基于中国革命和建设实践的需要从普通社会思潮变成我们党和国家指导思想的意识形态化的过程，也是马克思主义与中国传统文化融合、与西方文化对话、与民间大众文化交流的文化融合生长过程；既是一种政治现象，也是一种文化现象。马克思主义中国化、时代化、大众化的本质内容就是从社会实践和文化融合两个维度展开的。文化的交流融合是整体地推进马克思主义中国化、时代化、大众化的重要路径。这一过程实际上也就是运用马克思主义改造和提升中国传统文化，学习和借鉴现代西方文化，实现马克思主义、中国传统优秀文化、西方现代文明的会通，提升国家文化软实力，建设中国特色社会主义文化，构建中华民族共有精神家园的历史过程。

1.马克思主义与中国传统优秀文化融合

马克思主义是人类文明发展的产物，本质上是世界性的文化形态。但是，从文化地域性而言，欧洲是其生长发源地，马克思主义不可避免地又会带上西方文化的特质与个性。因此，这种源自域外的不同风格的文化在中国传播的过程中势必遭到中国本土文化的抵制，出现文化上的矛盾和冲突。文化变迁的历史表明，任何民族都不可能完全摆脱自己民族的文化传统转而完全接受异族文化。马克思主义要在中国立足和生长，必然要发生一些变通，要吸取中国传统文化精华，被注入中国本土的文化基因，经由中国本土文化的过滤和筛选，从而实现外来文化的本土化。“马克思主义与中国传统文化结合，不仅是必须结合，而且是能够结合。这种结合的可能性，既决定于马克思主义与中国传统文化各自的文化和理论特质，又决定于中国共产党的正确领导。”在结合的过程中，两种不同的文化形态相互砥砺，不断磨合，融合生长出既非原生态马克思主义，亦非中国传统文化的文化新形态——中国特色社会主义文化。这就是近代以来马克思主义中国化、时代化、大众化的文化动因和发展逻辑。当代中国的马克思主义亦非原生态的马克思主义，它已经深深融入和扎根于我国改革开放和社会主义现代化建设的实践之中，其地位和影响与当初漂洋过海初来乍到之时不可同日而语。但是，马克思主义遭遇的文化冲突和抵制似乎不减当年，中国封建文化亦非如我们所愿全部退出历史舞台。因此，整体地推进马克思主义中国化、时代化、大众化需要马克思主义与中国传统文化更加亲密地“碰触”。

2.马克思主义与现代西方文化对话

从文化发展的家族谱系来看，马克思主义是在对西方文化批判继承的基础上实现历史超越的，马克思主义的源头和母体是西方文化。自鸦片战争以来，对中国文化影响最大的也是西方文

化。因此，整体地推进马克思主义中国化、时代化、大众化同样无法避开西方文化的影响和冲击。在文化交流与影响日益频繁的今天，现代西方文化的积极成分已经成为建设和发展中国特色社会主义的思想资源之一，是中国特色社会主义文化建设的重要材料。以马克思主义为指导，吸取现代西方文化的有益成分，为马克思主义注入“国际元素”，为中国特色社会主义文化建设补充“养分”，这是从文化角度整体地推进马克思主义中国化、时代化、大众化的重要内容。

首先，以马克思主义为指导，辩证分析现代西方文化。如同中国传统文化一样，现代西方文化也是一个复杂体。西方文化泛指起源于古希腊的西欧、北美文化，它是一个集哲学、文学、科技、艺术等于一体的文化复合体。从意识形态角度而言，西方文化是资产阶级根本利益的文化表达，是以个人主义为核心价值，以维护资产阶级利益为根本目标的话语体系和文化形态。但是，西方文化在反封建和建立资本主义社会的历史过程中又形成了民主与科学等具有进步意义的文化观念。与中国传统文化相比，西方文化属于不同类型的文化，两者存在差异性和互补性。在文化性质上，中国文化属于伦理性，西方文化属于法理性；在文化性格上，中国文化属于内向型，西方文化属于外向型；在文化取向上，中国文化以家国为本位。西方文化以个人为本位等。从经济根源而言，这是由中西方商品经济发展程度和成熟状况的差异而造成的，成熟发达的商品经济在思想文化上形成了以个人主义为核心的价值体系和文化样态。如今，现代西方文化已经获得很大发展，成为一种历史悠久而又相对成熟的文化样态，并出现反西方文化传统的后现代文化，但西方文化的本质依然未变。因此，与现代西方文化对话首先需要以马克思主义为指导对其进行辩证的分析。

其次，超越体用之争的路径依赖，辩证吸收现代西方文化。近代以来，在如何学习和借鉴西方文化上一直存在“中体西用”和“西体中用”之争。“中体西用”是“中学为体，西学为用”的简称，这一主张首先由洋务派提出。张之洞认为：“旧学为体，新学为用”，“中学为内学，西学为外学；中学治身心，西学应世事。”就是说面对西方文化的冲击，要坚持以中国本土文化为主，西方文化只不过是有用无体的器物，只能拿来为我所用。洋务运动失败后，与之相反的“西体中用”主张开始盛行。与“中体西用”相反，“西体中用”则认为中国本土文化已经腐化，应该坚持西学为体，中学为用，并逐步演变成为全盘西化。从文化学角度而言，“中体西用”和“西体中用”都是片面的。中体西用，误在体不知变。就近代中国传统文化而言，尽管其中不乏精华，但作为整体却危机重重，“道”之不变，“器”亦无能。西体中用，因本土文化之惯性、外来文化之间距而难以实现，即使实现也往往是武力使然，而非文化融合的客观规律为之。因此，全盘西化其实只不过是一种激进的文化变革态度，现实中并没有可行性。同时，体用之争还有一个共同片面性，就是忽视体用的统一性，不论是中学还是西学既有体也有用，没有离开体的用，也没有离开用的体。因此，对待现代西方文化应该超越体用之争的路径，以马克思主义为指导，坚持具体问题具体分析，根据实践标准去批判地学习和借鉴。

3. 马克思主义、中国传统文化、现代西方文化的融合

从文化角度而言，当代中国基本的文化元素包括马克思主义、中国传统文化、现代西方文化。如今，实现这三者的会通已经成为思想文化建设领域的重要任务。对于马克思主义中国化、时代化、大众化而言，既是重要任务，又是实现路径。那么，如何实现马克思主义、中国传统文化、现代西方文化的会通呢？20 世纪 80 年代张岱年就提出“综合创新说”。后来，方立克将其进一步归纳为“马魂、中体、西用”的新思路。“‘马学为魂’即以马克思主义和社会主义的思想体系为指导

原则；‘中学为体’即以有着数千年历史积淀的自强不息、变化日新、厚德载物、有容乃大的中华民族文化为生命主体、创造主体和接受主体；‘西学为用’即以西方文化和其他民族文化中的一切积极成果、合理成分为学习、借鉴的对象。”很明显，这里的“体”和“用”已经远远超出其原初含义并产生根本差别。尽管在语言表述上沿用了以往的“体用”，但在思维方式上已经超越了体用之争中非此即彼的二元对立思维，“中”“西”“马”这三者的融合也不再是简单相加，而是融合生长出新的文化形态——中国特色社会主义文化。

（五）以人为本、造福于民，在民生建设中推进马克思主义中国化、时代化、大众化

建立自由人的联合体，实现人的自由而全面的发展，是马克思主义理论的价值追求。以人为本是马克思主义理论的核心思想。在我国，马克思主义作为马克思主义中国化、时代化、大众化的理论主体，需要走近人民群众，关照人民大众的生存境遇、发展命运和心灵世界。“民为邦本，本固邦宁。”中国共产党作为马克思主义中国化、时代化、大众化的承担者，肩负着民族独立、国家富强、人民幸福的历史重任。因此，马克思主义中国化、时代化、大众化的过程就是马克思主义实现自身价值追求和中国共产党实现自身历史使命的过程。坚持以人为本，关注民生，为民谋利，造福人民，是马克思主义中国化、时代化、大众化的重要内容，也是当前整体地推进马克思主义中国化、时代化、大众化的根本路径。

1.着力解决民生问题，努力改善人民生活

民生即人民的生计，它首先表现为经济问题。中国共产党自诞生以来，就把全心全意为人民服务作为自己的宗旨。坚持为人民服务，就要解决人民群众所面临的实实在在的问题。“解决这些实际问题就是为人民服务，不解决实际问题谈为人民服务，则是空话一句。”90多年来，中国共产党以马克思主义为指导，相继完成新民主主义革命、社会主义改造和社会主义建设的历史任务，建立了新中国和中国特色社会主义制度，实现了民族独立、国家富强、人民幸福的百年梦想，解决了人民安居乐业、幸福安康的根本问题，为民富国强、民族复兴奠定了根本的制度保障。特别是改革开放以来，我国综合国力不断攀升，人民生活水平实现了从贫困到温饱再到总体小康的历史性跨越，全国绝大多数人民过上了富足的小康生活，这是中华民族发展史甚至世界减贫史上具有里程碑意义的事件，是中国共产党践行为人民服务宗旨，兑现其庄严承诺的根本体现。

2.改革发展民生制度，促进社会公正公平

民生问题关系到社会民众的切实利益，它首先表现为经济问题、社会问题。但是，民生问题不仅是重要的经济问题、社会问题，也是重大的政治问题。江泽民曾说过，就业问题“关系改革发展稳定的大局，关系人民生活水平的提高，关系国家的长治久安，不仅是重大的经济问题，也是重大的政治问题”。马克思主义认为，利益起源于人类的需要，需要的满足本质上就是人们通过一定的途径获取所欲求的对象。对象的获取和利益的实现，又要求人们结成社会关系从事生产。社会关系一旦形成，就不仅使人们在特定的社会范围内生产和活动，而且支配着生产成果在社会成员之间的分配。这既可能有利于生产的扩大，也可能因为产品分配产生利益矛盾和冲突。于是，需要政治关系来规范和调节生产关系。由此可见，物质利益矛盾和冲突的协调和解决是政治的起源，协调和解决物质利益是政治的本质功能。所以，民生问题的实质是政治问题。

3.大力发展民生文化，提升人民的幸福指数

民生问题不仅表现为经济问题、社会问题、政治问题，也是文化问题。当前，我国经济总量已

经跃居世界第二位，国民收入已经达到中等收入国家水平，人们的基本生活需求已经得到满足。伴随着改革开放和社会主义现代化建设历史进程的加速，衣、食、住、行等物质层面的经济问题不再是民生的主要问题，民生问题将越来越多地体现在政治和文化层面。所谓文化民生就是文化层面的人民生计。文化是民族的血脉，是人民的精神家园。对于人类而言，文化作为人类活动的产物，是人类生活不可或缺的重要组成部分。人们需要通过文化来启蒙心智、认识社会、改造自然，也需要通过文化愉悦身心、陶冶性情、获得精神上的满足和依归。因此，文化是民生之魂，直接关系民生幸福，文化民生是民生问题的应有之义和重要内容。改革开放以来，我国民生建设和文化建设都取得了非常显著的成就，但是，民生建设中的文化民生和文化建设的民生文化同经济社会发展和人民日益增长的精神文化需求还不完全适应，社会不时出现道德失范、底线失守，见利忘义、诚信缺失，物质富有、精神空虚，崇高泯灭、价值失落，物质崇拜、享乐盛行等现象和问题。文化建设已经成为我国社会主义现代化建设中的当务之急，文化民生已经成为民生问题的重中之重。在经济转轨、社会转型快速发展的今天，民生建设需要强调人文关怀、心理疏导、精神抚慰、价值引领、家园重建。这就需要我们大力开展民生文化建设，用新的平台和载体、新的方式和方法、新的活动和产品满足人们多样的文化需求，更好地丰富人们的精神世界。

第七章　马克思主义市场经济理论在当代中国的运用与发展

社会主义与市场经济的关系问题，是社会主义国家经济发展中不可回避的问题。长期以来，无论是马克思主义者，还是西方资产阶级学者，都把市场经济看成资本主义特有的经济形式，完全否定了市场经济在社会主义制度下存在、发展的可能性。然而，中国特色社会主义建设的实践证明，社会主义与市场经济是完全可以结合在一起的。社会主义市场经济理论是马克思主义基本原理中国化的重大成果，极大丰富和发展了马克思主义关于市场、市场机制问题的探讨，成为中国化的马克思主义基本原理的重要内容。

第一节　马克思主义关于市场经济的基本理论

市场经济是马克思主义基本原理的重要组成内容。诚然，马克思恩格斯没有使用过"市场经济"、"社会资源配置"等诸如此类的概念，但这并不等于说马克思主义没有市场经济理论。在《资本论》等著作中，马克思恩格斯对资本主义商品生产、商品交换关系等问题进行了深入分析。这些探讨几乎涉及了市场经济的所有基本问题，是对市场经济一般原理的科学而系统的阐释。

一、市场及其在经济发展中的作用

在马克思主义关于资本主义商品经济关系的探讨中，市场是同商品相伴共生的一个重要范畴。"哪里有社会分工和商品生产，那里就有'市场'社会分工和商品生产发展到什么程度，'市场'就发展到什么程度。"[①]在《1857—1858年经济学手稿》《资本论》等著作中，马克思恩格斯对市场范畴及其性质、作用等问题作了深刻论述。

马克思对市场范畴的分析首先是从空间和时间相统一的意义上进行的。在阐释资本的流通过程这一问题时，马克思明确提出了"流通在空间和时间中进行"的论断。所谓市场的空间，简单地说就是市场的地域空间范围，或者说市场的边沿。在这里，市场是作为一个地理的或地域的概念而存在的。马克思在其著作中的很多地方是在这个意义上使用市场概念的，例如，马克思在分析市场形成时指出，"这些各不相同的产品的主要市场在各个中心地点形成，这些地点所以成为中心地点，或者是由于进出口的关系，或者是由于它本身要么是某种生产的中心，要么是这种中心的直接供应地"[②]。马克思还形象地把市场看作一个以商品生产地为中心向外辐射的圆形或扇形范围，他说，"市场可以代表圆周或弧线的大小，如果把产地算作中心，其半径就不断延长，例如市场从最近点开始，直至世界市场的最远点结束"[③]。"市场的不断扩大，随着商品在市场停留

---

① 列宁全集(第1卷)[C].北京：人民出版社，1984，第79页

② 马克思恩格斯全集(第46卷上册)[C].北京：人民出版社，1979，第238－239页

③ 马克思恩格斯全集(第49卷)[C].北京：人民出版社，1985，第328－329页

的间歇期间的缩短，空间的范围相应扩大，或者说，市场在空间上相应扩大，以商品生产领域为中心画出的圆的半径越来越大。”[①]也正是基于地域空间范围，或者说地理界限的标准来认识市场，马克思提出了“国内市场”、“国外市场”、“世界市场”等概念，“一个国内市场同一个既是国内又是国外的市场相比是有限的，而后者和世界市场相比也是有限的，世界市场在每个一定的时刻也是有限的，但是潜在地是能扩大的”[②]。

市场作为一个地理的或地域的概念，有时还被界定为具体的商品交换场所或地点，如商人的店铺、栈房等。马克思在评析霍吉斯金关于流动资本的观点时提出了他对市场的这一认识，他说，资本家的“栈房、店铺等只不过是蓄水池，商品可以进入流通之后就分配在这里。这种积累不过是商品从流通转入消费之前所处的中间阶段。……商品停留在过程的这一时刻，它存在于市场而不存在于工厂或私人家里(作为消费品)，即存在于商人的店铺、栈房中，只是它生命过程中的一个很短暂的时刻”[③]。在这里，市场定位于商人的店铺、栈房等，体现了马克思对市场范畴在狭义空间意义上的认识。然而，这仅仅是从最为直观的层面来分析马克思关于市场范畴的论述。因为如果从整个的分析过程中来看，其中还蕴涵着马克思对市场范畴在最广泛空间意义上的理解，那就是把市场等同于商品的流通领域或交换领域。马克思写道：“已经最后成为使用价值并已进入可以出卖状态的商品，作为商品处于市场，处于流通阶段；一切商品，当它们必须完成它们的第一形态变化，即转化为货币时，都处于这个阶段。如果这叫作‘积累’，那末积累就无非是商品作为商品的‘流通’或存在。……如果生产，从而还有消费，都是多种多样和大规模的，那末就会有大量的各种各样的商品经常处于这种停顿状态，即处于这种中间阶段。一句话，处于流通中，或者说，处于市场上。”[④]显然，这里的市场与流通流域是在同一意义上来使用的。马克思在其著作中的其他地方也多次使用了最广泛空间意义上的市场范畴。如任《1857—1858 年经济学手稿》中论及交换对生产的反作用时说，“当市场扩大，即交换范围扩大时，生产的规模也就增大，生产也就分得更细”[⑤]。在《资本论》中阐释商品的形态变化时说，“现在，我们随同任何一个商品所有者，比如我们的老朋友织麻布者，到交换过程的舞台上去，到商品市场上去”[⑥]。

也正是由于马克思把市场视同为流通领域或交换领域，而流通领域或交换领域本身又受时间因素的影响，因而马克思在其著作的一些地方又从时间意义，即从商品和资本是一种运动的观点对市场范畴予以了阐释。在探讨资本积累的条件时，马克思指出，“而这些条件就是：用一部分货币购买劳动，用另一部分货币购买能由这种劳动进行生产消费的商品(原料、机器等等)。……为了能够买到这些商品，它们就必须作为商品存在于市场上，即存在于已经结束的生产和尚未开始的消费之间的中间阶段，存在于卖者手中，存在于流通阶段”[⑦]。但是，“资本作为商品资本(在这个流通阶段，在市场上，它就是以这种形式出现的)不应该停滞不动，而应该只是在运动进程中作短暂的停留。否则再生产过程就会遭到破坏”[⑧]。这里的市场强调的是已经结束的生产和尚

---

① 马克思恩格斯全集(第 26 卷Ⅲ)[C].北京：人民出版社，1965，第 317 页

② 马克思恩格斯全集(第 26 卷Ⅱ)[C].北京：人民出版社，1965，第 317 页

③ 马克思恩格斯全集(第 26 卷Ⅲ)[C].北京：人民出版社，1965，第 309－310 页

④ 马克思恩格斯全集(第 26 卷Ⅲ)[C].北京：人民出版社，1965，第 310 页

⑤ 马克思恩格斯全集(第 46 卷上册)[C].北京：人民出版社，1979，第 37 页

⑥ 马克思恩格斯全集(第 23 卷)[C].北京：人民出版社，1972，第 123 页

⑦ 马克思恩格斯全集(第 26 卷Ⅱ)[C].北京：人民出版社，1965，第 551－552 页

⑧ 马克思恩格斯全集(第 26 卷Ⅲ)[C].北京：人民出版社，1965，第 311 页

未开始的消费之间的中间阶段，即流通阶段，它显然是一个具有时间意义的概念。

除了在从空间与时间相统一的意义上使用市场范畴外，马克思还在更加抽象的层次上把市场理解为一切商品买卖关系的总和。马克思认为，社会分工是一切商品生产的基础。社会分工的不断发展不仅要求每个生产者要为满足自己的需求而生产，而且要提供产品满足他人的需求，不同商品的生产者通过市场紧密联系在一起。从表面来看，市场是商品交换的场所，但在交易背后体现的是商品生产者之间的关系，是买者和卖者、需求者和供给者之间的关系。由于无论就某种商品交换来说，还是就全部商品交易而言，都存在着众多的买者和卖者，因而市场体现为所有卖者和买者实现商品让渡的总和。正是在这个意义上，马克思说，“生产劳动的分工，使它们各自的产品互相变成商品，互相成为等价物，使它们互相成为市场”[①]。

在从不同角度阐释市场范畴的同时，马克思论述了市场在经济发展中所起的重要作用。首先，市场是各种经济活动展开和进行的重要环节和纽带。马克思在从时空统一的角度来理解市场时已经明确指出，市场是与流通领域、交换领域等相等同的概念，是联系生产和消费的重要纽带，是单个资本或社会资本运动的重要环节。只有通过市场，商品才能从把它们当作非使用价值的人手中转到把它们当作使用价值的人手里，资本也才能得以实现循环和周转，各种经济活动也才能不断地展开。

其次，市场是实现商品价值和使用价值的决定性环节。商品是用来交换的劳动产品，在市场上，商品生产者通过让渡商品的使用价值来实现商品的价值，与此同时，商品的购买者通过支付货币换回了自己所需要的使用价值。然而，社会对某种商品的需求是有限度的，一旦生产的商品超出了社会，或者说市场的需求，就会导致部分商品难以完成它的“惊险的跳跃”，不能实现其价值和使用价值。对此，马克思曾形象地指出，商品爱货币，但是真爱情的道路绝不是平坦的，“每一种商品都只能在流通过程中实现它的价值；它是否实现它的价值，在多大程度上实现它的价值，这取决于当时的市场条件”[②]。商品的“这个跳跃如果不成功，摔坏的不是商品，但一定是商品占有者”[③]。

最后，市场还是实现、扩大生产和再生产的重要条件和途径。马克思指出，生产就其单方面形式来说也取决于消费、分配、交换等要素，因而资本家个人可以用扩大市场的办法，也可以用在现有市场占有较大份额的办法.扩大自己的生产。所以，“当市场扩大，即交换范围扩大时。生产的规模也就增大，生产也就分得更细”[④]。从再生产的角度来看。如果要使再生产能够顺利进行，社会产品就必须在市场上实现价值补偿和实物补偿。“生产过程如果不能转入流通过程，看来就要陷入绝境。资本作为建立在雇佣劳动基础上的生产，它的前提是把流通当作整个运动的必要条件和要素。”[⑤]

总之，马克思关于市场及其作用的论述是多角度的、详尽而充分的，这对研究社会主义市场问题具有重要的指导作用。

---

① 马克思恩格斯全集(第25卷)[C].北京：人民出版社，1974，第718页

② 马克思.资本论(第3卷)[M].北京：人民出版社，1975，第720页

③ 马克思.资本论(第1卷)[M].北京：人民出版社，1975，第127页

④ 马克思恩格斯选集(第2卷)[C].北京：人民出版社，1995，第17页

⑤ 马克思恩格斯全集(第46卷上册)[C].北京：人民出版社，1979，第388页

二、市场机制和市场规律

市场机制是市场的重要组成部分，主要是指在一定市场形态下的价格、供求、竞争等各种要素相互联系、相互制约、互为因果形成的自动联结系统、运转形式和调节方式。市场机制主要由价格机制、供求机制、竞争机制等组成。在《资本论》等著作中，马克思恩格斯对市场机制的具体内容和作用作了精彩的描述。

价格机制是市场机制的核心机制，指的是市场竞争过程中，价格变动与供求变动之间相互制约、相互作用的机制。在《资本论》第三卷中，马克思对价格机制作了比较集中的论述。他从部门内部竞争、部门之间竞争以及供求关系变化中，全面论证了市场价值、市场价格和生产价格形成的条件，阐释了市场价格围绕市场价值，进一步围绕生产价格的运动对生产要素配置带来的影响。马克思认为，劳动者在生产过程中创造出商品的价值是个别价值，而不是社会价值或市场价值。生产部门、种类、质量都相同的商品的个别价值，要形成一个相同的市场价值和市场价格，就需要同种商品生产者在一个共同的市场上开展竞争。当市场竞争中的供求大体处于平衡状态时形成的价值，也就是市场价值。但这是抽象地研究市场价值的决定。当具体分析市场竞争，还要看市场供求关系的变动状况对价格的影响。通过分析，马克思指出，当市场供求比例关系失衡，即需求严重超过供给，或者供给大大超过需求时，市场价值就由最坏或最好条件下生产商品的个别价值来决定。市场价值形成后，商品的市场价格就会围绕着这个市场价值中心上下波动。如果需求超过供给。就会出现买者之间竞争，卖者就会共同努力把市场价格提高到市场价值以上出售。价高利大会促使供给不断增加，当供给超过需求时，就会出现卖者之间竞争，买者就会一致起来力求把商品的市场价格压低到市场价值以下。价低利微就会使供给不断减少，当供给减少到小于需求时，商品的价格又会上升。这样，供求关系的不断地变动使价格围绕着市场价值上下运动。

在阐释市场价值形成的基础上，马克思进一步分析了生产价格的形成。在自由市场经济条件下，不同生产部门由于投入资本量的有机构成不同，会产生极不相同的利润率，资本就会从利润低的部门流向利润高的部门。通过这种不断的流入和流出，不同生产部门就会获得相同的平均利润，价值也就转化为生产价格。马克思认为，他关于市场价值与市场价格关系的论述，“也适用于生产价格，只要把市场价值换成生产价格就行了。生产价格是在每个部门中调节的，并且是按照特殊的情况调节的。不过它本身又是一个中心，日常的市场价格就是围绕着这个中心来变动，并且在一定时期内朝这个中心来拉平的”①。也就是说，当生产价格形成后，供求关系的变动将使市场价格围绕生产价格上下波动。

价格机制是在与供求机制的相互影响、相互制约中发挥其作用的。供求机制指的是商品的供求关系与价格、竞争等因素之间相互制约和联系而发挥作用的机制。在马克思那里，供给指的是处在市场上的产品，或者能提供市场的产品。从使用价值看，它表现为一定的产品量；从价值看，它表现为一定的市场价值。需求就是市场上出现的对商品的需要，包括对消费资料和生产资料的需求.它等于这同一种商品的买者或消费者（包括个人消费和生产消费）的总和。

在《资本论》第三卷中，马克思从分析供求一致入手，揭示了供求变动与商品价格变动之间的

① 马克思.资本论（第3卷）[M].北京：人民出版社，1975，第300页

关系。马克思认为,“供求实际上从来不会一致;如果它们达到一致.那也只是偶然现象.所以在科学上等于零,可以看作没有发生过的事情”[①]。通过进一步对政治经济学上必须假定的供求一致的分析,马克思指出,“各种同市场价值相偏离的市场价格,按平均数来看,就会平均化为市场价值,因为这种和市场价值的偏离会作为正负数互相抵消。……因此,供求关系一方面只是说明市场价格同市场价值的偏离,另一方面是说明抵消这种偏离的趋势,也就是抵消供求关系的作用的趋势。……供求可以在极不相同的形式上消除由供求不平衡所产生的作用。例如,如果需求减少,因而市场价格降低,结果,资本就会被抽走,这样,供给就会减少。……反之,如果需求增加,因而市场价格高于市场价值,结果流入这个生产部门的资本就会过多,生产就会增加到使市场价格甚至降低到市场价值以下;或者另一方面,这也可以引起价格上涨,以致需求本身减少”[②]。供求与价格二者总是这样互相影响、互相作用,从而构成了市场上商品的供求和价格的连续不断的运动。需要指出的是,供求关系与价格之间虽然存在着密切的联系,但是供求只能影响价格,而不能决定价格。

竞争机制是市场机制的另一重要内容,指的是竞争同供求关系、价格变动、各生产要素流动等市场活动之间的有机联系和功能。在《雇佣劳动与资本》《资本论》等著作中,马克思恩格斯对竞争从不同角度进行了阐释。马克思认为,竞争是资产阶级经济的重要推动力,它使资本主义生产方式的内在规律作为外在的强制规律支配着每一个资本家,迫使他们改进技术。提高资源的配置效率,而竞争斗争则是通过使商品便宜来进行的。在《雇佣劳动与资本》中,马克思明确提出,商品的价格“是由买者和卖者之间的竞争即需求和供给的关系决定的。决定商品价格的竞争是三方面的”[③],即卖主之间的竞争、买主之间的竞争,以及买主和卖主之间的竞争。从卖方来看,同一种商品的卖主之间为了争夺销路和市场,把其余的卖者排挤掉,一个人就要比另一个人卖得便宜些,于是卖者之间就发生了竞争。这种竞争降低商品的价格,但在同时也迫使商品生产者改进生产条件,提高劳动生产率,以便在市场上占据有利地位。从买方来看,买者都想早买而且低价买到某种商品,于是产生了买者之间的竞争。特别是在商品供不应求时,买者间的竞争会加剧起来。在一定限度内,一个买者就会比另一个买者出更高的价钱。这种竞争提高了商品的价格,有力地刺激着商品生产和供给的增加。买主和卖主之间产生竞争的原因在于,前者想买得尽量便宜些,后者却想卖得尽量贵些。“买者和卖者之间的这种竞争的结果怎样,要依上述竞争双方的情况如何来决定,就是说要看是买者阵营里的竞争激烈些呢还是卖者阵营里的竞争激烈些。……战胜敌人的是内部冲突较少的那支军队。”[④]

在对资本主义经济运行的进一步分析中,马克思对部门内部竞争、部门之间的竞争,以及它们与商品价格的关系作了详细论述。他认为,竞争首先是在一个部门内部实现的,竞争的结果是使商品的各种不同的个别价值形成一个相同的市场价值和市场价格。“为了使种类相同,但各自在不同的带有个别色彩的条件下生产的商品的市场价格,同市场价值相一致,而不是同市场价值相偏离,即既不高于也不低于市场价值,这就要求各个卖者互相施加足够大的压力,以便把社会

① 马克思.资本论(第3卷)[M].北京:人民出版社,1975,第311页

② 马克思.资本论(第3卷)[M].北京:人民出版社,1975,第211—212页

③ 马克思恩格斯选集(第1卷)[C].北京:人民出版社,1995,第338页

④ 马克思恩格斯选集(第1卷)[C].北京:人民出版社,1995,第338页

需要所要求的商品量，也就是社会能够按市场价值支付的商品量提供到市场上来。”[①]不同部门的资本的竞争，要求资本主义生产方式发展到更高的水平，竞争的结果是形成那种使不同部门之间的利润率平均化的生产价格。竞争之所以能够影响利润率，“只是因为它影响商品的价格。……利润的水平，在平均化过程发生的时候便形成了。竞争不过使它提高或降低，但并不创造它。并且，当我们说必要利润率时，我们正是想要知道那种不以竞争的运动为转移却反而调节竞争的利润率。平均利润率是在互相竞争的资本家势均力敌的时候出现的”[②]。

价格机制、供求机制、竞争机制等并不是各自独立的，它们相互影响、相互制约，共同发挥着调节市场的作用。而这种调节从本质上来看，不过是市场经济规律的调节，因而市场机制也不过是市场经济规律发生作用的机制。

市场经济规律是指市场经济发展过程中存在的不以人们的意志为转移的客观的内在的本质的必然的联系。马克思在分析资本主义经济运行中揭示了价值规律、剩余价值规律、供求规律、竞争规律、货币流通规律、平均利润和生产价格规律等一系列规律。其中，价值规律在这些规律中居于基础性的地位。它贯穿于市场经济运动的始终，体现在社会再生产的生产、交换、分配和消费的各个领域，并在这些领域发挥着基础性的作用。恩格斯在《反杜林论》中曾明确指出了这一点。“价值规律，恰好止是商品生产的基本规律，从而也就是商品生产的最高形式即资本主义生产的基本规律”[③]。

对于商品经济的这一基本规律，马克思从其产生的条件、基本内容、实现形式以及作用等方面给予了详尽的分析和论述。马克思认为，使用价值和价值的矛盾运动，是价值规律产生的根据，价值的质和量的规定则构成了价值规律内容的核心。通过对商品的质和量的分析，马克思阐释了价值规律的基本内容，即商品的价值量是由生产商品的社会必要劳动时间来决定，商品交换要按照生产它们所耗费的社会必要劳动时间来进行。至于实际交换过程中出现的价格围绕价值上下摆动的现象，马克思认为这恰恰是价值规律发挥作用的表现形式。因为从一个较长时期来看，价格的平均数与价值的平均数是相等的。

作为商品经济的基本规律和内在规律，价值规律在简单商品经济条件下实现的并不充分。但在资本主义发达的商品经济中，价值规律的实现清晰地凸显出来。在对价值转化为市场价值，并进一步转化为生产价格的分析中，马克思指出，“不管价格是怎样调节的，我们都会得到如下的结论：价值规律支配着价格的运动，生产上所需要的劳动时间的减少或增加，会使生产价格降低或提高。……既然商品的总价值调节总剩余价值，而总剩余价值又调节平均利润从而一般利润率的水平，——这是一般的规律，也就是支配各种变动的规律，——那么，价值规律就调节生产价格”[④]。在对各种收入及其源泉的分析中，马克思进一步提出了垄断价格的出现依然是价值规律在发挥作用的观点。他认为，即使出现了一个高于生产价格和高于受垄断影响的商品的价值的垄断价格，由商品价值规定的界限也不会因此消失。因为“某些商品的垄断价格，不过是把其他商品生产者的一部分利润，转移到具有垄断价格的商品上。……垄断价格能够在什么界限内影

---

① 马克思.资本论(第3卷)[M].北京：人民出版社，1975，第201页

② 马克思.资本论(第3卷)[M].北京：人民出版社，1975，第979页

③ 马克思恩格斯选集(第3卷)[C].北京：人民出版社，1995，第663页

④ 马克思.资本论(第3卷)[M].北京：人民出版社，1975，第200—201页

响商品价格的正常调节，是可以确定和准确计算出来的"[①]。

对价值规律的要求、作用及其后果、价值规律与其他市场规律的关系等问题，马克思也都进行了细致深入的探讨，从而全面揭示了市场经济运行的秘密。这些探讨不仅为我们理解资本主义经济提供了一把钥匙，而且为发展社会主义市场经济提供了有力指导。它要求我们要正确认识市场经济规律，尤其是价值规律，要按客观经济规律办事。如果人们不认识它们、不利用它们，甚至于违背它的客观要求，就会给经济的发展带来灾难性的后果。

三、社会主义不存在商品经济的科学预想

在对资本主义经济分析中，马克思恩格斯也对未来社会主义社会的经济制度和经济发展问题作了探讨，并提出了社会主义社会不存在商品经济的思想。例如，马克思在《哥达纲领批判》中谈到分配问题时指出，"在一个集体的、以生产资料公有为基础的社会中，生产者不交换自己的产品；用在产品上的劳动，在这里也不表现为这些产品的价值，不表现为这些产品所具有的某种物的属性"[②]。在他设想的自由人联合体中，人们"用公共的生产资料进行劳动，并且自觉地把他们许多个人劳动力当作一个社会劳动力来使用。……劳动时间的社会的有计划的分配.调节着各种劳动职能同各种需要的适当的比例"[③]。恩格斯在《反杜林论》等著作中也明确提出，"一旦社会占有了生产资料，商品生产就将被消除，而产品对生产者的统治也将随之消除。社会生产内部的无政府状态将为有计划的自觉的组织所代替"[④]。"从此按照预定计划进行的社会生产就成为可能的了。"[⑤]可见，在马克思恩格斯设想的未来社会中，商品经济将被消除，盲目、自发的市场调节也将为有计划的调节所代替。

从马克思恩格斯否定未来社会存在商品经济的原因来看，大致有：首先，他们总是把商品经济的存在同私有制联系在一起。马克思在谈到商品的起源时指出。商品交换是在共同体的尽头，在它们与别的共同体或其成员接触的地方开始的。"为使让渡成为相互的让渡，人们只须默默地彼此当作被让渡的物的私有者，从而彼此当作独立的人相对立就行了。"[⑥]私有观念的萌生。成为商品生产存在的原因。但在未来的社会主义社会中，剥夺者被剥夺，私有制被废除，生产资料归整个社会占有，商品经济自然也就不复存在。

其次，在马克思恩格斯设想的社会主义制度下，将不存在个别劳动和社会劳动的对立，从而个别劳动无须通过市场确定为社会劳动。恩格斯指出，"社会一旦占有生产资料并且以直接社会化的形式把它们应用于生产，每一个人的劳动，无论其特殊用途是如何的不同，从一开始就成为直接的社会劳动"。而"直接的社会生产以及直接的分配排除一切商品交换，因而也排除产品向商品的转化(至少在公社内部)和随之而来的产品向价值的转化"[⑦]。由于劳动将成为直接的社会劳动，建立在私人劳动基础上的商品生产和商品交换就失去了存在的前提。同时，由于社会各

---

① 马克思.资本论(第3卷)[M].北京：人民出版社，1975，第975－976页

② 马克思恩格斯选集(第3卷)[C].北京：人民出版社，1995，第303页

③ 马克思恩格斯全集(第23卷)[C].北京：人民出版社，1965，第718页

④ 马克思恩格斯选集(第3卷)[C].北京：人民出版社，1995，第633页

⑤ 马克思恩格斯选集(第3卷)[C].北京：人民出版社，1995，第759页

⑥ 马克思恩格斯全集(第23卷)[C].北京：人民出版社，1965，第105页

⑦ 马克思恩格斯全集(第20卷)[C].北京：人民出版社，1971，第333－334页

方面劳动者之间不再借助于物与物交换的方式来建立联系，商品经济也就失去了存在的意义。

最后，他们总是把商品经济和社会生产的无政府状态联系在一起。马克思恩格斯认为，社会化大生产与生产资料私人占有之间的矛盾表现在经济关系上就是个别生产的有组织性和整个社会生产的无政府状态之间的矛盾，而这个矛盾只能通过生产资料的社会占有和社会对整个生产的直接的、有计划的调节来解决。因此，商品生产的消除成为实现计划经济的前提条件。

马克思恩格斯关于未来社会不存在商品经济的论述成为后来的一些马克思主义者把社会主义同计划经济相联系的重要理论依据。然而，社会主义经济建设实践中出现的困难与波折，促使人们更加深入地思考马克思关于未来社会经济发展的预想。客观来看，马克思恩格斯对商品经济认识并不是他们的凭空臆想，而是基于对资本主义生产方式深刻分析作出的预见。应当说，这种理论不仅具有逻辑上的合理性，而且也部分地为资本主义国家经济发展所证实。但是，与其理论所设想的结果不同的是，消灭商品货币关系的理论至少从结论上看已被实践否定。究其原因有以下几个方面。

首先，马克思恩格斯设想的社会主义是建立在生产力高度发达的基础之上的，社会占有生产资料并对生产进行统一的、有计划的调节，而现实的社会主义却是建立在生产力发展水平较低的基础上的，社会生产资料分属于不同的占有主体，这也就决定了商品经济的存在不可避免。

其次，马克思恩格斯对未来社会的分析大都是在与资本主义社会作对比研究时阐发的，他们确信社会主义在其每个要素上都将是资本主义的对立物，从而事实上把市场机制与资本主义经济制度等同起来。

最后，他们对市场机制和资本主义经济的自我调节能力估计过低，把市场机制的自发调节简单地与生产的盲目性、资源的浪费和无政府状态对立起来，而没有对市场机制的积极作用作出应有的评价。

由此可见，马克思恩格斯关于社会主义社会不存在商品货币关系的理论是特殊历史条件下的产物，他们的生活环境和实践经验决定了他们只能作最一般特征的预测而不可能对未来的社会作出更为详细的描述，他们的理论需要在实践中不断地加以检验，并在实践中得到丰富和发展。

第二节　社会主义市场经济理论的形成与发展

马克思主义是我国社会发展的理论基础，马克思主义经济学在我国经济的发展中也占有重要的地位。马克思主义经济学是随着马克思主义在中国的传播而逐渐为人们认识和接受的，但是其又与马克思主义在中国的传播有着不太相同的轨迹。

中国共产党五代领导集体，遵循马克思列宁主义的基本原理，立足于中国国情，解放思想，实事求是，锐意创新，不断突破传统经济理论的局限，逐步地形成了中国特色社会主义的经济理论体系，对马克思主义经济理论作出了巨大的贡献。

一、毛泽东对中国特色社会主义经济理论的艰辛探索

第一，毛泽东是探索中国特色社会主义经济理论的第一人，他花费了大量的心血，作出了许

多开创性的理论贡献。他的第一个理论创新就是开辟了从实际出发，走自己的路，探索具有中国特色的社会主义建设道路的理论。1956 年，在我国进入社会主义建设的关键时期，毛泽东对照抄照搬苏联建设模式感到“不满意”、“不舒畅”。“以苏为戒”，特别是苏共二十大揭露出来的苏联经济工作中的错误和我国照抄苏联经验所暴露出来的弊端，开始对中国社会主义建设走什么样的道路问题进行思考和研究。他指出，在新中国建立初期，“因为我们没有经验，在经济建设方面，我们只得照抄苏联，……这在当时是完全必要的，同时又是一个缺点，缺乏创造性，缺乏独立自主的能力。这当然不应当是长久之计”。

1956 年，毛泽东在大量调查研究的基础上，发表了著名的《论十大关系》一文，明确提出要“以苏为戒”，总结自己的经验，探索适合中国实际的社会主义建设发展道路。他说：“最近苏联方面暴露了他们在建设社会主义过程中的一些缺点和错误，他们走过的弯路，你还想走？过去我们就是鉴于他们的经验教训，少走了一些弯路，现在当然更要引以为戒。”在这篇著作中，毛泽东以其大无畏的革命气魄，对当时无论是赞成还是反对社会主义的人都首肯的苏联模式进行分析，实事求是地指出他们的缺点和错误，在总结自己经验的基础上，创造性地提出了适合中国国情的社会主义建设理论，提出了从实际出发走与苏联有别的中国工业化的建设道路。在处理农轻重的关系问题上，苏联的做法是片面注重重工业，忽视轻工业和农业，造成农轻重发展不平衡，市场货物不够，货币不稳定。毛泽东强调，中国是一个农业大国，要从这一国情出发，不能照抄苏联的经验，我们安排国民经济的原则应当以农轻重为序，“重工业是我国建设的重点。必须优先发展生产资料的生产，这是已经定了的。但是决不可以因此忽视生活资料尤其是粮食的生产。如果没有足够的粮食和其他生活必需品，首先就不能养活工人，还谈什么发展重工业？所以，重工业和轻工业、农业的关系，必须处理好”。在这里，他从中国的国情出发，辩证地论述了重工业和轻工业、农业发展的关系，这是毛泽东对中国社会主义经济理论创新的一个重要方面，也是中国工业化道路的一大特色。

第二，在《论十大关系》一文中，毛泽东提出了对高度集权的计划经济体制进行改革的设想。针对苏联管理体制上权力过分集中的问题，毛泽东提出要有中央和地方两个积极性。“我们不能像苏联那样，把什么都集中到中央，把地方卡得死死的，一点机动权也没有。”“把什么东西统统都集中在中央或省市，不给工厂一点权力，一点机动的余地，一点利益，恐怕不妥。中央、省市和工厂的利益究竟应当各有多大才适当，我们经验不多，还要研究。从原则上说，统一性和独立性是对立的统一，要有统一性，也要有独立性。”《论十大关系》的许多重要理论，是对马克思主义理论的发展，也是我们党探索中国特色社会主义经济的良好开端。20 世纪 60 年代初，毛泽东读《苏联经济学教科书》时，深深感到需要有中国特色社会主义经济理论指导社会主义实践的重要性，他萌发了撰写新的社会主义经济学教科书，创立新的经济理论体系的设想。他说，任何国家的共产党，任何国家的思想界，都要创造新的理论，写出新的著作，产生自己的理论家，来为当前的政治服务。这充分反映毛泽东创新的勇气和愿望。

第三，毛泽东提出了社会主义条件下可以实行商品生产和商品交换，发展社会主义经济必须承认价值规律作用的思想。1958 年，毛泽东针对消灭商品生产的观点指出：“有人不要商品生产，不对。在要不要商品生产的问题上，我们还要搬斯大林，斯大林是搬列宁的。列宁说全力发展商品生产，我们应当说是全力发展工业、农业、商业。”并对斯大林在《苏联社会主义经济问题》一书中说商品生产只限于生活资料的观点提出质疑，说生产资料不是商品，值得研究，把商品生产限于生活资料，倒不一定。农业产品是商品，工业产品不是商品，那如何实行交换呢？1958 年在修改郑州会议文件时指出,“商品的问题,我们这个文件是避开这方面的。现在人们都要避开这方面,谁讲商品生产,商品交换,大概就不是共产主义者了,起草这个文件的同志以及在座诸公,都是避开这一点的。我就想要写上去。”毛泽东并提出了“价值规律是个大学校”的著名论断。毛泽东关于社会主义商品生产和商品交换的思想,是对马克思主义理论的创新。但是,在社会主义实践中,他的这个理论没有坚持到底。

毛泽东对中国社会主义经济理论的探索,既有成功的一面,也有失误的地方。之所以成功,主要是他坚持马克思主义的基本原理与中国实际相结合,立足于中国国情,实事求是,勇于理论创新;之所以失误,由于社会主义建设经验的不足和理论分析的形而上学,也由于国内外严峻环境等诸多客观因素的影响,把经典模式简单地套用于现实,违背了实事求是的思想路线。但是,我们必须认识到,毛泽东的探索是建设中国特色社会主义经济理论的源头,没有毛泽东开创性的理论探索和经验教训,中国的社会主义建设理论还会摸索更长的时间。

二、邓小平对中国特色社会主义经济理论的创新和贡献

根据马克思主义经济学的基本原理,邓小平全面地总结了社会主义建设的经验教训,科学地分析了社会主义初级阶段的经济实践,纠正了传统社会主义经济学中的许多理论误区,正确地回答了“如何建设社会主义”这个历史性课题,并从以下几个方面发展了中国特色社会主义经济理论。

(一)关于发展战略的理论

邓小平认为“发展是硬道理”,而中国发展的宏伟目标就是实现现代化,建设社会主义强国。他还为我国实现社会主义现代化制定了发展战略及实施这一战略的基本纲领、政策和实施步骤等。邓小平把现代化目标由理论到实践,由蓝图到实施,作出一整套重大的发展和贡献:其一,提出了从政治高度认识四个现代化的新思路,并一再提出“四个现代化是中国最大的政治”,正确揭示了社会主义初级阶段政治与经济的关系及其表现形式。其二,提出了分“三步走”实现社会主义现代化的发展战略,并确立了小康水平的中国式现代化标准。这个坚持以人的现代化为核心的发展战略,把解决人的生存与发展问题作为现代化建设的出发点和归宿,是对马克思主义发展理论的重大贡献。

(二)关于社会主义初级阶段所有制结构和分配制度的理论

建立合理的分配制度,对促进社会生产力的加速发展,有着极其重要的意义。改革开放以来,邓小平带领全党认真总结了以往我国在所有制关系和分配制度上“穷过渡”和“大锅饭”的经验教训,通过调整所有制结构和分配关系,不断地解放和发展生产力。他还提出了所有制结构多样化的思想,并指出,既要在坚持公有制经济为主体,还要适当地发展非公有制经济成分。在关于公有制实现形式方面,他认为“不能完全采取一种固定不变的形式,看用哪种形式能够调动群众的积极性就采用哪种形式”,这就突破了传统理论认为公有制只有国家经营和集体经营两种形式的僵化认识。邓小平经济理论使马克思主义经济理论在当代中国的发展进入了一个新境界,形成了一个崭新的经济学理论结构。

三、江泽民对中国特色社会主义经济理论的新论述

党的第三代领导集体在建设有中国特色社会主义的思想路线、发展阶段和发展战略、国际战略、根本任务、发展道路、发展动力、依靠力量、领导力量和根本目的等重大问题上勇于实践探索，提出了一系列紧密联系、相互贯通的新思想、新观点和新论断，进一步回答了“什么是社会主义、怎样建设社会主义”的问题，创造性地回答了“建设什么样的党、怎样建设党”的问题，形成了“三个代表”重要思想。“三个代表”重要思想是对马克思主义经济理论的重大发展。

（一）发展了马克思主义的生产力理论

马克思主义经济学对生产关系的研究，始终是以一定的生产力水平作为基础的。同样，马克思主义关于各种经济规律的认识，也是在生产力和生产关系的矛盾运动中来把握的。马克思主义认为，生产力是人类社会发展的最终决定力量；邓小平进一步指出，社会主义就是解放和发展生产力。“三个代表”中最重要的一条就是“始终代表中国先进生产力的发展要求”。这既体现了对马克思主义生产力与生产关系基本原理的坚持和继承；又体现了对马克思主义生产力理论的补充和拓宽，使之在新的历史条件和实践层面上具有了一种新的思想内涵。

第一，关于生产力的先进性。“始终代表中国先进生产力的发展要求”，不是指“一般的生产力”，而是强调“先进生产力”，即强调生产力的先进性；同时，也不是静止地而是动态地考察生产力的先进性，即着眼于先进生产力的变化和发展。江泽民曾在“七一”讲话中指出：“人类社会的发展，就是先进生产力不断取代落后生产力的历史进程。社会主义现代化必须建立在发达生产力的基础之上。我们为实现现代化而奋斗，最根本的就是要通过改革和发展，使我国形成发达的生产力。”如果说“先进生产力”是相对于“落后生产力”而言的，那么“发达的生产力”作为我们的奋斗目标，就是先进生产力不断取代落后生产力的成果。由于“发达的生产力”的形成，需要一个不断地“先进生产力取代落后生产力”的长期过程，因此，我们所要进行的改革和发展，同样是要不断地向前推进，从而为“先进生产力取代落后生产力”打开广阔的道路。总之，“三个代表”中“始终代表中国先进生产力的发展要求”这一条，不仅坚持了马克思主义生产力理论的基本原理，还进一步结合现代生产力发展十分迅猛这一时代特点，突出了生产力发展的规律性及对其生产关系调整和变革的长期性。同时，正视我国社会主义初级阶段生产力还不太发达这一现实，也有利于我们吸收和借鉴发达国家生产力发展的成果，如现代科技成果、科学的管理手段和方法、合理的生产组织形式等，使我国不适应先进生产力和时代发展要求的落后生产方式，逐渐向先进合理的生产方式转变。

第二，关于生产力中人的因素。江泽民在“七一”讲话时指出：“人是生产力中最具有决定性的力量”，“包括知识分子在内的我国工人阶级，是推动我国先进生产力发展的基本力量。我国农民阶级和其他劳动群众，同工人阶级紧密团结，是推动我国社会生产力发展的重要力量。”并且把不断提高劳动者及全体人民的思想道德素质和科学文化素质，提高他们的劳动技能和创造才能，充分发挥他们的积极性、主动性、创造性，视为“我们党代表中国先进生产力要求必须履行的第一要务”。这就对生产力中人的因素进行了具体化或中国化分析，从而显示出了鲜明的中国特色和时代特色。此外，在论述按照“三个代表”要求加强和改进党的建设时，江泽民针对我国社会阶层构成发生的新变化，指出：诸如民营科技企业的创业人员和技术人员、受聘于外资企业的管理技

术人员、私营企业主、个体户、中介组织的从业人员、自由职业人员等“这些新的社会阶层中的广大人员，通过诚实劳动和工作，通过合法经营，为发展社会主义社会的生产力和其他事业作出了贡献。他们与工人、农民、知识分子、干部和解放军指战员团结在一起，他们也是有中国特色社会主义事业的建设者”。这也是对生产力中人的因素进行具体情况具体分析的新尝试。

第三，关于科技生产力。早在一百多年前，马克思主义经典作家就曾指出，生产力里面也包括科学技术在内。邓小平根据现代科学技术在社会经济生活中的巨大作用，提出了“科学技术是第一生产力”的著名论断。江泽民在阐述“三个代表”的可持续内涵时，在此基础上又进一步指出科学技术不仅是第一生产力，“而且是先进生产力的集中体现和主要标志”，“实现我国跨世纪发展目标，必须大力依靠科技进步和创新，科技创新是提高科技实力的中心环节。”这是“三个代表”重要思想赋予马克思主义生产力理论的又一新的含义。

（二）发展了马克思主义的劳动和劳动价值理论

马克思主义经济学中的劳动价值理论揭示了当时资本主义生产方式的运行特点和基本矛盾，对于今天我国社会主义现代化建设仍有重要的指导意义。但马克思主义经济学是随着实践的变化而不断发展的。我们也应着眼于已经变化了的新情况，根据新实践和新实际，深化对社会主义条件下劳动和劳动价值问题的认识，为社会主义市场经济的发展提供科学的理论依据。“三个代表”重要思想要求我们必须在坚持马克思主义的前提下，根据我国的实际情况与时俱进，不断创新，丰富和发展马克思主义经济学的劳动和劳动价值论。

随着科技迅速发展和社会生产力的提高，自我国进入改革开放时期以来，工人阶级队伍发生了显著变化，社会阶层构成也呈现了由民营企业的创业人员和技术人员等“六种人”所构成新格局。如何看待作为工人阶级一部分的知识分子和新社会阶层格局中的广大人员的劳动；社会主义条件下的商品价值是由哪些劳动创造的；管理、科研、技术开发、服务等是否属于生产劳动以及是否创造价值，等等；这些问题都是我们必须要解决的新问题。江泽民指出：“马克思主义经典作家关于资本主义社会的劳动和劳动价值的理论，揭示了当时资本主义生产方式的运行特点和基本矛盾。现在，我们发展社会主义市场经济，与马克思主义创始人当时所面对和研究的情况有很大不同。我们应该结合新的实际，深化对社会主义社会劳动和劳动价值理论的研究和认识。”这一新论断既表明了马克思的劳动和劳动价值理论并未过时，仍然具有强大的生命力；又表明了马克思的劳动和劳动价值理论也要随着实践的发展而不断丰富。尤其是党的十六大报告提出了必须尊重劳动、尊重知识、尊重人才、尊重创造的重大方针，这就把劳动放在了诸生产要素的首位，充分肯定了劳动在经济发展中的主体地位和作用；强调了科技劳动和管理劳动在经济发展中的作用。这是对马克思劳动价值论的新发展。

（三）发展了马克思主义的社会主义经济理论

“三个代表”重要思想对于马克思主义经济学的丰富和发展，突出表现在提出了建立适应我国生产力发展要求的经济制度和建立社会主义市场经济体制的理论，使马克思主义的社会主义经济理论得以更加完善和成熟的发展。

第一，在社会主义基本经济制度方面，邓小平提出了社会主义基本经济制度和公有制实现形式多样化理论，并指出两条根本原则：“在改革中，我们始终坚持两条根本原则，一是以公有制为主体，一是共同富裕。”江泽民对这一重大理论和实践问题展开了系统的论述。首先，提出了以公有制为主体、多种所有制经济共同发展的基本经济制度其次，还提出了公有制实现形式可以而且应当多样化，要努力寻找能够极大促进生产力发展的公有制实现形式的理论，并对股份制和股份合作制等资本组织形式为社会主义所运用的理论问题作出了具体论述。他还指出，“我们干的是社会主义，国家经济的主体必须是公有制，这要坚定不移。同时，我国现阶段的生产力水平决定了必须坚持多种所有制经济共同发展，鼓励、引导非公有制经济健康发展，这也要坚定不移。如果不把这两个坚定不移统一起来，只讲一面，就会脱离社会主义初级阶段的实际，就建不成有中国特色的社会主义。”

第二，“三个代表”重要思想的创造性还表现在提出了社会主义市场经济模式。在二十多年的改革开放实践中，党对新经济体制理论的研究和探索日趋成熟。我国的社会主义市场经济体制是和社会主义基本经济制度结合在一起的，其目的在于要充分发挥市场经济在国家宏观调控下对资源配置的基础性作用。市场机制和宏观调控都是社会主义市场经济体制的重要内容，一方面，充分发挥市场的积极作用，使经济活动遵循价值规律适应供求变化，体现竞争原则。另一方面，还要努力加强和完善宏观调控、促进经济总量平衡和结构优化、保持国民经济持续快速健康发展等。社会主义市场经济体制的理论是“三个代表”重要思想对马克思主义关于社会主义经济理论的创造性发展。

第三，江泽民提出了“按劳分配为主，多种分配方式并存”、“把按劳分配和按生产要素分配相结合”等理论。分配制度作为经济制度的重要内容，是所有制关系在分配领域的贯彻和体现。以公有制为主体、多种所有制经济共同发展的基本经济制度决定了必须实行按劳分配为主的多种分配方式。把按劳分配和按生产要素分配相结合，是社会主义分配理论的新突破，也是党的第三代领导集体对多年来分配体制改革实践认真总结的结晶，更是对“按劳分配为主，多种分配方式并存的制度”的具体化。这不仅体现了社会主义初级阶段生产力发展的客观要求，还适应了社会主义市场经济运行中建立生产要素市场的客观要求。

第四，江泽民提出了以信息化带动工业化，以工业化促进信息化的新型工业化道路。十六大报告明确提出：“坚持以信息化带动工业化，以工业化促进信息化，走出一条科技含量高、经济效益好、资源消耗低、环境污染少、人力资源优势得到充分发挥的新型工业化路子。”发达国家都是在工业化之后才开始推进信息化，而我国是发展中国家，工业化还没有完成，就迎来了信息化的时代。在我国，只有大力推进信息化，以信息化带动工业化，才能顺利完成工业化的任务。我们党总结以往工业化进程中的经验教训，坚决走一条依靠提高生产要素质量和使用效率实现生产要素的优化组合，通过技术进步和提高资金、设备、原材料的利用率等来实现经济增长的新型工业化道路。走中国特色的新型工业化道路，就必须把控制人口、节约资源、保护环境放在重要位置，突破传统工业化过程中以破坏环境为代价，先发展后治理的经济发展误区，从而进一步发展了马克思主义经济学。

四、胡锦涛对马克思主义经济理论中国化的创新理论

改革开放 30 多年来，中国发生了翻天覆地的变化，综合国力大幅提升，人民生活显著改善，但是前进中也面临着一些亟待解决的突出矛盾和问题。胡锦涛在科学总结我国改革开放和现代化建设经验的基础上，提出了社会主义建设在坚持“以经济建设为中心”的同时“要更加注重社会公平”。从胡锦涛对所有制结构、社会主义市场经济、经济发展战略的认识中，可以看出胡锦涛经

济观的显著特征——公平与效率兼顾，把公平放在更加重要的地位。

（一）强调要形成各种所有制经济平等竞争、相互促进新格局

坚持和完善“公有制为主体、多种所有制经济共同发展的基本经济制度”，在社会主义所有制理论与实践方面取得了新的创新和突破。

第一，对公有制经济与非公有制经济的关系有了新的认识。胡锦涛在党的十七大报告中强调要形成各种所有制经济平等竞争、相互促进的新格局。在党的文件中，关于公有制经济与非公有制经济的关系，在党的十七大召开之前的提法是两者“相互促进、共同发展”，党的十七大报告将其改为“平等竞争、相互促进”，这种新的提法是对社会主义所有制理论的创新，也必将推动社会主义所有制理论的研究取得更大的突破。

第二，发展了公有制实现形式多样性思想。关于公有制的主要实现形式，党的十六届三中全会通过的《关于完善社会主义市场经济体制若干问题的决定》指出：“积极推行公有制的多种有效实现形式，进一步增强公有制经济的活力，大力发展国有资本、集体资本和非公有资本等参股的混合所有制经济，实现投资主体多元化，使股份制成为公有制的主要实现形式。”明确了股份制的属性是适应社会化大生产的一种资本组织形式，突破了把公有制主要实现形式定位于国有经济和集体经济的传统观点，强调推行以股份制为主的公有制的多种有效实现形式，这符合社会化生产力发展的要求，也体现了对所有制与所有制实现形式分离思想的发展。

第三，放宽了非公有资本市场准入的领域。党的十六届三中全会通过的《决定》提出，个体、私营等非公有制经济是促进我国社会生产力发展的重要力量。清理和修订限制非公有制经济发展的法律法规和政策，消除体制性障碍。放宽市场准入，允许非公有资本进入法律法规未禁入的基础设施、公用事业及其他行业和领域。非公有制企业在投资、税收、土地使用和对外贸易方面，与其他企业享受同等待遇。支持非公有制中小企业的发展，鼓励有条件的企业应该做强做大。这一决定，为非公有制经济的发展进一步扫清了制度性障碍，提供了更加宽阔的发展空间。

可见，非公有制经济和公有制经济实现了市场主体地位的平等，各类企业有公平的机会选择和从事不同的经济活动。随着这一政策的落实，必将刺激广大投资者的创业激情，促进我国生产力的极大提高和市场化程度的进一步加快。

（二）提出完善社会主义市场经济体制的系统性思路

党的十六大以来，党中央从新世纪新阶段党和国家的事业全局出发，坚持实事求是的思想路线，不断加深对社会主义市场经济规律的认识，极大地丰富了社会主义市场经济理论，为完善社会主义市场经济体制，努力实现又好又快发展奠定了坚实的理论基础。

第一，高度重视社会主义市场经济体制的完善。党中在改革发展进入关键时期对完善社会主义市场经济体制的极端重要性的认识更加深刻。2003 年 7 月 1 日，胡锦涛在“三个代表”重要思想理论研讨会上的讲话中，将如何建成完善的社会主义市场经济体制，作为社会主义的自我完善和发展过程中需要进一步探索和回答的 14 个重大课题之一。党的十六届三中全会通过的《决定》明确指出：“建成完善的社会主义市场经济体制，是我们党在新世纪新阶段作出的具有重大现实意义和深远历史意义的决策，是对全党新的重大考验。”

第二，提出了完善社会主义市场经济体制的目标。党的十六届三中全会通过的《决定》提出了完善社会主义市场经济体制的目标，即“按照统筹城乡发展、统筹区域发展、统筹经济社会发

展、统筹人与自然和谐发展、统筹国内发展和对外开放的要求,更大程度地发挥市场在资源配置中的基础性作用,增强企业活力和竞争力,健全国家宏观调控,完善政府社会管理和公共服务职能,为全面建设小康社会提供强有力的体制保障"。这是在科学发展观指导下形成的完善社会主义市场经济体制的系统性思路。

第三,重申了社会主义市场经济的改革方向。新世纪新阶段,中国的改革发展进入关键时期。在这一历史条件下,胡锦涛在对改革实践经验加以初步总结的基础上,从理论和实践的双重视角对社会主义市场经济的改革方向予以了郑重声明。胡锦涛 2006 年 3 月 7 日在参加全国人大上海代表团会议时的讲话强调,要毫不动摇地坚持改革方向,坚定改革的决心和信心,提高改革决策的科学性,增强改革措施的协调性,不断完善社会主义市场经济体制,保证经济社会又快又好发展。在 2003 年 11 月 7 日庆祝我国首次载人航天飞行圆满成功大会上的讲话中,胡锦涛强调:"在发展社会主义市场经济的条件下,我们仍然要坚持发挥社会主义制度的政治优势,同时要善于把社会主义制度的优势和市场经济体制的优势有机结合起来,努力实现人力、物力、财力的最佳组合。"

重申社会主义市场经济的改革方向,就是要求全体党员一方面正视社会主义市场经济实践的成绩和不足,一方面树立建成完善的社会主义市场经济的坚定信心,在新世纪新阶段不断深化对市场规律的认识,不断提高自觉运用市场机制的能力,既使市场在资源配置中起基础性作用,又充分发挥社会主义制度的优越性,有效克服市场本身存在的缺陷,推动经济社会更好更快地发展。

(三)贯彻落实科学发展观,促进国民经济又好又快发展

第一,加快转变经济发展方式,推动产业结构优化升级。改革开放以来,我国经济建设取得巨大成就,经济总量大幅度增加,国民经济快速增长,但其方式的粗放性特点也日渐突出。"九五"和"十五"10 多年时间里,我国为转变经济增长方式作出了巨大努力,取得了明显成效。但是经济增长方式的转变主要强调通过提高资源效率来增加经济总量,依然是追求数量扩张,并没有必然要求提高质量和效益,调整和优化经济结构,更没有要求转变资源利用方式。因此,单纯转变经济增长方式不能保证实现全面协调可持续发展,只有转变经济发展方式,才能实现科学发展观的基本要求。为此,胡锦涛 2007 年 6 月 25 日在中央党校省部级干部进修班发表的重要讲话中强调,实现国民经济又好又快发展,关键要在转变经济发展方式。党的十七大报告进一步提出加快经济发展方式的转变,推动产业结构优化升级。

第二,统筹城乡发展,推进社会主义新农村建设。对于我国这样一个"二元结构"比较突出的国家,统筹城乡发展是需要长期努力解决的重大课题。应当明确认识到,中国现代化的"短板"在农村,只有农村的小康才能实现全面小康、只有农村的现代化才能实现全国的现代化。因此,解决好农业、农村和农民问题,事关全面建设小康社会大局,是当前全党工作的重中之重。党中央提出了一系列加强"三农"工作的思想和观点,在党的十六届五中全会上首次提出了"建设社会主义新农村"的战略目标。这是统筹城乡发展的根本措施,是新世纪新阶段解决"三农"问题的重大战略部署。

第三,统筹区域发展,形成各地区共同发展的格局。进入 21 世纪,我国在区域发展方面突出表现为地区差距扩大,以及地区间重复建设严重、原料争夺和市场封锁等利益矛盾和冲突加剧。而促进区域协调发展是解决区域问题和化解区域间利益矛盾的必然选择。统筹区域协调发展就

是要按照科学发展观的要求，统筹兼顾，合理布局，妥善处理区域发展中的各方面关系，走各地区协调发展、共同富裕之路。统筹区域协调发展，必须继续坚持推进西部大开发，促进中部地区崛起，鼓励东部地区加快发展，振兴东北老工业基地，努力形成东、中、西互动，优势互补，相互促进，共同发展的新格局，最终实现地区经济的协调发展。

在改革开放的过程中，为了使有限的资源发挥更大的作用，过去我们采取了倾斜式发展战略，取得了积极的成果。但是，倾斜式发展不可能长期持续，必须适时进行调整，从倾斜式发展转向协调发展，促使特殊政策优势逐步均等化，使各地区共谋发展，共享发展成果。统筹城乡发展、统筹区域发展，就是着力解决地区发展不平衡问题，使各地区拥有平等的发展条件。

（四）建设社会主义新农村

农业、农民和农村问题始终是中国革命、建设和改革的根本问题。我们党历来十分重视这个问题。毛泽东从中国实际出发，提出发展国民经济必须以农业为基础。邓小平指出："工业越发展，越要把农业放在第一位。"江泽民继承发展了毛泽东、邓小平关于"三农"的思想，指出："农业、农村和农民问题，始终是一个关系到我们党和国家全局的根本性问题。新民主主义革命时期是这样，社会主义现代化建设时期也是这样。"十六大以来党中央从中国实际出发，强调要把解决好"三农"问题作为全党工作的重中之重，统筹城乡发展。在十六届四中全会上，胡锦涛总结了世界农业发展的经验，提出"两个趋向"的重要论断，即在工业化初始阶段，农业支持工业，为工业提供积累是带有普遍性的趋向；但在工业化达到相当程度后，工业反哺农业、城市支持农村，实现工业与农业、城市与农村协调发展，也是带有普遍性的趋向。并指出，当前，我国经济的发展，总体上进入了以工促农、以城市带动农村的发展的新阶段。十六届五中全会进一步提出了建设社会主义新农村是我国现代化进程中的重大历史任务。2006 年中共中央国务院颁发了《关于推进社会主义新农村建设的若干意见》，对新农村建设进行了战略部署。2006 年中国政府免除了在我国延续了两千多年的农业税，必将对新农村建设，增加农民收入，实现农业现代化起到促进的作用。

新农村建设的目标是：生产发展、生活富裕、乡风文明、村容整洁、管理民主。生产发展，是新农村建设的中心，是实现其他四个目标的物质基础。生活富裕是新农村建设的目的。乡风文明，是农民素质的反映，是体现农村精神文明建设的窗口，是实现人与自然和谐发展的客观要求。管理民主，是新农村建设的政治保证。这五句话二十个字体现了新农村建设的总要求，勾画了新农村建设的美好图景，体现了经济、政治、文化、社会四位一体建设的思想。

"十一五"规划纲要指出：建设社会主义新农村，一要发展现代农业。坚持把发展农业生产力作为建设社会主义新农村的首要任务，转变农业增长方式，提高农业综合生产能力和增值能力，巩固和加强农业基础地位。二要增加农民收入。充分挖掘农业增收潜力，增加非农产业收入，完善增收减负政策。三要改善农村面貌。统筹规划、分步实施，政府引导、群众自愿，因地制宜、注重实效，改善农民生产生活条件。四要培养新型农民。加快发展农村教育、技能培训和文化事业，培养造就有文化、懂技术、会经营的新型农民。五要增加农业和农村投入。坚持"多予少取放活"的方针，加快建立以工促农、以城带乡的长效机制。调整国民收入分配格局，国家财政支出和预算内固定资产投资，要按照存量适度调整、增量重点倾斜的原则，不断增加对农业和农村的投入。六要全面深化农村改革。稳定和完善农村基本经营体制，进一步深化以农村税费改革为主要内容的农村综合改革，加快推进农村金融改革，统筹推进农村其他改革。

五、习近平对中国经济新常态的论述

（一）不断完善我国产权保护制度

党的十八届三中全会在坚持和完善基本经济制度的改革任务中，首先提出的就是完善产权保护制度。这充分说明产权保护制度在峰持和完善基本经济制度中所处的重要地位和作用，是完善社会主义市场经济体制的重要举措。

完善产权保护制度是坚持和完善基本经济制度、完善社会主义市场经济的内在要求。十八届三中全会强调，公有制为主体、多种所有制经济共同发展的基本经济制度，是中国特色社会主义制度的重要支柱，也是社会主义市场经济体制的根基。产权是所有制的核心，是以所有权为核心的一组权力，包括物权、债权、股权和知识产权等各类财产权。产权制度是关于产权界定、运营、保护的一系列体制安排，是社会主义市场经济存在和发展的基础。我们党在推进改革开放、探索和实践社会主义与市场经济相结合的过程中，始终围绕所有制和产权这一主线展开。党的十四届三中全会在提出建立社会主义市场经济体制时，把城市产权清晰的现代企业制度作为重要内容之一；随着经济市场化和多种所有制经济的发展，党的十五大确立了公有制为主体、多种所有制经济共同发展的基本经济制度；党的十六大提出“毫不动摇地巩固和发展公有制经济”，“毫不动摇地鼓励、支持和引导非公有制经济发展”；党的十六届三中伞会在这个基础上进一步提出建立以归属清晰、权责明确、保护严格、流转顺畅为主要特征的现代产权制度，以巩固公有制经济的主体地位，促进非公有制经济发展；党的十七大在坚持和完善基本经济制度、坚持“两个毫不动摇”的基础上，提出“坚持平等保护物权，形成各种所有制经济平等竞争、相互促进新格局”；随着改革实践的发展，对明晰界定各类产权、依法进行有效保护的制度安排提出更高要求，党的十八大在强调坚持和完善基本经济制度时进一步提出“保证各种所有制经济依法平等使用生产要素、公平参与市场竞争、同等受到法律保护”。《决定》根据党的十八大的要求，明确提出，坚持和完善基本经济制度，要健全现代产权制度，完善产权保护制度。这一改革举措，必将对坚持和完善基本经济制度、完善社会主义市场经济体制，进而促进经济持续健康发展产生重大影响。

（二）混合所有制经济是基本经济制度的实现形式

改革开放以来，我国所有制结构逐步调整，公有制经济和非公有制经济在发展经济、促进就业等方面的比重不断变化，增强经济社会发展活力。在这种情况下，如何更好体现和坚持公有制主体地位，进一步探索基本经济制度有效实现形式，是摆在我们面前的一个重大课题。

党的十八届三中全会提出，积极发展混合所有制经济，并强调国有资本、集体资本、非公有资本等交叉持股、相互融合的混合所有制经济，是基本经济制度的重要实现形式。这是我们党认真总结改革开放 35 年来的实践经验作出的重大决策，是对社会主义初级阶段基本经济制度内涵的丰富和发展。认真学习贯彻这一决策，对于更好坚持和完善基本经济制度、完善社会主义市场经济体制，具有十分重要的意义。

这一决策是我们党对社会主义所有制论断和基本经济制度认识不断深化的结果。在计划经济体制下，我们追求资本组织形式纯而又纯的单一公有制形式。改革开放以来，个体、私营等非公有制经济从无到有，从允许存在到定位"有益补充"和"重要组成部分"。党的十四大确定了社会主义市场经济体制的改革目标。党的十四届三中全会阐述了市场经济条件下以股份制为特征的混合所有制经济发展的必然趋势，指出随着产权流动和重组，财产混合所有的经济单位越来越多，将会形成新的财产所有结构。党的十五大确立了社会主义初级阶段的基本经济制度，第一次提出混合所有制经济概念，阐述了公有制和混合所有制的关系。党的十五届四中全会进一步提出，国有大中型企业尤其是优势企业，宜于实行股份制的，要通过规范上市、中外合资和企业互相参股等形式，改为股份制企业，发展混合所有制经济，重要的企业由国家控股。党的十六大明确提出，除极少数必须由国家独资经营的企业外，积极推行股份制，发展混合所有制经济。党的十六届三中全会提出，要适应经济市场化不断发展的趋势，进一步增强公有制经济的活力，大力发展国有资本、集体资本和非公有资本等参股的混合所有制经济，实现投资主体多元化，使股份制成为公有制的主要实现形式。党的十七大提出，以现代产权制度为基础，发展混合所有制经济。这次《决定》更为明确地提出，积极发展混合所有制经济，并强调国有资本、集体资本和非公有资本等交叉持股、相互融合的混合所有制经济是基本经济制度的重要实现形式。这是任新形势下探索公有制经济和市场经济相结合有效形式的成果，既与以往论述一脉相承，又结合实际实现了新的突破和发展，反映了经济市场化深入发展的客观要求，必将有力地推动混合所有制经济的发展，进一步完善基本经济制度。

第三节　中国化的马克思主义社会主义市场经济理论

马克思主义是我国社会发展的指导理论，无论什么时候我们都应该坚定不移地坚持与执行。马克思主义在经济学原理作为我国经济发展的基本指导理论也要随着马克思主义的发展而发展，以不断适应变化的社会环境。

一、坚持和完善公有制为主体、多种所有制经济共同发展的基本经济制度

党的十五大报告指出："公有制为主体、多种所有制经济共同发展，是我国社会主义初级阶段的一项基本经济制度。"党的十六大报告再次指出："必须毫不动摇地巩固和发展公有制经济……必须毫不动摇地鼓励、支持和引导非公有制经济发展。……坚持公有制为主体，促进非公有制经济发展，统一于社会主义现代化建设的进程中，不能把这两者对立起来。"这表明，在整个社会主义初级阶段，公有制为主体不是权宜之计，必须长期坚持和不断完善；多种所有制经济共同发展也不是权宜之计，也必须长期坚持和不断完善。这两方面的有机结合，就构成了中国特色的社会主义基本经济制度。

（一）建设中国社会主义经济必须坚持公有制为主体

1. 坚持社会主义公有制的主体地位

1985 年邓小平在讲改革开放必须坚持社会主义方向时指出："总之，一个公有制占主体，一

个共同富裕,这是我们所必须坚持的社会主义的根本原则。"[①]江泽民 1998 年在学习邓小平理论工作会议上也指出:"我们干的是社会主义,国家经济的主体必须是社会主义,这要坚定不移。"[②]

建设中国特色的社会主义之所以要坚持以公有制经济为主体,主要是因为以下几个原因。

第一,坚持公有制为主体,是社会主义本质的内在要求。一定的所有制是一定社会经济制度的基础。资本主义经济制度以资本主义私有制为基础,社会主义经济制度以社会主义公有制为基础。也就是说,社会主义制度的大厦,必须而且只能建立在公有制这个根基上。没有公有制就不会有社会主义经济,也就不会建立起社会主义经济制度。要全面实现社会主义的本质,最终达到共同富裕目标,必须坚持公有制经济为主体。私有制足剥削和两极分化存在的根源,"只要我国经济中公有制占主体地位,就可以避免两极分化"。[③]

第二,坚持公有制为主体,是巩固社会主义国家政权的要求。社会主义国家是劳动人民当家做主的国家,只有坚持公有制为主体,才能保证劳动人民在政治上和经济上的主人翁地位,才能保证他们行使当家做主的民主权利,才能形成基本统一的社会利益和占主体地位的进步的意识形态,从而达到巩固社会主义国家政权的目的。

第三,坚持公有制为主体,是发展社会主义市场经济的要求。市场经济自发配置资源,必然会带来一些负面效应,如收入与财富的分配不公、竞争失败和垄断的形成、公共产品的供给不足、公共资源的过度使用、经济活动的外部负效应等等。减少或消除这些负面效应,依赖于国家的宏观调控。只有坚持公有制为主体,国家才能有效地对宏观经济进行及时的调控,合理地调节各种利益矛盾,最大限度地克服各种消极因素,保证市场经济沿着社会主义方向健康发展。

第四,坚持公有制为主体,是社会主义发展的必然趋势。社会主义是共产主义的第一阶段,社会主义最终必然要发展到共产主义,这是历史的必然。这就要求我们必须坚持公有制的主体地位,坚持、巩固、完善和发展社会主义公有制经济。

2.社会主义公有制实现形式的多样化

巩固和发展公有制经济,要积极探索能够极大促进生产力发展的公有制实现形式。公有制与公有制实现形式是两个既有联系又有区别的概念。公有制是就所有制的性质而言的,公有制的实现形式则是指公有财产的具体组织形式和经营方式,二者是内容和形式的关系。同样的所有制可以采取不同的实现形式,而不同的所有制可以采取相同的实现形式。因为实现形式要解决的是发展生产力的组织形式和经营方式问题,只要能够有利于生产力的发展,公有制的实现形式可以而且应当多样化,一切反映社会化生产规律的经营方式和组织形式都可以大胆利用。

国家所有制经济是我国社会主义经济的主要组成部分,在国民经济中居重要地位。但长期以来它实行高度集中的计划管理体制,所有权和经营权集于国家一身,企业无法实行自主经营、自负盈亏,不能独立参与市场竞争。与传统所有制相联系的生产组织和管理方式也落后于现代经济的发展。寻找新的公有制实现形式,就是为了适应发展市场经济的要求,有效地改变落后的管理方式。我国公有制企业数量众多、规模不一、类型各异,在所处行业和地区中的地位不同,国家对它们经营目标的要求和预期也不同,这本身就决定了公有制的实现形式必然是多样化的。

① 邓小平文选(第 3 卷)[C].北京:人民出版社,1993,第 111 页

② 十五大以来重要文献选编(上)[C].北京:人民出版社,2000,第 488 页

③ 邓小平文选(第 3 卷)[C].北京:人民出版社,1993,第 149 页

股份制是现代企业制度的重要组织形式，是资本集中的一种形式，也是公有制与市场经济相结合的有效实现形式。不能笼统地说股份制是公有还是私有，股份制企业的性质关键看控股权掌握在谁手里。在社会主义条件下，由国家和集体控股，就具有明显的公有性质。国有资本通过股份制可以迅速集中大量的社会资本，有利于扩大国有资本的功能，提高国有经济的控制力、影响力和带动力，增强公有制的主体地位；有利于推进政企分开，实现所有权和经营权的分离；有利于实现转换机制和科学管理，增强公有制的主体地位。

股份合作制是融股份制形式与合作制形式为一体的新的公有制形式。它实现了以劳动者的劳动联合和以劳动者的资本联合的有机结合，是经济发展中群众愿意接受、有利于灵活组织经济活动的企业组织形式和资本组织形式，是在新形势下非国有的其他公有制经济实现资产重组和资本结构优化的一种良好方式。劳动者除了按劳取酬外，还按投入的资本额取得相应的收益。这种形式也有利于城乡小型企业在改革中实现经营规模化和投资社会化，有利于提高小企业的竞争能力。这就是说，资本的组织形式和经营方式只是手段而不是目的。我们寻找新的公有制实现形式，可以更好地解放和发展生产力。

（二）非公有制经济是我国社会主义市场经济的重要组成部分

我们在坚持公有制经济主体地位的同时，还要大力发展非公有制经济，这是由我国现阶段生产力水平决定的。我国是在半殖民地半封建社会的基础上进入社会主义社会的。经过几十年的社会主义建设，我们的生产力发展水平有了很大的提高，已经建立起了独立的比较完整的工业体系和国民经济体系，科学技术在某些领域已经具备了世界先进水平。但是，我们生产力发展的总体水平还比较低，而且各地区各行业发展极不平衡，生产力水平呈现出多层次性的特征。与这种多层次的生产力发展水平相适应，必然要求发展多种所有制形式。科技的发展，社会分工的日益细化和专门化，为非公有制经济在社会化大生产中某些环节的存在和发展留下了空间。大量社会闲散资金和剩余劳动力的存在，为非公有制经济的发展提供了现实的可能。同时，要建立社会主义市场经济体制，必须打破公有制经济一统天下的格局，实现投资主体的多元化，客观上要求发展多种所有制经济。

现阶段，个体经济和私营经济等非公有制经济是促进我国社会生产力发展的重要力量，在我国发挥着重要的作用，主要体现在以下几个方面。

第一，成为拉动我国国民经济的新的增长点。改革开放以来，我国国民经济以年均超过9%速度增长，而个体、私营经济的年均增速都达到了10%以上，成为支撑整个国民经济快速发展的重要因素。

第二，为社会提供了大量的就业机会。我国人口众多，就业压力巨大，目前单纯依靠公有制经济根本无法满足日益增长的就业需要。非公有制经济的存在和发展，拓宽了就业的渠道，缓解了就业的压力，为社会的安定团结作出了积极的贡献。

第三，满足了人民生活多样化的需要。非公有制经济拾遗补缺，经营灵活多样，弥补了公有制经济在经营内容、方式、时间等方面的不足，方便了人民群众的生活。

第四，为国家的经济建设筹集了大量的资金。非公有制经济中个体经济和私营经济的存在和发展，使社会上大量的闲散资金转化为建设资金，外资经济的存在和发展，又使外国资本大量流入，这无疑对经济建设起着积极的作用。

第五，有利于开展竞争，增强国际竞争能力。非公有制经济的存在和发展，打破了公有制经济一统天下的经济格局,使公有制经济有了竞争的对手和竞争的压力,这必然促进公有制经济不断转换经营机制,增强活力,迎接挑战。外资经济的存在和发展,既有利于引进先进的机器设备、先进的科学技术和先进的管理经验,又有利于引进国际竞争机制,从而增强我国产品的国际竞争能力。

第六,有利于缩小地区间的发展差距,带动贫困地区脱贫致富。个体私营等经济的发展,使一部分人先富起来,它的示范和引导作用是巨大的。

最近几年来,以民营企业家发起的以开发性扶贫为主题的“光彩事业”,正在赢得更多的非公有制经济业主的大力支持和参与。而且,非公有制经济发展以后,为了在市场竞争中保持优势,必然向经济欠发达地区辐射,以求得到那里相对廉价的资源和劳动力。其结果将有利于缩小地区间的差异,带动老少边穷地区的共同发展,最终实现共同富裕。

要积极鼓励、支持和引导非公有制经济的发展。要清理和修订限制非公有制经济发展的法律法规和政策,消除体制性障碍。放宽市场准入,允许非公有制资本进入法律法规未禁入的基础设施、公用事业及其他行业和领域。要使非公有制企业在投融资、税收、土地使用和对外贸易等方面,与其他企业享受同等待遇。支持非公有制中小企业的发展,鼓励有条件的企业做强做大。改进对非公有制企业的服务和监管。

为了进一步巩固和发展公有制经济,鼓励和支持非公有制经济,必须建立健全现代产权制度。产权是所有制的核心和主要内容,包括物权、债权、股权和知识产权等各类财产权。建立归属清晰、权责明确、保护严格、流转顺畅的现代产权制度,有利于维护公共财产权,巩固公有制经济的主体地位;有利于保护私有财产权,促进非公有制经济发展;有利于各类资本的流动和重组,推动混合所有制经济发展;有利于增强企业和公众创业创新的动力,形成良好的信用基础和市场秩序。这是完善基本经济制度的内在要求,是构建现代企业制度的重要基础。因此,要依法保护各类产权,健全产权交易规则和监管制度,推动产权有序流转,保障所有市场主体的平等法律地位和发展权利。

总而言之,正如十五大报告所说的那样,公有制经济为主体、多种所有制经济共同发展的经济制度的确立,是由社会主义性质和初级阶段国情决定的。第一,我们是社会主义国家,必须坚持公有制作为社会主义经济制度的基础;第二,我国处在社会主义初级阶段,需要在公有制为主体的条件下发展多种所有制经济;第三,一切符合“三个有利于”的所有制形式都可以而且应该用来为社会主义服务。

二、坚持和完善社会主义市场经济体制

建立社会主义市场经济体制,这是中国特色社会主义开创的一项崭新事业,在国际共产主义运动中也是一个创举。改革开放以来,市场对经济活动的调节范围逐步扩大,特别是党的十四大将建立社会主义市场经济体制明确为我国经济体制改革的目标之后,国有企业改革持续推进,财税、金融、流通、住房和政府机构等体制改革全面展开,现代市场体系初步形成,宏观调控体系不断完善。经过多年的理论创新和实践探索,一方面,社会主义市场经济体制已基本建立并趋于完善,市场机制在资源配置中已经起到了基础性作用;另一方面,经济体制改革进入了全面深化、必须逐一攻克难点焦点的阶段,成为加快转变经济发展方式的关键,而且还要同政治体制改革、社会体制改革、文化体制改革等各领域改革相互配套、协调推进,其复杂性、艰巨性有增无减。党的

十八大报告将“坚持社会主义市场经济的改革方向”列入到夺取中国特色社会主义新胜利的基本要求当中，强调“加快完善社会主义市场经济体制”。

（一）建立社会主义市场经济的必要性

1.建立社会主义市场经济体制，是深化经济体制改革的需要

新中国成立之初，社会主义建设一穷二白，百废待兴，客观上要求国家采取集中统一的管理模式，对有限的人力、财力、物力资源进行有计划的配置，以便集中力量办大事。再加上苏联社会主义建设的示范作用，我国选择了高度集中的计划经济体制。计划经济体制的主要特点是，在资源的配置和利用上，统一由中央行政管理机构作出决定，它收集和处理一切信息，从而决定应当生产什么、生产多少、如何生产、如何分配及如何消费等等。由于计划经济是从社会全局的角度出发，按照社会预先制订的计划，对社会生产和经济运行进行自觉的控制和有意识的调节，因此，在国家的计划决策英明正确的前提下，计划经济具有其自身明显的优势：能够实现社会经济发展的整体性和平衡性。它能够迅速集中人力物力，保障国家重点建设的顺利进行；通过统一的社会经济政策、产业政策和行业发展政策，统筹安排解决国民经济发展的薄弱环节，从结构调整和总量平衡两个方面，最大限度地保持社会总供给和总需求的大体平衡，最大限度地避免周期性的经济波动造成的损失；能够解决市场机制解决不了或解决不好的宏观经济领域和非竞争领域的经济问题；可以从全局和长远的利益出发，实现产业结构、资源配置的合理化，有效保护和合理利用稀缺资源；可以有效地调节社会各方面的利益关系，最大限度地解决社会就业问题，避免出现收入分配的过分悬殊，实现社会的公平。这种体制的建立，使我国在较短的时间内建立起了比较完整的工业体系和国民经济体系，有力地促进了国民经济建设，巩固了新生的社会主义制度。正是借助于这一体制，我国才能在贫穷落后的条件下研制并成功地发射“两弹一星”，使中国在世界上成为“有重要影响的大国”。[①] 但是，我们知道，利弊优劣是相对的，而且在一定的条件下可以相互转化的。由于计划经济本身具有政企不分职责不明、信息不灵成本过大、条块分割画地为牢和忽视价值规律作用等缺陷，随着经济规模的日益扩大、经济结构的不断复杂化以及科学技术的迅速发展，随着人们消费需求的不断变化和人们消费质量的不断提高，高度集中的计划经济体制的弊端就逐步暴露了出来。第一，在组织结构上，按照行政系统来组织和管理生产经营活动，各地区各部门经济自成体系，人为地割断了国民经济内在的分工协作关系，肢解了社会主义的统一市场，阻碍了社会化大生产的发展；而且，由于条块分割严重，各自封关设卡，画地为牢，造成了严重的重复建设现象，导致了有限的建设资源的浪费，影响了社会主义建设的进程。第二，在决策和动力机制上，政府视企业为行政附属物，越俎代庖，大包大揽，使企业既缺乏经营自主权，又缺乏相应的责任感，扭曲了企业的行为，打击了职工的积极性，其结果是企业吃国家的“大锅饭”，职工吃企业的“大锅饭”，整个国民经济缺乏应有的活力。第三，在资源配置上，排斥价值规律的作用。企业不是根据市场需求组织生产，而是跟着政府的指挥棒转。企业产品的定价既不反映价值，又不反映供求关系，造成企业内部不重视经济核算，不讲经济效益，结果导致企业的经济效益低下，资源浪费严重，使人民的基本社会需要得不到满足。此外，高度集权的计划经济体制以高投入、高产出、低效益和高指标、高积累、低消费为基本特征，这既给我国自然资源的保护带来了巨大的

① 邓小平文选（第3卷）[C].北京：人民出版社，1993，第279页

压力，同时又使人民的生活水平得不到应有的提高，社会主义的优越性得不到应有的发挥。因此，对传统的计划经济体制进行改革，就成了历史的必然。

2. 建立社会主义市场经济体制，也是进一步扩大对外开放的需要

现在的世界是开放的世界。在经济全球化的国际大背景下，中国只有以积极的态度走向世界，迎接挑战，才能不断发展壮大自己，增强自己的国际竞争力。闭关锁国只能导致落后，而落后就要挨打，这是近代中国发展史上的血的教训。因此，邓小平反复强调，中国的发展离不开世界；对外开放是我国的一项长期的基本国策。然而，我国的对外开放事业的进一步发展却受到了计划经济体制的种种局限。因为，目前世界上参与国际市场的国家几乎都实行市场经济，市场经济已经成为世界性的经济体制模式。我们只有建立与国际接轨的市场经济体制，才能真正融入国际大市场，更好地发展与世界各国的经济贸易关系。而且，"入世"是我国进一步扩大对外开放的必要途径，而实行市场经济体制是我国"入世"的一个基本前提。因此，为了适应进一步扩大对外开放的需要，必须建立社会主义市场经济体制。

西方发达国家几个世纪经济发展的事实证明，市场经济虽然不是万能的，但它却是迄今为止最有持久效率的。因此，改革计划经济体制，建立社会主义市场经济体制，是尊重经济发展规律的明智之举。

（二）社会主义市场经济体制目标确立的过程

从 1949 年新中国成立到 1992 年党的十四大，43 年的时间，中国的经济运行体制从高度集中的计划经济体制逐步转变为社会主义市场经济体制，国民经济市场化进程成为中国经济改革和发展的主线。这个探索过程大体可以分为四个阶段。

1. 第一阶段：高度集中的计划经济

马克思、恩格斯在世时，虽然没有直接使用计划经济的提法，但却提出了有计划地组织全社会生产和经济活动的重要思想。恩格斯在《反杜林论》中指出："一旦社会占有了生产资料，商品生产就将被消除，而产品对生产者的统治也将随之消除。社会生产内部的无政府状态将为有计划的自觉的组织所代替。"[①]不管是第一个社会主义国家苏联，还是后来成立的社会主义国家都无一例外地套用了马克思和恩格斯的设想，建立起了高度集中的计划经济体制。就中国的实践看，实行计划经济体制，对于新中国成立初期保持社会稳定，保证人民生活需要，集中有限的人力、物力、财力进行国家重点建设，都起过积极的作用并做出了重要的贡献。但随着社会经济的发展和生产力水平的提高，高度集中的计划经济体制日益显露出它的历史局限性，成为现实生产力发展的严重障碍，如资源配置效率低下、经济活动没有效率、平均主义和"大锅饭"日趋严重、劳动者丧失劳动热情等，从而迫使人们去重新思考和定位社会主义的经济运行体制。

2. 第二阶段：计划经济为主、市场调节为辅

面对高度集中的计划经济体制所带来的弊端，改革已势在必行。党的十一届三中全会以后，首先在农村，逐步推行家庭联产承包责任制，使农民成为自主经营的经济主体，开放城乡集市贸易；在城市，进行了扩大企业经营自主权的改革试点，在生产和销售方面，减少国家指令性计划

① 马克思恩格斯选集(第 3 卷)[C]. 北京：人民出版社，1995，第 757 页

等。可以看出，尽管中国在改革伊始并没有明确提出社会主义市场经济的改革目标，但在实践中已开始朝着这个目标前进。在这场革命性的改革当中，邓小平起到了关键性作用，做出了巨大的贡献。早在1979年他就提出了社会主义可以搞市场经济的思想。1982年党的十二大总结了城乡改革的初步经验，提出了“计划经济为主、市场调节为辅”的方针，将计划分为指令性计划和指导性计划两种类型，并要求自觉利用价值规律，运用价格、税收、信贷等经济杠杆引导企业实现国家计划。高度集中而僵硬的计划经济的冰山终于消融了一角，尽管当时对市场的认识具有较大的局限性，但对传统的计划经济理论，却是一次重大的突破。

3.第三阶段：有计划的商品经济

随着农村改革取得巨大成就，城市改革也自然地被提上了议事日程。为适应改革的重点由农村转向城市，1984年党的十二届三中全会通过的《中共中央关于经济体制改革的决定》(以下简称《决定》)，又把中国的经济体制向市场化的道路上推进了一大步，在《决定》中，中共中央明确提出了“社会主义经济是在公有制基础上的有计划的商品经济”“商品经济的充分发展是社会主义经济发展的不可逾越的阶段，是实现经济现代化的必要条件”“只有充分发展商品经济，才能把经济真正搞活”等论断。这些论断，是对社会主义经济和经济运行体制认识上的又一次飞跃，也是对马克思主义经济学的重要发展。这些论断第一次明确肯定了社会主义经济是商品经济，从而把指导经济体制改革的理论又向前作了推进。

4.第四阶段：建立和完善社会主义市场经济体制

1992年年初，邓小平在“南方谈话”中指出：“计划多一点还是市场多一点，不是社会主义与资本主义的本质区别。计划经济不等于社会主义，资本主义也有计划；市场经济不等于资本主义，社会主义也有市场。计划和市场都是经济手段。”①这一重要论断，从根本上解除了把计划经济和市场经济看作属于社会基本经济制度范畴的思想束缚，对一个长期争论不休、阻碍前进的问题做出了清楚、透彻、精辟的回答，从而带来了理论上和实践上的重大突破。

1992年党的十四大根据邓小平“南方谈话”精神和中国改革实践经验，确定了中国经济体制改革的目标是建立社会主义市场经济体制。这一目标后来写进了党章和宪法。社会主义市场经济体制目标的确立，解决了关系整个社会主义现代化建设全局的重大问题，是中国共产党对社会主义经济理论的又一新发展和新贡献，使中国的改革开放和现代化建设事业进入了一个新阶段。1993年党的十四届三中全会做出了《中共中央关于建立社会主义市场经济体制若干问题的决议》，勾画了社会主义市场经济体制的基本框架，制定了继续深化改革的总体蓝图。1997年党的十五大肯定了“把社会主义同市场经济结合起来，是一个伟大的创举”，明确了“建设有中国特色社会主义的经济，就是在社会主义条件下发展市场经济，不断解放和发展生产力”。

2002年党的十六大在确认中国社会主义市场经济体制初步建立的基础上，把完善社会主义市场经济体制作为21世纪头二十年经济建设和改革的主要任务之一。2003年党的十六届三中全会做出《中共中央关于完善社会主义市场经济体制若干问题的决议》，强调了深化经济体制改革的重要性和紧迫性，提出了完善社会主义市场经济体制的目标，即按照统筹城乡发展、统筹区域发展、统筹经济社会发展、统筹人与自然和谐发展、统筹国内发展和对外开放的要求，更大程度地发挥市场在资源配置中的基础性作用，增强企业活力和竞争力，健全国家宏观调控，完善政府

---

① 邓小平文选(第3卷)[C].北京：人民出版社，1993，第373页

社会管理和公共服务职能，为全面建成小康社会提供强有力的体制保障，从而把新世纪新阶段的中国经济体制改革又进一步向前推进。

（三）完善社会主义市场经济体制的目标和任务

自从十一届三中全会开始改革开放、党的十四大确定社会主义市场经济体制改革目标以及十四届三中全会作出相关决定以来，我国经济体制改革在理论和实践上取得重大进展。社会主义市场经济体制初步建立，公有制为主体、多种所有制经济共同发展的基本经济制度已经确立，全方位、多层次、宽领域的对外开放格局已经基本形成。改革的不断深化，极大地促进了社会生产力、综合国力和人民生活水平的提高，使我国经受住了国际经济动荡和国内严重自然灾害的严峻考验。同时也存在着经济结构不合理、区域经济发展不平衡、收入分配贫富悬殊、社会就业矛盾突出、资源环境破坏严重、经济整体竞争力不强等问题，其重要原因是我国处于社会主义初级阶段，经济体制还不完善，生产力发展仍面临诸多体制障碍。为适应经济全球化和科技进步加快的国际环境，适应全面建设小康社会的新形势，必须加快推进改革，进一步完善社会主义市场经济体制，为经济发展和社会全面进步提供体制保障。

《中共中央关于制定国民经济和社会发展第十二个五年规划的建议》，对完善社会主义市场经济体制的目标和任务提出了新的要求：

第一，坚持和完善基本经济制度。坚持公有制为主体、多种所有制经济共同发展的基本经济制度，营造各种所有制经济依法平等使用生产要素、公平参与市场竞争、同等受到法律保护的体制环境。推进国有经济战略性调整，健全国有资本有进有退、合理流动机制。加快国有大型企业改革。深化垄断行业改革。完善各类国有资产管理体制。健全国有资本经营预算和收益分享制度。支持和引导非公有制经济发展，鼓励非公有制企业参与国有企业改革。

第二，推进行政体制改革。进一步转变政府职能，深化行政审批制度改革，加快推进政企分开，减少政府对微观经济活动的干预，加快建设法治政府和服务型政府。继续优化政府结构、行政层级、职能责任，降低行政成本，坚定推进大部门制改革，在有条件的地方探索省直接管理县（市）的体制。健全科学决策、民主决策、依法决策机制，推进政务公开，增强公共政策制定透明度和公众参与度，加强行政问责制，改进行政复议和行政诉讼，完善政府绩效评估制度，提高政府公信力。

第三，加快财税体制改革。积极构建有利于转变经济发展方式的财税体制。在合理界定事权基础上，按照财力与事权相匹配的要求，进一步理顺各级政府间财政分配关系。增加一般性转移支付规模和比例，加强县级政府提供基本公共服务财力保障。完善预算编制和执行管理制度，提高预算完整性和透明度。改革和完善税收制度。扩大增值税征收范围，相应调减营业税等税收，合理调整消费税范围和税率结构，完善有利于产业结构升级和服务业发展的税收政策。逐步建立健全综合和分类相结合的个人所得税制度。继续推进费改税，全面改革资源税，开征环境保护税，研究推进房地产税改革。逐步健全地方税体系，赋予省级政府适当税政管理权限。

第四，深化金融体制改革。构建逆周期的金融宏观审慎管理制度框架。稳步推进利率市场化改革，完善以市场供求为基础的有管理的浮动汇率制度，改进外汇储备经营管理，逐步实现人民币资本项目可兑换。加强金融监管协调，建立健全系统性金融风险防范预警体系和处置机制。参与国际金融准则新一轮修订，提升我国金融业稳健标准。建立存款保险制度。深化政策性银行体制改革。健全国有金融资产管理体制。完善地方政府金融管理体制。

第五，深化资源性产品价格和要素市场改革。理顺煤、电、油、气、水、矿产等资源类产品价格关系，完善重要商品、服务、要素价格形成机制。加快多层次资本市场体系建设，显著提高直接融资比重。积极发展债券市场，稳步发展场外交易市场和期货市场。健全土地、资本、劳动力、技术、信息等要素市场，加快社会信用体系建设，完善市场法规和监管体制，规范市场秩序。

第六，加快社会事业体制改革。积极稳妥推进科技、教育、文化、卫生、体育等事业单位分类改革。培育扶持和依法管理社会组织，支持、引导其参与社会管理和服务。改革基本公共服务提供方式，引入竞争机制，扩大购买服务，实现提供主体和提供方式多元化。推进非基本公共服务市场化改革，增强多层次供给能力，满足群众多样化需求。

三、加快转变经济发展方式

以科学发展为主题，以加快转变经济发展方式为主线，是关系我国发展全局的战略抉择。经济发展，是指在经济增长的基础上，一个国家或地区经济结构、社会结构持续高级化的进程和人口素质、生活质量、生活方式不断提高和文明化的过程。经济发展方式，是实现经济发展的方法、手段和模式，其中不仅包含经济增长方式，而且包括结构(经济结构、产业结构、城乡结构、地区结构等)、运行质量、经济效益、收入分配、环境保护、城市化程度、工业化水平以及现代化进程等诸多方面的内容。转变经济发展方式，不仅要突出经济领域中“数量”的变化，更强调和追求经济运行中“质量”的提升和“结构“的优化。党的十八大要求，要适应国内外经济形势新变化，加快形成新的经济发展方式，把推动发展的立足点转到提高质量和效益上来，着力激发各类市场主体发展新活力，着力增强创新驱动发展新动力，着力构建现代产业发展新体系，着力培育开放型经济发展新优势，不断增强长期发展后劲。坚持走中国特色新型工业化、信息化、城镇化、农业现代化道路，推动信息化和工业化深度融合、工业化和城镇化良性互动、城镇化和农业现代化相互协调，促进工业化、信息化、城镇化、农业现代化同步发展。

(一)转变经济发展方式的重要意义

1.转变经济发展方式，更好地体现了深入贯彻落实科学发展观的要求

发展是党执政兴国的第一要务，科学发展观的第一要义是发展，但这种发展绝不仅仅是经济总量的增加。中国目前经济发展中不稳定、不协调、不全面、不可持续的问题，一定程度上就是简单地把增长当作发展、把增长作为第一位的追求。“增长方式”主要是就增长过程中资源、劳动、资本等投入的效率而言的。而发展方式则不仅包括了经济效益的提高、资源消耗的降低，也包含了经济结构的优化、生态环境的改善、发展成果的合理分配等内容。增长方式只回答了在要素投入方面用什么办法做大“蛋糕”的问题，而“发展方式”不仅在要素投入上回答怎样做大“蛋糕”的问题，而且在发展道路上回答了用什么样的经济结构、什么样的环境代价做大“蛋糕”的问题。所以，用“发展方式”替代“增长方式”，是科学发展观的题中应有之义，是贯彻落实科学发展观的必然要求。

2.转变经济发展方式，更深刻地反映了破解经济发展深层次矛盾的要求

内外需结构不平衡，国内需求结构不平衡，产业结构不合理，自主创新能力不强以及体制机制不健全，是转变增长方式提出多年而没有实质性进展的根本原因。在经济全球化背景下，由于

中国各方面条件比较好,必然成为发达国家或跨国公司最便宜的“加工工厂”或“生产车间”。这就必然带来投资、工业和出口的快速增长,而投资、工业的快速增长又必然带动消耗高、排放多的投资品生产的扩张及这些产业的投资扩张。加之中国自主创新能力不强,工业和出口的快速增长又必然主要依靠附加值低而占地多、消耗多、排放多的贴牌生产方式来实现,这是支撑现阶段粗放增长方式的机制。因此,单纯就转变增长方式做文章很难收到预期效果,必须直奔成因,从本源上抓好需求结构、产业结构等的调整,抓好自主创新能力的提高。内外需结构平衡了,产业结构优化了,自主创新能力提高了,消耗高的粗放型问题也就迎刃而解了。所以,用“发展方式”替代“增长方式”,解决问题的针对性更强、现实指导意义更大。

3.转变经济发展方式,更全面地反映了广大人民群众的根本要求

社会主义经济发展的目的是满足人民群众日益增长的物质文化生活的需要。这种需要,不仅需要不断提高收入水平,获得更多的物质产品和服务,也包括获得清洁的水、清新的空气、绿色的空间、惬意的环境等。改革开放以来,随着中国经济的快速增长,生态环境的压力越来越大。由于一些地区不顾自然规律竭泽而渔式的开发,导致生态系统整体功能退化,越来越多的区域成为不适宜人类生存的空间。这些问题在一定程度上抵消了经济快速增长和收入增加带来的生活水平提高。提出加快转变经济发展方式,不仅要求以尽可能少的资源投入实现经济增长,而且也要求以尽可能少的污染物排放实现经济增长。科学发展观强调以人为本,要求中国确定更全面、更体现人民根本利益的发展方针。所以,用“经济发展方式”替代“经济增长方式”,更好地体现了满足人民群众各方面需要的内容。

(二)转变经济发展方式的途径

加快经济发展方式转变是中国经济领域的一场深刻变革,关系改革开放和社会主义现代化建设全局。全党全国必须增强主动性、紧迫感、责任感,深化认识,统一思想,加强规划引导,突出战略重点,明确主要任务,兼顾当前和长远,处理好速度和效益、局部和整体的关系,调动各方面积极性,推动经济发展方式转变,不断取得扎扎实实的成效。

1.从制度安排入手,完善加快经济发展方式转变的体制机制和政策导向

要下更大决心、用更大气力推进财税体制、收入分配制度、生产要素价格形成机制改革,健全相关法律法规,形成有利于加快经济发展方式转变的体制机制和利益导向。要进一步完善财税政策、信贷政策、环保政策、土地政策、贸易政策和技术标准,加强发展规划引导,形成系统的政策体系和强大的政策合力,切实体现区别对待、有保有压,以更加完善的体制和更有针对性的政策加快经济发展方式转变、保障科学发展。

2.以优化经济结构、提高自主创新能力为重点,实现经济发展方式转变新突破

经济结构优化是经济发展方式转变的基本要求。要扩大国内需求,特别是居民消费需求,把国内市场巨大潜力发挥出来,拉动经济结构调整优化。要把促进工业由大变强与大力发展服务业,特别是现代服务业结合起来,把淘汰落后生产能力与抢占新兴产业制高点结合起来,提升经济整体素质和国际竞争力。要坚持走中国特色自主创新道路,坚持把建设创新型国家作为面向未来的重大战略选择,坚持自主创新、重点跨越、支撑发展、引领未来的方针,加快建立以企业为主体、市场为导向、产学研相结合的技术创新体系,大力推进原始创新、集成创新和引进消化吸收再创新,力求突破更多重要关键技术、获得更多自主知识产权,为加快转变经济发展方式提供强

有力的科技支撑。要坚持人才资源是第一资源,全面实施人才强国战略,在创新实践中培育人才、发现人才、使用人才,培养造就宏大的创新型人才队伍。

3.以完善政绩考核评价机制为抓手,增强加快经济发展方式转变的自觉性和主动性

加快经济发展方式转变、推动科学发展,正确的政绩导向是关键。要完善促进科学发展的干部考核评价机制,促进各级领导班子和领导干部以正确政绩观贯彻落实科学发展观。考核地方和部门工作业绩,既要看发展速度和规模,更要看经济结构是否优化、自主创新水平是否提高、就业规模是否扩大、收入分配是否合理、人民生活是否改善、社会是否和谐稳定、生态环境是否得到保护、可持续发展能力是否增强,总之要看是否真正做到好字当头、又好又快,从而使加快发展方式转变成为各级党委和政府的自觉行动。

四、坚持和完善对外开放,积极参与国际经济合作和竞争

实行对外开放,把我国的社会主义现代化建设与世界经济的发展紧密地联系起来,是邓小平建设有中国特色社会主义经济理论的重要组成部分。邓小平同志运用马克思主义的基本原理,科学总结历史上正反两方面的经验教训,依据当代世界经济发展的新的特点,创立了丰富的对外开放的科学理论。

(一)对外开放是我国一项长期的基本国策

邓小平指出:“现在的世界是开放的世界。”“总结历史经验,中国长期处于停滞和落后状态的一个重要原因是闭关自守。经验证明,关起门来搞建设是不能成功的,中国的发展离不开世界。”邓小平的精辟论断,明确地指出了我国实行对外开放的重要性。第一,实行对外开放是适应经济全球化发展趋势的客观要求。所谓经济全球化,是指世界各国在生产、分配、流通、消费等领域内的经济联系,比以往任何时候都更为广泛和紧密,在资源的开发、配置以及各类生产要素的流动和应用方面,国际分工和协作都达到了较高的层次。各国经济相互交织、相互融合、相互依赖、相互渗透,以致使全球经济发展为密不可分的整体。在这种情况下,个别国家经济的重大变化,特别是大国经济的重大变动,都不可避免地通过各种渠道波及或带动他国乃至全世界。因此,任何一个国家要想在国际大市场中获得一席之地,只有积极参与国际竞争和合作,充分利用国际分工,互通有无,取长补短,趋利避害,才能不断发展壮大自己,提高自力更生的能力。第二,实行对外开放是发展社会主义市场经济的客观要求。市场经济本质上是开放的经济。它客观要求引进竞争机制,打破地域封锁,实现资源的自由流动,优化资源配置,从而提高资源的使用效率。实行对外开放,通过“引进来”和“走出去”相结合的方式,可以使我们的企业在“与狼共舞”的过程中不断锤炼摔打自己,提高自己的国际竞争力。而且在对外开放的过程中,还可以通过采用国际通用的做法和惯例,与国际接轨,有利于我国社会主义市场经济体制和运行机制的发展和完善。第三,实行对外开放是加速我国社会主义现代化建设的必要条件。社会主义现代化建设是一项伟大而又艰巨的任务。它的成功,不仅需要充分调动国内一切可以调动的因素,而且需要充分利用国际上一切可以为我所用的资源,以加速我国现代化的进程。实行对外开放,可以利用国外的资金、先进的技术和管理经验以及稀缺的自然资源,克服我国经济建设中技术落后、经济管理知识和经验不足、资金和自然资源短缺等困难,广泛吸收和利用世界上一切先进文明成果,发挥后起

的优势，在较高的基础上发展自己，尽快缩小与发达国家经济技术水平的差距，增强自己的综合国力。第四，实行对外开放，有利于增强我国与世界各国人民的友好往来和相互了解，为我国社会主义现代化建设争取有利的国际环境，为维护世界和平作出应有的贡献。此外，实行对外开放也是对我国历史和现实经验教训的科学总结。新中国成立后，由于客观上和主观上的种种原因，我国在很长一段时间里基本上是处于一种自我封闭的状态，从而失去了许多发展的机遇，拉大了与发达国家之间的差距。历史的经验证明："任何一个国家要发展，孤立起来，闭关自守是不可能的，不加强国际交往，不引进发达国家的先进经验、先进科学技术和资金，是不可能的。"[①]十一届三中全会以后的对外开放政策，结束了我国闭关锁国的状况，给我国的经济注入了活力，充分证明了邓小平对外开放思想的科学性。因此，实行对外开放是建设中国特色社会主义的一项长期的基本国策。

（二）扩大对外开放

在经济全球化、国内市场和国际市场日益紧密的情况下，中国既要参与国际经济合作又要形成竞争的新优势，必须要把"引进来"和"走出去"更好地结合起来，扩大开放领域，优化开放结构，提高开放质量，完善内外联动、互利共赢、安全高效的开放型经济体系。

1.坚持"引进来"与"走出去"相结合

"引进来"和"走出去"是中国对外开放方针的两个紧密联系和相互促进的方面，缺一不可。中国不仅要积极吸引外资到中国来投资办厂，也要积极引导和组织国内有实力的企业走出去，利用国外的市场和资源，到国外去投资办厂。不仅要看到欧美市场，也要看到广大发展中国家的市场。发展中国家的生产力水平虽然比发达国家低，但市场十分广阔。当前和今后一个时期，中国要积极实施互利共赢的开放战略，支持有条件的企业"走出去"，按照国际通行规则到国外投资，鼓励境外工程承包和劳务输出，扩大互利合作和共同开发。完善对境外投资的协调机制和风险管理，加强对海外国有资产的监管，积极发展与周边国家的经济技术合作。

2.创新利用外资方式，创新对外投资和合作方式

积极合理有效地利用外资，是中国对外开放政策的重要组成部分，是必须长期坚持的方针。外资利用得好不好，极为重要。中国经济要早日赶上发达国家，就必须在利用外资的方式上有所创新。中国人口多，资源并不富裕。中国要善于借用国外的资金、技术等力量。今后中国在利用外资的重点上主要是用来推动自主创新、产业升级和进一步改善投资环境，特别是软环境，逐步扩大金融、保险、商贸、旅游、中介服务及其他服务的对外开放。要提高利用外资的质量，重点通过利用外资引进国外技术、管理经验和高素质人才。同时，创新对外投资和合作方式，支持企业在研发、生产、销售等方面开展国际化经营，加快培育中国的跨国公司和国际知名品牌，积极开展国际能源资源互利合作，实施自由贸易区战略，加强对外多边经贸合作。

3.加快转变对外贸易增长方式

要积极发展对外贸易，优化进出口商品结构，着力提高对外贸易的质量和效益；要加快转变对外贸易增长方式，促进对外贸易由数量增加为主向质量提高为主的转变。要优化出口结构，以

---

① 邓小平文选(第3卷)[C].北京：人民出版社，1993，第117页

自有品牌、自主知识产权和自主营销为重点,引导企业增强综合竞争力。实行进出口基本平衡的政策,发挥进口在促进中国经济发展中的作用。发展服务贸易,积极稳妥扩大服务业开放。健全贸易运行检测预警体系和摩擦应对机制,合理运用反倾销、反补贴保障措施,增强应对国际贸易争端和摩擦的能力,增强参与国际合作和竞争的能力。

第八章　马克思主义政治理论在当代中国的运用与发展

马克思主义政治理论在中国取得了令人瞩目的发展成绩，有力地推动了当代中国政治发展。回顾马克思主义政治理论在中国的发展历程，总结其所取得的成绩及推动当代中国政治发展的经验，对于进一步推动马克思主义政治理论和当代中国政治的发展具有非常重要的意义。

第一节　马克思主义政治理论的基本内容

马克思主义理论是一个完整、系统的科学体系，其中的哲学、政治经济学和科学社会主义各个部分是有机地结合在一起的。马克思主义虽然没有独立的、纯粹的政治学学科框架，但是，可以说，科学社会主义就是马克思主义的政治学理论。与近现代所有其他西方政治思想不同，马克思主义的政治学揭示了社会关系及政治关系的本质，揭示人类社会及政治领域的发展规律，并为人类的解放指明了方向，它的诞生是人类政治思想史上的一次真正的革命。

一、马克思主义政治理论的发展

马克思主义政治理论是随着无产阶级力量的不断壮大，无产阶级作为独立的政治力量登上历史舞台产生和发展起来的。19 世纪三四十年代，欧洲爆发了法国里昂工人起义、英国宪章运动、德国西里西亚纺织工人起义，这三大工人运动，标志着无产阶级反对资产阶级的斗争发展到一个新阶段，为马克思主义政治理论的产生提供了现实基础。为适应工人阶级斗争的需要，马克思和恩格斯系统研究资本主义各国政治现象、政治思想史和政治制度史，精辟分析政治问题，写下了大量著述，阐述了丰富的政治思想，形成了马克思主义政治理论。

马克思主义政治理论是马克思主义理论体系的重要组成部分，它的产生实现了政治理论的革命性变革，开启了政治理论发展史的新时代。

马克思、恩格斯在 19 世纪 40 年代撰写了许多重要论著，为马克思主义政治理论奠定了重要理论基础。1848 年发表的《共产党宣言》是马克思主义的纲领性文献，也是马克思主义政治理论具有纲领意义的重要文献，标志着马克思主义政治理论思想开始形成。此后，《1848 年至 1850 年的法兰西阶级斗争》、《路易·波拿巴的雾月十八日》、《资本论》、《法兰西内战》、《哥达纲领批判》、《反杜林论》、《社会主义从空想到科学的发展》、《家庭、私有制和国家的起源》等包含丰富马克思主义政治理论思想的重要理论著作陆续出版。从 19 世纪 50 年代至 90 年代，马克思和恩格斯与资产阶级意识形态和工人运动内部的各种机会主义派别和错误思想倾向进行了不懈斗争，撰写了大量涉及资本主义各国政治制度、政治形势、政治事件、政治人物以及政治思想史和政治制度史的时评、社论、札记和书信，对英、法、德、美、俄和东欧诸国，以及印度、中国等国的政治问题，作了很多精辟分析，体现了马克思主义政治理论思想理论的深刻性和科学性。特别是 1867 年马克思的划时代巨著《资本论》第一卷的出版，完成了以剩余价值学说为核心内容的政治经济学的伟大革命，揭示了资本主义经济矛盾运动规律和资本主义必然走向灭亡的历史趋势，从而为马克思主义政治理论奠定了完备的科学理论基础。

二、马克思主义政治理论的主题

《中国大百科全书》（政治理论卷）的“政治理论”词条将马克思主义政治理论的基本原理概括为6个方面：(1)关于政治关系的性质；(2)关于阶级的观点；(3)关于国家的观点；(4)关于政治体制的观点；(5)关于未来社会的观点；(6)关于社会革命的观点。《社会主义政治理论说史》将科学社会主义政治理论说概括为6个方面的重点，包括阶级观、国家观、民主观、革命观、政党观以及无产阶级国际主义和国际政治观，其中又以国家观和革命观为其核心，也就是在无产阶级领导下夺取政权、巩固政权，建设和完善社会主义政治体制和实现共产主义、解放全人类的远大理想的学说，这就是构成社会主义政治理论说的基本内容和范围。的确，马克思主义政治理论理论的主题涉及面广、内容十分丰富，可以从不同的视角、侧面作出概括。

（一）关于政治关系的性质

马克思主义政治理论认为，人类历史的第一个前提是有生命的个人的存在。这些人使他们区别于动物的第一个行为不在于他们的思想，而在于他们开始生产自己所必需的生产资料和生活资料。人们在自己的生活和社会生产中必然要形成同他们的生产力的一定发展阶段相适应的生产关系。一个社会的生产关系的总和构成社会的经济基础，决定着该社会的政治关系、政治生活方式和政治观念。社会生产力的发展必将同它们一直在其中活动着的现存的生产关系发生矛盾。一旦生产关系因生产力的发展变成生产力的桎梏，社会就将面临变革或革命。随着社会经济基础的变化，社会的整个上层建筑也将发生巨大的变化。政治关系不能简单地从思想或观念上来加以解释，也不能只从政治现象来解释政治现象，而应该发掘社会政治关系的更深层次的本质。政治现象和政治关系不是独立的，它们受到社会经济关系和社会关系的制约。只有把政治关系与一定社会的发展条件联系起来，政治关系才能得到科学的说明。

（二）阶级理论

生产力和生产关系的矛盾，经济基础和上层建筑的矛盾，是一切社会的基本矛盾。在阶级社会中，社会的基本矛盾集中表现为阶级矛盾和阶级斗争。在马克思主义政治理论看来，阶级产生的原因是人类历史上出现了私有制，阶级斗争是阶级社会的必然现象，它根源于阶级利益的根本对立。在马克思主义看来，自有文字记载以来的一切社会历史，都是阶级斗争的历史。阶级斗争不仅是阶级社会历史发展的主题，而且是这种发展的巨大的动力。政治现象在社会上形成并发展，因而与社会上存在的阶级关系和阶级斗争交织在一起。政治总是反映一定阶级利益的，政治也是各个阶级交锋的直接的场所。

（三）国家理论

马克思主义政治理论认为阶级的产生必然伴随着国家的出现。国家不是外部强加于社会的一种力量，它是随阶级的出现而出现的。国家是表示这个社会陷入了不可解决的自我矛盾，分裂为不可调和的对立面而又无力摆脱这些对立面。而为了使这些对立面，这些经济利益相互冲突的阶级，不致在无谓的斗争中把自己和社会消灭，就需要有一种表面上驾于社会之上的力量，这种力量应当缓和冲突，把冲突保持在“秩序”的范围内；这种从社会中产生但又自居于社会之上并且日益同社会脱离的力量，就是国家。国家理论是马克思主义政治理论的基本内容。

（四）革命理论

革命是生产力和生产关系的矛盾引起的。因此，社会革命是生产力和生产关系矛盾的必然结果。资本主义社会生产力和生产关系的严重矛盾只能通过革命的手段来解决。这一革命将由无产阶级来完成。一般的社会革命——推翻现政权和破坏旧关系——是政治行为。社会主义不通过革命是不能实现的。社会主义需要这种政治行为。无产阶级革命的根本目的是消灭私有制，实现共产主义。

（五）政党理论

马克思主义政治理论说的革命性和实践性，使得它把无产阶级政党理论作为其基本组成部分。马克思主义政治理论论及无产阶级政党的性质以及它与其他一切类型的政党特别是资产阶级政党的区别（这种性质及区别就在于它的先进性和群众性特点）；无产阶级政党在无产阶级革命和社会主义革命与建设中的核心领导作用等。

（六）意识形态理论

马克思主义的意识形态理论在现代政治理论理论中占有重要的一席之地。马克思恩格斯是现代意识形态理论的奠基人，他们在《德意志意识形态》等著作中揭示了意识形态的含义、特征与功能，指出意识形态是自觉的阶级意识的集中体系，是反映阶级利益的思想体现。

（七）政策与策略理论

科学社会主义政治理论说中包含着丰富的政策与策略的理论内容。马克思主义政治理论明确阐述了政策和策略的含义，提出了无产阶级的政策与策略的基本思想，将政策和策略视为无产阶级政党的行动准则，并提出了无产阶级制定政策和策略的基本依据和原则，以及政策的坚定性与灵活性的统一。

（八）关于未来社会的理论

马克思主义政治理论相信，社会历史的发展必然导致共产主义社会。共产主义是人类的最高理想。它的根本目的是实现全人类的彻底解放。共产主义不是一种空想，而是人类社会生产力和生产关系矛盾运动的必然结果。资本主义生产关系代替封建主义生产关系之后，使社会生产力得到了飞速的发展。然而，飞速发展的生产力很快就与资本主义私人占有的生产关系发生矛盾，并且越来越尖锐。这种矛盾使资本主义社会不断陷入周期性的危机，同时，也充分预示了“由联合起来的个人”支配社会生产资料代替资本主义的私人占有是历史发展的必然。因而，共产主义社会是人类社会发展的必然要求。共产主义将通过无产阶级革命推翻一切旧的生产关系和交换关系的基础，实现人类的彻底解放。从资本主义发展到共产主义，必须经历一个过渡阶段。共产主义实现的过程，将不仅使各国的历史完全变成世界的历史，从而以全面的个人代替地域性的个人，而且要实现无产者对生产力总和的占有，以及由此面来的人的才能总和的发展，而重新获得自主的活动。要做到这一点，除了需要社会生活在这个过程中发生变化以外，也需要人们自身普遍的变化，包括意识形态的变化。

为了阐述社会政治这几个基本方面的问题，马克思主义政治理论提出了完整的政治理论理论体系。上述这些基本方面包括很多具体的领域，社会政治生活和政治关系本身就是一个非常复杂的体系，包括了人类社会生活的很多层面。马克思主义政治理论对这些领域提出的观点和理论可以归纳到以下方面：(1)政治是经济的集中表现；(2)政治是各阶级之间的斗争；(3)国家是阶级统治的工具；(4)国家是从社会分化出的管理机构；(5)政治权力是阶级统治的权力；(6)国家属性决定政治形式；(7)政治民主是阶级统治；(8)政治党派划分基于阶级划分；(9)政治是一门科学和艺术；(10)民族问题是社会革命总问题的一部分；(11)社会存在决定社会政治意识形态；(12)社会发展促进政治发展；(13)革命是历史的火车头；(14)时代特征决定国际关系总格局；(15)人类社会必然向共产主义社会过渡。

三、马克思主义政治理论的研究方法

辩证唯物主义和历史唯物主义的世界观和方法论是马克思主义政治理论研究的根本方法。它要求辩证地、客观地认识和分析政治现象，从一定的历史条件出发考察政治，尤其从社会经济生活中去探究政治发展的动因。指出社会政治活动与社会物质存在的内在矛盾，透过现象看本质，揭示政治现象的客观性和规律性。在辩证唯物主义和历史唯物主义这一根本的方法指导下，马克思主义政治理论研究的具体方法主要有经济分析法、阶级分析法和历史分析法等。

（一）经济分析法

经济分析法即从政治归根结底是经济的反映、物质生活的生产方式制约着政治生活这一基本观点出发，分析和理解政治现象和政治活动。

马克思主义认为："每一时代的社会经济结构形成现实基础，每一个历史时期由法律设施、政治设施以及宗教的哲学的和其他的观点所构成的全部上层建筑，归根结底都是应由它这个基础来说明。"这就是说，社会上各种政治现象和政治事件的发生，归根到底是由经济的原因所致。因此，列宁得出结论，政治是经济的集中表现。这一结论有两方面的含义：一方面，是经济决定政治，政治的根源是经济。一定的政治关系和政治活动总是与一定的经济和经济关系联系在一起的，并受后者的制约。另一方面，政治又具有相对的独立性，对经济有巨大的反作用。在资本主义社会中，资产阶级和工人阶级的政治活动归根到底是为了自己的经济利益，资产阶级为了维护其私有制而开展一系列政治活动，而工人阶级为了争得自己应有的经济利益而进行政治斗争。他们的这些政治活动反过来对资本主义经济产生巨大的影响。

由于政治与经济关系非常密切，因此，要研究政治现象和政治活动，就必须研究政治和经济的相互关系，从根本上揭示政治现象和政治活动的根源，这就是分析和理解政治现象的经济分析方法。

当然，除经济外，影响政治的还有其他各种各样的原因，经济分析方法并不排斥对这些因素的研究，只不过是把经济作为影响政治的决定性主要因素来分析而已。

（二）阶级分析法

阶级分析法即考察阶级社会的任何政治现象都应找出它所体现的阶级关系，从本质上深刻揭示政治现象。

马克思主义认为，在阶级社会中，阶级关系是最根本的社会关系，阶级和阶级斗争则是社会政治现象的实质内容。一切政治现象都有其深刻的阶级根源。人类历史上包含许许多多的政治形式，各种各样的政治见解和政治革命。要认清这一切异常繁杂的情形，必须牢牢把握住社会阶级划分的事实，阶级统治形式改变的事实，把它作为基本线索，并用这个观点去分析一切问题，即经济、政治、精神和宗教等问题。这种运用阶级学说分析和说明政治现象的方法就是阶级分析法。

当然，应用阶级分析法时要注意从实际出发，要考虑它的实际应用范围和时间限度，即阶级分析法只能在阶级社会中运用。

（三）历史分析法

历史分析法就是把政治现象置于特定的历史背景中进行研究的方法。

任何政治现象的产生、发展都有其历史根源，都有其自身的规律。我们要研究政治现象，发现其规律，就不能不历史地加以考察。比如我们要研究有关反腐败问题，可以通过考察古代、近代、现代不同社会背景下的腐败问题，探求腐败的历史根源，从而采取切实可行的反腐败对策应对现实政治生活中的腐败问题。

运用历史分析法考察政治现象一般有三个步骤：①把政治现象放到相应的历史环境中去加以考察分析，找出其产生和存在的客观必然性或历史原因；②历史地认识政治现象，从历史的因果联系中去把握政治本质及发展规律；③站在新的历史高度对政治现象进行再认识。

四、马克思主义政治理论地位及特点

建立在辩证唯物主义和历史唯物主义基础之上的马克思主义政治理论，第一次把政治理论与劳动阶级的解放联系了起来。在马克思主义政治理论历史诞生之前，政治理论一直为剥削阶级所垄断。马克思主义政治理论的出现意味着政治理论第一次被赋予了无产阶级的价值取向，无产阶级第一次拥有了自己的科学思想理论体系。具体说来，马克思主义政治理论对政治理论的发展做出了两个伟大的贡献。(1)马克思主义政治理论为政治理论的研究提供了科学的方法论，即辩证唯物主义和历史唯物主义，从而使政治理论的研究具备了科学的基础；(2)马克思主义政治理论把实现人类的最终解放作为政治理论研究的最高目标，第一次使政治理论的研究与实现人类的彻底解放密切地结合起来。

马克思主义政治理论深刻地揭示了政治的本质及其发展规律，实现了政治理论的革命性变革。就其内容来看，马克思主义政治理论具有科学性、阶级性、革命性、实践性等特点。

马克思主义政治理论的科学性首先体现在它是建立在历史唯物主义基础之上的。它不是从某种道德伦理价值出发，不是从某种超自然的力量出发，也不是从某种抽象的人性或理性出发，而是从现实的社会关系和利益出发，尤其是从人们的经济关系和经济利益出发来考察政治现象，这就使它能够客观、现实地揭示政治的本质。

马克思主义政治理论的阶级性要体现在它属于无产阶级的政治观，马克思主义政治理论是为无产阶级服务的。它指导着无产阶级的政治革命和政治建设，是无产阶级和人类解放运动的指南。

马克思主义政治理论的革命性表现在两方面：一方面，马克思主义政治理论本质上是批判的，它认为政治现象和其他一切现象一样，遵循着否定之否定的规律向前发展。革命的进步的政治必然要代替反动的、落后的政治，而人类社会最终必定要消灭政治本身，实现自治的共产主义。另一方面，马克思主义是一种改造世界的学说。马克思曾说过，哲学家们只是用不同的方式解释世界，而问题在于改造世界。这种改造世界的思想赋予马克思主义政治理论革命性的特点。

马克思主义政治理论的实践性表现在它来源于人类的实际政治活动，它是在马克思主义政治理论的创始人科学地考察、分析和总结不同社会背景下的政治实践活动，尤其是无产阶级政治实践活动的基础上创立的。同时，马克思主义政治理论不是教条，而是人们正确地认识政治现象和从事政治实践的指南，它强调理论转过来为实践服务。马克思主义政治理论的实践性还体现在它不断通过新的实践来检验和发展自己的理论学说。随着人类政治实践的不断发展和人们对政治现象认识的不断深化，马克思主义政治理论在实践中不断得到补充、发展和完善。事实上也是如此，列宁、毛泽东、邓小平等无产阶级政治家根据自己时代的革命实践，丰富和发展了马克思主义的政治理论说，从而使马克思主义政治理论充满旺盛的生命力和对无产阶级政治实践的指导意义。

第二节　马克思主义政治理论在中国的发展

占据当代中国政治学支配地位的是马克思主义政治理论，其在中国已经经历了一百多年的发展历程，取得了令人瞩目的发展成绩，对中国的政治实践产生了深远的影响。

一、马克思主义政治理论在中国的形成和发展

俄国十月革命以后，马克思主义政治理论的观点在中国得到传播，使中国政治学研究发生了深刻的变革。陈独秀、李大钊等率先在《新青年》杂志上介绍马克思主义政治观，如李大钊的《俄法革命之比较观》，不仅区别了无产阶级革命和资产阶级革命，还指出未来的文明必定依赖社会主义革命。他发表的《我的马克思主义观》，阐述了马克思主义政治观的基本原理。1920 年《共产党宣言》翻译出版，在一些初步具有共产主义思想的知识分子中产生了强烈影响，有些学者便以马克思主义观点讲授政治学。如瞿秋白和张太雷在上海大学曾分别主讲《社会科学概论》和《政治学》，恽代英在中央军事政治学校和广州农民运动讲习所主讲《政治学概论》，他们的讲授都贯穿着马克思主义阶级斗争和无产阶级革命的思想。在 20 世纪 30 年代，运用马克思主义观点讲授与研究政治学，较突出的有邓初民。他在 1929 年出版的《政治科学大纲》和 1939 年出版的《新政治学大纲》中，都以马克思主义的世界观和方法论为指导，较全面、系统地阐述了政治学的性质、概念、研究方法，以及阶级、国家、政府、政党、革命等政治范畴的基本原理。与此同时，中国共产党在革命斗争实践中把马克思主义普遍原理与中国革命的具体实践相结合，逐步发展起具有中国特色的马克思主义政治理论，如毛泽东的《湖南农民运动考察报告》、《中国社会各阶级的

分析》，就贯穿着马克思主义阶级分析观点。抗日战争时期，马克思主义政治理论在抗日根据地的传播更为迅速，《共产党宣言》、《国家与革命》、《共产主义运动中的"左派"幼稚病》等马列主义经典被列入抗日根据地干部必读书目。毛泽东的《新民主主义论》、《论人民民主专政》，对政治学中诸如阶级和阶级斗争、国家、政权、革命、政党、爱国主义和国际主义、革命的战略策略等一系列基本问题都作了深刻论述和发挥。刘少奇等对共产党和国家建设问题也作了系统的论述。这些有中国特色的政治学理论，丰富了马克思主义的理论宝库。

1949 年中华人民共和国的建立，为马克思主义政治理论在中国的发展开辟了广阔的天地。中国共产党在长期革命斗争中根据马克思主义原理概括出来的政治理论，成为新中国政治建设的指导方针，其中一些最突出的思想，如人民民主专政的国家性质，人民代表大会制度，共产党领导的多党合作、民主协商制度，民族区域自治制度等，被吸收进中华人民共和国第一部宪法，成为国家的根本政治制度。中华人民共和国建立以后，毛泽东撰写了《关于正确处理人民内部矛盾的问题》、《论十大关系》等重要著作，论证了中国社会主义时期的国家任务和阶级关系的新变化，推进了马克思主义政治理论的中国化。但从学术研究来说，这一时期政治学研究因受"左"的思想影响而被忽视了。1952 年全国进行院系调整，取消了大学政治系，教学和研究工作也基本停止了。政治学受忽视主要有三个原因：①中华人民共和国建立后，马克思主义的理论和思想体系成为国家政治生活的指导思想，同时也成为教学和科研的主导思想，而新中国成立前那种西化的政治学内容与这一历史转变已不相适应，难以为社会主义政治提供分析框架。②政治学一度被认为是西方资产阶级的伪科学，它所研究的是权力关系和统治之道，而社会主义国家是人民当家做主，无须研究这些课题，社会主义制度本身可以解决一切矛盾。③新中国成立之初，照搬苏联的经验和模式，用"国家与法"代替了政治学。政治学系的教师和研究人员改行从事其他工作。尽管在 1964 年，北京大学、复旦大学、中国人民大学三所学校设立政治学系，但为时不久，又都改为国际政治系，其主要研究方向分别为民族解放运动、西欧北美政治和国际共产主义运动，并未涉及政治学学科的其他广泛内容。

中国共产党十一届三中全会以后，中国社会科学进入复兴发展的新时期，政治学重新引起人们的重视。1979 年 3 月，邓小平在理论工作务虚会议上的讲话中指出："政治学、法学、社会学以及世界政治的研究，我们过去多年忽视了，现在也需要赶快补课。"中国社会的政治发展也向政治学研究提出了迫切的要求。在此背景下，中国政治学研究得到迅速的恢复和发展。1980 年 12 月，150 名学者在北京聚会，成立于全国性的中国政治学会。1985 年 3 月，中国政治学会在济南举行中华人民共和国成立后第二次代表大会，会员发展到 1075 人，一些省市也成立了地方政治学会。1985 年 7 月，中国社会科学院政治学研究所正式成立。中国政治学界还积极与国际政治学界联系，扩大交流。1984 年，中国政治学会加入了国际政治学会，成为它的集体会员。1985 年 7 月，中国政治学会的成员参加在巴黎召开的国际政治学会第十三届世界大会，并与外国学者共同举行了题为"中华人民共和国国家体制的最新变化"的专题报告会。1988 年 7 月，中国政治学会派代表参加国际政治学会第十四届世界大会。在队伍建设方面，北京大学、复旦大学、吉林大学三校 1981 年起相继设置政治学专业，招收本科生，随后又招收了研究生。1985 年底，国家教育委员会召开政治学教学研讨会，确定了加强发展政治学科建设的方针。到 1991 年，已有十余所大学先后设立了政治学专业和行政管理专业；设立政治学教研室及开设政治学课程的学校更多。一批政治学专业的本科生、硕士和博士研究生走上工作岗位，初步改变了政治学队伍青黄不接的局面。各校开设的政治学教学课程大体上有政治学概论、中外政治思想、中外政治制度、行政管理、政策分析、国际政治几大类。自赵宝煦教授主编的《政治学概论》出版以后，同类著作出版已达数十种之多。每年有多种政治学专著出版，已有几套政治学丛书问世，一批国外政治学著作出版了中文版。中国政治学研究开始出现繁荣的局面。恢复发展的中国政治学界面向实际，坚持在马列主义、毛泽东思想和邓小平理论原则指导下发展有中国特色的政治学，在理论建设和对现实政治生活的推动方面，都取得了重大进展。在理论方面，重新探讨了政治、政治学、国家、阶级、国体、政体、人民、政党权力、权威、政治过程、政治文化、政治决策、政治发展等政治学基本概念，使对这些概念的理解更符合中国国情。在实践方面，政治学界密切配合中国的改革过程，研究了政治体制改革所涉及的广泛问题，如政治体制改革的含义和目标、政治职能的转换、政府工作机构的改革、党政分开、发展和完善人民代表大会制度、社会主义政党体制、干部人事制度的改革、行政决策的科学化和民主化、利益分化和利益协调问题、政治稳定和政治发展问题、社会主义民主政治的发展目标和模式、廉政建设和反腐败问题等。此外，政治学界还开展了“一国两制”政治构想的研究，提出在主权统一的前提下主权与治权可适当分离的观点，为港、澳回归祖国以及台湾与大陆的统一问题提供了理论依据。

纵观这一时期中国政治学的发展趋势，大致为：①从观念论证走向观念建设。政治学研究改变了过去单纯论证性的研究方法，注意克服从概念到概念、从原则到原则、脱离实际生活的弊病。邓小平倡导政治体制改革并提出建设社会主义民主政治的战略目标，带动了理论工作者解放思想，将目光转向社会政治生活中出现的新问题和新现象。80年代以来，中国政治学者在体制改革、机构改革、公共行政、社会主义民主、社会主义社会的阶级关系、国际关系等领域都提出了一些新见解，大大丰富了政治学研究的内容。②从理论研究走向现实研究。政治学研究改变了过去单纯重视书本，从理论到理论的状况，注意与社会生活密切结合。中国改革事业的推进越来越需要学者们从理论上说明和解决改革所遇到的问题，为国家领导决策发挥智囊作用。中国政治学学会多次召开全国性会议，讨论与政治体制改革和政权建设有关的问题，如1983年1月召开政府机构改革与干部制度改革讨论会；1985年3月召开中国地方政权建设讨论会；1985年7月召开“80年代后半期与我国四化建设的国际环境”讨论会；1986年6月召开政府职能讨论会等。这些讨论会的论题涉及中国政治生活的各个方面，为推动政治体制改革和促进中国民主政治的发展起了积极作用。这种对实际政治的研究已成为中国政治学研究的最重要的组成部分。③从单学科研究走向多学科研究。中国政治学恢复研究后，开始时一度带有单学科性，随着学科研究的发展，已逐步与其他学科融会贯通。中国政治学研究队伍的构成已形成一个政治学、法学、社会学、行政学、历史学、经济学和哲学等多学科交叉的跨学科局面。政治哲学、政治社会学、政治心理学、政治人类学、政治文化学、政治生态学、政治经济学、政治传播学等边缘学科均有所发展。还有一些自然科学家开始涉足政治学领域，把统计学、数学、计算机科学等先进手段运用到政治学研究之中，这成为中国政治学研究文理科相通的良好开端。④从单一方法研究走向多种方法的研究。在历史唯物主义和辩证唯物主义的指导下，中国政治学者在研究中借用当代科学研究的各种新方法和其他学科的成果，系统论、信息论和控制论已被引入政治学研究领域。有的学者借助信息论分析政治过程，将国家机器的运转视为信息传递新政治学概要和转换的过程；有的学者用系统论的观点研究政治体制，强调政治体系的整体性、联系性、复杂性及内部结构的有序性；有的学者则主张用生态的观点看待政治活动和政治关系，即对政治作历史一社会一文化的透视；还有的学者从人类学的角度来研究政治现象。这些新的方法大大拓宽了政治学研究的领域。⑤从封闭式研究走向开放式研究。随着中国改革开放政策的实行，政治学研究也打破了封闭自守的状态，日益加强了与世界各国的交流。80年代以来，中国政治学界和世界许多国家的政治学研究机构和学者建立了联系，外国政治学研究的许多成果已被陆续介绍到中国。国外政治学流派，如行为主义、系统分析理论、结构—功能主义、博弈论、中层理论、政治发展、政治文化、政治社会化、政治决策、政治心理学、生物政治学、政治人类学、政治地理学等，已开始为中国政治学者们所熟悉，这些流派的代表作有很多被译成中文出版。中外政治学者的互访也日益普遍，世界上许多有影响的政治学者应邀来中国访问；中国学者也应邀到国外访问和讲学，还有不少年轻的中国政治学者在国外攻读硕士和博士学位。许多外国青年也到中国来攻读政治学硕士、博士学位。具有特色的中国政治学正面向世界，前景无限光明。

二、中国化马克思主义对马克思主义政治理论的丰富发展

中国共产党领导人民在长期的革命、建设和改革实践中，大力推进马克思主义中国化，实现了两次历史性飞跃，形成了毛泽东思想和中国特色社会主义理论体系两大理论成果。这两大理论成果，蕴涵着丰富的政治思想，发展了马克思主义政治理论理论。

（一）毛泽东思想对马克思主义政治理论的贡献

毛泽东思想是马克思列宁主义在中国的创造性运用和发展，是经过实践证明的关于中国革命和建设的正确的理论原则和经验总结，是中国共产党集体智慧的结晶。毛泽东思想中的政治思想，是马克思主义政治理论理论同中国实际相结合取得的重大成果，是马克思主义政治理论中国化的光辉典范。这些重要思想，集中体现在毛泽东思想的主要创立者毛泽东的著作中。

在长达半个多世纪的革命生涯中，毛泽东写下了丰富的政治理论著作，其中有代表性的包括：《中国社会各阶级的分析》、《湖南农民运动考察报告》、《中国革命和中国共产党》、《新民主主义论》、《论联合政府》、《在中国共产党第七届中央委员会第二次全体会议上的报告》、《论人民民主专政》、《论十大关系》、《关于正确处理人民内部矛盾的问题》等，由此创立了切合中国实际的中国化马克思主义政治理论理论。

毛泽东从中国的历史和国情出发，深入研究中国社会的性质、中国革命的特点和规律，创立了无产阶级领导的，人民大众的，反对帝国主义、封建主义和官僚资本主义的新民主主义革命理论。他阐明了新民主主义的政治纲领：推翻帝国主义和封建主义的统治，以工农联盟为基础的、各革命阶级联合专政的新民主主义共和国既不同于欧美式的资产阶级联式的无产阶级专政的社会主义共和国。他指出，新民主主义国家的国体是无产阶级领导的、以工农联盟为基础，包括小资产阶级、民族资产阶级和其他反帝反封建的人们在内的各革命阶级的联合专政——人民民主专政，与新民主主义国体相适应的政体是实行民主集中制的人民代表大会制度。

在领导中国人民夺取新民主主义革命胜利、创建新中国政治制度的实践中，毛泽东提出了统一战线和多党合作理论。他强调，作为无产阶级先锋队的中国共产党所领导的革命力量，要战胜强大的反革命力量，就必须在各种不同的情形下团结一切可能团结的革命的阶级和阶层，争取、团结、联合各个民主党派，建立最广泛的统一战线，把一切可以团结的力量尽可能团结在自己的周围，夺取中国革命和建设的胜利。

在中国这样一个半殖民地半封建的大国，农民和其他小资产阶级占人口的大多数，无产阶级人数较少，农民和小资产阶级出身的党员占多数。如何建设一个广大群众性的、马克思主义的无

产阶级政党，是一项艰巨的任务，也是一项伟大的工程。毛泽东特别强调从思想上建设党，提出党员不但要在组织上入党，而且要在思想上入党，经常注意以无产阶级思想改造和克服各种非无产阶级思想。他指出，理论和实践相结合的作风，和人民群众紧密地联系在一起的作风，以及批评和自我批评的作风，是中国共产党区别于其他任何政党的显著标志。他创造了通过批评与自我批评进行全党整风的马克思列宁主义思想教育形式。他在谈到如何避免历史上政权更替、人亡政息的周期律时指出，我们找到了跳出这一周期律的新路，这就是让人民来监督政府。新中国成立前夕，他告诫全党，在取得全国政权以后，要坚持全心全意为人民服务的宗旨，继续保持谦虚谨慎、戒骄戒躁、艰苦奋斗的作风，警惕资产阶级思想的侵蚀，反对脱离群众的官僚主义倾向。

新中国成立以后，毛泽东和中国共产党领导中国人民建立和巩固了工人阶级领导的、以工农联盟为基础的人民民主专政的国家政权。根据中国国情创建了人民代表大会制度、中国共产党领导的多党合作和政治协商制度、民族区域自治制度，确立了马克思主义在意识形态领域的指导地位，不断巩固和发展社会主义制度。人民民主专政的国家政权，是中国历史上从来没有过的人民当家做主的新型政权。社会主义制度的建立是中国历史上最深刻最伟大的社会变革，为当代中国的发展进步奠定了根本政治前提和制度基础。

社会主义建设时期，为了探索社会主义建设的规律，借鉴苏联共产党在社会主义建设中的经验教训，毛泽东对社会主义社会的矛盾等一系列重大问题进行了深入思考，提出要调动一切积极因素，团结一切可以团结的力量，为建设社会主义现代化这一伟大事业服务。1957 年毛泽东创造性地提出了关于社会主义社会矛盾的理论。他说："在社会主义社会中，基本的矛盾仍然是生产关系和生产力之间的矛盾，上层建筑和经济基础之间的矛盾。不过社会主义社会的这些矛盾，同旧社会的生产关系和生产力的矛盾、上层建筑和经济基础的矛盾，具有根本不同的性质和情况罢了。"他还提出社会主义社会存在着敌我矛盾和人民内部矛盾两类不同性质的矛盾，针对两类不同性质的矛盾，需要采取不同的方针和方法，尤其要把正确处理人民内部矛盾作为国家政治生活的主题。

毛泽东高度重视动员群众、组织群众、调动一切积极因素参与国家建设和管理。他强调，群众是"真正的铜墙铁壁"，只要坚定地相信群众，紧紧地依靠群众，最广泛地发动群众，组织群众，任何困难都能克服，任何敌人都能战胜。他一再强调人民群众是物质财富和精神财富的创造者，要保证劳动者管理国家、管理军队、管理各种企业、管理文化教育的权利。

在毛泽东的政治思想体系中，还有关于政治是统帅、是灵魂、是经济工作和一切工作的生命线的观点，关于中国革命和建设的政策策略思想，关于加强思想政治工作、关于坚持和发展统一战线、关于加强国防和军队建设、关于坚持独立自主的和平外交思想等一系列政治理论，这些内容从不同方面丰富和发展了马克思主义政治理论，成为指导我国社会主义政治建设的宝贵精神财富。

（二）中国特色社会主义理论体系对马克思主义政治理论的贡献

中国特色社会主义理论体系内容十分丰富，涉及国家的经济、政治、文化、社会建设和党的建设以及生态文明建设等方方面面，贯通马克思主义各个学科、各个领域。中国特色社会主义政治理论，是中国特色社会主义理论体系的有机组成部分，是马克思主义政治理论中国化的重大理论成果，在一系列重要问题上丰富和发展了马克思主义政治思想。

一是关于中国特色社会主义政治发展道路的理论。强调发展社会主义民主政治，建设社会主义政治文明，必须坚持走中国特色社会主义政治发展道路。走中国特色社会主义政治发展道路，关键是坚持党的领导、人民当家做主和依法治国的有机统一。党的领导是人民当家做主和依法治国的根本保证，人民当家做主是社会主义民主政治的本质和核心，依法治国是党领导人民治理国家的基本方略。中国共产党的领导，人民当家做主，依法治国基本方略，决定了中国社会主义国家政权的性质，什么时候都不能动摇。发展社会主义民主政治，需要借鉴人类政治文明的有益成果，但绝不照搬西方政治制度的模式，绝不放弃我国社会主义政治制度的根本。要从发展中国特色社会主义的全局出发，积极推进社会主义民主政治建设，使中国特色社会主义政治发展道路越走越宽广。

二是关于社会主义民主的理论。强调人民民主是社会主义的生命，人民当家做主是社会主义民主政治的本质和核心。没有民主就没有社会主义。社会主义愈发展，民主也愈发展。坚持和发展社会主义民主，最重要的就是要坚持好、发展好适合我国国情的社会主义政治制度。我国是工人阶级领导的、以工农联盟为基础的人民民主专政的国家，这是我们国家的根本性质。人民代表大会制度、中国共产党领导的多党合作和政治协商制度、民族区域自治制度和基层群众自治制度等，集中体现了我国社会主义民主政治的特点和优势，必须始终不渝地坚持和完善。要健全民主制度，丰富民主形式，扩大公民有序的政治参与，保证人民依法实行民主选举、民主决策、民主管理和民主监督，保障人民的知情权、参与权、表达权、监督权，使人民享有广泛的权利和自由，把广大人民群众的积极性和主动性充分调动起来。

三是关于社会主义法治的理论。强调社会主义民主和社会主义法制是不可分割的统一体。必须坚持依法治国、建设社会主义法治国家。依法治国是社会主义民主政治的基本要求，是党领导人民治理国家的基本方略。依法治国，就是广大人民群众在党的领导下，依照宪法和法律规定，通过各种途径和形式管理国家事务、管理经济文化事业、管理社会事务，保证国家各项工作都依法进行，逐步实现社会主义民主政治的制度化、规范化和程序化。宪法和法律是党的主张和人民意志相统一的体现，任何组织和个人都不允许有超越宪法和法律的特权。必须坚持有法可依、有法必依、执法必严、违法必究，坚持法律面前人人平等。要树立社会主义法治理念，弘扬法治精神，坚持科学立法、民主立法，完善中国特色社会主义法律体系。推进依法行政，维护司法公正，提高执法水平，确保法律的严格实施，维护法制的统一、尊严和权威。

四是关于政治体制改革的理论。强调政治体制改革是社会主义政治制度的自我完善，是发展社会主义民主政治的必然要求。要适应我国经济基础深刻变化和人民民主意识不断增强的客观要求，积极稳妥地推进政治体制改革。政治体制改革必须坚持正确的政治方向，以保证人民当家做主为根本，以增强党和国家活力、调动人民积极性为目标，扩大社会主义民主，建设社会主义法治国家，发展社会主义政治文明。要着重加强制度建设，实现社会主义民主政治的制度化、规范化和程序化。

五是关于尊重和保障人权的理论。强调尊重和保障人权是发展社会主义民主政治、建设社会主义政治文明的内在要求。中国共产党历来高度重视中国人民的人权问题，党领导人民进行革命、建设和改革的一个重要目的，就是为中国人民争取最广泛的人权，保障国内各民族各阶级享有切实的、真正的政治、经济和文化权利。人权是具体的、相对的，不是抽象的、绝对的，与一个国家的政治状况、经济发展、历史传统、文化结构和整个社会的发展水平有很大关系。实现人权的根本途径是经济发展和社会进步。要尊重国际社会关于人权的普遍性原则，同时根据本国的具体国情，把集体人权和个人人权，经济、社会、文化权利和公民、政治权利统一起来，切实保障人民的生存权和发展权，切实保障公民权利和政治权利，依法保障公民的合法权利，不断提高人民享受政治、经济、文化、社会权利的水平。

六是关于"一个国家、两种制度"的理论。强调实现祖国的完全统一，是中华民族根本利益所在，也是全体中国人民不可动摇的坚强意志。"一国两制"是从中国的实际出发，解决台湾问题、香港问题和澳门问题，实现祖国和平统一的伟大构想。实行"一国两制"，就是在一个中国的前提下，国家的主体坚持社会主义制度，台湾、香港和澳门保持原有资本主义制度和生活方式长期不变。坚持"一国两制""港人治港""澳人治澳"，高度自治的方针，严格按照特别行政区基本法办事，促进香港、澳门长期繁荣稳定。"遵循'和平统一、一国两制'的方针和现阶段发展两岸关系、推进祖国和平统一进程的八项主张"，坚持"新形势下两岸关系的四点意见"，牢牢把握两岸关系和平发展这个主题，推动两岸关系朝着和平稳定的方向发展。

七是关于国际政治和外交战略的理论。强调和平与发展是当今时代的主题，求和平、谋发展、促合作已经成为不可阻挡的时代潮流。同时，世界仍然很不安宁，霸权主义和强权政治依然存在，局部冲突和热点问题此起彼伏，全球经济失衡加剧，南北差距拉大，传统安全威胁和非传统安全威胁相互交织，世界和平与发展面临诸多难题和挑战。当代中国同世界的关系发生了历史性变化，中国的前途命运日益紧密地同世界的前途命运联系在一起。要始终不渝走和平发展道路，奉行互利共赢的开放战略，坚持韬光养晦、有所作为的战略方针，坚持在和平共处五项原则的基础上同所有国家发展友好合作。积极促进世界多极化和国际关系民主化，尊重世界多样性，反对霸权主义和强权政治，推动建立公正合理的国际政治经济新秩序，建设持久和平、共同繁荣的和谐世界。

八是关于社会主义建设事业的根本力量和依靠力量的理论。强调人民群众是历史的创造者，也是中国特色社会主义事业的主体力量。包括知识分子在内的工人阶级和广大农民是推动我国生产力发展和社会全面进步的根本力量，在社会变革中出现的新的社会阶层是中国特色社会主义事业的建设者。由全体社会主义劳动者、拥护社会主义的爱国者、拥护祖国统一的爱国者组成了新时期爱国统一战线最广泛的联盟。要尊重劳动、尊重知识、尊重人才、尊重创造，发展和壮大爱国统一战线，促进政党关系、民族关系、宗教关系、阶层关系、海内外同胞关系的和谐，最广泛最充分地调动一切积极因素，团结一切可以团结的力量，不断为中华民族的伟大复兴增添新的力量。

九是关于执政党建设的理论。强调中国共产党是中国工人阶级的先锋队，同时是中国人民和中华民族的先锋队，是中国特色社会主义事业的领导核心。必须坚持党对国家大政方针和全局工作的政治领导，坚持党对军队和其他人民民主专政的国家机器的绝对领导，坚持党管干部的原则。

三、深化马克思主义政治理论理论研究

马克思主义是我国政治学发展的指导思想，马克思主义政治理论理论研究，是我国政治学研究的首要内容；坚持和发展马克思主义政治理论，是我国政治学研究的根本原则；以马克思主义政治理论指导政治学研究，是我国政治学研究的基本方针。

从我国政治学研究的情况来看，马克思主义政治理论理论研究已经取得了重要成就。不过，随着社会政治的发展，时代和实践将会对发展着的马克思主义政治理论理论研究不断提出新的

更高要求,深化发展着的马克思主义政治理论理论研究,是我国政治学研究进一步发展的重要任务。就目前来看,深化发展着的马克思主义政治理论理论研究,主要着力点应该在于:

(1)进一步深化马克思主义政治理论基本立场、观点和方法的系统研究。在政治学研究中,尤其应该着力于进一步科学准确地区分马克思主义政治理论的基本立场、观点和方法与马克思主义经典作家在特定条件下对于特定政治问题的具体看法、特殊论断和某些推测;区分马克思主义的政治学理论体系和思想精髓与马克思主义经典作家的特定政治观点;区分马克思主义政治理论的真谛与对于马克思主义政治理论的错误和教条的理解,以全面深刻准确地把握马克思主义政治理论的立场、观点和方法。

(2)进一步深化对于马克思主义政治理论发展的研究。为此,我国政治学既要深化对于经典马克思主义政治理论理论著作的研究,更要深化对于中国特色社会主义理论体系中政治学理论、观点和方法的系统研究,尤其应该着力深化中国特色社会主义理论体系对于马克思主义政治理论的继承、创新和发展研究。在这其中,特别需要结合不同的时代和社会政治背景,把握马克思主义政治理论历史和学术发展逻辑,以及思想方法、分析方法的运用。

(3)进一步加强理论研究和分析鉴别。强化发展着的马克思主义的主体价值的系统研究和阐述,深入从思想理论上自觉划清马克思主义同反马克思主义的界限,社会主义公有制为主体、多种所有制经济共同发展的基本经济制度同私有化和单一公有制的界限,中国特色社会主义民主同西方资本主义民主的界限,社会主义思想文化同封建主义、资本主义腐朽思想文化的界限。尤其在自由平等、公平正义、民主人权等核心价值方面,进一步强化政治学研究的分辨识别能力。

(4)进一步深入回答中国特色社会主义政治发展中的重大理论是非问题。尤其着力于从政治学理论的角度,深入研究我国政治发展中为什么必须坚持马克思主义在意识形态领域的指导地位而不能搞指导思想的多元化;为什么只有社会主义才能救中国,只有中国特色社会主义才能发展中国,而不能搞民主社会主义和资本主义;为什么必须坚持人民代表大会制度而不能搞"三权分立";为什么必须坚持中国共产党领导的多党合作和政治协商制度而不能搞西方的多党制;为什么必须坚持以公有制为主体、多种所有制经济共同发展的基本经济制度而不能搞私有化或"纯而又纯"的公有制;为什么要坚持改革开放不动摇而不能走回头路等重大现实理论问题。

在以上研究的基础上,我国政治学需要进一步紧密联系中国实际,努力建构中国特色、中国风格、中国气派的原创性政治学理论。

第三节 中国特色社会主义政治建设

政治发展是马克思主义政治学的重要内容。中国作为遵循马克思主义基本原理建立起来的社会主义国家,促进政治发展理应以马克思主义政治发展观为理论依据。实践证明,马克思主义政治发展观是当代中国研究政治发展问题,特别是研究社会主义政治发展的方向及其实现形式问题以及坚持走中国特色政治发展道路的重要指导思想和理论基础。

一、马克思主义政治发展观的主要内容

虽然政治发展问题作为当代西方政治学研究的一个专门领域始于20世纪50年代,但马克

思和恩格斯早在19世纪中期在探究社会发展规律问题时已经内在地包含了对政治发展问题的科学探索。因此,政治发展理论是马克思主义政治学说题中应有之义。马克思在1843年提出“政治发展”的概念,至19世纪60年代,马克思和恩格斯在政治理论探索实践中逐步建构了完整、系统的政治发展理论,而马克思主义的后继者以历史唯物主义为指导,根据20世纪社会发展的现实,特别是根据社会主义国家革命和建设的经验,进一步丰富和完善了马克思主义政治发展理论。马克思主义政治发展观作为一个系统的、全面的和科学的理论体系,包含着丰富的内容。

(一)政治发展是整个社会发展的有机组成部分

在马克思主义政治学说体系中,特别是在马克思、恩格斯和列宁的政治学说体系中,可以说“政治发展”思想贯穿始终。他们运用历史唯物主义的观点和方法分析整个人类社会的历史发展,认为人类社会是由各种关系和各种过程构成的有机整体。所谓各种关系即社会是由经济、政治、文化等基本要素相互联系而形成的特定的社会结构;所谓各种过程是指社会结构因其内在矛盾运动——社会生产方式的变革而展开的动态发展过程,这一动态发展过程构成了人类社会形态的演进和发展。社会形态的发展是作为一个整体演进和推进的,包括了社会经济的发展、政治的发展和文化的发展。

马克思主义认为,社会发展是人类社会不断变革并向前运动的过程,是社会文明、社会形态不断由低级向高级的发展和更替。从社会结构变迁角度来说,是特定社会形态下政治、经济、文化相互连接、相互作用的历史性变迁。因此,政治发展作为人类社会发展的有机组成部分,不是孤立、特立独行的前进运动,它在与每一个社会发展阶段上的经济发展、文化发展紧密联结、相互作用并受制于它们的同时,有着自己相对独立的轨迹与进程。政治发展的这种相对独立性,意味着政治发展不是被动的过程,即社会的政治结构决不是紧跟着社会的经济生活条件的这种剧烈的变革立即发生相应的改变,往往是具有创造性的主动的过程,即政治发展往往会推动经济、文化以至于整个社会的发展。

马克思主义认为,政治发展的最终目的是为经济发展服务并最终推动社会的发展。当然,政治发展的这种功能的实现是有条件,这种条件就是政治发展的方向要与社会发展特别是社会经济发展的方向相一致。恩格斯对此进行了具体的分析:在政治权力在对社会独立起来并且从公仆变为主人以后,可以朝两个方面起作用。或者按照合乎规律的经济发展的精神和方向去起作用,在这种情况下,它和经济发展之间没有任何冲突,经济发展加快速度。或者违反经济发展而起作用,在这种情况下,除去少数例外,它照例总是在经济发展的压力下陷于崩溃。

马克思主义认为,政治发展最终服务于经济发展和社会发展,并不意味着政治发展永远超前于经济发展。理论上讲,超前的政治发展会为经济发展提供新的发展空间,但超前的政治发展要对现实经济发展具有实际意义,这种超前的范围就总是有限度的,因此,它最终也必然会被经济发展所超越。但是,当被经济发展所超越的政治发展或者说落后于经济发展的政治发展并不是停滞下来被动地等待经济发展,而是积极主动地调整自己,并在发展方向上与经济发展保持一致时,它就不会成为经济发展的障碍。由此可以认为,在马克思主义看来,政治发展服务于经济发展,虽然并不意味着政治发展要永远超前于经济发展,却意味着如果政治发展要永远服务于经济和社会发展,它就应该是一个不间断的发展过程,这个不间断的过程显然可以发生在所有国家,而不只是发展中国家。因此,事实上,无论发展中国家还是发达国家都面临着政治发展问题,当然他们所面临的政治发展不同。

（二）政治发展的性质决定社会发展的方向和道路

马克思、恩格斯、列宁都认为，政治发展的性质决定社会发展的方向和道路。马克思、恩格斯、列宁从整个社会发展角度阐明了政治发展的这一规律。他们认为：政治发展的实质即政治文明的历史演变，它并非简单地表现为由“传统社会”向“现代社会”的转变，而是在每一个社会发展阶段都各自具有不同的政治发展特征，体现为不同的政治发展性质。社会发展的性质和政治发展的性质是一种辩证的互动发展关系。一方面，政治发展的性质依社会发展性质而迁移；另一方面，当政治发展的性质发生根本性变化时，社会发展性质也随之发生变化。马克思主义认为，从总体上看，社会形态的演进，受社会基本矛盾运动的一般规律所支配，表现为一个由低级到高级、由简单到复杂的有序的前进上升过程。如果说，原始社会、奴隶社会、封建社会、资本主义社会和社会主义社会几种社会形态的依次更替，构成了人类社会发展进程的基本顺序，那么，就政治发展而言，通过社会主义革命，推翻资产阶级为代表的一切剥削阶级的政治统治，建立无产阶级领导的人民民主专政的新型国家政权，并且在此基础上，对整个社会进行全面而深刻的改造，最终促成阶级的消灭和国家的消亡，实现从有阶级向无阶级、有国家向无国家社会的转变与过渡，则从总体上代表了世界上所有国家和民族的进步方向与发展趋势。马克思和恩格斯在研究资本主义社会的社会变迁中具体总结了其政治发展的特殊规律。他们指出，资本主义社会的政治发展，是在彻底否定了封建专制主义政治架构的基础上，重新构建了资本主义民主政治体系，它既打破了束缚资本主义生产发展的封建政治桎梏，又极大地促进、推动了现代经济、文化的发展和人类文明的进步，乃至冲破了一切民族壁垒，使人类的物质生产、精神生产具有了“世界性”。而当资本主义民主政治的狭隘性束缚、阻碍社会生产力的发展的时候，资本主义社会制度将通过一定的社会革命形式由社会主义社会制度所取代，相应地社会主义民主政治将取代资本主义民主政治。这种政治发展的社会制度化历史更替，是社会基本矛盾运动的历史地“前进式发展”的必然结果。

当然，在马克思主义者看来，由于资本主义各国政治经济发展不平衡，社会主义社会制度取代资本主义社会制度不可能同时在全世界各国同步实现。社会主义将首先在一国、数国取得胜利并向前发展。地球上将在相当长时期处在资本主义社会制度和社会主义社会制度并存的局面（即现在所说的“一球两制、竞争共处”）。在这种情势下，无产阶级政党必须把握政治发展的方向和道路。其总体目标是建设社会主义民主政治，具体原理即如邓小平总结世界历史经验和社会主义国家的历史经验所概括的：坚持走社会主义道路，绝不走资本主义道路；坚持无产阶级专政，绝不能搞其他形式的“专政”；坚持共产党执政地位，绝不能搬用资本主义的两党制或多党制；坚持马克思主义的指导思想地位和作用，绝不能实行指导思想的“多元化”。社会主义政治发展目标的落实，即建构社会主义国家的国体和政体，不断完善社会主义根本政治制度，绝不照搬西方政治制度模式。20 世纪 80 年代末、90 年代初东欧剧变、苏联解体的历史教训，就说明了把握社会主义政治发展方向和道路的重要性。

马克思、恩格斯、列宁在论述政治发展性质的改变与政治变革的关系时，始终认为政治发展的核心问题是国家政权更替、国家制度的变迁问题。因为这是“政治中最本质的东西”。因此，真正的政治发展不仅表现为各种政治表现形式的变化与发展，更重要的是国家政权性质的改变，即由一个阶级专政的国家转变为另一个阶级专政的国家。国家政权的性质由特定的、在经济上同时也在政治上掌握统治权的阶级所决定。有什么性质的阶级统治权，必然有什么性质的国家政权，因而，也就有什么性质的政治发展。国家政权的发展是政治发展的核心，可以说，不论过去、现在还是将来，政治发展都将在以国家政权为核心的基础上展开。特定性质的政治发展主要是通过“政治制度化”形式，实现其政治统治的目的。政治制度的变革和一种政治制度下政治体制的改革，是政治发展的主要的、具体的标志。政治变革是政治制度的质变，即政治制度根本性质的改变。政治体制改革则是同一政治制度的量变，即政治关系的调整、具体制度的完善，亦即对政治体制与经济基础不相适应的部分不断进行改革。

（三）政治发展的动因动力

马克思、恩格斯、列宁进一步论述了政治变革和政治改革的动因动力问题。马克思主义认为，政治发展并不是源于某种封闭政治体系的自生自灭的要求，更不是来自理论家的宣传呼吁或者精英人物的强力意志和一时冲动。因此，要从普遍性和必然性上把握政治发展的动因动力问题。从本质上讲，政治发展作为总体社会发展的一个重要方面，也是社会基本矛盾的运动的结果，是生产力和生产关系发展变革的客观要求。正如恩格斯所说：“一切社会变迁和政治变革的终极原因，不应当到人们的头脑中，到人们对永恒的真理和正义的日益增进的认识中去寻找，而应当到生产方式和交换方式的变更中去寻找”。

马克思主义将生产方式看作是决定政治变革的终极原因，首先基于一个简单的事实，即人们为了“创造历史”，为了从事政治实践活动，必须要有最起码的物质生活资料作为生存的保障，因此，“经济生产方式和交换方式以及必然由此产生的社会结构，是该时代政治的和精神的历史所赖以确立的基础”。也就是说，物质生产方式乃是全部社会生活的第一要素，它构成了其他一切社会活动，包括政治实践活动的基本前提。不仅如此.特别需要指出的是，作为人类生活的第一要素和基本前提的物质生产方式从来就不是凝固不变的。生产力的不断发展，带来经济关系、利益关系及其他社会关系的不断变化。这种变化持续下去，必然要显现出原有政治关系和政治结构的落后与不合理。于是，经济和社会的进一步发展就会按照某种特定方向提出进行政治变革的客观要求。当一个社会中的进步政治力量意识到这一客观要求，并将其成功地转化为政治实践的时候，一个特定的政治发展任务就完成了。对这一过程可以简单概括为：一个社会政治发展的动力，来自社会有机体的内部，源于生产力与生产关系和经济基础与上层建筑的矛盾运动，当社会经济基础发生变化时，上层建筑体系中居于中坚地位的政治上层建筑也会相应地发生变化；而新生产关系的萌芽不断发育成长，最终趋向于新的生产资料所有制形式的建立，新的生产资料所有制形式伴随着一种新的产品分配形式，于是经济结构的变迁导致利益集团的分化，产生社会分层的新格局，即代表新的生产力和生产关系的进步阶级、阶层或集团，随着自身力量的壮大会提出与自己经济利益相关的政治权力要求；经济关系、阶级关系、政治关系的发展变化，反映在思想观念上，形成新的政治要求、政治价值观念和政治理论，以政治理论为思想先导，新兴阶级或进步集团的政治实践由自发上升到自觉；新的政治变革要求会遇到传统的落后保守势力的阻碍，由此产生以阶级冲突为核心的政治冲突；政治冲突受特定的社会历史条件影响，或者以渐进改革方式，或者以暴力革命方式获得解决；与生产方式变革和历史进步方向相一致的先进阶级最终夺取国家的政权，成为整个政治生活的统治力量和管理力量，从而实现新旧政治形态的更迭交替。

虽然政治发展的终极动力，归根到底只能从生产方式的变革来说明，但是，马克思、恩格斯、列宁同时也强调指出，政治发展在任何时代都不是一个自发的过程，社会发展是“历史合力”作用的结果。政治发展的直接动力，在阶级社会里是基本利益对立的阶级之间的阶级斗争。因为一切社会的历史都是阶级斗争的历史。在阶级社会里，阶级斗争是社会历史发展和制约社会制度发展的重要力量,政治发展作为社会发展的主要内容,也随着阶级斗争的发展而发展,阶级斗争是政治变革的基础,并且最终决定一切政治变革的命运。由此看来,马克思主义的政治发展观并不是机械的经济决定论。马克思主义之所以特别强调经济变革对政治变革的根本制约作用,是为了在错综复杂的关系中找到考察政治发展问题的核心线索,而并非认为经济因素是唯一起作用的决定性因素。因为在其现实性上,政治发展是一个多重因素彼此渗透、交互作用的复杂过程。在这个过程中,生产方式的决定作用是通过与其他因素诸如民族利益和民族关系、阶级与阶层的分化格局、政治力量的觉悟程度与组织程度、民众的关心程度和参与程度、政治领袖的组织才能和领导才能,以及特定的政治文化传统、政治心理意识、政治价值取向、政治理论原则等的相互连接、相互影响而实现的,如果忽略了这些因素,就无法科学地理解和把握政治发展的动因动力。

简而言之,从历史唯物主义的"大历史观"而言,政治发展归根到底是生产力与生产关系、经济基础与上层建筑矛盾运动推动和发展的结果。其具体表现形式为下述三个方面:第一,在生产方式诸要素中,生产力是最活跃、最革命的要素;生产力的发展推动社会结构诸要素及其相互关系的变化,从而也在终极意义上推动政治发展。这就是说生产力的解放和发展,是政治发展的根本动力。第二,生产力的发展和变化,导致生产关系的发展变化。由于社会分工、交换形式的改变,新的生产资料所有制会取代旧的生产资料所有制,形成新的社会经济基础;新的经济基础则要求新的政治上层建筑与之相适应并为之服务。这就是说经济基础的变更,直接推动政治发展。第三,生产关系的发展和变化,导致新的经济关系、阶级关系、政治关系的形成;反映在观念形态上,即形成新的政治价值观、政治理论、学说或思想,而新兴阶级以之为指导,冲破旧社会势力或旧观念的阻挠,或以革命方式,或以改革方式,扫除政治发展障碍,实现新社会的政治制度化或现存政治体制的改革、完善。

(四)政治发展的途径

马克思主义认为,从根本上说,政治发展是由生产力和生产关系、经济基础和上层建筑的矛盾运动引起的,因此,它是一个客观的和有规律的过程。但是,政治发展的实现是有条件的:只有当社会基本矛盾运动引起利益关系和力量对比的变化,并转化为进步阶级、阶层或集团变革旧秩序的政治实践的时候,政治发展才能得以实现。因此,从主体与客体的关系来看,政治发展实现的途径一般主要有两条,即政治革命和政治改革。政治革命是政治关系的质变过程,导致政治制度的新旧更替;政治改革是政治关系的量变或部分质变过程,促使政治体制的改进与完善。

政治革命是一定阶级通过阶级斗争,一般以暴力方式,推翻旧的反动阶级的政治统治,建立新的社会制度和政治制度,从而实现社会形态和政治结构形态的质变。政治革命的直接目标是夺取阶级统治权、实现国家权力的更替。其根本目的,在于解放和发展生产力,变革生产资料所有制,推进民族国家的经济、政治和文化发展。政治革命的特征表现在如下几个方面:第一,政治革命的直接目标,是夺取和掌握政权,使国家政权从一个阶级转换到另一个阶级手中。因而,政治革命是政治斗争的最高形式。第二,政治革命的主体,是一定社会中作为先进生产力代表的特定阶级,并由这个特定阶级领导参与革命斗争的各阶级、阶层广大群众形成革命大军,夺取政权和巩固政权。第三,政治革命的结果,是实现政治制度的变革和政治模式的转变。在现代社会,资本主义民主政治体系是资产阶级革命胜利后,建立的政治发展基本目标和标志;社会主义民主政治体系是社会主义革命胜利后,建立的政治发展的基本目标和标志。第四,政治革命通常意味着整个社会制度、社会关系的全面变革，在夺取政权时，一般要经过暴力方式，表现为大规模的、全民族的急风暴雨式的斗争，而巩固政权，则需要长时间的渐进的和平方式的政治改革。

马克思主义肯定了政治革命在政治发展和社会发展中的巨大作用，认为它是解决社会基本矛盾冲突，促进社会整体进步和发展的根本途径，是改变社会政治环境，更新社会政治体系，促进政治发展的强大推动力，也是改变旧的传统道德规范、旧的社会风俗习惯、旧的思想和价值观念的重要手段。政治革命尤其对政治发展的深层次因素——政治文化的变迁起着重要的推陈出新的促进作用。但是，马克思主义认为，尽管政治革命是历史发展过程中的必然现象和实现政治发展的重要途径，但政治革命爆发是有条件的，必须具备革命形势，再加上主观变化的形势下才会产生革命，也就是说，革命的爆发和胜利是客观规律性和主观能动性的统一：社会基本矛盾的尖锐化，使革命的发生成为必然；而革命阶级意识到革命的客观条件已经成熟，从而形成革命的决心和勇气，并且通过有组织的联合行动来追求其政治目标，则使革命转化为直接的现实。革命既是社会基本矛盾尖锐化的必然结果，也是解决社会基本矛盾的根本手段。

马克思主义经典作家还论述了政治革命的形式和地位问题。他们认为，政治革命有两种形式，即暴力革命和和平方式。而由统治阶级的本性和政治革命的本质所决定的暴力革命是政治革命的基本方式。当然，一个国家和民族究竟以何种具体方式完成政治革命的任务，往往取决于一系列复杂的社会历史条件，如特定的国内环境、国际环境、革命主客观条件的成熟程度以及革命与反革命的力量对比等。其中，政治力量对比是一个至关重要的因素。当革命力量占有绝对优势，国内外环境大大有利于革命阶级，统治阶级力量严重衰弱以致根本无法与革命阶级对抗的时候，通过非暴力的和平方式实现政治权力的新旧交替也是可能的。关于政治革命的地位和作用，马克思主义认为，政治革命是政治发展和社会发展的一种决定性方式。

对于政治改革，马克思、恩格斯、列宁对历史上在古希腊、罗马国家发生的政治改革，都曾给予了积极的评价。恩格斯还预见到，在未来社会主义社会，也要进行“自我改革”。但马克思、恩格斯基于社会革命的立场，通常把资本主义政治改革视为资本主义改良。列宁在十月革命胜利后，即提出苏维埃国家政治发展的任务，强调要发展社会主义民主，健全社会主义法制，改革国家机构，进行社会主义政治文化建设。特别是在晚年，他还初步探讨了社会主义国家的政治改革问题。他在被称为“政治遗嘱”的几篇政治改革计划的论文中，认为社会主义国家的机构、国家管理体制、政府行为方式，应本着兴利除弊、有利于推进社会主义建设的精神进行改革。概括列宁在不同时间、不同场合的论述，他认为：社会主义政治改革的实质是在共产党领导下有计划有步骤地调节政治上层建筑与经济基础不相适应的部分，主要是调整政治关系（党政关系、党群关系、政企关系、党和政府的内部关系），完善社会主义政治制度和政治体系，维护政治秩序，实现政治稳定和推进政治发展。列宁强调社会主义国家的政治改革必须由共产党领导，由政治领导集团主持；必须有计划有步骤地进行，而且要渐进地、连续地进行；必须在现有的基本政治秩序范围内进行，必须以政治稳定为前提和基础；还必须与经济改革相促进，不可偏执，也不应操之过急。对列宁的这些观点和主张，邓小平在考虑中国的改革包括政治体制改革时，充分地吸取了其有价值合理的东西。

（五）关于发展中国家政治发展的道路

需要特别指出的是，整个 20 世纪百年间，政治发展主要是指一个国家的民主政治发展的导向、进程、实现程度和结果。从政治模式角度说，由于世界各国的国情不同，政治发展状况存在很大的差异。但从民主政治发展类型而言，不外乎两种：资本主义民主政治发展和社会主义民主政治发展。列宁在20世纪初年，对资本主义政治总体上是持批判、贬斥态度，但对资本主义民主政治的实现形式如普选制、议会制的“长处”表示“可以吸收，同苏维埃制结合”。列宁所特别关注的是今日所称的广大发展中国家的民主政治发展道路问题。他在民族解放运动的理论中明确指出：民族解放运动的前途有两条：一是由资产阶级领导走资本主义发展道路；二是由无产阶级领导走新型民主革命道路，再进而转变为社会主义。资本主义发展道路，在政治发展上，自然是建立资产阶级专政国家，建设资本主义民主政治体系；走新型民主革命道路进而转变为社会主义，在政治发展上自然是建立无产阶级专政国家，建设社会主义民主政治体系。列宁特别强调指出，经过民族解放运动独立的前殖民地半殖民地国家的政治发展方向服从于总的历史前进发展趋势。他认为，发展中的资本主义在民族问题上有两种历史趋势：民族生活和民族运动的觉醒，反对一切民族压迫的斗争，民族国家的建立，这是其一；各民族彼此间各种交往的发展和日益频繁，民族隔阂的消除，资本、一般经济生活、政治、科学等的国际统一的形成，这是其二。这两种历史趋势，都是资本主义的世界性规律。第一种趋势在资本主义发展初期占主导地位，第二种趋势标志资本主义已经成熟，正在向社会主义社会转化。列宁的上述论述表明，独立后的众多民族国家虽然走上资本主义发展道路，但这只是反映了资本主义初期的发展趋向，是资产阶级领导的结果。从历史大趋势而言，列宁预言，这些国家经过一段民族资本主义的发展，最终会走上社会主义民主政治发展的道路，实现向社会主义的转变。因为社会主义民主政治在历史类型上优越于资本主义民主政治，是政治发展的前进方向。列宁告诫这些国家的无产阶级，不要接受发达资本主义国家为其设计的政治发展方案，那不是政治发展应选择的正确方向，否则，政治发展只能带来政治混乱和历史的倒退。对于列宁的上述观点，邓小平显然有深刻把握。他坚信中国社会主义事业发展的前途，多次强调，中国作为当今世界最大的发展中国家，一定要坚持建设中国特色社会主义民主政治的正确政治发展方向，绝不采用西方国家的政治发展模式，绝不搞西方那样的三权鼎立、议会制和多党制，中国绝不容许变成西方国家的附庸国，中国人民绝不会吞下西方国家送来的这些“苦果”。

马克思所创立的政治学，其基础来源于对现实社会的考察，是为了发现社会政治现象运作的规律，指明社会发展的方向，特别是为无产阶级的解放指明了道路。因而，马克思所建构的政治学，是特定环境和特定问题的产物，并且有其鲜明的阶级特征。然而，运用马克思主义政治学分析当下社会现实，把马克思主义政治学中国化，又必须结合中国社会的现实。特别是在淡化阶级和阶级斗争的大环境下，如何既要运用马克思主义政治学指导我们对现实社会的认识，又要减少意识形态对我们客观地分析问题的影响，这是我们在研究和运用马克思主义政治学过程中无可回避的问题。

二、中国社会主义政治发展及其特点

从宏观角度看，政治发展在每个历史阶段，都表现为一定政治形态的政治体系的产生、发展或消亡的过程。具体而言，是指一个国家的社会政治走向现代化、走向更高历史阶段的历史进程。而我国的政治发展一般是指我国政治制度、政治体制的不断完善和公民政治文化觉悟与民主意识的不断提高。

(一)中国特色社会主义政治发展的实践进程

我国政治发展之路是在党领导中国人民争取民族独立和人民解放的斗争探索中逐步形成的。自1949年新中国成立至今,中国政治发展大体可划分为四个时期或阶段:

第一阶段,中国社会主义政治的形成时期(1949—1954)。

新中国成立后,在新民主主义革命时期革命根据地基础上形成的中国社会主义政治制度逐步在全国范围内建立。1949年9月,召开了全国政治协商会议,制定了起临时宪法作用的《共同纲领》以及《中央人民政府组织法》和《中国人民政治协商会议组织法》。1950年到1951年,制定了地方各级各界人民代表组织通则、省市各界人民代表会议组织通则和省市各界人民代表政治协商委员会组织通则,建立起了具有向以后的人民代表大会制度过渡性质的政治协商制度。1954年召开了第一届全国人民代表大会,颁布了第一部社会主义宪法,分别制定了全国人民代表大会和地方各级人民代表大会组织法,制定了人民法院和人民检察院组织法,此外,还颁布了城市居民委员会组织条例。宪法和各项组织法的制定和实施,加上1953年颁布的第一部选举法,以及建国前夕在党的七届二中全会上确定的共产党与民主党派进行合作的方针,这些都标志着以公民权利、选举制度、人民代表大会制度、国家机构体系、多党合作制、政治协商制和基层群众自治组织为基本内容的社会主义政治制度正式确立起来。

第二阶段,社会主义政治的初步发展时期(1955—1965)。

社会主义政治制度基本确立后,开始在全国运作起来:各级地方召开了地方各级人民代表大会,并以宪法和组织法为依据重新组建了地方国家机构;全国人大及其常委会、国务院及各部委、人民法院及人民检察院等国家机构建立了若干工作制度及工作程序;八个民主党派组织有了较大的发展,到1956年党的八大召开后,达到十万余人;居民委员会在全国各地普遍建立起来;行政体制在1956年、1960年和1962年进行了以精兵简政为内容的改革。由于指导思想上急于建成社会主义,在这一阶段的政治发展中,社会政治生活不时受到“左”的思潮的冲击,加上在意识形态上强调阶级斗争,1957年出现了扩大化的“反右派运动”;民主党派的政治作用的被削弱,导致了党内政治生活中权力集中、个人专断等现象的出现。但总的说来,这一时期社会主义制度的建立和运作还是在比较正常的轨道上进行的,比如说,1959年和1965年,定期召开了第二、第三届全国人民代表大会,制定出了十多个法律及法令,等等。

第三阶段,社会主义政治的严重挫折时期(1966—1976)。

1966—1976年是社会主义政治发展经受严重挫折的时期。这十年间,我国基本成型的社会主义政治制度遭到严重破坏,国家政治生活处于无序状态。全国人大及其常委会被迫停止8年之久,国务院及其地方各级人民政府事实上处于瘫痪状态,各级司法机关受到严重冲击,共产党领导的多党合作和政治协商制度名存实亡,党的领导体制也遭到了破坏,1954年制定的宪法在1975年被修改。中国的社会主义事业和社会主义政治发展遭受了严重的挫折。

第四阶段,社会主义政治的改革与发展时期(1977年至今)。

1976年“文化大革命”结束后,党的十一届三中全会以后,中国政治进入社会主义政治发展的改革与发展时期:党的十一届三中全会总结了新中国成立以来社会主义政治发展的正反两个方面的经验教训,提出了健全社会主义民主和加强社会主义法制的政治发展目标;1982年,党的十二大提出“继续改革和完善国家的政治体制和领导体制”的政治任务;1987年党的十三大全面阐述了政治体制改革的问题;1993年,党的十四大提到“要积极推进政治体制改革,进一步扩大社会主义民主，健全社会主义法制，依法治国，建设社会主义法治国家”；党的十五大从“我国经济体制改革的深入和社会主义现代化建设的发展”要求方面提出了“坚持四项基本原则”、“继续推进政治体制改革，进一步扩大社会主义民主，健全社会主义法制，依法治国，建设社会主义法治国家”的政治发展的原则、途径和目标等问题；党的十六大则从全面建设小康社会的高度提出发展社会主义民主政治，建设社会主义政治文明的政治发展目标。随后，党和政府为实现小康社会的全面发展特别是政治发展制定和颁布了一系列方针和政策：十六届三中全会明确了要坚持以人为本，树立全面协调、可持续的发展观；为贯彻落实依法治国基本方略和党的十六大、十六届三中全会精神，坚持执政为民，全面推进依法行政，建设法治政府，国务院根据宪法和有关法律、行政法规，制定和通过了《全面推进依法行政实施纲要》，十六届四中全会为保持共产党的先进性，通过了《中共中央关于加强党的执政能力建设的决定》；人大常委会讨论出台《公务员法草案》；在此基础上，党的十七大高度概括了中国特色社会主义政治发展道路的基本点，党的十八大强调坚持走中国特色社会主义政治发展道路和推进政治体制改革等等，所有这些重要举措对于推动我国政治发展进程具有重大意义。

（二）中国社会主义政治发展的特点

我国社会主义政治发展是在马克思列宁主义、毛泽东思想、邓小平理论和“三个代表”重要思想指导下进行和展开的。其基本点和原则是，强调坚持党的领导、人民当家做主、依法治国有机统一；强调坚持和完善人民代表大会制度、共产党领导的多党合作和政治协商制度、民族区域自治制度以及基层群众自治制度。新中国成立以来特别是党的十一届三中全会以来我国政治发展的实践表明，我国政治发展在坚持上述的基本点和原则的前提下，还体现出如下特点：

其一，我国的政治发展与经济发展相伴随并寓于经济发展之中。

我国的政治发展特别是党的十一届三中全会以来的政治发展，始终伴随经济发展并寓于经济发展之中。正如邓小平所指出的：“党的十一届三中全会提出一系列新的政策。就国内政策而言，最重大的有两条，一条是政治上发展民主，一条是经济上进行改革，同时相应地进行社会其他领域的改革。并且，我国政治发展是通过经济发展实现的，即“政治工作要落实到经济上面，政治问题要从经济的角度来解决，这是中国共产党和中国政府的最高决策层为了避免党内极‘左’习惯势力的竭力阻挠，又防止海外敌对势力借题发挥；既要保持政治稳定，以利于经济发展，又能够渐进、理性地推进政治发展，而在各种复杂因素的压力与挑战中，采取的一种具有极高政治智慧的战略选择。具体而言，一方面，经济发展是政治发展的直接动力。我国的改革首先从农村的经济体制改革开始：从农村包工包产到组的责任制，到包产包工到户的责任制，最后到全面推行家庭联产承包责任制；从扩大企业自主权，到城市经济体制的综合改革，到多层次、多形式、多方位的对外开放，最后到建立社会主义市场经济体制战略目标的提出。我国经济体制改革的每一进程都对政治发展提出了相应的特定任务和途径。可以说，中国的政治发展是从对农村的组织和管理体制进行改革开始的，而农村的村民自治，即是这种社会秩序和组织管理改革的体现。由此进展到城市的管理组织体制，形成了城市基层的民主自治和社区管理体制的塑造，同时，通过调整企业内部管理机制，理顺多种权力关系，调整政府与企业关系的任务，进而构建政府与市场的关系、政府与社会的新型关系，培育公民权利，维护和实施社会和经济规则，完善权利保障机制，实现对于公共权利的公民权利约束，从而推进政治发展。另一方面，我国经济发展本身，直接或间接地包含了政治发展领域的问题。事实上，我国在对经济发展提出规划和设计的同时就包含对政治发展的规划和设计。不改革政治体制，就不能保障经济体制改革的成果，不能使经济体制改革继续前进，就会阻碍生产力的发展，阻碍四个现代化的实现。

其二，我国政治发展是以政府管理效率为主导，通过政府管理的效率化，进而逐步完善社会主义民主的过程的。

社会主义市场经济的发展，必然首先对政府及其管理体制提出效率化的要求，而政府的效率化，也是由多种参数构成的，它至少应该包括政府决策的合理性、公正性，实施决策的充分效能和廉洁性，即最大限度节约社会成员和企业的个体成本和公共成本，达到最大的经济、政治和社会收益。因此，在中国社会发展和改革的总战略上，作为总设计师的邓小平确定了效率优先、兼顾公平的原则。这一价值选择原则并不仅仅适用于我国经济改革，它同样适用于我国政治改革。而对于政府管理效率化的要求，必然促进社会主义民主和法治的完善。

其三，我国的政治发展是一种全面的结构性的体制转型过程。

我国政治发展所产生的结构性体制转型，至少包含着四个方面：社会关系的转型，即由计划经济体制下以行政权力为主的社会关系，向公民权利基础上的契约型社会关系的转型；利益格局的转型，即从计划经济基础上形成的利益分配和利益关系格局，向着社会市场经济所要求的新的利益分配和利益关系格局的转型；管理体制的转型，即在原有的社会关系和利益关系基础上形成的政府管理体制和机制，向着有效能和有限的新的政府管理体制和机制的转型；文化的转型，即从原有的体制下形成的公共生活的心理定式、思维方式、价值观念和传统习惯，向着社会主义市场经济所要求的新的公民文化和管理文化的转型。中国社会政治发展的这种结构性转型的实际内容，无疑具有中国社会、制度和文化的特殊性。

其四，我国政治发展是在中国共产党领导下，在坚持社会主义根本政治制度的前提下，有秩序、有步骤地进行的。

这就表明，中国政治发展是自上而下有领导地进行的，是在确保社会和政治秩序稳定的条件下进行的，是通过渐进改革的方式进行的。政治发展的这一特点，决定了中国的政治发展在其进展进程中，既需要把握改革的创新方向，又必须考虑历史的遗产和传统；既需要构建新的政治关系，又需要调整原有的社会关系、利益关系和利益格局；既需要采取政府管理的新的方式、方法和运行机制，又需要改革和改造原有的管理体制和方法；既应该确定和坚持政治发展的价值取向，又必须考虑根深蒂固的传统习惯、思维方式、心理定式和价值观念，并予以合理的吸收和扬弃。这种世界现代化进程中鲜见的多方面复杂因素的纵横交错和合力作用，形成了中国政治发展方式和途径的独特性。

其五，我国政治发展是在对外开放、经济全球化趋势的外部环境下进行的。

经济的对外开放，必然进一步引发东西方政治文化的交锋。而经济的全球化趋势，则更加现实地对于各国国家主权、政治体制和政府管理方式等政治的诸方面因素产生巨大而深远的影响。中国是社会主义国家，又是最大的发展中国家，在这些外部环境的发展和变化面前，中国的改革和发展的政策方针，乃至制度选择，都应该既要考虑国际因素，又要从中国的国情出发。

三、马克思主义政治发展观与当代中国社会

在当代中国社会主义市场经济体制改革和社会转型的大背景下，对民主政治的追求与建设社会主义和谐社会，成为世人关注的热点问题，也是关系到国家成功转型与否的关键因素。马克

思主义作为中国共产党的指导思想，对类似问题也有过相关论述，我们必须从中吸取灵感，以指导我们的实践。

（一）社会转型

“社会转型”，从其字面意义上说，是指人类社会由一种存在类型向另一种存在类型的转变，它意味着社会系统内在结构的变迁，意味着人们的生产方式、生活方式、心理结构、价值观念等各方面全面而深刻的革命性变革。在当代，对于包括中国在内的所有发展中国家来说，社会转型是指在特定的国际环境中由某种非市场经济社会向市场经济社会的转变，或者用当代发展理论的术语来说，是由传统社会向现代社会的过渡。20 世纪八九十年代以来的中国社会变革既是近代以来中国社会变化趋势的继续，又在深度和广度上达到了前所未有的水平，其最重要标志之一，可以说就是社会变革已经触及社会深层结构，进入了社会转型期。

马克思认为，现代化社会转型在宏观上是从“人的依赖”的社会向“物的依赖”的社会的转变，在微观上曾经采取了从封建社会向资本主义社会过渡的形式，当然还必须通过社会主义改革开放的实践来实现。之所以强调实践，这是因为“全部社会生活在本质上是实践的”。当代中国的社会转型正是在实践中探索着一条适合中国特色的社会主义市场经济的道路，其间取得了巨大的成绩，也出现了不少问题。其中的一个主要问题就是社会阶层的分化以及由此产生的其他社会问题。

中国社会转型过程也是社会主义市场经济建立过程，市场开始在社会资源配置中扮演重要角色，资源配置方式和劳动产品分配方式的改变导致了社会转型期中利益格局的变化。由于社会各个成员在经济体制转化过程中的地位不同，社会角色不同，能力不同，导致他们的收入、获得财富的多寡出现较大差距。伴随着社会转型和利益格局的分化，过去处在同一经济状态和社会地位的人，收入和贫富差距正在不断扩大。一部分人通过合法或不合法手段成为社会富裕阶层，一部分人开始滑入社会底层，成为相对贫困的阶层。在社会转型过程中，开始出现不同利益群体，利益格局正在进行一次重组，社会发生分化。

社会分化是社会发展的一种方式，它是指社会系统中原来承担多种社会功能的某一社会结构的要素逐渐发展为承担单一社会功能的多个社会结构要素的过程。社会生活的所有领域都存在社会分化，但最为重要、起着决定作用的是社会经济领域的社会分工。随着社会生产力的发展，社会经历了三次大的社会分工：农业和畜牧业、农业和手工业、商业和农业的分工。社会发展到工业化大生产阶段，社会分工越来越精细，不同的人从事不同职业，因而形成不同的生活习惯和价值观念，而这些将会进一步加剧和固化阶层间的差距。社会分化也表现在其他社会领域，如政治领域的权力结构、社会生活领域的生活方式结构、精神生活领域的文化价值结构等，这些都反映了社会成员的差异性。

社会不平等是社会分化的必然结果，是社会地位和等级垂直分布的表现。马克思认为，经济关系的不平等是一切社会不平等的根本原因。经济关系的不平等体现在三个方面：生产资料的占有关系、生产劳动过程中的地位和作用以及劳动产品分配方式，以上各方面的差异形成了不同阶级的利益关系。

由社会转型引发的社会分化以及社会不平等，是社会转型期必然会产生的结果。关键在于我们如何对待它。首先，我们要认识到，社会分化是由社会分工引起的，而社会分工是生产力发展到一定阶段的必然产物，不因人的意志而转移，我们只能去适应它，而不是对抗它；其次，社会分工有利于社会整合，社会分工的深化，意味着人与人之间的依赖程度加深，或者说越来越离不开社会，人成为社会中的一个有机组成部分的同时，也依赖于社会为他提供给养，因而必须在一定程度上服从于社会的制度安排；最后，虽然社会分工引致了社会不平等，但如果是合理范围内的差距，则会形成一种良性竞争机制，激励着人们去奋斗，去竞争，争取向上流动，取得较好的社会地位，从而促使社会形成一种强大的动力机制，有力地推动社会发展。因此，社会分化以及由此而产生的社会不平等有其存在的合理性，我们不能因噎废食，否定社会分化的作用，但关键在于如何促进合理的社会分化和缩小当前的社会不平等。

解决由社会分化引发的社会不平等问题，重要的一点就是要通过制度保证合理的社会流动，使人们可以通过自己努力达到改善自身社会地位的目标。社会流动指的是人们在社会关系空间中从一个地位向另一地位的移动。由于社会关系空间与地理空间具有密切的联系，因此，一般把人们在地理空间的流动也归于社会流动。从个人角度看，个人所占据的多重社会地位组成个人的社会地位结构，因此广义的社会流动就是个人社会地位结构的改变。因而顺畅的社会流动则是指个人可以通过努力，实现社会地位的改变。

社会流动尽管是个人行为，但它不仅仅对个人具有意义，对整个社会结构也会产生影响。这是因为社会流动是社会资源的再分配。对于个人或群体来说，社会流动是社会地位的变化；对于社会来讲，社会流动则是个人或群体争取社会资源再分配的方式。社会根据一定的标准把社会资源分配到特定的社会位置上，以保证社会的正常运行。个人或群体通过努力，通过自己社会地位的变化来改变原有的社会资源分配状况，努力获得更多、更满意的社会资源。当社会资源的配置达到最优的时候，社会不平等问题将逐步消失。

所以，要解决目前由社会分化引起的社会不平等问题，就要注意保障合理的社会流动的实现。合理的社会流动具有质和量的规定性。社会流动是否合理应当从质和量两个方面来考察。从质的角度来说，合理的社会流动就是要坚持机会均等的原则，即所有符合条件的人具有相等的机会，而且这些条件应该可以通过社会成员自身的努力获得；从量的角度来说，应该根据社会的需要和承受力为社会流动创造机会，努力增加社会流动量，加快社会流动的速度。同时合理的社会流动还具有以下优点：第一，形成开放、动态的分层结构以取代封闭、固定的分层结构，有助于消除人与人之间的不平等。第二，合理流动能够拓宽社会各层次之间的接触界面，有助于各层之间的相互了解和相互联系，加强了社会整合程度。第三，合理流动能有效激发人的积极性和开拓进取精神，给社会系统注入活力，从而推动实现社会良性运行。

马克思曾在《德意志意识形态》中研究分工与异化的问题，指出正是现代社会的分工导致了人的异化，而他设想的解决方案还是从问题中来，极大限度的提高劳动生产率，从而把人从劳动中解放出来。当劳动成为个人生活的必需品时，人才能够回到“真正的人”。而这一目标的实现就是共产主义社会。

当代中国社会的转型，是为了理顺生产力和生产关系，是为了发挥社会主义制度的优越性。在这种目标指引下的并且没有经验可以借鉴的实践中，由社会转型而引发的社会分化、社会平等以及其他社会问题，大部分是不可避免的，我们除了要理性地对待它之外，还需要以马克思关于社会分化及人的发展的思想指导我们的实践，在建立一个完善的制度体系的同时，必须以人为本，促进社会的合理流动和人的顺利发展，从而实现社会的不断进步。

（二）民主政治与市民社会

民主政治，是凭借公共权力，和平地管理冲突，建立秩序，并实现平等、自由、人民主权等价值理念的方式和过程。民主政治的核心内涵有以下三个方面：

第一，选举。现代民主政治生活的典型方式是代议制，即民众无法直接掌握和管理政权，只能选择民众中的少数精英分子代行权力。因此，选举领导人是民主政治的第一个核心内涵。民主政治中的选举，必须满足三个条件。首先是自由选举，保障选举人的自由意志，不允许以任何方式强迫选举人。其次，定期更换领导人。再次，选举必须是选择行为，即选举人在两个以上候选人中选择一个。只有一个候选人的选举，只是推举或拥戴行为，而不是真正意义上的选举。这就意味着，两名以上的候选人必须竞争同一个职位，选民从中选择一名候选人。总之，选举是体现"主权在民原理"的最为重要的环节。

第二，各政治主体的专门化、自主化及其相互关系的制约化。从横向上看，政党、行政、立法、司法等政治机构是独立机构，即专门化了的、角色边界清晰而明确的、互不相属的结构。从纵向上看，不同层级的政治机构都是相对自主的机构，而不是只听命于上级机构的下属机构。横向的和纵向的各政治机构之间是相互制约的互动关系，而不是某一特定政治机构控制或支配其他政治机构的单向影响关系。

第三，不同意见的合法化。民主是共同体成员以普遍认同的程序和规则为依托，和平地解决利益冲突，使得各利益主体追求利益的积极行为得以持续进行的制度安排和实际行为过程。因此，按特定程序，自由发表任何不同意见是民主的根本。同时，不同意见的合法化，是自由、平等的选举和各政治机构之间纵向的和横向的制约关系得以实际运行的根本保障。

中国的民主政治，是中国共产党和中国人民在长期的革命实践中，根据社会主义民主的普遍原理和中国的具体国情而创造、发展和完善起来的，具有鲜明的中国特色。其本质和特点主要有：第一，以人民代表大会制度作为国家的根本政治制度，作为实现人民当家做主和保障公民政治权利的主要形式。第二，实行在长期革命和建设中发展起来的中国共产党领导的多党合作和政治协商制度，并以这种符合中国国情的政党制度，保障社会各阶层、各人民团体和各界爱国人士在国家政治生活、社会生活中发挥重要作用。第三，以人民政治协商会议这种爱国统一战线组织的形式，将中国共产党与各民主党派、各人民团体和社会各方面代表团结在一起，让他们通过政协对国家大政方针和社会生活的重大问题进行协商，并通过建议和批评充分发挥民主监督作用。第四，建立社会协商和对话制度，提高各级机关活动的开放程度，让人民了解国家、社会的重大情况，并将重大问题交由人民讨论。第五，实行民主选举制度。公民享有选举权和被选举权，是人民当家做主、行使国家权力的重要标志，也是公民一项最基本的政治权利。第六，加强基层民主制度建设，并将此作为保障中国公民直接、充分行使自己的民主政治权利的重要途径。第七，实行民主监督制度。公民的监督权是人民当家做主的一个重要组成部分，也是公民政治权利的一项重要内容。中国宪法和法律为公民切实行使民主监督权利提供了有效保障。第八，根据社会主义民主原则，建立人与人之间、民族与民族之间的平等关系，并建立个人与社会、集体之间的正确关系。

中国民主政治的这些本质和特点，对维护和保障广大人民享有广泛的民主权利，建设高度民主的社会主义政治制度，起到了至关重要的作用，同时民主制度的确立和市民社会的产生也有着密不可分的关系。这是因为市民社会的生长与民主法制的健全有密切的关系。

"市民社会"是一个自古典时期以来众多学者均在研究的重要问题。其英文名 Civil Society，在汉语中可以译作公民社会、文明社会或民间社会。在古代，所谓市民社会往往是指政治共同体或城邦国家，其含义与政治社会并无不同，与之相对应的则是自然(野蛮)社会。现代市民社会是对近代欧洲政治国家和市民社会相分离的现实的反映。按照《布莱克维尔政治学百科全书》的解释，市民社会是“表示国家控制之外的社会和经济安排、规则、制度”，是指“当代社会秩序中的非政治领域”。

在马克思那里，市民社会理论研究的是国家与社会的关系。在他看来，市民社会是指在生产力发展一定阶段上，以直接从生产和生活交往中发展起来的社会组织（如同业工会等）为形式，以整个的商业生活和工业生活为内容，体现着人们特定的物质交往关系，并决定着建立在其上的政治国家及其附属物的社会生活的领域，特别是经济活动的领域。马克思认为，市民社会是政治国家的基础，市民社会决定政治国家；市民社会与政治国家的分离是人类历史发展过程中的一个重要阶段，既有巨大的进步，也有历史的局限性；应从市民社会与政治国家的相互关系出发来把握社会的发展演变规律。马克思关于市民社会的精辟论述，对我们研究当代中国民主政治的形成和市民社会的成长具有指导性意义。

1992年初中国经济改革进入建立市场经济的新阶段，这就使健全民主法制、市民社会的生长以及缩小社会贫富差距等问题的提出及研究具有了现实可能的意义。虽然西方国家和东欧社会均有建设民主社会的经验及教训，但并不适用于中国，充其量只能有一些参考意义。中国市民社会的培育和生长，肯定与西方以自由经济为基础建构的市民社会有所不同，中国要建立自己的市民社会，就必须探索适合中国特色的发展模式。

市场经济的发展，使得基于经济利益要求的公民政治参与从无到有、从弱到强、从个别到普遍，直至出现了公民指控政府部门的行政诉讼乃至宪法诉讼案件，这表明中国民主政治的形式与内容已经开始走向统一，正在走向宪政和法治。市民社会是市场经济必然的社会后果，政治民主作为市民社会的保障，保持对国家的相对优势、对国家权力加以限制，使后者成为服务于自身发展的手段，是不可或缺的。中国的市民社会将在自身发展过程中把握民主政治的实质：维护和发展自己的利益，特别是经济利益，除此别无其他。首先，它的利益要求实际上就是最广大人民群众的根本利益要求。其次，市民社会对自由、秩序的追求与社会主义国家谋求人类全面解放的政治理想也是一致的。在可预见的将来，中国市民社会与国家间将发展为一种互助合作关系。市民社会将谋求更多实质性的政治性参与，而非动员式参与，并高度重视参与的有效性。而来自社会的压力将迫使国家改革自己的政治体制，兴利除弊，以产出更高质量的政治产品，来维护自己广泛的社会影响和崇高的政治地位，这将更进一步推动市民社会的发展。日渐强大的市民社会将逐步要求界定公共权力的范围，使政治改革和社会主义民主法制向纵深推进。人民民主专政的宪政架构所预留的充分的民主政治发展空间将得以实现。一个强国家——强社会的民主政治格局将在中国社会主义民主政治时代到来。

第九章　马克思主义文化理论在当代中国的运用与发展

马克思恩格斯的学术思想本质上是一种以历史哲学、社会哲学等为表现形式的文化哲学，是一种活生生的、具有强烈时代气息的文化精神。考察马克思恩格斯关于文化概念的多义性及其相互关系，深入发掘它的时代价值，并随着实践的发展不断赋予其新的时代内涵，不仅是发展马克思的文化理论的需要，同时也是发展整个马克思学说，实现马克思主义中国化、时代化、大众化的需要。

第一节　马克思恩格斯的文化理论

马克思恩格斯关于人的自由和人类解放、异化的扬弃和实践的创造本性、经济基础和上层建筑的相互关系等思想中，渗透着他们对文化的基本理解和把握，蕴含着丰富的文化理论。在马克思恩格斯看来，文化是人类社会特有的本质规定性，不只是一种具体的特质和相对独立的社会现象，而是人的本质性的存在方式和社会存在不可或缺的重要组成部门。

一、理性的文化精神

马克思恩格斯对于文化的理解，深受18世纪、19世纪西方学术思想的影响，在他们的唯物史观中也渗透着对西方文化的深刻反思和重构。他们从两个层面对文化进行了阐释。首先，从狭义的层面上而言，文化被界定为"时代精神"、"文明活的灵魂"，它的表现形式是知识、精神生活、意识形态、文化意识、文化观等。其次，马克思恩格斯在更多的意义上是把文化的概念等同于文明。文化泛指人类文明，把文化与社会生活方式、文明形态的变化联系在一起。

（一）狭义的和广义的文化概念

马克思恩格斯生活在理性文化已经高度发达的时代，他们常常从近现代的理性精神来理解文化的基本规定性。例如，马克思在《博士论文》、《〈科隆日报〉第179号的社论》中，恩格斯在《论住宅问题》中，都倾向于把文化界定为知识、艺术的精神形式，凸显了文化是"时代精神"和"文明活的灵魂"。"人民最美好、最珍贵、最隐蔽的精髓都汇集在哲学思想里"[①]，哲学必然要和自己时代的现实世界接触并相互作用，哲学获得了这样的意义："哲学已成为世界的哲学，而世界也成为哲学的世界"[②]。当然，马克思恩格斯的这种理解与黑格尔思想的影响也有一定的关联。黑格尔和费尔巴哈把人类发展史表述成一部文化观念的进化史。黑格尔的《历史哲学》以自由意识的发展为核心，展现了自由意识在历史发展的每个特定时期历史性民族所代表的特定"民族精神"或

---

① 马克思恩格斯全集(第1卷)[C].北京：人民出版社，1995，第219－220页

② 马克思恩格斯全集(第1卷)[C]:北京：人民出版社，1995，第220页

是“精神原则”,而宗教、哲学、伦理和艺术的古文化意识形态则是这些“民族精神”或“精神原则”的具体表现形式。而历史运行的真正的现实基础,不在黑格尔视野之内。作为青年黑格尔派的成员,马克思在谈论文化时,比较多地关注这种自觉的文化形式和知识形式,例如他在1844年《评“普鲁士人”的(普鲁士国王和社会改革)一文》中比较魏特林和蒲鲁东的理论水平时,就在此狭义的层面上使用文化概念:“谈到德国工人总的教育水平或他们接受教育的能力,我提请读者注意魏特林的天才著作,不管这些著作在论述技巧方面多么不如蒲鲁东,但在理论方面甚至往往胜过他。”[①]在《哥达纲领批判》中,马克思也在此意义上使用了文化概念:“因为孤立的劳动(假定它的物质条件是具备的)即使能创造使用价值,也既不能创造财富,又不能创造文化。”[②]“权利决不能超出社会的经济结构以及由经济结构制约的社会的文化发展。”[③]在这里,文化是指与经济相对应的社会制度及其意识形态,文化作为对财富的补充说明,强调的是文化的非物质性,也即精神性质。

恩格斯在《论住宅问题》中论述工业革命对社会的积极作用时,也在狭义的层面上使用了文化概念,他说:“在所有的人实行明智分工的条件下,不仅生产的东西可以满足全体社会成员丰裕的消费和造成充足的储备,而且使每个人都有充分的闲暇时间去获得历史上遗留下来的文化——科学、艺术、社交方式等等——中一切真正有价值的东西。”[④]在这里,恩格斯把文化视为科学、艺术等具体的文化形式,并认为,资本主义私有制阻碍了生产力的发展,从而限制了科学、艺术等文化上层建筑的发展。

当然,在狭义上把文化理解为经济基础之上纯粹的精神意识形式,并不是马克思恩格斯关于文化的全部理解。众所周知,马克思恩格斯在批判费尔巴哈和黑格尔的唯心主义历史观的基础上,强调要深入分析资本主义社会的内在结构和矛盾关系,即物质资料的生产和再生产活动,发掘历史发展的现实根据。与此相关,马克思恩格斯更多的是从广义的社会生活、文明形态的角度来使用文化概念。这也是为什么马克思使用文化(kultur)的次数并不是很多,大量出现的是“文明”概念的原因所在。

因此可以说,从广义的层面上看,马克思恩格斯把文化界定为文明形态,把关于文明形态的理解同关于人类社会发展的总体理解紧密结合在一起。在这样的文化概念中,不仅有物质因素和精神因素,社会的制度因素也包含其中,文明是人类生活方式和内容的统一体。在《1844年经济学哲学手稿》中,马克思从文明形态的意义上批判了粗陋空想的共产主义和社会主义,称这是“对整个文化和文明的世界的抽象否定,向贫穷的、需求不高的人——他不仅没有超越私有财产的水平,甚至从来没有达到私有财产的水平——的非自然的[④]简单状态的倒退,恰恰证明对私有财产的这种扬弃决不是真正的占有”[⑤]。在《资本论》中,马克思分析剩余价值生产的自然基础时,谈到了文明社会的产生期。他说:“在文化初期,已经取得的劳动生产力很低,但是需要也很低,需要是同满足需要的手段一同发展的,并且是依靠这些手段发展的。其次,在这个文化初期,

① 马克思恩格斯全集(第3卷)[C].北京:人民出版社,2002,第390页
② 马克思恩格斯文集(第3卷)[C].北京:人民出版社,2009,第430页
③ 马克思恩格斯文集(第3卷)[C].北京:人民出版社,2009,第435页
④ 马克思恩格斯文集(第3卷)[C].北京:人民出版社,2009,第258页
⑤ 马克思恩格斯文集(第1卷)[C].北京:人民出版社,2009,第184页

社会上依靠他人劳动来生活的那部分人的数量，同直接生产者的数量相比，是微不足道的。”[①]“在文化初期，第一类自然富源具有决定性的意义；在较高的发展阶段，第二类自然富源具有决定性的意义。”[②]可以看出，这里马克思所说的“文化初期”从文明分期角度来看，是处于蒙昧和野蛮时期的人类历史发展阶段。在《哥达纲领批判》中，马克思在批判“劳动是一切财富和一切文化的源泉”[③]、“劳动所得应当不折不扣和按照平等的权利属于社会一切成员”[④]等错误观点过程中，对文化进行了集中的论述：“资产者有很充分的理由硬给劳动加上一种超自然的创造力，因为正是由于劳动的自然制约性产生出如下的情况：一个除自己的劳动力以外没有任何其他财产的人，在任何社会的和文化的状态中，都不得不为另一些已经成了劳动的物质条件的所有者的人做奴隶。”[⑤]“因为劳动是一切财富的源泉，所以社会中的任何人不占有劳动产品就不能占有财富。因此，如果他自己不劳动，他就是靠别人的劳动生活，而且也是靠别人的劳动获得自己的文化。”[⑥]马克思认为，劳动只有在自然界和社会的基础之上才能成为文化的源泉，“文化”状态指的是人的社会性关系。正因如此，马克思才形成了关于“在社会和‘文化的状态’中人成为奴隶”的论断。这是由于压迫和剥削关系是一种人的社会关系，自然状态中只有动物性的生存竞争关系，在“文化”的状态，即资本主义剥削压迫的生产关系下，人才会成为奴隶。这里的文化特指的是一定历史时期内的社会性关系。

（二）文化：创造性的对象化活动

马克思恩格斯在关于文化的理解中倾向于强调自觉的理性精神和体现人的自由发展的文明形态，这一方面与近现代西方理性文化不断走向自觉，不断展示出促进人类社会发展的推动力量密切相关；另一方面与马克思恩格斯关于人的本质的理解具有内在的关联。因为这种自觉的理性文化精神在一定意义上突出地展示出人的实践活动，即自由自觉的对象化的本质特征。因此，从根本上讲，马克思恩格斯的文化理论是奠基于他们的实践哲学之上的，我们从他们合著的《德意志意识形态》，马克思的《1844 年经济学哲学手稿》、《关于费尔巴哈的提纲》等著作可以清楚地看到这一点。

因此，在深层次上，按照马克思的实践哲学的基本精神，文化，也称为人化，指的是人的本质力量的对象化。马克思认为，“正是在改造对象世界的过程中，人才真正地证明自己是类存在物。这种生产是人的能动的类生活。通过这种生产，自然界才表现为他的作品和他的现实”[⑦]。在马克思的视野中，“人化的自然界”，实际上被人的实践活动打上烙印的自然界，正是人的文化力量的表征，文化就表现为人类实践活动本身以及这种活动的方式及其成果的总和。通常就具体内容而言，文化包括三个相互联系的领域，“即作为主体的内在性的人的主观心态的领域、作为过程的对象化活动的领域和作为结果的对象化活动之产物的领域”[⑧]，这三个领域的有机结合表明了

① 马克思恩格斯文集(第 5 卷)[C]. 北京：人民出版社，2009，第 585 页

② 马克思恩格斯文集(第 5 卷)[C]. 北京：人民出版社，2009，第 585 页

③ 马克思恩格斯文集(第 3 卷)[C]. 北京：人民出版社，2009，第 429 页

④ 马克思恩格斯文集(第 3 卷)[C]. 北京：人民出版社，2009，第 429 页

⑤ 马克思恩格斯文集(第 3 卷)[C]. 北京：人民出版社，2009，第 428 页

⑥ 马克思恩格斯文集(第 3 卷)[C]. 北京：人民出版社，2009，第 429 页

⑦ 马克思恩格斯文集(第 1 卷)[C]. 北京：人民出版社，2009，第 163 页

⑧ 许苏民. 文化哲学[M]. 上海：上海人民出版社，1990，第 43 页

文化的实践性本质。“社会生活在本质上是实践的。凡是把理论诱入神秘主义的神秘东西，都能在人的实践中以及对这种实践的理解中得到合理的解决。”[①]文化只有与实践相联系，只有在创造性的对象化活动当中，才能展现出其本质，即马克思所强调的“人的本质力量的对象化”。

“人的本质力量的对象化”包含着丰富的内涵。第一，人依靠对象而存在。“人只有凭借现实的、感性的对象才能表现自己的生命。”[②]第二，人的对象只有对人来说才是对象。“对于没有音乐感的耳朵来说，最美的音乐也毫无意义。”[③]第三，人与对象形成“对象性关系”。第四，这种“对象性关系”表现在人既适应对象，又“占有对象”[④]。

马克思用对象化这个哲学范畴来阐述人类有目的对象性活动的过程及其结果，进而揭示劳动的实现、劳动物化为对象的事实。《1844年经济学哲学手稿》中的异化理论对创造性对象化活动作了深刻的阐述，从对象化劳动、异化劳动、人的生命活动等层面深刻阐释了关于人的本质的理解和界定，充分凸显文化是创造性对象化活动的本质特征。马克思指出，劳动是人类对象化改造世界的根本途径。劳动的实现意味着创造一定的产品，而“劳动的产品是固定在某个对象中的、物化的劳动”[⑤]。对象化表明作为主体的人的能动的、本质的力量由活动(运动)的形式转化为物质存在形式，创造出一定的客体。与对象化相对立的反向转化是非对象化。非对象化不是对象的丧失，而是对象转化为主体的活动能力，使对象由它自身存在的形式进入主体活动的形式。对象化是主体向客体的转化，非对象化是客体向主体的转化。对象化和非对象化通过对象性的活动达到具体的同一。“没有自然界，没有感性的外部世界，工人什么也不能创造。自然界是工人的劳动得以实现、工人的劳动在其中活动、工人的劳动从中生产出和借以生产出自己的产品的材料。”[⑥]人在生产中只能像自然本身那样发挥作用，只能改变自然物的形式。人在改变自然物的形式的时候，就在其中实现自己的目的。对象化就是人的有目的的对象性活动的实现。

马克思认为，人首先是自然存在物，但是，人又并非像动物一样与自然具有直接的同一性，直接呈现出来的对象不是人的对象，直接地、客观地存在着的人的感觉也不是人的感性及人的对象性。人使自己的生命活动本身变成自己的意志和意识的对象，可以不受肉体需要的支配进行生产，而这种生产才是真正的生产。人不但生产自身，而且再生产整个世界。人的生命活动即劳动是有意识的生命活动，人的感性、对象性是在劳动中产生、实现和得到确证的。“人类活动的这两方面是相互依存的，一方面，人只有在改造自然的对象化活动中，不断地再生产‘整个自然界’，以扩展属人的对象化世界；另一方面，人也只有在这种活动中‘能动地、现实地复现自己’，以实现和提升自己的本质能力。毫无疑问，人的对象化活动的这两个方面证实文化的本质内涵所在。”

黑格尔对文化的理解体现在用对象化的概念来揭示劳动的本质。但是，他把劳动仅仅看作是抽象的精神活动。黑格尔从客观唯心主义出发，认为自我意识是主体，它外化为客体，这是自我意识的对象化，即自我意识的异化，从而把对象化和异化非历史地等同起来。费尔巴哈也曾经把对象化和异化当作同义词来使用。不过，他认为对象化的主体不是自我意识，而是有血有肉

---

① 马克思恩格斯文集(第1卷)[C].北京:人民出版社,2009,第505页

② 马克思恩格斯文集(第1卷)[C].北京:人民出版社,2009,第210页

③ 马克思恩格斯文集(第1卷)[C].北京:人民出版社,2009,第191页

④ 马克思恩格斯文集(第1卷)[C].北京:人民出版社,2009,第189页

⑤ 马克思恩格斯文集(第1卷)[C].北京:人民出版社,2009,第156页

⑥ 马克思恩格斯文集(第1卷)[C].北京:人民出版社,2009,第158页

格尔主义者克罗齐认为，社会发展规律的概念是指引历史方向的规律，然而历史像诗一样，像道德意识一样，没有规律。现代西方科学哲学的代表人物波普尔也声称没有历史规律，认为历史事件只能是一次性的、不重复的，历史领域根本不存在规律性的东西。人类社会和历史的发展充满了偶然性的因素，马克思说："如果'偶然性'不起任何作用的话，那么世界历史就会带有非常神秘的性质。这些偶然性本身自然纳入总的发展过程中，并且为其他偶然性所补偿。但是，发展的加速和延缓在很大程度上是取决于这些'偶然性'的，其中也包括一开始就站在运动最前面的那些人物的性格这样一种'偶然情况'。"[①]恩格斯也指出，在资本主义社会以前，历史人物思想动机背后的动因和思想动机之间的联系是混乱而隐蔽的，当时要发现它几乎是不可能的。而在资本主义社会，这种联系已经变得非常简单，使人们有可能发现思想动机背后的动力。英、法两国的历史充分说明，资产阶级反对封建贵族、无产阶级反对资产阶级的斗争，至少是这两个最先进的国家近代历史的动力。这些阶级的产生可以归因是由于经济的原因，由于一定的生产方式所决定的。从这一点上看来，对偶然性因素、思想动机作用及其相互作用的强调并没有违背唯物史观的基本原理，而是对它的有益发展和补充。具体说来，其价值体现在以下两个方面。

首先，"历史合力论"纠正了马克思恩格斯在早期理论活动中由于反对黑格尔和费尔巴哈"精神原则"之上的需要，过分看重经济方面、轻视上层建筑反作用的局限，丰富和发展了唯物史观。它在肯定经济关系的基础之上，补充完善了上层建筑对经济基础的反作用和意识形态的相对独立性，指出历史发展是社会形态中各种主客体要素相互作用的结果，把历史唯物论和历史辩证法、历史必然性和历史偶然性、客观规律性和自觉能动性统一起来，反对了历史唯心主义和历史机械决定论。

其次，它张扬了人在社会历史中的主体地位，充分肯定了历史主体的能动作用，区别于以抽象人性论为基础的人本主义、人道主义等思潮，是马克思恩格斯文化观理论在唯物史观中最为重要的体现之一。它充分肯定作为主体的人是历史的真正创造者，坚持了历史唯物主义的群众史观。马克思恩格斯的合力论思想坚持唯物史观的基本观点，同时给出了社会发展道路多样性选择的理论依据。作为历史主体的人们在创造历史的过程中要遵循客观实际，一切从实际出发，不能超越现实。但是，一个国家在不同时期、不同阶段的基础、条件和状况是不同的，它的发展需要依赖现阶段的经济、政治、文化等各方面的实际情况，只有在对本国国情进行正确认识和深入分析的基础上对症下药，才能走出适合自己的历史发展道路。

第二节　中国化的马克思主义文化理论

中国化的马克思主义文化理论是中国化马克思主义理论的重要组成部分，是中国共产党以马克思主义理论为指导，围绕近代以来中国革命、建设和改革的不同社会矛盾，不同历史主题，在文化建设方面不断进行理论创新和实践探索的重要成果，是马克思主义文化理论的继承和发展，它反映并同时服务于近代以来中国经济社会发展的历史和现实。在中国革命、建设和改革开放的不同历史时期，形成了既坚持马克思主义基本理论立场，又紧密结合中国社会历史现实；既与马克思主义文化理论一脉相承，又不断与时俱进和改革创新的文化理论，这就是毛泽东文化理论

① 马克思恩格斯文集(第10卷)[C].北京：人民出版社，2009，第354页

和中国特色社会主义文化理论。

一、毛泽东文化理论

（一）新民主主义文化革命理论

马克思恩格斯指出："一切划时代的体系的真正的内容都是由于产生这些体系的那个时期的需要而形成起来的。所有这些体系都是以本国过去的整个发展为基础的，是以阶级关系的历史形式及其政治的、道德的、哲学的以及其他的后果为基础的。"①毛泽东新民主主义文化理论就是在中国近代反帝反封建的新民主主义革命斗争中形成的，反映了中国近代新民主主义革命的历史使命与诉求，同时，又推动着中国近代新民主主义革命的发展与进步。新民主主义文化理论是以共产主义思想为指导的，民族的、科学的、大众的文化理论，是新民主主义革命理论的重要组成部分。在《中国革命和中国共产党》、《新民主主义论》、《在延安文艺座谈会上的讲话》、《论联合政府》等重要著作中，毛泽东集中阐述了新民主主义文化的内涵、性质、途径及主体等重要内容。

1.反映与指导政治斗争和经济斗争的马克思主义文化观

在《新民主主义论》中，依据马克思主义的基本观点，毛泽东并没有在一般的意义上抽象地去说明文化的本质，而是把文化放在与经济和政治的关系中来理解，按照马克思恩格斯关于经济基础和上层建筑相互关系的原理，揭示了文化与经济、政治之间的辩证关系。毛泽东指出："一定的文化（当作观念形态的文化）是一定社会的政治和经济的反映，又给予伟大影响和作用于一定社会的政治和经济；而经济是基础，政治则是经济的集中的表现。"并强调："这是我们对于文化和政治、经济的关系及政治和经济的关系的基本观点。"②这里，毛泽东从理论上为我们揭示了经济、政治对文化的决定作用，以及文化对经济、政治的影响和指导作用，即"一定形态的政治和经济是首先决定那一定形态的文化的；然后，那一定形态的文化才又给予影响和作用于一定形态的政治和经济"③。如在中国长期的封建社会中，其政治是封建的政治，其经济是封建的经济，因而，反映和决定于这种政治和经济，同时又服务于这种政治和经济的占统治地位的文化，同样也是封建的文化。而外国资本主义对中国的侵略，使中国社会逐渐生长出了资本主义因素，中国社会的性质也逐渐由封建社会变成了一个殖民地、半殖民地半封建的社会，这种社会的政治是殖民地、半殖民地半封建的政治，经济是殖民地、半殖民地半封建的经济，因而，反映和决定于这种政治和经济，同时又服务于这种政治和经济的占统治地位的文化，同样也是殖民地、半殖民地半封建的文化。毛泽东坚持马克思主义的基本立场，从"不是人们的意识决定人们的存在，相反，是人们的社会存在决定人们的意识"④这一马克思主义基本理论出发，为正确分析和建立新民主主义文化奠定了方法论基础，并深入分析了新民主主义革命时期我们应当建立的中华民族新文化。毛泽东指出，我们要建立的中华民族新文化是与中华民族的新政治、新经济相适应的新文化，这就是反映并决定于新民主主义政治、新民主主义经济的新民主主义文化。因为中国革命的历史进程已

① 马克思恩格斯全集（第3卷）[C].北京：人民出版社，1960，第544页
② 毛泽东选集（第2卷）[C].北京：人民出版社，1991，第664页
③ 毛泽东选集（第2卷）[C].北京：人民出版社，1991，第664页
④ 马克思恩格斯文集（第2卷）[C].北京：人民出版社，2009，第591页

经进入到中国革命必须分两步走的第一步，即民主主义革命和社会主义革命的民主主义革命这一步，这里的民主主义已不是旧范畴的民主主义，而是新范畴的民主主义，是新民主主义。为此，毛泽东强调，我们要革除殖民地、半殖民地半封建的旧政治、旧经济，以及反映并决定于这种旧政治、旧经济，同时又服务于这种旧政治、旧经济的旧文化，即殖民地、半殖民地半封建的文化。

2.民族的科学的人民大众反帝反封建的文化理论实质

文化的性质决定着文化发展的方向、服务的对象和历史使命。在新民主主义革命时期，我们要建立中华民族的新文化，但是这种新文化究竟是一种什么样子的文化呢？具体说来，也就是新民主主义文化的实质到底是什么，它具有什么样的性质，为什么样的人服务，承载着什么样的历史使命？对此，毛泽东在《新民主主义论》中，从新民主主义革命的实际出发，指出："民族的科学的大众的文化，就是人民大众反帝反封建的文化，就是新民主主义的文化，就是中华民族的新文化。"①这里，毛泽东首先给我们明确了新民主主义文化反帝反封建的实质。毛泽东指出："现阶段上中国新的国民文化的内容，既不是资产阶级的文化专制主义，又不是单纯的无产阶级的社会主义，而是以无产阶级社会主义文化思想为领导的人民大众反帝反封建的新民主主义。"②因为，就新民主主义革命时期整个政治、经济和文化情况来看，当时革命的主要任务是反对外国的帝国主义和本国的封建主义，新民主主义文化的实质也必然决定并服务于这一革命的主要任务，把反对外国的帝国主义和本国的封建主义作为自身最重要的历史使命与本质。同时，毛泽东也给我们明确指出了新民主主义文化民族的、科学的、大众的基本特征。

首先，关于新民主主义文化理论的民族性特质，毛泽东指出："这种新民主主义的文化是民族的。它是反对帝国主义压迫，主张中华民族的尊严和独立的。它是我们这个民族的，带有我们民族的特性。"③新民主主义文化是中国新民主主义时期的文化，它反映着中国新民主主义革命时期半殖民地半封建社会的历史现实，表达着反对外国帝国主义压迫的现实需要与根本诉求，这就使这种新文化首先必须把反对帝国主义压迫，主张中华民族的尊严和独立作为自身最重要的历史使命，决不能和任何别的民族的帝国主义反动文化相联合，因为只有这种独立的民族的革命文化，才能在根本上完成反对外国帝国主义侵略和压迫的历史使命。而新民主主义文化作为"我们这个民族的，带有我们民族的特性"的文化，也必然要根植于中华民族的土壤之中，从内容上反映我们这个民族自身的政治、经济、文化和人民生活等的基本精神，从形式上具有我们这个民族自己的形式，即能够满足中华民族自身革命需要，有利于表达中国革命现实诉求的形式。

其次，关于新民主主义文化理论的科学性要求，毛泽东指出："这种新民主主义的文化是科学的。它是反对一切封建思想和迷信思想，主张实事求是，主张客观真理，主张理论和实践一致的。"④新民主主义文化是以马克思主义理论为指导的文化，它不仅要反对外国的帝国主义，也要彻底反对国内的封建主义。马克思主义是科学的世界观和方法论，它通过揭示人类社会发展的一般规律，为无产阶级和全人类的解放指明了科学的道路，提供了科学的思想基础。同时，科学理论和科学知识是反对封建思想和封建迷信最有效的武器，新民主主义文化理论继承了马克思主义理论的科学性，从历史唯物主义和辩证唯物主义的世界观和方法论出发，坚持新民主主义文

① 毛泽东选集(第2卷)[C].北京:人民出版社,1991,第708页

② 毛泽东选集(第2卷)[C].北京:人民出版社,1991,第706页

③ 毛泽东选集(第2卷)[C].北京:人民出版社,1991,第706页

④ 毛泽东选集(第2卷)[C].北京:人民出版社,1991,第707页

化的科学性要求，这种要求在内容上反对一切封建思想和迷信思想，主张实事求是，主张客观真理，主张理论与实践的统一，在方法上要求对待外来文化和传统文化，坚持批判与继承相结合的辩证法。因此，为了实现新民主主义革命的重大历史使命，“中国无产阶级的科学思想能够和中国还有进步性的资产阶级的唯物论者和自然科学家，建立反帝反封建反迷信的统一战线”，“共产党员可以和某些唯心论者甚至宗教徒建立在政治行动上的反帝反封建的统一战线”①。

最后，关于新民主主义文化理论的大众化立场，毛泽东指出：“这种新民主主义的文化是大众的，因而即是民主的。它应为全民族中百分之九十以上的工农劳苦民众服务，并逐渐成为他们的文化。”②新民主主义革命是无产阶级领导的，人民大众的，反对帝国主义、封建主义和官僚资本主义的革命，这就决定了新民主主义文化的大众化立场，也即民主的立场。对此，毛泽东批判了资产阶级的文化专制主义，指出：“资产阶级顽固派，在文化问题上，和他们在政权问题上一样，是完全错误的。他们不知道中国新时期的历史特点，他们不承认人民大众的新民主主义的文化。他们的出发点是资产阶级专制主义，在文化上就是资产阶级的文化专制主义。”“他们不愿工农在政治上抬头，也不愿工农在文化上抬头。”③由此看来，新民主主义文化既是大众的，也是民主的，这里的大众与民主是统一的。它不但要反映和代表全民族中百分之九十以上的工农劳苦民众的需要和利益，为实现他们在政治文化上的需要和利益服务，而且要以工农劳苦民众为主体，教育革命大众掌握革命文化，并把革命大众作为“革命文化的无限丰富的源泉”，因为“革命文化，对于人民大众，是革命的有力武器”④。

3.新民主主义革命的文化纲领

毛泽东的新民主主义文化理论确立了新民主主义革命的文化纲领，这就是无产阶级领导的人民大众的反帝反封建的文化，也即民族的科学的大众的文化。同时，毛泽东明确强调：“这种文化，只能由无产阶级的文化思想即共产主义思想去领导，任何别的阶级的文化思想都是不能领导了的。”⑤从而确立了共产主义思想在新民主主义文化中的指导地位，并因此与旧民主主义的文化理论根本区别开来。以此为基础，毛泽东进一步明确了新民主主义文化的领导力量、建设主体、主要方法和目标任务。

对于新民主主义文化的领导力量，毛泽东指出：“在‘五四’以前，中国的新文化，是旧民主主义性质的文化，属于世界资产阶级的资本主义的文化革命的一部分。在‘五四’以后，中国的新文化，却是新民主主义性质的文化，属于世界无产阶级的社会主义的文化革命的一部分。”因而，“在‘五四’以前，中国的新文化运动，中国的文化革命，是资产阶级领导的，他们还有领导作用。在‘五四’以后，这个阶级的文化思想却比较它的政治上的东西还要落后，就绝无领导作用，至多在革命时期在一定程度上充当一个盟员，至于盟长资格，就不得不落在无产阶级文化思想的肩上”⑥。而中国共产党作为中国政治生力军无产阶级的代表，就必须担当起领导新民主主义文化的历史使命，掌握新民主主义文化建设的领导权。

---

① 毛泽东选集(第2卷)[C].北京：人民出版社，1991，第707页

② 毛泽东选集(第2卷)[C].北京：人民出版社，1991，第708页

③ 毛泽东选集(第2卷)[C].北京：人民出版社，1991，第704页

④ 毛泽东选集(第2卷)[C].北京：人民出版社，1991，第708页

⑤ 毛泽东选集(第2卷)[C].北京：人民出版社，1991，第698页

⑥ 毛泽东选集(第2卷)[C].北京：人民出版社，1991，第698页

对于新民主主义文化建设的主体，毛泽东从人民群众是社会历史和精神财富创造者的立场出发，强调："中国历来只是地主有文化，农民没有文化。可是地主的文化是由农民造成的，因为造成地主文化的东西，不是别的，正是从农民身上掠取的血汗。"[①]人民大众是文化的无限丰富的源泉，是新民主主义文化建设的根本，新民主主义文化必须来源于人民大众，同时又服务于人民大众。

对于新民主主义文化建设的方法，毛泽东则坚持辩证的方法，提出对于其他民族的文化要广泛吸引和借鉴，要"同一切别的民族的社会主义文化和新民主主义文化相联合，建立互相吸收和互相发展的关系，共同形成世界的新文化；但是决不能和任何别的民族的帝国主义反动文化相联合"，要"大量吸引外国的先进文化，作为自己文化食粮的原料"。[②] 对于本民族的传统文化则要批判地继承，把中国无产阶级的科学思想和中国还有进步性的资产阶级的唯物论者和自然科学家结合起来，建立反帝反封建反迷信的统一战线，但决不能和任何反动的唯心论建立统一战线，因为"中国现时的新文化也是从古代的旧文化发展而来，因此，我们必须尊重自己的历史，决不能割断历史。但是这种尊重，是给历史以一定的科学的地位，是尊重历史的辩证法的发展，而不是颂古非今，不是赞扬任何封建的毒素"[③]。

对于新民主主义文化的目标任务，毛泽东指出："在现时，毫无疑义，应该扩大共产主义思想的宣传，加紧马克思列宁主义的学习，没有这种宣传和学习，不但不能引导中国革命到将来的社会主义阶段上去，而且也不能指导现时的民主革命达到胜利。"[④]这里毛泽东为新民主主义文化提出两个总体目标：一是指导"现时的民主革命达到胜利"，二是"引导中国革命到将来的社会主义阶段上去"。同时，又给明确提出了两项主要任务，即"加紧马克思主义的学习"和"扩大共产主义思想的宣传"。而后者则表现为前者的前提。

毛泽东的新民主主义文化理论作为新民主主义政治经济等的反映，对于促进中国政治经济社会的变革具有重要的历史作用和现实意义。它是新民主主义革命时期中国共产党领导中国人民争取民族独立、人民解放和国家富强的重要思想武器，是马克思主义文化理论在中国新民主主义革命条件下的继承和发展。作为毛泽东新民主主义革命理论的重要内容，它有力推动了中国新民主主义革命的历史进程，成功解决了文化发展中的一系列重大问题，确立了当代中国马克思主义文化理论发展的基本构架。

（二）社会主义文化建设理论

1. 社会主义文化建设作为社会主义现代化建设的本质内容，对于社会主义国家屹立于世界具有重要意义

在新民主主义革命时期，毛泽东就十分重视文化的重要地位和作用，指出："革命文化，在革命前，是革命的思想准备；在革命中，是革命总战线中的一条必要和重要的战线。而革命的文化工作者，就是这个文化战线上的各级指挥员。'没有革命的理论，就不会有革命的运动'，可见革

① 毛泽东选集(第 1 卷)[C].北京：人民出版社，1991，第 39 页
② 毛泽东选集(第 2 卷)[C].北京：人民出版社，1991，第 706 页
③ 毛泽东选集(第 2 卷)[C].北京：人民出版社，1991，第 708 页
④ 毛泽东选集(第 2 卷)[C].北京：人民出版社，1991，第 706 页

命的文化运动对于革命的实践运动具有何等的重要性。”①社会主义制度确立以后，对于文化建设在整个社会主义现代化建设中的重要地位和作用，毛泽东坚持从马克思主义的基本观点出发加以把握，认为“诚然，生产力、实践、经济基础，一般地表现为主要的决定的作用，谁不承认这一点，谁就不是唯物论者。然而，生产关系、理论、上层建筑这些方面，在一定条件之下，又转过来表现其为主要的决定的作用，这也是必须承认的”②。毛泽东以对文化与政治、经济等辩证关系的科学分析为基础，在新中国成立之初就明确指出：“随着经济建设的高潮的到来，不可避免地将要出现一个文化建设的高潮。中国人被人认为不文明的时代已经过去了，我们将以一个具有高度文化的民族出现于世界。”③由此，毛泽东不仅客观揭示了我国进入社会主义社会以后“文化建设的高潮”的历史必然性，而且也指出了文化建设作为社会主义现代化建设的重要组成部分，以及社会主义文化作为社会主义社会的本质内容，对于社会主义国家“出现于世界”的重要意义，也即与资本主义国家相比，社会主义国家的优越性不只是体现为经济的更加强大与更快发展，同时也体现为文化的更加繁荣与更好进步。

2.社会主义文化建设必须坚持马克思主义指导和中国共产党领导的根本要求

一个社会倡导什么样的文化，弘扬什么样的价值观，体现着这个社会占统治地位的政党的性质，反映着这个社会占统治地位的指导思想。而一个社会占统治地位的政党的性质，通常也决定着这个社会占统治地位的指导思想；反之，一个社会占统治地位的指导思想，也决定着这个社会占统治地位的政党的性质。一个社会占统治地位的指导思想与占统治地位的政党性质的这种相互关联，反映着指导思想与政党性质的内在统一性。因此，一个社会文化建设的健康发展不仅必须坚持正确的指导思想，而且也要坚持正确的政党领导，二者紧密联系，合二为一，统一为一个社会文化建设健康发展的根本要求。“领导我们事业的核心力量是中国共产党。指导我们思想的理论基础是马克思列宁主义。”④在中国革命和建设的各个历史时期，毛泽东始终重视强调中国共产党在我国革命和社会主义建设各项事业中的领导地位，始终重视强调马克思主义的指导地位。1939 年冬季，毛泽东在《中国革命和中国共产党》中就明确指出：“中国革命是包括资产阶级民主主义性质的革命（新民主主义的革命）和无产阶级社会主义性质的革命、现在阶段的革命和将来阶段的革命这样两重任务的。而这两重革命任务的领导，都是担负在中国无产阶级的政党——中国共产党的双肩之上，离开了中国共产党的领导，任何革命都不能成功。”在 1945 年 4 月中国共产党第七次全国代表大会的政治报告中，毛泽东又指出，“我们的党从它一开始，就是一个以马克思列宁主义的理论为基础的党，这是因为这个主义是全世界无产阶级的最正确最革命的科学思想的结晶。马克思列宁主义的普遍真理一经和中国革命的具体实践相结合，就使中国革命的面目为之一新”。坚持中国共产党的领导地位和马克思主义的指导思想，是毛泽东在长期的革命实践中总结出来，为社会主义文化建设确立的根本要求。

在马克思主义看来，共产主义“将是这样一个联合体，在那里，每个人的自由发展是一切人的自由发展的条件”。人的全面发展作为共产主义的根本特征和马克思主义的终极追求，具体到毛泽东的社会主义文化建设理论中，就是对社会主义国家拥有现代科学文化的实践诉求。毛泽东

① 毛泽东选集(第 2 卷)[C].北京：人民出版社，1991，第 708 页
② 毛泽东选集(第 1 卷)[C].北京：人民出版社，1991，第 325 页
③ 毛泽东文集(第 5 卷)[C].北京：人民出版社，1996，第 345 页
④ 毛泽东文集(第 6 卷)[C].北京：人民出版社，1999，第 350 页

认为,“我们中国是处在经济落后和文化落后的情况中。在革命胜利以后,我们的任务主要地就是发展生产和发展文化教育”。在1954年9月召开的第一届全国人民代表大会第一次会议上,毛泽东明确提出,我们要“准备在几个五年计划之内,将我们现在这样一个经济上文化上落后的国家,建设成为一个工业化的具有高度现代文化程度的伟大的国家”。之后,毛泽东多次强调建设具有“现代科学文化的社会主义国家”的目标任务,1957年2月,他在《关于正确处理人民内部矛盾的问题》讲话中提出,要“将我国建设成为一个具有现代工业、现代农业和现代科学文化的社会主义国家”。1957年3月,在全国宣传工作会议讲话中,毛泽东又强调:“我们一定会建设一个具有现代工业、现代农业和现代科学文化的社会主义国家。”为此,毛泽东要求:“我国人民应该有一个远大的规划,要在几十年内,努力改变我国在经济上和科学文化上的落后状况,迅速达到世界上的先进水平。”这就意味着我们必须坚持社会主义文化建设为人民服务,为整个社会主义事业服务的发展方向,“有步骤地谨慎地进行旧有学校教育事业和旧有社会文化事业的改革工作,争取一切爱国的知识分子为人民服务”,必须“领导全国人民克服一切困难,进行大规模的经济建设和文化建设,扫除旧中国所留下来的贫困和愚昧,逐步地改善人民的物质生活和提高人民的文化生活”[①]。这里,毛泽东始终坚持在文化建设和经济建设二者的统一中认识和把握整个社会主义建设事业。

3.社会主义文化建设“百花齐放、百家争鸣”“古为今用、洋为中用”的基本方针

生产资料私有制的社会主义改造完成,标志着我国社会主义制度的基本建立,从此,落后的社会生产力不能满足人民群众日益增长的物质文化需要成为我国社会的主要矛盾,适应生产力快速发展的要求,积极建设社会主义政治、迅速发展社会主义经济和大力繁荣社会主义文化成为我国社会主义建设面临的主要任务。其中文化自身的复杂性和特殊性,使社会主义文化建设在人们的思想观念上面临一系列困惑,毛泽东从文化发展的客观规律出发,坚持马克思主义唯物辩证法关于对立统一的方法论立场,结合“国家需要迅速发展经济和文化的迫切要求”[②],针对文化发展的不同领域,为我国社会主义文化建设提出了“百花齐放、百家争鸣”和“古为今用、洋为中用”的基本方针。事实上,1942年5月,毛泽东在延安文艺座谈会上的讲话中,就提出过“应该容许各种各色艺术品的自由竞争”。1956年4月,在中共中央政治局扩大会议上的总结讲话中,毛泽东提出:“艺术问题上的百花齐放,学术问题上的百家争鸣,我看应该成为我们的方针。”并强调讲学术,要“这种学术也可以讲,那种学术也可以讲,不要拿一种学术压倒一切”[③]。对于“百花齐放、百家争鸣”的方针,毛泽东指出,就是要提倡“艺术上不同的形式和风格可以自由发展,科学上不同的学派可以自由争论”,要反对“利用行政力量,强制推行一种风格,一种学派,禁止另一种风格,另一种学派”,因为“艺术和科学中的是非问题,应当通过艺术界科学界的自由讨论去解决,通过艺术和科学的实践去解决,而不应当采取简单的方法去解决”,简单的行政的方法都只“会有害于艺术和科学的发展”。[④] 对当时一些人关于坚持“百花齐放、百家争鸣”的方针会不会削弱马克思主义在思想文化上的指导地位,会不会造成对马克思主义、共产党和人民政府过多的批评等人们思想上的担忧等问题,毛泽东运用对立统一的辩证法分析指出:“正确的东西总是在同错误的

---

① 毛泽东文集(第5卷)[C].北京:人民出版社,1996,第348页

② 毛泽东文集(第7卷)[C].北京:人民出版社,1999,第229页

③ 毛泽东文集(第7卷)[C].北京:人民出版社,1999,第54页

④ 毛泽东文集(第7卷)[C].北京:人民出版社,1999,第229页

东西作斗争的过程中发展起来的。真的、善的、美的东西总是在同假的、恶的、丑的东西相比较而存在，相斗争而发展的。”[①]“实行百花齐放、百家争鸣的方针，并不会削弱马克思主义在思想界的领导地位，相反地正是会加强它的这种地位。”[②]毛泽东还强调：“马克思主义是科学真理。不怕批评，它是批评不倒的。共产党、人民政府也是这样，也不怕批评，也批评不倒。”

马克思指出：“历史不外是各个世代的依次交替。每一代都利用以前各代遗留下来的材料、资金和生产力；由于这个缘故，每一代一方面在完全改变了的环境下继续从事所继承的活动，另一方面又通过完全改变了的活动来变更旧的环境。”这里，马克思给我们揭示的不仅是历史发展的继承性和超越性法则，而且也给我们揭示了文化发展的继承性和超越性本质，即任何文化的发展都必须利用以前各代创造的文化，包括其他各民族的各代文化，因为任何文化都不能是任意展开的，没有任何历史条件的，而是有其现实前提的，在一定的历史条件下进行的。因此，如何对待以前各代的文化，如何对待其他各民族的文化，也就是外来文化，就是文化发展的一个重要问题。毛泽东的社会主义文化建设理论，从历史的逻辑出发，提出了对待传统文化和外来文化的基本方针，即“古为今用、洋为中用”。在如何对待中国传统文化的问题上，毛泽东提出要坚持“向古人学习是为了现在的活人”的“古为今用”方针。因为“中国的长期封建社会中，创造了灿烂的古代文化。清理古代文化的发展过程，剔除其封建性的糟粕，吸收其民主性的精华，是发展民族新文化提高民族自信心的必要条件”；“学习我们的历史遗产，用马克思主义的方法给以批判的总结，是我们学习的另一任务。我们这个民族有数千年的历史，有它的特点，有它的许多珍贵品。对于这些，我们还是小学生”，因此，“我们必须尊重自己的历史，决不能割断历史”。毛泽东强调，“我们必须继承一切优秀的文学艺术遗产，批判地吸收其中一切有益的东西，作为我们从此时此地的人民生活中的文学艺术原料创造作品时候的借鉴。有这个借鉴和没有这个借鉴是不同的”。在如何对待外来文化的问题上，毛泽东提出要坚持“向外国人学习是为了今天的中国人”的“洋为中用”方针。毛泽东指出：“我们的方针是，一切民族、一切国家的长处都要学，政治、经济、科学、技术、文学、艺术的一切真正好的东西都要学。”“世界上所有国家的有益的东西，我们都要学。”毛泽东特别强调，“对于外国文化，排外主义的方针是错误的，应当尽量吸收进步的外国文化，以为发展中国新文化的借鉴”。“每个民族都有它的长处，不然它为什么能存在？为什么能发展？”无论是对待传统文化还是外来文化，毛泽东都强调要坚持一分为二的批判继承原则，坚持“排泄其糟粕，吸收其精华”，坚决反对全盘照搬或全盘否定的错误做法，包括在传统文化上的复古主义和虚无主义，在外来文化上的排外主义和全盘西化等。毛泽东指出：“继承中国过去的思想和接受外来思想，并不意味着无条件地照搬，而必须根据具体条件加以采用，使之适合中国的实际。我们的态度是批判地接受我们自己的历史遗产和外国的思想。我们既反对盲目接受任何思想，也反对盲目抵制任何思想。我们中国人必须用我们自己的头脑进行思考，并决定什么东西能在我们自己的土壤里生长起来。”

关于社会主义文化建设，毛泽东针对不同领域还提出了不同要求，如就整个国家和全民族的文化水平来说，发展社会主义文化要坚持普及和提高相结合的原则；就文化发展的手段上来说，社会主义文化建设要正确开展文化批评。此外，毛泽东还提出在社会主义文化建设中要团结知识分子，发挥知识分子的作用，建设一支强大的知识分子队伍等。毛泽东的社会主义文化建设理

① 毛泽东文集(第7卷)[C].北京：人民出版社，1999，第230页

② 毛泽东文集(第7卷)[C].北京：人民出版社，1999，第232页

论，在社会主义建设条件下进一步丰富和发展了马克思主义文化理论，在很大程度上推动了社会主义建设时期文化的发展繁荣，并从总体上为中国特色社会主义文化理论的不断丰富发展明确了思路，奠定了基础。

二、中国特色社会主义文化理论

“中国特色社会主义文化”的概念产生于1991年，是江泽民在1991年7月1日庆祝中国共产党成立70周年纪念大会上，代表党中央第一次明确提出的。江泽民指出，“有中国特色社会主义的经济、政治、文化，是有机统一、不可分割的整体”①，“我们应该牢牢把握有中国特色社会主义文化的这些基本要求”②。而中国特色社会主义文化理论体系则是改革开放以来，在改革开放的社会主义建设实践中逐步形成的，并随着中国特色社会主义建设实践的不断深入而不断丰富和发展。到目前为止，中国特色社会主义文化理论体系主要包括邓小平理论强调以发展高度的社会主义精神文明为核心的文化建设思想、“三个代表”重要思想强调坚持社会主义先进文化前进方向的文化建设理论和科学发展观强调推动社会主义文化大发展大繁荣的文化发展战略等主要内容。

（一）邓小平理论强调以发展高度的社会主义精神文明为核心的文化建设思想

1978年中国共产党第十一届三中全会，深刻总结了新中国成立以来我国社会主义革命和建设30年的经验教训，确定了把党和国家的工作重心转移到社会主义经济建设上来的思想路线，从而开创了“把马克思主义的普遍真理同我国的具体实际结合起来，走自己的道路，建设有中国特色的社会主义”③的新的发展道路，我国的文化建设也由此进入中国特色社会主义文化建设改革开放的新时期。在领导开辟建设中国特色社会主义道路的改革开放过程中，邓小平根据新的历史条件，在继承马克思主义和毛泽东文化理论的基础上，创造性地阐述了改革开放时期社会主义文化建设的一系列思想路线和方针政策，尤其是关于高度社会主义精神文明建设的思想，从而与邓小平关于新时期社会主义经济建设和政治建设等思想共同构成了邓小平理论的重要内容。邓小平强调：“社会主义的本质，是解放生产力，发展生产力，消灭剥削，消除两极分化，最终达到共同富裕。”从这个基点出发，他论述了社会主义文化建设，也就是社会主义精神文明建设在社会主义建设中的地位和作用，社会主义文化建设的目标任务以及基本内容等。

关于社会主义文化建设的重要地位和作用，邓小平始终坚持社会主义精神文明是社会主义社会的本质特征，是社会主义制度优越性的重要体现，是社会主义现代化建设的重要保证。邓小平特别强调：“没有这种精神文明，没有共产主义思想，没有共产主义道德，怎么能建设社会主义？”“精神文明建设是实现四个现代化的重要保证。”“社会主义制度的优越性表现在它的文化、科学技术水平应该比资本主义发展得更快、更先进，这才称得起社会主义，称得起先进的社会制度。”同时，邓小平从中国特色社会主义事业发展全局出发，提出“我们要在建设高度物质文明的同时，提高全民族的科学文化水平，发展高尚的丰富多彩的文化生活，建设高度的社会主义精神

---

① 江泽民文选(第1卷)[C].北京：人民出版社，2006，第161页

② 江泽民文选(第1卷)[C].北京：人民出版社，2006，第158页

③ 邓小平文选(第3卷)[C].北京：人民出版社，1993，第3页

文明”。物质文明和精神文明都搞好，才是有中国特色的社会主义，因此，要一手抓物质文明建设，一手抓精神文明建设，要“两手抓、两手都要硬”。邓小平指出：“随着经济的发展，如果不注意精神文明建设，就有很大的危险。精神文明是十分重要的一件事，特别是有理想、有道德、有纪律和艰苦奋斗。这也不是抓一年两年的事，要一直抓到底。”“不加强精神文明的建设，物质文明的建设也要受破坏，走弯路。光靠物质条件，我们的革命和建设都不可能胜利。”[①]关于社会主义文化建设的目标任务，邓小平强调，社会主义精神文明建设的根本任务是适应改革开放和社会主义现代化建设的需要，培育有理想、有道德、有文化、有纪律的社会主义公民，提高整个中华民族的思想道德素质和科学文化素质。关于社会主义文化建设的基本内容，邓小平强调要加强马克思主义理论、共产主义理想信念、爱国主义和社会主义、艰苦创业精神等思想道德建设，要把教育放在社会主义现代化建设的重要地位，加强科学技术人才的培养。对此，邓小平曾明确指出：“我们要实现现代化，关键是科学技术要能上去。发展科学技术，不抓教育不行。”

（二）“三个代表”重要思想强调坚持社会主义先进文化前进方向的文化建设理论

随着建设中国特色社会主义实践的不断发展，中国共产党对社会主义精神文明建设和文化建设规律的认识不断深化，中国共产党第十三届四中全会以来，逐步形成了“三个代表”重要思想的文化建设理论。“三个代表”重要思想是对马克思主义、毛泽东思想和邓小平理论的继承与发展。“三个代表”重要思想结合新的实践，在邓小平理论的基础上，进一步回答了什么是社会主义、怎样建设社会主义等重大理论问题，集中阐释了中国先进生产力的发展要求、中国先进文化的前进方向和中国最广大人民的根本利益的基本内涵。“三个代表”重要思想的文化建设理论作为“三个代表”重要思想的有机组成部分和重要内容，在社会主义改革开放的新时期，继承了毛泽东思想的文化建设理论和邓小平理论的文化建设思想，反映当代世界和中国的发展变化对社会主义文化建设的新要求，突出了代表中国先进文化前进方向的重大意义，进一步明确了社会主义文化建设的战略地位、根本要求、方法途径和目标任务。

关于社会主义文化建设的战略地位，“三个代表”重要思想突出强调了文化对于增强民族和国家的凝聚力、生命力和综合国力的重要意义。江泽民指出：“人类社会发展的历史证明，一个民族，物质上不能贫困，精神上也不能贫困，只有物质和精神都富有，才能成为一个有强大生命力和凝聚力的民族。”“有中国特色社会主义的文化，是凝聚和激励全国各族人民的重要力量，是综合国力的重要标志。”“一个民族、一个国家，如果没有自己的精神支柱，就等于没有灵魂，就会失去凝聚力和生命力。有没有高昂的民族精神，是衡量一个国家综合国力强弱的一个重要尺度。”关于社会主义文化建设的根本要求，“三个代表”重要思想突出强调要反映马克思主义关于建设社会主义新社会的本质，代表中国先进文化的前进方向。江泽民指出：“我们建设有中国特色社会主义的各项事业，我们进行的一切工作，既要着眼于人民现实的物质文化生活需要，同时又要着眼于促进人民素质的提高，也就是要努力促进人的全面发展。这是马克思主义关于建设社会主义新社会的本质要求。”社会主义文化建设必须“牢牢把握中国先进文化的发展趋势和要求，坚持以马克思列宁主义、毛泽东思想、邓小平理论为指导，立足于建设有中国特色社会主义的实践，着眼于世界科学文化发展的前沿，不断发展健康向上、丰富多彩的，具有中国风格、中国特色的社会主义文化，满足人民群众日益增长的精神文化需求，引导广大人民群众从思想上精神上正确武装

① 邓小平文选(第3卷)[C].北京：人民出版社，1993，第144页

和不断提高起来”。关于社会主义文化建设的方法途径,“三个代表”重要思想突出强调要坚持马克思主义的立场、观点、方法,坚持马克思主义的基本原理,贯彻解放思想、实事求是的思想路线。江泽民指出,社会主义文化建设要“以科学的理论武装人,以正确的舆论引导人,以高尚的精神塑造人,以优秀的作品鼓舞人”。因此,创新科学理论、营造正确舆论、宣扬高尚情操、打造优秀作品,就是社会主义文化建设的主要方法途径。关于社会主义文化建设的目标任务,“三个代表”重要思想突出强调以社会主义先进文化推进有理想、有道德、有文化、有纪律的公民教育。江泽民指出,“建设有中国特色社会主义的文化,就是以马克思主义为指导,以培育有理想、有道德、有文化、有纪律的公民为目标,发展面向现代化、面向世界、面向未来的,民族的科学的大众的社会主义文化”,从而不断满足人民日益增长的精神文化需要,不断促进人民思想道德素质和科学文化水平的提高,为发展经济、发展生产力指引正确的前进方向和提供强大的智力支持。

(三)科学发展观强调推动社会主义文化大发展大繁荣的文化发展战略

进入 21 世纪新阶段,改革开放以来社会主义建设取得的巨大成就,使中国社会发展面临的主要矛盾出现了新的特征,形成了以人为本科学发展的新主题,产生了人们对于发展的新需要。同时,世界发展出现的新情况新趋势,使文化越来越成为民族凝聚力和创造力的重要源泉,越来越成为综合国力竞争的重要因素。反映国内和世界发展的新变化、新特征、新趋势,中国共产党结合中国经济社会发展的实际,总结改革开放以来社会主义建设的成就和经验,明确提出了科学发展观,强调要坚持以人为本,树立全面、协调、可持续的发展观,促进经济社会和人的全面发展。从而进一步回答了什么是发展、为什么发展和怎样发展等重大理论问题,赋予马克思主义关于发展理论以新的时代内涵和实践要求。社会主义文化大发展大繁荣理论是科学发展观科学理论体系的重要内容,它明确了中国进入全面建设小康社会新阶段社会主义文化大发展大繁荣的重要地位、指导思想、基本方针、主要内容和体制机制。

关于社会主义文化大发展大繁荣的重要地位,胡锦涛着眼于中华民族高度的文化自觉和文化自信,着眼于中华民族的伟大复兴,指出:“一个没有文化底蕴的民族,一个不能不断进行文化创新的民族,是很难发展起来的,也是很难自立于世界民族之林的。”“当今时代,文化在综合国力竞争中的地位日益重要。谁占据了文化发展的制高点,谁就能够更好地在激烈的国际竞争中掌握主动权。人类文明进步的历史充分表明,没有先进文化的积极引领,没有人民精神世界的极大丰富,没有全民族创造精神的充分发挥,一个国家、一个民族不可能屹立于世界先进民族之林。”关于社会主义文化大发展大繁荣的指导思想,胡锦涛从深入贯彻落实科学发展观出发,坚持马克思主义是我们立党立国的根本指导思想,是社会主义意识形态建设的旗帜和灵魂。胡锦涛指出:“马克思列宁主义、毛泽东思想、邓小平理论和‘三个代表’重要思想,是我们立党立国的根本指导思想,是全党全国各族人民的共同精神支柱,也是我们战胜艰难险阻、抵御错误思想干扰的强大思想武器。”促进社会主义文化大发展大繁荣,必须高举中国特色社会主义伟大旗帜,坚持以邓小平理论和“三个代表”重要思想为指导,深入贯彻落实科学发展观,把坚持马克思主义基本原理同推进马克思主义中国化结合起来。关于社会主义文化大发展大繁荣的基本方针,胡锦涛继承并发展了毛泽东思想、邓小平理论和江泽民“三个代表”重要思想关于文化建设的基本方针,他指出:“和谐文化既是和谐社会的重要特征,也是实现社会和谐的精神动力。建设和谐文化,是构建社会主义和谐社会的重要任务,也是构建社会主义和谐社会的重要条件。”要坚持从中国国情出发,坚持解放思想、实事求是、与时俱进,坚持社会主义先进文化前进方向,坚持以人为本,充分发挥人在文化建设中的主体作用,“推动社会主义先进文化更加深入人心,推动社会主义精神文明和物质文明全面发展,不断开创全民族文化创造活力持续进发、社会文化生活更加丰富多彩、人民基本文化权益得到更好保障、人民思想道德素质和科学文化素质全面提高的新局面,建设中华民族共有精神家园”。关于社会主义文化大发展大繁荣的主要内容,胡锦涛坚持社会主义核心价值体系是社会主义意识形态的本质体现,并从推动中华文化走向世界和人民群众日益增长的文化需要出发,强调推动社会主义文化大发展大繁荣,要加强社会主义核心价值体系建设,大力发展繁荣文化事业和文化产业,为人民群众提供更多更好的文化产品和文化服务,满足人民群众日益增长的精神文化需求,提高全社会的文化生活质量。关于社会主义文化大发展大繁荣的体制机制。胡锦涛坚持“推进文化发展,基础在继承,关键在创新。继承和创新,是一个民族文化生生不息的两个重要轮子”的方法论立场,揭示了深化改革、加快发展,是兴起社会主义文化建设新高潮、提高国家文化软实力的必由之路。胡锦涛强调,要按照实现科学发展的必然要求,以体制和机制创新为重点,深入推进文化体制改革,加强公共文化服务体系建设,完善文化产业政策,加快文化产业结构调整,推动社会主义文化建设和社会主义的经济建设、政治建设、社会建设协调发展。

(四)建设社会主义文化强国,着力提高国家文化软实力

习近平在中共中央政治局第十二次集体学习时发表了讲话。他指出,提高国家文化软实力,要努力夯实国家文化软实力的根基。要坚持走中国特色社会主义文化发展道路,深化文化体制改革,深入开展社会主义核心价值体系学习教育,广泛开展理想信念教育,大力弘扬民族精神和时代精神,推动文化事业全面繁荣、文化产业快速发展。夯实国内文化建设根基,一个很重要的工作就是从思想道德抓起,从社会风气抓起,从每一个人抓起。要继承和弘扬我国人民在长期实践中培育和形成的传统美德,坚持马克思主义道德观、坚持社会主义道德观,在去粗取精、去伪存真的基础上,坚持古为今用、推陈出新,努力实现中华传统美德的创造性转化、创新性发展,引导人们向往和追求讲道德、尊道德、守道德的生活,让 13 亿人的每一分子都成为传播中华美德、中华文化的主体。

习近平强调,提高国家文化软实力,要努力传播当代中国价值观念。当代中国价值观念,就是中国特色社会主义价值观念,代表了中国先进文化的前进方向。我国成功走出了一条中国特色社会主义道路,实践证明我们的道路、理论体系、制度是成功的。要加强提炼和阐释,拓展对外传播平台和载体,把当代中国价值观念贯穿于国际交流和传播方方面面。

习近平强调,中国梦的宣传和阐释,要与当代中国价值观念紧密结合起来。中国梦意味着中国人民和中华民族的价值体认和价值追求,意味着全面建成小康社会、实现中华民族伟大复兴,意味着每一个人都能在为中国梦的奋斗中实现自己的梦想,意味着中华民族团结奋斗的最大公约数,意味着中华民族为人类和平与发展作出更大贡献的真诚意愿。

习近平指出,提高国家文化软实力,要努力展示中华文化独特魅力。在 5000 多年文明发展进程中,中华民族创造了博大精深的灿烂文化,要使中华民族最基本的文化基因与当代文化相适应、与现代社会相协调,以人们喜闻乐见、具有广泛参与性的方式推广开来,把跨越时空、超越国度、富有永恒魅力、具有当代价值的文化精神弘扬起来,把继承传统优秀文化又弘扬时代精神、立足本国又面向世界的当代中国文化创新成果传播出去。要系统梳理传统文化资源,让收藏在禁宫里的文物、陈列在广阔大地上的遗产、书写在古籍里的文字都活起来。要以理服人,以文服人,

以德服人，提高对外文化交流水平，完善人文交流机制，创新人文交流方式，综合运用大众传播、群体传播、人际传播等多种方式展示中华文化魅力。

习近平强调，要注重塑造我国的国家形象，重点展示中国历史底蕴深厚、各民族多元一体、文化多样和谐的文明大国形象，政治清明、经济发展、文化繁荣、社会稳定、人民团结、山河秀美的东方大国形象，坚持和平发展、促进共同发展、维护国际公平正义、为人类作出贡献的负责任大国形象，对外更加开放、更加具有亲和力、充满希望、充满活力的社会主义大国形象。

习近平指出，提高国家文化软实力，要努力提高国际话语权。要加强国际传播能力建设，精心构建对外话语体系，发挥好新兴媒体作用，增强对外话语的创造力、感召力、公信力，讲好中国故事，传播好中国声音，阐释好中国特色。对中国人民和中华民族的优秀文化和光荣历史，要加大正面宣传力度，通过学校教育、理论研究、历史研究、影视作品、文学作品等多种方式，加强爱国主义、集体主义、社会主义教育，引导我国人民树立和坚持正确的历史观、民族观、国家观、文化观，增强做中国人的骨气和底气。

第三节　中国化马克思主义的创新——社会主义和谐文化建设

文化是一个民族生存和发展深层理念的表征，是国家经济与政治以及社会生活在观念形态上的反映，是促进社会和谐发展的精神动力，是维系社会安定团结的精神纽带。民族的振兴，离不开文化的复兴；国家的富强，离不开文化的进步；社会的和谐，离不开文化的滋润。在构建社会主义和谐社会的进程中，和谐文化是实现社会和谐的文化源泉和精神动力，加强对和谐文化的研究，既是和谐社会实践的内在需要，也是深化文化理论创新的紧迫要求。

一、和谐文化的内涵

和谐作为普遍的本质范畴，它内在地包含和谐文化于自身之内。从直观上讲，和谐文化是具有和谐性状的文化，但是要从本质上阐明和谐文化的内蕴，特别是阐明和谐文化与和谐政治、经济、社会以及与先进文化等的关系问题却并非易事。

（一）和谐文化内蕴

和谐文化，顾名思义，就是和谐的文化。虽然其内涵远不如此，但这种理解却能为我们提供科学认识和谐文化内蕴的切入点。如果从词汇结构来具体分析“和谐文化”，“和谐”是定语，而落脚点是“文化”。由于“和谐”的内涵已经十分明确，这里仅对“文化”范畴进行限定，以便清晰地明确“和谐文化”概念的内蕴。

关于文化，人们很难达成共识，作出一个准确、完善的定义。从学界对文化概念的考察来看，有从中西词源详尽追溯的，有从不同学科角度仔细审研的，也有从哲学视野进行反思的，还有从研究现状进行归纳总结的……应有尽有。综观古今中外已有的上百条文化定义，似无必要在诸多定义之上，再来给文化下所谓更新、更科学的定义了。但对于和谐文化的研究又需要我们对文化概念有一个基本的认识，否则下一步的研究工作将很难深入展开。有鉴于此，我们将着重分析理论界最常用的或普通教科书中作为特定框架的广义与狭义的文化定义，并比较其优劣，从而推导出本书中文化的特定范围与内涵。

一般来说，人们在使用"文化"这一概念时，主要有广义和狭义之分。广义的"文化"，又称"大文化"，其涵盖面非常广泛，是"人类在处理人和世界关系中所采取的精神活动与实践活动的方式及其所创造出来的物质的和精神成果的总和，是活动方式与活动成果的辩证统一"[①]。狭义的"文化"，又称"小文化"，其排除人类社会生活中关于物质创造活动及其结果的部分，专注于精神创造活动及其结果。如1871年英国文化学家泰勒在《初民文化》一书中提出："文化乃是当代人为社会一分子时所获得的包括知识、信仰、艺术、道德、法律、风俗及其他才能习惯等复杂的整体。"[②]这是对狭义文化的早期界说。毛泽东在论及新民主主义文化时，曾用政治、经济、文化之间的关系来解释文化，他指出："一定的文化（当作观念形态的文化）是一定社会的政治和经济的反映，又给予伟大影响和作用于一定社会的政治和经济。"[③]这里的文化也是狭义的文化，并且是被人们普遍接受和引用的。

比较来看，广义与狭义的文化界定各有优劣。广义的文化观，把人类创造的所有物质与精神财富、所有物质与精神活动均概括为文化。这样，文化实质上就是人化，即凡是有人参与的活动或被人创造的财富都是文化。这个概念非常全面，但却过于笼统和模糊，宽泛有余而深度不够。如果以这种无所不包的文化概念来研究和谐文化，就很难与社会的经济和政治等概念相区别，恐怕意义不是太大。鉴于广义文化的这种局限性，我们不得不把认识的视域转向狭义文化。在狭义文化观看来，文化是与政治、经济相并列的精神性的东西，既包括动态的精神性创造活动，又包括静态的精神性成果。狭义文化将人化的物质部分的内容排除在外，虽有些缺憾，但它却突出了人的精神特性，更能体现文化的内蕴。根据这种比较分析，本书拟以狭义文化为论述范围，主要讨论涉及精神创造活动及其结果的文化现象。

以这种视野来分析"和谐文化"，我们可以对其作以下界定：和谐文化，是指以和谐为思想内核、基本原则和价值导向的观念体系。它与和谐政治、和谐经济等并列而成为和谐社会的一个重要组成部分，主要包括和谐的思想理论、道德风尚、文学、艺术、科学、教育、宗教、哲学等表现形式。从和谐文化的动态历史过程来看，它体现的是一种文化性状，即某一具体历史时期某一种文化形态的和谐特性，以及多种文化理论或文化体系共生共荣的平衡状态。从和谐文化的静态功能和作用来看，它主要以不同的方式表现在一个民族的思想观念、心理结构、思维习惯、价值标准、行为方式、审美情趣、风土人情、道德风尚、文化产品、社会制度等方面。

和谐文化作为人类特有的观念体系，是一个包含多层次、多方面内容的统一的整体。从和谐文化的内部构成要素来看，它主要包括三个层次的内容：第一层包括思想、观念、意识、思维等；第二层包括制度、风俗、道德等；第三层是表现和谐文化的具体"产品"，包括各种著作和科学、艺术作品。在这三个层次中，第一层主要反映和谐文化的精神与理念，是和谐文化体系中起主导作用的中心思想，从本质上讲就是和谐哲学。马克思曾说："人民最精致、最珍贵和看不见的精髓都集中在哲学思想里。"[④]因此，这一层在整个体系中居于核心地位。第二层是和谐文化精神与理念的外化或固化，它是和谐文化内化于心、外化于形的关键。第三层是和谐文化的外在转化形式，

---

① 张岱年，程宜山. 中国文化与文化论争[M]. 北京：中国人民大学出版社，1990，第2页

② 不列颠新百科全书(第8卷)[M]. 北京：商务印书馆，1956，第1152页

③ 毛泽东选集(第2卷)[C]. 北京：人民出版社，1991，第663－664页

④ 马克思恩格斯全集(第1卷)[C]. 北京：人民出版社，1956，第120页

是一种实实在在的具体成果，它是人们可以直接感触的实体部分。

从和谐文化的外部关系来看，它是一个全面系统的价值体系，反映了三个方面的内容：其一是人与自然的和谐关系，主要指人类在利用、改造自然的活动中，按照自身规律正常有序地运转，使人与自然达到和谐相处、相互促进和共同发展，确保社会系统和自然生态系统的协调发展与和谐共处；其二是人与人的和谐关系，主要指社会各地区、各阶层、各群体之间团结协作，互利互惠，使其在共同利益的基础上实现良性互动和平等相处，既要求经济、政治、文化、社会等各要素内部的和谐，又要求形成各要素之间的和谐关系，使之共同发展；其三是人与自身的和谐关系，是指每个人要有健全的人格，有正确的世界观和人生观，能理性地处理个人与自然、个人与社会的关系，做到融入自然、融入集体、融入社会。

党的十六届六中全会通过的《中共中央关于构建社会主义和谐社会若干重大问题的决定》指出，“社会和谐是中国特色社会主义的本质属性”，“建设和谐文化，是构建社会主义和谐社会的重要任务”[①]。这些论断进一步明确了我国和谐文化的社会主义性质及其时代背景，它客观上要求我们将和谐文化纳入到建设中国特色社会主义以及构建社会主义和谐社会的轨道中进行科学理解。因此，当代中国的和谐文化，是为构建社会主义和谐社会提供思想道德基础的文化，是作为中国特色社会主义文化重要组成部分的文化，是社会主义性质的文化。为进一步深刻理解社会主义和谐文化，一方面，我们有必要把和谐文化置于社会主义和谐社会的大背景下，比较其与经济、政治、社会的关系；另一方面，有必要区分和谐文化与先进文化的异同，明确其关系，从而准确把握和谐文化的科学内涵。

（二）和谐文化与和谐经济、和谐政治、和谐社会

在分析和谐文化概念的内蕴时，我们可以沿用文化概念的分析方法，比较其与政治、经济、社会等的关系，从而进一步透析出其丰富的内涵。在经济、政治、文化和社会的关系问题上，学界的意见并不一致。如有些人从经济决定论的角度简单理解马克思关于政治、经济、文化的关系，认为全部社会的基础是经济活动，政治、文化只是经济活动的结果；有人根据列宁提出的“政治是经济的集中表现”[②]，“政治同经济相比不能不占首位”[③]的观点，指出政治是社会发展的决定性因素；有人根据西方文化形态史学家所提出的文化是社会发展的根本因素，而经济、政治只是社会发展的表面现象的观点，断言文化在社会发展中具有的决定作用。从总体上看，这些认识都带有片面性。而要全面认清经济、政治、文化、社会的辩证关系，必须从不同侧面对之进行多角度的审视。

其一，从人类社会产生和发展的最终源泉来看，经济基础对文化、政治等具有决定作用，这是马克思主义唯物史观的最根本的原理。19 世纪中期，当马克思和恩格斯着手创立“新唯物主义”时，主要面临着从历史领域里驱逐长期占统治地位的唯心主义，科学揭示社会发展规律的历史任务。当时，无论是像费尔巴哈那样的唯物主义者，还是像黑格尔那样的辩证法大师，一旦他们进入历史领域，企图探讨社会发展的规律时，总是试图从精神或意识入手，来说明历史的事变和社会的本质。在他们看来，满足人们吃、喝、住等物质需要的经济活动是低俗的、不值一提的。例

① 中共中央关于构建社会主义和谐社会若干重大问题的决定[N]. 人民日报，2006－10－19

② 列宁选集(第 4 卷)[C]. 北京：人民出版社，1995，第 407 页

③ 列宁选集(第 4 卷)[C]. 北京：人民出版社，1995，第 407 页

如，费尔巴哈在《基督教的本质》中“仅仅把理论的活动看作是真正人的活动，而对于实践则只是从它的卑污的犹太人的表现形式去理解和确定”①。黑格尔则明确地提出“绝对精神是世界的创造主”，认为“就像灵魂指导着水星之神，‘观念’是各民族和世界的领袖；而‘精神’，就是那位指导者的理性的必要的意志，无论过去和现在都是世界历史各大事变的推动者”②。在黑格尔看来，粗糙的物质和物质活动恰恰是要予以“扬弃”的，只有通过“扬弃”这种“感性的对象”，才能把握作为其内在灵魂的“精神”。

但是，人们的思想、理性、意识、观念不可能从天上掉下来，它们赖以产生和存在的根源和基础是什么呢？这是马克思主义诞生以前的旧唯物主义者和唯心主义者所没有深入探讨过的问题。马克思、恩格斯在积极参与社会实践的斗争中，逐渐认识到了黑格尔唯心主义的性质和不合理性，于是，毅然反叛黑格尔以及一切旧哲学，开始从一个新的但又是最基本最简单的角度来研究社会历史的本质。这就是从人类生活所必需的、最基本的物质生产劳动入手，来解剖社会的结构，分析社会的内在矛盾。这种研究，使他们揭示了一个历来被繁芜丛杂的意识形态所掩盖着的一个简单事实，就是“人们首先必须吃、喝、住、穿，然后才能从事政治、科学、艺术、宗教等等；所以，直接的物质的生活资料的生产，从而一个民族或一个时代的一定的经济发展阶段，便构成基础，人们的国家设施、法的观点、艺术以至宗教观念，就是从这个基础上发展起来的，因而，也必须由这个基础来解释，而不是像过去那样做得相反”③。从人类社会的发展来看，严格意义的政治活动、文化活动是社会发展到一定阶段的产物，而不是相反。因此，从人类社会的发展来看，经济始终是最终的决定性力量，政治、文化虽然可以以巨大的力量反作用于经济，但它自身的存在和发展却最终要由经济来决定。如果离开人类的经济生产和物质生活来抽象谈论人类的精神，只能是一种脱离现实的不切实际的空谈阔论。这就是马克思主义关于经济、政治和文化关系的基本思想。

其二，从实现和保障社会发展的手段来看，政治在一定阶段和一定程度上也可以起首要作用，服务于文化、经济和社会。社会的运行是多维辩证的。如前所述，在终极的意义上，经济是社会发展的最终动因，一切政治、文化活动的最终目的都是为了解放和发展生产力，促进社会经济的进步。然而，经济利益的实现既然需要通过政治才能体现和维护，那么在一定时期当运用单纯的经济手段很难实现和维护经济利益时，依靠政治的力量来加以解决就具有了决定的意义。1921 年初，当托洛茨基在党内挑起关于工会的作用和任务问题的争论时，列宁提出了著名的“政治占首位”的论断。列宁曾指出：“最重大的、‘决定性的’利益只有通过根本的政治改造来满足，具体说来，无产阶级的基本经济利益只能通过无产阶级专政代替资产阶级专政的政治革命来满足。”④这在无产阶级未夺取或未巩固政权之前，无疑是对的。但是，在夺取并巩固了政权之后，政治还能继续起“决定作用”吗？这正是问题的症结所在。列宁是辩证论者。他一方面坚持经济的基础作用，甚至说“今后最好的政治就是少谈政治”⑤，另一方面，针对托洛茨基在工会问题上否定党的领导和国家管理的危险做法，指出“政治同经济相比不能不占首位。不肯定这一点，就

① 马克思恩格斯选集(第 1 卷)[C].北京：人民出版社，1995，第 58 页
② 黑格尔.历史哲学[M].北京：生活·读书·新知三联书店，1956，第 46 页
③ 马克思恩格斯选集(第 3 卷)[C].北京：人民出版社，1995，第 776 页
④ 列宁选集(第 1 卷)[C].北京：人民出版社，1995，第 333 页
⑤ 列宁选集(第 4 卷)[C].北京：人民出版社，1995，第 362 页

是忘记了马克思主义的最起码的常识"①。对此,列宁作了具体的论证:"因为问题只在于(从马克思主义的观点来看,也只能在于):一个阶级如果不从政治上正确地看问题,就不能维持它的统治,因而也就不能完成它的生产任务。"②列宁还特别指出:"自然,我在过去、现在和将来都希望我们少搞些政治,多搞些经济。但是不难理解,要实现这种愿望,就必须不发生政治上的危险和政治上的错误。"③在实行了新经济政策之后,在党的工作重心,已开始转移到经济建设上来之后,列宁正是在这一特定的意义上,即在如何正确地处理党和工会的关系问题上,提出坚持党的领导这一不可动摇的政治路线,具有关系党和苏维埃政权生死存亡的首要意义。后来,毛泽东多次提到政治率领经济,是"统帅"、"灵魂",是"生命线"等思想,也是基于这一含义。因此,在特定历史时期的特定实践活动中,即在确定的经济前提条件下,政治往往起着首要的决定性作用。

其三,从具体民族、具体时代特点和实际应用的角度来看,文化对经济、政治、社会的发展起重要作用。人类社会不同于自然的地方就在于它的存在和发展一刻也离不开有意识的人的活动,社会的存在都毫无例外地打上了意识的烙印。从文化学的观点来看,文化作为"观念的表征"和"时代的活的灵魂",是蕴涵于社会历史之中的内在动因。关于文化在社会发展中的作用,一些近现代学者关注的比较多。如中国早期的文化民族主义,强调中国文化的包容性,指出中国应唤起中国人重开盛世,用人类需要的精神力量去开创新时代。西方马克思主义者葛兰西在《狱中札记》中提出的"文化霸权"理论已为人熟知。葛兰西承袭了马克思关于人的本质的思想,认为人是社会关系的总和,是历史的人。但不同的是葛兰西特别强调人的创造性、人的意志的主观能动性,提出人能创造自己的个性、创造自己的生活,"在这个意义上人是具体的意志,也就是在实践上把抽象的愿望或生存动机加到用以实现这种意志的具体手段上去"④。葛兰西把人的集体意志提到了空前的高度,正是基于此,文化被放在了人类生活的最显要位置。后来以法兰克福学派为代表继承这一思想,提出文化帝国主义理论,即发达国家可以基于优势的物质条件之上,通过文化思想的渗透来控制其他国家人民的灵魂,从而将其变成发达国家的文化殖民地。20 世纪 90 年代美国学者亨廷顿提出文明冲突论,指出一个缺少文化核心的国家,不可能成为一个内聚力的社会而长期存在,这样的国家终将分裂。至于当代西方的文化形态史学观,则明确地把那种内隐于社会深层的文化观念或文化模式,作为评判一个民族或一个地域生存方式和发展状况的标准,并把它看作是推动这个民族和地域文明变迁的内在根据。对于这些思想,有人认为他们忽视了经济的基础作用,所以持完全否定的态度。但如果仔细探究这些思想的本质,就会发现其中不无可取之处,如从具体民族、具体时代特点和实际应用的角度来看,文化或民族精神在特定时候也可以推动社会的发展,起重要作用。因此,简单地断定这些观点属于历史唯心主义是不妥的。由于文化是一个或几个民族在广大地域历经长远历史逐渐孕育而成的产物,因而具有顽强的生命力和广泛涵盖性,它对人们的影响是潜移默化的,但又是持久有力的。正是在这样的意义上,文化作为一个民族的灵魂和命脉,是其生存之源,发展之本。由于文化的这种特性,决定了文化在与政治和经济的关系中,占有十分重要的地位。

其四,从社会历史运行的具体过程来看,文化与经济、政治、社会等交互作用、耦合互动、有机

---

① 列宁选集(第 4 卷)[C].北京:人民出版社,1995,第 407 页

② 列宁选集(第 4 卷)[C].北京:人民出版社,1995,第 408 页

③ 列宁选集(第 4 卷)[C].北京:人民出版社,1995,第 410 页

④ [意]安东尼奥·葛兰西.狱中札记[M].北京:人民出版社,1983,第 45 页

统一。恩格斯在其晚年关于历史唯物主义的书信中，指出马克思和他在早期著作中之所以没有过多论及意识形态的相对独立性和经济政治文化等的交互作用，其主要原因是由于当时的任务要求他们把研究的重点放在经济基础的作用上面，所以，他们主要是从基本的经济事实出发，引出政治和其他意识形态的观念，这在创立唯物史观的时候是必要的。但强调经济因素的决定作用，忽视经济、政治、文化等的交互作用，就容易给人造成误解，以为马克思主义就是经济唯物主义。恩格斯晚年特别关注这一问题，并就社会历史创造活动过程中诸因素的相互作用问题作了较为详细的论述。恩格斯指出，在历史发展过程中，“经济状况是基础，但是对历史斗争的进程发生影响并且在许多情况下主要是决定着这一斗争的形式的，还有上层建筑的各种因素：阶级斗争的政治形式及其成果——由胜利了的阶级在获胜以后确立的宪法等等，各种法的形式以及所有这些实际斗争在参加者头脑中的反映，政治的、法律的和哲学的理论……这里表现出这一切因素间的相互作用”①。也就是说，在历史发展过程中，各种因素主要包括经济、政治、文化等之间存在着复杂的交互作用关系。首先，经济与政治之间的关系是辩证统一的，一定的政治是一定经济的反映。相对而言，经济是基础，政治是经济的集中表现，但是，在一定条件下，“当着政治文化等等上层建筑阻碍着经济基础的发展的时候，对于政治上和文化上的革新就成为主要的决定的东西了”②。其次，经济与文化之间也是一种相互依赖、相互促进、相互渗透、共生共长的关系。一般来说，经济是文化的基础，文化发展离不开经济的发展，但在一定条件下，文化会反过来对经济起决定的作用。再次，政治与文化之间是互为前提、互相作用的，政治受经济的制约，又要以一定的文化为根基。文化与政治同属上层建筑，文化是一定政治的反映，又影响和作用于一定的政治，一方面政治的构建要以文化为思想基础，另一方面一定的政治又对文化具有根本性的指导作用。最后，经济、政治、文化、社会等因素既相互区别，又相互联系、相互影响和相互渗透，它们在社会发展中具有不同的地位和作用，共同促进社会的和谐发展。党的十六届四中全会要求加强社会主义和谐社会建设，使社会主义物质文明、政治文明、精神文明建设与和谐社会建设全面发展。这预示着我国社会主义现代化建设的总体布局由社会主义经济建设、政治建设、文化建设的“三位一体”，发展为社会主义经济建设、政治建设、文化建设与和谐社会建设“四位一体”。党的十六届六中全会进一步提出把和谐社会建设放到更加突出的位置，推动社会建设与经济建设、政治建设、文化建设协调发展，进一步明确了中国社会‘主义现代化建设的“四位一体”的奋斗目标。这一目标，将社会与经济、政治、文化并列，共同构成和谐社会的重要因素，这就要求我们至少应从两个层面来理解“社会”与“和谐社会”概念。“社会”有广义与狭义之分，狭义的社会与经济、政治、文化相并列，主要包括医疗、社会保险等社会事业领域，以及以人的生活为中心的广泛社会生活领域。广义的社会，则是指包括经济、政治、文化等诸多社会结构在内的完整体系或形态。与此相对应，“和谐社会”也是一个具有两个维度的概念。广义的和谐社会，是指人、自然、社会之间，经济、政治、文化、社会之间的一种协调状态，它站在人类社会发展的高度，立足于全人类的和谐与进步。而狭义的和谐社会，则是指狭义社会层面本身的一种协调关系，它主要从现实社会发展的实际状态或形态出发，着眼于解决现存各种影响社会正常发展的社会问题。从人类的发展历程来看，既包含狭义和谐社会的具体和微观的现实要求，也包含广义和谐社会的宏观和长远的价值追求。因而，中国共产党提出的和谐社会建设，一方面包括与经济建设、政治建设、文化建设

① 马克思恩格斯选集(第4卷)[C].北京：人民出版社，1995，第696页

② 毛泽东选集(第1卷)[C].北京：人民出版社，1991，第326页

并列的社会建设;另一方面却不能仅仅局限于这种社会因素与社会关系,还必须从全局和长远着眼,从社会的经济、政治、文化和社会诸方面综合入手,构建广义的和谐社会。而就广义与狭义的和谐社会的关系而言,广义的和谐社会建设引导和制约着狭义的和谐社会建设,狭义的和谐社会建设促进广义的和谐社会形成,并必须在广义的和谐社会建设这一大前提下进行。

既然经济、政治、文化和社会是“四位一体”、互相促进与共同发展的,那么,在构建社会主义和谐社会的进程中,和谐文化与和谐政治、和谐经济、和谐社会之间也应是相互渗透和相互促进的不可分割的有机整体,决不能抬高其中一个,贬低其他。只有经济、政治、文化、社会和谐发展和相互推动,才能促进整个社会的和谐与进步。诚然,在现阶段,我们必须把经济建设放在中心地位,这是社会主义本质所决定的,也是我国社会主义现阶段的主要矛盾和根本任务所决定的。但是,抓经济建设,不能以牺牲其他建设为代价,从一个极端滑到另一个极端。首先,社会主义现代化建设事业要靠和谐的政治路线引航,同时需要健全完善的政治制度作保证。正如邓小平所指出:“经济建设这一手我们搞得相当有成绩,形势喜人,这是我们国家的成功。但风气如果坏下去,经济搞成功又有什么意义?会在另一方面变质,反过来影响整个经济变质,发展下去会形成贪污、盗窃、贿赂横行的世界。”①其次,社会主义现代化建设还需要维持和谐有序的社会状态,它是一切因素的有序综合和有效协调,是促进社会合力协同作用的必要条件,是中国特色社会主义的本质属性,是国家富强、民族振兴、人民幸福的重要保证。再次,经济上相对落后的民族,在一定条件下可以在文化上演奏“第一提琴”,引领世界文化潮流。从经济实力上讲,我国还赶不上世界上的发达国家,但我国的文化建设与资本主义发达国家相比,却有自己独特的优势。只要我们坚持为人民服务、为社会主义服务的方向,贯彻“百花齐放、百家争鸣”的方针,继承和发扬中华民族一切优秀文化传统,博采世界各国文化之长,就能创造出不愧于时代和民族的和谐文化。另外,当前文化广泛渗透于国际关系的各个方面,作用越来越综合化。文化是构成国家综合实力的重要因素,是凝聚人心的黏合剂,据此,有的学者提出文化国力的概念,在学界引起较大反响。所谓文化国力,是指综合国力中的文化力,它是与综合国力系统中的经济力、政治力等因素相对而言的。它体现着一个国家或地区文化发展的状况和建设成果,蕴涵着推动经济、社会全面发展的精神力量和智力因素,核心是国民整体素质的提高和人的创造能力的充分发挥。随着全球化趋势的加强,在国际政治舞台的较量过程中,文化因素随之上升。在新科技革命的影响下,经济的发展、社会的进步,都有赖于文化科技的发明和应用,一个国家和民族的文化发展水平,直接关系到这个国家的创新能力和进步程度。在当今激烈竞争的国际环境下,文化国力的重要作用也得到普遍的认同,这正是西方学者提出文化扩张、文化外交、文化霸权的一大背景。所以,加强我国文化国力的建设,提升文化软实力,努力建设和谐文化,也是关系我国前途和命运的一件大事。

因此,在构建社会主义和谐社会的进程中,和谐经济是基础,和谐政治是主导,和谐文化是灵魂,和谐社会是目的。

(三)社会主义和谐文化的基本内容

1.社会主义和谐文化是以社会主义核心价值体系为核心的文化

和谐文化作为一种文化理想不是今天才有的。在既往的形形色色的文化形态中不乏和谐文

① 邓小平文选(第3卷)[C].北京:人民出版社,1993,第154页

化的成分，更不乏追求和谐的文化理想。但“和谐文化观”的提出时间是党的十六大以后。社会主义和谐文化与以往的和谐文化比较，它的本质是什么？这是社会主义和谐文化观首先必须回答的问题。

和谐文化是以和谐精神为核心理念和价值取向的文化，社会主义和谐文化当然也是以和谐精神为核心理念和价值取向。然而，“和谐”或者“和谐精神”虽然是社会主义和谐文化的核心理念和价值取向，但不是社会主义和谐文化的特有本质。社会主义和谐文化的特有本质应当是社会主义的本质在文化领域的集中表现，是社会主义意识形态本质的表现。关于社会主义本质，邓小平曾有高度概括：“社会主义的本质，是解放生产力，发展生产力，消灭剥削，消除两极分化，最终达到共同富裕。”这一界定浓缩了社会主义的根本任务、社会主义的根本制度、社会主义的根本目的。社会主义意识形态是与社会主义本质一致的、以马克思主义为指导的意识形态占主导地位的意识形态——这是一个既定的命题。那么，社会主义本质或者说社会主义意识形态在文化领域的集体体现是什么？显然，社会主义核心价值体系正是在社会主义本质和社会主义意识形态的集中体现。社会主义核心价值体系包括四个方面基本内容：第一，马克思主义指导思想。这是我们立党立国的根本指针，是社会主义意识形态的灵魂。第二，中国特色社会主义共同理想。这是实现中华民族伟大复兴、实现社会主义根本目的的必由之路。第三，以爱国主义为核心的民族精神和以改革创新为核心的时代精神。这是社会主义建设的精神支撑和力量源泉。第四，以“八荣八耻”为主要内容的社会主义荣辱观。这是中华民族传统美德、优秀革命道德与时代精神的完美结合，更是实现社会主义建设目标的规范保障。实际上，中共中央在提出建设社会主义和谐文化的任务的同时，就明确了社会主义和谐文化的特有本质属性。2006 年 10 月 11 日，胡锦涛在党的十六届六中全会上发表题为《切实做好构建社会主义和谐社会的各项工作把中国特色社会主义伟大事业推向前进》的讲话中就指出：“社会主义核心价值体系是建设和谐文化的根本。必须坚持马克思主义在意识形态领域的指导地位，牢牢把握社会主义先进文化的前进方向，弘扬民族优秀文化传统，借鉴人类有益文明成果，倡导和谐理念，培育和谐精神，进一步形成全社会共同的理想信念和道德规范，打牢全党全国各族人民团结奋斗的思想道德基础。

2.社会主义和谐文化是继承传统文化、吸收世界先进文化的和谐文化

社会主义和谐文化是一种具有强大包容性的文化。中国传统文化中就有“和而不同”的原则，马克思主义更是在西方优秀文化基础上创立的理论体系。和谐意味着多样性的统一，只有在“一”和“多”的关系坐标中才有和谐的空间。从这个意义上说，社会主义和谐文化之“和谐”就是马克思主义文化与优秀传统文化之和谐，是马克思主义文化与世界先进文化之和谐，也是文化与经济政治社会之和谐。

重视文化的包容性与和谐性是马克思主义经典作家共同的风格，也是中国共产党人始终保持的优良品质。列宁曾明确指出：“只有确切地了解人类全部发展过程所创造的文化，只有对这种文化加以改造，才能建设无产阶级的文化。”从毛泽东到胡锦涛，中国共产党领导人都对和谐文化的包容性予以充分肯定。毛泽东强调：“今天的中国是历史的中国的一个发展；我们是马克思主义的历史主义者，我们不应当割断历史。从孔夫子到孙中山，我们应当给以总结，承继这一份珍贵的遗产。”“中国现时的新政治新经济是从古代的旧政治旧经济发展而来的，中国现时的新文化也是从古代的旧文化发展而来”，所以，“对中国的文化遗产，应当充分地利用，批判地利用。”“凡属我们今天用得着的东西，都应该吸收。”江泽民在 1994 年全国思想宣传工作会议上指出：

“我们民族历经沧桑，创造了人类发展史上灿烂的中华文明，形成了具有强大生命力的传统文化。我们要取其精华，去其糟粕，很好地继承这一珍贵的文化遗产。”同时，江泽民还强调：“要认真研究和借鉴世界各国的文明成果，善于从其他国家和民族的文化中汲取营养，发展自己。我们讲继承、讲借鉴，目的是通过继承和借鉴，便民族传统文化、外来文化的精华，同我们党领导人民在长期革命和建设中形成的优良传统和革命精神有机地结合在一起，并在新的实践基础上不断创新，建设和发展有中国特色的社会主义文化。”胡锦涛《在中国第八次文代会第七次作代会上的讲话》强调：“古今中外，闻名于世的文艺大师，脍炙人口的传世之作，无一不是善于继承、勇于创新的结果。”因此，“我们要牢牢把握社会主义先进文化的前进方向，建设社会主义核心价值体系，弘扬民族优秀文化传统，发掘民族和谐文化资源，借鉴人类有益文明成果，倡导和谐理念，培育和谐精神，营造和谐氛围，进一步形成全社会共同的理想信念和道德规范，打牢全党全国各族人民团结奋斗的思想道德基础”。

二、社会主义和谐文化的建设的路径选择

在当前社会矛盾突出，各方面问题涌现的背景下，我国要坚持运用马克思主义的基本理论进行和谐文化的建设。从现阶段中国的国情来看，建设社会主义和谐文化大体可以从这几个方面入手。

（一）处理好阶级、阶层的关系

不同阶层之间的经济地位是有差别的，有时差别还是悬殊的。差别不大是正常的，差别过大是危险的。高低悬殊必然带来不安宁、不和谐。因此，我们必须建立阶层利益的整合机制。

中国是多民族、多宗教、多党派、多阶层的国家。多民族、多宗教、多党派、多阶层，概括起来就是，我们的社会是一个社会因素繁多、社会资源丰富的社会。然而，同任何事情都有二重性一样，“丰富”也有二重性。不丰富，相互关系简单，容易协调；丰富了，相互关系错综复杂，协调起来就难了。有时候要协调好，简直是难上加难。可是，如果不协调好又不行，非协调好不可。

和谐社会是一曲交响乐。其“音符”，说到底，是社会的各个阶级、阶层。共和国进入社会主义阶段以后，两大对立阶级不复存在了，不能再以阶级斗争为纲了，可是这决不等于没有阶级了，更不等于没有阶层了。“物以类聚，人以群分”，社会少不了分层。当今中国有哪些阶层，尚在讨论中，不管是八个，还是十个，总而言之，没有人否认中国还有阶级、阶层存在这一客观实际。根据现代阶层理论，阶层是指按一定标准区分的社会群体，或经济标准，或政治标准，或职业标准。根据不同的理论和不同的研究目的，也有不同的划分标准和方法。改革开放30多年来，中国社会中不同阶层因在改革过程中所处的位置和所扮演的角色不同，出现了分化和组合。

首先，经济体制的变革，国有企业的改革，工人阶级在逐渐分化。就连纯粹的产业工人，也因从事不同产业，如夕阳产业与高科技产业的工人，老工业基地与新兴产业基地的工人，劳动密集型产业下岗职工与知识密集型产业技术工人等，因职业性质的明显差异，其阶级归属感和阶级意识也有明显差异。万变不离其宗。不管怎么变，工人总归是工人。孙中山先生曾高呼“劳工神圣”，那么应该如何看待工人的地位呢？其次，改革开放以来，一部分农民进入厂刚刚兴起的乡镇企业，转变为企业职工。还有一部分农民进入城市后，由于没有稳定职业，形成了流民性质的群体。第三，知识阶层在崛起。科学技术是第一生产力，科教兴国战略造就了中国知识分子的新形

象与新地位，知识经济的出现又为知识分子提供了更为宽广的舞台。第四，私营个体阶层在发展壮大。适应社会主义初级阶段生产力发展水平的需要，在国家政策的支持和鼓励下，个体私营阶层有了较大发展，他们参与政治的愿望与兴趣越来越大。第五，企业经营管理阶层逐渐凸显出来。在计划经济社会中，企业经营管理人员一直属于党政干部系列。但市场经济体制的逐步建立和经济建设的中心地位，使得企业经营管理人员发挥越来越大的作用。

有不同阶层存在，不同阶层之间就会有矛盾，有摩擦。比如说，新的利益群体的出现，必然会使各阶层在维护自身既得利益和预期利益的过程中产生各种矛盾甚至冲突。冲突不是和谐。可是冲突能够转化为和谐。阶层矛盾普遍存在，问题是如何处理。阶层是执政党的政治资源。阶层之间的矛盾在卓越的执政党面前，也是可贵的执政资源，也是考验执政能力、检验执政理念、优化执政方式的难得机遇。执政党犹如交响乐的指挥。指挥有方，荡气回肠。按照"和谐社会"理论，决定和谐的首要因素是财富分配。不同阶层之间的经济地位是有差别的，有时差别还是悬殊的。差别不大是正常的，差别过大是危险的。高低悬殊必然带来不安宁、不和谐。因此，我们必须建立阶层利益的整合机制。

我国社会阶层结构可能的趋势有三种：一是在国家经济持续发展中，逐步形成公正、合理、开放的现代化的社会阶层结构，其结构形态将从现在的"洋葱头形"，即底层很大但中间阶层发育不起来，演变成为两头小中间大的"橄榄形"。二是受到改革不及时、不配套的制约和社会发展滞后于经济增长的影响，成为病态的社会阶层结构，其结构形态可能继续保持现在的"洋葱头形"。三是由于改革出现重大失误，经济社会发展严重不协调，公正、合理、开放的现代化社会阶层结构停止发育成长，从现在的"洋葱头形"退化为"蜡烛台形"，即底层越发庞大，自底部往上就一路孱弱始终无法壮大，中间阶层不大，头也不大，这样的一种畸形社会形态和社会骨架，根本无法促成现代化发展。

为了实现阶层"橄榄形"状态，首先应当扩大中等收入家庭的范围，房价高，看病贵，上学难，养车不易，都是社会中间阶层发育的拦路虎。最富的阶层（如房地产商）及暴利产业要懂得让利给群众，还应该学会捐助。这些暴利行业要懂得抽肥补瘦是发达国家、发展中国家普遍的做法。缩小差距以后仍然有差距，富人依然是富人。要让富人懂得，这样做也是富人自身存在和发展的需要。

为了实现阶层"橄榄形"状态，应当在政策上适当向困难群体倾斜。据中国人民大学社会研究报告《走向更加公正的社会》的计算，如果将城乡贫困人口、经济结构调整中的失业和下岗职工、残疾人、灾难中的求助者、农民工等各类处于弱势地位的人口加总，再扣除彼此重叠的部分，中国的困难群体大约有1.4亿—1.8亿人。不承认有困难群体存在，就是无视困难群体。不承认有困难群体，就会导致困难群体越来越大。邓小平1993年9月16日说："少部分人获得那么多财富，大多数人没有，这样发展下去总有一天会出问题。"社会分层是天经地义的。在社会主义条件下，社会分层犹如多棱镜可以把一束光分成赤橙黄绿青蓝紫。"赤橙黄绿青蓝紫，谁持彩练当空舞?"在中国，这个责任历史地落到了中国共产党的身上。共产党的执政地位是历史的选择，文化的认同，宪法的赋予。执政党的使命就是要协调阶层关系。

（二）从解决城乡二元结构入手优化社会结构

一方面，我国社会仍然存在显在的城乡二元结构；另一方面，还存在一种潜在的城市二元结构，它由市民的关系网络构成的空间和农民的关系网络构成的空间这两部分构成。这种不合理的分布，从根本上影响着阶层间的协调和社会结构的和谐发展。

社会结构是社会和谐的保证，因此，不断完善社会结构便是社会持久和谐的有力保证。中国的社会结构存在两种独立体系，一个是由市民组成的城市社会，另一个则是由农民构成的农村社会，而判断处于哪种结构的依据在于持有户口的类别。这种二元社会结构以二元户籍制度为核心，包括二元就业制度、二元福利保障制度、二元教育制度、二元公共事业投入制度在内的一系列社会制度体系。这是由身份壁垒、不平等交换、城市化滞后乃至包括户口、粮食供应、住宅等组成的不平等现象。从 20 世纪 50 年代起，国家就颁布了一系列政策和法令，在户口迁移制度、粮油供应制度、劳动用工制度和社会保障制度等方面，把城市人口和农村人口分割开来。这使城市人口和农村人口在就业和粮油供应方面存在极大差异，更为严格的还是户籍制度方面的管理。这一制度限制着农村人口向城市流动。

改革开放以来，国家政策上允许农民工进城，从事建筑、商业及其他服务业，并允许城市中的某些国营企业从农民中招收部分临时工、合同工，其他所有制企业和个体户从农村中雇工也不再受到禁止。在这一政策推动下，农村人口可以说获得了一个较为自由的活动空间。配第和李斯特将这一现象称为“推拉现象”。也就是说，农业耕地的有限性与人口压力是迫使劳动力向非农产业转移的推力，而工、农之间的收入差异则成为劳动力非农化的拉力。在这样的双力作用下，农民纷纷涌进城市谋生，形成了我们国家这一时期的一个特殊现象：民工潮。

在这样一种状态下，城乡二元结构是否正在消失呢？非也！我们认为，我国社会现阶段正处在城乡二元结构和城市二元结构并存的尴尬境地。一方面，户籍制度仍然制约着市民和农民从出生到死亡的各个生活境遇；另一方面，虽然国家在政策上为农民提供了非农化路径，但是，农民在城市中并不存在与市民等同的机会，他们的就业，除了受自身人力资本的限制之外，还要受社会资本的限制。因为，长期的城乡二元结构使农民和市民一直处于冲突和对立状态，突出表现为市民对农民的歧视，以及农民对市民的厌恶。而这种归属的不一致在某种程度上又导致农民很难在城市空间场域中将自己的社会关系网络纳入市民的关系网络中去，从而很难在城市中积累自身的社会资本，也无法利用社会资本来寻求更好的工作。于是，他们只能利用他们在家乡长期建构起来的社会资本——同乡关系、亲缘关系，在城市中求生存。这样，一方面，我国社会仍然存在显在的城乡二元结构；另一方面，还存在一种潜在的城市二元结构，它由市民的关系网络构成的空间和农民的关系网络构成的空间这两部分构成。这种潜在结构的存在就是阶层关系的分布问题。这种不合理的分布，从根本上影响着阶层间的协调和社会结构的和谐发展。

（三）充分发挥社会组织的作用

市场、政府和社会组织三者之间是互补、互动的关系。从治理国家来讲，政府是主导；从管理社会来讲，社会组织是主力。当前，社会组织应当努力克服依赖性，增强自主意识；政府应当大力扶持社会组织，伸出双手欢迎社会组织的参与。

20 世纪 80 年代以来，随着社会进入转型期，中国的社会生活发生了许多引人瞩目的变化，其中之一就是出现了众多的社会组织，即非政府、非营利性质的社团组织。

人是社会化的动物。尤其是现代人，无论是生理上还是智力上，都很难以个人的形式来满足需要，而只能以群体的形式来增强满足人们多种多样需要的能力。因此，在社会分工基础上，把追求特定目标的人群，按一定的社会规范联合起来的社会群体不断涌现。几百年来，这类社会组织的范围不断扩大，数量不断增多，组织形式由初级走向高级。现在的世界上，社会组织发达的国家按人口计算平均每一百人就有一个社会组织。拥有社会组织的多寡早已成为衡量一个国家社会化程度的重要标志。参与社会组织的多寡也已成为衡量一个人的社会地位的尺度。中国的社团纵向比，突飞猛进；横向比，发育得还很不够。千人拥有社团的数量只抵法国的九十分之一。我们应当在努力建立经济、社会协调发展机制的同时，积极开展科学的社会管理。

社会组织不同于政府，不具备政府职能，可是，它能起到政府起不到、政府也不应当起的作用。政府不可能是万能的，市场也不可能是全能的。再说把市场泛化，也会带来很多弊端。讨价还价、买官卖官无论如何不行吧？很明显，在政府与市场之外，必须有非政府组织。

我们一直说转移政府职能。试问：转移到哪里去呢？最佳的去处是社会组织。由社会组织来承担过去“无限政府”所不应承担的职能，从而把“直接政府”变成“间接政府”。不要小看了这里的“间接”二字。间接了，有利于发挥广大社会成员的积极性和创造性；间接了，有助于政府集中精力抓好本职工作。

我们一直说“小政府，大社会”。“大社会”就是社会组织要发育起来。“大社会”大不了，“小政府”便小不了。为什么过去政府机构越精简越庞大？为什么政府难以“瘦身”？为什么“吃皇粮”的那么多？还不是因为社会组织不发达吗？政府的肩上有千斤重担，社会组织也能挑起八百斤。

社会组织的功能是很大的。它具有服务的功能，为成员办实事。社会组织是自治的。社会组织所固有的自生自灭的特性，促使社会组织必然以服务为天职。社会组织具有协调的功能。既有协调社会组织内部成员之间利益的功能，也具有协调国家与企业、政府与社会之间关系的功能。社会组织是政府与人民群众之间的桥梁和纽带。社会组织具有监督的功能。尽管这种监督是柔性的，可恰恰是这种柔性的监督具有客观性，富有人情味，是人性化的监督。社会组织具有公证的功能。社会组织既要对上负责又要对下负责。这种“兼顾两头”的性质，决定了社会组织要公正。公正最起码的表象之一是公证。社会组织还具有智囊团、思想库的功能。近年政府出台的大思路有不少来自社会组织。这是民主化进程加快的表现。

由于社会组织的蓬勃发展，吸纳了一批离开政府的公务员，同时也扩大了人们就业的机会，既保护了富人的合法收入，更扶植了一大批困难群体。从社会稳定的角度看，社会组织充当了安全阀的作用。社会冲突各国都有。“春江水暖鸭先知”。在社会冲突起于青蘋之末时，最先觉察社会冲突的是扎根于人民群众之中的社会组织。早觉察，发预警，就可以避免把局部矛盾酿成全局性冲突，避免只要有心解决就能够妥善处理的矛盾演化成不可调和的矛盾。在社会冲突发生以后，社会组织又可以起到化解矛盾的润滑剂、稀释剂的重要作用，为“化干戈为玉帛”作出贡献。

市场、政府和社会组织三者之间是互补、互动的关系，是优势互补、良性互动的关系。从治理国家来讲，政府是主导；从管理社会来讲，社会组织是主力。当前，社会组织应当努力克服依赖性，增强自主意识；政府应当大力扶持社会组织，伸出双手欢迎社会组织的参与。不论是政治领导型的，还是业务管理型的社会组织，不论是利益代表型的，还是公益服务型的社会组织，不论是文体联谊型的，还是学术交流型的社会组织，都是社会和谐发展的血脉。

（四）以制度创新构建和谐社会

不论是从现实上看，还是从理论上来讲，要消除社会的不和谐，关键还是要从制度入手。这里的制度既包括正式制度，也包括非正式制度。正式制度是人们有意识建立起来并以正式方式加以确定的各种制度安排，非正式制度是指人们在长期的社会生活中逐步形成的习惯习俗、伦理道德、文化传统、价值观念、意识形态等对人们行为产生非正式约束的规则。

不论是从现实上看，还是从理论上来讲，要消除社会的不和谐，关键还是要从制度入手。从制度入手，才是科学执政。从制度入手，才是民主执政。从制度入手，才是依法执政。

这里的制度既包括正式制度，也包括非正式制度。制度在帕森斯的语境中被称为规范和价值。正式制度是人们有意识建立起来并以正式方式加以确定的各种制度安排，如各种成文的法律、法规、政策、规章、契约等。正式制度的约束通常称为法治。非正式制度是指人们在长期的社会生活中逐步形成的习惯习俗、伦理道德、文化传统、价值观念、意识形态等对人们行为产生非正式约束的规则。与法治相对应，在学术的语境中，我们称之为德治。诺贝尔经济学奖获得者、制度经济学代表人物道格拉斯·诺斯认为，在人类行为的约束体系中，非正式制度具有十分重要的地位，即使在最发达的经济体系中，正式规则也只是决定行为选择的总体约束中的一小部分。人们行为选择的大部分行为空间是由非正式制度来约束的。所以说，制度创新应该从正式制度和非正式制度两方面入手。

“法治”在中国已不再是一个沉重的话题，但要真正做到“依法治国、建设法治国家”，还得从以下两个方面努力：首先，要继续推进市场经济体制的建设与完善。通过市场经济制度的根本确立，从而为国人营造自由、公平、公正的竞争环境，真正剥离附着在每个交易主体身上的神秘外衣，使市场规律、法律充当交易竞争的裁判员。要逐步完成从政府主导型向市场主导型经济的转变，收缩政府权力的覆盖范围，为社会力量的发育成长提供有利的空间和养分，从而在政府与个人之间建立联系和沟通的桥梁，缓和二者间的紧张状态，同时也为个人营造阻挡强权侵扰的屏障。

其次，要坚定不移地推进政治体制改革，建立、健全我国的民主政治制度。要将执政党的性质、地位、职能、领导方式及其与政府、立法、司法、社会民间组织、公民个人的关系，相关的法律责任，以法律文件的形式加以明确化、制度化，使得对执政党的约束与监督落在实处，具有可操作性。还要严格界定党的政策、决定与法律的界限，使其服从法律的规制，防止其超越法律的规定，形成隐性立法。同时，应注重我国的政权建设水平，在减少政府职能的基础上，注意各级、各类权力机关之间的有效制约与平衡。

（五）管理的重心转向社会管理

要发展社会管理的硬件，提高社会事业投资的比例。不仅要不断提高社会事业投资的绝对数，而且要提高社会事业投资的相对数。要制定尽可能完整的社会指标体系、人文指标体系。要把繁荣文化提到应有的高度。现代经济中的文化含量在提高，现代经济的运行常常要走文化快车道，现代文化的经济功能在增强。这既是现代经济的特征，也是现代文化的特点。

现代化事业是三分建设，七分管理，管理相当重要。政府的职能不论有多少，社会管理和公共服务的职能都应当是最主要的。

第一，是要发展社会管理的硬件，提高社会事业投资的比例。随着经济发展，不仅要不断提高社会事业投资的绝对数，而且要提高社会事业投资的相对数。社会事业投资要与GDP同步增长。鉴于有些社会事业过去投资较少，在一定时间内应当以更大幅度增加。要把那些建立在牺牲社会事业基础上的、破坏社会和谐的经济超常高速度降下来，用于发展社会事业。社会矛盾的高发期同超常的经济高速发展有联系。社会矛盾的高发期是忽视社会发展的片面发展观的产物，坚持科学发展观就能实现经济与社会的协调发展。

第二，是要制定尽可能完整的社会指标体系、人文指标体系。指标是领导的指挥棒。指标是考评的依据。指标是办事的分寸。指标体系不完整，必然会乱提口号，乱定目标，诸如动不动就吹什么“世界一流”等等。这无不是因为不懂得“世界一流”有什么指标要求的缘故。我们在工作中不仅要关注经济指标，而且.要关注社会指标、人文指标、资源指标和环境指标。当然，指标，一要切合中国实际，二要与国际接轨。人文指标，要在崇高的人文精神指导下，在丰富的人文知识和广泛实践的基础上，经过反复讨论后定出来。现在一说指标，有人就拿出当年“评工记分”那一套本事来，那是把指标庸俗化。

第三，要把繁荣文化提到应有的高度。文化繁荣是发展的最高目标，这已是全世界的共识。有的国家提出：“文化成了城市发展战略的轴心，经济、社会、技术和教育的战略都将越来越维系于这个文化轴心。”巴塞罗那更是响亮提出：“城市即文化，文化即城市。”很多有名的城市、很多有名的国家，不是因为经济而出名，而是因为文化而出名。文化的辐射力大于经济。儿童可能不知道安徒生的出生地菲英岛，甚至还可能不知道安徒生出生的国家是丹麦，可是不大会不知道安徒生的童话。“言必称希腊”，不是说希腊的钢煤粮棉如何如何，而是说言必称希腊的亚里士多德、柏拉图、苏格拉底。恩格斯说：理论思维是铁的花朵。这花朵不是昙花一现，不是易燃的绢花，一把火就烧掉了。现在有些人是物质上的大富翁，在文化上却穷得很哪！我们要强化文化认同，促进社会和谐。现代经济中的文化含量在提高，现代经济的运行常常要走文化快车道，现代文化的经济功能在增强。这既是现代经济的特征，也是现代文化的特点。

和谐有多种：有高度和谐，有低度和谐。我们要的是在发展中高度和谐。这不是能一蹴而就的，要付出长期的艰苦卓绝的努力。政权不是一成不变的。但是，政权是能够在和谐中巩固、在和谐中发展的。只要对市场经济驾驭得好，对和谐社会构建得好，共和国一定长治久安。我们是发展中国家，目前我们要继续坚持以经济建设为中心，在有条件的地区要快马加鞭实现经济与社会的协调发展，并进而向以社会发展为中心的和谐社会开足马力，奋勇前进！

第十章　马克思主义民族理论在当代中国的运用与发展

党的十八大以来，以习近平为总书记的党中央高度重视民族问题和民族工作，并系统阐述了民族工作的方向和道路、理论和政策、制度和法律、工作和实践等重大问题，提出了进一步加快民族地区发展的一系列重大举措。

第一节　马克思主义民族理论的科学体系和基本特征

马克思主义民族理论，是由马克思和恩格斯在19世纪创立的关于民族和民族问题的科学理论。它是倡导民族平等联合、指引被压迫民族争取民族独立和民族解放的理论；是谋求民族发展、推动各民族发展进步和共同繁荣的理论；是促进民族和谐、协调民族关系、处理民族问题的理论。

一、马克思主义民族理论的科学体系

（一）马克思主义民族理论的主题——民族发展

马克思主义民族理论是研究民族和民族问题发展的最一般规律的科学。所以，这一理论自诞生之日起，就把研究民族形成、发展、消亡的规律作为贯穿始终的主题。

从猿到人，从人到民族的分类，是什么时候开始的，民族形成的一般规律是什么，民族如何发展，民族何时消亡，消亡的条件是什么，等等，这是马克思和恩格斯在揭示人类社会发展规律过程中需要回答的问题。而唯物史观是马克思恩格斯揭示上述问题的钥匙。“每一历史时代的经济生产以及必然由此产生的社会结构，是该时代政治的和精神的历史的基础。”①也只有从这一基础出发，这一人类社会历史现象才能够得到说明，正如恩格斯在《在马克思墓前的讲话》一文中指出的那样：“正像达尔文发现有机界的发展规律一样，马克思发现了人类历史的发展规律，即历来为繁芜丛杂的意识形态所掩盖着的一个简单事实：人们首先必须吃、喝、住、穿，然后才能从事政治、科学、艺术、宗教等等；所以，直接的物质的生活资料的生产，从而一个民族或一个时代的一定的经济发展阶段，便构成基础，人们的国家设施、法的观点、艺术以至宗教观念，就是从这个基础上发展起来的，因而，也必须由这个基础来解释，而不是像过去那样做得相反。”②因此，民族作为人类社会历史现象，从现实的人——原始群——血缘家族——氏族——部落——部落联盟——民族形成——民族发展——民族消亡整个过程，也只有在唯物史观的指导下才能得到科学的解释。

---

① 马克思，恩格斯. 共产党宣言[M]. 北京：人民出版社，1997，第7页

② 马克思恩格斯选集(第3卷)[C]. 北京：人民出版社，1995，第776页

民族属于历史范畴，也就是说，民族不是一开始就有的，也不可能永远存在，所以有其产生、发展和消亡的历史过程。马克思主义认为，最早的民族，即原生形态的民族是在原始社会末期向阶级社会过渡，在氏族部落解体的基础上形成的。在原始社会末期，随着社会基本矛盾的运动，在社会生产力发展的基础上，先后发生了两次社会大分工。分工导致了社会关系和社会结构的巨大变化，加速了氏族制度的瓦解，为从部落发展成民族（和国家）创造了条件。正如恩格斯所指出："劳动本身一代一代地变得更加不同、更加完善和更加多方面。除打猎和畜牧外，又有了农业，农业以后又有了纺纱、织布、冶金、制陶器和航行。同商业和手工业一起，最后出现了艺术和科学；从部落发展成了民族和国家。"①马克思恩格斯在《德意志意识形态》中指出："物质劳动和精神劳动的最大的一次分工，就是城市和乡村的分离。城乡之间的对立是随着野蛮向文明的过渡、部落制度向国家的过渡、地域局限性向民族的过渡而开始的。"②"三个过渡"的理论不仅说明了民族形成的历史上限问题，还揭示了民族形成的一般规律。其中，野蛮向文明的过渡是从历史的分期而言的，部落制度向国家过渡是从人类社会组织和政治制度的发育程度上说的，而地方局限性向民族的过渡是从人们共同体的发育程度上说的。到了原始社会末期向阶级社会过渡的时期，由于生产力的发展、分工交换的出现、私有制的产牛，人类社会逐渐冲破了狭隘的氏族部落这一血缘的人们共同体，逐渐形成了建立在地缘关系之上的人们共同体——民族。

恩格斯在《家庭、私有制和国家的起源》中，不仅揭示了家庭婚姻、私有制和国家的起源，同时也剖析了人类社会人们共同体的发展演进序列，即氏族、胞族、部落、部落联盟到民族。从而把"从部落发展成民族和国家"更具体化为：从部落发展成民族，一般经过了部落联盟阶段。比起部落来，部落联盟是更发展的社会组织，是与民族最接近的东西，恩格斯指出："亲属部落间的联盟，常因暂时的紧急需要而结成，随着这一需要的消失即告解散。但在个别地方，最初本是亲属部落的一些部落从分散状态中又重新团结为永久的联盟，这样就朝民族[Nation]的形成跨出了第一步。"③

阐明了生产力、分工和内部交往的发展程度等是民族发展和民族关系发展过程中的决定性因素，"各民族之间的相互关系取决于每一个民族的生产力、分工和内部交往的发展程度。这个原理是公认的。然而不仅一个民族与其他民族的关系，而且这个民族本身的整个内部结构也取决于自己的生产以及自己内部和外部的交往的发展程度"④。

马克思主义认为，民族消亡是历史发展的规律，恩格斯在《共产主义信条草案》里指出在共产主义社会里，民族消亡是必然现象，"民族在共产主义制度下还将继续存在吗？答：按照公有制原则结合起来的各个民族的民族特点，由于这种结合而必然融合在一起，从而也就自行消失，正如各种不同的等级差别和阶级差别由于废除了它们的基础——私有制——而消失一样"⑤。并且认为，正如民族的产生和发展是由生产力状况所决定一样，民族消亡也离不开生产力发展这一因素，揭示了社会生产力的高度发展是民族消亡的基础："现代大工业以这种集中的力量到处破坏

① 马克思恩格斯全集（第20卷）[C]. 北京：人民出版社，1971，第516页

② 马克思恩格斯文集（第1卷）[C]. 北京：人民出版社，2009，第556页

③ 马克思恩格斯文集（第4卷）[C]. 北京：人民出版社，2009，第108页

④ 马克思，恩格斯. 德意志意识形态[M]. 北京：人民出版社，2003，第12页

⑤ 中国社会科学院民族研究所. 马克思恩格斯论民族问题[M]. 北京：民族出版社，1987，第115页

民族的藩篱，逐渐消除生产、生产关系、各个民族的民族性方面的地方性特点。”[①]民族消亡是在全世界范围内实现的世界性过程，是民族发展到最高阶段的最终结果，马克思和恩格斯曾这样描述这一过程：“各个相互影响的活动范围在这个发展进程中愈来愈扩大，各民族的原始闭关自守状态则由于日益完善的生产方式、交往以及因此自发地发展起来的各民族之间的分工而消灭得愈来愈彻底，历史也就在愈来愈大的程度上成为全世界的历史。”[②]马克思和恩格斯在《共产党宣言》中指出：“随着资产阶级的发展，随着贸易自由的实现和世界市场的建立，随着工业生产以及与之相适应的生活条件的趋于一致，各国人民之间的民族分隔和对立日益消失。”[③]

马克思恩格斯在探索民族发展过程中揭示了阶级社会民族问题的实质，他们指出在剥削阶级占统治地位的社会里，民族问题的实质是阶级问题，揭示了剥削阶级社会占统治地位的社会中的民族问题的实质，为人类解放指明了道路。民族和阶级是两种不同的社会现象。民族是基于文化和价值认同差异而产生的横向的社会分类；阶级是基于物质财产和社会地位差别而产生的纵向的社会分层。但在阶级社会里，民族问题和阶级问题总是交织在一起，民族压迫和民族剥削源于阶级压迫和阶级剥削。所以，在阶级社会里，民族问题的实质是阶级问题。这是马克思主义在观察、分析阶级社会民族现象和民族问题所持的重要观点。

第一，在阶级社会里，民族分裂为不同的阶级。在阶级社会里，人与人之间最基本的关系是统治与被统治、剥削与被剥削的关系，即阶级关系。马克思恩格斯关于民族分裂为不同阶级的论述主要体现在对资本主义民族的分析，因为马克思恩格斯所直接面对的时代是资本主义时代，所要解决的问题主要是资本主义社会的民族问题。在马克思恩格斯看来，在资本主义社会，民族分裂为资产阶级的民族和无产阶级的民族。恩格斯指出：“从而工业资产阶级和工业无产阶级之间进行决战的日子已经迫近的时候，如果这个发展受到阻碍，英国哪怕暂时被 12 月 2 日的掠夺成性的御用军所征服。”[④]在《共产党宣言》中，马克思恩格斯指出，过去的社会都可以看到社会划分为不同的等级，但到资本主义阶段分裂为资产阶级和无产阶级两大相互对立的阶级。

第二，民族问题往往与阶级问题相互交织。各民族内部的阶级关系会影响、反映到各民族之间的关系，各民族内部的阶级斗争也会反映到民族关系和民族问题上来。因为各民族的统治阶级总是贪得无厌的，他们除了压迫剥削本民族的劳动群众以外，总是千方百计去压迫剥削其他民族，使民族问题和阶级问题错综复杂，民族问题中夹杂着阶级问题：“德国人、马扎尔人、捷克人、波兰人、莫拉维亚人、斯洛伐克人、克罗地亚人、卢西人、罗马尼亚人、伊利里亚人、塞尔维亚人互相间都发生了冲突，同时，在这些民族的每一个民族内部，各个不同阶级之间也进行着斗争”。[⑤]马克思在分析爱尔兰革命时，也指出了民族问题与阶级问题之间的关联：“爱尔兰是英国大地主所有制的支柱。如果大地主所有制在爱尔兰崩溃了，它在英国也必定要崩溃。在爱尔兰发生这样的事可能要容易一百倍，因为那里的经济斗争只是集中在土地所有制上，因为在那里这一斗争同时又是民族斗争。”[⑥]

---

① 马克思恩格斯全集(第 7 卷)[C].北京：人民出版社，1959，第 503 页

② 马克思，恩格斯.德意志意识形态[M].北京：人民出版社，2003，第 32—33 页

③ 马克思恩格斯文集(第 2 卷)[C].北京：人民出版社，2009，第 50 页

④ 马克思恩格斯全集(第 11 卷)[C].北京：人民出版社，1995，第 245—246 页

⑤ 马克思恩格斯全集(第 6 卷)[C].北京：人民出版社，1961，第 196 页

⑥ 马克思恩格斯选集(第 2 卷)[C].北京：人民出版社，1972，第 311 页

第三,在私有制社会里,民族问题产生的主要根源是阶级、阶级斗争的存在。在私有制社会里,民族内部存在着严重的阶级矛盾和激烈的阶级斗争,存在残酷的阶级压迫和剥削。民族内部的这种阶级压迫剥削一旦扩展、延伸到民族之间,势必造成民族之间的压迫剥削和斗争,民族内部阶级之间对立的关系由此造成了民族之间的敌对关系,所以,要消灭民族压迫和剥削,消除民族之间的对立和斗争,实现民族平等和团结,就必须消除阶级对立,消灭一切剥削制度。

第四,民族压迫的实质是阶级压迫。民族压迫虽然在形式上表现在民族与民族之间,但是,民族压迫并不是一个民族的全体成员去压迫另一个民族,搞民族压迫的主要是压迫民族中的反动统治阶级,而被压迫民族中真正遭受压迫的主要是广大的劳动人民,甚至被压迫民族中的统治阶级还联合压迫民族去压迫剥削本民族的劳动群众。所以,民族压迫反映了压迫民族的统治阶级的意志和利益,各民族劳动人民都是民族压迫政策的受害者。从这个意义上讲,民族压迫的实质就是阶级压迫。此外,制造民族隔阂、挑起民族矛盾、"以夷制夷"、"分而制之"等都是压迫民族的统治阶级惯用的伎俩。

(二)马克思主义民族理论的基石——民族平等

民族是人类社会最基本的一种共同体形式,民族关系是人类最基本的社会关系之一。自人类社会进入阶级社会以来,人剥削人、人压迫人的社会制度长期居于统治地位,由此导致了民族对民族的压迫和剥削关系,民族不平等成为一种社会的普遍现象,民族之间的对立和冲突制造了许多惨绝人寰的悲剧。为此,实现民族平等是人类不断追求的美好理想。马克思主义民族理论始终遵循历史唯物主义的基本立场和观点,承认各民族在推动人类社会发展和进步过程中的作用,始终坚持各民族一律平等的思想,并将其作为马克思主义民族理论的核心。马克思恩格斯在1844年合著的《神圣家族,或对批判的批判所作的批判》中指出:"古往今来每个民族都在某些方面优越于其他民族……那么任何一个民族都永远不会优越于其他民族。"[①]阐明了民族平等的一个重要依据。恩格斯指出:"平等应当不仅仅是表面的,不仅仅在国家的领域中实行,它还应当是实际的,还应当在社会的、经济的领域中实行。"[②]马克思主义的民族平等不仅要追求原则和形式上的平等,更要追求事实上的平等和实质上的平等。

马克思主义认为,如果一个民族没有争取到民族平等,那么它和其他民族的关系只能是剥削与被剥削、压迫与被压迫的关系。在不平等者之间根本不可能实现真正的国际合作,所以主张,在民族平等基础上的联合团结和互助合作,是无产阶级革命斗争取得胜利的基本条件之一。这方面的思想主要表现在:

第一,马克思恩格斯在探索民族问题解决途径的过程中,从无产阶级角度来思考民族问题,提出了无产阶级天生就没有民族偏见的观点。恩格斯在《在伦敦举行的各族人民庆祝大会》中指出:"所有的无产者生来就没有民族的偏见,所有他们的修养和举动实质上都是人道主义的和反民族主义的。只有无产者才能够消灭各民族的隔离状态,只有觉醒的无产阶级才能够建立各民族的兄弟友爱。"[③]在无产阶级看来,无产阶级没有民族偏见,因此,世界上存在的一切民族都是平等的,应该团结友爱,建立各民族的兄弟友爱之情。马克思恩格斯在此后的《共产党宣言》中指

---

① 马克思恩格斯全集(第2卷)[C].北京:人民出版社,1957,第194—195页

② 马克思恩格斯文集(第9卷)[C].北京:人民出版社,2009,第112页

③ 中国社会科学院民族研究所.马克思恩格斯论民族问题[M].北京:民族出版社,1987,第67页

出:“共产党人同其他无产阶级政党不同的地方只是:一方面,在无产者不同的民族的斗争中,共产党人强调和坚持整个无产阶级共同的不分民族的利益;另一方面,在无产阶级和资产阶级的斗争所经历的各个发展阶段上,共产党人始终代表整个运动的利益。”①这句话表明,共产党人在民族问题上的基本立场是共产党人强调和坚持的是不分民族的无产阶级的利益,也只有从无产阶级共同的不分民族的利益的角度出发分析和处理民族问题,民族才能够真正地实现平等和团结。因此,在无产阶级及其共产党人看来,各民族应该平等团结。

第二,从无产阶级国际主义原则出发,反对民族主义。各民族的无产阶级要实现解放自己并解放全人类的伟大目标,就要从无产阶级国际主义原则出发,反对民族利己主义。马克思恩格斯曾经多次阐述过这一问题,并为之而奋斗。他们在《共产党宣言》中高喊“全世界无产者,联合起来!”正是在这样的伟大号召下,全世界各民族的无产阶级在革命斗争中表现出了伟大的国际主义精神。马克思恩格斯对波兰革命给予了高度的赞赏,并针对波兰革命问题专门写下了《论波兰》、《论波兰问题》、《对波兰的重新瓜分》等论著。马克思恩格斯对波兰革命这样评价道:“波兰人的行动截然不同! 八十年以来他们一直受压迫,受奴役,遭到破产,他们始终站在革命方面,并且宣布,波兰的革命化同波兰的独立是不可分割地联系在一起的。在巴黎、维也纳、柏林,在意大利和匈牙利,波兰人都参加了历次革命和革命战争,不管是反对德国人、斯拉夫人、马扎尔人,或者即使是反对波兰人都是一样。波兰人是没有任何泛斯拉夫主义欲望的唯一斯拉夫民族。”②而这种伟大的国际主义精神在巴黎公社起义中再次得到了高扬和证明。普法战争爆发后,法国、德国的工人阶级在马克思恩格斯和国际工人协会的领导下,团结起来,互通友谊,共同反对这场非正义的战争,在这次战争中,英国、波兰、匈牙利等国的工人阶级向法国、德国工人阶级伸出了援助之手,积极支持法国、德国工人阶级的正义的革命,马克思曾对此行动给予了高度评价。在巴黎公社的革命中,在无产阶级国际主义精神的指导下,各国无产阶级不分民族地参与了革命,并充分体现了无产阶级的国际主义精神,正如马克思在总结巴黎公社革命的一书中所描述的那样:“巴黎响亮地宣布了它的国际倾向——因为生产者的事业到处是一样的,他们的敌人不论属何国籍(不论穿着什么样的民族服饰)也到处是一样的——它把允许外国人加入公社当作一条原则加以宣布,它甚至把一些外国工人(国际会员)选入执行委员会,它下令拆除法国沙文主义的象征——旺多姆圆柱!”③因此,各民族要实现民族团结和民族平等就要从无产阶级的国际主义原则出发,反对民族主义。

第三,马克思恩格斯认为,促进各民族无产阶级在共同的革命事业中的团结与合作,就要坚持民族平等和民族团结。其原因主要是民族平等是开展无产阶级国际合作与团结的必要条件。所谓国际合做主要是指平等的各民族主体间的国际合作。权利不平等的民族之间不会存在民族间的国际合作,比如压迫民族与被压迫民族之间,因为压迫民族总是把自己的意志强加给被压迫民族,促使被压迫民族不能自由地表达自己的意志,也正因为如此,只有各民族主体间的平等,才谈得上各民族主体间的国际合作,进而促进各民族的无产阶级在全世界范围内联合起来,实现各民族间的国际合作,从而在解放自己的同时实现解放全人类的伟大目标;其次,各民族平等与团结是促进民族发展与繁荣的前提。在各民族不平等或不团结的前提条件下,各民族的合作与发

---

① 马克思恩格斯文集(第2卷)[C].北京:人民出版社,2009,第44页

② 中国社会科学院民族研究所.马克思恩格斯论民族问题[M].北京:民族出版社,1987,第213页

③ 马克思恩格斯选集(第3卷)[C].北京:人民出版社,1995,第110页

展只是各民族间统治阶级与统治阶级之间的合作与发展，而统治阶级在社会中毕竟只是少数，并不能代表全体人民群众，因此，在各民族不平等或不团结的前提条件下的合作与发展不能称之为完全意义上的合作与发展。唯有真正实现各民族主体间的平等与团结，民族内部成员之间的平等，这样的合作与发展才是真正意义上的全民合作与发展，才是全人类共同的事业。

总之，民族平等与民族团结是马克思主义民族观的核心，民族平等与民族团结不仅是无产阶级实现解放自身、解放全人类的必要条件，也是各民族实现真正意义上的发展必备的条件。需要指出的是马克思主义不仅强调了各民族主体间的平等与团结，而且关注个体间的平等与团结。可以说，民族平等是马克思主义民族理论的基石。

马克思恩格斯在探讨民族平等的过程中还探讨了民族平等实现的方式，认为民族独立是实现民族平等的条件和实现方式。恩格斯于1893年在《共产党宣言》意大利版序言中指出："不恢复每个民族的独立和统一，那就既不可能有无产阶级的国际联合，也不可能有各民族为达到共同目的而必须实行的和睦的与自觉的合作。"①恩格斯的这句话表明各民族的独立是民族平等团结的实现方式，也只有在各民族独立这一前提下，才会出现无产阶级的国际联合，各民族的国际合作与团结。因此，应该可以这样认为，各民族独立是民族平等团结实现的主要方式。而在马克思恩格斯看来，民族独立具有丰富的内涵，具体而言主要体现在以下几方面：

第一，民族独立是各民族的权利和义务。有学者在研究马克思恩格斯关于民族理论的阐述过程中认为："民族独立是各民族的权利和义务。"②因此，在他们看来，马克思恩格斯一直以来都比较重视各民族的独立，特别是自19世纪40年代起至90年代恩格斯逝世为止始终都重视民族独立。因为恩格斯于1882年2月7日在给卡尔·考茨基的信中指出："我坚持这样的意见：欧洲有两个民族不但有权利，而且有义务在成为国际的民族以前先成为国家的民族：这就是爱尔兰人和波兰人。他们只有真正成为国家的民族时，才更能成为国际的民族。"③在这里，恩格斯一方面打击和驳斥了压迫民族国家的统治阶级及其为统治阶级服务的舆论即把被压迫民族反对民族压迫争取民族独立的运动称之为非法运动的舆论和压迫运动；一方面支持和鼓舞了被压迫民族为民族独立而斗争的积极性。在恩格斯看来，只有在真正成为国家的民族时，即自己的国家、自己的民族获得民族独立时，才能成为真正意义上的国际民族。因此，在马克思主义者看来，各民族想要在国际上获得平等的权利，就首先要取得民族的独立，使国内的民族成为国家的民族，而这里的民族特指被压迫的各民族的联合体，不是具体指某个民族。恩格斯在《工人阶级同波兰有什么关系?》中指出："如果有人说，要求恢复波兰就意味着诉诸民族原则，那只能证明他们不懂他们究竟说了什么，因为恢复波兰，就是恢复至少由四个不同民族组成的国家。"④

第二，民族独立是实现各民族当家做主的前提。恩格斯于1882年2月7日致卡尔·考茨基的信中指出："一个大民族，只要还没有民族独立，历史地看，就甚至不能比较严肃地讨论任何内政问题。"⑤因此，在马克思主义者看来，民族独立是实现各民族当家做主的前提。民族独立首先是民族国家的独立，当一个民族还没有获得民族独立时，它的政权往往被异族所操作，无论是在

① 马克思，恩格斯.共产党宣言[M].北京：人民出版社，1997，第24页

② 王炳煜，王力.马克思主义民族思想史[M].北京：中央民族大学出版社，1998，第455页

③ 中国社会科学院民族研究所.马克思恩格斯论民族问题[M].北京：民族出版社，1987，第565页

④ 中国社会科学院民族研究所.马克思恩格斯论民族问题[M].北京：民族出版社，1987，第384页

⑤ 中国社会科学院民族研究所.马克思恩格斯论民族问题[M].北京：民族出版社，1987，第563页

政治上、经济上、文化上，还是在思想上都受到异族的控制，此时的民族意志根本就不可能根据本民族的意愿来决定国家的任何内政与外交，更谈不上民族当家做主的问题；其次，不实现民族独立的国家根本不可能从无产阶级及其本民族的根本利益出发，决定自己的内外政策及其解决自己民族解放和民族发展的问题；最后，民族独立是国内各民族实现平等享有权的前提。在当今社会，任何一个国家都是由多民族共同组成的国家。而民族独立意味着在民族国家内部，任何民族都享有平等权，即在民族国家内部，各民族都享有共同发展、共同管理国家内外部事物的平等的权利，而不是由一个民族或者几个民族的联合来共同享有国家的管理权和所有权。后来，恩格斯在民族解放运动的实践的基础上，直接提出了每个民族都必须获得独立，且在自己的国家、自己的民族家庭中甚至在整个无产阶级运动的不分民族的共同的利益运动中，必须获得独立的观点。而这一思想主要体现在恩格斯于 1887 年 12 月底写的《暴力在历史中的作用》一文中，在该文中恩格斯指出："要保障国际和平，首先就要必须消除一切可以避免的民族摩擦，每个民族都必须获得独立，在自己的家里当做主。"[①]因此，民族独立是实现各民族当家做主的前提。

第三，民族独立能够促进各民族的发展和繁荣。恩格斯指出："只有在波兰重新争得了自己的独立以后，只有当它作为一个独立的民族重新掌握自己的命运的时候，它的内部发展过程才会重新开始，它才能够作为一种独立的力量来促进欧洲的社会改造。"[②]也就是说当一个民族不独立的时候，其民族内部的各项生产都受到压迫和打击，此时的生产和发展都是从统治民族或者统治阶级的利益出发，并不能全面促进各民族的发展和繁荣。只有民族独立而进行的生产和发展才是真正的全民族的生产和发展，此时的生产和发展才是真正的符合全民族的利益要求的生产和发展，也只有获得民族独立，各民族的生产积极性才能够得到最大的发挥。离开民族独立来谈民族发展和繁荣都是反动民族或反动阶级用来骗人的鬼话。

第四，民族独立是各民族及其无产阶级国际合作的基础。恩格斯在《致卡尔·考茨基》的信中指出："无产阶级的国际运动，无论如何只有在独立民族的范围内才有可能。"[③]也就是说只有获得民族独立，各民族的平等的国际合作才能展开，如果民族不独立，就根本不可能以平等的民族主体参与国际合作，也谈不上各民族主体间真正的国际合作。在该文中，恩格斯以波兰民族问题为例，详细分析了波兰民族问题及其各民族、无产阶级的国际合作的问题，恩格斯再次强调了民族独立的重要性。恩格斯指出："我们根本无意阻止波兰人去努力争取为自己进一步发展所及其必需的条件，或者要他们相信，从国际观点来看，民族独立是很次要的事情，而事实上则相反，民族独立是一切国际合作的基础。"[④]

总之，民族独立是各民族的权利和义务，是各民族实现当家做主的前提，能够促进各民族的真正的发展和繁荣，是各民族及其无产阶级实现国际合作的基础。

（三）马克思主义民族理论的终极价值——人类解放

王沪宁等认为："马克思思想体系的宗旨是达到人类的解放，而不是个人、集体或某个阶级的

① 中国社会科学院民族研究所. 马克思恩格斯论民族问题[M]. 北京：民族出版社，1987，第 832 页

② 中国社会科学院民族研究所. 马克思恩格斯论民族问题[M]. 北京：民族出版社，1987，第 505 页

③ 中国社会科学院民族研究所. 马克思恩格斯论民族问题[M]. 北京：民族出版社，1987，第 564 页

④ 中国社会科学院民族研究所. 马克思恩格斯论民族问题[M]. 北京：民族出版社，1987，第 564—565 页

解放。"[①]马克思主义民族理论是马克思主义理论体系的重要组成部分，民族压迫是人类压迫的重要表现形式，消除民族压迫，解决民族问题也是人类解放的题中之义和应有主题。陈答才认为："坚持马克思主义基本原理，就是坚持辩证唯物主义和历史唯物主义的世界观和方法论，坚信人类社会的发展必将经过社会主义而最终实现共产主义社会制度。这是马克思主义最本质、最精华的东西，尽管这一崇高理想的实现需要几代人乃至几十代人的长期奋斗，但这个信念丝毫不能动摇。"[②]所以，人类解放是马克思主义民族理论的终极价值追求。人类解放具有以下基本内涵：

第一，人类解放就是把人还给人自己。马克思在《论犹太人问题》中指出："任何一种解放都是把人的世界和人的关系还给人自己。"[③]那么在人类解放过程中是怎么还给人自己的呢，首先是政治解放，即从政治国家中解放出来。人类要实现解放自身，首先就是要把人从国家这一被社会异化的力量中解放出来，当国家作为一种异化力量的时候，总是被统治阶级所利用，政治解放就是要使人从这种被统治阶级利用的国家中解放出来，因此，"只有当现实的个人同时也是抽象的公民，并且作为个人，在自己的经验生活、自己的个人劳动、自己的个人关系中间，成为类存在物的时候，只有当人认识到自己的'原有力量'并把这种力量组织成为社会力量因而不再把社会力量当做政治力量跟自己分开的时候，只有到了那个时候，人类解放才能完成"[④]。其次是从社会中解放出来，使社会还原为人的社会，而不是宗教或者其他的社会。社会往往是比较复杂的体系，包括宗教、民族、族群等等在内的一系列社会复合体。而这些存在于社会的存在物，是人类在劳动过程中，同人类劳动相异化的异己力量，它们被人类创造的同时往往被有些人所利用，因此，人从社会中解放出来就是还原社会本来的面目，而不是被有些人利用的社会存在物。

第二，人类解放就是实现人的自由劳动。在马克思看来，私有制存在的条件下，人类劳动是异化劳动，而异化劳动导致人类被自己劳动所创造的物质世界所奴役，即人类劳动被对象化。正是因为这种劳动，"工人生产的财富越多，他的产品的力量和数量越大，他就越贫穷。工人创造的商品越多，他就越变成廉价的商品。物的世界的增值同人的世界的贬值成正比。劳动生产的不仅是商品，它生产作为商品的劳动自身和工人，而且是按它一般生产商品的比例生产的。这一事实无非是表明：劳动所生产的对象，即劳动的产品作为一种异己的存在物，作为不依赖于生产者的力量，同劳动相对立。"[⑤]因此，所谓自由劳动，就是要消灭劳动的这种异化现象，促使劳动成为人类的自由劳动，促使人类摆脱异化劳动对人的控制，而异化劳动的产生同私有制的存在分不开，人类的解放过程就是把人从私有制的束缚中解放出来。

第三，人类解放就是从物的世界走向人的世界。劳动是人类存在的本质，是人的本质实践，正因为劳动是人的类存在物的本质和实践，促使人成为人，促使人从动物中分离出来，也正因为如此，恩格斯对人类劳动给予了高度的关注。刘德厚认为："马克思在创立历史唯物主义的基础上，提出用'劳动人本理论'解释人的本性，就是人的自然性、社会性和意识性三者在劳动活动中

① 王沪宁.政治的逻辑——马克思主义政治学原理[M].上海：上海人民出版社，2004，第498页

② 陈答才.马克思主义中国化进程的启示[J].西北大学学报(哲学社会科学版).2008(5)

③ 中国社会科学院民族研究所.马克思恩格斯论民族问题[M].北京：民族出版社，1987，第11页

④ 中国社会科学院民族研究所.马克思恩格斯论民族问题[M].北京：民族出版社，1987，第11－12页

⑤ 马克思.1844年经济学哲学手稿[M].北京：人民出版社，2000，第51－52页

的统一。”①正因为如此，在马克思主义者看来，人类劳动创造了物的世界，但同时，物的世界逐渐控制了人的本性。马克思指出：“工人越是通过自己的劳动占有外部世界、感性自然界，他就越是在这两方面失去生活资料：第一，感性的外部世界越来越不成为属于他的劳动的对象，不成为他的劳动的生活资料；第二，感性的外部世界越来越不给他提供直接意义的生活资料，即维持工人的肉体生存的手段。因此，工人在这两方面成为自己的对象的奴隶。”②正如我们在资本主义社会看到的那样，人类劳动所产生的物质世界，正在排挤工人正常的劳动。以人类所生产的机器来看，机器是人类劳动的结果，但是机器一旦产生，便同人类劳动相竞争，甚至把人从劳动中排挤出去。又以宗教为例，宗教一开始是不存在的，但是由于人类劳动的认识，宗教便同人类劳动一起被生产出来。我们纵观整个宗教发展历史可以发现，宗教一旦被人类所创造，它就在思想上控制了人类的劳动。因此，在整个人类劳动过程中，人类“通过异化劳动，人不仅生产出他对作为异己的、敌对的力量的生产对象和生产行为的关系，而且还生产出他人对他的生产和他的产品的关系，以及他对这些他人的关系。正像他把他自己的生产变成自己的非现实化，变成对自己的惩罚一样，正像他丧失掉自己的产品并使它变成不属于他的产品一样，他也生产出不生产的人对生产和产品的支配。正像他使他自己的活动同自身相异化一样，他也使与他相异化的人占有非自身的活动。”③因此，人类解放活动就是把人从物质世界对人的控制、奴役状态下解放出来，促使人成为人，而不是被物化的人。

为了实现人类的彻底解放，马克思恩格斯非常重视民族解放运动，认为民族解放运动是被压迫民族实现平等团结的途径，是人类解放过程中的一个过程，并且马克思恩格斯全面阐述了民族解放运动与无产阶级革命运动之间的关系，探讨了民族解放实现的可能性。

在马克思恩格斯看来，民族解放要与无产阶级运动相结合。马克思恩格斯在《共产党宣言》中指出：“人对人的剥削一消灭，民族对民族的剥削就会随之消灭。民族内部的阶级对立一消失，民族之间的敌对关系就会随之消失。”④因此，民族的解放必须消灭人对人的剥削、消灭民族内部的阶级对立，而无产阶级革命运动是整个人类社会消灭人对人的剥削、消灭阶级对立的过程，整个民族解放过程要与无产阶级革命运动相联系。具体而言，马克思主义关于民族解放过程要与无产阶级革命运动相结合的观点主要包括以下几点：

第一，支持民族解放运动是为了无产阶级自身的解放扫清道路。恩格斯指出：“任何民族当它还在压迫别的民族时，不能成为自由的民族。”⑤这是马克思主义关于民族解放运动与无产阶级革命运动相联系的一个原理。它告诉我们，在一个民族对另一个民族进行压迫的情况下，被压迫民族的被压迫阶级要获得解放是困难的，因此，在资本主义社会，民族解放是无产阶级自身解放的先决条件。正如王沪宁研究马克思主义民族解放理论时说的那样：“既然民族压迫是无产阶级革命胜利的首要障碍，那么无产阶级革命就必须首先从反对民族压迫开始。甚至可以说，被压迫民族解放斗争的胜利是压迫民族的无产阶级革命取得成功的先决条件。”⑥马克思恩格斯从这

① 刘德厚. 广义政治论——政治关系社会化分析原理[M]. 武汉：武汉大学出版社，2006，第119页

② 马克思. 1844年经济学哲学手稿[M]. 北京：人民出版社，2000，第53页

③ 马克思. 1844年经济学哲学手稿[M]. 北京：人民出版社，2000，第60—61页

④ 马克思，恩格斯. 共产党宣言[M]. 北京：人民出版社，1997，第47页

⑤ 中国社会科学院民族研究所. 马克思恩格斯论民族问题[M]. 北京：民族出版社，1987，第117页

⑥ 王沪宁. 政治的逻辑——马克思主义政治学原理[M]. 上海：上海人民出版社，2004，第328页

个原理出发，分析了欧洲当时的民族解放运动，并投入很大的激情支持欧洲和亚洲等国家和地区的被压迫民族的解放运动，且把民族解放运动与无产阶级革命运动结合起来。因此，支持民族解放运动是为了无产阶级自身的解放扫清道路。

第二，民族解放运动的成功与否取决于无产阶级的革命运动。马克思指出："欧洲的解放——不管是各被压迫民族争得独立，还是封建专制政体被推翻，都取决于法国工人阶级胜利的起义。"[①]因此，民族解放过程要得到彻底的胜利，首先就要实现无产阶级革命的胜利。因为在马克思主义者看来，现存的所有制关系是造成一些民族剥削另一个民族的原因，而想要消灭现存的剥削制度，唯有工人阶级才能够消灭现存的剥削制度，因此，无产阶级在民族解放中的任务就是促使各民族具有共同的利益，马克思指出："要使各民族真正团结起来，他们就必须有共同的利益。要使他们的利益能一致，就必须消灭现存的所有制关系，因为现存的所有制关系是造成一些民族剥削另一些民族的原因；对消灭现存的所有制关系关心的只有工人阶级。只有工人阶级能够做到这一点。"[②]从这一原理出发，马克思分析了在资本主义社会里的民族解放运动，并希望民族解放运动与无产阶级的革命运动相结合起来，且给予当时欧洲的民族解放运动指明了方式及途径，即通过无产阶级革命运动达到各民族的彻底解放。正因为如此，马克思激情地指出："无产阶级对资产阶级的胜利同时就是一切被压迫民族获得解放的信号。"[③]因此，各民族要获得彻底解放就要与无产阶级的革命运动结合起来，且通过无产阶级阶级革命方式获得各民族的彻底解放。

第三，民族解放运动过程要从整个无产阶级共同的不分民族的利益角度出发，解决和参与民族解放过程。马克思恩格斯在《共产党宣言》中指出："在无产者不同的民族的斗争中，共产党人强调和坚持整个无产阶级共同的不分民族的利益"，[④]因此，在民族解放过程中，各民族没有各自的不同的利益，如果有，那是无产阶级共同的利益，应该强调和坚持整个无产阶级的不分民族的共同利益，也应该从这一方法分析和处理民族问题。

马克思恩格斯在探索人类解放过程中对民族解放的可能性进行了不懈的探索，为民族解放指明了光明道路，增强了民族解放的信心。马克思恩格斯是具有世界眼光的一代伟人，他们不仅关心西方资本主义国家和民族如何走向社会主义道路的问题，同时还关心世界上的其他国家和民族如何走向社会主义的问题。马克思恩格斯关于民族解放实现的可能性探索，是在思索东方落后国家和民族的过程中提出来的，其思索的对象主要是俄国。马克思恩格斯在最初思索阶段认为，东方落后国家和民族也必然经历资本主义社会，然后才能进入社会主义社会，但是随着社会实践的深入，马克思恩格斯逐渐否定了这一看法，他们认为落后国家和民族有可能在特定的历史条件下，能够跨越资本主义的卡夫丁峡谷，直接走上社会主义道路。有学者研究认为马克思恩格斯关于落后国家和民族能否走向社会主义道路的问题，"最初是肯定的，即认为任何国家和民族都要遵循人类社会发展的一般规律，从前资本主义社会进入到资本主义社会，然后再由资本主义社会走向社会主义社会。但是，随着社会实践的深入，马克思、恩格斯对这一问题的认识走向了否定的一面，提出落后国家和民族在特定的历史条件下，能够跨越资本主义的卡夫丁峡谷，缩

① 中国社会科学院民族研究所．马克思恩格斯论民族问题[M]．北京：民族出版社，1987，第185页

② 中国社会科学院民族研究所．马克思恩格斯论民族问题[M]．北京：民族出版社，1987，第116页

③ 中国社会科学院民族研究所．马克思恩格斯论民族问题[M]．北京：民族出版社，1987，第116页

④ 马克思，恩格斯．共产党宣言[M]．北京：人民出版社，1997，第40页

短向社会主义发展的进程，直接走上社会主义的发展道路”①。而马克思恩格斯提出跨越资本主义卡夫丁峡谷的理论和观点是基于俄国社会而提出的，因此，在探讨民族解放实现的可能性中不得不涉及俄国当时的社会状况。在马克思恩格斯看来，落后国家和民族实现民族解放，跨越资本主义卡夫丁峡谷需要具备以下四个条件：

第一，西方无产阶级革命取得决定性的胜利。历史唯物主义认为，生产力决定生产关系，生产力的发展变化引起生产关系的变化，人类社会的发展正是基于这一规律而发展变化。那么俄国社会的发展是否也遵循人类社会发展的一般性规律呢，俄国社会的发展方向是资本主义的私有制还是社会主义的公有制呢，这取决于俄国所处的特定的历史条件。在什么样的历史条件下俄国会跨越资本主义的卡夫丁峡谷，恩格斯指出：“俄国的公社所有制早已度过了它的繁荣时代，看样子正在趋于解体。但是也不可否认有可能使这一社会形式转变为高级形式，只要它能够保留到条件已经成熟到可以这样做的时候，只要它显示出能够在农民不再分开而是集体耕作的方式下向前发展；就是说，有可能实现这种向高级形式的过渡，而俄国农民无须经过资产阶级的小土地所有制的中间阶段。然而这只有在下述情况下才会发生，即西欧在这种公社所有制彻底解体以前就胜利地完成无产阶级革命并给俄国农民提供实现这种过渡的必要条件。”②因此，西方无产阶级革命的决定性胜利能够促使俄国从前资本主义社会直接过渡到社会主义社会，究其原因主要是：西方无产阶级革命取得决定性的胜利后，世界资产阶级受到致命的打击，为俄国及其落后国家和民族的解放运动减少了外部压力，为民族解放提供了可能。同时，国际无产阶级同盟的原则，将会引导它们走向社会主义的道路。另外，西方无产阶级对社会主义制度的探索或者西方无产阶级取得胜利后建立的社会主义制度，也将为俄国等落后国家和民族提供示范和榜样，促使它们从主观上选择社会主义道路。

第二，充分吸收资本主义国家创造的积极成果。民族解放实现的可能性的另一条件是落后国家和民族要充分吸收资本主义国家创造的积极成果。马克思恩格斯在批判资本主义的同时还充分肯定了它对社会进步的意义，他们在《共产党宣言》中指出：“资产阶级在它的不到一百年的阶级统治中所创造的生产力，比过去一切世代创造的全部生产力还要多，还要大。”③既然资产阶级创造了强大的生产力，根据马克思主义关于生产力决定生产关系原理来看，落后国家和民族不可能实现民族的解放，但是正如有学者认为的那样“马克思却明确指出：尽管俄国等东方国家和民族生产力发展水平低，没有经过资本主义的充分发展而创造出迎接社会主义诞生的物质条件，但这些国家和民族完全可以在公社土地公有制基础上，借助于西方资本主义发达的生产力，吸收和运用它们的物质条件，从而越过资本主义的卡夫丁峡谷，走出一条不同于西方社会的未来发展道路”④。因此，落后国家和民族应该充分吸收资本主义国家创造的积极成果，利用资本主义创造的成果实现民族解放。

第三，民族解放实现的可能性又一条件是俄国需要发生社会革命。马克思恩格斯在分析俄国可能直接过渡到社会主义，实现民族解放的过程中认为除了西方无产阶级革命运动的外部推动外，还需要俄国内部自身发生社会革命。马克思恩格斯在《共产党宣言》1882 年俄文版序言中

① 青觉. 马克思主义民族观的形成与发展[M]. 北京：民族出版社，2004，第 77 页

② 马克思恩格斯选集(第 3 卷)[C]. 北京：人民出版社，1995，第 282 页

③ 马克思，恩格斯. 共产党宣言[M]. 北京：人民出版社，1997，第 32 页

④ 青觉. 马克思主义民族观的形成与发展[M]. 北京：民族出版社，2004，第 80 页

指出:“假如俄国革命将成为西方无产阶级革命的信号而双方互相补充的话,那么现今的俄国土地公有制便能成为共产主义发展的起点。”①意味着俄国如果发生以推翻封建专制为目的的资产阶级民主革命的话,就会引发西方无产阶级革命运动,而西方无产阶级革命的成功,反过来又会推动俄国民主革命向社会主义方向发展。因此,在俄国社会内部产生的革命和西方无产阶级革命相互补充的历史条件下,俄国社会将会直接过渡到社会主义社会。

第四,对俄国农村公社的积极改造是实现民族解放必不可少的一个条件。在俄国和西方发生了无产阶级革命,同时俄国又充分吸收资本主义积极成果的前提下,俄国的农村公社土地所有制向社会主义社会的过渡,还需要在保留和利用俄国农村公社制的基础上对其进行积极的改造。具体而言就是从以下三方面进行积极改造,即提高俄国农村公社制劳动组合的合作水平、开发村社使之与现代社会相联系、对俄国公社中的土地所有制进行积极改造,因此,“从这三方面对俄国农村公社的积极改造,也是俄国由农村公社所有制阶段直接过渡到社会主义的必不可少的条件”②。

二、马克思主义民族理论的基本特征

(一)马克思主义民族理论的人民性

所谓马克思主义民族理论的人民性主要是指马克思主义民族理论不是为剥削阶级的统治而服务的理论,而是为无产阶级运动服务为广大劳苦大众服务的理论。在当今语境下,我们把它称之为人民性。作为共产党人,其利益与无产阶级不分民族的共同的利益相一致,与整个无产阶级运动的利益相一致,而马克思主义是共产党人的指导思想,是整个无产阶级的理论来源及其代表整个无产阶级运动的理论,是代表大多数人利益的理论,因此,马克思主义是为无产阶级运动服务的理论,其中包括马克思主义民族理论都是为了无产阶级及其民族解放运动而服务的理论,正是从这个意义上来说,马克思主义民族理论具有人民性,既服务于民族解放,又服务于无产阶级的解放运动。具体而言,主要体现在以下几方面:

第一,马克思主义民族理论是为了全世界无产阶级不分民族的解放运动而服务的理论,代表了大多数人民群众的利益要求。在马克思恩格斯看来,作为服务于无产阶级运动的马克思主义,与无产阶级的各民族的兄弟友爱的利益要求是一致的。因此,马克思主义宣扬和提倡的民族理论也是符合无产阶级不分民族的共同利益,马克思主义民族理论被赋予了人民性。

第二,马克思主义民族理论提倡民族解放运动与无产阶级解放运动相结合,赋予了马克思主义民族理论的阶级性即与无产阶级这一解放运动相结合起来,而无产阶级是先进阶级的同时,还代表了大多数人的利益,进而赋予了马克思主义民族理论的人民性。马克思恩格斯提倡民族解放运动与无产阶级解放运动结合起来,共同反对剥削阶级的剥削和压迫,也只有这样,民族解放运动才能够得到彻底的胜利,民族的解放才是真正的解放,解放的民族才是具有真正意义上的全民族的解放。因此,马克思很激晴地高喊:“无产阶级对资产阶级的胜利同时就是一切被压迫民

① 马克思,恩格斯.共产党宣言[M].北京:人民出版社,1997,第6页

② 青觉.马克思主义民族观的形成与发展[M].北京:民族出版社,2004,第82页

族获得解放的信号。"①而纵观马克思恩格斯的一生，他们也是这样做的。

第三，马克思主义民族理论与人类解放相结合起来，而人类解放事业是具有普遍意义的人类的共同事业，人类解放同民族理论的相结合从更为广泛的意义上赋予了马克思主义民族理论的人民性。马克思主义民族理论不是一个独立的理论体系，它与无产阶级运动结合起来的同时，还与人类解放事业相结合起来。所谓人类解放事业，其最基本的一个含义是自由发展的人的联合体。前文提到，人类解放是马克思主义民族理论的终极价值，其宗旨是实现人类的解放，在马克思恩格斯的整个思想体系中，处处散发出这一价值。从这个意义上来，马克思主义民族理论具有人民性。

总之，人民性是马克思主义民族理论在本质上区别于其他民族理论的根本特性，也正因为马克思主义民族理论的这一特性，赋予了马克思主义民族理论强大的生命力，也正因为如此，马克思主义民族理论是被统治阶级用来评判的对象，也是统治阶级的敌人。正如恩格斯在《在马克思墓前的讲话》中指出的那样："他可能有过许多敌人，但未必有一个私敌。"②

（二）马克思主义民族理论的实践性

马克思主义是随着实践的发展而发展的理论，而马克思主义民族理论作为马克思主义科学体系的组成部分，也遵循这一原则性规定。列宁在《论马克思主义历史发展中的几个特点》中指出："恩格斯在谈到他本人和他那位著名的朋友时说过，我们的学说不是教条，而是行动的指南。这个经典性的论点异常鲜明有力地强调了马克思主义的往往被人忽视的那一方面。而忽视那一方面，就会把马克思主义变成一种片面的、畸形的、僵死的东西，就会抽掉马克思主义的活的灵魂，就会破坏它的根本的理论基础——辩证法即关于包罗万象和充满矛盾的历史发展的学说，就会破坏马克思主义同时代的一定实际任务，即可能随着每一次新的历史转变而改变的一定实际任务之间的联系。"③因此，马克思主义民族理论具有实践性的特性。而这一实践性也不是没有规律地发展着，而是遵循一定的规律。具体而言主要体现在以下几点：

第一，马克思主义民族理论的发展遵循着《共产党宣言》的基本思想。马克思恩格斯认为，贯穿《共产党宣言》的基本思想基本上是正确的，历史发展也证明了马克思恩格斯的这一判断。而贯穿《共产党宣言》的基本思想是"每一历史时代的经济生产以及必然由此产生的社会结构，是该时代政治的和精神的历史的基础；因此（从原始土地公有制解体以来）全部历史都是阶级斗争的历史，即社会发展各个阶段上被剥削阶级和剥削阶级之间、被统治阶级和统治阶级之间斗争的历史；而这个斗争现在已经达到这样一个阶段，即被剥削被压迫的阶级（无产阶级），如果不同时使整个社会永远摆脱剥削、压迫和阶级斗争，就不再能使自己从剥削它压迫它的那个阶级（资产阶级）下解放出来"④。意味着马克思主义民族理论的发展与经济生产以及必然由此产生的社会结构为基础而发展；意味着马克思主义民族理论与无产阶级的解放运动相联系。所谓马克思主义民族理论的实践性就是要考察这两个因素。

第二，马克思主义民族理论的发展必然地与生产力发展状况相联系。马克思恩格斯在《德意

---

① 中国社会科学院民族研究所. 马克思恩格斯论民族问题[M]. 北京：民族出版社，1987，第 116 页

② 马克思恩格斯选集（第 3 卷）[C]. 北京：人民出版社，1995，第 778 页

③ 列宁选集（第 2 卷）[C]. 北京：人民出版社，1995，第 278 页

④ 马克思，恩格斯. 共产党宣言[M]. 北京：人民出版社，1997，第 7 页

志意识形态》中指出："各民族之间的相互关系取决于每一个民族的生产力、分工和内部交往的发展程度。这个原理是公认的。然而不仅一个民族与其他民族的关系，而且这个民族本身的整个内部结构也取决于自己的生产以及自己内部和外部的交往的发展程度。"①表明民族发展程度与生产力、分工等具有紧密联系，而马克思主义民族理论的发展也会随着生产力、分工等的发展而日益丰富和发展。

第三，马克思主义民族理论不是一成不变的理论，而是随着经济社会的发展而不断发展的理论。恩格斯在《在马克思墓前的讲话》中明确告诉我们，正因为马克思关于唯物史观的发现，促使社会主义变成科学。因此，关于民族的理论、民族的观念都要从这个基础来解释。

总之，马克思主义民族理论是实践性很强的理论，随着生产力的发展、经济的发展、分工的发展而发展，其理论和观点也必然随之而发展，而不是将民族理论当作僵死的理论。

（三）马克思主义民族理论的全球性

从人类社会发展的横向层面来看，马克思主义民族理论主要探讨的是全球性的各民族的发生、发展、消亡的理论；从马克思主义民族理论关于民族本质的判断来看，马克思主义民族理论主要探讨的是关于民族发展的一般性规律问题，而马克思主义民族理论所思索的一般性规律具有普遍意义。正是从这两方面来看，马克思主义民族理论是指导各民族发展的正确的理论，包括世界上的大大小小的全部民族发展的问题。因此，马克思主义理论具有全球性。在马克思恩格斯看来，所谓全球性主要表现在以下几方面：

第一，由于生产力的发展，各民族原始的封闭的状态被打破，此时的各民族发展就成为世界意义的民族发展。随着生产方式及其交往等的发展，各民族之间的交往越来越明显，此时的各民族已经不是处于独立发展阶段的民族，而是具有世界意义的相互影响的民族发展阶段。从人类历史发展过程来看，人类社会起初的发展状态是各民族互不联系、互不影响的发展状态，在中国就存在着至今还保留着母系民族社会历史形态的民族，它就是摩梭人。随着氏族或部落群体生产力的发展，逐渐出现了地域性的民族联合体，此时的民族不是现代意义上的具有世界性的民族，如果再把地域性扩大一点，也只不过是封建性的家族性的民族国家而已。现代意义上的世界性的民族状态的出现，应该从哥伦布等的具有全球意义的世界性的民族说起，正因为他们，世界各民族在全球范围内被相互联系和相互影响，此时的民族发展不是由每一个民族发展状态决定，而是在民族内部发展状态的基础上，由各民族相互影响而逐渐发展。正是在这个意义上来说，全球范围内的各民族具有了全球性。正因为全球性民族状态的出现，各民族发展就具有了全球性，各民族都逃不开全球性各民族发展对它的影响。而马克思主义民族理论正是正确描述这一状态的理论，也是正确指导这一历史形态的理论，其主要联系是通过各民族全球性的发展状态而相互联系，即马克思主义民族理论的全球性寓于各民族全球性的发展全过程中，因此，从这个意义上来说，马克思主义民族理论具有全球性的特性。

第二，马克思主义民族理论探讨的是民族的一般性理论，而这个一般性理论符合各民族发展的一般性规律，从这个意义上来说，马克思主义民族理论能够指导世界各民族的发展，具有全球性。历史实践已经证明，马克思主义民族理论能够指导世界上任何民族的发展，适应全球中各民族的发展问题，我们发现，用马克思主义民族理论基本原理指导下的世界上的各民族，都能够正

① 马克思，恩格斯.德意志意识形态[M].北京：人民出版社，2003，第12页

确指导各民族的发展问题，处理好各民族自己的民族问题。因为马克思主义民族理论是同马克思主义无产阶级理论、科学社会主义理论相联系的理论，在马克思主义看来，无产阶级及其共产党人没有任何民族偏见，民族解放问题与无产阶级的解放、人类的解放问题相结合起来，赋予了马克思主义民族理论全球性。

总之，马克思主义民族理论是具有全球性的，不仅表现在各民族的全球性发展规律上，而且还表现在马克思主义关于民族一般性规律的探索上。整个马克思主义民族理论的阐述过程都体现了全球性的宏大的思维和宽广的胸怀。

（四）马克思主义民族理论的超越性

马克思主义民族理论的超越性主要是指马克思主义民族理论不仅探讨当代的民族问题，而且还对民族过去的历史以及未来的发展方向等都作了全面的正确的描述。正是从这个意义上来说，马克思主义民族理论具有超越性。

第一，马克思恩格斯运用历史唯物主义详细描述了民族形成之前的社会历史状况，运用实际材料证明了马克思主义民族理论的正确性，也证明了马克思主义民族理论不仅可以用来认识当代的民族问题，也可以用来认识过去的民族问题，突破了对民族现象就现在而谈现在的局限，从民族产生的根源找到了民族形成、发展的最终原因。从历史纵向的维度来看，超越了时代的局限性，因此，我们说马克思主义民族理论具有超越性的特性。马克思主义民族理论关于民族形成之前的详细的社会历史状况的描述，其代表做主要是马克思的《路・亨・摩尔根（古代社会）一书的摘要》及其恩格斯的《家庭、私有制和国家的起源》。在这两本书中马克思恩格斯不仅详细描述了民族的产生及其发展问题，而且还运用了历史唯物主义基本原理分析了民族现象。有学者评价道："《摘要》中始终贯穿着原始社会是建立在两种生产即生活资料的生产和人类自身的生产的基础上的观点。《摘要》既反映了马克思的这一历史唯物主义的思想，同时也反映出马克思的唯物史观思想发展到了一个新的阶段。"[①]马克思在该书中详细描述了民族产生的历史过程、从母系氏族过渡到父系氏族的全过程。而恩格斯的《家庭、私有制和国家的起源》一书，在马克思关于民族形成的基本原理的认识基础上，更为全面而详细地描述了民族的形成过程、民族这一社会历史现象的发生及其发展序列、氏族的解体和私有制及其阶级和国家以及文明民族产生的过程和原因等。该书是马克思主义民族理论全面描述民族形成、发展及其发展规律的科学总结。其核心思想是马克思主义唯物史观。恩格斯在《家庭、私有制和国家的起源》一书的序言中明确指出："在某种限度内我可以说是我们两人的——唯物主义的历史研究所得出的结论来阐述摩尔根的研究成果，并且只是这样来阐明这些成果的全部意义。原来，摩尔根在美国，以他自己的方式，重新发现了 40 年前马克思所发现的唯物主义历史观，并且以此为指导，在把野蛮时代和文明时代加以对比的时候，在主要点上得出了与马克思相同的结果。"[②]因此，马克思恩格斯正是在历史唯物主义观的指导下，赋予了马克思主义民族理论超越时代局限的特点，对人类的民族历史形成了彻底的解说。

第二，马克思主义民族理论不仅对民族历史具有彻底的研究和阐述，而且还根据唯物主义历史观的基本原理，对未来民族发展方向、趋势、形态、方式等都做了原则性的探索，从这个意义上

① 王炳煜，王力. 马克思主义民族思想史[M]. 北京：中央民族大学出版社，1998，第 397 页

② 马克思恩格斯文集[（第 4 卷）[C]. 北京：人民出版社，2009，第 15 页

来说，马克思主义民族理论具有超越性，在这里，超越性主要是指对未来趋势的探索。马克思恩格斯关于民族未来发展趋势的探索具有丰富性，比如关于落后民族跨越资本主义卡夫丁峡谷可能性的思考、关于民族独立的思考、关于民族间和民族内部的剥削性压迫性的消灭思想及其各民族未来发展趋势的科学性思考等，形成了科学的民族消亡理论、民族平等理论、民族团结理论、民族独立理论、民族融合理论等等。我们知道，在马克思恩格斯生活的年代，落后民族能否跨越资本主义卡夫丁峡谷是没有谁能够肯定的事情，但是马克思恩格斯根据历史唯物主义基本原理，证明了落后民族有可能跨越资本主义卡夫丁峡谷的科学性，历史发展也证明了马克思恩格斯当年所思考的问题是正确的判断。马克思恩格斯关于民族问题本质的思考，是我们解决民族问题最好的武器，历史已经证明，只要认真贯彻马克思主义民族理论，那么我们的民族问题就会处理得很好，但是一旦与马克思主义民族理论基本原理相背离，则民族问题便会随之而出现。因此，马克思主义民族理论对未来民族发展具有原则性的指导意义，正因为如此，我们说，马克思主义民族理论具有超越性这一特性。

因此，从马克思主义民族理论关于民族发展的过去、现在及其未来发展趋势的一般性原则的规定性来看，马克思主义民族理论具有超越性的特性，也正因为马克思主义民族理论的这一特性，马克思主义民族理论具有强大的生命力和解释力。马克思主义民族理论将通过历史来证明它的正确性、科学性和超越性。马克思主义民族理论不仅适用于人类的昨天和今天，而且适用于明天。

第二节　马克思主义民族理论中国化的历史进程

马克思主义民族理论中国化是历史发展的必然，是中国各族人民共同努力的结果。虽然国际国内及其历史因素等客观条件为马克思主义民族理论中国化提供了可能性条件，但是马克思主义民族理论中国化是一个逐渐形成和发展的过程，而“无论从马克思主义中国化的实质和党的文献的概括看，还是从十八大的理论创新看，都说明只有从理论和实践的结合上与发展道路和理论体系的统一中，才能对马克思主义中国化的重大成果做出科学的理解和完整的把握”。

一、马克思主义民族理论中国化的初步探索（1922—1948 年）

马克思恩格斯认为他们阐述的一般原理是正确的，但是他们同时强调了一般原理的实际运用应该随时随地都要以当时的历史条件为转移。因此，马克思主义民族理论在中国的实际运用应该以当时的历史条件、国情及其实践为转移，即马克思主义民族理论要与中国具体实际相结合，从这一意义上来说马克思主义民族理论中国化是马克思主义基本原理在中国运用的具体体现。马克思主义民族理论中国化是一代代中国共产党人及人民群众艰苦探索的成果，是中国化的马克思主义民族理论。一般而言，马克思主义民族理论中国化是指马克思主义民族理论与中国具体实践相结合的过程。它是一个内容丰富和实践性很强的理论体系，产生了丰富的具有中国特色的民族理论体系、制度体系、国家结构形式、法律体系及文化体系等。马克思主义民族理论中国化无论是理论形态还是实践形态都体现在发展过程中，但是有一个基本的要求即马克思主义民族理论必须结合中国的具体实际和实践。如果从 1848 年《共产党宣言》发表以来算起，马克思主义民族理论至今已有160多年的历史；如果从马克思主义民族理论在中国的传播开始算起，至今也有100多年的历史；如果从中国共产党诞生之日算起，马克思主义民族理论在中国的实践已有90多年的历史。在这一历史过程中，中国共产党人和中国人民对马克思主义民族理论在中国的实际运用进行了艰苦的探索，展现了马克思主义民族理论中国化生动的历史进程。

随着中国共产党的诞生和壮大，中国共产党人及中国人民对马克思主义民族理论中国化进行了早期的探索和实践，主要体现在运用马克思主义民族理论分析中国的民族问题，其主要观点是民族自决和联邦制，起止时间从1922年中共二大开始到1938年召开的中共六届六中全会为止。中国共产党自成立之日起就重视中国的民族问题，在中国共产党的"二大"上第一次提出了解决中国民族问题的民族纲领，金炳镐、青觉认为："1922年7月，中共二大提出了中国共产党历史上的第一个解决国内民族问题的方案设想，也可称为第一个民族纲领。"①《中国共产党第二次全国代表大会宣言》指出："中国共产党为工人和贫农的利益在这个联合战线里奋斗的目标是：(一)消除内乱，打倒军阀，建设国内和平；(二)推翻国际帝国主义的压迫，达到中华民族完全独立；(三)统一中国本部(东三省在内)为真正民主共和国；(四)蒙古、西藏、回疆三部实行自治，成为民主自治邦；(五)用自由联邦制，统一中国本部、蒙古、西藏、回疆，建立中华联邦共和国。"②1923年6月中国共产党第三次全国代表大会的党纲草案中指出："西藏、蒙古、新疆、青海等地和中国本部的关系由各该民族自决。"③1928年中共六大的《政治决议案》中指出："中国革命的现在阶段之中，它的主要口号是：(一)推翻帝国主义的统治；(二)没收外国资本的企业和银行；(三)统一中国，承认民族自决权；(四)推翻军阀国民党的政府；(五)建立工农兵代表会议(苏维埃)政府；(六)实行八小时工作制，增加工资，失业救济与社会保险等；(七)没收地主阶级的一切土地，耕地归农；(八)改善兵士生活，发给兵士土地和工作；(九)取消一切政府军阀地方的税捐，实行统一的累进税；(十)联合世界无产阶级和苏联。"④可见，在中国共产党第六次代表大会中仍然承认民族自决权，此时的民族理论和民族政策仍然受到苏联的影响和孙中山先生的影响，并未真正形成自己的理论。1931年11月，第一次全国苏维埃代表大会通过的《关于中国境内少数民族问题的决议案》指出："中华工农兵苏维埃第一次全国代表大会郑重的声明：中华苏维埃共和国绝对地无条件地承认这些少数民族自决权。这就是说：蒙古、西藏、新疆、云南、贵州等一定区域内，居住的人民有某种非汉族而人口占大多数的民族，都由当地这种民族的劳苦群众自己去决定：他们是否愿意和中华苏维埃共和国分离而另外单独成立自己的国家，还是愿意加入苏维埃联邦或者在中华苏维埃共和国之内成立自治区。"⑤同时，在这次会议上通过的《中华苏维埃共和国宪法大纲》以宪法形式把这一思想确立起来，明确规定："中国苏维埃政权承认中国境内少数民族的自决权，一直承认到各弱小民族有同中国脱离，自己成立独立的国家的权利。蒙、回、藏、苗、黎、高丽人等，凡是居住中国地域内的，他们有完全自决权：加入或脱离中国苏维埃联邦，或建立自己的自治区域。中国苏维埃政权在现在要努力帮助这些弱小民族脱离帝国主义、国民党、军阀、王公、喇嘛、

① 金炳镐，青觉.中国共产党三代领导集体的民族理论与实践[M].哈尔滨：黑龙江教育出版社，2004，第16页

② 二大和三大：中国共产党第二、三次代表大会资料选编[C].北京：中国社会科学出版社，1985，第105页

③ 中共中央统战部.民族问题文献汇编[C].北京：中共中央党校出版社，1991，第22页

④ 中央档案馆.中共中央文件选集(第4卷)[C].北京：中共中央党校出版社，2004，第300页

⑤ 中共中央统战部.民族问题文献汇编[C].北京：中共中央党校出版社，1991，第169－170页

土司等的压迫统治，而得到完全的自由自主。苏维埃政权更要在这些民族中发展他们自己的民族文化和民族语言。"[①]1935 年中共中央政治局会议通过的《中共中央关于一、四方面军会合后的政治形式与任务的决议》中指出："中国共产党与中国苏维埃政府在少数民族中的基本方针，是在无条件的承认他们有民族自决权，即在政治上有随意脱离压迫民族即汉族而独立的自由权，中国共产党与中国苏维埃政府应实际上帮助他们的民族独立与民族解放运动，反对帝国主义国民党，反对他们的内奸卖国贼、土司喇嘛与他们自己的剥削阶级。"[②]1935 年 12 月 20 日和 1936 年 5 月 25 日，毛泽东以中华苏维埃人民共和国中央政府主席的名义分别签发了《中华苏维埃共和国对内蒙古人民的宣言》、《中华苏维埃中央政府对回族人民的宣言》，在对内蒙古人民的宣言中指出："我们认为内蒙古人民自己才有权利解决自己内部的一切问题，谁也没有权利用暴力去干涉内蒙古民族的生活习惯、宗教道德以及其他的一切权利。同时，内蒙古民族可以从心所欲的组织起来，它有权按自主的原则，组织自己的生活，建立自己的政府，有权与其他的民族结成联邦的关系，也有权完全分立起来。"[③]在对回族人民的宣言中指出："我们根据民族自决的原则，主张回民自己的事情，完全由回民自己解决，凡属回族的区域，由回民建立独立自主的政权，解决一切政治、经济、宗教、习惯、道德、教育以及其他的一切事情，凡属回民占少数的区域，亦以区乡村为单位，在民族平等的原则上，回民自己管理自己的事情，建立回民自治的政府。"[④]从以上关于马克思主义民族理论在中国实际运用可以看出，在这一时期主要还是沿用苏联的经验，主要强调联邦制和民族自决，并未真正形成具有中国特色的民族理论，因此，有学者认为："从党的'二大'到'六大'，党的民族纲领强调的是联邦制和民族自决权，反映了党的民族理论初期还是受苏联模式的影响，对解决中国民族问题侧重于根据共产国际的决议和苏联经验，对中国民族问题的认识也受孙中山'五族共和'民族思想的影响，对中国民族的实际状况和现实问题尚缺乏深入细致的了解。"马克思主义民族理论在中国的初步探索与实践为马克思主义民族理论中国化奠定了基础，尤其是在红军长征时期，由于途经我国少数民族集中的西南和西北地区，这对于中国共产党认识和了解我国统一多民族国家的国情，起到了非常重要的作用（之前共产党人了解的少数民族，更多的是孙中山"五族共和"中的藏、满、蒙、回等民族，而对南方的绝大多数民族则缺乏更多的了解）。同时，也通过"彝海结盟"等活生生的事例，使中国共产党人充分认识到做好民族工作、解决民族问题对中国革命的重要意义。所以到达延安以后就开始调查、研究民族和民族问题，并发表了《回回民族问题》。

二、马克思主义民族理论中国化的基本形成（1949—1957 年）

从马克思主义民族理论在中国传播开始，马克思主义民族理论给分析和处理中国的民族问题提供了方向性指导和理论性分析工具，为解决中国的民族问题及整个中华民族的发展带来了根本性改变，如果说马克思主义在中国的传播彻底改变了中国人的命运，促使中国走上了独立、民主的道路，那么马克思主义民族理论的传播则改变了整个中华民族的命运，促使中国各民族实

① 中共中央统战部. 民族问题文献汇编[C]. 北京：中共中央党校出版社，1991，第 166 页

② 中共中央统战部. 民族问题文献汇编[C]. 北京：中共中央党校出版社，1991，第 306 页

③ 中共中央统战部. 民族问题文献汇编[C]. 北京：中共中央党校出版社，1991，第 323 页

④ 中共中央统战部. 民族问题文献汇编[C]. 北京：中共中央党校出版社，1991，第 67 页

现了国家的统一、民族的独立及平等团结，实现了整个中华民族的历史性跨越——主要是跨越了资本主义卡夫丁峡谷及其各少数民族实现了社会历史性飞跃，这些变化是马克思主义民族理论给中国带来的变化。从社会性质上来看，则实现了中国各民族社会性质的改变，确立了社会主义性质的社会，实现了在政治上没有剥削、没有压迫、没有歧视的社会主义社会。马克思主义民族理论中国化就是马克思主义民族理论同中国具体实践相结合，形成中国化的马克思主义民族理论；从马克思主义民族理论中国化历史进程来看，马克思主义民族理论中国化的形成是一个逐渐发生、发展的过程，从毛泽东等老一辈无产阶级革命家提出马克思主义与中国具体实践相结合开始，就开始了真正的马克思主义民族理论中国化，而中华人民共和国的成立具有决定性的意义，意味着马克思主义民族理论中国化的形成。一方面，马克思主义民族理论中国化由于中华人民共和国的成立开始了真正的全面性的中国化过程；另一方面，马克思主义民族理论中国化的命题在中华人民共和国成立之前就已经提出，但是并未能够真正地全面地展开，也由于苏联和共产国际的影响，中华人民共和国成立之前的中国化并未形成中国自己的话语体系，其话语权也相对较弱，因此，中华人民共和国成立之前的探索，是马克思主义民族理论中国化形成的前期，马克思主义民族理论中国化的形成应该从中华人民共和国成立开始，集中体现在毛泽东民族理论中，突出体现在关于国家结构形式理论、民族概念理论、民族区域自治理论、各民族实现历史性跨越的理论四个方面。但是由于这一时期具有理论与实践高度结合的特点，从表现形态来看，总体上形成了马克思主义民族理论中国化的理论形态和实践形态，就像马克思主义中国化成果的呈现形态，阎树群认为："实际上，纵观整个马克思主义理论同中国实际相结合的历史，马克思主义中国化的成果始终呈现出两种具体形态，既有实践探索的成果，也有理论探索的成果。"[①]因此，马克思主义民族理论中国化的研究需要考察这两种形态。正是在这一基础上分析了马克思主义民族理论中国化形成的表现形态，但是任何实践形式的存在都有一定的理论痕迹，因此，首先把已经具体化了的实践内容以理论形态给予关注。具体来说，马克思主义民族理论中国化的理论形态主要体现在以下四个方面。

（一）关于国家结构形式中国化的理论形态

民族独立是实现民族平等的主要方式，而实现这一方式存在的可能性的具体方式有联邦制、共和制和民族区域自治，这是马克思恩格斯对国家结构形式的思考，后来的马克思主义者遵循了马克思恩格斯的这一原则，但是在实践过程中，苏联最终选择了联邦制的国家结构形式，1949 年 10 月 1 日中华人民共和国的成立意味着在中国的最终选择是在共和制即单一制条件下的民族区域自治，这一实践形态的理论意蕴就是中国共产党通过实践丰富和发展了马克思恩格斯关于国家结构形式的认识和探索，是共和制和民族区域自治的高度结合，突破了马克思恩格斯关于国家结构形式的理论思维，实现了马克思主义民族理论中关于国家结构形式理论的中国化。中国共产党对马克思主义民族理论中关于国家结构形式理论的中国化，既来源于马克思主义民族理论，又把马克思主义民族理论同中国具体实践相结合，这符合马克思主义民族理论中国化的基本要义，因此，马克思主义民族理论中国化包括国家结构形式理论的中国化。而中国化了的关于马克思主义民族理论中对国家结构形式理论的认识和实践，与苏联关于国家结构形式相比，既有形式上的不同，也有内容上的差别，因此，开始了与苏联不同走向的国家发展方式。

---

① 阎树群. 马克思主义中国化最新成果的多维意蕴[J]. 马克思主义研究，2010(9)

（二）民族概念的中国化

我们知道，斯大林完成了对马克思主义民族概念的完整表述，在当时及其在以后的相当长的时期内具有权威性，但是随着中国在民族识别过程实践的深入，发现斯大林关于民族定义的表述需要同中国具体实际相结合，具体表现在对共同语言、共同地域、共同经济生活及共同文化上的共同心理素质要与中国具体实际相结合。费孝通认为："当时苏联流行的民族定义，简单地说就是'人们在历史上形成的一个有共同语言、共同地域、共同经济生活以及表现于共同文化上的共同心理素质的稳定的共同体。'这个定义是根据欧洲资本主义上升时期所形成的民族总结出来的。这里所提出的'在历史上形成'这个限词，就说明定义里提到的四个特征只适用于历史上一定时期的民族，而我们明白我国的少数民族在解放初期大多还处于前资本主义时期，所以这个定义中提到的四个特征在我们的民族识别工作中只能起到参考的作用，而不应当生套硬搬。同时我们也应当承认从苏联引进的理论确曾引导我们从这个定义所提出的共同语言、共同地域、共同经济生活、共同文化上的心理素质等方面去考察中国各少数民族的实际情况，因而启发我们有关民族理论的一系列思考，从而看到中国民族的特色。"①因此，关于民族概念的定义也是具有中国特色的，实现了马克思主义关于民族定义的中国化。

（三）民族区域自治理论

民族区域自治理论的核心内容是民族自治与区域自治的结合，《共同纲领》对其进行了完整表述，有学者认为："1949 年 9 月下旬召开的中国人民政治协商会议第一届全体会议通过了具有代行宪法意义的《共同纲领》，以法律的形式将民族区域自治确定为新中国解决民族问题的基本政策，强调在少数民族聚居地区建立民族自治地方。"②《共同纲领》表明民族区域自治理论的成熟及其在民族区域自治实践的全面展开，民族区域自治理论以临时宪法的形式确定下来，这是对民族区域自治理论的经典概括。在实践过程中以临时宪法形式确定理论原则，为民族区域自治理论的形成及其发展奠定了宪法基础，也为民族区域自治理论的发展确定了基本原则。关于民族区域自治在宪法上的确认是对理论的总结，是理论在宪法上的确认，因此，宪法中关于民族区域自治的规定性表述是民族区域自治理论的组成部分，也应当从宪法中关于民族区域自治的有关规定出发给予理论上的总结。可以说宪法中关于民族区域自治的有关规定不仅是实践的指南，也是理论的指南。所以宪法中关于民族区域自治的规定性描述是民族区域自治理论的组成部分，应该给予理论上的关注。

（四）各民族实现历史性跨越的理论

中华人民共和国的成立到 1956 年社会主义改造的完成，促使中华民族总体进入社会主义社会，实现了中华民族的历史性跨越，集中体现为跨越了资本主义的卡夫丁峡谷，但是中国的实践与马克思恩格斯及列宁时代的理论有些不同，因此，中国各民族实现历史性跨越的理论实现了马克思主义关于历史性跨越理论的中国化。在中国，从民族成分来看，大部分民族都处于前资本主

① 费孝通.中华民族多元一体格局[M].北京：中央民族大学出版社，1999，第 5 页

② 文精.团结进步的伟大旗帜——中国共产党 80 年民族工作历史回顾[M].北京：民族出版社，2001，第 214 页

义社会，有的民族处于奴隶社会，有的民族处于封建社会，有的民族处于原始社会，但是通过社会主义改造，中国各民族都集体进入到了社会主义社会，丰富和发展了马克思主义关于历史性跨越的理论。虽然在理论上对这一实践并未做过多的总结，但是在中国确实是以实践的方式回答了这一理论。所以中国关于社会主义改造的实践不仅丰富和发展了马克思主义民族理论，而且实现了马克思主义关于落后民族实现历史性跨越理论的中国化。

三、马克思主义民族理论中国化的曲折发展(1958—1977年)

马克思主义民族理论中国化的形成丰富和发展了马克思主义民族理论，意味着在中国已经有了成熟的正确的理论指导，形成了具有中国自己特色的民族理论。随着马克思主义民族理论中国化的形成，如何在中国继续坚持马克思主义民族理论中国化方向及其深入发展马克思主义民族理论中国化、如何实践马克思主义民族理论中国化是未来的主要任务，但是随着我国第一个五年计划的胜利实现、各少数民族除西藏外实现了历史性跨越及社会主义制度在中国的确立，逐渐出现了民族问题的错误判断及民族问题的扩大化，特别是“文化大革命”严重破坏了马克思主义民族理论中国化的成果，使马克思主义民族理论中国化经历了一个曲折发展时期。具体来说，马克思主义民族理论中国化曲折发展时期体现如下。

第一，1958年民族问题实质的错误判断开始了马克思主义民族理论中国化的曲折发展。1956年9月27日中国共产党第八次全国代表大会通过的《关于政治报告的决议》中对社会主义制度建立以来关于社会性质进行了正确判断，也对民族问题进行了正确的判断即社会主义制度确立后的民族问题是人民内部的问题，但是1958年的一个文件开始了民族问题上的错误判断，有学者认为：“1958年，中共中央在一个文件的批语中首次提出，‘在阶级社会民族问题的实质是阶级问题’。到20世纪60年代，中央认定整个社会主义过渡时期阶级矛盾和阶级斗争仍然是中国社会的基本矛盾，‘民族问题的实质是阶级问题’被宣传为马克思主义的普遍原理，被说成是马克思主义与修正主义在民族问题上的分水岭和试金石，是神圣不可侵犯的马克思主义民族理论的绝对权威。”①因此，民族问题的实质是阶级问题的错误判断开始了马克思主义民族理论中国化的曲折发展，而“文革”则把这一曲折发展推向深入。马克思主义民族理论中国化曲折发展时期是对马克思主义民族理论中国化正确方向的偏离，严重破坏了马克思主义民族理论中国化的成果，影响了马克思主义民族理论中国化的正常发展。关于民族问题的错误判断，其不良影响是“它人为地把很多属于人民内部矛盾的民族问题上升为阶级斗争问题，企图以阶级斗争的方式来解决历史上遗留下来的各民族间存在的事实上的不平等，在民族地区大搞阶级斗争，使一些少数民族干部和群众遭受到无辜迫害。这不仅扰乱了人们的思想，也延缓了民族地区的社会主义建设进程，给党和国家带来了不可估量的损失”②。在“文革”中，林彪和“四人帮”把民族问题的实质是阶级问题扩大化，否认民族间事实上存在的不平等、否认社会主义时期民族的存在、否认民族特点、否定新中国成立以来的民族工作。因此，民族问题实质的错误判断及其后来在“文革”中的扩大化，破坏了马克思主义民族理论中国化的正常发展。

第二，民族地区社会主义建设出现了脱离实际、超越阶段发展的局面，是马克思主义民族理

---

① 青觉.马克思主义民族观的形成与发展[M].北京：民族出版社，2004，第276页

② 青觉.马克思主义民族观的形成与发展[M].北京：民族出版社，2004，第275页

论中国化曲折发展的具体体现之二。1956 年 9 月在中央的号召下民族地区也掀起了“大跃进”和人民公社化运动，但是“与全国一样，民族地区的‘大跃进’和人民公社化运动，忽视了客观的经济规律，不重视综合平衡，离开了质量和效益，只强调力争高速度，因而既造成了地区经济比例的严重失调，也造成了农村生产力和生产关系的失调，结果给民族地区经济造成严重混乱，使人民生活水平下降……与此同时，‘大跃进’和人民公社化运动也给民族工作带来了显而易见的严重消极后果。它干扰了新中国建立以来在民族工作中一贯坚持的‘慎重稳进’的方针，助长了民族工作中的主观主义和唯意志论，致使‘浮夸风’、‘共产风’以及主观主义、官僚主义在民族地区泛滥，给民族地区的社会主义建设造成了很大的破坏”[①]。1960—1962 年期间，党和国家对这一问题进行了纠正，但是“1962 年至 1965 年间，在当时的国际国内形势下，党和国家的民族工作不仅中断了对‘大跃进’中违反民族政策的做法的纠正，而且使民族工作指导思想出现了偏差，致使 1957 年以来的民族工作方面的‘左’倾错误进一步发展”[②]。究其原因主要是偏离了马克思主义民族理论中国化的正确方向。因此，民族地区社会主义建设的曲折发展构成了马克思主义民族理论中国化曲折发展的具体体现之一。

第三，“文革”期间在宪法和实践上破坏马克思主义民族理论中国化的成果，是马克思主义民族理论中国化曲折发展的具体体现之三。“在‘文革’期间，林彪、‘四人帮’两个反革命集团诬蔑民族区域自治是‘搞分裂’‘搞独立王国’，在他们极‘左’路线的支配下，有些地方竟然不经过任何法律程序就任意撤销一些民族自治地方。”[③]1967 年林彪及其“四人帮”在各级民族自治地方搞反革命夺权，撤销了自治机关，促使大多数民族自治政府陷于瘫痪，特别是 1975 年宪法的出台，修改了 1954 年宪法中关于民族区域自治的主要规定，删去了 1954 年宪法中肯定的“各少数民族聚居的地方实行区域自治”的总原则，并取消了各项自治权。有学者评价道：“1975 年宪法关于民族区域自治的规定较 1954 年宪法是一个大倒退，使民族区域自治制度遭到严重破坏，少数民族的自治权利被严重侵犯。”[④]因此，马克思主义民族理论中国化在宪法上、国家结构形式上及其实践上遭到破坏，造成了马克思主义民族理论中国化的曲折发展，是马克思主义民族理论中国化曲折发展的具体体现之一。

四、马克思主义民族理论中国化的深入推进(1978—2012 年)

从 1958 年民族问题的错误判断开始到“文革”的全面破坏是马克思主义民族理论中国化曲折发展时期，在这一时期，对马克思主义民族理论中国化的破坏是很严重的，但是马克思主义民族理论中国化是伟大的理论武器，是经过实践经验的真理，因此，马克思主义民族理论中国化方向是不会因为曲折而夭折的。1978 年 12 月中共十一届三中全会的召开，标志着马克思主义民族理论中国化得到了正常发展，并且引向深入，从此，马克思主义民族理论中国化开始了深入发展阶段，这一时期我国的民族理论和民族工作取得了前所未有的成就，主要体现为“民族团结进步事业进一步发展，民族团结进入新的阶段；民族区域自治的制度建设进一步发展，积累了新的

① 青觉. 马克思主义民族观的形成与发展[M]. 北京：民族出版社，2004，第 273 页

② 金炳镐，王铁志. 中国共产党民族纲领政策通论[M]. 哈尔滨：黑龙江教育出版社，2002，第 451 页

③ 金炳镐，王铁志. 中国共产党民族纲领政策通论[M]. 哈尔滨：黑龙江教育出版社，2002，第 456 页

④ 青觉. 马克思主义民族观的形成与发展[M]. 北京：民族出版社，2004，第 277 页

经验;少数民族地区经济进一步发展,人民生活日益提高;少数民族地区各项社会事业进一步发展,现代化建设的速度加快;维护祖国统一,反对民族分裂主义"①。

由于马克思主义民族理论中国化曲折发展阶段的破坏,马克思主义民族理论中国化的正常发展及其深入的主要任务是恢复马克思主义民族理论中国化曲折发展时期被破坏的正确的马克思主义民族理论中国化的成果,因此,在这一时期的马克思主义民族理论中国化具有恢复发展的特点。总体来看,主要包括恢复了马克思主义民族理论中国化曲折发展之前的国家结构形式、宪法和法律体系、理论体系和实践内容,逐步实现了马克思主义民族理论中国化的深入发展。具体体现在以下几点。

(一)关于民族关系的性质、特征的深入发展

一般而言,民族关系性质主要是指"民族交往和民族矛盾构成主体的阶级阶层或社会集团的属性决定的社会关系的属性"②。在我国,民族关系实质的变迁随着中华人民共和国的成立、民主改革和社会主义改造的完成而确立了新型的民族关系性质即平等、团结、互助的民族关系。但是由于"左"倾和"文革"的影响,民族关系性质及其特征的正确判断未能真正实现。邓小平指出:"我国各兄弟民族经过民主改革和社会主义改造,早已陆续走上社会主义道路,结成了社会主义的团结友爱、互助合作的新型民族关系。"③1982年的《中华人民共和国宪法》把民族关系性质、特征在宪法上实现了确认,深入发展了马克思主义民族理论中国化关于民族关系性质、特征的理论。

(二)关于民族问题实质的深入发展

《中国共产党中央委员会关于建国以来党的若干历史问题的决议》中指出:"在民族问题上,过去,特别是在'文革'中,我们犯过把阶级斗争扩大化的严重错误,伤害了许多少数民族干部和群众。在工作中,对少数民族自治权利尊重不够。这个教训一定要认真汲取。必须明确认识,现在我国的民族关系基本上是各族劳动人民之间的关系。"④从理论上否定了1958年到"文革"时期把民族问题的实质看成是阶级问题的提法,也是对"文革"中把阶级斗争扩大化的否定,实现了马克思主义民族理论中国化关于民族问题实质判断的深入发展。

(三)实现了民族工作重心的转移

十一届三中全会以来,全党及全国各族人民的工作重心逐渐转移到经济建设上来,推动了民族工作的重心也随之而转移到经济建设上来,实现了民族工作重心的转移,把马克思主义民族理论中国化继续推向前进。

(四)在制度、宪法及其国家结构形式层面实现了突破

在制度层面上,把民族区域自治作为一项制度建设来看待,从制度的高度给予重视,这在

① 金炳镐,青觉.中国共产党三代领导集体的民族理论与实践[M].哈尔滨:黑龙江教育出版社,2004,第289页

② 金炳镐.民族理论通论[M].北京:中央民族大学出版社,2007,第204页

③ 邓小平文选(第2卷)[C].北京:人民出版社,1994,第186页

④ 中共中央文献研究室.改革开放三十年重要文献选编[C].北京:中央文献出版社,2008,第214页

理论上实现了突破。在宪法层面，把马克思主义民族理论中国化的成果以宪法形式给予巩固并发展。在国家结构形式方面，一方面恢复并重建了民族自治地方机关，另一方面提出了“一国两制”，丰富和发展了马克思主义民族理论中国化，把马克思主义民族理论中国化继续向前推进。

五、十八大以来马克思主义民族理论在中国的新发展

党的十八大以来，习近平总书记关于民族问题的重要论述，以实现中国梦为目标，站在中华民族整体利益的高度，以民族团结和公平正义为主线，强调集体与个体、权利与义务、权力与责任、历史与现实的辩证统一，坚持以人民为中心，以人的自由全面发展为价值追求，从国家治理体系和治理能力现代化的角度出发，全面深化民族问题治理，弘扬和发展了马克思主义民族理论基本原理，开创了马克思主义民族理论的新境界，实现了马克思主义民族理论中国化的新发展。尤其是在最近召开的中央民族工作会议暨国务院第六次全国民族团结进步表彰大会上发表的重要讲话，站在全局和战略的高度，系统阐述了民族工作的方向和道路、理论和政策、制度和法律、工作和实践等重大问题，思想上的深刻性、政策上的鲜明性非常突出，是做好新形势下民族工作的纲领性文献。

第一，习近平总书记关于民族问题的重要论述，坚持历史与现实的辩证统一，强调了实现中华民族伟大复兴的中国梦这个整体利益，开创了马克思主义民族理论的新境界。习近平总书记在第二次中央新疆工作座谈会上指出，要坚定不移坚持党的民族政策、坚持民族区域自治制度。民族团结是各族人民的生命线。要高举各民族大团结的旗帜，在各民族中牢固树立国家意识、公民意识、中华民族共同体意识，最大限度团结依靠各族群众，使每个民族、每个公民都为实现中华民族伟大复兴的中国梦贡献力镂，共享祖国繁荣发展的成果。各民族要相互了解、相互尊重、相互包容、相互欣赏、相互学习、相互帮助，像石榴籽那样紧紧抱在一起。2014 年 3 月 4 日，习近平总书记在全国政协十二次会议上指出，民族工作关乎大局。坚持中国特色社会主义道路，是新形势下民族工作必须牢牢把握的正确政治方向。不断增强各族人民对伟大祖国的认同、对中华民族的认同、对中华文化的认同、对中国特色社会主义道路的认同，千方百计加快少数民族和民族地区经济社会发展、让民族地区群众不断得到实实在在的实惠，珍惜民族大团结的政治局面、筑牢民族团结、社会稳定、国家统一的铜墙铁壁。这些重要论述，不仅是对我国民族工作历史经验的科学总结，也是全面贯彻落实党的民族政策、做好民族工作的方针指南，更是提出了要站在中华民族整体利益的高度，增强民族团结，为实现中华民族伟大复兴的中国梦而奋斗。

第二，习近平总书记关于民族问题的重要论述，坚持整体与部分的统一，强调了国家治理体系和治理能力现代化，开创了马克思主义民族理论的新境界。习近平总书记指出：“实际上，怎样治理社会主义社会这样全新的社会，在以往的世界社会主义中没有解决得很好。马克思、恩格斯没有遇到全面治理一个社会主义国家的实践，他们关于未来社会的原理很多是预测性的；列宁在俄国十月革命后不久就过世了，没来得及深入探索这个问题；苏联在这个问题上进行了探索，取得了一些实践经验，但也犯下了严重错误，没有解决这个问题。我们党在全国执政以后，不断探索这个问题，虽然也发生了严重曲折，但在国家治理体系和治理能力上积累了丰富经验、取得了

重大成果,改革开放以来的进展尤为显著。”①民族问题治理作为国家治理的重要组成部分,经历了同样的发展过程。党的十八大以来,以习近平为总书记的党中央从国家治理体系和治理能力现代化的角度审视民族问题,进一步回答了在社会主义国家要如何治理民族问题,为当今世界民族问题的综合治理提供了一种全新的视野,深化拓展了民族团结进步的科学内涵,丰富发展了马克思主义民族理论,开创了马克思主义民族理论的新境界。

第三,习近平总书记关于民族问题的重要论述,坚持集体与个体的统一,强调了各民族个体成员的权利与义务、权力与责任,开创了马克思主义民族理论的新境界。马克思恩格斯在《共产党宣言》中宣示人对人的剥削一消灭,民族对民族的剥削就会随之消灭,但是,在人对人的剥削已经消灭、民族对民族的剥削已经消灭的社会主义社会,各民族中个体的地位如何、角色定位是什么等问题,由于马克思恩格斯并未遇到过,因而并未对后人明确指出,只是做了预测性和原则性规定。列宁对这一问题作出了积极探索,但可惜来不及深入。列宁之后的苏联继承者虽然进行了一定的探索,但并未解决得很好。以毛泽东为代表的中国共产党第一代领导集体,在继承马克思主义民族理论基本原理基础上,对这一问题进行了积极探索,取得了根本性成就,明确指出了解决各民族的个体地位、角色定位等问题的根本原则。以邓小平、江泽民、胡锦涛为代表的中国共产党人继往开来,为丰富和发展马克思主义民族理论提供了丰富经验。实际上,在社会主义制度建立以后,人对人的剥削已经消灭、民族对民族的剥削已经消灭,从而使各民族个体之间的关系已经变成了社会主义国家内部公民之间的关系,赋予了各民族个体成员的双重身份,即公民身份和民族成员身份,但是,在国家范畴内,各民族的个体应该凸显的是公民身份、扮演公民角色,应该平等、公平地享有公民权利与义务、权力与责任。党的十八大以来,习近平总书记关于民族问题的重要论述始终站在人民的立场,进一步强化了公民意识,凸显了各民族个体成员的公民角色,赋予了中华民族中各个个体成员之间的平等、公平、正义,既不回避历史问题,也不偏袒任何民族,明确了各民族的权利与义务、权力与责任,依法治理民族问题,规范各民族的行动逻辑,绝不姑息大汉族主义和地方民族主义,是什么问题就按什么问题来治理,该谁负责的就让谁负责,彰显了公平正义的时代价值,赋予了各民族中的个体以公平、正义、平等的姿态为实现中华民族伟大复兴的中国梦而努力奋斗的基础,实现了马克思主义关于各民族个体如何定位问题质的飞跃,开拓了马克思主义民族理论的新境界。

第三节　当代中国的民族问题与发展趋势

中央民族工作会议暨国务院第六次全国民族团结进步表彰大会指出,处理好民族问题、做好民族工作,是关系祖国统一和边疆巩固的大事,是关系民族团结和社会稳定的大事,是关系国家长治久安和中华民族繁荣昌盛的大事。习近平总书记在会上发表重要讲话,全面分析我国民族工作面临的国内外形势,深刻阐述当前和今后一个时期我国民族工作的大政方针。习近平总书记强调,要“加强对民族工作重大问题的调查研究”,并提出了一系列需要深入调研的重大课题,为推动民族工作创新发展指出了努力的方向。

① 习近平.切实把思想统一到党的十八届三中全会精神上来[R].人民日报,2013－12－31

一、当代中国的民族问题

(一)民族自身发展问题

从各民族的历史发展进程来看,任何民族的发展都有自身发展的规律。一般来说,其总体的趋势是民族的产生、发展和消亡,这是每个民族都需要经历的过程。金炳镐认为:“全世界各民族将经过一定的发展,最终走向融合和消亡,这是一个客观规律。”[①]但是在这总体趋势过程中,不同历史时期、不同国家和不同地区的民族自身发展的具体形式是不一样的,因此,就有了民族问题这一客观存在。目前,中国的民族自身发展的问题就是必须沿着中国特色社会主义道路奋勇前进,继续正确回答什么是中国特色社会主义、怎么样实现中国特色社会主义的问题,这是中国历史、世界形势和中华民族自身发展规律的必然,也只有沿着中国特色社会主义道路奋勇前进中华民族才能实现伟大复兴,实现共产主义。

1840年后中国逐渐变成半殖民地半封建社会,中华民族开始了寻求自身发展的过程。《中华人民共和国宪法》序言中指出:“一八四〇年以后,封建的中国逐渐变成半殖民地、半封建的国家。中国人民为国家独立、民族解放和民主自由进行了前仆后继的英勇奋斗。”胡锦涛在中国共产党成立90周年庆祝大会上的讲话中指出:“1840年鸦片战争以来中国170多年的历史,概括地说就是,我们伟大的祖国经历了刻骨铭心的磨难,我们伟大的民族进行了感天动地的奋斗,我们伟大的人民创造了彪炳史册的伟业。鸦片战争以后,中国逐步成为半殖民地半封建社会,列强对中国的侵略步步进逼,封建统治日益腐败,祖国山河破碎、战乱不已,人民饥寒交迫、备受奴役。救亡图存的民族使命迫在眉睫。争取民族独立、人民解放,实现国家富强、人民富裕,成为中国人民必须完成的历史任务。”[②]在中华民族寻求自身发展的过程中,为改变中华民族的命运,中华儿女进行了不懈的努力。正如胡锦涛指出的那样:“在那个风雨如晦的年代,为改变中华民族的命运,中国人民和无数仁人志士进行了千辛万苦的探索和不屈不挠的斗争。太平天国运动,戊戌变法,义和团运动,不甘屈服的中国人民一次次抗争,但又一次次失败。孙中山先生领导的辛亥革命,结束了统治中国几千年的君主专制制度,对推动中国社会进步具有重大意义,但也未能改变中国半殖民地半封建的社会性质和中国人民的悲惨命运。”[③]正是在这样的历史背景下,中华民族在中国共产党的带领下逐步走上了民族复兴之路。中国共产党成立90年来,团结和带领中华民族集中完成和推进了三件大事即完成了新民主主义革命,确立了社会主义制度,开创、坚持、发展了中国特色社会主义。而“这三件大事,从根本上改变了中国人民和中华民族的前途命运,不可逆转地结束了近代以后中国内忧外患、积贫积弱的悲惨命运,不可逆转地开启了中华民族不断发展壮大、走向伟大复兴的历史进军,使具有5 000多年文明历史的中国面貌焕然一新,中华民族伟大复兴展现出前所未有的光明前景”[④]。中华民族正是在中国共产党的带领下一步一步推动了中华民族自身的发展。目前,中华民族自身的发展问题就是要沿着中国特色社会主义伟大

① 金炳镐.民族理论通论[M].北京:中央民族大学出版社,2007,第180页

② 胡锦涛.在庆祝中国共产党成立90周年大会上的讲话[J].求实,2011(13)

③ 胡锦涛.在庆祝中国共产党成立90周年大会上的讲话[J].求实,2011(13)

④ 胡锦涛.在庆祝中国共产党成立90周年大会上的讲话[J].求实,2011(13)

道路奋勇前进，这就是中华民族自身的发展问题。胡锦涛指出："经过90年的奋斗、创造、积累，党和人民必须倍加珍惜、长期坚持、不断发展的成就是：开辟了中国特色社会主义道路，形成了中国特色社会主义理论体系，确立了中国特色社会主义制度。"①中国特色社会主义是1840年以来中华民族自身发展的必然，必须坚持和发展，而不是相反。胡锦涛指出："全党同志要牢记历史使命，永远保持谦虚、谨慎、不骄、不躁的作风，永远保持艰苦奋斗的作风，勇于变革、勇于创新，永不僵化、永不停滞，不动摇、不懈怠、不折腾，不为任何风险所惧，不被任何干扰所惑，坚定不移沿着中国特色社会主义道路奋勇前进，更加奋发有为地团结带领全国各族人民创造自己的幸福生活和中华民族的美好未来！"②在中国共产党的正确领导下，沿着中国特色社会主义道路奋勇前进，必将实现中华民族的伟大复兴，必会实现共产主义。

（二）民族与国家的关系问题

虽然民族和国家是两个不同的历史范畴，但是在构建现代民族国家的过程中，往往把民族提到国家的高度来看待，因此，民族与国家的关系问题是当前民族问题的主要体现之一。"民族和国家是两个不同的历史范畴。国家总是由一定的民族构成的。有的是单一民族的国家，但更多的是多民族的国家。各种形式的民族问题，不仅存在于多民族国家内部，而且表现在许多不同民族国家的相互关系中。无论从历史还是就现实来说，民族问题都是影响国家政治生活的重要因素；民族利益也经常是促成不同国家接近或互相敌对的根本原因。"③因此，考察民族与国家的关系问题是当前民族问题需要重视的一个问题。从根本上来说，我国是社会主义社会，已经从根本上消灭了民族内部的阶级对立的关系，各民族实现了平等团结、共同发展、和谐共荣的局面。在建立了社会主义制度的当代中国，民族对民族的剥削、民族之间的敌对关系已经不存在。但是，民族是一个长期的发展过程，在社会主义初级阶段仍然存在，并将长期存在于中国的社会主义社会。"在社会主义社会，特别是在生产资料所有制的社会主义改造基本完成以后，剥削阶级作为阶级已经不存在了，也就是说，民族内部的阶级对立已经消失，民族的性质已和以往的民族性质不同了，因而像私有制社会那种造成民族问题的社会因素基本上已经不复存在。但是，作为这种社会因素的延伸，旧社会遗留下来的民族间事实上不平等、民族之间的隔阂、民族主义思想残余还起着作用；部分存在的阶级斗争还会反映到民族问题上来。除此之外，资本主义社会遗留给社会主义社会的原先被剥削阶级内部的阶级划分的存在（如工农阶级），在一定条件下也会产生民族问题。"④民族问题的存在及其产生引发了民族与国家的关系问题，在社会主义社会，民族与国家的关系问题仍然存在，并且仍然是当前主要的民族问题。突出体现在以下两方面的内容：

第一，民族与国家能否等同的问题即民族与国家到底是谁至上的问题。其实，这个问题是简单而明确的问题，但是由于在社会实践和社会发展过程中民族与国家的关系错综复杂，且由于长期以来人们能够切身体会到的更多的是民族对自身的影响，因此，在人们的头脑中往往形成了民族比国家重要的思维方式和价值理念，当民族利益与国家利益相矛盾的时候，人们往往先从民族

① 胡锦涛.在庆祝中国共产党成立90周年大会上的讲话[J].求实，2011(13)

② 胡锦涛.在庆祝中国共产党成立90周年大会上的讲话[J].求实，2011(13)

③ 王惠岩.政治学原理[M].北京：高等教育出版社，1999，第153页

④ 金炳镐.民族理论通论[M].北京：中央民族大学出版社，2007，第296页

利益的角度出发来看待问题，把明确的国家利益至上的价值理念和思维方式置于次要的地位。国家的本质是阶级专政，“所谓国家的本质，就是指国家是哪个阶级的政权，或称哪个阶级的专政。马克思主义国家观认为，人类有史以来的一切国家都是阶级的国家，国家的实质是阶级专政。”[①]因此，民族虽然对国家具有一定的影响，但是国家的实质是社会各阶级在国家中的地位问题，是由阶级决定国家的性质，而

不是由民族决定国家的性质，在民族与国家的关系问题中应当以国家利益至上，而不是民族利益至上，应当把民族等同于国家的思维方式、逻辑方式和价值理念从人们的头脑中去掉。

第二，民族认同问题的突出是当前民族问题中民族与国家关系问题一个主要的具体体现。随着社会实践的深入，由于负面影响的长期积累，民族认同问题逐渐凸显出来。首先，从中华民族层面来看，中华民族局部性人群对国家的认同出现了问题。具体来看，主要体现在台湾问题、香港问题、澳门问题。台湾问题随着中华人民共和国成立而存在，能否解决台湾问题不仅涉及中华民族团结统一的问题，还涉及中华民族的凝聚力和向心力问题，台湾问题的解决刻不容缓。香港问题、澳门问题已经从国家统一的层面上成功解决，但是由于长期以来同大陆各族人民群众的交流和交往的缺少，可能存在民间认同和认知的潜在风险，因而也是比较突出的民族问题。其次，从汉族层面来看，也存在汉族对国家的认同问题。具体体现在汉族对民族理论、民族政策和各少数民族的认同问题。从心理角度来说，存在汉族对各少数民族的信任问题、对国家民族政策的拥护问题。最后是各少数民族对国家的认同问题。具体来说主要体现在各少数民族对民族区域自治的认同问题、对国家结构形式的认同问题、对中华民族这一概念的认同问题、对国家整体进程的认同问题。总之，能够实现中华民族的统一表明各民族对国家的认同是有一定的基础的，但是为什么目前会出现民族认同问题，也许不仅仅是历史遗留问题的原因，也需要人们认真思考这些问题产生的深刻原因，形成敢于说真话、实事求是的良好环境。

（三）民族间的关系问题

随着现代民族国家的建构，一种新的民族形态——国家民族便开始出现和形成，而国家民族形态的形成是民族过程与国家过程的产物。近代以来，国家民族形态的形成首先出现于欧洲，随着资本主义的全球扩张，民族国家形态逐渐成为典型的国家形态和世界体系的基本单元。到目前为止，民族国家形态仍然是得到国际承认的唯一的政治组织形态。周平教授详细描述了这一形态的形成过程，他认为：“近代以来，一种随着民族国家的产生而形成的新的民族形态出现了。国家民族首先出现于西欧，是欧洲民族过程与国家过程相结合的产物，并且受到国家过程的深刻影响……欧洲的国家形态演进，从总体上看，经历了古希腊的城邦国家、罗马帝国、基督教普世世界国家、王朝国家、民族国家等形态。在王朝国家时代，国家对国内居民进行了强有力的政治整合，逐渐塑造出了一个新的民族共同体。这个新的民族共同体形成以后，就与国家形成一种二元关系。民族国家就是为了协调民族与国家之间的关系而创设的一种制度安排。民族国家这种政治形态巩固了在国家整合下形成的民族；由国家整合而成的民族也通过民族国家取得了国家的形式，成为真正的国家民族。首先出现于西欧的民族国家，伴随资本主义的全球扩张成为典型的国家形态以及近代以来世界体系的基本单元。在此背景下，其他国家也纷纷建立民族国家，并使

① 王惠岩. 政治学原理[M]. 北京：高等教育出版社，1999，第153页

民族国家成为遍及全球的基本国家形态。”[①]也正因为国家民族形态的出现，在中国，民族间的关系问题就呈现出了三个方面的内容，具体体现如下：

第一，中华民族与外国民族间的关系问题。前文指出随着民族国家形态的出现，当今世界承认的仍然是民族国家，因而国家民族间的关系问题成为当今世界体系中民族间的关系问题之一，也成为当前中国的民族问题之一。有学者从全球正义的角度，认为：“那种认为民族国家已经过时的观点，既没有太多理论上的支持，在现实世界中也找不到什么依据，反而常常被实际的政治事件过程弄得措手不及。”[②]因此，在民族国家形态存在的世界体系中，中华民族与外国民族间的关系问题是当前的民族问题之一。一方面，在中国，民族国家形态的出现是在20世纪以后，周平教授认为：“从中国国家形态发展演变的角度来看，20世纪以前的中国，的确不是民族国家。20世纪以后，中国开始了构建民族国家的历史进程。新中国成立，标志着中国民族国家构建的完成。现在的中国，就是民族国家。”[③]另一方面，民族国家的构建必须有一个共同认可的民族成为国家民族，而这个国家民族就是中华民族。周平教授认为：“‘中华民族’的概念最早出现在20世纪初。1902年，梁启超在《中国学术思想之变迁之大势》一文中就提出了‘中华民族’的概念。不过，当时的‘中华民族’指的是汉族。辛亥革命前后，‘中华民族’的内涵得到扩大，所指为中国境内的所有民族。孙中山在他签署的《临时大总统就职宣言书》中就指出：‘国家之本，在于人民，合汉、满、蒙、回、藏诸地为一国，即合汉、满、蒙、回、藏诸族为一人。是曰民族之统一。’‘中华民族’的概念形成后，首先得到了少数民族的支持。1913年内蒙古西部的王公会议为反对分裂祖国行为的通电就申明：‘我蒙同系中华民族，自宜一体出力，维持民国。’此后，中国各民族逐渐接受了‘中华民族’这个统一的族称。”因而在民族国家构建的过程中，中华民族逐渐成为国家民族。随着全球范围内民族国家的发展及交流，中华民族作为独立的民族形态与其他国家民族进行交流，它们之间的关系也就成为了民族问题的范畴之一。

第二，国内民族间的关系问题。在我国，探讨民族间关系问题的大部分选题都是关于国内民族间的关系问题，而这方面的成果比较丰硕。其实，从民族概念和范围来看，国内民族间的关系问题是基于狭义民族概念的角度来着手的，因此，在传统意义上民族间的关系主要是国内民族间的关系。在我国，其社会性质是社会主义，各民族间关系的实质是各族劳动人民之间的关系，而民族关系的主要内容和主要特征是平等、团结、互助的民族关系。《中华人民共和国宪法》指出：“中华人民共和国是全国各族人民共同缔造的统一的多民族国家。平等、团结、互助的社会主义民族关系已经确立，并将继续加强。”而平等、团结、互助的社会主义民族关系的确立是建立在社会主义生产资料公有制这个社会经济基础上的，是建立在社会主义民主这个社会政治制度之上的各民族之间的一种社会关系，它主要包括民族之间经济、政治、文化等方面的关系。社会主义的经济制度、政治制度是社会主义民族关系的基础，它决定社会主义民族关系的根本性质和基本特征，也决定着社会主义民族关系发展的基本方向、趋势。社会主义民族关系最主要的是指各民族之间相互交往联系中所处的地位和状态以及权利和义务。因此，平等、团结、互助是社会主义民族关系的最基本的原则，是对我国民族关系特征或内容的一个简练的表述。长期以来，社会主

① 周平．政治学视野下的中国民族和民族问题[J]．思想战线，2009(6)

② 艾四林，曲伟杰．民族国家是否已经过时——对全球正义的一种批判性考察[J]．清华大学学报(哲学社会科学版)，2012(2)

③ 汪永成．当代中国政治研究报告Ⅳ[M]．北京：社会科学文献出版社，2009，第98－99页

义民族关系得到充分发展和巩固，但是随着民族间交往的加强，区域差距、贫富差距的出现，局部性地破坏了民族间团结、平等、互助的社会主义民族关系，出现了局部性民族间的关系问题。因此，国内民族间的关系问题仍然是当前主要的民族问题之一。

第三，跨界民族问题。跨界民族问题是指当跨界民族的利益和国家利益产生某种冲突时而山现的问题。跨界民族和跨界民族问题是有区别的，是两个不同的事物。跨界民族问题不单纯是现存国家分隔力的产物，而是现存国家政治分隔力和民族向心力这两种相反社会力量交互作用的产物，是分属于不同国家的同一民族及其聚居地被国家政治所分隔的外在动力与民族传统文化的感召力及民族自身利益的驱使等内在动力交互作用的结果。这两种特殊社会矛盾力量相互作用的结果就产生了跨界民族问题。跨界民族和跨界民族问题之间虽有一定的联系，但我们不能说，只要存在跨界民族，就一定会产生跨界民族问题。跨界民族只是形成跨界民族问题的一个条件，形成跨界民族问题则还需要其他的条件。跨界民族与主体民族在政治、经济地位上的不平等是产生跨界民族问题的客观条件，由于国家在民族政策上的偏差造成的跨界民族在政治、经济地位上的不平等则是产生跨界民族问题的主观条件。产生跨界民族问题的根本原因是民族利益的问题。一切社会问题都是利益纷争的问题，跨界民族问题也不例外。

跨界民族问题有很多负面效应。第一，跨界民族问题危及国家领土主权，其严重性已经达到“几乎所有跨界民族问题都涉及领土主权问题”的地步，各族对解决跨界民族问题提出了不同的方案，但在所有出问题的跨界民族中，几乎都有一个要求独立的极端派别，如斯里兰卡的泰米尔人猛虎组织和北爱尔兰和平军。第二，跨界民族问题产生并发展了对国家的离心力。一旦产生跨界民族问题，就会造成国家离心力。跨界民族问题形成，说明跨界民族的利益和当局政府利益产生了很大纷争，从而瓦解着跨界民族对本国家的向心力，其政治诉求自治发展到独立。第三，邻国跨界民族的相互声援造成了地缘政治的不稳定。一旦产生跨界民族问题，就同时存在邻国跨界民族相互声援的问题。从而对国家关系产生很大的影响。

（四）少数民族社会发展问题

少数民族社会发展是一个巨大的系统工程。少数民族社会发展问题不仅关系到整个中国社会发展的重大问题，而且还关系到整个中国特色社会主义建设的重要问题，少数民族社会发展问题仍然是目前中国的民族问题之一。目前，少数民族社会已经步入了社会主义初级阶段，并在中国共产党的正确领导下，沿着中国特色社会主义伟大道路奋勇前进。在这个过程中，离不开少数民族社会的全面发展，因而少数民族社会发展问题是关系到中国特色社会主义伟大道路奋勇前进的问题之一。目前，由于少数民族地区大多处于西部地区，而东西差距的存在也是事实，需要少数民族社会实现跨越式发展。有学者认为：“时代在变迁，历史在发展，社会在进步。20 世纪下半叶，我国少数民族社会实现了令人瞩目的历史性跨越：一是社会跨越，从原始社会末期、奴隶社会、封建社会直接进入社会主义初级阶段；二是经济跨越，从传统农牧业经济迅速进入社会主义市场经济。21 世纪伊始，全球化、现代化浪潮席卷全球，西部开发如火如荼。国家在蓬勃发展，东部地区在加快发展的步伐，少数民族社会与我国东部发达地区的差距进一步扩大。少数民族社会的发展问题，又提上议事日程。少数民族要在较短时间内完成生产力先进国家和民族已走过的几百年历史，必须走一条非常规的社会发展道路，即跨越式发展。”①由于少数民族社会经

① 李普者. 中国少数民族社会发展论[M]. 成都：四川大学出版社，2007，第 1 页

济发展的相对落后，少数民族社会的人民群众日益增长的物质文化需求同落后的社会生产之间的矛盾仍然是少数民族社会发展所要解决的主要矛盾，贫困、医疗、就学、就业、住房等民生问题仍然严重制约了少数民族社会的全面发展。

二、当前中国民族发展的主要趋势

（一）从阶级斗争性质向人民内部利益关系和利益矛盾性质的转向

随着社会主义制度、人民民主专政国家及其各少数民族历史性跨越的实现，当前中国民族问题的性质是各劳动人民之间的关系问题，实现了从阶级斗争性质向人民群众内部的利益关系和内部矛盾性质的转向。江泽民于 1992 年《论民族工作》中指出："社会主义时期是各民族发展繁荣的时期，社会主义条件下的民族关系基本上是劳动人民之间的关系，但民族问题依然存在，民族工作的任务依然繁重。"①胡锦涛指出："在社会主义制度下，我国实现了各民族政治上的平等，各民族共同繁荣发展具备了根本政治条件，各族人民的根本利益是一致的。"②因此，在社会主义社会，中国民族问题的性质是人民内部的关系，其关系是劳动人民之间的关系。

在中国，民族问题性质由阶级斗争性质向人民内部的利益关系和利益矛盾性质的转向经历了一个漫长的过程。马克思主义认为民族是人类社会历史发展到一定阶段的必然产物，是一个历史的范畴。"由于生产条件的变革及其所引起的社会结构变化，产生了新的需要和利益并与旧的氏族部落制度格格不入，在各方面同它对立，因为氏族部落制度是从那种没有任何内部对立的社会中生长出来，而且只适合于这种社会。因此，社会发展到一定阶段，由于它的全部经济条件而必然使社会分裂为阶级时，国家就由于这种分裂而成为必要了，新的人们共同体——民族也就由于这种社会条件而成为必要了。"③因而，民族这一人们共同体形态就开始出现，而社会生产力的发展、私有制的出现、产品交换的发展，是民族形成的内在条件；战争、部落冲突等是民族形成的外在条件。总之，社会生产的发展以及由此带来的社会结构、社会心理、经济结构、生产方式等促使了民族的形成。一般而言，民族是在原始社会末期到进入阶级社会时逐渐形成的。而民族形成的过程在前文详细地阐述过，但在这里想说明的是：在中国，民族的形成是中国生产发展的结果，无论以什么样的理论工具去认识这一形态，民族在漫长的中国历史演变过程中都是客观存在的，为解决民族问题谱写了许多可歌可泣的事迹，比如昭君出塞等和亲方式的出现。在漫长的中国历史演变过程中，特别是进入封建社会以来，中央王朝为了缓和民族矛盾，解决民族问题，谱写了丰富多彩的篇章：首先，以和亲的方式解决和平时期的民族问题，在汉朝、唐朝比较集中。其次，以行政方式把民族地区纳入中央统治的范畴，给予民族地区极大的自主权，集中体现在元朝的官僚制。自元朝运用这一方式解决民族问题以来，后继的封建统治者和王朝基本沿用了元朝的制度。自此，在长期的中国历史进程中，创造了对后世影响深远的民族问题处理方式和理论，但是从根本上来看，在阶级社会，中国民族问题的实质是阶级斗争，无论采取什么样的方式解决民族问题，即使获得了极大的成功，仍然是为统治阶级服务，所采用的方式和理论都是为了缓和

---

① 中共中央文献研究室. 改革开放三十年重要文献选编[C]. 北京：中央文献出版社，2008，第 624 页

② 中共中央文献研究室. 改革开放三十年重要文献选编[C]. 北京：中央文献出版社，2008，第 1502 页

③ 金炳镐. 民族理论通论[M]. 北京：中央民族大学出版社，2007，第 92 页

阶级矛盾，利于统治阶级的统治。因此，在未消灭人对人的剥削、民族内部的阶级对立的社会里，民族问题的实质仍然是阶级问题，因而不可能建立真正平等的、团结的、互助的、和谐的民族关系。

1840年鸦片战争以来，中华民族经过长期的努力和奋斗，在经过了中华人民共和国成立、社会主义改造的基本完成之后，中国民族问题的性质发生了质的变化，即从阶级问题向人民内部利益关系和利益矛盾性质的转向，实现了中华民族真正的平等、团结、互助、和谐，并将继续把新型的社会主义民族关系巩固和发展，直至民族的融合和消亡，这就是中国民族问题发展的总趋势。1840年鸦片战争以后，中国社会由封建社会进入半封建半殖民地社会，中华民族从此陷入了危机，在这一时期，中华民族面临着民族危亡的危险。在这一过程中，中华儿女奋勇前进，谱写了可歌可泣的英雄事迹，特别是1921年中国共产党的诞生，意味着中国民族问题性质的转向，开创了新型的民族关系，把民族问题的性质实现了质的改变。在一代代中国共产党人与人民一道拼搏、接续奋斗的过程中，中华人民共和国于1949年诞生、于1956年基本完成社会主义改造，从此把自民族产生以来的性质实现了质的转变即从阶级斗争性质向人民内部问题的转向。“新中国的成立，开启了我国民族关系的新篇章。社会主义制度的建立，为各民族之间的依存关系奠定了新的基础，在社会主义民族关系中，产生民族对抗的阶级根源已经不复存在，各民族都摆脱了阶级剥削制度，在社会主义生产资料公有制基础上，各民族之间的关系基本上是各族劳动人民之间的关系”①。因此，在社会主义社会，民族问题的性质基本上是各族劳动人民之间的关系问题，中国民族问题的性质实现了质的转向。

总之，社会主义社会在中国的建立和发展，实现了民族问题性质的转向，真正实现了民族平等、团结、互助、和谐，在沿着中国特色社会主义伟大道路奋勇前进的过程中坚持这一性质的正确判断和客观存在，正确认识和处理民族问题，促使民族问题的发展沿着符合中国特色社会主义道路的方向前进。

（二）从政治问题逐渐向社会问题回归

在中国，随着中华人民共和国的成立、社会主义改造的基本完成，民族问题的性质实现了质的转向，真正实现了团结、平等、互助、和谐的新型的社会主义民族关系，并随着社会主义的深入发展，这一社会主义民族关系得到加强和巩固。在民族问题性质转向的同时，民族问题的实践逻辑也正在转向，集中表现为从政治问题逐渐向社会问题的回归，实现了民族问题实践逻辑的真正回归。从根本上来说，政治原则上的民族问题由于社会主义制度的建立和发展已经得到基本解决，当然一定范围内民族问题是政治问题的认识依然存在，并将在相当长的社会主义时期里继续存在，这是一个客观事实，但是我们也并不能就此认为在社会主义条件下的民族问题依然都是政治问题。历史事实告诉我们，对民族问题认识的扩大化存在一定的风险，因而应该事实求是地对待民族问题，涉及政治原则问题的仍然是政治问题，但是也不能把社会问题范畴内的民族问题也纳入政治问题范畴。胡锦涛指出：“在处理这类问题时，要讲原则、讲法制、讲政策、讲策略，严格区分矛盾性质，坚持具体问题具体分析，是什么问题就按什么问题处理，不能把涉及少数民族成员的一般民事纠纷和刑事案件都归结为民族问题。”因此，从政治原则上解决了民族问题的社会主义条件下的社会，其民族问题实践逻辑逐渐从政治问题向社会问题回归，应严格区分民族问题

---

① 吴仕民．民族问题概论［M］．成都：四川人民出版社，2007，第200页

不同类型的矛盾问题，抓住主要矛盾，真正从根源上解决当前的民族问题。在社会主义建设时期，抓住民族问题实践的这一主要的矛盾，真正实现平等、团结、互助、和谐，严格区分不同类型的民族问题，避免民族问题的扩大化。民族问题实践逻辑趋势的这一转向，同中华人民共和国的成立、社会主义制度的建立、政府治理方式的转型、工作重心的转移具有紧密的联系，从根本上来说，社会主义制度的建立为民族问题实践逻辑的根本性转向奠定了政治基础。

第一，十一届三中全会以来，党和国家工作重心实现了转移，这一工作重心的转移促使民族问题实践逻辑的转向成为可能。在社会主义社会，其主要矛盾是人民日益增长的物质文化需要同落后的社会生产之间的矛盾。而十一届三中全会以来，党和国家坚持以经济建设为中心，大力发展社会生产，实现了全国范围内工作重心的转移，工作重心的转移意味着民族问题实践的主要内容和实质是加快发展民族经济，促进共同繁荣和发展。“新中国成立后，中国社会的主要矛盾转变为人民日益增长的物质文化需要同落后的社会生产力之间的矛盾。我党在解决了民族压迫剥削的对抗性民族矛盾以后，清楚地认识到民族之间在历史上遗留下来的经济文化等方面的差距，必然会成为社会主义建设时期主要的民族问题；经济文化发展落后的少数民族如何尽快得到发展，赶上先进民族的发展水平，是社会主义时期民族工作中面临的重大问题。新时期，我党进一步明确提出，民族问题的主要内容和实质是加快发展民族经济，促进各民族共同发展和共同繁荣问题。”1992 年，江泽民在《加强各民族大团结，为建设有中国特色的社会主义携手前进》中谈到关于 90 年代民族工作的主要任务时指出：“现阶段，我国的民族问题，比较集中地表现在少数民族和民族地区迫切要求加快经济文化的发展。邓小平早就说过，不把经济搞好，民族区域自治就是空的。在新的历史时期，搞好民族工作，增强民族团结的核心问题，就是要积极创造条件，加快发展少数民族和民族地区的经济文化等各项事业，促进各民族的共同繁荣。”进入新世纪新阶段，在共同团结奋斗、共同繁荣发展为主题的指导下，开创了民族工作的新局面。胡锦涛指出：“只有各民族共同团结奋斗，各民族共同繁荣发展才能具有强大动力。只有各民族共同繁荣发展，各民族共同团结奋斗才能具有坚实基础。抓住了共同团结奋斗、共同繁荣发展这个主题，就抓住了新形势下正确处理民族问题、切实做好民族工作的根本，就能在全面建设小康社会的历史进程中不断开创民族工作的新局面。”因此，十一届三中全会以来的实践表明，民族问题的实践逻辑向社会问题的回归成为可能。

第二，中国共产党从革命党向执政党的转型意味着民族问题实践逻辑向社会问题的回归成为可能。政党自产生以来就处在不断变革的过程中以适应环境变化的需求，社会主义国家的政党也不例外。在社会主义国家，社会主义政党也经历了或正在经历着从革命党向执政党转型的过程。江泽民在中国共产党第十六次全国代表大会上的报告中指出：“我们党历经革命、建设和改革，已经从领导人民为夺取全国政权而奋斗的党，成为领导人民掌握全国政权并长期执政的党；已经从受到外部封锁和实行计划经济条件下领导国家建设的党，成为对外开放和发展社会主义市场经济条件下领导国家建设的党。”因此，在当前，中国共产党已经由革命党向执政党成功转型，而中国共产党从革命党向执政党的成功转型意味着保持其基本特征之外，表现出了一些变化，这些变化的出现意味着民族问题实践逻辑向社会问题的回归。“共产党无论在革命战争年代，还是在和平建设年代，以及在全面改革开放和社会主义现代化建设的新时代，都始终是工人阶级的先锋队，都始终把马克思主义作为自己的指导思想，都始终坚持共产主义的远大目标。共产党无论作为革命党还是执政党都必须保持这些基本特征。”除此之外，由于共产党从革命党向执政党的转型，革命党与执政党仍然具有一定的差别：从权力分配格局来看，革命党属于高度集权的政党，而执政党属于适度分权的政党；从领导方式来看，从革命党向执政党的转型意味着从革命党所熟悉的群众动员方式向依靠经济的、法律的、行政的方式来进行治理；从所使用的策略来看，“革命党的战略策略立足于阶级斗争，强调分清革命的依靠力量、同盟力量和革命的对象，并据此制定革命的战略和策略。执政党治国的政策方略则要立足于社会各阶级、阶层和集团的和谐与合作，具有最大程度的包容性。执政党的路线方针政策必须面向全体民众而不能过于偏向或照顾某一特定的社会阶层，除非该群体属于应受保护的社会弱势群体。制定政策必须首先考虑并满足最大多数人的利益要求，同时尽可能兼顾不同阶层、不同方面群众的利益，妥善处理各种利益关系”。因此，中国共产党从革命党向执政党的转型意味着在处理民族问题的过程，如果不是涉及重大政治原则问题的民族问题，则需要从社会问题的角度来处理，民族问题实践逻辑向社会问题的回归成为可能。

第三，从政府转型的角度来看，从统治型政府向治理型政府的转型促使民族问题实践逻辑向社会问题的回归成为可能。随着中国共产党和人民群众掌握国家政权的深入，特别是改革开放以来，中国共产党与人民群众一道，积极探索适合中国特色社会主义的政府发展模式，先后构建和提出了政府创新问题、发展型政府、服务型政府等理念和实践，进入新世纪新阶段以来，温家宝于 2005 年《政府工作报告》中正式将构建服务型政府确定为政府改革的目标，并在党的十六届六中全会中对服务型政府作了全面描述：“建设服务型政府，强化社会管理和公共服务职能……按照转变职能、权责一致、强化服务、改进管理、提高效能的要求，深化行政管理体制改革，优化机构设置，更加注重履行社会管理和公共服务职能。”构建服务型政府的提出，是党、国家和人民对政府改革的迫切要求，而服务型政府属于治理型政府的一种方式，因而服务型政府的构建遵从治理型政府的一般规定，因此，从这个意义上来说，构建服务型政府的过程可被看作是构建治理型政府的过程，从而与统治型政府具有本质区别。从权威的来源来看，统治型政府的权威主要来源于政府，而治理型政府的权威不一定来源于政府，权威来源的区别构成了统治型政府与治理型政府的本质区别。俞可平认为：“治理与统治的最基本的，甚至可以说是本质性的区别就是，治理虽然需要权威，但这个权威并非一定是政府机关；而统治的权威则必定是政府。统治的主体一定是社会的公共机构，而治理的主体既可以是公共机构，也可以是私人机构，还可以是公共机构和私人机构的合作。治理是政治国家与公民社会的合作、政府与非政府的合作、公共机构与私人机构的合作、强制与自愿的合作。”从而在构建治理型政府过程中，把民族问题向社会问题回归成为可能，民族问题的解决不仅仅是政府的问题即政治问题。

总之，由于工作重心的转移、政府的转型以及政党的转型，促使民族问题处理的实践逻辑从政治问题逻辑向社会问题逻辑转向，深化了马克思主义关于民族问题是社会问题的一部分的科学认识，促使民族问题真正回归到它本来的原初的含义。

（三）从民族身份逐渐向公民和民族双重身份并存的转向

法国学者认为：“现代社会的开局是以一个无法遏止的过程为特征的，那就是‘封建性的’政治结构连续不断地解体，分裂成许多服从于王国利益的、民族性的单元，也就是所谓的民族——国家。”因而民族国家成为现代社会发展的一个常态。但是，无论是先有民族后有国家，还是先有国家后有民族，放眼当今世界，民族国家形态依然是全球范围内交往的主体，也是国际承认的唯一的合法代表，民族国家成为世界历史发展的一个常态。“至少在目前，民族国家不仅没有终结或消亡的迹象，而且在内政外交上对国家利益的坚守仍然是世界各国应有的价值取向。”因而，从目前世界范围来看，民族国家存在是一个事实，而在民族国家内部生活的成员一般被叫做公民，但是民族作为一种客观存在，是历史发展到一定阶段的产物，而民族的消亡是一个长期的历史过程。“民族消亡只有在阶级消亡、国家消亡之后才能实现，也就是说，人类社会进入共产主义社会以后才能实现。”因此，在当代，由于资本主义的存在、民族国家形态的存在及其还未实现共产主义，使民族与国家二者共同存在于这个世界。由于民族与国家的共同存在，赋予了个体的双重身份即公民身份和民族身份。在当今中国为什么会形成这样的趋势，可以分别从公民身份和民族身份的演进路径两个方面来理解。

从公民身份演进逻辑来看，随着中华人民共和国的成立，中国作为独立的国家形态立足于世界之林，而与国家过程相对应的是公民意识的觉醒和市民社会的崛起，促使人类个体以公民身份进行政治活动。《不列颠百科全书》对公民身份的解释是：“指个人同国家之间的关系，这种关系是，个人应对国家保持忠诚，并因而享有受国家保护的权利。公民资格意味着伴随有责任的自由身份。一国公民具有的某些权利、义务和责任是不赋予或只部分赋予在该国居住的外国人和其他非公民的。一般地说，完全的政治权利，包括选举权和担任公职权，是根据公民资格获得的。公民资格通常应负的责任有忠诚、纳税和服兵役。”在我国，《中华人民共和国宪法》第三十三条明确规定：“凡具有中华人民共和国国籍的人都是中华人民共和国公民。中华人民共和国公民在法律面前一律平等……任何公民享有宪法和法律规定的权利，同时必须履行宪法和法律规定的义务。”因此，公民身份的确立从中华人民共和国的成立就开始了，促使中国各民族的个体都具有了中国公民的资格即中国公民身份。有学者认为：“随着中国构建社会主义和谐社会方针的提出，将公民身份这一概念植入中国社会现实，和谐社会的实现既需要国家和政府对公民各项合法权利的保护与平等对待，又不能缺少公民的责任与合作。也就是说，当国家面向公民时，应当强调维护公民身份的权利要素，其政治理念和政策设计优先保障公民自由、实现公民权利；而当公民面向国家时，则更应当注重自身所承担的责任，并具备一定的参与公共生活、审议公共事务、监督政府的能力，成为责任公民。”然而，公民身份的转向除了宪法和法律给予的以外，还与近年来市民社会的崛起和公民意识的觉醒具有很大的关系。有学者认为，在中国近现代历史上，现代意义上的公民社会产生于清末民初，民国时期已具备完整形态。但后来的发展历尽曲折，成长过程甚至一度中断。20 世纪 80 年代后，伴随着我国改革开放步伐的推进和全球化发展，我国市民社会的发展又一次获得了新的政治机遇和空间。特别是近年来，随着改革开放的深入，形成了具有中国特色的市民社会。随着市民社会的崛起和公民意识的崛起，必然引起对公民身份的重视。

从民族身份在中国确认的演进逻辑来看，随着民族识别工作的完成，每个中国人具有了自己的民族身份。有学者认为：“新中国成立，我国的民族工作在各个领域全面开展起来。为了从根本上保障我国各少数民族实现民族平等，发展政治、经济、文化事业，促进各民族共同繁荣，党和国家迫切需要了解各少数民族和民族地区的实际情况。为此，专门组织了大批学者和工作人员，于 20 世纪 50 年代对少数民族开展民族识别、民族语言调查和少数民族社会历史调查。”其民族识别工作的基本程序是“经过调查者们充分的调查研究，提出许多有科学事实依据的报告，再由当地政府主持征求有关民族上层代表人物和群众的意见，最后由国务院确定哪一个民族是单一民族并给予公布。”直至 1979 年，已经识别法定的少数民族 55 个，形成了由 56 个民族构成的中华民族共同体。中华人民共和国宪法第四条规定：“中华人民共和国各民族一律平等。国家保障各少数民族的合法的权利和利益，维护和发展各民族的平等、团结、互助关系。禁止对任何民族的歧视和压迫，禁止破坏民族团结和制造民族分裂的行为。”从此，民族身份在宪法上给予了确认。

总之，从个体身份角度来看，中国人具有民族身份和公民身份的双重身份是客观存在的事实，随着民族、国家形态及民族国家形态的发展，这种双重身份的发展将在一定时期内存在。

第十一章　马克思主义建党理论在当代中国的运用与发展

马克思主义党建理论在当代中国的运用与发展主要是围绕“建设一个什么样的党和怎样建设党”这个主题展开的。在马克思主义建党理论在中国的发展和运用过程中，要将马克思主义党建理论与中国共产党的自身建设实践相结合，从而找到适合中国国情的建党理论与实际措施。

第一节　马克思主义经典作家对建党理论的初步构想

马克思、恩格斯作为无产阶级政党理论奠基人，阐述过共产党执政的一些重要思想。尽管当时缺乏执政实践，但他们围绕执政理论提出许多重要思想，对后来苏俄及其他国家无产阶级政党科学执政理论的形成具有普遍指导意义。

一、理论建设是党的建设的根本

思想是行动的先导，理论是实践的指南。无产阶级革命导师非常重视党的思想理论建设，在他们看来，思想理论建设是无产阶级政党实施政治统治的一个重要手段。对此，1843 年 10 月，马克思在《〈黑格尔法哲学批判〉导言》中指出：“批判的武器当然不能代替武器的批判，物质力量只能用物质力量来摧毁；但是理论一经掌握群众，也会变成物质力量。理论只要说服人，就能掌握群众；而理论只要彻底，就能说服人。所谓彻底，就是抓住事物的根本。”恩格斯非常重视理论宣传的作用，1859 年 8 月，他在《卡尔·马克思〈政治经济学批判·第一分册〉》中提出：“我们党有个很大的优点，就是有一个新的科学的观点作为理论的基础。”这个“新的科学的观点”就是唯物史观，正是有了唯物史观这个思想武器，马克思主义政党在理论方面胜过其他政党，它能够正确反映无产阶级的利益和要求，认清自己的使命。恩格斯还强调：“一个知道自己的目的，也知道怎样达到这个目的的政党，一个真正想达到这个目的并且具有达到这个目的所必不可缺的顽强精神的政党，——这样的政党将是不可战胜的”。

理论随着实践变化而不断丰富发展。19 世纪末 20 世纪初，马克思主义发展到列宁主义阶段，列宁重视革命理论对无产阶级政党的指导作用，“没有理论，革命派别就会失去生存的权利，而且不可避免地迟早注定要在政治上遭到破产。”他还在《怎么办?》一文中明确指出：“没有革命的理论，就不会有革命的运动。在醉心于最狭隘的实际活动的偏向同时髦的机会主义说教结合在一起的情况下，必须始终坚持这种思想”，“只有以先进理论为指南的党，才能实现先进战士的作用。”列宁在这里所讲的“革命的理论”和“先进理论”，指的就是马克思主义理论。以马克思主义作为理论基础和指导原则是无产阶级政党领导革命和建设的一个政治优势。

对于政党来讲，理论上成熟是政治上成熟的重要表现，只有有成熟的理论，才能推动革命和建设事业的顺利进行。抗战时期，毛泽东在《中国共产党在民族战争中的地位》指出：“指导一个伟大的革命运动的政党，如果没有革命理论，没有历史知识，没有对于实际运动的深刻的了解，要取得胜利是不可能的。”“在担负主要领导责任的观点上说，如果我们党有一百个至二百个系统地而不是零碎地、实际地而不是空洞地学会了马克思列宁主义的同志，就会大大地提高我们党的战斗力量，并加速我们战胜日本帝国主义的工作。”纵观党成立以来的各历史时期，我们的革命、建设和改革之所以取得重大成就，最根本的原因，就是能够自觉用马克思主义理论武装头脑，借此来认识和改造社会，不断在实践中推进和实现马克思主义的中国化。

二、马克思主义经典作家对执政理论的初步探索

（一）马克思恩格斯的执政思想

尽管由于时代的局限性，马克思恩格斯对革命胜利后如何建党问题探讨得不多，但实际上从执掌政权的角度看，马克思恩格斯在这方面的思想还是非常宝贵的。例如，《共产党宣言》就阐述过共产党的先进性问题，“他们（共产党人——作者注）没有任何同整个无产阶级的利益不同的利益”。“在实践方面，共产党人是各国工人政党中最坚决的、始终起推动作用的部分；在理论方面，他们胜过其余无产阶级群众的地方在于他们了解无产阶级运动的条件、进程和一般结果”，阐明了共产党鲜明的阶级性和先进性是无产阶级政党科学执政的基本前提。马克思恩格斯强调：“工人革命的第一步就是使无产阶级上升为统治阶级，争得民主”，“无产阶级将利用自己的政治统治，一步一步地夺取资产阶级的全部资本，把一切生产工具集中在国家即组织成为统治阶级的无产阶级手里，并且尽可能快地增加生产力的总量”，指出了无产阶级政党在夺取政权后面临的首要任务。“代替那存在着阶级和阶级对立的资产阶级旧社会的，将是这样一个联合体，在那里，每个人的自由发展是一切人的自由发展的条件”，这实际上蕴涵了无产阶级政党执政的最终目的，等等。

对于执政方式问题，马克思、恩格斯曾指出：“工人阶级一旦取得统治权，就不能继续运用旧的国家机器来进行管理；工人阶级为了不致失去刚刚争得的统治。一方面应当铲除全部旧的、一直被利用来反对工人阶级的压迫机器，另一方面还应当保证本身能够防范自己的代表和官吏，即宣布他们毫无例外地可以随时撤换。”同时，马克思还指出：“为了防止国家和国家机关由社会公仆变为社会主人——这种现象在至今所有的国家中都是不可避免的——公社采取了两个可靠的办法。第一，它把行政、司法和国民教育方面的一切职位交给由普选选出的人担任，而且规定选举者可以随时撤换被选举者。第二，它对所有公务员，不论职位高低，都只付给跟其他工人同样的工资。公社所曾付过的最高薪金是6000法郎。这样，即使公社没有另外给代表机构的代表签发限权委托书，也能可靠地防止人们去追求升官发财了。”他们的这些思想，涉及了执政党如何民主执政和依法执政等问题。

1871年5月，马克思在《法兰西内战》中对政权机构建设问题进行了阐述，一方面，指出权力机关的成员是“公社的负责任的、随时可以罢免的工作人员”，而不是享有一切特权以及公务津贴的“从前国家的高官显宦”。另一方面，指出“公社是巴黎各区通过普选选出的市政委员组成的”，“公社是一个实干的而不是议会式的机构，它既是行政机关，同时也是立法机关”，“公社的真正秘密在于：它实质上是工人阶级的政府，是生产者阶级同占有者阶级斗争的产物，是终于发现的可以使劳动在经济上获得解放的政治形式”。

可见，马克思、恩格斯提出的关于无产阶级政党执政后主要任务的思想，主要有三个方面：一

是在政治权利层面，要通过斗争以取得民主。二是在经济发展层面，要大力发展生产力，增加社会生产力总量。三是在政权建设层面，无产阶级政党执政后要采取科学执政方式以达到长期执政的目的。

（二）列宁对马克思恩格斯执政思想的新发展

1917 年，在列宁新型无产阶级政党领导下，通过十月社会主义革命建立了世界上第一个由无产阶级政党执政的社会主义国家。十月革命后，列宁领导布尔什维克党及时实现了从革命党向执政党的转变，并根据当时执政实践需要，进一步发展了马克思恩格斯的执政思想。

1.执政党要始终保持自身的先进性

政党的先进性，取决于它所代表阶级的先进性。马克思、恩格斯曾明确指出，“共产党人为工人阶级的最近的目的和利益而斗争，但是他们在当前的运动中同时代表运动的未来”。对于共产党人的这种先进性，恩格斯曾经进行过深刻分析。他说，共产党人“把每一个革命的或者进步的运动看成在他们自己的道路上前进了一步；他们的特殊任务是推动其他革命政党前进，如果其中的某一个政党获得胜利，他们就要去捍卫无产阶级的利益。这种永远不忽视伟大目的的策略，能够防止社会主义者产生失望情绪，而这种情绪却是目光短浅的其他政党——不论是共和党人或伤感的社会党人——无法避免的，因为它们把进军途中的普通一站看成了最终目的。”对此，列宁继承了马克思恩格斯关于无产阶级政党先进性思想，明确指出“只有无产阶级，由于它在大生产中的经济作用，才能成为一切被剥削劳动群众的领袖”。

2.执政党要着力加强作风建设，勇于和敢于进行批评和自我批评

无产阶级政党要提高自己的执政水平，应该具备批评和自我批评的优良品格。列宁强调：“自我批评对于任何一个富有活力、朝气蓬勃的政党来说都是绝对必要的。”“过去所有灭亡了的革命政党之所以灭亡，就是因为它们骄傲自大，看不到自己的力量所在，也怕说出自己的弱点。而我们是不会灭亡的，因为我们不怕说出自己的弱点，并且能够学会克服弱点”。无产阶级的执政党要善于总结经验教训，列宁指出：“一个政党对自己的错误所抱的态度，是衡量这个党是否郑重，是否真正履行它对本阶级和劳动群众所负义务的一个最重要最可靠的尺度。公开承认错误，揭露犯错误的原因，分析产生错误的环境，仔细讨论改正错误的方法——这才是一个郑重的党的标志，这才是党履行自己的义务，这才是教育和训练阶级，进而又教育和训练群众。”“不怕承认自己的错误，不怕三番五次地作出努力来改正错误，这样，我们就会登上山顶。”

3.执政党要走群众路线，依靠群众完成执政使命

马克思主义唯物史观认为，人民群众不但是社会物质成果和精神成果的创造者，也是变革社会的决定性力量；人民群众既是先进生产力和先进文化的创造主体，也是实现自身利益的根本力量。这正确揭示了符合历史发展规律的科学的马克思主义群众观：人民群众既是历史的创造者，又是历史的动力、实践的主体和智慧的源泉。

在执政条件下，无产阶级政党必须密切联系群众。为此，列宁指出：“对于一个人数不多的共产党来说，对于一个作为工人阶级的先锋队来领导一个大国在暂时没有得到较先进国家的直接援助的情况下向社会主义过渡的共产党来说，最严重最可怕的危险之一，就是脱离群众。”密切联系群众，既是马克思主义执政党坚持工人阶级先锋队性质的内在要求，也是完成执政使命的必然选择。“先锋队只有当它不脱离自己领导的群众并真正引导全体群众前进时，才能完成其先锋队

的任务。在各种活动领域中，不同非共产党员结成联盟，就根本谈不上什么有成效的共产主义建设。”共产党人应该做到“哪里有群众，就一定到那里去工作。”列宁提出走群众路线的具体做法，就是要“联系群众，深入群众，了解情绪，了解一切。理解群众，善于接近群众，赢得群众的绝对信任，领导者不应脱离被领导的群众，先锋队不脱离整个劳动大军”。

4.执政党要加强党性教育，注重提高党员质量

列宁认为，工人阶级政党不是工人阶级普通的群众组织，不是少数职业革命家的小团体，更不是封建行帮、资产阶级的派别集团，而是由工人阶级先进分子所组成，是工人阶级的先锋队。世界上只有这样的党，才能领导工人阶级和广大人民群众不断前进，才能肩负起实现共产主义的伟大历史使命。因此，任何非党性表现，任何削弱或模糊党性的做法，都是绝对不允许的。列宁强调党员的质量重于数量，“不应当追求数量和急于求成”，“应该遵守一条准则：宁可数量少些，但要质量高些”，“我们应该把真正合乎标准的质量这一点看得比一切计算更重要”。

此外，列宁还强调无产阶级执政党的根本任务是管理国家，领导经济建设，他指出，执政党要把经济建设放在首位，提高劳动生产率，从经济上战胜资本主义。列宁有一个著名的口号，“学习，学习，再学习”，他要求全党学会管理经济，向党外专家学习管理经济工作的本领，还要培养自己的专家。他还强调扩大党内民主，完善民主集中制；坚持国际主义原则，正确处理党际关系，等等。

第二节　中国化马克思主义建党理论的发展

执政理论具有与时俱进的鲜明特征。中国共产党的执政理论是中国共产党人把马克思主义执政理论与中国共产党执政实践相结合的产物，在马克思主义中国化进程中不断得到丰富和创新。

一、以毛泽东为核心的党中央领导集体对马克思主义执政理论的创造性运用和发展

（一）局部执政——中国共产党执政理论建设思想的萌芽与培育

土地革命战争时期是中国共产党局部执政的发端，对于在战争环境下如何夺取政权、组织政权和运用政权等问题，中国共产党在整个新民主主义革命时期共进行了三次大规模的政权建设实践——土地革命战争时期的工农民主政权，抗战时期的抗日民主政权和解放战争时期人民民主政权的建设。中国共产党在局部地区执政的初步尝试，使党的执政理论建设思想逐步发展起来，为后来在全国范围内执政理论建设作了重要理论准备。

早在中国共产党创建和国民革命时期，马克思主义开始同中国革命实际初步结合。在该时期，以陈独秀、李大钊、毛泽东、周恩来、邓中夏、瞿秋白等为代表的中国共产党人写了大量关于马克思主义指导中国革命问题的文章，特别是毛泽东的《中国社会各阶级的分析》、《国民革命与农民运动》、《湖南农民运动考察报告》等文章，深刻阐述了中国革命的对象、动力、领导者、前途等问题，提出了新民主主义革命的基本思想，这实际上是中国共产党执政理论思想的萌芽。1925年

中共四大明确提出关于无产阶级领导权和工农联盟问题，到土地革命战争时期，中国共产党在理论与实践相结合的基础上，初步形成了农村包围城市，武装夺取政权的中国特色革命道路理论。

在抗战时期，基于中国的特殊国情，党进一步揭示了中国革命的特殊规律，形成了一套策略方针和策略原则，完善了党的思想建设理论等。在中共七大上，党第一次提出作风建设的思想和发展新民主主义的政治、经济和文化。解放战争时期，中国共产党逐步形成了关于政策和策略的思想，关于党的工作重心由乡村转移到城市的思想及关于人民民主专政的理论等。

中国共产党在新民主主义革命时期执政理论思想的主要有：

1. 着重从思想上建党

党的建设主要有思想建设、政治建设、组织建设、理论建设、作风建设等方面，但首先要着重从思想上建党。自建立伊始，中国共产党就非常重视思想建设，强调用无产阶级思想去克服各种非无产阶级思想，以便从思想上保证党组织的纯洁性。1929 年毛泽东在《关于纠正党内的错误思想》一文中，提出了从思想上建党的原则。

2. 发扬党的优良作风，加强党的作风建设

党的优良作风是在党的建设实践中逐步培养起来的，1945 年 4 月，毛泽东在党的七大政治报告中，首次对党的优良作风作了简明概括，他指出："以马克思列宁主义的理论思想武装起来的中国共产党，在中国人民中产生了新的工作作风，这主要的就是理论和实践相结合的作风，和人民群众紧密相连在一起的作风和自我批评的作风。"这三大优良作风，是中国共产党人区别于其他任何政党的显著标志。

3. 注重党的组织建设，坚持民主集中制原则

民主集中制是无产阶级政党的根本组织原则，中国共产党在长期执政过程中，有效贯彻执行了民主集中制原则，也正因为贯彻了民主集中制原则，中国共产党才能调动全党的积极性，集中全党的经验和智慧，不断从一个胜利走向另一个胜利。

(二)全国执政——中国共产党执政理论建设思想的形成与发展

民主革命时期党对执政理论的初步探索，为中华人民共和国成立后执政理论建设奠定了重要基础。随着中华人民共和国的成立，党在新的历史条件下提出了系列执政理论建设的思想。

一方面，要反对脱离群众的官僚主义，执政的中国共产党必须接受来自党内和党外的监督。中国共产党执政后地位的变化，容易使党的干部滋长各种不正之风，必须始终坚持党的全心全意为人民服务的宗旨。毛泽东在中华人民共和国成立前后一直强调执政党要继续保持谦虚、谨慎、不骄、不躁的作风，继续保持艰苦奋斗的作风，他反复告诫全党，民主革命的胜利"只不过是像万里长征走完了第一步。残余的敌人尚待我们扫灭。严重的经济建设任务摆在我们面前。我们熟习的东西有些快要闲起来了，我们不熟习的东西正在强迫我们去做。这就是困难"。1956 年 9 月，邓小平在中共八大上强调，党要领导得好，就要不断克服主观主义、官僚主义和宗派主义，就要接受监督。所谓监督，来自三个方面。一是党的监督；二是群众的监督；三是民主党派和无党派民主人士的监督。刘少奇在中共八大的政治报告中也指出，在我们的许多国家机关中，存在着官僚主义现象。1963 年 5 月，周恩来在中共中央和国务院直属机关负责干部会议的讲话中着重分析了官僚主义的 20 种表现，指出官僚主义是领导机关最容易犯的一种政治病症，是十分有害、非常危险的，我们决不能容许官僚主义再继续发展下去。

另一方面,要培养和造就千百万无产阶级革命事业接班人。新中国成立后,毛泽东为适应大规模经济建设的需要,对干部提出了加强学习、又红又专的要求。20世纪60年代初,他在一系列会议上提出了培养和造就千百万无产阶级革命事业接班人的战略措施,并把这个问题看成是关系到党和国家生死存亡的问题。

此外,针对历史上党内斗争中"残酷斗争、无情打击"的"左"倾错误,他提出"惩前毖后、治病救人"的方针,强调既要弄清思想又要团结同志,创造了通过批评与自我批评进行马克思主义思想教育的整风形式。他还强调要加强党员队伍建设和民主建设,特别着重于从思想上建设党,用无产阶级思想改造和克服各种非无产阶级思想,等等。

二、以邓小平为核心的党中央领导集体对马克思主义执政理论的发展与贡献

中共十一届三中全会以来,中共中央领导集体围绕党的建设的经验教训提出了许多重要思想,正式开始了真正科学意义上的执政理论的探索历程。

(一)确立党的基本路线,制定党执政的总方针

党的基本路线,是指党在一定历史时期为解决社会主要矛盾而确立的党执政的总方针或者总路线。1979年邓小平在理论工作务虚会上指出:"过去搞民主革命,要适合中国情况,走毛泽东开辟的农村包围城市的道路。现在搞建设,也要适合中国情况,走出一条中国式的现代化道路。"这为社会主义初级阶段基本路线的形成奠定了重要基础。1982年在中共十二大开幕词中,邓小平第一次提出"把马克思主义的普遍真理同我国的具体实际结合起来,走自己的路,建设有中国特色的社会主义"的命题。大会继续强调"把党和国家的工作重点转移到经济建设上来",并制定了经济建设的战略目标、战略重点、战略步骤和一系列正确方针。1987年中共十三大报告正式完整提出了党在社会主义初级阶段的基本路线:"领导和团结全国各族人民,以经济建设为中心,坚持四项基本原则,坚持改革开放,自力更生,艰苦奋斗,为把我国建设成为富强、民主、文明的社会主义现代化国家而努力。""一个中心、两个基本点"是这条基本路线的主要内容和高度理论概括,这是中国共产党执政的总方针,蕴涵了党执政的本质。

(二)确立了社会主义初级阶段的发展战略,明确党执政的基本任务

1979年12月,邓小平第一次提出国民生产总值在1980年的基数上翻两番,人民生活达到小康水平,这是当时设想的现代化标准。1982年党的十二大报告指出,我国社会主义经济建设的战略目标是从1981年到20世纪末的20年,力争使全国工农业总产值翻两番,即由1980年的7100亿元增加到2000年的28000亿元左右。1987年4月,邓小平阐述了"三步走"发展战略:"我们原定的目标是,第一步在八十年代翻一番。以一九八〇年为基数,当时国民生产总值人均只有二百五十美元,翻一番,达到五百美元。第二步是到本世纪末(即20世纪末),再翻一番,人均达到一千美元。实现这个目标意味着我们进入小康社会,把贫困的中国变成小康的中国。那时国民生产总值超过一万亿美元,虽然人均数还很低,但是国家的力量有很大增加。我们制定的目标更重要的还是第三步,在下世纪(21世纪)用三十年到五十年再翻两番,大体上达到人均四千美元。做到这一步,中国就达到中等发达的水平。这是我们的雄心壮志。"1987年中共十三大报告高度概括了邓小平现代化建设发展战略的内容,阐明了中国共产党执政的基本任务,指出党

的十一届三中全会以后，我国经济建设的战略部署大体分三步走，“第一步实现国民生产总值比一九八〇年翻一番，解决人民的温饱问题。这个任务已经基本实现。第二步，到本世纪（即20世纪）末，使国民生产总值再增长一倍，人民生活达到小康水平。第三步，到下个世纪（即21世纪）中叶，人均国民生产总值达到中等发达国家水平，人民生活比较富裕，基本实现现代化。”

（三）重视从制度上建党，开辟党执政的新思路

制度建设是整个党的建设的科学归结和理论定型，制度的完备程度是衡量党成熟程度的重要标志。早在1956年，邓小平就提出党的代表大会常任制问题，“代表大会常任制的最大好处，是使代表大会可以成为党的充分有效的最高决策机关和最高监督机关，它的效果，是几年开会一次和每次重新选举代表的原有制度所难达到的。按照新的制度，党的最重要的决定，都可以经过代表大会的讨论。”遗憾的是，由于历史的原因，这些制度创新难以得到贯彻落实。中共十一届三中全会后，以邓小平为核心的党中央领导集体认真总结经验教训，多次强调加强党的制度建设，把制度建设引向更广的领域和更高的境界。1978年邓小平在《解放思想，实事求是，团结一致向前看》讲话中指出：“为了保障人民民主，必须加强法制。必须使民主制度化、法律化，使这种制度和法律不因领导人的改变而改变，不因领导人的看法和注意力的改变而改变。”在这里，邓小平将法制建设与国家政治生活的民主化联系在一起，围绕这一思想，又提出了社会主义法制建设的16字基本方针，即“有法可依，有法必依，执法必严，违法必究”。1980年8月，在《党和国家领导制度的改革》中，邓小平强调领导制度、组织制度问题是最根本的问题，制度好可以使坏人无法任意横行，制度不好可以使好人无法充分做好事。如果不坚决改革现行制度中的弊端，这些问题不可能得到很好的解决。1987年党的十三大首次把党的制度建设与党的政治建设、思想建设、组织建设、作风建设相提并论，总结了党的制度建设的经验，提出了切实加强制度建设的主要任务等。

（四）在作风建设上，强调执政党的党风是关系政党生死存亡的问题

在社会主义现代化建设的新时期，执政党的作风建设，既是无产阶级政党自身建设的一个重要方面，又是社会主义精神文明建设的重要组成部分。要坚持理论联系实际、密切联系群众、批评与自我批评的优良作风，反对官僚主义、形式主义和主观主义。搞好党风，各级领导干部要以身作则。整个改革开放过程中都要反对腐败，决不能手软。党要接受监督，党员要接受监督，等等。

三、以江泽民为核心的党中央领导集体对马克思主义执政理论的创新

中共十三届四中全会以来，面对国际国内形势和党员队伍状况发生的新变化，以江泽民为核心的党中央领导集体围绕在新的历史条件下“建设什么样的党、怎样建设党”这个根本问题，提出了一系列新思想、新观点和新论断。

（一）第一次明确提出了执政党建设总目标，始终坚持“三个代表”重要思想

确立党的建设总目标，这是回答“建设什么样的党、怎样建设党”的首要任务。2002年11月，中共十六大报告指出，要保证我们党始终是中国工人阶级的先锋队，同时是中国人民和中华

民族的先锋队，始终是中国特色社会主义事业的领导核心，始终代表中国先进生产力的发展要求，代表中国先进文化的前进方向，代表中国最广大人民的根本利益。这“两个先锋队”“一个领导核心”和“三个代表”，是党的建设总目标的最新表述。

（二）强调发展是党执政兴国第一要务的思想

当前我国正处于并将长期处于社会主义初级阶段，人民日益增长的物质文化需要同落后的社会生产之间的矛盾是社会的主要矛盾。要解决主要矛盾，必须依靠发展。江泽民指出：“马克思主义执政党必须高度重视解放和发展生产力。离开发展，坚持党的先进性、发挥社会主义制度的优越性和实现民富国强都无从谈起。”发展是全面的，既要坚持以经济建设为中心，也要推动社会主义文化的发展繁荣，还要促进人的全面发展。“必须始终紧紧抓住发展这个执政兴国的第一要务，把坚持党的先进性和发挥社会主义制度的优越性，落实到发展先进生产力、发展先进文化、实现最广大人民的根本利益上来，推动社会全面进步，促进人的全面发展。紧紧把握住这一点，就从根本上把握了人民的愿望，把握了社会主义现代化建设的本质，就能使‘三个代表’重要思想不断落实，使党的执政地位不断巩固，使强国富民的要求不断得到实现。”

（三）着眼于未来，大力培养选拔优秀年轻干部

党的干部队伍既是党的组织细胞，又是党的活动主体。以江泽民为核心的中央领导集体根据改革开放和现代化建设的需要，着重提出了从严治党，提高党的干部队伍素质的任务，指出提高党的干部队伍素质最根本的是要解决好党员的世界观和人生观问题。培养选拔优秀年轻干部，是江泽民反复强调的一个重大问题。江泽民指出，加强年轻干部的培养，是保证党和国家长治久安的战略任务。年轻干部代表党和国家的未来，是党的干部队伍的生力军，肩负着把建设有中国特色社会主义事业不断推向前进的历史重任。

（四）重视和加强党的执政能力建设

党的执政能力，就是党提出和运用正确的理论、路线、方针、政策和策略，领导制定和实施宪法和法律，采取科学的领导制度和领导方式，动员和组织人民依法管理国家和社会事务、经济和文化事业，有效治党治国治军，建设社会主义现代化国家的本领。在马克思主义党的学说中，党的执政能力建设既是一个全新的概念和深邃的理论命题，又是一个重大的实践课题。中国共产党作为执政党，必须具有能够经受住任何挑战和风险的领导水平和执政能力。为此，江泽民在中共十六大上明确指出要不断“加强党的执政能力建设，提高党的领导水平和执政水平”。党的执政能力体现在对国家工作领导的各个方面，江泽民在报告中明确提出了加强执政能力建设的五个方面的基本要求：“必须以宽广的眼界观察世界，正确把握时代发展的要求，善于进行理论思维和战略思维，不断提高科学判断形势的能力；必须坚持按照客观规律和科学规律办事，及时研究解决改革和建设中的新情况新问题，善于抓住机遇加快发展，不断提高驾驭市场经济的能力；必须正确认识和处理各种社会矛盾，善于协调不同利益关系和克服各种困难，不断提高应对复杂局面的能力；必须增强法制观念，善于把坚持党的领导、人民当家做主和依法治国统一起来，不断提高依法执政的能力；必须立足全党全国工作大局，坚定不移地贯彻党的路线方针政策，善于结合实际创造性地开展工作，不断提高总揽全局的能力。”在错综复杂的国内外环境下，只有加强党的执政能力建设，才能带领全国人民真正实现国家富强、民族振兴、社会和谐和人民幸福。

此外，为解决提高党的领导水平和执政水平、提高拒腐防变和抵御风险的能力这两大历史性课题，江泽民还提出要改革和完善党的领导方式和执政方式，坚持增强党的阶级基础和扩大党的群众基础相统一，要把思想建设、组织建设和作风建设有机结合起来，把制度建设贯穿其中，等等。这些内容系统回答了在新的历史条件下"建设什么样的党、怎样建设党"这个根本问题，丰富和发展了马克思主义执政理论，是对执政党建设规律认识的进一步深化。

四、以胡锦涛为核心的党中央领导集体对马克思主义执政理论的深入探索

中共十六大以来，以胡锦涛为核心的党中央把执政理论建设问题摆在突出位置，提出了一些重要思想。

（一）进一步加强党的执政能力建设

加强党的执政能力建设是由党的执政地位决定的，2004 年 9 月，中共十六届四中全会提出了加强党的执政能力建设的指导思想、总体目标和主要任务，对加强党的执政能力建设问题作出了全面部署。《中共中央关于加强党的执政能力建设的决定》第一次系统回答了为谁执政、靠谁执政及怎样执政等根本问题，体现了党对历史方位和历史使命的科学判断，充分表明了党对共产党执政规律、社会主义建设规律和人类社会发展规律的认识不断深入，丰富和发展了马克思主义执政党建设理论。

（二）在新时期继续保持共产党员先进性

保持共产党员先进性教育活动是中共十六大作出的一项重要决策，2005 年胡锦涛在"新时期保持共产党员先进性专题报告会"上第一次提出党的先进性建设问题，阐述了党的先进性建设的目标任务、本质特征、原则要求和检验标准等一系列重大问题，对搞好先进性教育活动具有十分重要的指导意义。根据中共中央具体部署，从 2005 年初开始，全党开展了以实践"三个代表"重要思想为主要内容的保持共产党员先进性教育活动。2006 年 7 月，胡锦涛在总结保持共产党员先进性教育活动大会上，全面分析总结了党加强先进性建设的历史经验。先进性教育活动是中国共产党参加人数最多、规模最大的一次马克思主义教育活动，是加强党的执政能力建设和先进性建设的一个成功实践。

（三）继续强调加强党的制度建设和制度创新，不断完善党内各方面的体制和机制

党的建设是一项复杂的系统工程，其中制度建设是这一工程的主要内容，是党的现代化建设的一个重要组成部分。党的制度建设包括组织制度、干部制度、党内生活制度及会议制度、决策制度等方面内容，是一个不断改革与创新的过程，它渗透于党的建设的各个方面，带有根本性、全局性、稳定性和长期性等特点。中共十六大以来，党中央领导集体在制度建设和制度创新方面取得了许多新的成效。在干部队伍建设方面，积极推进干部人事制度改革，先后颁布了《深化干部人事制度改革纲要》《公务员法》等法规性文件，确立了民主推荐、民主测评、差额考察、任前公示、公开选拔、竞争上岗、全委会投票表决、领导干部辞职等制度，形成了比较完整配套的干部人事制度法规体系。在加强对权力的制约和监督方面，建立和完善巡视制度及纪律检查体制，健全领导干部个人重大事项报告制度、述职述廉制度、民主评议制度、谈话诫勉制度和经济责任审计制度。

在发展党内民主方面，建立和完善党内情况通报制度、情况反映制度、重大决策征求意见制度，逐步推进党务公开，增强党组织工作的透明度。在改革和完善决策机制方面，建立决策失误责任追究制度，健全纠错改正机制，等等。

（四）加强党风廉政建设，大力开展反腐败斗争

中共十六大以来，党中央先后颁布实施了《中国共产党党内监督条例（试行）》、《中国共产党纪律处分条例》、《建立健全教育、制度、监督并重的惩治和预防腐败体系实施纲要》等，其中，《中国共产党党内监督条例（试行）》是党制定的第一部党内监督条例，是加强党风廉政建设和反腐败工作的一个重大举措，标志着党内监督进入规范化和制度化阶段。

此外，中央领导集体还确立了坚持以人为本、全面、协调、可持续的科学发展观，丰富了党的执政理念，深化了对共产党执政规律的认识。在社会建设方面，2006 年中共十六届六中全会通过了《中共中央关于构建社会主义和谐社会若干重大问题的决定》，阐述了社会主义和谐社会的性质和重要性，指明了构建社会主义和谐社会的指导思想、基本原则、目标任务和重大部署，标志着中国共产党对社会主义建设问题取得了新的重大认识，是党的执政理论的重大突破。

总之，中央领导集体的执政理论继续丰富和深化了我们对社会主义建设规律、人类社会发展规律和共产党执政规律的认识，是马克思主义执政理论在当代中国发展的新阶段，为今后我们不断丰富和发展党的建设理论指明了方向。

五、中国化马克思主义一脉相承执政理论的鲜明特征

中国共产党对执政理论的探讨，经历了一个比较复杂的过程。从具体发展阶段看，经历了从局部执政时期执政理论萌芽阶段到全国执政时期执政理论探索阶段的发展。从执政理论探索的重点看，中国共产党先后把重点放在国体、政体的建立与巩固、经济领域及全面建设社会主义等方面，初步形成了中国化马克思主义执政理论新体系。党的执政理论是在当代世界新形势和中国发展新变化对党提出新要求的条件下形成的中国化马克思主义执政理论体系，它们同马克思主义执政理论体系有着一脉相承的共同理论特征。

（一）理论基础一致，都坚持了马克思主义的世界观和方法论

辩证唯物主义和历史唯物主义的世界观和方法论是马克思主义最根本的理论特征，是马克思主义发展的“脉”之所在。一部马克思主义的执政理论发展史，就是马克思主义的科学世界观和方法论有机统一并不断发展的历史。

马克思主义辩证唯物主义和历史唯物主义的世界观与方法论揭示了人类社会历史发展的普遍规律。党的历届中央领导集体在推进马克思主义执政理论中国化历程中，都用辩证的、唯物的世界观和方法论考察中国社会，从而先后解决以社会主义社会代替半殖民地半封建社会，建设和发展社会主义的问题。在马克思主义的世界观和方法论中，生产力问题是历史唯物主义的核心问题。自建立以来，中国共产党适时调整不适应生产力发展要求的生产关系，并改革上层建筑的相关内容和环节。早在 1945 年，毛泽东在中共七大的政治报告中指出：“中国一切政党的政策及其实践在中国人民中所表现的作用的好坏、大小，归根到底，看它对于中国人民的生产力的发展是否有帮助及其帮助之大小，看它是束缚生产力的，还是解放生产力的。”后来党的领导集体又相

继提出“科学技术是第一生产力”、“社会主义也可以搞市场经济”、“始终代表中国先进生产力的发展要求”及“科学发展观”等执政理念，都是对马克思主义关于生产力和生产关系、经济基础和上层建筑辩证关系原理的运用和阐述。

（二）原则立场一致，都集中代表了工人阶级和广大人民群众的根本利益，坚持群众观点和群众路线的统一

人民是历史活动的主体，是社会变革的决定力量。马克思、恩格斯在《共产党宣言》中明确提出无产阶级的运动是绝大多数人的、为绝大多数人谋利益的独立运动，这深刻揭示了无产阶级政党执政理论的本质和价值趋向。

群众观点和群众路线又是共产党人的世界观、人生观和方法论。党的历届领导集体始终把群众路线看作是治党治国的优良传统和根本政治优势，并结合不同的历史条件和历史任务，对于如何坚持群众路线提出了各具特色的思想。毛泽东将马克思主义关于人民群众是历史创造者的基本原理，创造性运用于党的革命事业中，形成了完整的群众路线。毛泽东指出：“共产党人的一切言论行动，必须以合乎最广大人民群众的最大利益，为最广大人民群众所拥护为最高标准。”邓小平十分重视维护群众的利益，关心群众生活。“群众是我们力量的源泉，群众路线和群众观点是我们的传家宝。党的组织、党员和党的干部，必须同群众打成一片，绝对不能同群众相对立。如果哪个党组织严重脱离群众而不能坚决改正，那就丧失了力量的源泉，就一定要失败，就会被人民抛弃。”他还提出，社会主义的根本任务是发展生产力，改善人民生活，因此他把“是否有利于提高人民的生活水平”作为判断改革开放和各项工作是非成败的一条根本标准。江泽民把坚持党的群众路线提到了更为重要的位置，他指出，在任何时候任何情况下，与人民群众同呼吸共命运的立场不能变，全心全意为人民服务的宗旨不能忘，坚信群众是真正英雄的历史唯物主义观点不能丢。人民群众是历史的创造者，更是社会主义和谐社会的创造者。当前，党执政的宗旨依然是为了广大人民群众的利益。“权为民所用，情为民所系，利为民所谋”是对群众路线发展的真实写照。

（三）思想方法一致，都是坚持与发展、继承与创新的统一

马克思主义的生命力来源于实践的发展，历届领导集体在马克思主义执政理论中国化方面都做到了坚持与发展，继承与创新的统一。以毛泽东为核心的党中央领导集体在领导新民主主义革命和探索社会主义建设道路的过程中，形成了关于党的思想建设、组织建设、作风建设和制度建设的执政理论。他指出：“我们是马克思主义的历史主义者，我们不应当割断历史”，并且进一步阐明中国共产党人研究马列主义的理论，就是“为着解决中国革命的理论问题和策略问题而去从它找立场，找观点，找方法的”。邓小平、江泽民和胡锦涛在这方面也有许多论述。在马克思主义执政理论中国化方面，他们比较注重发展与创新。随着社会主义建设实践的发展变化，需要不断对原有的观点进行补充、修改乃至摒弃，这正是马克思主义理论创新的基础。以邓小平为核心的党中央领导集体在改革开放时期，在回答“什么是社会主义、怎样建设社会主义”的历史课题中，进一步丰富发展了马克思主义执政党建设理论，提出了诸如办好中国的事情关键在党、改革和完善党的领导体制、执政党的党风关系党的生死存亡等许多宝贵思想。邓小平认为，世界形势日新月异，尤其是现代科学技术发展很快。“在变化的条件下，如何认识和发展马克思主义，没有搞清楚。绝不能要求马克思为解决他去世后上百年，几百年所产生的问题提供答案。列宁同样也不能承担为他去世以后五十年、一百年所产生的问题提供现成答案的任务。真正的马克思列宁主义者必须根据现在的情况，认识、继承和发展马克思列宁主义"，指出不以新的思想、观点去继承、发展马克思主义，不是真正的马克思主义者。

在发展与创新问题上，江泽民也根据新的实践和新的经验，在"建设什么样的党，怎样建设党"的问题上，结合国内外变化的新形势，深入探索执政规律，不断进行理论思考和理论创新，正确把握时代的发展特点和要求，对国内外出现的新情况、新问题，作出了新的判断和新的回答，提出了一系列时代色彩鲜明的新的理论观点，如贯彻"三个代表"重要思想，加强党的执政能力建设，完善党的执政理论体系等，这都是在新的实践中对马克思主义执政理论的创新发展，形成了具有中国特色的新的理论思维和新的认识，开拓了马克思主义与中国实际相结合的新境界。当前中央领导集体围绕"为谁执政，靠谁执政，怎样执政"这一根本问题，紧密联系治国理政的实践，以加强党的执政能力建设为重点，全面加强和改进党的思想、组织、作风和制度建设，不断用发展着的马克思主义执政理论指导新的实践。

（四）执政理论形成与发展的历程一致，都伴随着思想解放运动

中国共产党成立以来，马克思主义在中国迅速传播，随着革命形势的向前发展和局部执政的开始，党逐渐展开了马克思主义执政理论中国化的历程。1942 年的延安整风运动，是一次破除党内马克思主义教条化、把共产国际决议和苏联经验神圣化错误倾向的伟大思想解放运动。由于中国革命所处的特殊环境，党内盛行的教条主义曾严重地束缚着中国共产党建设的理论与实际。整风运动就是解决正确对待马克思主义的态度问题，在全党确立和贯彻了一切从实际出发、理论联系实际、实事求是的辩证唯物主义思想路线，形成了一套符合中国社会实际的革命和建党理论，进一步发展了马克思主义关于无产阶级革命的理论。

关于真理标准问题的讨论又是一次马克思主义的教育运动和思想解放运动。通过真理标准问题的讨论，全党的思想获得了大的解放，冲破了"两个凡是"的思想束缚，恢复了党的实事求是、一切从实际出发、理论联系实际的思想路线。从此，以邓小平为核心的党中央领导集体，把马克思主义普遍原理与中国社会主义建设的具体实际相结合，走向了有中国特色社会主义建设的新道路，形成了建设有中国特色的社会主义的系统理论，并围绕着新时期党的建设的许多重大问题，进一步发展了马克思主义的执政理论。中央领导集体又开始了新的思想解放运动，在党风廉政建设、党内民主建设、党的先进性建设、执政能力建设等执政理论建设方面取得了巨大成就，这些执政理论成果的取得都是党的领导集体牢牢把握解放思想、实事求是的结果。

第三节　新世纪执政党建设的总体布局

新世纪，中国共产党已经形成了党的建设新布局，这是党的建设思想逐步成熟的体现；在党的建设中，我们特别强调党的建设的科学化以及马克思主义学习型政党建设，这对于保证马克思主义中国化发展具有特别重要的意义。

一、努力加强和改善党的领导

在社会主义现代化建设的新时期，党和国家正在经历着深刻而伟大的历史转变，要求党的领导方式、工作方法和领导制度相应的加以改变，以更加适合新时期、新任务的需要。邓小平在深刻总结党的历史经验和认真分析党的现状的基础上，明确指出："为了坚持党的领导，必须努力改善党的领导。"①

（一）加强党的领导是新变化新考验的必然要求

中国共产党执政以来尤其是改革开放以来，我们的党员队伍，党所处的地位和环境，党所肩负的任务，都发生了重大变化。这些新的变化对新时期党的建设提出了严峻的挑战，中国共产党面临着新的考验。

1. 长期执政的考验

经过长期的艰苦奋斗，在领导中国人民夺取全国政权以后，中国共产党已经成为一个执政党。

一方面，党的执政地位容易使一部分党员干部掌握一定权力以后，居功自傲，贪图享乐，脱离群众，存在着对党和人民极端不负责任的严重官僚主义，对党的建设带来了不利的影响。

另一方面，党的执政方式和领导方式，包括党和国家现行的一些具体制度中存在不少的弊端。邓小平曾经深刻地指出，党的领导工作状况、党的领导制度，都要改善。在我们党和国家的领导制度中，存在官僚主义现象、权力过分集中的现象、家长制现象、干部领导职务终身制现象和形形色色的特权现象等。他指出，如果不从根本上改变这种状况，革除这些弊端，就很难适应现代化建设的迫切需要，我们就要严重地脱离广大群众。

2. 复杂的国际环境的考验

随着冷战结束，经济发展和科技进步，国际环境发生重大变化，世界多极化和经济全球化曲折发展，我国与世界经济、政治、文化的联系日益紧密，以经济力、科技力、军事力、凝聚力为主要内容的综合国力竞争日趋激烈。各种矛盾错综复杂，各种思潮相互激荡，敌对势力加紧对我国进行渗透和破坏活动。这些深刻变化既带来机遇，也带来挑战，为党的建设提出了诸多前所未有的新课题。邓小平指出："现在摆在我们面前的迫切问题，是要恢复党的战斗力。"②

3. 全面改革开放和社会主义市场经济的考验

随着改革开放的深入和扩大，特别是在建立社会主义市场经济体制的过程中，社会经济成分、组织形式、就业方式、利益关系和分配方式日益多样化，新事物、新问题层出不穷。由于新旧体制的交替和转轨，一些消极腐败现象趁机在法制不健全、政策不配套、机会不均等的空隙中滋生和发展起来，偷税漏税、走私贩私、行贿受贿、执法犯法、贪污盗窃、泄漏国家机密、出卖经济情报等现象在某些党员、干部中也时有发生。

---

① 邓小平文选(第2卷)[C].北京：人民出版社，1994，第268页

② 邓小平文选(第2卷)[C].北京：人民出版社，1994，第268页

4. 干部新老交替、队伍状况发生重大变化的考验

随着党和国家事业的发展，新党员的数量大幅度增加，干部队伍新老交替不断进行，一大批年轻干部走上领导岗位，这给党的发展带来了新活力，也提出了新挑战。

在中国共产党进入整体性新老交替的重要时刻，党的干部队伍总体上是好的，但在一部分人中存在着思想僵化、信念动摇、组织涣散、作风飘浮、特别是腐败问题。年轻干部要走上中高级领导岗位，他们的思想道德素质和科学文化素质需要不断提高。在这种情况下，从严治党，进一步全面提高全党特别是党的干部队伍的素质，成为十分紧迫的任务。

（二）坚持党的领导必须改善党的领导

1. 坚持党的领导和改善党的领导的关系

在坚持党的领导的前提下，邓小平明确提出了改善党的领导的问题。他说："怎样改善党的领导，这个重大问题摆在我们的面前。不好好研究这个问题，不解决这个问题，坚持不了党的领导，提高不了党的威信。"①他把"改善"党的领导同"坚持""加强"党的领导提到了同样重要、紧密相关、缺一不可的地位，具有极其重要的意义。

中国共产党所领导的革命事业是不断发展的，在其发展的每个历史时期和阶段中，革命的任务和形势不同，党的领导必须随着这些不断变化的形势，来改革自己的领导制度和领导方式，以适应新形势的需要。我们党正是在不断改善自己的领导中保持了对革命和建设事业的坚强领导，并使自己不断得到发展壮大。十一届三中全会以来，我们党的工作内容和所处环境已经发生了很大的变化，从过去长期搞计划经济转变为发展社会主义市场经济，从过去封闭、半封闭转变为对外开放。这一系列深刻的变化必然要求我们党的领导方式、工作方式、工作方法和领导制度相应的加以变化，根据新的历史条件进行改革和创新。邓小平及时地把握时代条件和党的任务的变化，从 80 年代开始，他就提出了改革、完善党和国家各方面的制度，尤其是领导制度。

邓小平认为，改善党的领导不是削弱党的领导，而是为了更好地坚持和加强党的领导。坚持党的领导和改善党的领导在本质上是统一的。如果说，坚持党的领导所要解决的是巩固党的执政地位问题，是社会主义现代化要不要党的领导问题，那么，改善党的领导所要解决的是提高党的执政水平和能力问题，是如何对社会主义现代化建设实施更正确更有效的领导问题。

党的领导主要是政治、思想和组织的领导，党的政治、思想和组织领导是统一的、不可分割的。改善党的领导，需要从改善党的政治领导、思想领导和组织领导几个方面进行工作。政治领导是根本，反映了党的领导的最本质特征；思想领导是政治领导和组织领导的基础与前提，是实现党的领导的中心环节；组织领导则是政治领导和思想领导的重要保证。不讲政治领导，思想领导和组织领导就会失去方向；不讲思想领导和组织领导，政治领导也会落空。只有坚持政治、思想和组织领导的有机统一，才能更好地发挥党对各项改革和建设事业的领导作用。

2. 改善党的领导的具体要求

（1）改革党和国家的领导制度

改善党的领导，就必须改革党和国家的领导制度，兴利除弊，特别是革除权力过分集中的弊

---

①　邓小平文选(第 2 卷)[C]. 北京：人民出版社，1994，第 271 页

端。一方面,邓小平提出要着手解决党政不分、以党代政的问题。另一方面,邓小平又指出要通过改革,处理好法治和人治的关系。党领导人民制定宪法和法律,党要在宪法和法律的范围内活动。党要善于把自己关于国家重大事务的主张,经过法定程序变成国家意志。各级党组织、每个党员尤其是党的干部,都要模范地遵守宪法和法律,决不允许以言代法、以权代法。

与此同时,我们要坚持和完善中国共产党领导的多党合作和政治协商制度,加强同各民主党派合作共事,巩固我们党同党外人士的联盟。要改善和加强党对工会、共青团、妇联等群众团体的领导,充分发挥它们的作用。

(2)改进党的领导方式和方法

执政党不同于非执政党,领导现代化建设不同于搞政治运动,领导社会主义市场经济又不同于领导计划经济。这要求党的领导方式方法有一个根本性的转变。因此,全党都要善于重新学习,努力掌握经济发展规律,正确处理好改革、发展、稳定三者间的关系,提高驾驭社会主义市场经济的能力和水平。要坚持两手抓、两手都要硬的方针,促进社会的协调发展和全面进步。要推进决策的科学化、民主化,提高决策水平和工作效率。要改进工作作风,坚决反对官僚主义和形式主义。要适应市场经济、民主政治和依法治国的要求,由直接包揽行政事务的领导方式,转到主要管大事,管路线、方针、政策,并依照法律程序和规定来实现党的决策和意图,依靠党组织和党员的模范作用来贯彻党的决定;由主要依靠行政手段解决问题,转到以说服教育为主,大力加强思想政治工作,充分调动人民群众的积极性。

从原则上说,各级党组织应该把大量日常行政工作、业务工作,尽可能交给政府、业务部门承担,党的领导机关除了掌握方针政策和决定重要干部的使用以外,要腾出主要的时间和精力来做思想政治工作,做人的工作,做群众工作。否则党的领导既不可能改善,也不可能加强。

(3)解决一部分党员不合格的问题

1980 年 1 月,邓小平针对当时的情况指出,在入党的新党员中,有一些因为一直没有受到党的教育,不能成为群众的模范,不合格。有些老党员长期很合格,现在也不那么合格了。怎样解决一部分党员不合格的问题呢?邓小平提出要整顿。

经过十二大以后的整党,基本上解决了当时存在的一部分党员不合格的问题,增强了党的战斗力。当然,一部分党员不合格的问题将长期存在。在改革开放的实践中,在市场经济的现实生活中,经常会发生一些党员经受不起物质利益的诱惑、抵御不了腐朽思想的侵蚀的问题,而成为不合格的党员,这个问题要经常引起我们的注意。

二、始终保持党的先进性

胡锦涛指出:“先进性是马克思主义政党的根本特征,也是马克思主义政党的生命所系、力量所在。党的先进性建设是马克思主义政党自身建设的根本任务。”①中国共产党之所以有力量,与其高度重视先进性建设是密不可分的。在全党开展以实践“三个代表”重要思想为主要内容的保持共产党员先进性教育活动,是加强党的先进性建设的成功实践。

① 十六大以来重要文献选编(中)[C].北京:中央文献出版社,2006,第 610 页

（一）党的先进性建设的时代内涵

时代在发展，形势在变化，中国共产党要不断增强创造力、凝聚力和战斗力，就必须大力加强党的先进性建设，始终保持党的先进性。

1. 要求全党始终保持与时俱进的精神状态，不断开拓马克思主义理论发展的新境界

坚持党的思想路线，解放思想、实事求是、与时俱进，是我们党坚持先进性和增强创造力的关键因素。与时俱进，就是党的全部理论和工作要体现时代性，把握规律性，富于创造性。能否始终做到这一点，决定着党和国家的前途命运。

当前国际形势发生新的深刻变化，世界多极化和经济全球化的趋势继续在曲折中发展，科技进步日新月异，综合国力竞争日趋激烈，各种思想文化相互激荡，各种矛盾错综复杂，敌对势力对我国实施西化、分化的战略图谋没有改变，我们仍面临发达国家在经济、科技等方面占优势的压力。我国改革发展处在关键时期，社会利益关系更为复杂，新情况新问题层出不穷。在复杂的国际国内形势下，党要带领全国各族人民全面建成小康社会，实现继续推进现代化建设、完成祖国统一、维护世界和平与促进共同发展这三大艰巨历史任务，就必须勇于创新，开拓进取，大力弘扬与时俱进精神，不断推进马克思主义理论的创新，不断增强党的创造力。

2. 必须以党的执政能力建设为核心，不断提高党的领导水平和执政水平

党的执政能力成为新时期党的战斗力的核心内涵。为此，我们必须科学判断党的历史方位，准确把握时代特点和党的任务，开展党的先进性建设。开展党的先进性建设核心就是认真树立和全面落实科学发展观，始终抓好发展这个党执政兴国的第一要务，把党的先进性要求转化为全党的实际行动、贯彻到党的全部执政活动中去。不断提高驾驭社会主义市场经济的能力，不断提高发展社会主义民主政治的能力，不断提高建设社会主义先进文化的能力，不断提高构建社会主义和谐社会的能力，不断提高应对国际局势和处理国际事务的能力，使党更加富有战斗力。

3. 必须坚持立党为公、执政为民，不断增强党的凝聚力

胡锦涛指出："马克思主义政党的一切理论和奋斗都应致力于实现最广大人民的根本利益，这是马克思主义最鲜明的政治立场。"①我们党的最大政治优势是密切联系群众，党执政后的最大危险是脱离群众。在任何时候任何情况下，都必须坚持党的群众路线，坚持全心全意为人民服务的宗旨，把实现人民群众的利益作为一切工作的出发点和归宿。最大多数人的利益和全社会全民族的积极性创造性，对党和国家事业的发展始终是具有决定性的因素。

中国共产党是中国工人阶级的先锋队，同时是中国人民和中华民族的先锋队，是先进性与广泛性相统一的无产阶级政党。在执政条件下，要以立党为公、执政为民为根本目的，发扬党的优良传统和作风，妥善处理各方面的利益关系，把一切积极因素充分调动和凝聚起来构建社会主义和谐社会。

4. 必须以改革的精神推进党的建设，不断为党的肌体注入新活力

以时代发展的要求审视自己，以改革的精神加强和完善自己，这是我们党始终保持马克思主义政党本色、永不脱离群众和具有蓬勃活力的根本保证。在开展党的先进性建设过程中，我们既

---

① 胡锦涛. 在"三个代表"重要思想理论研讨会上的讲话[R]. 北京：人民出版社，2003，第 8 页

要善于总结成功的经验，又要善于吸取失误的教训；既要善于通过提出和贯彻正确的基本路线带领群众前进，又要善于从群众的实践创造和发展要求中获得前进动力；既要善于认识和改造客观世界，又要善于组织引导干部和党员在实践中加强主观世界的改造。

我们必须坚持马克思主义基本原理和推进理论创新相统一，坚持党的优良传统和弘扬时代精神相统一，坚持增强党的阶级基础和扩大党的群众基础相统一。只有这样我们才能始终保持党的先进性，党的力量才能不断增强，党才能真正成为思想上、政治上、组织上完全巩固始终站在时代前列带领人民团结奋进的坚强领导核心。

5.必须始终抓好保持和发展党员队伍的先进性这个基础工程，必须始终抓住党员队伍这个主体，充分依靠全党共同努力

(1)保持党员队伍的先进性，根本在于增强广大党员的先进性意识，激发其自我教育、自我提高的内在动力

保持党员队伍的先进性，必须把着力点放在坚定广大党员的理想信念和增强广大党员的自觉性、主动性、责任感上，推动广大党员增强先进性意识，高标准地要求自己、剖析自己、提高自己，为保持先进性而不懈努力。

(2)保持党员队伍的先进性，重点在于解决党员队伍中存在的突出问题，不断增强党员队伍整体的先进性

我们党的绝大多数党员、干部是能够发挥先锋模范作用的。同时，在各种因素影响下，一些党员身上也出现了这样那样不容忽视的问题。党员生活在社会之中，出现一些问题并不奇怪，也不可怕，重要的是要教育和帮助党员勇于正视、认真纠正存在的问题，在党内不断弘扬积极因素、克服消极因素。实践证明，不回避存在的问题，下决心解决存在的突出问题，促使广大党员、干部在履行岗位职责中充分发挥先锋模范作用，并让人民群众来监督党员和评判党员，是保持党员队伍的先进性的有效途径。

(3)保持党员队伍的先进性，关键在于完善制度和机制，把党的先进性要求转化为党员自觉遵守的行为准则

制度更带有根本性、全局性、稳定性和长期性。党的先进性是多方面要素共同构成的，包括指导思想、路线纲领、奋斗目标、方针政策，也包括组织原则、领导体制、工作机制、干部能力、党员素质，等等。要长期保持和不断发展党的先进性，必须通过完善制度和机制，使党的先进性要素充分发挥作用，激励广大党员自觉遵守党章和党规党纪，自觉实践党的先进性基本要求。有了这样的制度和机制，才能使党的先进性要求切实成为广大党员的自觉意识和实际行动，才能使广大党员更加积极主动地发挥先进分子的模范带头作用。

6.必须紧紧围绕党的历史使命和中心任务，进一步推进党的先进性建设

(1)紧密结合贯彻落实科学发展观的实践

要坚持用科学发展观武装全党，进一步把全党的思想统一到科学发展观上来，真正把科学发展观转化为全党的实际行动，转化为领导改革开放和社会主义现代化建设的工作能力，抓住发展机遇，转变发展观念，创新发展模式，提高发展质量，切实把我国经济社会发展转入科学发展的轨道。要把科学发展观作为检验党的建设的重要标准，对符合科学发展观的事情就全力以赴地去做，对不符合的就毫不迟疑地去改，努力使党的建设各项工作都符合科学发展观的要求，经得起实践、历史、人民的检验。

(2)紧密结合构建社会主义和谐社会的实践

构建社会主义和谐社会，是我们党从中国特色社会主义事业四位一体的总体布局和全面建设小康社会的全局出发提出的重大战略任务。促进和维护社会和谐，把全体人民最广泛地团结起来、把各方面力量最大限度地凝聚起来，共同为推进中国特色社会主义伟大事业而奋斗，对提高党的执政能力和保持党的先进性提出了更高的要求。各级党组织都要把构建社会主义和谐社会放在更加突出的位置，按照民主法治、公平正义、诚信友爱、充满活力、安定有序、人与自然和谐相处的要求，切实做好构建社会主义和谐社会的各项工作，以促进社会和谐的成效体现党的先进性。

(3)紧密结合加强党的执政能力建设的实践

加强党的执政能力建设和先进性建设是紧密相关、相辅相成的，要贯穿于党的思想建设、组织建设、作风建设和制度建设之中，统一于党的建设新的伟大工程。

(4)紧密结合保持党同人民群众血肉联系的实践

广大党员干部尤其是各级领导干部要牢固树立科学的世界观、人生观、价值观和正确的权力观、地位观、利益观，坚持权为民所用、情为民所系、利为民所谋，始终与人民群众同呼吸、共命运、心连心。要坚持把群众关心的热点难点问题作为我们工作的重点，认认真真访民情，诚诚恳恳听民意，实实在在帮民富，兢兢业业保民安，努力增强为人民服务的本领。要建立健全密切联系群众和实现好、维护好、发展好最广大人民根本利益的长效机制，为我们党始终保持同人民群众的血肉联系提供可靠的制度保证。

(二)党的先进性建设的基本经验

中国共产党始终高度重视保持党的先进性，总是把党的先进性建设摆在突出的位置来抓。

1.准确把握时代脉搏，保证党始终与时代发展同步伐

我们党坚持用马克思主义的立场、观点、方法观察和分析世界发展的总趋势、中国社会的实际状况和中国人民的根本要求，依据发展变化的实际，明确党在各个历史时期的目标和任务，不断为党和人民的事业指明前进方向。历史表明，只有正确认识和把握时代特征和世界发展的总趋势，科学制定和实施符合我国实际和人民愿望的目标和任务，我们党才能始终站在时代发展的前列和中国社会发展进步的潮头。

2.把最广大人民的根本利益作为党全部工作的出发点和落脚点，保证党始终与人民群众共命运

人民是创造历史的根本动力。我们党坚持马克思主义的群众观点，坚持全心全意为人民服务的宗旨，始终把实现和维护最广大人民的根本利益作为党的理论和路线方针政策以及全部工作的根本依据，始终深深扎根于人民之中，为中国人民和中华民族的根本利益不懈奋斗。进行新民主主义革命，进行社会主义革命和建设，进行改革开放，都是为了顺应人民意愿、实现人民利益。

新时期，党中央提出坚持以人为本、实现科学发展、构建社会主义和谐社会、建设社会主义新农村、建设创新型国家等重大任务，同样是为了顺应人民意愿、实现人民利益。

3.使党的理论和路线方针政策不断与时俱进，保证党的全部工作始终符合实际和社会发展规律

党的理论和路线方针政策关乎党的生命。我们党坚持解放思想、实事求是、与时俱进，把马克思主义基本原理同中国具体实际相结合，产生了毛泽东思想、邓小平理论和“三个代表”重要思

想。党的十六大以来，党中央又提出了科学发展观、构建社会主义和谐社会等一系列重大战略思想。这些理论成果都是党和人民实践经验的总结和集体智慧的结晶。在这些正确理论指导下，我们党及时制定符合中国实际、反映人民愿望的路线方针政策。历史表明，只有不断实现党的理论和路线方针政策的与时俱进，我们党才能找到实现中国人民和中华民族根本利益的正确道路和科学方法，推动党和人民的事业不断从胜利走向新的胜利。

4.围绕党的中心任务来进行，保证党始终引领中国社会发展进步

胡锦涛指出："衡量一个马克思主义政党是否先进，要放到具体的历史的实践中去考察，归根到底要看在推动历史前进中的实际作用。"①我们党始终根据不同历史阶段中国社会发展的主要矛盾来确定党的中心任务，并围绕实现党的中心任务来加强党的建设。历史表明，只有始终围绕实现党的中心任务来加强党的先进性建设，才能使党的先进性建设与党和人民的事业相互促进，在不断发展中国先进生产力、先进文化、实现中国最广大人民根本利益的实践中体现党的先进性。

5.坚持党要管党、从严治党，保证党始终具有蓬勃生机和旺盛活力

中国共产党之所以能够历经磨难而巍然屹立，千锤百炼而更加坚强，一个重要原因，就在于我们党始终坚持党要管党、从严治党，始终注重加强自身建设。历史表明，只有紧密结合实际不断加强和改进党的思想建设、组织建设、作风建设和制度建设，我们党才能建设一支高素质的党员队伍和干部队伍，建立严密稳固的组织体系和科学有效的领导制度，形成保持和发展党的先进性的最广大的载体和最可靠的制度保障。

胡锦涛指出，这些宝贵经验来之不易，对于我们进一步推进党的先进性建设，具有长期指导作用，必须十分珍视并持之以恒地坚持下去。

（三）以科学发展观为指导，加强党的建设

科学发展观是当前党的意识形态的主要内容。科学发展观作为党的意识形态，既是一种思想体系，又是一种发展理念。把科学发展观看作思想体系，是因为科学发展观包含着丰富的内容。科学发展观指导的发展不仅是经济发展，还包括政治、文化、社会、党的建设等的全面发展。

1.贯彻落实科学发展观与党的意识形态建设

把科学发展观看作一种发展理念，是因为它是代表一种发展性的核心价值观，它标志着"以物为本"向"以人为本"的转变。

新中国成立以后，党与政府能保证提供基本的社会公平正义。例如消灭贫穷、医疗保健、免费教育等等，然而在改革过程中出现了诸多的道德败坏和违法乱纪现象，公平正义问题逐渐凸显。如何解决，还需要深入探索。幸福应该成为党的意识形态要达到的基本目标。如果发展最终没有落实在人民的幸福上，那么发展也就失去了意义。幸福不仅是物质的富裕，更是精神的丰富，是各方面权益的满足，是能够切身感受到的公平正义，是自我得到全面发展的机会。

以人为本的核心价值理念要求党的意识形态发生相应的变革，即党的意识形态需要包容与

① 胡锦涛.在庆祝中国共产党成立85周年暨总结保持共产党员先进性教育活动大会上的讲话[R].北京：人民出版社，2006，第8页

扩展，诸如以人为本的核心价值观、公平正义、幸福等都应该融入党的意识形态建设之中。“以人为本”是建立在唯物史观基础上的、以保障人民主人翁地位为前提的、以维护人民权利为根本价值观。它是支配全社会成员思想和行为的道德力量，是党进行制度安排和政策制定的根据和出发点是政策实施的终极标准。

2.贯彻落实科学发展观与党内和谐建设

党内和谐是政党成员对党的意识形态和价值体系达到的一种普遍认同而产生的行动相对一致的状态。而这种状态的实现，在于把以人为本的核心价值观渗透于党的观念建设与体制建设之中。

科学发展观内涵的以人为本，其最直接的要求就是在党内以党员为本，实现党员的主体性地位。从列宁式建党起，党建的主要核心思想是党需要一批精英型的革命集团，党员服从组织，下级服从上级，地方服从中央，遵守党的纪律，否则将受到严厉惩罚。这都是建党的初始环境与中心任务决定的。

忽视党员“应有的权利”的倾向，忽视党员是党内监督的主体，漠视党员有一律平等地参与党内管理的权利，忽视党员以多种直接或间接的方式参与党的决策的权利，对党员的认识能力和创造能力缺乏足够的信任与尊重，广大党员往往只有贯彻制度法规的义务等等，都表明党员主体性地位还没有实现。

党的自身建设应与党的意识形态变革相协调，需要把科学发展观表达的新意识形态因素渗透进党员主体性建设之中，实现党内和谐。

首先，从观念层面看，党需要以人为本为指导，把公平正义、幸福等意识形态因素纳入到党的建设中。公平正义首先应体现于党员的选举权、监督权、建议权、党内表达权、申诉权等权利的行使，保证党员参与的机会均等原则。党要关注与关怀弱势党员，建立健全党内救助与关怀制度。对在党内活动过程中处于不利地位的弱势群体给予必要的调剂和救助。党需要营造与建设一种组织文化，尤其运用心理学知识调适党员心理，关怀党员的人文发展与精神需求。

其次，从制度层面，落实党员主体性地位。一是改革与创新党内选举制度，从选举层面确保党员主体性地位。二是实现党务公开制度。党员享有对党务的知情权，是保障党员权利的起点，解决好事后公开多、事前公开少、过程公开少、公开不及时等突出问题。三是全面运行党代会常任制，建立党代表提案、评议制度、党代表定期收集普通党员意见、建议的联系会制度等等。要落实实行党代表的常任制，将党代表作用扩大到两次代表大会之间的全过程。要增加普通党员对各级党代会、常委会的列席权、旁听权、党员对党组织开展工作确定具体任务的建议权。

3.贯彻落实科学发展观对党的建设的意义

第一，科学发展观丰富了党的建设活动的内容。科学发展观指向的是党和政府的领导工作。科学发展观的重要任务，就是要求各级党委和政府坚持以人为本，是社会整体实现全面协调可持续的发展，在各项工作中落实“五个统”。贯彻科学发展观起关键作用的是各级党委和政府及其领导干部，因此，保证党员干部与监督政府机关贯彻落实科学发展观，就需要不断加强党的建设。

第二，科学发展观自身的内容与所包含的理论、理念、思想，就是党的建设创新的方向。科学发展观不仅有自身的实质性内容，还有扩展性内容，更重要的是科学发展观还内含着包容性、延展性的理念。把科学发展观蕴含的理念与精神，运用党建过程之中，使理论、理念转化为契合于党建的工具、方法、手段等。

(四)实践“三个代表”重要思想,保持党的先进性

中国共产党之所以能够成为领导中国革命、建设、改革事业的核心力量,之所以能够承担起中国人民和中华民族的历史重托,之所以能够在剧烈变动的国际国内环境中始终立于不败之地,根本原因是我们党始终代表中国先进生产力的发展要求、代表中国先进文化的前进方向、代表中国最广大人民的根本利益,始终高度重视并不断保持和发展自己作为马克思主义政党的先进性。

1. 与时俱进

党的先进性首先在于中国共产党是以科学的理论作指导,而坚持党的指导理论的不断创新又是党保持先进性的前提和基础。我们党从诞生的那一刻起,就明确宣布以马克思主义理论作为自己的根本指导思想和行动指南。马克思主义深刻地揭示了人类社会发展的客观规律,是发展的、开放的理论体系。解放思想、实事求是是马克思主义的精髓,与时俱进、开拓创新是马克思主义的理论品质和生命力源泉。一个真正的马克思主义政党要想始终站在时代的前列,就必须坚持理论与实践密切结合,解放思想、实事求是,不断开拓创新,这样才会真正有力量。

中国共产党毫不动摇地按照马克思主义理论品质的要求,坚持解放思想、实事求是,将马克思主义的基本原理同中国的具体实践相结合,产生了马克思主义中国化理论成果——毛泽东思想、邓小平理论和“三个代表”重要思想。科学发展观是对中国特色社会主义认识的进一步深化:它既坚持了毛泽东、邓小平、江泽民关于发展的思想,又是用马克思主义立场、观点、方法对当代我国社会发展问题的新回答,是我们党在探索中国特色社会主义道路上取得的最新理论成果,是对中国社会主义现代化建设指导思想的新发展。正是由于中国共产党勇于进行理论创新,始终保持指导理论的先进性,党才能够保持旺盛的创造力。

2. 实践“三个代表”

我们党所以赢得人民的拥护,所以有力量,从根本上说,是因为我们党在革命、建设、改革的各个历史时期,总是代表着中国先进生产力的发展要求,代表着中国先进文化的前进方向,代表着中国最广大人民的根本利益。

在人类社会从低级形态向高级形态的发展过程中,生产力起着最终的决定作用。所以,一个符合社会发展规律的政党,必须适应生产力发展的客观要求,做先进生产力发展要求的代表者和促进者,只有这样才能找到最根本的立足点和生长点,党的力量才会有坚实的物质基础。

先进的社会意识和社会文化由于正确地反映了社会历史发展的客观规律和必然趋势,所以能够鼓舞和促进人们以积极的社会实践推动社会的向前发展。党的诞生就是先进文化的产物,如果没有马克思主义这一先进文化在中国的传播,就不会有中国共产党。

代表最广大人民的根本利益,是无产阶级政党的本质特征,是无产阶级政党区别于其他政党的根本标志。中国共产党始终把代表中国最广大人民的根本利益作为自己的根本立场。党的全部历史就是一部党认真实现好、维护好、发展好最广大人民根本利益的历史。

坚持以人为本,全面协调可持续的科学发展观,就是坚持人民群众在建设中国特色社会主义事业中的主体地位,坚持发展为了人民、发展依靠人民、发展成果由人民共享;就是要以实现人的全面发展为目标,从人民群众的根本利益出发谋发展、促发展,切实保障人民群众的经济、政治、文化权益。贯彻落实科学发展观,才能把发展的动力与人的全面发展统一起来,把为谁发展与靠谁发展统一起来,才能进一步提高党的创造力、凝聚力和战斗力。

3. 党的宗旨和密切联系群众

全心全意为人民服务，是中国共产党的根本宗旨，也是中国共产党同一切剥削阶级政党的根本区别，是党的先进性的本质和核心。党高度重视同人民群众的关系，把党同人民群众的关系视为鱼水关系、血肉关系。党坚持立党为公，执政为民，始终把群众的利益视为党的最高利益，在实践中坚持一切为了群众、一切依靠群众、从群众中来、到群众中去的群众路线，形成了密切联系群众的工作作风和优良传统。正是由于党始终坚持全心全意为人民服务的根本宗旨，时刻从人民的根本利益出发，所以能够得到人民群众的广泛支持和衷心拥护，党也就有了战无不胜攻无不克的力量。也正因为如此，中国共产党无论是在艰险的革命战争年代，还是在社会主义建设和改革开放的和平时期，都能够团结一切可以团结的力量，战胜各种意想不到的困难，赢得一个又一个的胜利。

三、新时期党的建设的新要求

（一）以人为本、执政为民，始终保持党同群众的血肉联系

党的十八大报告明确指出，"为人民服务是党的根本宗旨，以人为本、执政为民是检验党一切执政活动的最高标准"。[①] 这一论断进一步强调了我们党的性质和宗旨，提出了新阶段我们党应有的权利观，对加强我们党的作风建设，密切干群关系具有重大意义。

以人为本、执政为民是检验党一切执政活动的最高标准，首先是由党的性质和宗旨决定的。作为一个马克思主义政党，党的一切活动都应该指向人民群众的根本利益。新时期党员干部要树立马克思主义权力观，从我做起加强党镕人民的血肉联系。其次是党执政兴国的必然要求。马克思辩证唯物主义认为，人民群众是历史的创造者。党要对历史负责，最紧要的就是对人民群众负责。我们党始终把人民群众的根本利益放在第一位是从根本上实现执政兴国的表现。再次是党完善执政方略、改进执政方式的具体体现。我们党发展九十多年以来，从革命战争年代走向社会主义建设，所有的活动都是指向人民群众的富强自主。党不断完善自身的执政方式，就是要实现科学执政、民主执政、依法执政。最后是党对执政规律和人类社会发展规律的全新认识。

群众工作是加强党同人民群众血肉联系的核心内容。党的十八大报告提出，"要围绕保持党的先进性和纯洁性，在全党深入开展以为民务实清廉为主要内容的党的群众路线教育实践活动，着力解决人民群众反映强烈的突出问题，提高做好新形势下群众工作的能力。"[②]这一论断其实说明了党加强同人民群众联系的主要方式和党应有的群众工作作风。加强党同人民群众血肉联系的主要方式是着力解决人民群众反映强烈的突出问题。人民群众所反映的问题是人民群众最关系的实际问题。只有把这些问题解决好、落实到位，党的其他工作才能顺利开展。党的群众工作作风应是务实清廉。务实是解决好群众问题应有的工作态度。务实要求党员干部能够正确反映群众的客观实际问题，要求党员干部能够采取合适的方式解决这些客观问题，而不是反映问题时的瞎报、瞒报、谎报，解决问题时的高、大、全式的官僚主义做法和主观主义做法。清廉是党员

① 认真学习党的十八大精神人民日报重要报道汇编[C]. 北京：人民日报出版社，2012，第 53 页

② 认真学习党的十八大精神人民日报重要报道汇编[C]. 北京：人民日报出版社，2012，第 53 页

干部为官执政应有的工作作风。党执政兴国是为领导人民群众走向社会主义新胜利，而不是为个人搭建谋私利的工作平台。

（二）积极发展党内民主、增强党的创造活力

党的十八大报告指出，“党内民主是党的生命。要坚持民主集中制，健全党内民主制度体系，以党内民主带动人民民主。”[①]这一论断不仅指出了把党内民主在党发展中的关键地位，而且指出了发展党内民主的总思路。

民主集中制是党内民主的主要制度体系，是推进党制度化、规范化、程序化建设的重要方面，是保证党内民主健康发展的根本保障。党的十八大报告总结党内民主发展的经验提出在今后的党建工作中积极发展党内民主的重大举措和工作着力点：第一，保障党员主体地位，落实党员知情权、参与权、选举权、监督权；第二，完善党的代表大会制度；第三，完善党内选举制度；第四，强化全委会和常委会集体领导作用；第五，扩大党内基层民主。

（三）深化人事制度改革与人才队伍建设

党的十八大报告提出，要“深化干部人事制度改革，建设高素质执政骨干队伍”。[②] 人事制度改革说到底是干部队伍建设与人才培养。改革开放以来，我们党提出干部队伍要革命化、年轻化、知识化、专业化，指出干部队伍建设的方向与指导方针。党的十八大报告在过去十年干部队伍建设的经验基础上强调了干部队伍建设的两大原则。

一方面坚持党管干部原则。党的干部队伍建设要坚持贤德并重，注重实效，形成广纳群贤、人尽其才、能上能下、公平公正、充满活力的中国特色社会主义干部人事制度。在党的干部队伍建设过程中，要全面坚持民主、公开、竞争、择优方针，提高干部选拔公信度，不让老实人吃亏，不让投机钻营者得利。另外还要加强和改进干部教育培训，提高关键岗位干部素质和能力。

另一方面要坚持党管人才原则。人才队伍建设是保证党和人民事业兴旺发展的根本之举。第一，加快我国由人才大国向人才强国转型，在全社会形成尊重劳动、尊重知识、尊重人才、尊重创造的风气，确立社会人才优先发展战略。第二，加快实施重大人才工程，加大创新人才、实用人才的培养力度，充分开发国内人才资源，引进海外人才，改革人才发展机制和政策创新体制。

（四）创新基层党建工作，加快服务型党组织建设

基层党组织建设是党同人民群众联系的基础。党的十八大报告明确提出：“以服务群众、做群众工作为主要任务，加强基层服务型党组织建设。”[③]这一重要论断明确显示了基层党建的工作任务和工作方向。

加强基层服务型党组织建设，一方面，是践行党的根本宗旨的必然要求。党要实现为人民服务的根本宗旨必然需要千千万万的基层党员在实际工作中落实党的各项政策。党的基层组织既是反映人民心声的通讯堡垒，也是落实党的政策的战斗堡垒。因此加强基层党组织建设，提高基层党员干部组织群众、宣传群众、教育群众、服务群众的本领是当前党为人民服务的必然要求。

---

① 认真学习党的十八大精神人民日报重要报道汇编[C].北京：人民日报出版社，2012，第 54 页

② 认真学习党的十八大精神人民日报重要报道汇编[C].北京：人民日报出版社，2012，第 54 页

③ 认真学习党的十八大精神人民日报重要报道汇编[C].北京：人民日报出版社，2012，第 56 页

另一方面，是新时期完成党的执政使命的需要。实践证明，正是由于基层党组织充分发挥了战斗堡垒作用，才使我们党在革命、建设、改革各个历史时期能够历经磨难而不衰，取得辉煌成就。

加强服务型基层党组织建设，可以从以下三个方面入手。首先，注重增强党员服务群众的意识培养。要在广大党员干部群体中牢固树立人民群众是历史创造者的观点，虚心向人民群众学习。其次，扩大基层党组织的覆盖面，要在私营企业和外资企业中建立党组织。最后，健全联系服务群众机制。坚持领导干部下访与接防，引导群众依法表达诉求。

（五）建设廉洁政党，严明党的纪律

党的十八大报告强调要进行党的反腐倡廉建设，严明党的纪律，自觉维护党的集中统一。胡锦涛同志指出："这个问题（指反腐倡廉）解决不好，就会对党造成致命伤害，甚至亡党亡国。"[①]这一论断把反腐倡廉提升到了与党性命攸关的地位，充分体现了党对腐败危害性的清醒认识和对反腐败斗争的高度重视。

1. 进行廉政道德建设

从我国基本国情出发，进行廉政道德建设，应做到以下三个方面：

第一，重视人文精神。在社会化腐败面前，我们应该深思，是什么导致了整个社会的腐败。其中重要原因就是我们的精神被物化了，人文精神遭受了冷遇。一个健全的社会离不开良好文化体系的支撑。一个国家文化底蕴越深厚，民风也就更纯洁，公民素质也会随之提高。

第二，大力弘扬中华民族传统美德。在西方文化横行的今天，我们要坚守住我们的道德家园，我们要弘扬中华民族的传统美德。我们要从幼儿时期就开始对其进行道德教育，要把传统道德教育与共产主义道德教育结合起来。香港地区廉政经验之一就是从小学开始进行道德廉政教育。

第三，加强官德官风教育。"国家之败，由官邪也"。官员日常的表率作用直接关系着社会风气的好坏。官德教育要法制化、行政化，用法律手段推动道德建设。我们要做好宣传教育工作，要在全社会树立典型，要广泛宣传那些艰苦奋斗，不图享受，甘为孺子牛的廉洁干部。在官德官风教育方面，我们认为应从以下两个方面入手：

首先，要加强对领导干部的党风廉政教育。一是加强以马克思主义廉政观为核心的廉政道德教育。二是加强以中国共产党的纪律规定和国家法律法规为主要内容的法纪教育。三是加强以行政伦理为基础的廉洁自律教育。

其次，领导干部自身要切实承担起党风廉政建设的领导责任。领导干部要以身作则，充分认识到廉政文化建设在反腐败大局中的基础性作用和潜移默化的功能，努力推进党风廉政建设。

2. 加强廉政制度建设

加强廉政制度建设的最终目标是要形成一个防范权力腐败的制度体系，从而更好的建设社会主义廉政文化。

（1）加强国家反腐倡廉制度体系建设

加强国际反腐倡廉制度体系建设，核心是提高反腐倡廉法制化水平，适时将经过实践检验的反腐倡廉制度和有效做法上升为国家法律法规。国家反腐倡廉制度体系，主要包括公职人员廉

---

① 认真学习党的十八大精神人民日报重要报道汇编[C]. 北京：人民日报出版社，2012，第57页

政教育、权力监督制约、公职人员薪俸保障和严厉惩治腐败四个方面。

(2)加强党内反腐倡廉制度体系建设

党内反腐倡廉制度体系是国家反腐倡廉制度体系有效发挥作用的保障,可以进一步分为反腐倡廉工作机制、宣传教育制度、党员干部廉洁自律、党内民主监督制度、违反党纪案件处罚制度等方面。要健全党内反腐倡廉制度体系,必须以中国共产党章程为依据,统筹推进党内各项反腐倡廉制度建设。

在反腐倡廉宣传教育制度方面,要适应反腐倡廉教育实践需要,继续完善党内生活制度、理论学习中心制度以及干部培训、管理和考评制度,完善反腐倡廉"大宣教"的工作格局。"搞好反腐倡廉'大宣教',就是要在党的领导下,把反腐倡廉宣传教育纳入全党宣传教育的总体部署之中,把方方面面的积极性和创造性引导好、保护好、发挥好,形成整体合力,营造良好氛围"。

在党内民主监督制度建设方面,《建立健全惩治和预防腐败体系2008—2012年工作规划》指出,要完善党的地方各级委员会、常委会工作机制,制定党代表大会任期制的具体实施办法、健全党务公开制度、党内领导干部选拔制度、常委会向全委会报告制度等,并提出了一些具体的制度建设计划,为加强党内民主监督制度提供了着力方向。

在党员领导干部廉洁自律制度方面,需要根据新情况继续完善《中国共产党党员领导干部廉洁从政若干准则》、《国有企业领导人员廉洁从业若干规定》等制度规范的相关配套法律,制定有效的执行性制度和措施,使其相对宏观的现实具体化。

在违纪案件查处制度方面,要在已有党内法规的基础上,注意制定《中国共产党纪律处分条例》的配套规定,并注意健全纪检监察机关与检察机关相互移送案件工作制度,并对原有制度加以完善。

(3)不断整合和完善现行制度

改革开放以来,我们虽然也形成了不少制度,但在反腐败方面的制度建设仍是相对滞后的,制度弱化、制度缺位、制度错位等现象较为突出。在现实中,我们不难发现,各级人大虽然是最高权力机关,享有最高监督权,然而重大腐败案几乎没有一起是来自于人大监督,这在很大程度上反映了人大监督尚未充分履行制度赋予它的相应职能。在各级人大代表中,也存在着官员化、行政化的现象,官员代表占据人大代表总数的较大比例,这不利于人大对政府的监督,应通过制度设计将人大代表去行政化、去官员化。司法权也应该具有相对的独立性和自主性,法治原则应该得到尊重和贯彻。要进行司法系统的预算、人事制度改革,改变各级法院在实践中受到行政权牵制的被动局面,以免影响司法公正和法治原则。

第十二章　马克思主义生态理论在当代中国的运用与发展

生态文明是普适的，涉及整个人类、关乎整个地球生态安全，是人与自然和谐共生的整体关联。因而，生态文明建设必然是全球性的，不分国别。无关种族，迄今尚无任何一种价值观可以放之四海而皆准，迄今也尚无任何一种理念是惠及生态圈芸芸众生而无遗落的，唯有生态文化价值观、生态文明理念是全人类的共同追求，生态文明理想是全人类共同的理想。生态文明自身所蕴含的全球价值取向，必然催生出全球化视野下生态文明建设的各种运行机制的建立。

第一节　马克思经典作家的生态思想

马克思经典作家的生态思想是建立在他们共同的自然观基础上的，他们共同的自然观可归纳为以下几个方面：承认自然的客观优先性；主张自然的社会性，不能脱离人和人的活动谈论自然问题；人们是在改造自然的过程中认识自然、理解自然价值的；自然是个整体，是个系统，人是自然系统的一部分，人的活动必然受到自然的限制，所以人要预测和调控自己的行为，以免破坏自然系统。

一、马克思的生态思想

（一）人类史与自然史相统一

1.社会与自然互为中介

中介即事物联系的中间环节。中介是西方哲学通用的一个概念，但基本上都是在静态的意义上使用，黑格尔则赋予中介以动力的性质，就是起推动作用的“自己与自己同一”，就是绝对精神回到自己，就是纯粹的否定性，否定旧事物、向新事物迈进的环节；就是纯粹的“成为”或一般的“成为”，从抽象的绝对出发，成为有现实内容的绝对的实现。黑格尔举例说，胎儿虽然自在的是人，但却非自为的是人，只有作为有教养的理性的人才是自为的，理性使它自己“成为”了它自在地是的那个东西。马克思对“中介”一词的使用也同黑格尔一样，把它当作事物发展的动力，指事物的内在的相互作用。社会与自然互为中介，就是指这二者相互限制、相互作用、相互贯通，自然“成为”了社会，社会也“成为”了自然。

人与自然的关系是通过对象性活动发生的，人与人的社会关系也是在对象性活动中生成的，这样，人的对象性活动就成了自然与社会的中介。通过这个中介，自然被赋予了社会的性质，成了社会的自然；同样，社会也就被赋予了自然的性质，成了自然的社会。自然的社会性同时就是社会的自然性。马克思通过揭示自然的社会性，来证明社会的自然性，证明人类社会的发展和自然界的社会化进程一样，是一个自然的历史过程。自然具有自己的规律，所以，人的各种动机和目的只有通过自然过程的中介才得到实现。人的目的和动机的内容不仅受到历史的、社会的制约,也同样受到物质自身结构的制约。总之,内在于物质中的各种可能性能否实现,或在多大程度上实现,要依据物质的、现实的生产力状况而定。如同一切自然被社会所中介一样,反过来,社会作为整个现实的构成要素,也被自然所中介。

说自然与社会互为中介,并不是说自然“湮灭”在社会之中,也不是说社会“湮灭”在自然之中,自然范畴等同于社会范畴;而是说人类社会是在改造自然的过程中形成的,人类社会的形式要受到客体规律的制约。自然不再是自在的自然,而是被人的活动改变了面貌,成为社会的自然,成为社会的一个组成部分。人与自然统一起来,但这种统一不是完全一致,而是有差别的统一。正是在这种意义上,我们说自然的人化是不争的事实,“人的自然化”则既不是历史的事实,也不是人类未来发展的预期,“人的自然化”不是马克思的命题。

2.人与人的关系和人与自然的关系相互制约

人与人的关系和人与自然的关系是人类社会两种最基本的关系,对这两种关系的考察可以为我们提供评定社会发展程度的标准,帮助我们认识社会的本质。马克思以男女关系为例来说明这一问题。他说:“人对人的直接的、自然的、必然的关系是男人对妇女的关系。在这种自然的类的关系中,人对自然的关系直接就是人对人的关系,正像人对人的关系直接就是人对自然的关系,就是他自己的自然的规定。”人作为高级动物,男女关系源于动物的本能。自然界中,动物的雌雄关系是一种完全的自然关系,雄性动物对雌性动物的行为是捕获、征服的自然行为。人类脱离开一般动物界后,男女关系既具有自然的性质,又有了社会文化的内涵,男性对女性的行为,既是自然行为,同时也是社会行为,具有社会历史性。所以,男女关系通过可感的形式,表现出人的本质成为自然界的程度,反过来也说明了,自然界成为人的本质的程度。马克思愤怒地谴责资产阶级把妇女当作共同淫欲的掳获物和婢女来对待,实际上是人的无限退化,使人退化到了动物界。资本主义社会人与人关系的异化,破坏了人的对象性活动,阻断了人的全面发展之路,表现在人与自然的关系上,就是人对自然的“狡计”欺骗和掠夺。

人在何种程度上使自然界成为自己的对象,取决于他在何种程度上与别人互为对象,取决于“他为别人的存在”和“别人为他的存在”,取决于人的社会联系或社会关系。只有在这些社会联系和社会关系的范围内,才会有他们对自然界的关系,才会有生产;也只有通过广泛的社会交往和社会联系,各个单独的个人才能摆脱民族的、地域的和个人的能力的限制,而同他人、社会乃至整个世界的生产发生实际的联系,利用全社会的这种全面生产来塑造全面的人、健全的人。马克思认为,人和自然界的同一性表现在:人对自然界的狭隘关系造成了人与人之间的狭隘关系,而人与人之间的狭隘关系又造成了人对自然界的狭隘关系。要解决这个问题,有赖于人的对象性活动的发展和深入,使自然界被人类的历史进程所改变。

马克思论人与自然的关系可以归结为一句话,即人与自然物质变换的方式决定着人的社会关系。马克思指出,理解现实的人,不应考察他们的思想意识,而应考察他们与自然界物质变换的方式,“他们是什么样的——既和他们生产什么一致,又和他们怎样生产一致。因而,个人是什么样的,这取决于他们进行生产的物质条件。”这为我们正确认识人类社会的本质指出了唯一正确的方向。人是什么样的,取决于他们如何与自然进行物质交换,取决于他们劳动手段的进步,也取决于他们对待自然的态度。马克思关于人与自然关系的基本观点启示我们,人与自然的关系就是人与人的关系,人对待自然的态度就是人对待人的态度。马克思揭露资本主义社会的现实是“随着人类愈益控制自然，个人却似乎愈益成为别人的奴隶或自身的卑劣行为的奴隶。”他在这里将“控制”一词与“奴隶”、“卑劣行为”相对应，很值得我们深思。资本主义社会以追逐个人利益满足个人贪欲为其价值观的核心，以控制、掠夺、强迫自然贡献出最多资源以满足资本家对金钱的贪欲为处理人与自然关系的指导原则，体现在社会关系上就是人对人的奴役以及“自身的卑劣行为”。

3.自然史与人类史相统一

人与自然的关系和人与人的关系本质上是生产关系，马克思和恩格斯认为，人的生产是“生活的生产”，包括两种生产：一种是自己生活的生产（通过劳动）；一种是他人生活的生产（通过生育）。人一从事生产活动，立即表现为双重关系：一方面是自然关系，人通过劳动从自然界获取生活资料，以满足维持生命的需要，通过生育延续后代，以满足“生物种群”持续生存的需要，这和自然界中生物生存的普遍现象是一致的。另一方面是社会关系，指许多个人在生产过程中的合作。人的生产活动从来都是在一定条件下，采用一定的方式，为了特定的目的合作进行的。人的生产活动是在社会中进行的，这是人作为高级动物的特有属性。对这两个方面的考察，以这两个方面的结合为基础，我们才能真正理解人类的历史。

历史就是事物产生和存续的过程，任何自然物都有这一过程，人也一样，但人是有意识的存在，历史在人的意识中反映出来，人对自然物和自己的产生进行反思，有一个结论是顺理成章地出来的，即历史是人的真正的自然史。

在马克思以前的历史观存在着一个重大的缺陷，即对历史作纯思辨的理解，或者完全忽视历史的现实基础，或者把它仅仅看成与历史过程没有任何联系的附带因素。这种历史观认为，历史总是遵照在它之外的某种尺度来编写的，即按照思想观念的尺度来编写，现实的生活生产被排除在外，只被描述成在史前存在的与现实的历史无关的东西，历史成了脱离日常生活的纯粹的思想史。他们认为，如果从历史运动过程中排除掉人对自然界的理论关系和实践关系，排除掉自然科学和工业，排除掉日常生活的东西，它就能达到对历史现实的真正认识。这种把历史超拔于世界之外和世界之上的历史观，把人对自然界的关系从历史中排除出去，因而造成了自然界和历史之间的对立。

这种把自然界与人类历史相割裂的历史观，是人类中心主义的思想基础。排除了自然史对人类史的制约，用思想史的尺度编写人类史，必然导致征服自然、奴役自然、人为自然界立法等结论。近代以来，特别是现代工业对自然环境的破坏，正是这种思想所导致的必然结果。

马克思主义的历史观主张，历史要按照它的内在尺度来编写，这个内在的尺度就是人与自然的关系和人与人的关系相互制约。我们对历史要从两方面来考察，即自然史和人类史，这两方面是相互联系，彼此制约的。只有在自然史中，我们才能真正理解人类史。人类来自自然界，是自然界的一部分，人类永远不能彻底摆脱自然界的制约，人类社会是自然界的发展和延伸，自然界的规律也在人类社会以特有的方式，在严格条件的制约下发挥着作用（当然，我们不能简单地把社会规律等同于自然规律）。同理，只有在人类史中，我们才能真正理解自然史。因为，只有在社会中，自然界对人来说才是人与人联系的纽带，才是人的现实的生活要素，自然界对人来说才成为人。“因此，社会是人同自然界的完成了的本质的统一，是自然界的真正复活，是人的实现了的自然主义和自然界的实现了的人道主义。”

马克思关于自然界的“复活”、自然界的人道主义的论述，可以说是思想史上最早的生态思想。“在某种意义上，我们可以说马克思恩格斯是人类历史上第一批生态学家，尤其是人类生态学家，是社会生态学家。”

（二）实践是人与自然相统一的基础

1.马克思的实践观

实践是人类能动地改造客观世界的物质活动。实践有如下几个基本特征。首先，实践具有物质性或直接现实性。实践是主体利用工具作用于实践客体。实践的物质性表明它走出了意识的范围，指向了客观物质世界。它必须由人的物质躯体使用物质工具才能进行，其结果是物质存在发生现实的改变，实践要受客观物质条件和客观规律的支配。所以，实践的物质性也被称为实践的客观现实性。其次，实践具有主观能动性。实践不同于动物的本能，它有目的、有动机，接受意识的指导，能动地改造客观物质世界。最后，实践具有社会历史性。实践的水平和程度、手段和方法受社会历史条件的限制，它自己也有一个不断发展的历史进步过程。实践的目的总是同一定时代的历史任务相联系，实践不是个人孤立的活动，总是要同社会发生明显的或隐蔽的联系。

马克思不是在一般意义上论述人的实践活动，他把实践当作人的存在方式或本质特征。实践是人所独有的活动，是人与动物的本质区别。实践集中表现了人的本质的社会性。实践不仅是人与动物的本质区别，它也是人与人之间的本质区别，不同历史条件下的不同的实践方式和实践手段，造成了不同时代人们借以区别的独特的特质。实践对物质世界的改造是对象性的活动。动物也不能依靠自身解决其需要的问题，所以动物也是对象性存在。但动物和对象之间是一种同一的关系、相互适应的关系。人和对象之间不是一种适应关系，人通过对象性的活动改造客观世界，使环境适合人的需要。

实践是使物质世界分化为自然界与人类社会的历史前提，又是使自然界与人类社会统一起来的现实基础。在实践活动过程中，物质世界出现了自然界和人类社会的区分。自然界和人类社会是物质世界存在的两种不同形态。这里说的自然界是具有自己运动变化属性的先在于人的客观存在，有的已纳入人的活动范围，有的则尚未纳入人的活动范围。人类社会是人们在特定的物质资料生产基础上相互交往、共同活动形成的各种关系的有机系统。它是在自然界发展到一定阶段随着人类的产生而出现的。从根本上说，人类社会是人的实践活动对象化，是人的对象世界。所以，马克思指出，“自然界的人的本质只有对社会的人来说才是存在的”。自然界是人类社会形成的前提，是构成人类社会客观性的自然基础。人在实践活动中创造了人类社会，人类社会的存在和发展，又反过来影响和制约自然界，不断改变自然界。

2.实践是人的对象性活动

所谓“实践”，其最简单、最基本的表达是“人的感性活动”或“对象性的活动”。大体说来，感性对象性的原理出自费尔巴哈，他用感性的理智或直观来抑制黑格尔纯粹思想或纯粹理性的专制主义。黑格尔从没有前提的、关于存在的思想开始，构筑了绝对精神自我运转的庞大哲学体系。“绝对”就是自我孤立、没有对象。费尔巴哈批判了黑格尔的唯心主义哲学体系，认为哲学应从感性的、个别的、具体的客观实在性出发，把感性的、对象性的人作为历史的前提。但是，由于费尔巴哈把人的存在只看作是“感性的对象”，而不是“感性的活动”，所以，尽管他力图消除所有存在物之间的抽象对立，抹平主体与对象之间的鸿沟，但结果“不仅使对象性关系变成冷漠的、外在的、没有生命力和发展力的‘对待’，而且导致其本体论观点向形而上学的一连串的倒退”。

因此，在费尔巴哈那里，人和外界物仍然存在着抽象分离和对立。马克思则把人的存在看作对象性的活动，因而超越了费尔巴哈，实现了哲学的彻底性变革。他指出：“对象性的存在物进行对象性地活动，如果它的本质规定中不包含对象性的东西，它就不进行对象性活动……因此，并不是它在设定这一行动中从自己的‘纯粹的活动’转而创造对象，而是它的对象性的产物仅仅证实了它的对象性活动，证实了它的活动是对象性的自然存在物的活动。”人的实践活动使人与自然界统一起来。

人是自然的存在物，是自然界自我进化、自我发展而成的。人来自自然，人与自然的关系直接就是自然与自然本身的关系，这是我们认识人与自然关系一个不可忽视的前提。人不仅是自然的存在物，而且是对象性的存在物，人的自然性决定了他必须把自然界作为自己“欲望”的对象，以满足维持自身肉体存在的需要。和人的自然性一样，人的社会性也只能通过人的对象性表现出来。这是因为，一方面，只有在对象性活动中，人才能不仅把外部自然界当作自己的对象，而且把他人看作自己的对象；另一方面，人们如果不以一定的方式结合起来共同活动和互相交换其活动，如果不和他人发生一定的社会关系，就不能进行对象性活动。为了对象性活动的顺利开展，人与人之间必须发生一定的联系和关系。

人的自然性、社会性都寓于人的对象性之中，并通过对象性活动表现出来，因此，对象性就成了人的最基本的属性。由于劳动直接就是人的对象性活动，人的对象化就是劳动的现实化，对象性劳动成为人与动物、人类社会与自然界相区别的最根本标志。劳动，作为人对自然的对象性活动，就是人之为人的过程，是人的自我生成与自我实现，是人的最后的也是最高的本质。既然人是对象化劳动的产物，人之为人的过程就是对象化的劳动过程，那么，整个所谓世界的历史无非就是人将自然对象化的历史，是自然成为人的自然，即自然界对人来说生成的历史。

人通过对象化的活动逐步将自在的自然界纳入自己的活动范围，这样就使自然界对人来讲具有了双重意义，“从理论领域来说，植物、动物、石头、空气、光等等，一方面作为自然科学的对象，一方面作为艺术的对象，都是人的意识的一部分，是人的精神的无机界，是人必须事先进行加工以便享用和消化的精神食粮；同样，从实践领域来说，这些东西也是人的生活和人的活动的一部分。”自然界对人所具有的双重意义，表明了人的活动与动物活动的本质区别，人不再像动物那样在直接的肉体需要的支配下与自然界相联系，而是超越了这种需要，在物质活动和精神活动两方面作用于自然界。人不再是单纯地通过与自然界持续不断的物质交换来再生产自身，而是再生产整个自然界来满足人的物质需要和精神需要。自然界成为人的产品，这种产品表现为物质的形式，然而其内容却体现了人的本质力量、精神力量。人所面对的自然界，不再是原始的、自在的自然界，而是人的物质活动和精神活动的结果，是人的活动的历史。我们认识自然，并不是像旧唯物主义所主张的那样，认识在人之外的纯粹客观的存在，而是认识人本身。“人化自然”或自然的人化成为马克思主义自然观的核心。

3. 自然的人化和反人化

人的对象性活动的结果，使自然不再是原始的、自在的自然，而成为“人化自然”。马克思和恩格斯在《共产党宣言》中赞叹工业革命以来生产力的巨大提高和给自然带来的翻天覆地的变化。“资产阶级在它的不到一百年的统治中所创造的生产力，比过去一切世代创造的全部生产力还要多，还要大。自然力的征服，机器的采用，化学在工业和农业中的应用，轮船的行驶，铁路的通行，电报的使用，整个大陆的开垦，河川的通航，仿佛用法术从地下呼唤出来的大量人口——过去哪一个世纪料想到在社会劳动里蕴藏有这样的生产力呢?”随着生产力的进步，人类改造自然的能力不断提高，自然的人化进程也日益加快。

生产力的提高和科学技术的进步是相伴而行的。人类科技手段的日新月异大大提高了其改造自然的能力，加速了“人化”自然的进程。马克思对科学技术在人类认识和改造自然方面的作用持积极肯定的态度。他说:发展科学技术“就要探索整个自然界，以便发现物的新的有用属性;普遍地交换各种不同气候条件下的产品和各种不同国家的产品;采用新的方式(人工的)加工自然物，以便赋予它们以新的使用价值(奢侈品在古代所起的作用和在现代所起的作用不同，这以后再谈);要从一切方面去探索地球，以便发现新的有用物体和原有物体的新的使用属性，如原有物体作为原料等等的新的属性;因此，要把自然科学发展到它的顶点;同样要发现、创造和满足由社会本身产生的新的需要。”人类科技手段的突飞猛进的发展极大地提高了人类干预自然的能力，加速了地球面貌的改变。目前，人类每年移动的物质可达 3 000 立方千米，发达国家每人每年利用的新物质约为 20 吨，如此算来，10 亿人所利用的新物质量，就相当于地球自然过程中洋壳的形成、侵蚀作用和造山运动中所搬移全部物质质量的总和。人类对地球面貌的改变不总是正面的，也有负面的，人类每年生产大约 7 万种化学物质，其参与自然过程的物质和能量循环，对土壤、水和空气的自然状态构成了严重的干扰。

科学技术的进步发展了人对自然的自由，人运用技术手段改造自然，以满足自己的物质、精神需要。科学技术在实践中有积极和消极两个方面的作用，我们必须正确认识科学技术的作用，既不能把我们目前遇到的环境问题和社会问题的困扰都归罪于科学技术，也应看到滥用科学技术所造成的严重后果。总的来说，科学技术的发展对自然环境的改变所产生的巨大力量，是人化自然的主要方面。运用科学技术来实现人与自然环境的和谐与共进，是人类不得不作出的选择。

人对自然的实践活动，对自然而言，既是自然过程，同时又是强加于自然的“人化”过程，它会在一定的阶段上和一定的时期内，打破自然界原有的进程，可能形成种种使生态失衡的力量，从而对人的生存构成巨大的威胁，这就是所谓自然界的“反人化”。它表现为由于人类在“人化”自然的过程中其实践活动过程和其结果的失控，自然界对人类所进行的报复。比如，大规模兴修水利、截断大江大河，使下游地下水位下降、土壤沙化、湖泊和支流干涸、植被破坏、粮食减产甚至颗粒无收;超量开采地下水，造成城市地面下沉、建筑物受损;大量砍伐森林，使水土流失、洪水泛滥成灾、疾病流行;等等。这些均是自然“反人化”的具体表现。自然界的“反人化”也会呈现出种种特性来。其一，自然界在进行自然化过程中，会对人类产生出种种危害，比如种种自然灾害。其二，自然“反人化”表现在实践的各种物质要素和自然相互作用的关系中。包括人的生理、身体结构的变化，社会历史活动的异化，科学技术不合理使用所带来的严重后果以及自然资源的枯竭所造成的人的生存环境的恶化等。

(三)马克思对黑格尔、费尔巴哈自然观的批判继承

1.黑格尔的自然观

柯林武德认为，黑格尔实现了西方自然观从近代向现代的转变。黑格尔哲学的出发点是承认在自然和社会出现前存在一种作为世界本原的“绝对理念”,“绝对理念”既是实体又是主体，是通过自我运动辩证地发展的。它的发展经历了逻辑、自然、精神三个阶段，在自然阶段，绝对理念

将自身“外化”为自然界，披上了物质的外衣，以感性事物的形式发展着，依次经历了机械性、物理性、有机性，最后进入精神阶段。黑格尔继承了柏拉图主义，不认为理念是一种心灵的状态，理念不是任何主观的东西，而是一个独立自主、自我存在的绝对精神。但黑格尔的绝对精神与柏拉图的理念有所不同，柏拉图的理念世界是静态的、缺乏变化和生成，而黑格尔的则始终在过程中进行，是能动的，不断在生成中流出、变动，因此克服了柏拉图的理念世界无法解释自然界中变化和过程的起源问题的缺陷。黑格尔设定了先在于自然的逻辑运动，这种逻辑转换是脱离时空、脱离心灵或思维变化的客观的转换，借助逻辑必然性的内在力量，一个概念产生另一个概念，最终由概念外化出自然界。

黑格尔的自然观有如下几个特点。首先，自然不再是虚幻的而是真实的存在。但在黑格尔那里，“真实的”与我们日常的理解有所不同，他的意思是说，自然真实地存在，并真实地体现了某种观念。其次，自然是一个能动的不断变化的过程，自然存在不断地在生成中流动、溢出，在生成中，每一个阶段被逻辑的必然性导向下一个阶段。因此克服了机械唯物主义视自然为僵死、片面存在的局限。最后，自然不再被看作外在于人的、与人相区别的对立物，在任何意义上，自然都不是在我们之外。它并不外在于我们的身体，相反，我们的身体是它的重要组成部分。在黑格尔那里，自然与人被理念统一起来。

黑格尔生活在机械自然观占统治地位的年代，他的思想不可避免地受到机械自然观的影响。一方面，他的思想以 17 世纪的思想为前提，承认自然是一部机器，一个死物质的运动集合体；另一方面，他发现自然界中的事物有许多不确定性，人的观念不可能完全准确地描述和把握外在的对象，自然不可能仅仅是一部机器，因为它是有生命的、有目的的，自然界中的一切事物都在奋力抗争，向着自己的目的前进，自然的内部具有通过逻辑的必然从自身演变出生命和心灵的力量。黑格尔力图克服这种内在的矛盾，他努力想促成当时的科学与用他自己的方法所导致的结论之间的综合，即承认自然是一部机器与自然是过程的集合体的综合。但他解决这一矛盾的方法是借用柏拉图的理念世界，让自然成为理念世界的体现，从而走向了客观唯心主义。

2.费尔巴哈对黑格尔唯心主义的批判

费尔巴哈指出，黑格尔哲学标志着近代哲学的完成，要创立新的哲学，阐明新哲学的历史必然性及其存在理由，就要从批判黑格尔哲学入手。“费尔巴哈对黑格尔的批判是从对一切唯心主义体系的诘难开始的，即是从自然概念开始的。”黑格尔通过赋予实体以主体性，主张实体能动的自我运动消除了自然与人的对立。但是，赋予实体以主体性并不能解决世界的根源问题，现实的世界必然假定一个其他的实体为其原因。这个实体必然是理智的、精神的，最后导致的结论只能是，“上帝是必然的实体”。所以，“黑格尔辩证法的秘密，最后只归结到一点，就是，他用哲学否定了神学，然后又用神学否定了哲学。”正是在这个意义上，人们把黑格尔哲学称为“精致的神学”。

黑格尔哲学的一个致命的弱点，就是在他的哲学体系中，只有所谓真实的自然，却没有感性的自然的位置。费尔巴哈则认为，在感性里面“隐藏了最高深的真理”。人类是从自然观开始自己的唯物主义哲学历程的，但以前的唯物主义仍然在形而上学范围内探讨自然问题，所以，在他们那里自然只不过是抽象的物质本体。费尔巴哈主张回到感性事物，“亦即回到那种对于感性事物即实际事物的未被歪曲的、客观的看法”，只有这样，人类才重新回到自身，才能真正认识自己，认识自然。费尔巴哈一方面在唯心主义长期占据统治地位的情况下重新恢复了唯物主义的权威，一方面又试图突破唯物主义的抽象自然观，以感性的自然作为他的新哲学的基础。但是，由于费尔巴哈在批判黑格尔时把黑格尔的辩证法和唯心主义一并抛弃了，所以，费尔巴哈并没有真正实现这种突破。突破传统唯物主义(包括费尔巴哈唯物主义)抽象自然观的任务是由马克思完成的。

由于黑格尔哲学被普鲁士政府奉为官方哲学，唯心主义在德国乃至整个欧洲处于统治地位。费尔巴哈对黑格尔哲学的批判具有重要意义。费尔巴哈通过批判黑格尔唯心主义哲学，使唯物主义自然观重新获得了人们的承认，自然界不再作为精神的创造物，而是在人之外的、不依赖于人的客观存在。自然界不再是抽象的概念，而是感性的存在，是有血有肉的人直接面对的对象。感性自然是科学的基础，是认识的起点，只有从感性的自然出发，人的认识才能走上正确的道路。人作为对象性的存在，是以感性的自然为对象的。费尔巴哈认为，作为主体的人与其对象(自然)的统一，如果只存在自我意识之中，只是抽象的思想，只有在人对人的感性直观之中，才是真理和实在。因为人在感觉客观自然对象时，不只感觉外物，还感觉到自己的感觉。就像我们摸到一块石头，不仅摸到硬的东西，还感觉到触觉；我们照镜子，不仅用眼睛看见镜面和色彩幻象，我们还能看见人的视线。在费尔巴哈的自然观中，我们可以看到“人的本质力量体现在对象上”理论的萌芽。

3.马克思对黑格尔自然观的批判继承

要理解马克思的自然观，首先要理解马克思对黑格尔自然观的批判与继承。在黑格尔看来，自然界是抽象的自我意识的环节，是抽象思维外化的表现，因而是抽象精神的产品。由于他把意识的对象看作不过是对象化的自我意识，作为对象的自我意识，他便否认了自然界作为对象的真实性。自然界作为非独立、非实质性的自我意识的纯粹创造物，是被自我意识设定的，它不能设定自我意识。因此，是人设定了自然界，而非自然界设定了人。

针对黑格尔“头脚倒置”的自然观，马克思尖锐地指出：作为现实的、肉体的、站在地球上依靠自然力生活的人，“它所以只创造或设定对象，因为它是被对象设定的，因为它本来就是自然界。”自然界对人来讲是先在性的存在，人来自自然界，是自然界的组成部分这一事实说明，人不能完全脱离自然界。人作为自然的、对象性的存在物，同其他的自然存在物一样，是受动的、受制约的和受限制的存在物，他的欲望、需要不能靠自身来满足，而要靠不依赖于他的存在于他之外的对象来满足，他只有凭借现实的、感性的对象才能表现自己本质的力量。因此，如果我们否定了自然对象的真实性，也就否定了人的存在的真实性；我们否定了自然对象对人的设定，也就否认了人的对象性活动。这样一来，马克思就把被黑格尔颠倒了的自然观颠倒过来，阐述了唯物主义自然观。

但是，黑格尔的自然观也具有积极的意义。在黑格尔那里，作为思想物的自然界从自我意识中释放出来，又进行着向自我的复归运动，这一自我意识的自我异化、自我获得的否定之否定运动过程，就是通过劳动的人的自我产生的行动过程。黑格尔把真正的人理解为他自己的劳动的结果。但是，“黑格尔唯一知道并承认的劳动是抽象的精神的劳动。因此，黑格尔把一般说来构成哲学的本质的那个东西，即知道自身的人的外化或者思考自身的、外化的科学，看成劳动的本质。”黑格尔这一观点的积极意义在于，自然界不再是固定不变的、与人无关的存在物，而是经过人的精神劳动设计熔铸的、一定意义上的精神产品。马克思继承了黑格尔有关精神能动性的思想。他认为，人虽然是受动的、被自然所设定的，但人又是一个有激情的存在物。“激情、热情是人强烈追求自己的对象的本质力量。”人作为自为地存在着的存在物，“他必须既在自己的存在中也在自己的知识中确证并表现自身。”因此，自然对象对人来讲不是直接的存在物，而是表现于人的精神中的变化了的存在物。“自然界，无论是客观的还是主观的，都不是直接同人的存在物相适合地存在着。”只有经过改造，自然界才能成为同人的存在物相适合的存在，成为人的物质食粮和精神食粮。

4. 马克思对费尔巴哈自然观的批判继承

要理解马克思的自然观，还要理解马克思对费尔巴哈自然观的批判与继承。马克思赞同费尔巴哈关于感性自然是认识的起点的观点，从感性出发，就是回到了事物本身，就是如事物实际上所表现的那样去思想事物，而这是唯一科学的认识方法。同样是感性的自然，马克思和费尔巴哈的理解有本质的不同。费尔巴哈的自然是自在的、开天辟地以来就有的、没有变化的自然；而马克思的自然是“人化自然”。当费尔巴哈谈到人的感官接触外界物质，不仅感触到物质本身，还感觉到触觉时，他便止步不前了。似乎人的触觉是天生就有的、纯个体的、任何时代都没有区别的。马克思在实践基础上理解人的感觉的产生和发展，将其放到人化自然的过程中考察，指出：“五官感觉的形成是迄今为止全部世界历史的产物。”

马克思认为，正是在人的社会实践活动中，主体使客体对象化了，在每一种本质力量的独特性与它的对象化的独特方式之间建立了一一对应的关系，只有在此基础上才能理解审美能力的本质，才能理解人类心理发展的历史。所以，人化自然的历史是一本打开了的关于人的本质力量的书，是感性地摆在人们面前的心理学。唯心主义没有打开这本书，唯物主义的费尔巴哈同样没有打开这本书。费尔巴哈从抽象的“类”概念出发理解主体与感性对象的关系，他同样是从外在的有用性来理解这种关系的。只有从社会实践的角度考察主体与感性对象之间的关系，才能认识二者内在的共生性，揭示人与自然内在的、本质的统一。

对感性自然的不同解读，使费尔巴哈和马克思走向了不同的哲学道路。费尔巴哈与旧唯物主义一样，将人和自然的对立设置为他的哲学的开端，他试图解决这种二元对立，采取的办法就是把自然的东西还原为人的一种感性形式。但他和唯心主义、旧唯物主义犯了同样的错误，就是把人和自然都看成是相对固定的不变的要素，并以此作为自己哲学的前提条件和观察人与自然关系的出发点。在费尔巴哈那里，人是抽象的、没有历史前提的人，“他设定的是‘一般人’，而不是‘现实的历史的人’”；自然是自在的、亘古不变的自然，“他[费尔巴哈]没有看到，他周围的感性世界绝不是某种开天辟地以来就存在的、始终如一的东西，而是工业和社会状况的产物，是历史的产物，是世世代代活动的结果，其中每一代都在前一代所达到的基础上继续发展前一代的工业和交往方式，并随着需要的改变而改变它的社会制度。”费尔巴哈看不到人的感性活动，看不到实践在人与自然统一过程中的中介作用。其实，费尔巴哈从来没有忽视过实践，但他的实践只是一种抽象观念，不是撬动自然变化的杠杆，也不可能改变社会现实状态。他主张的是爱的实践，祈求人们爱的意愿，试图通过建立爱的宗教以改造不合理的社会现存事态，因而滑向了历史唯心主义。马克思则立足于历史的、现实的人，以人的感性活动、人的实践活动为中介，将主体与客体联系起来。

二、恩格斯的生态思想

（一）生物与自然环境的关系

1. 达尔文的进化论

达尔文是进化学说的创始者，进化生物学的奠基人。1831—1836 年，他以博物学家身份乘海军“贝格尔”号舰作环球旅行，在南美海面航行五年，对热带与亚热带地区的动植物作了广泛的考察，在此基础上确立其生物进化的观念。他根据对生物界的大量的直接观察和实验，论证生物界经常处于变化过程中，新物种形成和旧物种消灭是自然历史发展的结果，从而为拉马克所提出的进化论奠定了科学基础。他认为物种形成及其适应性和多样性的主要原因，在于自然选择（其要素是变异、遗传和生存竞争）。生物为适应自然环境和彼此竞争而不断发生变异，适于生存的变异，通过遗传而逐代加强，反之则被淘汰，即所谓物竞天择、适者生存、优胜劣汰。他还把进化论应用于人类学，阐明了人类在动物界中的位置及其由动物进化而来的根据，得出人类起源于古猿的结论，为科学的人类起源理论打下了基础。

达尔文深刻而广泛地观察了生物在自然条件下的生活情况，注意到任何生物的生活都受到周围环境的制约。这个周围环境是广义的，它包括无机的条件和有机的条件。周围环境能影响生物个体的存亡和后代的盛衰，生物在生活过程中必须同周围环境作斗争。这就是生存斗争。争取生活条件和传留后代的竞争是生存斗争的主要内容。生存斗争的概念包括生物与无机条件作斗争、生物种内斗争和生物物种间的斗争。同一种类的生物在一起，由于所争取的生活条件最后一致，所以物种内斗争最激烈。达尔文认为，引起生存斗争的原因在于生物具有高度的生殖能力。生物的生殖按几何级数的速率增加后代的个体数目。地球上的食物和空间是有限的，因此有可能出现生殖过剩的现象，每一生物为了争取生存和传留后代，势必要进行生存斗争。达尔文生存斗争的理论在历史上第一次深刻全面地分析了物种之间的关系，分析了生物跟环境的关系，由此发现了自然选择原理。

马克思、恩格斯对达尔文给予了高度评价。恩格斯把达尔文的进化论同能量守恒和转化定律以及细胞学说，看作 19 世纪自然科学的三大发现。恩格斯认为，达尔文的进化论和赖尔的地质学理论揭示出地球不是一成不变的，而是有一个漫长的演化历史，生物物种之间没有截然不同的界限，而是由一个物种转化为另一个物种。这就突破了自然界事物之间“非此即彼”的形而上学观点，证明了事物“亦此亦彼”的辩证自然观的正确，为辩证唯物主义的确立提供了科学基础。

2. 生物与自然环境相适应

但恩格斯也指出了达尔文学说的不足之处。恩格斯在《致彼得·拉甫罗维奇·拉甫罗夫》的信中说：“在达尔文的学说中我同意他的进化论，但是我认为达尔文的证明方法（生存斗争、自然选择）只是对一种新发现的事实所作的初步的、暂时的、不完善的说明。”由于达尔文的学说过于强调生存斗争、自然选择，造成了人们对自然界生物之间关系的片面和褊狭的理解，即只看到斗争，看不到合作，并把这种“斗争哲学、优胜劣汰观”扩展到社会领域。实际上“自然界中的物体——不论是死的物体或活的物体——的相互作用中既包含和谐，也包含冲突，既包含斗争，也包含合作。”因此，在自然界中绝不允许单单把片面的“斗争”写在旗帜上，更不能把历史的发展和纷乱的全部多种多样的内容都概括为“生存斗争”。生物与环境之间的关系也是如此，既有生物对自然环境适应的一面，也有对环境破坏的一面。

以系统的观点看待自然，就是要看到自然现象之间的相互联系、相互作用，树立自然的系统性、整体性、有机性、复杂性意识，把自然看成是一个生态共同体，在这个共同体中自然因素相互联系、相互适应。达尔文进化论的自然选择说揭示了物种与环境之间的联系，物种的特征是遗传和适应环境双重作用的结果。恩格斯在批判杜林的目的论时，运用了达尔文的自然选择说。他举例说，雨蛙和食叶昆虫是绿色的，沙漠中的动物是沙黄色的，两极的动物主要是雪白色的，原因并非像杜林所说的是有意识地或按照某种观念获得这些颜色的，这些颜色只能按自然的因素来说明，这些动物具有的颜色来自于对生存环境的适应，能够更好地掩蔽自己，不易被敌人发现。同样，某些植物用来捕捉和吞噬落在它们身上的昆虫的那些器官，也是适应原理的体现，包括对环境的适应，对植物的这种活动的适应。

赖尔被誉为地质学之父，他用地质学上的事实证明了地球演变的历史。恩格斯指出，赖尔的地质学突破了有机物种不变的传统的僵化的观点，证明地球表面和一切生活条件的逐渐改变，直接导致有机体的渐次改变和它们对变化着的环境的适应，导致物种的变异性。但是赖尔并没有意识到这点，他的学说只是为物种与环境的联系提供了科学根据，为辩证自然观提供了科学证明。

生物与环境之间的适应关系是自然形成的，人不要轻易地改变，否则会得到相反的效果。让我们以实例说明这一问题。地处北欧的挪威盛产雷鸟，雷鸟属于松鸡科，是最有经济价值的狩猎鸟类。雷鸟羽毛美丽，冬季浑身洁白如雪，仅眼部有一道黑羽，这是对冰雪环境的一种适应，是一种保护色。挪威政府为了保护和提高雷鸟的数量，在 19 世纪末期，组织全国动物学家和有关人士进行讨论和研究，最后取得共识，一致认为：应该给雷鸟创造最好的生活条件和环境。冬季大雪覆盖地面，给雷鸟觅食增添了困难和麻烦。因此决定在冬季给雷鸟人工投放饵料，帮助雷鸟过冬。雷鸟的天敌也应该予以消灭。最后制订了一项保护雷鸟的行动计划。挪威政府不惜投入大量物力、财力和人力实施这项计划，采用重金奖励的办法捕杀雷鸟的天敌猛禽和食肉兽。计划实施后，开始几年，雷鸟的数量果然增加，但好景不长，过了一段时间，雷鸟的数量不再增长，反而有所下降。到了 20 世纪，雷鸟又一次地大量死亡，以致雷鸟的数量反而大大低于计划实施之前。动物学家经过仔细的研究，才找出其中的原因：由于人为改变了雷鸟的生存环境，病弱的雷鸟不能被自然淘汰，带病的雷鸟混杂在鸟群中，到处排泄粪便，从而使雷鸟中疾病频频发生，数量大大减少。挪威政府修改了原来的计划，才使雷鸟数量逐步恢复到原来的水平。

3. 生物和环境之间的动态关系

物种和环境之间的适应不是僵死不变的，而是动态的，物种的行为会导致物种本身的改变，环境的变化也会引起物种的变化。植物和动物的过度繁殖会引起生存斗争，养分、食物的短缺和疾病的流行会造成物种灭亡。即使没有这种过度繁殖，物种也会变异，旧种会绝灭，新的更发达的种会代替它们，例如，动物和植物迁移到新的地域，那里的新的气候、土壤等条件会引起变异。在那里适应下来的个体继续生存下去，并且由于不断增长的适应而形成新种，而其他较稳定的个体却死亡和最后绝灭，而且不完善的、处于中间阶段的个体也同它们一起灭绝。动物通过它们的活动也改变着外部自然界。

恩格斯举例说，动物对食物是非常浪费的，并且常常摧毁还在胚胎状态中的食物，动物对食物的这种浪费往往造成对环境的破坏，希腊的山羊不等幼嫩的灌木长大就把它们吃光，它们把这个国家所有的山岭都啃得光秃秃的，阻碍了这个国家森林的恢复。在圣海伦岛，第一批航海者带来的山羊和猪，把岛上旧有的一切植物几乎完全吃光，使该岛变成了一个秃岛。动物仅仅利用外部自然界，单纯地以自己的存在来使自然界改变，动物的行动是没有目的和计划的（即使有也是出于本能，与人的自觉活动不能相提并论），它们对环境的改变是盲目的，有些情况下往往是灾难性的。

生态中心主义认为自然界是完美无缺的，动物的一切活动都是合理的，人对自然界生物与环境之间的相互作用的任何干预都是错误的，这种观点显然过于片面。我们需要对物种的活动有个正确的评价，既要看到物种的活动的正面影响，也要看到其副作用。以植树为例，人们通常认为植树可以改善气候条件，减少空气污染，但事实上，植树所带来的对环境的影响是很复杂的，对是否应该植树、植什么树、选什么样的树种也要进行具体分析。如果种植时选错了树种，则会适得其反，许多树能散发非常容易起化学反应的碳氢化合物，这些物质与氧化氮会发生反应产生烟雾，这类树种植得越多，就等于增加了更多的污染源。美国洛杉矶加州大学环境科学和工程计划主任阿瑟·瓦纳经过十几年对树木散发物的研究发现，在洛杉矶地区，污染空气的碳氢化合物中有10%是由树木散发出来的。道旁姿态优美的垂柳属于散发物最多的树种之一，而不起眼且生长缓慢的白蜡树则属于散发物最低的树种。散发物最多与最低的两种树种相比，有害气体挥发物相差一万倍。而人们往往喜欢种植垂柳，殊不知这只能得到相反的效果。这个事例告诉我们，自然界中的事物并非一切都是美好的，人对自然的干预是必要的，只不过这种干预必须依据客观规律来进行。

（二）人的活动及其特点

1.人的产生

人的出现是自然界惊天动地的大事，人是最特殊的物种，他的出现突破了自然的安排，他的活动极大地改变了自然的面貌，使自在自然向人化自然演变。恩格斯指出，生命是整个自然界的结果，人也是来自于自然。人的祖先是类人猿，由于生活方式的改变，类人猿在平地上行走时开始摆脱用手帮助的习惯，渐渐直立行走。直立行走是类人猿与猿的第一个区别，完成了从猿转变到人的具有决定意义的一步。直立行走解放了类人猿的双手，使他们可以用双手从事简单的劳动，渐渐地学会制造劳动工具，能够制造劳动工具是人与动物的本质区别。手不仅是劳动的器官，而且是劳动的产物。人的发达促进了人身体其他器官的发展，人的视野开阔了，大脑发达了。人的劳动从一开始就不是单个的劳动．而是集体劳动，在劳动中有了交流的需要，需要产生了相应的器官，人的发音器官发育成适合语言的形式，语言产生了。“首先是劳动，然后是语言和劳动一起，成了两个最主要的推动力，在它们的影响下，猿脑就逐渐地过渡到人脑。”随着脑的进一步发育，和脑最密切的工具，即感觉器官，也同步发育起来。人的感觉器官和大脑的发育是相互促进的。人的感觉器官与动物是不同的，恩格斯举例说，人的眼睛没有鹰看得远，鼻子没有狗灵敏，但人有发达的大脑，有分析、辨别的能力，人的眼睛识别东西远胜于鹰，对被人当作各种物的特定标志的不同气味的辨别也远胜于狗。语言、人脑和相应的感觉器官大大提高了人的劳动能力和改变了人的劳动形式，劳动的复杂化又反过来为语言和人脑的进一步发育不断提供新的推动力。这种进一步的发育，并不是在人同猿最终分离时就停止了，而是总的来说大踏步地前进。

大脑的发达为意识的产生以及抽象能力和推理能力的发展提供了条件。在意识指导下的劳动使人的劳动完全不同于动物获取食物的活动，人完全形成了，成为真正的人。在这个过程中，产生了新的因素——社会。上述语言、人脑和劳动的相互作用不仅发生在每个人身上，而且在社会中发生共同作用。只有在社会中，人才有能力完成越来越复杂的动作，提出并达到越来越高的目的。劳动本身经过一代又一代变得更加不同、更加完善和更加多方面化了。人类有了农业和畜牧业、农业和手工业、手工业和商业、脑力劳动和体力劳动一次次大的分工。人类社会的组织结构也日趋复杂化，人与人的关系也变得多元化和层次化。

人类社会具有强大的创造力，社会的人与动物不同，动物只能被动地适应环境，人则可以在任何气候下在任何自然环境中生活。动物仅仅利用外部自然界，人则通过创造性的劳动改造环境来使自然界为自己的目的服务。人从自然界中脱颖而出，从动物界脱颖而出。

2.人的活动的特点

人和动物的本质区别之一就是人是有意识的，人的活动是有目的、有计划的，而动物的活动是盲目的。当然，在某种意义上说，动物也具有有计划的、事先经过考虑的行动方式的能力。恩格斯认为，食虫植物捕捉猎获物的方法，虽然完全是无意识的，但从某种意义来说，也可以说是有计划的。在动物那里，从事有计划的行动的能力，和神经系统的发展是同步地成比例地进行的，这在哺乳动物那里已达到一个相当高的程度。恩格斯举例说，在英国追猎狐狸的时候，人们每天都可以观察到：狐狸是怎样懂得准确地利用它们关于地形的丰富知识来逃避猎人，怎样出色地知道和利用一切有利的地势来掩盖它们的踪迹。但是，动物所谓的“计划”与人是完全不同的，动物的“计划”只是本能的求生的行为，只是被动的适应环境的行为，而人的计划则是有意识、有目的的活动，是主动的改造自然的活动，使自然环境为人的目的服务。

恩格斯认为，“人离开动物越远，他们对自然界的影响就越带有经过事先思考的、有计划的、以事先知道的一定目标为取向的行为的特征。”动物在消灭某一地带的植物时，并不是有意识的，并不明白它们是在干什么。人消灭某一片植物，为的是腾出土地生产粮食，或种植更有用的树种和经济作物，以获得更多的收入。人的这种主动的改造自然的活动使人的生存空间极大地扩展了，人学会了在任何气候下、任何地理环境中生活，人们在地球上大范围地迁徙，分布在所有可以居住的地球表面，人是唯一能独立自主地这样做的动物。人们把有用的植物和家畜从一个地区移到另一个地区，这样就把各大洲的动植物区系都改变了。不仅如此，人类还彻底改变了地球的面貌，有了人的活动，自在自然就成了一个只存在观念中的东西了。

但是，人类需要理性地分析与自然的关系，我们只是脱离了狭义的自然界，并不能完全脱离自然，要认识到我们连同我们的肉、血和头脑都是属于自然界，存在于自然界的，我们必须尊重自然，我们对自然的改造必须正确认识和运用自然规律。因为历史和现实的事实证明，不尊重自然，不遵循自然规律，给自然造成的破坏最终要人类自己承担。

3.人的活动的社会性

人的活动既有自然影响，也有社会影响，“如果说我们需要经过几千年的劳动才多少学会估计我们的生产行为的较远的自然影响，那么我们想学会预见这些行为的较远的社会影响就更加困难得多了。”恩格斯用下面的事实说明这一问题：在欧洲引种马铃薯的人并不知道，随着马铃薯的播种，他们也把瘰疬症传播过来。因为贫苦的工人以马铃薯为主食，造成瘰疬症在工人群众中的蔓延。1847 年，爱尔兰因马铃薯遭受病害而发生大饥荒，导致 100 万以马铃薯为主食的爱尔兰人死亡，并迫使 200 万人逃往海外。人改造自然活动的社会影响相对于自然影响而言，具有间接性、隐蔽性，所以不易被人认识到。在这一领域中，只有经过长期的、往往是痛苦的经验，经过对历史材料的比较和研究，才能拨开迷雾，逐渐认清人的生产活动的间接的、较远的影响，因而人们也才有可能去控制和调节这些影响。

恩格斯认为，有史以来人的生产活动，都是以满足眼前的利益为目的，那些只是到后来才显现出来的、通过逐渐的重复和积累才产生效应的较远的结果，则完全被忽视了。原始公有制社会如此，到了以私有制为基础的阶级社会，生产的目的又有了新的特点。社会分裂为统治阶级和被统治阶级，这两个阶级是对立的，有着不同的阶级利益。统治阶级的利益成为推动生产发展的动力因素，因为统治阶级掌握着生产资料，他们控制的生产活动以追求直接的利益、以赚钱为唯一目的。当然，统治阶级在满足自己利益需求的同时，也要考虑到被统治阶级的基本生活需要。

这一点在资本主义生产方式中表现得最为充分。资本家所关心的，只是他们行为的最直接的效益，而产品的制造和交换能为社会带来什么效用，则不是他们关心的问题。销售时可获得的利润成为唯一的动力。以追逐利润为核心的资本主义生产方式是造成环境破坏的主要原因。因为当一个资本家为直接的利润去进行生产和交换时，他只能首先注意到最近的最直接的结果，而环境的破坏则不是他关心的事。恩格斯指出，当西班牙的种植场主在古巴焚烧山坡上的森林，认为木灰作为能获得最高利润的咖啡树的肥料足够用一个世代时，对于以后的大雨会冲掉毫无掩护的沃土而只留下赤裸裸岩石的后果是毫不关心的。

所以，要解决环境保护问题，首先要正确认识人与自然的关系，预见到人们行为的后果，制定合理的规划。但人都具有社会性，人的行为不仅要受到自然环境的制约，还要受到社会环境的制约，受到社会结构的制约。所以，要调整人的行为，单依靠认识是不够的，还需要变革不合理的社会关系和生产方式。在资本主义生产方式的框架内，人类是不可能完全解决环境问题的。只有当生产活动真正控制在劳动者手中，生产的目的不是为了满足一小部分人赚钱的需要，而是把社会效益放在第一位时，人与自然的和谐统一才能真正实现。

（三）自然界的客观存在性和运动变化性

1. 自然界的客观存在性

恩格斯指出，自然界的客观存在性在古希腊人那里是个“不言而喻”的事实，古希腊的第一位哲学家泰勒斯也是一位科学家，他整日观测天象，不把天体当作神造物，而是看作与人无关的科学研究的对象。罗素认为，泰勒斯开始了“与神学相区别的哲学”，以他为开端的米利都学派对自然界的思考“可以认为是科学的假说，而且很少表现出来夹杂有不恰当的神人共体的愿望和道德的观念”。在古希腊以后的两千多年里，由于宗教占统治地位，自然界的客观存在性被颠覆了，自然界或成为神造之物，或成为精神的产品。到了恩格斯的时代，实现了对唯心主义自然观“颠覆的颠覆”，唯物主义自然观重新恢复了权威的地位。

既然自然界是优先于人类存在的不依赖于人的自在的物质世界，那么自然界的规律就是这个物质世界天然就有的，不是人类创造的。不是人为自然界立法，而是自然界自己立法。唯心主义颠倒了人与自然的关系，认为自然是人的精神的创造物，所以，自然的规律不是自然所固有的，而是人赋予自然的。这一方面以黑格尔为典型代表。恩格斯指出，黑格尔承认自然界的基本规律，但他的错误在于，这些基本规律是作为思维规律强加于自然界和历史的，而不是从它们当中抽引出来。在黑格尔那里，自然界是人的创造物、人的奴仆，不管它愿意与否，必须符合一种思想体系（当然是黑格尔自己的思想体系），这使原本简单明了的自然的辩证性质变得神秘起来。只要我们把被黑格尔扭曲了的人与自然的关系理顺过来，就能够清楚明白地认识和理解自然界的规律。我们需要转换观察事物的角度（相对于黑格尔等唯心主义），重新恢复唯物主义自然观，按照自然界本来的面目了解自然，不附加任何外来的成分，就像古希腊人做的那样。恩格斯认为，自然的辩证性质在古希腊哲学家中间从一开始就是不言而喻的东西。古希腊以后的两千多年间，唯心主义自然观占据了统治地位，要想返回到“不言而喻的东西”不是件容易的事，而创立辩证唯物主义自然观，并使它为人们普遍接受更是件困难的事。要进行艰苦的斗争，批判唯心主义的形式，剥取在错误的但为时代和发展过程本身所不可避免的唯心主义形式中所获得的成果，总结自然科学的最新成就，把辩证自然观建立在现代科学的基础之上。

确认自然界的物质性和客观实在性，这是唯物主义的基本观点。

2. 自然界的运动变化性

主张自然界永恒变化的思想，同样可以追溯到古希腊人。恩格斯认为，古希腊辩证法的代表人物是赫拉克利特。他出生于古老的贵族世家，将继承下来的王位让给自己的弟弟，自己则去希腊各城邦游历。他认为，世界本身是运动，运动就是不停息、不间断地变化。一切常逝，无物留存。人不可两度涉入同一条河流，不可两度"触及同一个易逝的实质，而是说它通过剧烈的变化四散开来，又聚合起来，它既接近自身，又远离自身"。古希腊人虽然提出了关于自然界运动变化的正确的世界观，但由于他们不理解细节，所以基础并不牢固，很容易被不正确的世界观所代替。

古希腊以后，西方在自然观问题上走的弯路，除了唯心主义自然观外，影响最大的是近代机械自然观。恩格斯将建立在近代自然科学成就上的自然观称为一个特殊的总的观点，这个总观点的中心是自然界绝对不变这样一个见解，不管自然界是怎样产生的，只要它一旦存在，那么在它存在的时候它始终就是这样。机械自然观否认了自然界的任何变化、任何发展。恩格斯认为，康德在这个僵化的自然观上打开了第一个缺口。康德主张地球和整个太阳系不是固定不变的，而是在时间的进程中逐渐生成的。康德的理论包含着一切继续进步的起点。如果地球是某种逐渐生成的东西，那么地球上的一切，地质的、地理的、气候的状况，它的植物和动物，也一定是某种逐渐生成的东西，地球上的物质形态不是一成不变的，它们在空间上有相互作用的历史，在时间上有前后相继的发展历史。康德以后自然科学的发展，证实了自然界处于生成、演变的历史过程之中。恩格斯总结了19世纪自然科学的最新成果，指出，"整个自然界，从最小的东西到最大的东西，从沙粒到太阳，从原生生物到人，都处于永恒的产生和消失中，处于不断的流动中，处于不息的运动和变化中。"

世界是物质的世界，运动也总是物质的运动，世界上不存在离开物质的运动。不但简单的运动——位置移动有其物质基础，而且所有一切的运动（包括思维活动）都有其物质基础，或者说，世界上存在的各种运动形式，无不有其一定的物质承担者。恩格斯根据当时自然科学的成就指出：机械运动是天体和地球上的宏观物体运动，物理运动是分子的运动，化学运动是原子的运动，而生命运动是蛋白体的运动。

随着自然科学的发展，人们逐步认识到，一种运动形式的物质承担者不一定是单一的，例如，物理运动的物质承担者可以是分子，也可以是原子、原子核、基本粒子或场等；而化学运动的物质承担者，除了原子以外，还有离子、原子团、自由基和复杂离子等。生命运动的物质承担者一般是蛋白质和核酸组成的复杂多分子体系。运动是物质的存在方式，物质是永恒运动的，意味着自然界中的一切物质形态都不是固定不变的，而是"过程的集合体"，都有产生、发展、消亡的历史，一个过程消亡了，新的过程产生了，由低到高的过程的链条就是自然界真实的写照。自然界中的一切是永恒运动、不断发展的。宇宙从最初的大爆炸以后，就处于不断的演化之中，从无形的能量到基本粒子，从轻的元素到重的物质，从星云到天体，地球上从无机界到有机界，从无生命到有生命，从微生物到动植物，从动物到人，自然界的运动、发展一刻也没有停止过。

3. 自然界是永恒发展的

发展是前进的上升运动，是事物由简单到复杂、由低级到高级的运动过程。自然界中的一切现象都是作为一个过程而向前发展的。恩格斯指出："一个伟大的基本思想，即认为世界不是既成事物的集合体，而是过程的集合体，其中各个似乎稳定的事物同它们在我们头脑中的思想映象即概念一样都处在生成和灭亡的不断变化中，在这种变化中，尽管有种种表面的偶然性，尽管有种种暂时的倒退，前进的发展终究会实现。"发展依赖于条件，当条件具备的时候，自然界中的发展终究会实现。这已经是我们可以观察到的事实。

恩格斯依据当时自然科学的成就，描述了自然界发展的一幅图景：宇宙中最初存在的物质是旋转的、炽热的气团，经过收缩和冷却，发展出以银河最外端的星环为界限的我们的宇宙岛的无数个太阳和太阳系。随着进一步的冷却，元素获得了化学性质，相互发生化合作用，形成液态、固态物质。最后，当温度降低到地球表面适合于生命存在的限度，在适当的化学的先决条件的情况下，就形成了有生命的原生物质。又经过了漫长的时间，才形成了进一步发展的条件，从而得以产生第一个细胞。随着细胞的产生，也就有了整个有机界形态发展的基础。原生物质逐渐分化为最初的植物和动物。从最初的动物中，进一步分化发展出动物的无数的纲、目、科、属、种，最后发展出脊椎动物的形态。在这些脊椎动物中，又发展出一种特殊的具有自我意识的脊椎动物，这就是人。人是自然进化的产物，人又是通过自己多少万年的努力搏斗逐渐成长起来的，人随同他的环境一同成长。有了人，自然不再有自己独立的发展历史，而是走人社会，与人类的发展史统一起来。

恩格斯对自然界发展图景的描述与"宇宙大爆炸"理论可说是不谋而合。根据现代物理学的"宇宙大爆炸"理论，宇宙起源于一个温度高得不可思议的奇点，在大爆炸发生之初，宇宙体积被认为零，所以是无限热的。但是，辐射的温度随着宇宙的膨胀而降低。大爆炸后的一秒钟，温度降低到约为 100 亿度，此刻宇宙主要包含光子、电子、中微子和它们的反粒子，还有一些质子和中子。在大爆炸后的大约 100 秒，温度降到了 10 亿度，质子和中子开始结合产生重氢的原子核。一旦温度降低到几千度，电子和核子就开始结合形成原子。宇宙作为整体，继续膨胀变冷，但在一个略比平均更密集的区域，膨胀就会由于额外的引力吸引而慢下来，形成碟状的旋转星系。随着时间的流逝，星系中的氢和氦气体被分割成更小的星云，氦收缩成像碳和氧这样的重的元素。少量的重元素集聚在一起，形成了像地球这样的、现在绕太阳公转的物体。地球上的生命是如何产生的，至今仍然是个谜。科学家推测，原子的偶然结合形成叫作宏观分子的大结构在海洋中出现，这种结构能将海洋中的其他原子聚集成类似的结构。它们就这样地复制自己并繁殖。进化过程就在复制误差中开始了。原始的生命形式消化了地球上的有毒气体并放出氧气，为更高级的生命形式的生存提供了条件。地球上的生命形式由鱼、爬行动物、哺乳动物到人的进化发展进程就开始了。

（四）辩证自然观的整体特性和系统性

1. 辩证自然观的整体特性

恩格斯在提出辩证自然观时，首要的是运用整体论的思维方式从整体上考察自然，突出辩证自然观的整体特性。因为任何事物的整体性都标志着事物的根本特性、基本特性或主要特性，抓住了事物的根本特性，也就抓住了事物的本质或实质。这对于辩证自然观的考察也不例外，从整体论上思考就会抓住辩证自然观的根本特性即辩证本性。恩格斯认为，黑格尔哲学的合理之处就在于具有整体性的思维方式，黑格尔借助辩证法的三大规律构造了一个涵盖自然、社会和人类思维的体系，但黑格尔的错误在于："这些规律是作为思维规律强加于自然界和历史的，而不是从中推导出来的。"由此产生的一个令人震惊的、牵强的宇宙结构，所以，黑格尔的唯心自然观并不能实现辩证法与自然观的真正结合。恩格斯指出："如果我们把事情顺过来，那么一切都会变得很简单，在唯心主义哲学中显得极端神秘的辩证法规律就会变得简单而朗若白昼了。"恩格斯消除了黑格尔辩证法的唯心主义色彩，实现了辩证法和自然界的结合。

怎样实现自然界—辩证法的结合、统一呢？"恩格斯运用了以自然科学为中介的方法，这就是选取了一个中介因素——自然科学，它既跟自然界发生联系，又跟辩证法发生联系。"自然科学的中介作用是由自然科学的性质和特点决定的。自然科学的研究对象是自然界，但它不是研究整体自然界，而是研究自然界各个不同领域，它所获得的成果是对自然界各个不同领域特殊规律的认识。辩证自然观是研究整个自然界的，研究自然界的一般规律。自然观属于哲学范畴。这样无论从研究对象和研究成果来看，哲学与自然科学的关系都可以归结为一般与特殊的关系。而自然界中实际存在的是一般与特殊的统一，或一般与个别的统一，并且直接存在的形式是具体的、个别的，所以说一般与特殊或一般与个别的统一，实际统一于特殊或个别之中。这样自然科学对哲学的中介作用，就表现为如何从特殊上升为一般，通过特殊的自然科学规律来论证辩证自然观的普遍规律，揭示自然界本身的辩证法。

2. 辩证自然观的系统性

古希腊朴素的辩证自然观把自然界当作一个整体而从总的方面来观察，但由于科学发展的限制，当时的人们还不能在细节方面去证实自然现象的总的联系，自然现象间的普遍联系对古希腊人来说还是一种直观猜测的结果。恩格斯认为，推动哲学观念进步的不是思想史本身的动力，而是自然科学和工业的进步。在欧洲，真正的自然科学是从 15 世纪下半叶才开始，从那以后科学获得了日益迅速的发展。但直到 19 世纪末，自然科学仍然处于收集材料和以已然存在的事实为对象的阶段。把自然界分解为各个部分，把自然界的各种过程和事物分成一定的门类，对自然现象进行分门别类的研究，这是这一阶段人们在认识自然界方面获得巨大进展的基本条件。恩格斯认为，这种分门别类的研究方法给人们留下了一个坏习惯：把自然界的事物和过程孤立起来，撇开广泛的总的联系去进行考察，形成了片面的孤立的形而上学自然观。

细胞学说、能量转化定律、达尔文的进化论的出现，以近乎系统的形式描绘出一幅自然界联系的清晰图画。以前，自然界的普遍联系只是一种猜想，三大发现为整体自然观提供了科学根据。原有的界限被打破了，"一切僵硬的东西溶解了，一切固定的东西消散了，一切被当作永恒存在的特殊的东西变成了转瞬即逝的东西，整个自然界被证明是在永恒的流动和循环中运动着。""非此即彼"变成了"亦此亦彼"。我们所面对着的整个自然界形成一个体系，即各种物体相互联系的总体，这里所说的物体，是指所有的物质存在，从星球到基本粒子，都相互联系、相互作用着，自然界是个整体，是个系统。

恩格斯指出，只要认识到宇宙是个体系，是各种物体相互联系的总体，就必须承认物质是某种既不能创造也不能消灭的东西，运动也是既不能创造也不能消灭的。他依据赫尔姆霍茨的力的守恒定律和迈尔的"能量守恒"理论论证了这一观点，并提出了物质运动永恒循环的理论。在物质运动循环中，物质的任何有限的存在方式都是暂时的，都是要变化的，都要向其他方式转化，但物质在它的一切变化中永远是同一的，它的任何一个属性都永远不会丧失。

现代系统论把宇宙看作一个总的系统，总系统下面有分系统，分系统下面有子系统，子系统下面还有子系统,宇宙就是这么一个层层叠叠的系统序列。系统内部要素与要素之间、要素与系统整体之间相互联系、相互作用,形成特定的结构,组成有机整体。系统与环境之间进行不断的物质、能量和信息的交换,这实际上是恩格斯的物质运动循环理论的另一种表述。自然界不存在严格定义上的孤立系统、封闭系统,任何系统都或多或少、或快或慢地同环境交换物质、能量和信息。自然界的物质系统都是非孤立系统、非封闭系统,总是与环境存在相互作用、物质运动循环的开放系统。而整个自然界就是由各种动态的开放系统组成的。

3.自然界的辩证图景

自然界的辩证图景就是恩格斯所说的"自然界联系的清晰图画",这幅图画本身是有范围的,我们只有通过对"我们的宇宙"——自然界的辩证图景的考察,才有助于认识其他"无限多的宇宙"。恩格斯研究自然辩证法的起点是从自然科学的独立开始,于是从自然科学开始也就确定了从自然界开始,因为自然界是自然科学的研究对象。这样考察自然事物的产生和发展,其前提就是要回答自然界从何开始。恩格斯根据当时天文学、地质学、物理学、化学、生物学、胚胎学和生理学等自然科学的成就,运用他自己创立的辩证自然观考察的自然界是"从旋转的、炽热的气团"即原始星云开始,原因"一方面在于它是现存的天体起源,另一方面在于它是我们迄今所能追溯的最早的物质形式。这完全不排除下述情况,而更应当说是以下述情况为条件:物质在原始星云之前已经经过了其他形式的无限序列"。这样就为我们描绘了星系和恒星的起源、太阳系的起源、行星和地球的生成、生命的起源和人类的起源,描述了物质形态从简单到复杂、物质的运动形式从低级到高级的发展过程。

自然界的这一辩证过程,经历了两次重大的突破性的飞跃或分化:"第一次重大突变是生命运动形式的出现。"恩格斯创造性地解决了生命的本质问题,指出:"生命是蛋白体的存在方式,这种存在方式本质上就在于这些蛋白体的化学成分的不断的自我更新。"

"第二次重大突变是在生命运动形式的基础上产生出人。"在人类起源问题上,达尔文解决了人是由猿长期进化而来的,但人是怎样由猿进化而来的问题,却是由恩格斯解决的。恩格斯指出,人就劳动在从猿到人转变过程中的作用的意义上不得不说"劳动创造了人本身"。人的出现意味着自然界产生出一个新的高级生命,并产生人与自然界及人与人的双重关系,从此人的存在和发展就要在解决人与自然界及人与人的矛盾中实现。人与自然界的关系制约着人与人的关系,人与自然界关系的解决依赖于人与人关系的解决。人只有经过在"物种关系"和"社会关系"上的"两次提升",才能最终脱离动物界,实现人从自然界的分化并解决人与自然的关系。因此,就人从自然界的"两次提升"的意义上来说,自然辩证法的研究起点从自然科学研究对象的自然界开始,但在实质上是从人与自然界的关系开始。因为只有当自然界出现了人,才有了人与自然界的关系,而正是人在解决人与自然界的关系中才有了自然科学,反过来再以自然科学为手段不断解决人与自然界的关系。

在自然界的辩证图景中,自然界的任何事物都有生有灭,"一切产生出来的东西,都一定要灭亡"。对此恩格斯指出不管经过多么长的年代,不管有多少有限物生了又死,太阳系、地球、有机生命和人类作为自然界发展一定阶段上产生出来的,也都要遭遇死亡的命运。所以自然界中的一切事物不但有生有灭,而且也有灭有生,由此构成了物质运动的永恒循环。自然界中物质运动的永恒循环必然通过它存在的形式——时间和空间表现出来。恩格斯说:"诸宇宙在无限时间内永恒重复的先后相继,不过是无数宇宙在无限空间内同时存在的逻辑的补充。"如果自然界在无限空间内与无数的有限事物同时并存，不以无限时间中无数有限事物永远重复连续更替为逻辑补充，那么由于有限事物的逐个消亡，最终必然导致自然界物质运动的消亡。在自然界的物质运动的永恒循环中，无数有限事物在无限的时间和空间中的生生灭灭，正是运动着的物质经历着无数次转化和分化，无数次展开自己全部多样性的表现。物质的一切有限存在方式都是暂时的，生了又灭，灭了又生，永无止境。在这个循环中“除了永恒变化着的、永恒运动着的物质及其运动和变化的规律外，再没有什么永恒的东西了。”

第二节 中国特色社会主义生态实践与观念革新

建设生态文明，是关系人民福祉、关乎民族未来的长远大计。把生态文明建设放在突出地位，融入经济建设、政治建设、文化建设、社会建设各方面和全过程，努力建设美丽中国，实现中华民族永续发展，这是中国特色社会主义建设理论的新的重要组成部分，标志着中国特色社会主义的战略布局已经从“四位一体”转变为“五位一体”。面对资源约束趋紧、环境污染严重、生态系统退化的严峻形势，必须树立尊重自然、顺应自然、保护自然的生态文明理念，坚持节约资源和保护环境的基本国策，着力推进绿色发展、循环发展、低碳发展，形成节约资源和保护环境的空间格局、产业结构、生产方式、生活方式，从源头上扭转生态环境恶化趋势，为人民创造良好生产生活环境，为全球生态安全作出贡献。

一、中国特色社会主义生态文明建设理论的提出及其依据

生态文明，有广义和狭义之分。从广义上讲，生态文明是指人类遵循人、自然、社会和谐发展的客观规律，改造自然和社会而取得的物质与精神成果的总和。它既包含人类保护自然环境和生态安全的自觉意识，也包括人类为保护自然环境和生态安全所创设的法律、制度和政策，还包括人类在具体维护生态平衡时所必需的科学技术与相关组织机构，以及人类在构建人与自然和谐关系的过程中的实际行动等方面的内容，是以人与自然、人与人、人与社会和谐共生、良性循环、全面发展、持续繁荣为基本宗旨的文明形态，是自然生态与社会生态的统一。从狭义上讲，生态文明则主要是指人与自然的关系，是人以自然资源的承载力为基础、以自然规律为准则、以可持续的社会经济政策为手段、以致力于构建一个人与自然和谐发展的社会为目标的文明形态。坚持生态文明的发展理念，是人们尊重自然、保护自然、与自然和谐相处的体现，是人们在发展的过程中为探索人与自然和谐相处所作出的新的努力，标志着人类在与自然的相处中已经达到一个新的阶段。

（一）社会主义生态文明建设理论的提出

生态文明是人类文明的新形态。党的十八大报告指出：“我们一定要更加自觉地珍爱自然，更加积极地保护生态，努力走向社会主义生态文明新时代。”这表明，我们正在着手重点进行建设的生态文明是自人类社会诞生以来相继创造的原始文明、农业文明和工业文明之后的一种人类文明的新形态。而且这种新形态文明建设的重要性不仅表现在它与经济建设、政治建设、文化建设和社会建设的并列地位，更为重要的是它的突出地位还体现在它必须“融入经济建设、政治建

设、文化建设、社会建设各方面和全过程”。提出生态文明的发展理念，就是对人类现有的文明形态的否定和超越。近三百年的工业文明的发展，为人类社会创造了巨大的物质财富，大大提升了人们认识自然和改造自然的能力，使人类在很多时候改变了在自然面前束手无策的被动局面。可是在这种工业文明理念的指导下，人类的行为对自然的索取和挑战达到了无以复加的地步。所以尽管我们在过去的三百年中创造的物质财富大大超过了人类社会诞生以来所有历史阶段创造的所有物质财富的总和，但这种理念下人类对自然的索取和对自然环境的破坏已经引发了自然界的一系列问题。近些年来频繁多发的严重自然灾害和全球性生态危机的爆发就是自然对人类的这种工业文明的报复，这种报复的日益频繁和后果的日益严重以无可置疑的声音在向人类社会昭示：人类所生存的地球再也经不起工业文明的发展模式了，工业文明的发展已经走到了尽头。

生态文明是强调人与自然和谐发展的文明。它既考虑人的发展，又必须考虑自然环境的承载能力。生态环境问题，说到底并不是由自然本身引起的，而是由于人类在不科学的发展理念指导下，片面追求人类自身需要的满足而没有在生产和生活中充分考虑到所生存空间的环境承载能力、没有统筹协调人类与环境以及自然资源之间的关系所导致的人与自然关系紧张乃至恶化的局面。这种局面是只追求高速的经济建设，一味向自然索取，一贯以人类为中心的发展模式的必然结果。生态文明的本质，就是认定生态环境是人类一切社会经济发展的基础，所有的发展都要从这个基础的承载能力出发，不顾生态基础的承载能力的盲目发展，最终只能是得不偿失。建设生态文明所要解决的正是这种因为过多的强调人而忽视自然的发展理念所导致的一系列问题，是人类统筹人与自然的双重需要，在满足人类自身需要的同时又充分强调人类的自然本性，与自然和谐相处，是人类充分认识自身和自然界发展的客观规律的体现，也是共产主义者为达到自己所毕生追求的目标——实现人的真正自由而全面的发展的努力的必然趋向。

生态文明建设战略思想及其理论的形成有一个过程，党对生态文明建设问题的认识也有一个过程。

世纪之交，全球生态环境持续恶化、可持续发展日渐成为世界各国的共同追求，中国社会主义现代化建设进程中亦产生了一些生态环境问题，以江泽民为核心的党的第三代中央领导集体在党的十四届五中全会上提出了可持续发展的战略思想。在庆祝中国共产党成立 80 周年大会上，江泽民向全党提出了“要促进人和自然的协调与和谐，使人们在优美的生态环境中工作和生活。坚持实施可持续发展战略，正确处理经济发展同人口、资源、环境的关系，改善生态环境和美化生活环境，改善公共设施和社会福利设施。努力开创生产发展、生活富裕和生态良好的文明发展道路”的基本要求。在此基础上，党的十六大把生态环境与政治、经济、文化列在一起，作为全面建设小康社会的四个目标之一。

2004 年 3 月，胡锦涛在中央人口资源环境工作座谈会上的讲话中对可持续发展的目标提出了具体要求，他指出：“可持续发展，就是要促进人与自然的和谐，实现经济发展和人口、资源、环境相协调，坚持走生产发展、生活富裕、生态良好的文明发展道路，保证一代接一代地永续发展。”2007 年，“生态文明”第一次出现在党的代表大会报告中。党的十七大报告指出：“建设生态文明，基本形成节约能源资源和保护生态环境的产业结构、增长方式、消费模式。循环经济形成较大规模，可再生能源比重显著上升。主要污染物排放得到有效控制，生态环境质量明显改善。生态文明观念在全社会牢固树立。”2009 年 9 月，党的十七届四中全会把生态文明建设提升到与经济建设、政治建设、文化建设、社会建设并列的战略高度，并作为中国特色社会主义事业总体布局的有机组成部分；2010 年 10 月，党的十七届五中全会提出要把“绿色发展，建设资源节约型、环境友好型社会”，“提高生态文明水平”作为“十二五”时期的重要战略任务；2012 年 11 月，党的十八大将生态文明建设与经济建设、政治建设、文化建设和社会建设并列起来，并把“大力推进生态文明建设”作为一项重要内容独立出来单独加以论述，反映了中国共产党已经形成了较为系统的生态文明建设理论。

（二）社会主义生态文明建设理论提出的依据

生态文明建设理论的提出是立足于新世纪新阶段发展的特点、经过认真的研究和深刻的总结得出的结论，有着坚实的理论基础、丰厚的思想渊源和深刻的现实背景。

第一，社会主义生态文明建设战略思想提出的理论依据。

马克思和恩格斯在将其毕生精力致力于无产阶级解放斗争的同时，对人与自然的关系问题也有过许多精辟的论述，逐渐形成了生态文明的理念和思想。

马克思和恩格斯认为，自然界是人类物质生产实践活动的内在要素，任何经济社会形态的存在与发展，都必须以自然界为基础，自然界和劳动共同创造了财富。作为人类认识和改造的对象，自然界是“劳动本身的要素”，是自然资源和劳动力一起，共同构成了形成财富的两个最原始的要素。马克思指出：“正象生产的第一天一样，形成产品的原始要素，从而也就是形成资本物质成分的要素，即人和自然，是同时起作用的。”恩格斯也认为，劳动与自然界在一起才能使劳动成为一切财富的源泉，因为自然界为劳动提供材料，劳动把材料转变成财富。马克思和恩格斯的上述思想从根本上改变了以往人类对自然界的片面理解。对我们今天从事社会主义现代化建设仍然具有重要的现实意义。马克思还认为，人是自然界的一部分，自然并不是与人对立和分离的存在，而是与人一体化的有机整体。他曾明确地指出，“人直接地是自然存在物。”“人靠自然界生活。这就是说，自然界是人为了不致死亡而必须与之处于持续不断地交互作用过程的、人的身体。所谓人的肉体生活和精神生活同自然界相联系，不外是说自然界同自身相联系，因为人是自然界的一部分。”恩格斯也指出：“人本身是自然界的产物，是在自己所处的环境中并且和这个环境一起发展起来的”；“我们每走一步都要记住：我们统治自然界，决不像征服者统治异族人那样，决不是像站在自然界之外的人似的，——相反地，我们连同我们的肉、血和头脑都是属于自然界和存在于自然之中的”。可见，在马克思和恩格斯看来，人类以及人类意识都是自然和环境的产物，人不可能在脱离自然以后仍然还能生存和发展。

人与自然的关系问题是人们在生产和生活实践中面临的首要问题，也是马克思和恩格斯生态思想的主题。马克思、恩格斯认为，人与自然之间是既相依存又相对立的辩证统一体。一方面，自然界是人类生活的物质基础和人类实践活动的对象，人类要想持续生存与发展，就必须改造自然界，从事生产活动；另一方面，正是在改造自然界的生产和生活实践中，人才使自己的类本质得到确认。马克思认为，在改造自然的认识活动中存在着人与自然的认识与被认识的关系。人在改造自然的实践活动中要探索自然的本质和规律，同时由于认识活动的能动性，人在认识自然的过程中还会在思维中实现“自然的人化”，可以说客体的东西主体化和主体的东西客体化；在历史的经济过程中，客体的自然的因素在工业以前的环境下占据优先地位，相反，主体干涉的因素在工业社会的条件下，则越来越对自然给予的物质发挥自己强大的作用。马克思、恩格斯强调我们在认识自然的过程中要做到利用主观和客观两个尺度。如果只从主体尺度出发而忽略了客观尺度，就会形成人类中心主义，形成资本主义式的掠夺性的开发，必然会引起生态环境的恶化。

人们对客观世界的改造只能是建立在尊重自然和自然规律的基础上的。那种凭借自己的主观意志一味以自己为中心而不考虑自然环境的承载能力的行为最终必然会受到自然界的无情惩罚。正如恩格斯所指出的："不要过分陶醉于我们人类对自然界的胜利。对于每一次这样的胜利，自然界都对我们进行报复。每一次胜利，起初确实取得了我们预期的结果，但是往后和再往后却发生完全不同的、出乎预料的影响，常常把最初的结果又消除了"。因此，建立人与自然相互协调的关系是人类生存与发展的重要保障。作为一个相互依赖、相互作用的有机整体，人与自然只有和谐相处，才能实现持续发展，共生共荣。

第二，中国特色社会主义生态文明建设战略思想形成的思想渊源。

中国有着五千年之久的辉煌灿烂的古代文化，在这些闪耀着古人智慧的文化中，蕴藏着非常丰富而又异常深刻的生态智慧。在中国古代，人们习惯将人与自然的关系称作天人关系，所谓的"天人合一"，说的就是人与自然和谐相处，实现人与自然合而为一、融为一体的理想状态。中国古代的很多思想家都认为人是自然界的一部分。人与自然的沟通，最早可以追溯到伏羲氏通过"仰观天象，俯察地理，近取诸身，远取诸物"而发明的八卦。《周易·系辞传下》有这样的记载："古者包牺氏之王天下也，仰则观象于天，俯则观法于地，观鸟兽之纹与地之宜，近取诸身，远取诸物，于是始作八卦，以通神明之德，以类万物之情。"春秋战国时期，老子提出："道大，天大，地大，人亦大。域中有四大，而人居其一焉。人法地，地法天，天法道，道法自然。"强调人必须要按照自然规律办事，以谋求人与自然之间的和谐。庄子也在《庄子》一书中开篇宗义，指出："知天之所为，知人之所为者，至矣。"把正确认识天地自然与人的属性和关系作为一个人是否具有学识的最高境界。他的"天地与我并生，万物与我为一"，正是他从物性平等出发，主张万物与人融为一体，实现人与自然和谐发展的体现。在庄子看来，"天地有大美而不言，四时有明法而不议，万物有成理而不说，圣人者，原天地之美而达万物之理。是故至人无为，大圣不作，观于天地之谓也。"他认为自然界本身已经为其安排好了自身的美好秩序，人生活在其中只要顺其自然，自然就能达到"无为而无不为"的境界。需要指出的是，中国古代文化在强调人应该尊重自然、顺应自然的同时，并不主张人消极地等待和被动地接受自然的安排，相反却倡导人应该在认识并尊重自然规律的前提下采取积极的态度适应环境、达成目的。"天行健，君子以自强不息；地势坤，君子以厚德载物"说的就是这个道理。

新中国建立以后，作为执政党的中国共产党，对我国社会主义建设中的生态建设做过初步探索，在大力从事以重工业为重点的经济建设时期就曾提出过要保护生态环境的问题。毛泽东关于"兴修水利"的思想，工业要在沿海和内地均衡布局的思想，南北各地的绿化"对农业，对工业，对各方面都有利"的思想，资源要有计划地利用的思想，必须反对铺张浪费、提倡艰苦朴素作风、厉行节约的思想，以及"夫妇之间应该订出一个家庭计划，规定一辈子生多少孩子"的思想，等等，都反映了他在保护生态环境、维护生态平衡方面所作出的积极探索。虽然后来在"赶超英美"、"跑步进入共产主义"等不切实际目标指导下，也曾一味地相信"人定胜天"，并提出"向自然界开战"，造成了生态环境的巨大破坏，但也为后来党制定更加明确的生态战略提供了宝贵的经验和启示。

党的十一届三中全会以后，以邓小平为核心的党中央第二代领导集体，认真总结党的第一代领导集体从事社会主义建设的经验教训，以世界各国在追求经济高速发展时所带来的资源短缺、环境污染和生态恶化为鉴，在提出以经济建设为中心，"发展是硬道理"的同时，提出了在制定和实施经济与社会发展规划时应该正确处理经济发展与环境保护的关系思想。如邓小平所指出：

“核电站我们还是要发展，油气田开发、铁路公路建设、自然环境保护等，都很重要。”他提出的判断社会主义建设成败得失的“三个有利于标准”，就是主张经济发展的速度应该与质量和效益相统一、经济社会发展应该与人民生活质量的提高相统一，其实质，归根结底就是要在实现经济发展的同时注意生态环境的保护，以实现中华民族的长远和持续发展。

总之，中国传统文化中所蕴含的人是自然界的一部分和人与自然和谐相处的思想与今天我们所进行的生态文明建设有着内在的一致性。这些闪烁着生态智慧的思想之所以经久不衰，历久弥新，就是因为它们把握住了人与自然之间关系的真谛，就是因为在以它们为指导来处理人与自然之间的关系时取得了积极的效果。这些重要的思想遗产，同以毛泽东为核心的党中央第一代领导集体、以邓小平为核心的党中央第二代领导集体保护生态的思想一起，共同构成了中国特色社会主义生态文明建设战略思想提出的思想渊源。

第三，中国特色社会主义生态文明建设战略思想形成的现实背景。

党的十八大将“大力推进生态文明建设”作为一部分内容单独列出来进行论述，标志着中国共产党对社会主义建设规律和人类社会发展规律认识上的新的升华。这是适应当前我国在社会主义现代化进程中所面临的日益严重的资源和环境问题的客观需要，又是立足于中国的基本国情、着眼于中华民族的长远发展所作出的伟大而又正确的战略抉择。

一是，我国经济建设和社会发展取得的巨大成就为实施生态文明建设战略提供了必要的物质和技术基础。党的十一届三中全会以来，以邓小平为核心的党中央第二代领导集体，重新确立了“解放思想、实事求是”的思想路线，把党和国家的工作重心转移到经济建设上来，作出了改革开放的伟大决策，在立足中国社会主义初级阶段的基本国情和建设有中国特色社会主义的理论指导下，我国经济得到了长期平稳较快的发展，经济建设成就举世瞩目。经过三十多年的发展，截至2012年，我国的经济总量已经跃升至世界第二位，“社会生产力、经济实力、科技实力迈上一个大台阶，人民生活水平、居民收入水平、社会保障水平迈上一个大台阶，综合国力、国际竞争力、国际影响力迈上一个大台阶，国家面貌发生新的历史性变化。”所有这些，为党和国家提出并深入贯彻实施生态文明建设战略奠定了必要的物质和技术基础。

二是，我国继续发展所面临的生态环境问题日益严峻成为实施生态文明建设战略的必然要求。中国拥有世界上21%的人口，而在能源以及其他重要战略资源储备总量方面比如石油、天然气、铁矿石、铜矿石、铝土矿等则只占世界储备总量相当小的份额，发展中大国和人均资源短缺是我国社会发展的突出矛盾。改革开放以来，我国在经济建设取得巨大成就的同时，也积累了一系列问题。其中最为严重的一个问题就是生态环境的恶化。生态环境直接影响到人们的身体健康和生活质量，不断恶化的生态环境如大气污染、水污染、水土流失现象严重等必然会激起人民群众的不满，引发社会问题，从而影响社会主义现代化建设的大局。另外一个十分突出的问题则是因为经济增长方式的粗放所导致的资源能源短缺问题。长期以来，我们坚持以经济建设为中心，追求经济发展的高速度，但始终没有处理好人口、资源与环境的协调问题，而且经济发展方式粗放，导致我国已经成为世界上资源最为短缺、污染最为严重、生态环境最为恶化的国家之一。我国石油的对外依存度已经上升到56.7%，重要矿产资源的对外依存度也在快速上升，多年平均缺水量已达536亿立方米，2/3甚至以上的城市缺水，其中110座城市严重缺水，耕地也已逼近18亿亩红线。然而在这种情况下，我国单位产品资源能源消耗量却比西方发达国家高出许多，这无疑加大了我国在资源和环境方面面临的压力，同时也加快了我国在发展中产生的问题的积累速度。破解这些在经济发展中产生的难题，使发展中产生的问题在由新的发展理念指导下的新的发展中得到解决，正是生态文明建设战略思想提出的重要原因。

三是，建设生态文明是国际社会共同关心的普遍问题，是人类社会发展的必然趋势。1972年6月在瑞典首都斯德哥尔摩举行的世界第一次人类环境会议、1992年7月在巴西首都里约热内卢举行的联合国环境与发展大会以及2009年12月在丹麦首都哥本哈根举行的世界气候大会，都是世界各国齐心协力应对生态环境恶化问题的重要标志。生态问题是没有国界的，它毫无疑问地成为国际社会所共同关心的问题。生态危机所导致的恶劣后果，任何国家都难以幸免。在努力改善人与自然关系、实现人与自然和谐发展的过程中，任何国家都不能置身事外。近些年来，西方资本主义国家涌现的生态社会主义和生态学马克思主义等社会思潮直指生态问题，并提出了一些解决生态问题的建议。事实上，西方各主要国家绿党的产生和迅速壮大就是西方国家日益关注生态问题的最好表现。绿党主张人是自然界的一部分，人是立于自然之中而不是跃居自然之上的，人类应该合理地利用和开发有限的自然资源，发展生态经济，强调维护和实现生态系统的平衡，反对破坏生态系统的人类行为。生态社会主义思潮认为，人类只有一个赖以生存和发展的世界，而今的生态危机是属于全球化的没有国界的全球性危机，保护生态环境是全人类共同的责任和使命，也是全人类的共同利益所在，世界各国人民应该携起手来，同舟共济，共同治理全球生态环境问题，造福自身及子孙后代。生态学马克思主义则认为导致当今全球性生态危机的原因是多方面的，但更主要的是因为资本主义生产方式的产生和发展，指出人类走出生态危机的根本出路就是建立"稳态"的社会主义经济模式。毫无疑问，这些思潮都不约而同地将维护生态环境，创造一个没有污染、人与自然和谐相处的局面作为自己的奋斗目标。

适应世界各国保护环境、维护生态，追求人与自然和谐共处的潮流，结合中国的现实国情，反思自身在发展中产生的问题，以实现中华民族的健康和永续发展，是中国共产党生态文明建设战略思想提出的国际背景。

二、社会主义生态文明建设理论形成的重大意义

党的十八大报告指出："建设生态文明，是关系人民福祉、关乎民族未来的长远大计。"大力推进社会主义生态文明建设，对我们实现建设美丽中国、全面建成小康社会的伟大目标和实现中华民族的永续发展具有重要意义。

第一，加强生态文明建设，有利于建设美丽中国。"努力建设美丽中国，实现中华民族永续发展"是党的十八大立足我国经济社会发展的全局，准确把握我国在新世纪新阶段实现继续发展所面临的有利条件和严峻挑战的背景下提出的宏伟目标。所谓美丽中国，既是人与自然和谐相处、共生共荣的中国，也是人与人及其社会融洽相处、和谐发展的中国。建设美丽中国，二者不可偏废其一。大力推进社会主义生态文明建设无疑会对我们建设一个这样的美丽中国发挥出越来越积极的作用。美丽中国必须促进人与自然和谐相处。一直以来，为追求经济发展的高速度，我们在资源能源和生态环境方面付出了极其严重的代价。比如说在能源资源消耗方面，我国与西方发达国家相比资源能源产出效率极低；生态环境方面，水土流失、江河污染、雾霾天气、雨雪冰冻、酸雨横行等种种生态退化现象愈演愈烈。这些问题的产生，可以说都是工业文明的发展理念所导致的必然结果。如果继续以这种发展理念指导我们的现代化建设，势必会使古老的中华文明重蹈古埃及文明、古巴比伦文明、古地中海文明和美洲玛雅文明等古老文明灭亡的覆辙，将中华民族带进灭亡的深渊。面对这些在工业文明理念指导下的发展过程中产生的棘手的问题，如果

仍然用工业文明的传统思路显然是解决不了的,唯一的办法就是转变发展思路,以生态文明建设为契机,大力发展生态技术,果断抛弃传统工业生产“资源—产品—废弃物”的先污染、后治理的发展方式,转而走进“资源—产品—再生资源”的边发展边治理的良性循环,以在新的基础上实现人与自然的和谐相处和持续发展。美丽中国更要处理好人与人及其社会之间的关系。追求发展的高速度所带来的恶劣影响不仅体现在能源资源和生态环境方面,也体现在人与人、人与社会的关系中。如果说环境污染所导致的后果主要体现在自然对人的报复,体现在自然不再给人类新鲜的空气、洁净的水和没有公害的食品;那么工业文明的发展方式所引发的人与人、人与社会之间的危机则主要表现在每个人都追逐实现自身利益最大化的过程中因个人能力和方法手段的不同所导致的贫富分化加剧和诚信缺失。十一届三中全会以前,由于我们一度追求“一大二公”的绝对平均的社会主义,各方面建设社会主义的积极性得不到发挥,影响了社会主义现代化建设进程。十一届三中全会以来,党中央转变发展理念,冲破“绝对平均主义”的桎梏,允许一部分地区、一部分人因为有利条件而先发展、先富起来,这种理念对促进我国经济进步和社会发展的确起到了巨大作用,但也导致了地区差异加大和两极分化现象的产生并且这种现象呈现出越来越严重的局面。如不迅速采取有效措施改变现状,那么对个人利益的无止境追求所引发的诚信危机势必引发深层的社会危机,地区发展差距的加大和贫富分化的加剧也势必会激化社会矛盾,进而影响到改革、发展、稳定大局。此时,大力推进以保护生态环境、发展循环经济、实现人与自然、人与人、人与社会和谐共生为基本宗旨的生态文明建设,无疑对统筹解决我们在发展中产生的人与人、人与社会之间的各种矛盾问题具有重要意义。

第二,加强生态文明建设,有利于全面建成小康社会。我们所要努力建成的全面小康社会,应该是经济、政治、文化、社会和生态协调发展的社会,应该是不同社会阶层和不同地区的所有社会成员的生活水平和生活质量有整体性提升、不同阶层不同地域的社会成员的收入水平差距日渐缩小的社会,应该是以人为本思想全面贯彻、人的素质全面提高、实现人的全面发展的社会,应该是注重实现经济发展与人口、资源、环境相协调的能够可持续发展的社会。党的十八大立足我国经济社会发展的实际,在十六大和十七大确立的全面建设小康社会目标的基础上,对我们正在努力全面建设的小康社会提出了新的要求,即经济持续健康发展、人民民主不断扩大、文化软实力显著增强、人民生活水平全面提高、资源节约型、环境友好型社会建设取得重大进展。这些要求与生态文明所主张的人与自然、人与人以及社会的和谐共生、良性循环与全面发展不谋而合。木桶原理告诉我们,决定一只水桶能盛多少水的往往不是最长的那块木板而是最短的那块木板。我们正在从事的中国特色社会主义建设伟大事业也正是由经济建设、政治建设、文化建设、社会建设和生态建设这五个方面共同组成的一只木桶,以往我们只注重经济建设,关注物质文明的实现和满足而对生态文明建设的重视不够,在唯经济增长、唯GDP论的错误指导下,尽管我们在经济建设方面取得了巨大的成就,但同时也导致了生态文明建设的长期滞后。不难想象,如果我们不能尽快地补齐社会主义现代化建设中五位一体的生态文明建设这块短板,即使我们能够将经济建设这块木板造的很长,即使我们能够实现物质层面的小康,最终也会因为生态文明建设这块短板的作用而使已经取得的成果得而复失。这就直接关系到全面建成小康社会最终目标的实现,直接影响到人民群众实现小康的层次和水平。因此,大力推进生态文明建设,对我们实现全面的、高水平的小康具有重要意义。

第三,加强生态文明建设,有利于破解发展中的难题。长期以来,为追求经济发展的高速度和经济利益的最大化,我们曾经一度非常倚重高投入、低产出、粗放型的经济增长方式,从而影响了我国经济的健康发展。于是,在享受经济高速增长的同时,我们也体味到了因高增长而带来的苦果,如能源紧张、资源短缺、生态退化、环境恶化、气候变化、灾害频发等。这种只重视经济效益而忽视生态效益的发展,给实现可持续发展带来了极为不利的影响。以往人类社会所创造的几种文明形式被事实证明并不能从根本上解决生态危机问题,要解决这种“文明病”,迫切需要一种新的文明形式来指导新的发展。生态文明,作为工业文明发展到一定阶段的产物,是超越工业文明的人类文明新形态,是在对工业文明带来的严重的生态安全进行深刻反思的基础上形成的。这种文明以“基本形成节约能源资源和保护生态环境的产业结构、增长方式、消费方式”等作为其基本内容和主要目标,是党中央审视当代世界文明发展大势和当代中国全面建成小康社会的现实要求所提出的新的发展理念。大力推进社会主义生态文明建设,是推动国民经济实现又好又快发展,破解发展中产生的难题,实现人与自然和谐共存的必由之路。

三、中国特色社会主义生态文明建设的基本要求

(一)生态文明建设必须立足当代中国的基本国情

生态文明理念是依据当代中国的政治、经济、文化和社会发展的客观形势适时提出的。其具体要求是实现人与自然、人与人及其社会的和谐相处和持续发展,这就决定了生态文明建设决不能是抽象的、脱离世情和国情的,而必须是从中国仍处于并将长期处于社会主义初级阶段的基本国情出发,用生态文明的新理念指导改革、发展、建设的实际,进而谋求人与自然、人与人、人与社会之间矛盾问题的根本解决。尽管生态问题没有国界,生态危机所带来的危害已影响到全世界,生态问题毫无疑问地应该是全人类共同的问题,但是在市场经济纵深发展、全球化浪潮一浪高过一浪的时代背景下,人类世界即世界各国自身的利益分化和差别不仅没有消失,反而在日益加大的国际竞争压力下有不断扩大的趋势。在这种情况下,各个民族国家在考虑问题和制定政策时都会首先从本国和本民族的利益出发,哪怕是像生态危机这类对整个供人类生存的唯一的地球的可持续发展具有明显危害的问题也不能例外。在推进生态文明建设的过程中,我们既要考虑全人类的共同利益,更要考虑中华民族自身的利益,脱离中国实际情况开展生态文明建设,不仅不利于我们正确地认识和从根本上解决生态环境恶化,也不利于解决因生态环境问题而引起的社会矛盾,只会白白消耗得来不易的经济建设成果,削弱自身的持续发展能力。这就要求我们,一方面要充分认识到大力推进生态文明建设的重要性,同时又要保持清醒和理智的头脑,在“共同但有区别”的原则下同国际社会一道为解决全球性生态问题作出自己力所能及的贡献。

(二)生态文明建设必须坚持社会主义的基本方向

社会主义制度是更好地推进生态文明建设的制度保障。社会主义制度在中国的确立,是近代以来中国历史发展的必然。只有社会主义才能救中国,只有中国特色社会主义才能发展中国。推进生态文明建设,是我国在经济发展到一定阶段所面临的资源能源、生态环境和社会矛盾问题进一步凸显的背景下作出的必然选择,它的最终目的就是为了更好地建设和发展中国特色的社会主义。马克思主义认为,社会主义制度的建立,是彻底解决人与自然之间矛盾和冲突的根本前提。科学社会主义的基本原理,是马克思和恩格斯在深刻揭露当代资本主义的罪恶与腐朽、矛盾与缺陷的基础上形成的,它包含着马克思、恩格斯对人类以往文明的深刻反思。在社会主义社

会，人们的利益从根本上说是一致的，这就不会因为人们利益的分化和冲突，不会因为人们对各自利益的追求而阻碍生态文明建设的进程。马克思曾经指出："这种共产主义，作为完成了的自然主义，等于人道主义，而作为完成了的人道主义，等于自然主义，它是人和自然界之间、人和人之间的矛盾的真正解决"。尽管社会主义还只是共产主义的初级阶段，但是在决定社会性质的最主要的基本特征方面，社会主义和共产主义之间并没有本质的区别。生态文明建设所要求的基本前提，只有社会主义制度下依靠人民民主专政的国家政权和强大的社会主义性质的国有经济才能提供和保障；而社会主义的继续发展，也迫切要求大力推进生态文明建设，以保障人与自然和谐相处和共生共荣。生态文明与社会主义是内在紧密地联系在一起的，推进生态文明建设与建设和发展中国特色社会主义二者紧密结合，相互推动，相得益彰。

（三）把生态文明融入社会各方面和全过程

党的十八大提出，要"把生态文明建设放在突出地位，融入经济建设、政治建设、文化建设、社会建设各方面和全过程"。这是对我国社会主义现代化建设在新的发展阶段提出的新的要求，也是推进生态文明建设的实质。大力推进生态文明建设，绝不仅仅是简单的做好资源和环境等方面的工作，而是涉及生产方式和生活方式的根本性变革的重要战略任务。它既需要我们做好资源环境等方面的相对独立的工作，更需要我们在物质文明、政治文明和精神文明的各个层面，在经济建设、政治建设、文化建设和社会建设的各个领域进行全面而深刻的变革，使生态文明的理念、原则和目标等深刻融入和全面贯穿到社会主义现代化建设事业的各个方面，从而在形成人与自然和谐发展的新格局中发挥更大的作用。把生态文明建设融入经济建设，就要建立以循环经济为核心的生态经济体系，走新型工业化道路，调整和优化经济结构，培育发展循环经济，积极发展生态农业、生态工业和现代服务业，努力倡导绿色消费，走出一条科技先导型、资源节约型、清洁生产型、生态保护型、循环经济型的经济发展途径；把生态文明建设融入政治建设，就要大力推进政治体制改革，不断扩大人民民主，推进依法治国，建设法治国家和法治政府，使司法公信力不断提升，人权得到切实尊重和保障，实现人民群众富裕程度普遍提高、生活质量明显改善、人居环境更加美化、人与自然关系更加和谐；把生态文明建设融入文化建设，就要大力发展生态文化产业和事业，发展生态哲学、生态伦理学、生态经济学、生态法学、生态文艺学等等学科，并努力发挥它们在生态文明建设中的作用，不断提高全社会的生态意识、生态观念、生态思维和生态生产能力；把生态文明建设融入社会建设，就要坚持以人为本的发展理念，坚持执政为民，重视增加居民收入和改善民生，努力实现发展成果由人民共享，努力缩小收入差距和实现社会公平，积极反对腐败，建设一个人民安居乐业、社会民主公正、政府清正廉洁、国家繁荣兴旺的太平盛世。

（四）生态文明建设必须尊重生态文明的发展规律

马克思主义认为，人与动物的最大区别就是人具有主观能动性，这是人的最可贵之处。但是这种主观能动性并不是随意可以发挥的，它必须以充分认识和尊重事物发展的客观规律为前提，如果违背了事物发展的客观规律，那么必然会受到客观规律的惩罚。推进生态文明建设也必须充分尊重生态文明建设自身的规律。马克思指出："人们自己创造自己的历史，但是他们并不是随心所欲地创造，并不是在他们自己选定的条件下创造，而是在直接碰到的、既定的、从过去承继下来的条件下创造。"生态文明作为继原始文明、农业文明和工业文明之后的文明的新形态，它必然是立足于人类过去文明史上一切精华的吸收和缺点的克服的基础上的。这就要求我们在推进生态文明建设的过程中,必须正确地对待原始文明、农业文明和工业文明中具有积极意义的内容,而绝不是一概排斥其合理成分将其简单地抛在一旁。那种忽视和抹杀人类过往文明史上曾经对人类的发展和进步起过巨大作用的文明成果的思想和行为,是从根本上违背生态文明建设的自身规律的,必将受到规律的惩罚。

第三节　建设社会主义生态文明的措施和途径

当前我国正处于经济社会发展的重要转型时期,环境形势依然严峻,资源压力继续加大,生态文明建设任重道远。本章在全面分析中国现阶段生态环境发展现状的基础上,以中国特色社会主义生态文明建设的五大基本要素和动力机制为突破口和切入点,进一步提出推进中国特色社会主义生态文明建设的战略选择和相关政策建议,以更好地促进“美丽中国”建设,努力走向社会主义生态文明新时代。

一、健全完善环境制度

中国的环境制度建设应与市场经济体制改革和国家政治体制改革的要求和进程相适应,通过建立合理的利益新格局和绩效考核新机制,理顺中央与地方、环保部门与经济部门的关系,促进国家生态环境保护与经济社会发展的相互协调。

(一)加大政府环境管理体制机制改革力度

1.健全完善环境管理组织体系

要加强环保、国土资源、卫生监督、工商税务等部门之间的职能协调合作,必要时可以将分散于国家林业局、农业部、水利部等其他资源管理部门中的环境管理职能集中起来,统一归国家环境保护部行使,要加强跨区域环境管理协调机构建设,加强环境监测、环境信息调查统计的机构建设,协调处理好部门间、行业间、区域间、流域间、企业与社会间等各种利益关系,切实增强政府履行环境管理职能的能力。

2.完善环境与发展综合决策机制

政府在制定城市发展、区域开发、产业政策、审批重大项目等经济建设和社会发展政策规划时,要保障环境保护主管部门的参与,加强环境影响评价和环境审议,确保工程项目绿色化、无污染、无破坏。要完善决策责任追究制度,对决策主体的失误决策和执行不到位导致生态破坏和环境污染等方面的后果,要依法追究其法律和行政责任。

3.建立健全绿色 GDP 评价体系

目前,绿色 GDP 面临着一些技术上和观念上的困难和阻力,不可能在短期内全面推广实施,需要循序渐进地进行。如在近期我们可以建立一系列与绿色 GDP 相关联的指标,将万元 GDP 的能源消耗、万元 GDP 的排放强度等纳入干部政绩考核中,或者对那些生态资源良好、经济较为落后的欠发达地区在短期内可适当降低 GDP 的发展目标,遏制以牺牲环境为代价开发短期提高 GDP 的项目和产业,同时中央加大生态补偿力度或优先安排前景良好的绿色产业落户,促进欠发达地区经济发展进程。从长远看，我们要在GDP考核的实践运用中总结经验，加强绿色GDP核算的理论方法研究，逐步完善绿色GDP核算的内容和方法，形成更全面、更科学的政府绩效考核体系。

（二）加快环境法律法规体系建设

1.要加快环境立法工作

重新审视已有的环境保护法律法规，根据环境保护和生态文明建设的现实要求，加快环境立法步伐，前瞻性、战略性地研究制定和完善包括环境公益诉讼、环境损害赔偿、公众参与环境决策等方面的法律法规体系，把土壤环境保护、核安全、危险化学品环境管理、生物安全、遗传资源保护以及与人民群众生活密切相关的电磁辐射、重金属、持久性有机物污染等作为法律制定和修改的重要领域，做好相应的配套行政法规、规章和技术规范的研究和标准制定工作，健全和完善法律实施细则，提高环保违法行为的处罚力度，基本形成一套从污染的末端治理转向生产全过程控制，从注重生产领域的环境防治向生产、生活领域的综合环境防治，从强调政府调控转向政府调控、市场调节和社会调控相结合的环境法法律体系。

2.要加强环境执法能力建设

环境执法能力建设包括硬件和软件建设两个方面。在硬件建设方面，要完善相关机构设置和日常环境执法设备，特别是要加强中西部、县级和农村地区环境执法的标准化、规范化建设，使其具备执法机动性、现场取证、联络通讯、信息处理、快速应急反应等各环节的系统配套执法能力，全面提升环境监督现场执法能力。在软件建设方面，加强对环境执法人员的知识、技能、法制培训工作和职业道德教育管理，确保环境执法人员熟悉和正确运用环境法律法规，对企业、个人违规违法的环境行为予以相应的行政、法律和经济处罚，对恶意排污和情节严重的破坏行为，对阻挠、打击、报复环境执法的个人和组织，对环境执法不力、徇私枉法、官商结合和权钱交易等行为要坚决从严从重查处，真正实现“有法可依、有法必依、执法必严、违法必究”，为我国生态文明建设建立坚固的保障防线。

（三）健全完善环境市场机制

运用环境市场机制防治污染、保护自然资源和推动绿色发展已经成为各国共识。中国的生态文明建设要注重各种市场手段的不同组合，将眼前利益与长远利益、局部利益与整体利益、经济利益与生态利益有效结合，促使生态利益与经济利益的相互转化。如进一步深化自然资源产权制度改革，在严格资格审查和公平竞争的基础上，引入多元化的使用权主体，打破资源使用权垄断，扩大并激活转让权，建立完善的产权交易市场，提高资源配置效率；健全环境税收制度，完善计税方法，扩大征收范围，全面推广从价计征的资源税收制度，将税额与资源回采率、环境修复等挂钩，促进经济主体珍惜节约和充分利用资源；完善税收优惠激励政策，对环保设备实行加速折旧，对企业采用先进环保技术改进环保设备、改革工艺、调整产品结构所发生的投资给予税收抵免，对环保产品出口给予税收优惠等；建立反映市场供求和资源稀缺程度、体现生态价值和代际补偿的资源有偿使用制度和生态补偿制度，等等。

总之，不论是何种环境市场机制，其相同点都必须遵循责任者负担原则。

(1)污染者付费原则。由于环境质量是一种稀缺的资源，污染者不仅要支付上述达到环境质量的“可接受状态”的污染削减成本，同时，还应该支付由于其污染所造成的损害成本。

(2)使用者付费原则。作为具有稀缺特征的自然资源，对自然资源进行重新定价，反映出资源开采和利用的全部社会成本，以寻求对资源的社会最优配置。

(3)受益者付费原则。由于环境问题和生态破坏问题的跨界影响特征以及不同地区经济发展水平的差异以及对环境质量需求的差异，在环境市场机制特别是那些旨在促进生态恢复、大型污染治理项目、基础设施项目方面，应该由环境质量或生态状况改善的受益者适当付费。这样促使环境资源的外部性成本内部化，不仅具有克服环境污染和生态破坏的效率特征，同时也具有很强的公平性特征。

二、大力提升公民环境素质

观念决定思路，思路决定出路。大力提升公民环境素质，在全社会牢固树立生态文明观念，唤起公众的环境忧患、责任和参与意识是生态文明建设的基本前提。根据不同社会群体、人在不同发展时期的认知特点，大力提升公民环境素质主要有以下四个途径。

(一)高度重视生态文明教育

中小学时期乃至幼儿时期是世界观、价值观、人生观逐步形成的基础阶段，对人的思想观念和意识形态等影响深远，因此生态文明教育要。从娃娃抓起”，将环境课程纳入中小学必修课程，根据青少年的生理年龄、知识基础、心理发展与接受能力等特点，不断改进教育方式方法，激发他们热爱自然的美好情感，培养他们积极思考、主动探索大自然的良好品质，帮助他们获得人类与环境、动植物与环境的基本知识和生活常识，进而形成科学环保的日常行为和习惯。

要改革完善创新型人才的高等教育培养模式，根据国家生态文明建设的需要，在面向全体学生的公共必修课中开设环境教育课程，使其科学全面地认清当前我国面临的环境形势，熟知并能有效运用环境科学基础知识、环境保护法律法规等。大力促进环境经济学、环境哲学、环境伦理学、民族环境学等交叉学科的发展，将环境保护理念和知识融入各学科的专业教育中，引导学生关注、探讨和参与社会热点环境问题。

要鼓励和支持社会各界开展有针对性的环境教育在职培训，尤其要加大对党政领导干部和企业领导干部的环境素质培育力度，因为各级领导干部处于决策地位，他们的环境素质直接关系到生态文明建设政策举措的实施和落实，他们的环境行为往往对整个社会的环境行为起着关键的示范作用，因此干部教育是公民环境素质培育的重要环节。各级各类机关单位、企事业单位要通过开办系列讲座与常态化学习相结合的方式，向领导干部传输环境保护的科学知识和法律法规；各级党校和行政学院等干部教育机构要开设系统的环境教育课程，通过组织轮训使全体干部接受较为系统的生态文明教育；要把领导干部接受环境教育培训的情况和成效纳入考核体系，切实从硬约束上增强各级各类领导干部提高自身环境素质的主动性和积极性。

(二)实施全民环境宣传教育行动

公民环境素质的培育需要广泛、生动、具体的社会宣传，营造形成“以保护环境为荣、以破坏环境为耻”的舆论氛围，生态文明的理念和内容才能在潜移默化中真正被群众所接受和认可。实施全民环境宣传教育要充分利用互联网、电视广播、报刊书籍、宣传栏等大众媒介，形成覆盖面广、成效显著的宣传网络，为公众了解学习相关环境知识和法规政策提供有利条件；要鼓励新闻媒体、环保志愿者、民间环保组织等充分发挥在揭露违法行为、提倡科学消费方面的重要作用，引导学校、企事业单位、社区等建立环保网站、发行环保刊物、组织环保意识调查等互动性活动，形成生态文明理念宣传的社会合力；要大力推进环境信息公开，如发布当地环境质量信息、设立污染企业名录、曝光环境污染事件、制定“绿色消费指南”等，充分利用群众身边的真实案例、最近发生的新闻事件等素材，引发公众对环境问题的高度重视，增强环境保护的责任感及紧迫感，并做出正确的环境行为选择；要以各种环保节日为重大契机，设立特定的宣传主题，策划一系列主题鲜明、创意新颖、影响深远的环境宣传教育活动，创建一批吸引当地群众积极参与提高环境质量实践的活动品牌，在全社会推动形成广泛的生态文化认同和健康绿色的生活生产方式。

（三）加强环保非政府组织能力建设

各级政府部门要加强政策扶持力度，对人民群众参与或成立各类合法的民间环保组织予以支持和引导，依照有关规定依法办理社团登记手续，科学制定环保社会组织发展规划和促进政策，推动民间环保组织机构建设，打造定位准确、功能全面、作用显著、具有地方特色的民间环保组织体系，重点培育一些运行和管理能力较强、在全国具有较大影响的环保社团，鼓励他们定期或不定期举办生态文明论坛或讲座、创办全国性生态文明期刊等，联合各界人士共同合作，广泛开展社会公益行动。

各级环保部门要建立与民间环保组织之间定期的沟通、协调与合作机制，及时向他们宣传政府部门的有关环境保护政策，适时吸纳民间环保组织代表参与政府及有关部门环保工作的决策咨询，鼓励建言献策，支持他们监督各单位环保法律法规和政策措施的贯彻落实情况，支持他们为维护人民群众的环保权益而进行的各种诉求，鼓励他们积极开展国际环境保护合作交流，努力拓展民间环保组织的参与渠道和活动空间，提高他们的政策、业务水平和参与环境保护事业的能力。同时，要加强监督管理，规范和保障民间环保组织有序健康发展，对不顾中国国情、生搬西方模式的极端环保主义者要加强正确引导、规范和矫正，对那些打着环保的幌子开展非法活动的组织和个人要坚决依法取缔和处罚。

（四）保障公众环境参与权益

要健全完善保障公众环境参与的法律法规。通过立法明确规定参与权是公民环境权利的重要组成部分，任何人不得侵犯和阻挠，要细化公众环境参与的具体途径、程序和方式，规范信息公开的范围、内容、时效、责任结果以及对信息公开的质疑、咨询、监督方法等，各地区也应结合自身的实际情况制定相应的实施条例，使得法律法规具有操作性和可行性，确保公众环境参与真正具体化、制度化、法律化。

要建立覆盖全过程的项目环境信息披露机制。在项目立项阶段，相关部门和企业应编制环境影响评价（EIA）大纲，及时将大纲评价内容及环境影响结论明确易懂地公布于众，鼓励公众就所关心的环境问题以及对自身利益的损害程度提出看法，环境保护部门及相关企业通过分析整理，采纳合理意见；在项目施工阶段，要将有关工艺流程、管线布设、环保措施及达标情况等信息透明化，接受公众的监督；在项目竣工验收阶段，应如实反映项目建设是否达到既定的环保法规、标准要求，听取公众对项目满意程度的反馈，公众满意后，项目才算验收合格；在项目运行阶段，评估部门要深入公众进行个别访谈、发放问卷、召开座谈会等形式了解项目对周围公众及其生活环境的实际影响情况，并将评估结论公开公布，全面保障公众的知情权，为公众关注环境保护、参与环境保护监督与管理提供充分条件。

三、积极培育绿色消费模式

扩大国内绿色需求、构建绿色市场是一项长期的系统性工程，不仅需要消费者绿色消费意识的觉醒、企业技术进步的支持、绿色消费市场的培育，还需要政府的大力引导、公众的环保呼声和公益组织的倡议推动。通过对我国绿色消费需求的影响因素、现状及问题分析，本节将主要从企业生产、政府扶持和市场监管三个方面提出对策建议。

（一）强化企业市场导向意识，不断扩大绿色供给

1. 企业要加强技术改造，满足市场的绿色消费需求

企业应加大绿色技术开发力度，加强绿色产品的开发，强化对产品生产、加工、销售环节的全过程控制，在原材料选择上，使用安全无毒、易于回收再生的材料；在产品制造过程中，推广清洁生产，综合利用资源能源，减少浪费和无谓的损耗，防止过度包装；在保管和运输过程中，确保零污染，形成一个以安全保障为基础的种类丰富、质量优异、能满足各种层次消费者需求的绿色产品体系。

2. 企业要积极拓展销售渠道，扩大绿色产品的市场影响力

企业可以通过传统的零售商推广销售产品，但是要改变绿色产品与其他产品混合摆放的现状，在市场规模较大、人口聚集的区域，建立专门的绿色产品销售机构，方便消费者对绿色产品的识别、购买。企业还要充分利用互联网、电视营销等电子商务渠道有效展示产品的绿色特性，介绍企业内部的清洁生产技术、绿色生产管理过程等，在产品品牌命名和商标设计上反映生态文化内涵，突出绿色形象，引起消费者的关注。此外，企业还应坚持诚信原则，客观宣传绿色产品，做好相关售后服务，提高消费者的绿色消费满意度。

3. 企业要不断创新，深入挖掘和创造市场绿色需求

“优秀的企业满足需求，伟大的企业创造需求”。消费需求分为现实需求和潜在需求两大类，而潜在的需求中包括两种情况：一种是消费者已意识到自己有这种需要，但是由于种种原因，如产品尚未生产出来、产品素质不对路、关联产品不配套或是缺乏购买力等使需求还不能实现；另一种是消费者客观上还未认识到的需求。在激烈的市场竞争中，企业要善于创新产品和市场开发策略，洞察和挖掘消费者的潜在需求，如服装生产企业可以开发集免洗、耐磨、透气、吸湿等特点为一体的绿色服装，创造和引领市场需求，开辟新的绿色消费市场。

（二）完善政府公共服务体系建设，正确引导绿色消费

1. 加快完善有利于绿色消费的信息服务体系

政府应联合企业以及各种相关团体、部门和新闻媒体，通过网络、手机短信、电视传媒等现代化信息传播方式，向消费者提供有关绿色消费以及绿色产品的购买和使用知识，提高消费者的绿色消费认知能力和水平；参考国际经验制定符合我国具体情况的“绿色消费指南”，向社会公布那

些消耗大量资源、不易回收分解、明显伤害环境、危及动植物生存、过分包装等的产品名录，使居民能够基于充分的信息做出理性的消费选择；在信息相对闭塞的农村要尝试互联网站进村，并以广播、信息员包片入户的方式传递绿色消费信息，促进农村绿色消费。

2.加快完善有利于绿色消费的政策服务体系

这主要是指运用价格、税收、信贷等经济手段将企业和个人的行为同其经济效益直接挂钩，从而激励和引导市场主体作出有利于促进绿色消费的行为。如对一次性筷子、大排量汽车等资源消耗量较大或导致严重污染的消费品和消费行为征收较高的消费税；对居民购买节能家电、低碳汽车以及绿色建筑的消费给予比普通利率低的贷款；推行“绿色消费积分卡”制度，允许消费者利用绿色消费积分自由兑换商品；建立消费者付费制度等。

3.加快完善有利于绿色消费的政府采购体系

要进一步完善绿色采购的实施计划和配套措施，对政府采购人员进行教育培训，使他们熟知绿色采购的知识、树立绿色采购意识；定期将政府绿色采购信息公之于众，增加政府绿色采购的公开度和透明度，不但有利于刺激企业不断改进技术、开发绿色产品，而且促使广大消费者信任并购买相应的绿色产品，扩大整个社会的绿色消费市场。

（三）严格规范市场秩序，加大绿色消费保护力度

1.完善绿色产品标准，强化绿色认证

我国应加大绿色产品认证机构和认证体系建设，借鉴国际标准化组织公布的环境管理标准、环境审核标准、环境标志标准、环境行为标准和产品生命周期等评价标准，加强与国际权威认证机构的业务合作，扩大绿色产品和企业的认证和审核范围，覆盖包括产品的选材、生产技术、包装、储存、运输和销售等全过程的标准体系，并做到及时修订与更新，为我国企业严格生产和消费者正确选择绿色产品设立清晰的参照标准。

2.加强市场监管，营造绿色消费的良好环境

要严格落实企业年检制度，对所有获得绿色标志使用权的企业的生产流程、终端产品质量以及绿色标志的使用情况等进行监督、检查、考核和评定，对质量不合格的产品限期整改或取消绿色标识资格；不定期对超市、商场等场所的产品进行抽检，将检验结果向社会公布，通过消费者“用脚投票”放弃购买那些不符合绿色标准的商品，彻底打消企业蒙蔽消费者的侥幸心理；扩大市场监察的范围，除了覆盖大中城市以外，还要逐步向小城镇和广大农村铺开，对那些非法使用绿色标志、盗用绿色标志、模仿绿色产品包装的“山寨”产品，要加大处罚力度，切实保护绿色产品的良好信誉，消除人们对消费绿色产品的顾虑，让居民放心使用绿色产品，形成以绿色消费刺激绿色生产、绿色生产带动绿色消费的良性循环。

3.要强化消费者协会职能，维护消费者绿色消费权益

消费者协会要从维护消费者权益出发，继续深化绿色消费主题活动，找准活动的切入点，注重活动效果，尤其要注意对广大农村消费者和城镇中低收入消费者的绿色消费宣传与教育，帮助他们提高绿色消费知识水平，有效辨识并正确选择绿色产品。同时，还要积极受理消费者在绿色消费中的投诉案件，加大维权力度，增强消费者的绿色消费信心，提高全社会绿色消费的积极性。

四、打造生态文明复合资本

自然资源、生态技术、资金支持是拉动生态文明建设的“三驾马车”，构建形成三大资本良性互动的机制体系，不断扩大生态要素供给，创造更为强大的复合型资本推动力，是中国生态文明建设必不可少的重要措施和基础保障。

（一）加强生态环境保护和治理，增强自然资本推动力

针对我国目前因自然资源开采而造成的地质灾害和遭受破坏的地表环境，总结国际国内生态建设的长期实践和成功经验，增强自然资本推动力主要有三大措施，即保护、自然恢复和人工治理。

1.对生态环境和自然资源进行保护性开发

依据《全国主体功能区规划》等相关规定，严格控制人为因素对自然生态和文化自然遗产原真性、完整性的干扰，严禁不符合主体功能定位的各类开发活动。具体而言，在那些有代表性的自然生态系统、珍稀濒危野生动植物物种的天然集中分布地、有特殊价值的自然遗迹所在地和文化遗址等，要禁止进行工业化、城镇化开发；在一些资源短缺、环境容量有限、生态比较脆弱、地震和地质灾害频发的地区要严格限制能源和矿产资源的开发，并引导人口逐步有序转移；对那些可以开发自然资源的区域，要做到边开发、边绿化、边治理，实现污染物“零排放”，制止新的人为造成的生态退化。

2.依靠自然的力量对遭受退化的生态实现自我修复

研究和实践均表明，生态的加速破坏主要是人类活动的结果，只要消除人类对自然的干扰和破坏，多数地区的生态环境可以依靠大自然的自我修复能力，逐渐恢复到相应的自然条件所能允许的水平，生态建设活动一般只能加快其生态恢复的过程，而且依靠自然的力量对遭受退化的生态实现自我修复也符合我国生态建设任务大、治理难、投资不足的基本国情和多数地区生态具有自我修复能力的自然规律，因此，我们应充分利用这种自然修复能力，对一些在遭受破坏后已难以恢复到原有状态的生态区域，要减少刺激性干扰，控制生态的进一步退化，以最小的投入取得最大的生态建设效益。

3.加强人工综合治理

继续实施天然林资源保护工程，巩固和扩大退耕还林还草、退牧还草等成果，推进荒漠化、石漠化和水土流失综合治理，加大重点流域和区域水污染防治力度，加强森林草原防火和病虫害防治，扩大森林、湖泊、湿地面积，保护生物多样性，加快水利建设，增强城乡防洪抗旱排涝能力，加大持久性有机物、危险废物、危险化学品污染防治力度，强化受污染场地、土壤、水体等污染治理与修复。总之，要对自然生态环境进行综合整治和优化配置，在那些有必要也有能力进行生态修复的地区或区域，建立符合生产和生活需求的人工或半人工生态系统，甚至使其超过自然条件下所能具有的生态质量和数量，建立更高层次的生态系统，构建生态安全屏障。

（二）大力发展绿色科技，增强知识资本推动力

绿色科技的发展是一个由绿色科技理念、绿色科技研发、绿色科技推广等诸多要素组成的动

态系统，这些要素有机交织，共同构成绿色科技发展的支撑体系。依据作用主体以及要素层次的不同，大力发展绿色科技，要注重“三个强化”。

1. 强化科技工作者的伦理道德意识

要注重提高科技工作者的人文素养和伦理责任，通过知识讲座、案例分析以及道德评议等活动使科技工作者树立正确的世界观、人生观和价值观，真正将科技伦理道德观念内化为他们的行动指导，牢牢地把握科技研发和运用的正确方向。要借鉴美国、澳大利亚等发达国家有关科学伦理审查制度运行的成功经验，要求各大研究机构成立相对独立的科学伦理审查委员会，明确资助机构、依托单位以及相关人员等在科研项目进行过程中的伦理职责；对科技成果对生态环境及人体健康等的影响进行评估审查，达标后才能予以批准运用；对科技成果的影响进行后续监督，一旦发现不良苗头和趋势，要及时撤销该项科技的继续应用并要求采取改正和补救措施。此外，还要建立对违反科学伦理规定的问责及处罚制度，若某项科技对生态环境和人体健康存在明显损害却被予以通过，要追究相关伦理审查委员会及其工作人员的法律责任，从根本上切断科研机构及其工作者与企业之间的利益勾结。

2. 强化政府对绿色科技的规划和投入

政府应认真研究制定国家绿色科技发展目标和发展战略，进一步加大对绿色科技的研发投入，明确绿色科技发展的重点领域，大力发展重污染行业的清洁生产工艺、大宗废弃物资源化技术，烟气治理、机动车尾气净化等技术，饮用水安全保障、污水高效处理与回用等技术，土壤污染治理技术，生活垃圾与危险废物处理处置技术；发展智能电网、先进核能以及风能、太阳能、生物能、海洋能、地热能等新能源利用技术；加快农林生态和循环农业技术的集成应用，开展农业节水、污染农田修复利用、农林生态工程、农业重大灾害防控关键技术等研究；大力发展先进环境监测仪器与智能化生态环境监测技术，强化环境污染风险识别与阻断技术开发，提升生态环境监测技术水平；加强气候变化科学研究和技术集成，发展林草固碳等增汇、土地利用和农业减排温室气体、二氧化碳捕集利用与封存等技术，全面提高气候变化应对能力。

3. 强化企业在绿色技术创新中的主体地位

要加大对企业绿色技术创新活动的政策支持，如对绿色技术研发投入和绿色技术人才培训实行税前抵扣等政策支持企业技术创新；降低技术进口关税税率，支持和帮助企业引进国外绿色技术；放宽绿色技术研发企业的上市条件，为企业发展绿色技术提供良好的融资环境等。要积极推动以企业为主体的产学研联合，鼓励企业间不断创新合作方式，拓展合作范围和空间，由过去的单一技术项目合作、短平快项目合作、短期合作逐步拓展为制度创新、关键技术联合攻关和共建技术中心、共建股份制实体的长期合作。要因地制宜地推进高新技术产业园区布局调整和规划建设，发展技术含量高、产业关联度大、带动作用强、辐射范围广的生态科技园，为企业加强与高校或科研机构之间的产学研合作以及企业之间的创新合作创造充分条件，使人才、科研、产业的聚集效应得以最大化发挥。要加快培育企业孵化器、科技评估、科技法律咨询、科技风险投资、技术交易机构等中介组织，为企业绿色技术创新提供多渠道、多功能、多层次和全方位的咨询与服务，不断提高绿色技术的转化和应用能力。要加大知识产权保护力度，引导企业对绿色科技创新及时进行成果登记，保护企业在科技创新的合法权益。要通过建立政府间双边、多边投资合作机制，为中国企业和国外企业及政府加强合作创造便利条件，积极促进企业加入各种国际性的战略联盟，形成绿色技术研发共同体。

（三）建立多元化环境投资体系，增强物质资本推动力

从前面的分析可以看出，资金来源渠道狭窄，融资方式单一，已经成为阻碍我国生态文明建设进程的重要因素。为此，必须契合国家整体宏观政策，在发挥政府投资主导作用的同时，构建适合自身发展的绿色金融体系，为我国生态文明建设奠定雄厚的物质基础。

要确保政府环境投资的资金来源。中央和地方政府在财政支出预算中将环境保护支出作为一项重要预算制度纳入财政支出预算制度，建立环境保护支出预算科目，包括环境监测、生态文明宣传、绿色科技研发、生态环境治理和修复、绿色产业扶持等，稳定提高环境投资在财政支出中的比例，充分满足生态文明建设的需要。

要加强绿色金融产品和金融服务的创新。在银行业方面，继续完善和规范绿色信贷，创新贷款业务、贷款额度、贷款定价、还款方式的组合选择，或者借鉴国际经验，创立生态银行或环保银行，专门为绿色项目提供政策性融资活动。在证券业方面，建立完善企业上市的环境标准，探索设立低碳和环保板块，专门为从事绿色技术和产业发展的企业上市融资。在基金方面，紧跟国际低碳金融的发展趋势，加快碳基金和碳交易市场的发展，设立由政府出资、民间捐赠、商业银行开发等各种形式的专项生态基金，为具有良好 CDM 项目开发潜质和信用记录的企业提供 CDM 项目开发融资，国内的金融机构还可以通过参股国际碳基金或联合境外金融机构成立碳基金的形式参与到国际碳交易市场中，拓展碳交易业务的上下游；此外，我们还可在绿色彩票、短期融资券、中期票据、资产支持票据、风险投资基金、环保设备租赁业务等方面展开有益的尝试，进一步创新绿色金融衍生品，如远期、期货、期权、互换和结构性产品等，广泛吸收社会资金投资于包括城市基础设施、环保设施、污染集中处理设施和废物回收及综合利用设施的建设。

要广泛吸收国际资本的环境投资。利用政府的信用资源，积极争取国际金融组织、各国政府、跨国组织和非政府组织提供优惠贷款、援助，重点用于在西部开发中的环境保护项目，保护西部生态环境系统。加大与实施“绿色新政”的国家、具有较强竞争力的国际企业（集团、跨国公司）、国际金融机构的环境保护合作，鼓励他们以独资、合资、贷款等多种合作形式，以资金、绿色技术、知识产权、环保设备等出资方式，投资于我国的绿色产业、环境治理和生态修复。

五、广泛开展环境外交

当今国际形势复杂多变，中国环境外交必须坚持从中国基本国情出发，以积极的姿态着眼于国家利益与世界利益的高度统一，遵循联合国宪章以及国际法公认的国际关系准则，积极制定、适时调整、不断创新环境外交新战略，为我国生态文明建设创造良好的外部条件。

（一）夯实环境外交的国内基础

1. 加强对环境外交人才的选拔培养，不断提升环境外交中谈判和斡旋的能力

我们要加强环境外交高等教育，开设环境科学—外交学、国际环境法—外交学、国际贸易—外交学、世界经济—外交学等组合的“双学位”教育，在环境系科增设外交学等课程，打造复合型环境外交干部人才队伍。要建立和完善若干配套政策，如增加财政专项预算或财政补贴政策，支持政府、专业队伍与学者深入研究环境外交的发展现状、局限与趋势，理性看待环境安全问题对

世界环境与发展的影响、对国际环境秩序的影响；着力研究当前十分紧迫的温室气体减限排、荒漠化、沙尘暴、酸雨、臭氧层破坏、危险废弃物跨境转移等环境外交问题；认真研究并及时跟踪发达国家和发展中大国的环境外交政策及其重大变化；深入研究环境外交与整体外交的关系等，科学谋划制定中国环境外交战略规划，完善中国环境外交政策，提高环境外交的能力和水平。

2.完善与环境有关的贸易与投资制度，不给跨境污染向我国转移以漏洞可钻

要严格依照国际ISO 14000环境标准及国际贸易协定的调整变化情况，及时制定或修订完善国内相关法规制度，加强对进口商品的检验检疫，坚决禁止那些危害人们身体健康及动植物安全的危险废物、国外淘汰的不符合环保标准的产品进入中国。要加强行政执法力度，严厉打击走私有害废物入境的行为，杜绝洋垃圾市场。要建立完善国际投资产业准入制度，对外商投资的领域与项目进行全面客观的环境影响评价，实施分类管理，对那些高污染而又无法控制的项目，坚决禁止设立；对一些污染程度较大、经济发展需要而又没有配套环保设施和技术的产生，要求外商投资必须同时引进环保设施和技术，并对外商投资的设备进行环保鉴定。此外，还要注重运用市场机制引导外商投资，对那些投资于资源综合利用以及污染防治的新技术和新设备、投资于具有重大影响的生态农业、生态修复建设等领域，可实行税收减免以及固定资产加速折旧等优惠政策；对于外商投资的污染产业、污染产品征收以各种环境税；对已经设立的外商投资企业在生产经营过程中造成了环境污染，相关政府管理部门除了严格按照排污费征收制度、现场检查制度、强制性应急措施制度等履行职责外，对那些情节特别严重的，要追究法律责任，绝不能从经济效益考虑或从吸引更多外资考虑，对造成环境污染的外资企业姑息纵容。

（二）坚持服务国家根本利益的最高原则

1.坚持独立自主、平等互利的基本立场

主权独立与平等是我国处理一切国际事务的基本方针，它包含两方面基本含义，其一是绝不允许他国干涉中国的主权事务；其二是中国绝不干涉他国主权，一切活动都在相互尊重、平等协商的基础上进行。环境外交作为外交领域的一部分，自然也不例外。对于一些发达国家以环保为名干涉我国主权或者援助附加的不合理条件，我们要坚决予以抵制，尤其是要高度警觉“中国生态环境威胁论”的险恶图谋，谨防某些反华势力利用它对中国制度体制和民主政治进行诋毁、指责和干涉，警惕生态环境与经济贸易之间的耦合动向及其态势，关注应对全球金融危机背景下兴起的绿色新政趋势和由此引发的一切可能性问题。

2.坚持争取和捍卫发展中国家权益的基本立足点

中国与广大发展中国家有着相似的遭遇和共同的需求，在国际环境舞台上面临着同样的威胁，承担着同样的任务，是天然的盟友。在未来的国际环境事务中，我国必须继续坚持团结发展中国家共同斗争的一贯策略和基本经验，充分整合发展中国家的集体力量，反对发达国家利用环境问题推行霸权主义和环境殖民主义；要敦促发达国家尽快实现1992年里约大会上承诺的在资金和技术上对发展中国家环境保护予以支持；要加强同七十七国集团的协调与合作，积极参加国际贸易的谈判，反对发达国家以环境保护为名义实行贸易保护主义，对发展中国家设置不合理的绿色壁垒；监督发达国家遵守国际公约，等等。

3.注重国际环境法律手段的运用

通过谈判形式达成由众多国家参与的国际条约或协定对国际环境义务作出规定进而解决争

议是环境外交的普遍手段,因此中国环境外交应格外重视法律手段的运用,其中最重要的是在立法阶段,从以往的一般参与者向维护者、建设者转变,参与国际规则的制定和修改进程,在科学评估即将参与的国际环境协议对本国生态环境和经济社会造成的影响的基础上,促成环境保护国际公约内容的进一步充实,避免承诺并承担与中国国力与国情不符的国际环境责任,防止将跨境污染转移、国际"环境殖民主义"等写入相关的国际公约以及双边或多边协议之中,争取最大利益,维护国家生态安全。

(三)继续推动多层次宽领域的环境合作

1.在合作区域上,立足周边、面向世界

要继续巩固与美、德、俄、加、英等环境大国的双边合作机制,深化与日、韩、印等周边国家及东盟、亚太地区的区域环境对话机制,开拓与巴西、伊朗等发展中大国的环境合作与交流,加强与非洲、拉丁美洲国家的环境合作,在求同存异、协商一致的前提下,制定和完善有关环境问题的国际公约,共同推进全球生态环境的改善。

2.在合作领域上,开拓合作项目、明确合作重点

要通过双边与多边合作以及与联合国机构以及其他国际机构的环境合作,争取和拓展有关环境基础设施建设等方面的资金支持和国际援助;主动引进有利于保护环境、治理污染和资源再生的项目投资或环保新技术;积极开展国际环保交流合作,学习借鉴世界上关于技术推广、人才培训、信息传播、政策制定等方面先进经验和管理机制;善于总结并吸取其他国家在环境治理方面的失败教训,避免重蹈覆辙。

3.在交往主体上,高度重视民间环境外交的积极作用

要健全完善国内现有环境机构的环境合作制度架构,鼓励高校、企业以及民间环境非政府组织参与全球范围的国际环境合作,支持他们举办一些大型国际会议,促使他们积极自信地向世界展示和宣传中国生态文明建设的努力和成就,帮助他们与国际环境组织之间建立高效有力、常态性的信息资源交流和共享机制,不断提升我国生态文明建设的层次和水平。

参考文献

[1]马克思恩格斯选集(1—4卷)[C].北京:人民出版社,1995

[2]马克思恩格斯全集(1、42、46卷)[C].北京:人民出版社,1956

[3]列宁选集(1—4卷)[C].北京:人民出版社,1995

[4]毛泽东选集(1—4卷)[C].北京:人民出版社,1991

[5]李大钊全集[C].北京:人民出版社,2006

[6]邓小平文选(第2、3卷)[C].北京:人民出版社,1994

[7]江泽民文选(1—3卷)[C]北京:人民出版社,2006

[8]认真学习党的十八大精神人民日报重要报道汇编[C].北京:人民日报出版社,2012

[9]宇振华.马克思主义民族理论中国化研究[M].北京:人民出版社,2014

[10]房宁,杨海蛟.马克思主义政治学研究[M].北京:中国社会科学出版社,2013

[11]田克勤,李彩华.中国化马克思主义通论[M].北京:人民出版社,2013

[12]丁东宇.自由的寻找:马克思和谐社会思想转变的内在逻辑研究[M].哈尔滨:黑龙江大学出版社,2012

[13]石仲泉.中国共产党与马克思主义中国化[M].北京:中国人民大学出版社,2011

[14]施维树.马克思主义中国化论析[M].成都:四川大学出版社,2007

[15]何一成.马克思主义中国化专题研究[M].长沙:湖南人民出版社,2005

[16]顾海良.马克思主义发展史[M].北京:中国人民大学出版社,2009

[17]龙德成.马克思主义者瞿秋白[M].北京:中共党史出版社,2005

[18]龚育之.从毛泽东到邓小平(增订新版)[M].北京:中共党史出版社,2000

[19]何继龄.马克思主义中国化问题研究[M].北京:中国社会科学出版社,2006

[20]邓剑秋.马克思主义中国化思想[M].北京:人民出版社,2009

[21]张森年.中国马克思主义理论创新之道[M].上海:上海人民出版社,2007

[22]周连顺.探索与出路——毛泽东与马克思主义中国化[M].北京:人民出版社,2009

[23]汪青松.马克思主义中国化与中国化的马克思主义[M].北京:中国社会科学出版社,2005

[24]王建辉.马克思主义生态思想研究[M].武汉:湖北人民出版社,2007

[25]刘仁荣,方小年.毛泽东思想的理论创新研究[M].北京:人民出版社,2004

[26]中共中央宣传部新闻局."三个代表"重要思想、马克思主义新闻观、职业精神职业道德学习读本[M].北京:人民日报出版社,2004

[27]雷清.马克思主义中国化简明读本[M].北京:中共中央党校出版社,2011

[28]包心鉴.马克思主义中国化的基本规律与当代走向[M].北京:人民出版社,2011

[29]侯树栋,辛国安.马克思主义中国化的基本经验[M].北京:人民出版社,2009

[30]林志友.马克思主义中国化的进程及其规律研究[M].北京:中国社会科学出版社,2010

[31]李华锋,秦正为,于学强等.中国特色社会主义理论与实践研究[M].北京:人民出版

社,2012
[32]张继昌,宇正香.中国特色社会主义理论研究[M].杭州:浙江大学出版社,2011
[33]郭湛,安启念.马克思主义中国化教程[M].北京:人民出版社,2008
[34]陶德麟,何萍.马克思主义哲学中国化[M].北京:北京师范大学出版社,2007
[35]毕国明,许鲁洲.中国哲学与马克思主义哲学中国化[M].北京:人民出版社,2010
[36]孙居涛.马克思主义经济理论中国化基本问题[M].北京:中国社会科学出版社,2008
[37]刘增惠.马克思主义生态思想及时间研究[M].北京:北京师范大学出版社,2010
[38]李世书.生态学马克思主义的自然观研究[M].北京:中央编译出版社,2010
[39]郭建宁.马克思主义哲学中国化的当代视野[M].北京:人民出版社,2009
[40]陈占安.党的十六大以来马克思主义中国化的新进展[M].北京:北京大学出版社,2008